U0908154

秦史原来很好看

王光波◎编著

北京联合出版公司
Beijing United Publishing Co.,Ltd.

图书在版编目（CIP）数据

秦史原来很好看 / 王光波编著 . — 北京 : 北京联合出版公司 , 2015.8（2021.8 重印）
ISBN 978-7-5502-5678-1

Ⅰ . ①秦… Ⅱ . ①王… Ⅲ . ①中国历史—秦代—通俗读物 Ⅳ . ① K233.09

中国版本图书馆 CIP 数据核字（2015）第 165242 号

秦史原来很好看

编　　著：王光波
责任编辑：王　巍
封面设计：中英智业
责任校对：小　雪
美术编辑：宇　枫

出　　版：北京联合出版公司
地　　址：北京市西城区德外大街 83 号楼 9 层　100088
经　　销：新华书店
印　　刷：唐山楠萍印务有限公司
开　　本：720 毫米 ×1040 毫米　1/16　印张：26　字数：620 千字
版　　次：2015 年 12 月第 1 版　2021 年 8 月第 4 次印刷
书　　号：ISBN 978-7-5502-5678-1
定　　价：59.00 元

前言

从历史的发展进程来看，秦朝是中国历史上第一个真正意义上统一集权的帝国。这是它的缔造者——秦始皇嬴政在中国几千年的历史长河中画下的最为浓重的一笔。古往今来，多少帝王以一人之霸气，集众人之力量，金戈铁马，翻山越海，终将江山尽收眼底，秦始皇便是其中的佼佼者。其傲视天下的气魄和叱咤风云的力量也足以令后人赞叹千年而不止。

一个帝国的诞生绝非一时而起，想要坐拥天下又岂是儿戏之言？秦国的崛起不是个人的崛起，而是一个民族的崛起，是一个民族从奴隶到贵族的成长过程。

传说中，秦人先祖由舜帝赐姓为“嬴”。夏朝末年，费昌去夏归商，败桀于鸣条，其后嬴姓世代为殷商辅臣。商朝末年，周武王伐纣，商军败，嬴氏一族也因此衰弱。到了周穆王时期，造父子孙为周王牧马有功，受封于“秦”。其后秦襄公匡扶周室有功，终于被封为诸侯。

至此为止，秦国图霸天下的大业才正式展开。历经了春秋战国诸侯之间的腥风血雨，中国广袤的大地上即将迎来一个新帝国的诞生，那便是秦朝。公元前221年，秦帝国正式向历史宣告了它的成立。

古人云：“以铜为镜可正衣冠，以古为鉴可知兴衰，以人为鉴可以明得失，以史为鉴可以知兴替。”秦朝的兴衰史可以说是一段激荡的洪流，上承春秋战国的兼并和厮杀，下启汉唐的繁华和兴盛。

在这里，我们可以看到春秋战国各诸侯国之间的较量，也可以看到整个华夏民族的生活群像。在这段跌宕起伏的历史中，无论是骨肉相残之痛，还是权宦迭起之恨，抑或是流寇殃民之伤，都让人心潮澎湃，以致有投身其中的欲望和冲动。在这里，我们可以看到君主间的心术权谋，说客间的连珠妙语，武将间的斗智斗勇。在这幅浩瀚的画卷中，无论是王侯将相，还是谋臣游士，抑或是市井小民，都会因为自己独特的姿态而得以名留青史。

秦帝国的出现开始把古代中国广袤土地上的各种不同文化统一起来，为持续了两千多年的中国封建文明提供了一个模本。正如历史上其他的大帝国一样，秦帝国为实现崛起并在崛起之后保证稳定所付出的努力令后人津津乐道。

在政治方面，为了保证至高无上的皇权，秦始皇将经济、行政、军事等一切权力都收归己有，在中央推行集权制，在地方推行郡县制；在社会经济方面，统一度量衡，统一货币，修驰道，使车同轨，在地方上施行土地私有制；在文化方面，将小篆作为标准文字，严禁私学，以吏为师，施行了严酷的思想统治。

创业容易守业难，帝国的形成并不意味着一劳永逸，管理一个偌大机构远比构建它更加具有挑战力。纵然秦始皇为了维持他万世不竭的帝业付出了巨大的努力，但个人的力量在历史的波澜面前终究是苍白无力的。

因为秦始皇的急政和暴政，秦国的帝业在不久之后就迎来了终结。陈胜、吴广在大泽乡的起义结束了一个充满争议的朝代，同时也开启了一段更加辉煌的历史征程。事实证明，无论怎样恢弘的建筑都经受不住时间的冲刷，在一个王朝跌宕起伏的命运中，充斥的除了刹那间的繁华，更多的是对历史难以掌控的辛酸和无奈。而对于这个王朝的兴盛衰亡，只有深入其中，才能获悉一二。

本书以正史为蓝本，汇集多年来历史学者的研究成果，用轻松的语言进行阐释，将那段波澜壮阔的历史完整全面地呈现出来。在尊重史实的基础上，以风趣幽默而又不失智慧的语言，调侃轻松却不失庄重的语调，讲述大秦过往，用历史事件来展现人性的复杂，透过历史的迷雾，以人性洞察历史，还原历史真相。

目 录

第一卷　大国崛起——从奴隶到贵族的艰难成长

第二卷　合纵连横——群雄并起中的国运较量

第三卷　帝国时代——铁血烽烟终成江山梦

第一卷

大国崛起——从奴隶到贵族的艰难成长

第一章　秦祖西出：耻辱柱下的拼斗

背景雄厚的嬴姓

中国历史的第一个世袭王朝起于夏。夏朝的第一位天子为禹，即今人熟知的大禹，大禹因治水而使夏部落兴起，受舜禅让继帝位，成为华夏众部落的首领。大禹时期，禅让制依然存在，故大禹在临逝前，并不想将帝位传与其子启，而欲传另外一个叫做皋陶的人，可惜皋陶还没来得及接受大禹的禅让，就先大禹而去。大禹悲痛之余，见皋陶之子伯益亦品德出众，远近闻名，便起了让伯益接续帝位的念头，遂派人请伯益出山。

伯益为了以示谦虚，躲入了乡野，以拒大禹的好意，但根据后来发生的事件可以看出，伯益此举不过是表面功夫而已。而此时大禹的儿子启并不满意父亲的安排，按照后世的嫡长子继承制，启本是王朝的最佳继承人，可是当时尧舜禅让的举动令百姓皆将禅让制视为正统。但启非常不甘心，夏后氏辛苦得来的江山哪能随意让给别人。因此，他趁着伯益躲起来的时候，于大禹病危之际直接将王位接了过来，开启了古代中国“家天下”的传统。

面对启承大禹统治天下的局面，伯益却是另有打算。伯益为皋陶的长子。皋陶者，又名大业。传说颛顼高阳氏的女儿名为女修，女修有一天吞下了一颗玄鸟蛋，于是生下了皋陶。皋陶与尧、舜、禹三人合称“上古四圣”，由此足见皋陶在当时的地位。皋陶辅佐了尧、舜、禹三代，到了舜时，当了舜的士师，就是司法长官。舜让皋陶当大法官时，曾对他说：“皋陶，蛮夷猾夏，寇贼奸宄，汝作士，五刑有服，五服三就，五流有宅，五宅三居，惟明克允！”意思大致就是让皋陶严明执法，当一个公正无私的大法官。而皋陶也不负舜的期望，公正执法，成了中国神话中第一个公正的法官。其任职期间创刑、造狱，倡导明刑弼教以化万民，为四千多年来我国各个时期制定、完善、充实各项法律制度奠定了坚实的基础，故在历史上被人们喻为“圣臣”。

关于皋陶，还有那只出了名的独角异兽獬豸，也就是一只独角羊。据说这是皋陶所养，在皋陶断案时能帮其辨认真伪。因其与法的不解渊源，獬豸成了中国法律的象征。东周时，楚国文王就按照獬豸的模样做了一个帽子，官员们一一模仿，后至秦汉遂成了一个风尚，至于后世执法长官的官服上印有獬豸，那更是常有的事了。獬豸成为法的象征与皋陶有关，也足见皋陶对中国法律文化的影响。有趣的是，为了突出这种贡献，皋陶还被后人描绘成了拥有青绿色皮肤、嘴唇似鸟喙的人，因为这谓之至诚的样貌。

后来禹治水时，皋陶利用法律的手段使大禹的治水过程更加顺畅，在治水的功劳里也有他一份。

皋陶因在律法方面有出色的表现，后又帮助夏禹治水，所以声名在外，因此后面才有禅让皋陶的事件。只是得民心的皋陶得不到天意，他还没接受禅让就死了。皋陶有三个儿子，伯益就是他和少典氏族人女华的长子。

伯益，亦作伯翳、柏翳、柏益、伯鷖，又名大费，禹时的大臣，在大禹治水的浩大工程中作出了巨大的贡献。除此之外，伯益还在大禹继位后，辅佐大禹开垦荒地，教育民众在地势低洼之地种植水稻，还发明了凿井技术。而在政治方面，伯益建议大禹以恩威并举的策略对待当时叛乱的三苗族，大禹接受了他的提议，放弃武力征伐的策略，实行文教德治，终使三苗归顺。另外，据说伯益在其跟随大禹治水时，关注治水队伍所经过的山川水道，以及遇到的珍花异草、奇灵怪兽、异俗趣事，无一不仔细记录下来，成了后来《山海经》的素材。此外，伯益还有一项能力，这项能力虽说不起眼，却成了其后人崛起的机会，那就是畜牧。

伯益有这等功劳，无怪于大禹要对舜说："非予能成，亦大费为辅。"（《史记·秦本纪》）到了皋陶去世时，大禹为其父皋陶的贡献，也算是给伯益一个奖赏，因此给皋陶的每个儿子都封了姓，次子仲甄封于六（今安徽六安），以偃为姓。皋陶长子就是伯益，大禹令伯益继承了少昊的嬴姓，当了东夷（大概在今山东日照地区）部落联盟的首领。

伯益就是嬴姓人的第一个祖先。不过，嬴姓并非始于伯益。伯益授嬴姓是"继承"，也就是说，嬴姓最早并不是始于伯益，其最早可追溯到五帝时的少昊帝。少昊是东夷部落联盟的首领，因其即位之日，有五凤从东方飞来，集合到了少昊帝的宫廷上，故其以凤鸟为族神，崇拜凤鸟图腾。后少昊去世，黄帝集团的颛顼替代了少昊在东夷部落的首领权。颛顼就是伯益的先祖。因此，嬴姓最早可追溯到少昊。但若要从血缘角度来说，嬴姓则应归于皋陶一族，只是皋陶之子封姓之后，"偃"姓和"嬴"姓作为凤鸟部族的两大系统分散开来，所以秦后人都以嬴姓伯益为祖。后来，在历史的演化中，嬴姓部族逐渐分化出十四个氏族，分别为廉、徐、江、秦、赵、黄、梁、马、葛、谷、缪、钟、费、瞿，这也就是历史上所称的"嬴姓十四氏"，而秦国秦人是属于赵氏和秦氏这两支，当然，这是后话。

伯益作为颛顼和皋陶的后代，其母亲属于少典氏，"黄帝者，少典之子"（《史记·五帝本纪》），可见少典氏在当时也算是望族。其祖母女修属于高阳氏，高阳氏是黄帝之孙，和少典氏有得一拼。由此看来，秦人祖先的背景是雄厚的。而皋陶作为伯益之父，其以法律为名显于中国文明的历史，若以瑞士心理学家荣格的集体无意识看来，这还真有点意思，毕竟秦国以法治国，以法强国，就是到了秦帝国时，嬴政也不差苛政重法，这多少有点遗传自祖先吧。当然，这只是趣说，法律本是治国根本，无所谓归于何人何族，只是我们从中多少看到了秦人的刚毅。皋陶作为法律的代言人，却也从未放弃过对于道德的追崇，对此儒家经典中有语：舜有天下，选于众，举皋陶，不仁者远矣（《论语·滕文公上》）。而关于这一点，秦人却继承得少了，也由此成了秦帝国永久的痛。

这就是秦人那背景雄厚的祖先，当然，秦人祖先一直都不是以身份显名于历史，最主要的，还是他们那过人的能力。皋陶和伯益对中华文明的贡献只怕不在禹之下。不过，背景雄厚易受人妒忌。当时，为了争夺大禹继承人的位子，伯益所率领的东夷部落联盟还曾因此与夏启进行了一场恶斗。

按当时的禅让制，伯益继位是理所当然的，这从当时的一个事件上也可看出。当时，启继承了禹的位置，遂在钧台（今河南禹县南）大会各地部落联盟首领。可是启的继位受人质疑。一个名为有扈氏的部族，就因启破坏了禅让制的传统，而拒绝出席钧台之会。启是个有能力的人，他敢继承禹的位置，自然料到会遭到反对。所以对于这一点，他毫不迟疑地亮出了他的兵器，因此“启伐之，大战于甘”（《史记·夏本纪》）。战争的结果是有扈氏大败，族众从此沦为牧奴。

夏启借这场战争向天下人表明：天下归启，禅让制已经成为历史。这种行径传到了伯益的耳里，伯益就继位问题向启递交了挑战书。因此，夏启集结了军队，往东夷之地进发，以应战伯益。

关于战争的经过，因夏朝历史过于久远而没有记载，其结果却是明确的。夏启与伯益率领的东夷部落联盟的战争，终以伯益的失败告终。

伯益在这场争夺继承人的战争中失败了，其人被杀，其族人将其葬于天台山上。这次夷夏之争的规模非常大，所造成的损失也异常惨烈。东夷地区在此前延续了几千年的文明，在华夏部族的大肆摧毁下几近灭亡。1934年，考古学家于山东日照市境内挖掘出的尧王城遗址，便是当时巨大破坏的证据。

不管东夷部族败得如何，嬴人仍在火中重生，如其图腾的凤鸟，以涅槃的气势席卷而来，终有一天在古代中国的另一头——西方翱翔而起，并在中国大地上响起了震撼的鸣声。

到大西北去

伯益在华夏众部落领导权的争夺上输给了夏启，丢掉了性命，整个东夷部落的文明也因此被夏启的王师烧毁殆尽。现代的考古表明，伯益此次的失利将日照地区推进了一个长时间的荒凉局面，而这种衰败的局面直到几百年后的夏朝末期才有所起色。

嬴姓族人将伯益的尸体安葬在天台山后，望着呛鼻的黑烟如帷幕一般轻轻飘起，满天冲撞的灰屑在偌大的空间里寻找着躺卧的栖息地。整个大地除了黑色的帷幕和那偶尔翻白的飘舞着的灰烬，只剩夏人胜利后的嚣张音浪，还有那嬴人大痛过后的无力抽泣。

嬴人的家没了，但是嬴人还在。在家族灭亡之后，嬴人很快调整了情绪，要生存下去就不能对天屈服，嬴人给自己这样一个生存信条，迫使着他们再去重建天地。

这种根植于人类基因的生存动力使得嬴人在华夏大地上努力地另辟生存地。或许在另寻住所的时候，嬴姓部族之间存在着相左的意见。这种民族迁移的历程本就无法追根溯源，后人只能在现有的遗留文献和后世考古中发现一些蛛丝马迹，从中可以得知，在嬴姓部族失利后，其中一支仍然留在了现山东地区，而另一支则渡过淮河往南发展，还有一支则选择西行，这支西行的嬴姓族人就形成了后来的秦人。《史记》里就这事也有说起，说伯益其“子孙或在中国，或在夷狄”，夷狄也就是古代中国西北方少数民族的统称。后来秦人在西北建立政权时仍不忘故土，凡有墓葬，头均朝向东方，另者，对故土的认可或许也成了后来秦皇东巡的动因之一。

从山东日照地区迁移到西北地区，大概算起来从今天山东省到甘肃省，这之间的路程大概一千五百公里，这岂是几十匹马所能承受的？我们已经无法重现当时迁移的场景，但从迁移的里程，加之当时的环境来看，秦人这次西迁一定经历了艰难险阻。当然，这种长距离的迁移自然不是一蹴而就的，秦人在这次迁移中难免停停走走，经历几世几代。但可以确定的是，他们几乎不可能在迁移中定居。因此，秦人在长时间的漂泊中，发展起来的自然不会是定居生活的农业文明，而是一种四处游荡的游牧文明，从这点看，秦人的迁移对其后的崛起还真有点贡献，因为畜牧在其后将成为秦人发展的一个机遇。

在秦人西迁的同时，如流水般的时间带走了夏启，带走了昔时众部落首领对夏启攻伐伯益的不满和赞叹，也带走了由大禹带来的整个王朝。在纪年得以清晰的时候，约公元前1600年，商部落在其子孙汤的时代得到了发展，商由此代替了夏，成了中国文明的第二个世袭王朝。

在《史记》里有说，伯益有一个玄孙名费昌，继承了伯益所领的部落联盟首领。在费昌即位之时，夏王朝走到了它的尽头。此时的夏正处于最后一个君主夏桀当政之时。夏桀是中国历史上出了名的暴君，在他当政时，可谓昏君佞臣当道，广大民众处于水深火热之中，他们对天痛斥：“时日曷丧,予及女偕亡！”（《史记·殷本纪》）意思就是说：太阳什么时候才能灭亡啊？我愿意和你同归于尽！在当时的社会，群众的愤怒无法得到合理的宣泄，而起义的概念还没有形成，因此面对这种腐败的政治，群众只能盼望一个有能力的领导者来解救他们。

夏王朝的政治混乱逼走了众多清廉的部属，费昌就是其中之一。费昌看着自暴自弃的夏王朝，明白它已经走到了尽头。而就在这个时候，华夏大地上的另一个部落商部落已经发展壮大了，在这种情况下，费昌只得叛离夏朝，归顺了商。商在汤的领导下在鸣条大战夏桀，鸣条一役终使得夏王朝就此消失于中国的大地上。

关于鸣条之战，《史记》里有写："费昌'为汤御，以败桀于鸣条。'"有人说这里的"为汤御"可能指在这场战争中，费昌当了先锋，大败夏桀。只是费昌没这个本事，"为汤御"更有可能指费昌在这场战争中充任商汤的司机。不管是先锋还是司机，费昌在灭夏行动中一定出了不小力气，因此费昌的子孙也随着他的职位，世代当了商王的专用司机，而嬴姓的这个分支在殷商也因此"遂世有功，以佐殷国，故嬴姓多显，遂为诸侯"（《史记·秦本纪》）。后到了中潏这个人时，商王令其保卫西垂之地。至于秦人和西垂的关系，由于时代久远，更兼可参考的文献之少，遂成了秦史研究的一个瓶颈。

后来时间又带走了鸣条之战遗留的灰烬，带走了费昌辅佐商汤的功绩，商朝在经过十几代君王的经营后，到了商纣即位的时候了。这商纣同夏桀是一样人物，凭着几点功劳竟自大了起来，内宫里酒池肉林，政治上宠信佞臣。纣王旁边的第一佞臣费仲就是断送商王朝的大罪人之一，除了他之外，还有一个叫作恶来的大臣，同费仲一样背骂名。《墨子》里面就直接指出了："殷纣染于崇侯、恶来。"

本来商朝灭亡和秦人关系不大，但有了这个恶来，结果就不一样。

"中潏生蜚廉，蜚廉生恶来"（《史记·秦本纪》），恶来就是中潏的孙子，也就是伯益、费昌的后人，想秦人在此前都有英名，如何到了恶来这一辈，竟成了后人谴责的佞臣？

恶来的父亲叫蜚廉，也作飞廉。这个飞廉可能来自上古神话中风伯的名字，东汉著名文学家王逸在《楚辞章句》中有注释道："飞廉，风伯也。"而风的一个特征就是来无影去无踪，这也便是飞廉的能力。《史记》里说"飞廉善走"，这个善走普遍理解为跑得快，也就是说飞廉是个飞毛腿。其实，"善走"或可理解为骑术高超，之前就曾强调过秦人的畜牧能力，伯益与动物之间的沟通能力那是受了大禹的赞赏的，这样看来，飞廉驾驭一匹马应该也是驾轻就熟之事。当然，不管这个"善走"是指双脚还是马，这并不妨碍飞廉有能力使得自己在地球表面之间的移动迅速快捷，因了这个能力，飞廉于是当上了纣王的通讯员，为纣王传报一些紧急消息。

再看这个恶来。说到恶来就必须说到另一个人，这个人生在东汉末年，就是曹操旁边那个大名鼎鼎的大将典韦。熟悉典韦的人都知道他有一个外号，这可是曹操对他很高的一个评价，叫做"古之恶来"。将典韦比成恶来，唯才是举的曹操当然没在乎典韦的为人，他这一个称赞让别人知道的无非是他这个大将典韦是个力大无穷的猛士。《史记》里说“恶来有力”，是个出了名的大力士。因为这个能力，恶来也就当了商纣王的保镖。

这样看来，飞廉和恶来也算是两个有能力的人，令人遗憾的是，二人是空有一身武力，却没有头脑。因此两个人都死死地跟着商纣王作乱朝纲，难怪父子俩凑合到一起，落下了千古骂名。

公元前1046年，殷商在纣王这里也走到了尽头，如同当年商汤对桀一样，以姬发为代表的周族人领导的诸侯联军大军开到了牧野。在牧野一战中，纣王终因人心向背而惨败，商王朝自此随夏王朝一样埋进了历史的尘埃，天下再次易主，周王朝开始在历史上谱写下它的辉煌与衰败。

历史的循环并没有带来氏族的类似命运，与先祖费昌不同，飞廉和恶来终因其“助纣为虐”的恶名而难逃一死。恶来随同纣王死在了牧野之战里，而关于飞廉，另有一段有趣的记载。记载说在牧野之战前，飞廉作为商朝的使者出使北方，等到飞廉回朝后，纣王已经同商朝一起被姬发退出了历史的舞台，这下飞廉可找不到人禀报他的出使情况了。最后飞廉只得来到霍太山，在那边筑起了祭坛，向远在云里的纣王作出了报告。在这次祭奠中，飞廉发现了一副石棺，石棺上刻着几行字：“帝令处父不与殷乱，赐尔石棺以华氏。”（《史记·秦本纪》）这句话是说，上帝因飞廉没有参与殷商之乱，特赐他一副石棺来光耀他的后代。

石棺之说当然是神话，可以因此演绎开来的情节也必然多种多样。但无论事实如何，这个故事中都可以说明飞廉作为纣王的大臣，对主公的尽忠还是很到位的。有谓“受人托力尽其能，为人谋力尽其忠”，飞廉的错误或许只是选择错了君王。

秦人先祖在纣王这一世走得不那么顺当。后来，随着周王朝在中国开始了它的历史，秦人也随时寻找着露脸的机会。

赵和秦的故事

司马迁说过，秦王室一族其正确的姓氏属于嬴姓赵氏，那么这个赵氏是如何来的呢？另外，关于我们对飞廉后人最为经常的称呼——“秦人”，这“秦”字又是来自哪里呢？这就要从嬴姓一族中关于“赵”和“秦”这两个氏的起源说起了。

就在周武王姬发于牧野大战殷纣后，天下也就随着换了个姓，周朝从此在古代中国确立起了它的权威。而殷呢？除了在周建立不久后，不死心地发动了一场武庚之乱，基本上陷入了沉寂。

当时跟着殷沉沦的嬴人又怎么样了呢？很不幸，在武庚发动叛乱的时候，居于山东一带的嬴姓也跟着起哄了一下，其结果是周公平叛后，这部分嬴姓部族被赶到了大西北，和原本就生活在那里的飞廉一支居住在一起，杂居于戎、狄民族之间。这部分嬴姓在被押往西方的途中，有的偷偷逃掉，就地定居，建立了后来的黄、江、葛等小国，嬴姓十四氏也就这样繁衍开了。

幸运的是，在隔了几代后，嬴人非但没有像殷人那样逐渐远离历史，而慢慢地接近了历史的中心。

历史记载到了造父这一代。真正使“赵”成为姓氏的人便是造父。造父有一个祖父叫做孟增，是飞廉的孙子。《史记》里说孟增“幸于周成王，是为宅皋狼”。皋狼是一个古地名，属战国时期赵国的领地。费昌见幸于商之后，孟增也在周朝找到了他的伯乐，为秦人后来活跃于周朝掌握了一分政治机会。

造父出生时，经过几代国君的努力，周朝已经成了一个国力雄厚的兴盛大国，史载“成康之际，天下安宁，刑措四十年不用”，大有路不拾遗夜不闭户的清明景象。到了周昭王这一代，周昭王不再满足于现有的国土，于是打算扩张。但周朝开辟疆土的人并不仅是周昭王，还有他的儿子姬满。这个姬满就是我们所熟知的有为君王，那个一生充满着传奇色彩的君王——周穆王。

周穆王在位时，造父正跟着泰豆氏学习驾车之术。泰豆氏是传说中的善驭之人，见于《列子・汤问》里：“造父之师曰泰豆氏。”学了几年后，师傅的教导、自己的天赋和勤恳遂使得造父成了驾车高手。后来造父在桃林一带得到了八匹骏马，这八匹骏马的名字分别叫做赤骥、盗骊、白义、逾轮、山子、渠黄、骅骝、绿耳。当然骏马也得靠养，造父用他在祖辈和泰豆氏那里学到的驯养能力，将八匹马驯养得强壮异常，跑起来如电光石火，一日千里。养马千日，用在一时，这八匹马当然是养来献给君王的，造父相信周穆王一定会爱死他驯养出来的这些坐骑。果不其然，周穆王得到这些骏马后，大喜，经常骑着它们出外打猎、游玩。当然，造父也因此得到他御用司机的位子。

周穆王不仅用八匹神马来玩乐，也靠着它们开始了他的征讨生涯。周穆王十七年（公元前960年），八匹神马带着周穆王一群人浩浩荡荡往西进发，最后在西土（约今甘肃新疆一带）见到了西王母，留下了两人相见甚欢诗歌唱和的美好传说。就在周穆王与西王母相见恨晚的欢乐中，都城那边忽然传来了东夷小国徐国侵扰国都的消息。徐国一直是周朝的心头之患。当年武庚之乱中，徐氏也参了一脚，直到昭王时徐国仍然不服于周朝。至于徐氏的祖先，可追溯到禹时的一个叫做嬴若木的人。嬴若木，嬴姓，他的父亲就是造父的一个先祖伯益。后嬴若木封于徐国，后人才以徐为氏。

徐国到了徐偃王这一世，据说徐偃王是个仁义之君，爱民如子，友好周围的众诸侯。仁义向来是个很好的政治手段，徐偃王因为他的仁义，得到了百姓和诸侯的拥戴，因此东夷一带的诸侯国都倾向了徐偃王。徐偃王有那么多政治筹码，开始不安分了，这不，趁着周穆王往西发展的时候，徐偃王就开始在他背后搞起了骚扰。

周穆王一听徐偃王来抢他的王位，想到自己将士兵全领到了西方，不免慌乱了起来：这可怎么办？国都空虚，只怕周朝要失在他周穆王的手里了。

不幸如周穆王，遇到了一个嬴姓徐氏的敌人。同时，幸运如周穆王，遇到了另一个嬴姓的朋友，这就是负责周穆王的坐骑的造父。同为嬴姓，这样看来，造父和徐氏几百年前还真是一家。可是造父虽说和徐氏能互相称兄道弟，但他好歹也还叫着周穆王主子。所以造父当然没去翻阅族谱来拉拢远亲，在周王朝强盛的情况下，造父明白，最实际的还是认主。因此就在周穆王得到消息而显得慌乱后，造父看他如此紧急，急忙叫他镇定下来，提醒他尽早用造父献上的坐骑出发，说不定能在徐偃王之前赶回国都。

周穆王也明白迟疑无用，立即令造父扬起他的马鞭，将周朝的安危都系在了这一条飞舞的鞭子上。造父重任在身，一刻也不敢停止，立即拿出他多年练就的驭术，使其座下的神马如得风助，日夜不停地疾奔，一路上扬尘起风，在回程路上飞起了一道梦幻的黄沙。

最后，因为有了造父的神马和驾驭能力，以及造父那颗耿耿且为主不辞辛劳日夜奔忙的忠心，周穆王得以在情况变得更糟之时赶回都城。徐国军士见周朝士兵有如神兵降临忽然显现，原本以为这是场奇袭，哪知却被造父的神马所破，慌乱之下遂大败于周穆王。周穆王此战大胜，为奖赏造父的大功，因此将赵城封给了造父，造父也因此得到了专属他部族的一个氏——赵氏。

造父封赵后大荫全族。造父是来自飞廉的一个儿子季盛这一支，而飞廉的另一个儿子恶来一支也因为造父受宠而得赵氏。当时恶来的后裔叫做大骆，因造父封赵后来归附他，因此被周穆王封在犬丘(今陕西兴平，一说今甘肃礼县)。因此嬴姓赵氏在当时有两支，一支就是以季盛为祖的赵城赵氏，另一只就是以恶来为祖的犬丘赵氏。而犬丘这一支才是秦国的祖先，造父这支的后人却是日后和秦国争夺霸权的赵国。

这就是嬴姓赵氏的由来。当然，赵氏的来源还有其他的渠道，而不仅仅源自嬴姓，但是这里我们只需要介绍嬴姓赵氏就够了。看到这里，秦王室属于赵氏自然是无疑了。但是对嬴姓赵氏的称呼中，明显“秦”字出现的频率比“赵”还多，这又是为什么呢？

前面说恶来有个后裔叫做大骆，这个大骆有一个小儿子叫做非子，非子明显流着他祖先的纯正血统，和他的祖辈造父一样“好马及畜”（《史记·秦本纪》），因为这个兴趣，长大后也成了擅长养马的人。当时非子住在犬丘，城里的人都知道非子的养马能力，因此有人将他推荐给了周孝王。周孝王见非子有如此名气，因此召见了他。在这次会见中，面对周孝王的提问，非子举止大气、对答如流，令周孝王啧啧称奇，最终决定让非子在渭水一带为周王室养马。

非子得到了这个行当后，也心喜有幸得以为王室效命，因此做事诚诚恳恳，兢兢业业。后在非子精心地养殖下，周王室的马竟一天比一天强壮，而且也繁殖甚多，渐渐排满了渭水之滨。周孝王看到一匹匹体形粗壮、毛发鲜亮的骏马奔驰在大地之上，心中顿起波澜，仿佛自己正驰骋在周王朝的大地上，英勇地巡视着生活在这块土地上的百姓们。这种成就感让他感到了胜利的滋味，因此周孝王对非子好感大增，遂有了立他为大骆继承人的念头。

可是非子是大骆的小儿子，没有个正当理由哪能随意废长立庶？当时周孝王的这个念头就受到了大骆的大儿子成的外祖父申侯的反对。于是周孝王只好另外选择了一个方法，既然不能继承，那就重新封赏，最后周孝王将秦地封给了非子。约公元前900年，非子在秦地建立了一座叫做秦亭（今甘肃清水秦亭镇至张家川一带）的城邑，正式成为周朝的附庸国。

周孝王对非子的奖赏还不仅这些。因为嬴姓经历千百年后，久已失祀，周孝王因此让非子重新祭祀嬴姓，非子也因此有了嬴姓宗主的地位。当时天下有诸嬴共十四氏，因此非子承祀嬴姓宗主的意义足见有多大，看来周孝王对非子的看重非同一般了。也只有到了这个时候，“秦”和“嬴”才有了第一次的结合，因此非子号称“秦嬴”。

说到这里，要真正列入秦国君王第一人的还要算这个非子，因为“秦”因他而生，而秦亭的出现更是日后秦人扩张土地的基础，所以真正的“秦”始于这里，而“秦”的真正奠基者，当属非子无疑。因此后人有诗：大陇西来万岭横，秦亭何处觅荒荆。非子考牧方分土，陇右山川尽姓嬴。

古代有以封地为氏的习惯。这么看来，非子一支当为秦氏。但或是因为习惯，或是因为赵氏出现在前，从非子到后来的秦王室均以“赵”为姓。而且因其属地为秦，故秦从此成了他们象征性的代号。在秦朝灭亡后，其王族子孙为了纪念这个朝代遂以秦为氏，这就是陕西秦氏的来源。当然，和赵氏一样，秦氏的源头也不仅仅是嬴姓。

“赵”和“秦”的故事便是这样来的，介绍到这里，秦人的先祖追寻之路算是差不多结束了。不过秦国后人的回忆里除了先祖这一段外，还流淌着另一段记忆。这另一段记忆随着秦人在西北驻足后就开始形成了，后来到了非子封秦地时，更加验证了这一段记忆对于秦人是难以隔断的。而这一段记忆里有一个令秦人记忆极其深刻的关键词，那便是西戎。

我与西戎有个约会

从秦非子得到秦地以后，到五代之后的秦襄公之时，在这一百多年的时间里，秦人在秦地勤勤恳恳地致力于农牧生产，力争使秦地富饶。然而秦亭地处华夏边缘，资源有限，生产力自然不高，因此非子前几代人的经营可谓惨淡。当然，这都是小事，最令秦人感到困扰的还是与秦相邻的西戎民族。

西戎，也即犬戎，也叫做猃狁，是周朝时华夏人对于西方少数民族的统称。当时周人自称华夏，因此便把华夏四方的民族分别称为东夷、西戎、南蛮、北狄。这在当时当然算是一种蔑称，毕竟华夏自认为四方之王，又较之其他相对野蛮的民族提前进入了文明时代，因此有这种君临天下的优越感也是必然的。华夏民族所以排斥这些“野蛮人”，在部分程度上也是出于这些民族自身的不安分，因为他们对于周王室的权威认可始终处于徘徊的地步，因此在周朝统治时，这四个方向始终都是周朝政权的外患，如之前说到的东夷徐国叛乱。

西戎的危险度相较于东夷来说是有过之而无不及，《说文解字》里有：“戎，兵也。”兵也即是武器。《风俗通义》里有更明显的说法：“戎者，凶也。”可见戎这个概念对于古人来说有凶残的意义，就是到了唐朝时，大臣柳浑还曾对唐德宗说：“戎狄，豺狼也，非盟誓可结。”这种不良印象是经由多年的沉积而形成的牢固经验，事实也是如此，西戎族自黄帝时便成了炎黄族的劲敌，时刻与地处中央的炎黄一族针锋相对。后来周朝新立，西戎为避其锋芒也只好暂时休息。再到了周穆王时，与西戎相安共处的局面已经难以为继，有谓“戎狄不贡”。为解决这个问题，周穆王亲征西戎，结果大胜。西戎一族的性子就如同他们崇拜的图腾——狼犬一般，因此他们虽然战胜，但并没有乖乖地臣服。在周穆王之后，西周在逐日见衰，最后在周幽王时遂闹成了西戎之乱。

西戎如此活跃，西周王朝的西边自然经常受到其不请自来的侵扰，因此在这种情况下，周朝的众附庸国，谁处于周朝的西边，谁就倒霉。很不幸的，非子的秦亭就属于这个倒霉的行列。没办法，自秦人先祖中潏受命防守西垂以来，秦人和西戎的交流就未曾断过。其实当初周孝王封非子秦地，也是有着这样的政治考虑，即秦人长期混杂于西戎民族，与西戎较有来往，令秦人镇守秦地，一来可以防守西戎，二来也或许可以因秦人与西戎之间的亲密关系而令西戎降服。只是周孝王这个计划想得太远了，因为西戎根本不买秦人的账，因此秦人对于在旁狼视的西戎，还是得做好万全准备。

到了公元前878年，周厉王代了周夷王的位子，开始了他的统治历史。周厉王是个残暴昏庸之王，受到了群众的批判，非但不悔改，还用恐吓的方式来堵住了群众的口舌。这样的君王自然得不到民心，因此他的治理引起了众多诸侯的反叛。西戎看着中原大乱，也因此趁这个时机开始了又一次它的反对王权之路。

西戎乘着西周内乱之时袭击处于犬丘的大骆族人，大骆族人防不胜防，也无力抵抗，遂在西戎人侵之际灭亡。这是大骆的大儿子成的一支，幸好小儿子非子一支还在秦亭诚恳经营，族分两家，才避免了灭族的大祸，不然，后面的秦帝国不知从而说起。

这时非子一支已经经过秦侯、秦公伯而传到了秦仲这一代。当时周宣王替下了无道的周厉王，上位之际便开始了他仿效先祖东征西讨的道路。在对付西戎的战线上，周宣王选择了秦公伯的儿子秦仲，任命其为大夫，令其进攻西戎。

得到任命的秦仲就如同昔日得到养马任务的非子一样大喜，当年非子因养马而得地，因此秦仲明白这是一个千载难逢的好机会，要使秦跻身大诸侯国的行列，就必须得先走好这一步。于是秦仲于周宣王五年（公元前823年）带领起周朝兵马往西戎进发。

可惜秦仲有振兴家族保卫祖国的心，却少了那份力，就在一次和西戎的厮杀中，秦仲不幸战败，身为将领的他也因此被西戎所杀。秦仲虽死，但其死在战场的消息也振奋了他的后代，令其后代纷纷拿起武器，英勇地杀上战场，为祖报仇。

秦仲有五个儿子，长子名其。周宣王六年（公元前822年），秦仲死于战场，其继任其位，接过了领导秦人的权力，是为秦庄公。秦庄公继位的首要任务当然是困扰已久的西戎问题，不说西戎对秦人先祖的伤害已经到了不可原谅的地步，就是以国为重，也要遵循周宣王施威于四方的用武命令，所以秦庄公继位不久后也开始了他的征讨西戎之路。

秦仲的后人同仇敌忾，在秦庄公准备出发之时，他的四个兄弟纷纷站出来支持他。就这样，五个兄弟带领着七千兵马，满溢出一股为家复仇的气概，这次他们誓要西戎败亡，像当初西戎灭掉大骆族人以及杀死秦仲一样。

秦庄公大军来到西戎所在地，一阵厮杀过后，西戎的野蛮也战胜不了秦人此时的愤怒，因此西戎战士纷纷落败，一个接着一个逃亡。秦庄公在对抗西戎上取得巨大的胜利，非但为秦人争回了颜面，也为周宣王的历史功绩贡献了一个令人欣喜的消息。周宣王因此大喜，封秦庄公为西垂大夫，并将原来大骆一支所居的犬丘之地赐给了他。秦人所领之地遂有所增大，为日后的开拓疆土开始了一个小小的起步。

秦庄公此次胜利，当然不代表着一劳永逸。西戎人反复无常，这次秦庄公给他们的打击称其量不过是一场小风暴而已，因此秦庄公的这场胜利非但没有令西戎惧而退缩，相反的，这更激起了他们心里的血性，他们一定要和周王朝拼一死战。面对西戎越战越勇的蛮力，周宣王只好亲征。最后西戎虽勇，在周王朝大军的压迫下也不得不战败而走。

西戎在与中原大国的争夺中虽然始终无法居于赢面，但其如狼般的野性以及如蟑螂般顽强的生命力使其成了历代中央王朝的隐患。以坚定信念蛮拼的西戎一族具有足以令人生畏的战斗力。这种血性在西戎和秦人的战斗中无疑传染给了秦人。西戎人那如狼的亮眸，那浑身燃烧着斗志的躯体，以及那骨子里无比倔强的灵魂，都足以使秦人震撼。这是一个脱离野蛮进入文明的人所容易缺失的素质。因此秦人在一面传述着西戎人和秦人之间的仇恨的同时，也不忘时刻教训他们的后人：要注意记住西戎人的血性。

自秦仲后，和西戎人正面对战就是秦人的一项重要任务，因此秦庄公几乎将他的一生献在了驱逐西戎上。非但是秦庄公及其兄弟，他们的后代也必须时刻记住他们与西戎的仇。所幸虎父无犬子，秦庄公长子叫做世父，他曾经因为这份仇恨而放弃了他的继承人身份。当时，在秦庄公将逝时，世父厉声说道："戎杀我大父仲，我非杀戎王则不敢入邑。"世父从此投入了对抗西戎的漫长道路，将继承人的位子让给了他的弟弟。有长子如此，秦庄公当安然而逝。继承秦庄公位子的儿子姓嬴名开，也就是后来显名于历史的秦襄公。

或许世父的这个举动掺杂着其他的政治与私人因素，但它无疑表明当时秦人对于西戎的仇恨之深。在那个时候，似乎灭除西戎就是秦人的首要任务，只有武力才能解开秦人与西戎之间纠缠不清的结。在秦庄王以前，秦人都没有足够的能力去打开这个结，于是这个结越绑越紧，越搅越乱，遂成了秦庄王后人不得不去面对的一个大结。

当然，秦国后人在解开这个结的道路上并没有令他们的先祖失望，他们也很聪明地利用了这一层结来发展自己，所以说，西戎人是秦人的敌人，更是秦人的恩人，这句话到了秦穆公那里将会得到他的实际意义。但是在秦穆公前面，秦人还走了一段路程，而这一段路程才真正将秦从一个地方推上了国的位置。

这一段路程是属于秦襄公的。襄公立国是秦国历史的一件大事，而促进这件大事发生的根本原因却是西周。西周将机遇送给了秦人，而秦人也毫不客气地接了过去。

第二章　小户起步：摸着石头也要过河

西周到头了

秦国的命运与西周的命运紧紧地联系在一起，因此，作为秦国发展的大背景，西周的衰弱为秦国的前进提供了一种实践上的可能性。

正如所有的国度总会有其衰弱的一天，由周武王兴起的西周终于走到了它的尽头。在公元前9世纪到公元前8世纪这一个不安定的纪年里，西周在几代君王的胡搅下，即将结束它在中国的统治。

西周自周武王姬发于公元前1046年建立，作为古代中国继夏、商之后的第三个一统王朝，周朝也经历了它的崛起期和全盛期。青铜工艺的繁华替我们见证了这一个朝代在经济上的活跃，而经济的活跃来源于政治的安定繁荣，虽然中原四方的少数民族对西周的威胁时刻存在，但因为周朝几代君王和辅政大臣的贤明，局势还是在他们的能力范围之内。

西周的成康之治作为西周的鼎盛期见证于世。当一个国度一旦进入一种安定的阶段，那么它的君王就不甘于坐拥那现有的土地。周昭王在周康王死后成为西周的最高统治者，他望着父辈们将一个江山搞得繁华异常，心底骚动起来。不甘于做一个萧规曹随的小君王，这使得周昭王时刻寻找着一个得以使自己流芳的政策，而这一个想法在后来的用兵上得到了它的实践。

周昭王起兵南征荆楚，亲率大军的他意气风发地来到了江汉地区。三年后，昭王准备还师，然而就在兵渡汉水时，昭王却由于不明不白地溺死于汉水，跟随他的军队也从此淹没在河水猛兽的唾液里。这件事就像是一个预兆，预示着西周在经过成康之治的繁盛后，即将步入另一个历史阶段。

昭王死后，周穆王继位，周穆王的好大喜功比起周昭王有过之而无不及。在周穆王在位期间，周朝军队随着周穆王四方征伐，其结果是朝政松弛，发生了令周穆王意料之外的徐国率九夷侵周这样的事故。经过昭穆时代的对外用兵，西周的实力受到了一定的削弱，这之后处于西北地区的戎狄却有了发展的机会，遂形成了周懿王时期的戎狄交侵局面。周人在此时感受到了四方少数民族的侵扰，不堪其苦，却也无可奈何。后来到了周夷王时已是“王室微，诸侯或不朝，相伐”(《史记·楚世家》)。

如果历史能送给西周一个贤君，在疾病还未陷入太深的时刻及时治疗，说不定也会有恢复的可能。但历史偏偏让一个叫做姬胡的人上位，结果给了残喘的西周一脚，将西周彻底踢进了深渊。

姬胡，有如其名，胡作非为。这样的小混混若是生活于市井，倒也无可厚非，可惜他却生在专属国王的襁褓里，而这也因此成了西周永远的痛。姬胡也就是历史上出名的昏君周厉王。

周厉王在公元前877到前841年在位，在这三十七年间，周厉王做了一个昏君能做的所有事。为了享受，他听从了宠臣荣夷公的耳边语，对百姓横征暴敛，或许是嫌百姓身上的东西太少，还将脑筋动到了贵族的身上。周厉王就这样将从百姓和贵族身上所得的利益“专利”起来，从而形成了王室对社会财富和资源的垄断，也因此使得他和他的爱妃、佞臣们得以过上一种奢侈的完美生活。

在经济上剥削群众的同时，周厉王更是频频对外用兵。即使英伟如汉武帝，贤德如诸葛亮，也毕竟落了个穷兵黩武的骂声，何况他一个昏庸的国王。频繁出兵的结果就是资源的大量浪费，以及和四周民族的关系成了一种彻底的决裂局面，导致外部民族频繁入侵，而对于兵源的要求更是直接剥夺了群众的自由。所有这一切都势必引起群众的不快回响，而一些为大局着想，抑或为群众所苦的官员自然也无法忍受这样一种政治局面。

当时为国着想的大臣看着国都百姓的怨念，又兼之政治的混乱，哪个不为国而急？因此，就在荣夷公得到宠信之时，大臣芮良夫就嗅到了一点不对的味道，他对周厉王说：“荣公若用，周必败也。”（《史记·周本纪》）虽是良药但毕竟苦口，昏庸的人是没办法享受到它的功效的。周厉王对芮良夫的进谏听都不听，仍然一味地收取他的“专利”税。

后来事态的严重程度有增无减，百姓对周厉王的痛恨直线而上。这一切都进了大臣召公的眼里，而身为人臣，国难当头，自然是义务在身。于是召公毅然来到周厉王身边，对周厉王说：“民不堪命矣！”（《国语·周语》）百姓已经受不了了，周厉王还要继续这样吗？疾呼如召公，却仍然得不到周厉王的同情，相反的，反倒激起了他的怒气。

周厉王见百姓都在议论咒骂他，怒火攻心，于是找来了卫国的巫师，派他们去监视着老百姓，如有人敢在公开议论或咒骂，那唯一的后果就是杀头。如此残暴，百姓见此，无可奈何，也只好闭上他们的嘴巴，“道路以目”。这样一来就消除百姓的议论了，“可爱”如周厉王是这样想的。只见他唤来召公，高兴地对他说：“吾能弭谤矣，乃不敢言。”（《国语·周语》）这话一出，非但召公，就是一个正常的六岁孩童，只怕也要在心里偷偷地嘲笑这个天真的君王。

召公面对这样的君上，虽有点汗颜，却也不得不再试一把，于是召公只好继续苦口婆心地劝说周厉王。召公此时对周厉王说出了那个著名的“防民之口甚于防川”的政治命题，他劝说周厉王不应该用暴力堵住群众的口，这无异于堵住水流，一旦决口，水势之大势必造成更大范围的伤害。鉴于此，召公建议周厉王应该用疏导的方式，让群众说出他们的不满。召公相信，经过疏导，当如同当初大禹治水，得到有效的结果。

召公为了劝说周厉王回心转意，苦苦挖掘自己的灵感，举出了这样一个形象的例子。可惜文学的力量还是无法感染到周厉王，自以为聪明的周厉王被召公无情地泼了一盆冷水，脸立刻沉了下来，支开烦人的召公。召公虽有心，却也无力再争，只好默默地退下。看来对于周厉王这样的人，说理是行不通的，只能以暴制暴。这种方法虽然有些不文明，但事实证明，这种方法确实有效。

周朝百姓对于周厉王已经无法再忍受周厉王的统治，于是他们与周厉王身边的军队联合起来暴动，直冲入王宫，出现在了周厉王的面前。国人如同债权人一般直逼着周厉王还债。周厉王面对着众叛亲离的局面，双腿一软，只好低下他平时高贵的头。这场暴动之后，周厉王被群众流放到彘地（今山西霍县）去了。

周厉王的胡作非为犹如一记重掌，把本已虚弱的西周王朝打入了更深的黑暗里。西周在此时进入召公和周公的短暂共和时代，到了共和十四年（公元前828年），周厉王在异地悲戚地死去，太子姬静接替他的位子，开始了周宣王的时代。

周宣王是个好君王，在位期间励精图治，对外用兵也取得了一定的胜利，使几近衰败的西周得以扭转颓势重回正常的轨道，历史从此有了“宣王中兴”的时代。只是西周已经病入膏肓，即便是宣王这样贤明的君主，也只能在表面上暂时弥合这些社会裂痕，而难以从根本上治疗周王朝的痼疾。

到了晚年，周宣王也明显有点糊涂的症状了。他在当时干涉了鲁国的内政，用武力强立鲁孝公，引起诸侯的不满。后来更是多次用兵失败。这一切都说明西周已经难以恢复到之前的繁盛，所谓的“宣王中兴”不过是西周历史上的一次回光返照，而在这之后，历史就彻底抛弃了西周。

宣王死了，西周进入了又一个转折点，是复兴还是衰败，这一切全都掌握在下一个君王的手中。但我们不该对自幼生活在宫廷里的纨绔子弟有太多的期望，因为在宣王之后，下一个君王就在西周的土地上上演了一出政治闹剧，而这场闹剧直接造成了西周的终结。这位君王在悲剧性地成了西周的最后一位国王的同时，也成为荒谬的代名词。

这个君王就是周幽王，这场闹剧就是烽火戏诸侯。

西周荒唐至此，有野心的诸侯自然都如虎狼般地在旁环视着。而在这些虎狼中，秦人绷紧的神经毫无示弱之意。他们明白，上天在此刻给了他们一个时机，一旦错失，将难以再得。所幸，天意在背离西周的同时，也青睐了这块小土地上的主人。因为此时，在秦地出现了一个和周厉王、周幽王完全不一样的执政者，这个执政者叫做嬴开，有一天我们将把他叫做秦襄公。

秦襄公的机会

在西北秦人的土地上，寒风击打着石头，一位青年安静地望着远方，眼神有些许迷茫，却又充满坚毅。这个青年在寻找着机会，而机会也总是毫不吝啬地来到他的身旁。

西周在成康之治后，其实力直线下落。宣王虽小小地振作了一回，但终究无力回天。中央的崩落必然导致地方势力的崛起，眼看西周政权混乱，各个诸侯国的长官们无不绷紧他们的神经，企图在这个即将四分五裂的国度里分得一勺羹。而此时，西北的秦地上，秦襄公作为紧盯着西周政权的狼群中的一头，已经准备开始在历史上写下令人注目的一笔。

自得到秦地以来，秦人惨淡经营，盼望着有那么一个翻身的机会。虽然在秦仲以来，秦人对抗西戎能从中央得到一点嘉奖，但这点奖赏毕竟不够，秦人需要的是一个更靠谱的机会，而这个机会能让他们得到的不仅仅是一块小地方。就是这样一种信念支撑着秦人在秦地的奋斗。到了秦襄公时代，西周中央王权衰弱，政局动荡。在一个动荡的时代，草根翻身的可能性成倍地增长。秦襄公明白，秦地之小，若不利用局势，将难以做大。

秦襄公名开，是秦庄公的二儿子。秦庄公长子叫做世父，世父英勇，在其父亲死于西戎之手时，一股愤怒之气顿升胸腔，毅然决然地拿起手中的武器，留下了"戎杀我大父仲，我非杀戎王则不敢入邑"的豪言壮语。世父此句誓言，其豪迈的雄心丝毫不在大汉名将霍去病那句"匈奴未灭，何以家为"之下。有此兄长，便是上天青睐于秦襄公的表现之一，也是上天赐予秦襄公的诸多机会之一。世父离开都城后便专心投入了他的灭戎事业，理所当然的，继承先父位子的权利就移交到了二儿子嬴开的身上。嬴开怀抱着感激兄长的心情，从此开始了他的政治历程。

襄公即位后，西戎之势强大，仍然时刻威胁着秦的基业之本。另一方面，秦嬴的政治地位也只不过是"大夫"而已，相较于中原有如鲁、齐、卫、晋、燕、宋等各大诸侯国，秦襄公的地位之微弱可见一斑。在弱势的地位上还必须时刻注意外来势力的侵犯，这种处境犹如处于夹缝之中，他在艰苦地寻找着生存之道。

在这种处境中，襄公必须建立自己的一套管理方法。襄公自知势小，而西戎部族势大，若要像父辈们对待他们的方法一样，一概以武力抵挡之，只怕脆弱的身子受不了西戎部族的集体来袭。在这样的考虑下，秦襄公找到了一种方法——和亲。

和亲作为一种政治手段，显然得到了秦人的特别青睐，甚至用来形容这种政治手段的成语"秦晋之好"都来源于秦国的政策。当然，在秦地，实行第一个和亲政策的对象并非晋国，而是西戎。西戎作为一个民族统称，意味着它内部存在着发展程度不一致的各个部族。秦襄公看中了这一点，也随即想到了一个政策：若要在秦地发展，必须拉拢西戎里的大部族。

鉴于西戎大部族在西戎众部族中的影响力，秦人的这一个政策直接给他们带来了三个好处：其一，秦人在拉拢西戎大部族的同时，等于为自己寻找了一个政治靠山，这个政治靠山在秦人与西戎其余部族对抗时，将起到保护秦人的作用。其二，秦人在拉拢西戎大部族的同时，也企图分化西戎内部，使日后称霸西戎的道路走得更加顺当。其三，秦人在拉拢西戎大部族的同时，得以抽出一定的时间来发展自己的力量，而这一点，就目前而言，无疑是三点中最重要的。

在这样的精心策划下，秦襄公在他刚即位之初，便努力在西戎各部族里寻找着适合的和亲对象。一番搜寻以后，他找到了一个势力足够大的部族，和这个部族的称为丰王的执政者建立了基于联姻的外交关系。这个政治联姻的双方是秦襄公的亲妹妹嬴缪和戎人丰王，丰王见秦襄公亲自献上妹妹，自然也没有拒绝的道理，因此秦襄公的第一步走得很顺当。而秦襄公的这个政策也确实想得十全十美，这一点将在后面的事件中彻底地体现出来，从中也让我们看出了秦襄公作为一个管理者，具有其理应具备的敏锐判断力和战略眼光，以及一种坚毅的实施魄力。

秦襄公二年（公元前776年），戎兵大举入侵秦地，时守卫犬丘之地的将领是发誓代父报仇的世父。戎兵临境，在兵力上见弱的世父自知难以抵挡，但秦人的热血不允许他在任何一场战斗中不战而降。这种血性支撑着世父，他发誓即便到了生命的最后一刻，也要尽全力量抗击西戎。在世父精神的感召下，加之浸染在每个秦人身上的野性，使得秦兵在大敌面前临危不惧。他们都有一个共同的坚定决心：城若亡，人亦亡。

在这种精神的支撑下，世父率众奋力抵挡西戎的进犯。可惜，秦人心有余而力不足，他们再次败在了西戎的手下。世父在城破的一刻仍坚持奋战，最终被西戎的士兵所俘。可怜世父，为父报仇的豪言尚未实现，就先有步入其父后尘的危险。

这次败仗对本已势微的秦人是一个沉重的打击，幸好秦襄公英明。他一得知犬丘大败，兄长被俘，便立即请求亲家丰王利用他在西戎的影响力救救世父。丰王毫不费力地救得世父，世父得以免步其父后尘，被西戎放了回去。当然，西戎在对与秦人的关系上的考虑也是世父被放的原因之一。毕竟秦人占据抗击西戎的战略要地，西戎不敢与其结下太深的心结，世父若死，对西戎没有好处，只有坏处，就这一点，西戎也没有杀世父的理由。

这件事情表明了在政局上没有永远的敌人，也没有永远的朋友。秦襄公作为一个合格的政治家，无疑是深谙此道的。另外，交际在这种事情上也实现了它的意义，而秦襄公在这一方面也是足以令人赞赏的。就这样，在秦襄公的和亲政策下，秦人与西戎边打边好，像极了一对小吵小闹的两口子。

秦襄公在对待西戎方面作出了十足的努力，但若没有机遇，无论秦襄公如何努力，只怕也难以施展开手脚。秦襄公的机遇便是——西周在周厉王统治时期早已元气大伤。西周的衰弱并不仅仅是为秦人带来机遇，中原大地上其他老牌诸侯也都对王权虎视眈眈，相较之下，秦襄公作为一个卿大夫级别的新晋官员，要付出的努力无疑要以倍数来计算。

秦襄公明白这点，因此他一上位就采取安抚西戎的政策，从而为自己腾出了时间和空间来争取自身内部的稳定发展。在这段时间里，秦襄公加强了和中央的联系，意在争取秦人在中原大地的威望。在扩展声望的同时，秦襄公也在版图上面做起了功夫。在这方面，他的第一步就是往东进发，占据了汧邑（今陕西陇县）膏沃之地，并迁都于此。汧邑便是陇县，历来是兵家必争之地，自古有“关陕钥匙”的别称，是关中通往西北的主要关隘之一。迁都于此，非但为秦地进一步发展生产提供了土地条件，最重要的还在于此举开始了秦人往东进发的历史，也意味着秦人已经不甘心偏居西北这片荒凉之地，而将眼光放到了东方的中原大地。

在秦襄公的努力下，秦襄公五年（公元前773年），这个新兴的邦国已经开始展露出它的头角，将自己的声望成功地打出了西北戎狄之地，在中原大国间得到了普遍的关注。

秦襄公能做的都做了，这时候他要静待一个时机。他感受到了这个时机的来临，并做好准备用他的一双大手牢牢地抓紧它。事实没令秦襄公失望，没错，这个机会已经来了。公元前781年，周幽王即位，由他制造的政治闹剧“烽火戏诸侯”作为一个导火索，彻底改变了天下的局势，从而使得秦国从一个地方小邦晋升到了与齐、鲁地位等同的诸侯大国。

褒姒笑了，西周哭了

当周幽王在搜尽主意只为让褒姒一笑时，秦襄公正躲在他自己的卧房里，静静地聆听来自东方的消息。当他看到窗外大地呈现的如烟花般的灿烂，他感到了一种不可遏止的欢乐。

这阵灿烂便是周幽王送给褒姒的礼物，这礼物送出以后，平时冷淡的褒姒也如此时天上的烟花一般灿烂无暇，仿若桃花盛开在脸颊。天下烟花，地上桃花，两相辉映之下，烽火在此时似乎已经失去了它初建时的功用，而彻底成了陪衬美人的装饰道具。周幽王望着如此灿烂的画面，直如一阵春风遁入心底，清新凉爽，幸福甜蜜。奋斗了多时，终于在烽火戏诸侯的时候实现了毕生所愿。

烽火戏诸侯如此有效，幽王因此获得了一个俘获美人心的绝招，反正又不是什么大成本的开销，只需要在想看到褒姒笑的时候，派人往那烽火台一点，方便又廉价，何乐而不为？因此，如获至宝的幽王遂将点燃烽火台当成了他的道具，高兴时就来一次，不高兴时更要来一次。烽火时燃时停，诸侯们也跟着来来回回地奔跑，像一群听人招呼的马匹。如此滥用，烽火已经完全失去了它的内涵。但周幽王不会在意这些，因为只要褒姒笑了，幽王也就幸福地抖了。

不久之后，幽王确实要抖了，而他也即将知道，原来点燃烽火时的颤抖，并非来自美人的柔情，而是埋下了一个源于对灭国的恐惧的兆头。

周幽王自从有了褒姒后，尊贵如王后以及其余妃子瞬间成了废粮一般，难以咀嚼下胃。而在褒姒为幽王生了儿子伯服后，幽王对褒姒的疼爱更是扶摇直上，幽王心想，再没有比提高褒姒地位的做法更能表达他对褒姒的爱了。所以，幽王罢免了当时的王后申氏，让褒姒升上了第一夫人的位置。而子因母贵，伯服也从此代替申后之子宜臼的太子位置。

无故废后，这在挑战先祖规矩的同时也挑战着臣子们的道德底线，周幽王此举确实引来了众多臣子的非议，当时的周太史伯阳就偷偷地为周王朝的朝纲紊乱而叹气。幽王自顾自玩乐，完全不把这些唠唠叨叨的老婆子似的臣子们放在眼里。

此事在其他无关的臣子那里或许还可以得到忍让，但到了当事人申侯这里，就难免引发一场流血的悲剧了。

宜臼被罢免了太子之位后，有一天，当他在花园里玩耍的时候，忽然看见花园里跑进来一只凶猛的老虎。这老虎露出锋利的牙齿，指尖散发出寒气，如一头绝食已久的恶魔，冲着宜臼狂奔过去。面对如此凶残的庞然大物，换了其他孩子，早以吓得呆立在旁，连跑的力气都没了。宜臼虽然年幼，却早已显露出勇者风范。只见他不慌不忙，对着老虎大喊一声，倒吓得老虎一动不动，徘徊不前。此事却因此引起了宜臼和母亲申氏的注意。他们都明白这是幽王的毒计，幽王要想稳定褒姒和伯服的地位，就必须除掉他们两个。考虑到这里，申氏立即带着宜臼逃离了周国，回到了她的娘家申国。

申侯一见申氏回家已知几分，再听申氏抱怨后，顿时怒火中烧，已经有了反叛的念头。恰时，周幽王见申氏逃回申国，又听了虢石父在耳旁火上浇油，也是怒气上升到脑顶，立即准备派兵征讨申国。

申侯听说周幽王已经做好了出兵的准备，明白兵贵神速的他二话不说，立即抢在周幽王出兵之前采取了行动。他联合了当时的另一个诸侯国缯国，只是单仅两个诸侯国以难以对抗中央，于是申侯又将眼光放到了西戎人的身上。申国和秦人一样，因长期居住于西北地区，和西戎的关系遂有了一种难解的缘分，于是申侯将西戎拉进了他的反叛队伍里。就这样，一支足以抗衡王廷的叛军队伍形成了。

申侯先发制人，在周幽王还在点兵的时候，立即出兵包围了周朝的都城镐京。西周在周幽王时本已衰弱，此时申侯大兵临近，周幽王竟没有力量可以抵御了，而他的那些宠臣们更没有一个有能力可以将这支军队给打发掉。在这种情况下，烽火台回归了它的本来作用。

周幽王在大军压境之时，急忙派人点燃了烽火台。烽火台一座一座燃起，烟雾呛得整个大地难以呼吸，如同周幽王的心脏，山川大地再也忍受不了这些烟雾的侵扰。消息传了出去，传到了各个诸侯国那里。各国君主得知镐京那边又燃起了烽火，摆了摆手，无奈地说："看来褒姒又不想笑了。"被欺骗了那么多次的诸侯们，谁还有那个容量去忍受再一次的嘲弄？因此，无论烟雾露出多么狰狞的面孔，诸侯们都无动于衷。当然，西周末年的政治千疮百孔，周幽王的荒诞造成了人心向背，这才是使得烽火成为虚摆的根本问题。

周幽王慌乱之中，又见无人来援，一面令人加速烽火的燃烧，另一面也盘算着如何逃离这个困境。最后，众叛亲离的周幽王实在找不到一种合适的方法来解救他的国家了。眼见镐京士兵一个个背离自己而去，而犬戎兵却陆续地踏足镐京的大街小巷，周幽王明白这个国度保不住了。当然，保不了国，起码还能保身子，于是周幽王带着褒姒和太子伯服，跟着几个随从，一齐往骊山逃去。

这支队伍跌跌撞撞，好不容易逃到了骊山山麓，本想可以喘口气，没想到一旁忽然杀出了西戎的士兵。戎人凶残，也不顾周幽王的求饶，举起手中的武器，将幽王等人瞬间血刃。至于褒姒的后果，或说被杀，或说被俘，总之，都不是好下场。

到了这里，西周统治中国约两百五十年的路程停在了骊山山麓。周幽王身为历史上的亡国国君之一，其事迹令人感到难以置信，烽火戏诸侯这样的闹剧本身具有十足的荒唐性，没想到竟然活生生地上演了。而褒姒身为西周亡国的罪人之一，就因为她抑郁的心理，从此进入了妺喜、妲己的行列。

幽王已经死在了骊山，诸侯们才得知这次的烽火并非幽王的玩笑，申侯率领西戎进攻镐京的消息也传到了各个诸侯国，诸侯国的君主们这才开始点兵遣将，往镐京进发。当时秦地离镐京不远，静静地关注着东方的秦襄公一听到这个消息，立即出兵援救，由此记下了他对于周朝的头一笔大功。

在镐京大肆掠夺的西戎得知诸侯来临，急忙纵火退兵，留下了一座惨遭摧毁的城池独自瘫坐在中国的大地上。西周的衰亡为秦提供了机遇，襄公明白这个道理，因此他立即坐下来思考如今的整个政局，希望以此做出正确的决策。

当时在丰镐附近，除了秦人的势力以外，还有另外三股势力。其一便是西戎。其二便是代表幽王一党的王子余臣。在幽王和伯服死后，虢公翰迎来了余臣，令其接替幽王的王位，将其立为周王，是为周携王。其三便是旧太子宜臼的势力，宜臼在幽王死后，由申侯联合鲁国、许国等其他有威望的诸侯共尊为王，即位于申，是为周平王。此时天下进入了周二王并立的局面。

在对待这三股势力的问题上，于西戎一方，秦襄公继续他的缓兵之计，以和亲政策来争取时间，而关于该倚向周二王之中的哪一王，这才是秦襄公必须着重考虑的问题。秦襄公有敏锐的政治眼光，他明白周携王不过是苟延残喘的政权，而众诸侯迎立的宜臼才是真正的天命所归，所以最后他把筹码赌在了宜臼身上，而事实也证明了秦襄公确实是个政治天才。

二王并立坚持了几十年，最后以晋国的君王晋文侯弑杀周携王而告终。事实证明，周携王不过是个傀儡，诸侯认可的正统在于平王宜臼一边。秦襄公在这次博弈上放对了筹码，为秦人的发展提供了一个关键性的时刻。

秦襄公倚向周平王一边时，注定了他的发展将如暴发户一般一飞冲天。很快的，他将减少对于老朋友西戎的担心，同时，他也即将和齐、鲁等老诸侯国称兄道弟。

襄公是个暴发户

西周在周幽王的胡闹下终于结束了，周平王在众诸侯的迎立下继续了周朝的国祚。因其东迁洛阳，故史称东周。而在东周的形成中，秦襄公立下了无可磨灭的大功。作为回报，周平王给他的奖赏也毫不吝啬，自此，秦襄公一举进入了诸侯的行列。

周二王并立的局面在具有政治魄力的晋文侯手上毁了，周平王成了正统的周朝国君。当时周平王是在申国即位，但申国毕竟不能作为国都所在，因此待到政局稍稍稳定后，周平王便开始了他的选都计划。周平王首先想到了是西周都城镐京，但当他和一班大臣踏上镐京的土地时，他们就明白了这个计划的不可实施性。彼时的镐京在西戎人的入侵后，房屋残缺，道路龟裂，本来繁盛的城池被大火烧得如深渊般的焦黑。镐京残败至此，一时难以复原，另者，镐京离西戎又过近，为防止西周历史重演，周平王最后决定将都城往东迁移。

而在东方大地上的这块被周平王看中的土地名叫成周，是昔时西周的东都，也就是中国历史文明上唯一的一座“神都”——洛阳（今河南洛阳）。

迁都之事非同小可，就是平常百姓的搬家都必须执行择日请神等一大堆仪式，何况搬一整个国家。因此，迁都决不能偷偷摸摸地进行，必须光明正大地来。想要光明正大就必须冒一定风险，这点秦始皇在东巡之后将大有体会，何况在那个国王统摄力不够的时刻。因此周平王要迁都，其一就是要保证安全。

安全由什么来保证？硬实力，也就是武装力量。当时有诸侯大国如晋、郑等对平王的支持，各派出军队护送平王。而在这个护送队伍中，有一个力量还不是很大的小地方势力，也尽自己所能派出了军队。这个小势力就是秦襄公的秦地。

秦襄公在一番思虑后选择了周平王，而历史也证实了他敏锐的政治眼光，当得知周平王准备东迁的时候，秦襄公立即派出一队军队，将平王小心地送到了新都洛阳。

周平王在洛阳站稳脚跟后，便开始了他的奖赏。他对秦人的奖赏是足够慷慨的。首先，他封秦襄公为诸侯，这意味着秦人自非子获得秦地后，终于能自豪地称自己所居的地方为国。这是在名义上的封赏，其次，周平王还赏给了秦襄公岐山（今陕西宝鸡境内）以西的土地。

秦襄公护送周平王一事，使得秦襄公名利双收。襄公大喜，几年的努力终于得到了肯定，秦人先祖在秦地的惨淡经营也终于有了它的回报。襄公立即将好消息告诉了逝去的先祖，然后定都西汧，行大礼，祭祀白帝。此时，秦国以生气盎然的姿态在历史的大道上更新了自己的地位。

也难怪秦襄公要如此高兴，诸侯的地位暂且不说，就是岐山这块地，其实际意义也不下十个诸侯的作用。岐山作为周人崛起的故土，是当时古代农业最发达的地区之一。肥沃的土壤和温和的气候，再加上数百年累积下来的劳动力经验，都使得这块土地足以傲视关中。

只不过，秦襄公只是在名义上得到了岐山，这块宝地的实际掌控权还在戎狄的手中。其实，当时周平王封秦襄公为诸侯，并赏赐其关中之地，其政治目的也是为了借助秦襄公在西北的力量，从而控制陕甘少数民族的骚乱，无疑有利于周土的巩固。

周平王打着这样的政治算盘，秦襄公自然也不会算计不出。同时，襄公也在心里偷偷计算着，他想，周平王能出这个计，自己就能将计就计。没错，既然周平王想利用秦襄公来稳定西北局势，那么秦襄公就稳稳地抓住这个计策，反过来利用周平王来获得西北的霸权。

走到这一步，秦襄公的首要任务就是夺回岐山的实际控制权。当初秦襄公力量本不及西戎，何况出师无名，因此秦襄公只能采取韬晦计策来麻痹西戎的心。而现在，秦襄公已经位列诸侯，更兼关中之地已在平王的允诺下全部归于他的名下，事态到了这一步，秦襄公已经没有不出兵戎狄的道理了。

同时，此时的政治局势已经大大地异于西周末年。西周末年政治凋敝，也只有在这个时候，秦襄公才能有翻身的机会。同时，刚刚即位不久的周平王虽是东周的君主，但他毕竟是晋、郑大诸侯国的帮助下才登上王位。在这种情况下，这些老牌诸侯国凭仗威望便可以骑到周王的头上，这点在春秋小霸郑庄公身上可以清楚地得到表现。

当时郑国兴起，郑庄公在周平王年间四处征伐，全然不顾及周朝的威望，俨然一代霸主。周平王见此，虽心有不满，也只得忍气吞声。后平王郁郁而逝，周桓王即位。桓王一上台，就立即将矛头指向了郑庄公，采取了压制庄公的策略。郑庄公见桓王小子竟然如此有胆识，深为不满，最后甚至闹到了周廷上，与周王室的关系因此交恶，最后解决这次争端的是“周郑交质”事件。“周郑交质”并不能消去周桓王心中的那把火，相反的，这一事件使周王室的权威落地，导致了周桓王有了进一步的军事行动。周桓王十三年（公元前707年），桓王派兵征讨郑国，却被郑国的武将祝聃以弓箭正中肩膀，这就是“射王中肩”的典故。

“周郑交质”和“射王中肩”的事件意味着周王室已经无力掌控整个周朝，

取而代之的，地方诸侯已经慢慢地凭借自己的威望和实力站在了历史的中心舞台上。中国古来强调的“礼”“信”在这个缺乏秩序的年代已经失去了它的实际意义，历史从此进入了诸侯争霸的春秋时代。

面对当时诸侯掌权的局势，同为诸侯的秦襄公难以和中原老牌诸侯相匹敌。在这种情况下，秦襄公很清楚盯着东方是无益的。若想要如同中原诸侯一般夺取霸权，就必须先发展自己，而发展自己的唯一方法就是夺得自己的封地。

所有的内因外因加到了一起，便意味着秦襄公对战戎狄的必需性。因此秦襄公在此时便转变了他的外交政策，开始了对戎狄的进攻。

可惜的是，秦襄公在他的有生之年都没办法实现收复岐山的愿望。唯有那么一次，在秦襄公十二年（公元前766年），襄公带兵第一次突破了战局，占据了岐山，但不久后便得而复失，而襄公也在这一年将自己的生命献给了征伐戎人的事业。

秦襄公用十二年的时间将秦地从一个地方小势力推上了诸侯国的行列，并将所占土地大大扩展。同时，也是在秦襄公的时候，秦人开始了他们的野心之路，将目光从西北戎狄转移，投向了更远更大的东方大地，而此举使得中原大国开始了对这个西北新晋力量的关注。总的来说，秦襄公引领秦人经历了一次巨大的翻身，秦人的历史开始改写，秦国的历史正式揭开。

秦襄公走了，留下了一个正在发展中的秦国。秦国未来的走向是好是坏，全掌握在秦襄公后人的手中。而关于这一点，我们只能寄希望于上天，但愿秦国不要出现如周幽王这样的君主，毕竟秦国新立，经不起折腾，而我们更不愿意看到秦襄公十二年的努力随着他的逝去毁于一旦。

所幸的是，接下来继承秦襄公的君主秦文公非但继承了父亲的位子，还继承了父亲的能力和为国奋力的精神。秦文公后的几代君王，虽说没有大的出彩之处，却也兢兢业业地发展着这个新立的国家，为多年以后的有为君王秦穆公称霸春秋作出了一个很好的榜样。

当然，这些都是后话，现在秦人关心的是目前还猖獗在岐山地带的戎狄民族。戎狄不除，秦人便得不到关中的偌大地带。偌大地带不得，秦人就没有任何政治资本去涉足中原。因此，按照步步为营的原则，秦人必须先解决了戎狄问题，而这些，在秦襄公死后，将由秦文公领头来解决。

继祖之业再奋斗

周平王六年（公元前765年），西垂宫殿在经过一阵迎立新君的祝贺后，已经步入了沉默。西北的风从月亮底下闪过，如擦拭刀刃一般令人心寒。在狂欢之后，失落的寂寞侵袭了整个西垂，秦人感念于秦襄公为他们打出的江山，却又为日后的秦国去向而感到迷茫和惆怅。

这种迷茫和惆怅在一个青年的眼里毫无保留地显现出来，他站在广袤的西北大地上，安静的情绪贴合冷清的背景，左边一道河水悄悄地爬上他的脚，他心底一寒，右边随之又来一道冰凉的水流。这个青年往下一看，两条河流交接在一起，好像在絮絮叨叨着什么。几年后，当这个青年再次踏上这块土地的时候，他似乎找到了秦国的希望。

这块土地正在汧、渭两河的交汇之处，而这位青年，我们将他称为秦文公。

秦文公在周平王六年（公元前765年）继位，接过了秦襄公未竟的事业，将一个正在发展中的秦国放到了自己的肩膀上。作为秦襄公的后人，秦文公在管理秦国的方法上追随了襄公晚年的政策，得到岐山之地的正式掌管权是秦襄公对于后人的要求，在这一点上，秦文公一点也不马虎。

文公刚立，比起贸然出兵西戎，或许先着手处理一点内政会更有意义，毕竟，对于一个从未上过台面的执政者，取信于民，以及在百姓面前树立威望，这才是管理好一个社会的前提。正如西方世界采取的政治演讲，正是获得这种政治信用的手段之一。另外，秦国和西戎的力量对比在秦襄公晚年已经得到了一定的证明，即两国之间，秦国的力量如果说没在西戎之下，也只能马马虎虎称个平等。在这种情况下，出兵的结果只能重蹈襄公覆辙。因此，在政策的选择上，秦文公的考虑是周到的，这也表明了其政治眼光的敏锐程度亦丝毫不在秦襄公之下。

文公即位后见载于史的第一件大事就是迁都。周平王八年（公元前763年），秦文公和七百多名亲信士兵前往东边去打猎，这一段历程长达一年，或许这无非是以打猎之名而进行的政治巡视。一年后，秦文公来到了汧、渭两河的交汇之处，这地方处于现今的陕西宝鸡眉县附近，在古时被叫做陈仓，当时，非子得地就包括了这块土地。因此秦文公看到这块土地时，似乎有一种特别熟悉的亲切感侵上心头，两河的交汇处顿时如母亲的乳汁一般，溢出醇香的味道。

其实，陈仓作为华夏始祖炎帝的诞生地，以及周朝的发祥地，自古聚集了中华丰富的文明，就这一点而言，陈仓作为一个文明古都，对于秦文公也是极具吸引力的。因此，秦文公这时候有了一个想法，迁都。

在迁都之前，秦文公为表示自己的谨慎，特意找来了几个占卜家，令他们占卜占卜，这块土地是否适合作为秦都所在。占卜的结果是吉利的，这真是合了秦文公的心。于是，秦公文正式将他的国都迁到了陈仓，陈仓自此和秦人结下了不解之缘。这之后，秦都在它的发展初期经历了几次迁都，其范围都处于陈仓以内，也就是今天的宝鸡市内。因此，陈仓在秦文公的一个决定下，又成为一个大国的发祥地。

秦国迁到陈仓之地后，秦文公谨慎管理，在不足的方面尽量引进中原大国的经验，发展经济，教化百姓。或许宝鸡果真是个风水宝地，因为，秦国在秦文公的一系列政策和十几年的休养生息后，已经步入了发展的正轨，获得了比秦襄公在位期间还大的内政成就。当然，这一切必须归功于秦文公的能力，作为秦人的君主，秦文公和其父一样，是足以令人敬佩的。

秦文公望着蒸蒸日上的秦国，心里想着总算没让寄厚望于自己的父亲失望。但是，秦文公在感到欣慰的同时，往西方一望，忽见一群野蛮的士兵冲入秦人所居之地，将秦人辛苦种下的庄稼抢夺一空。其实，这样的担忧时常萦绕在秦文公的脑海里，犬戎一日未平，秦文公就一日不敢放心。

因此，为解决心里的一个大患，在秦国实力有所增加之后，秦文公立即将第一目标转移到了西戎身上。从此，他走上了秦襄公晚年走上却没走完的道路。

秦文公十六年（公元前750年），文公派兵往西戎大举进发。在这一次战争中，秦人的力量已经异于秦襄公之时。因此当西戎人在面对卷土重来的秦人时，明显感到力不从心的艰巨，他们已经阻挡不了秦人的进攻，最后只得以败退的形式来结束这场战争。

秦文公引领秦军获得了秦国对西戎的第一次大胜利，事实证明，秦人已经逐渐有了称霸西北的实力，而此时，他们更缺的，是一个更具魄力的领导者。

秦文公在击退西戎的同时，顺利并且稳定地占据了秦襄公期盼已久的岐山之地。在获得岐山的同时，之前在西戎管制下的周朝遗民也被编制到了秦国的人口系统之中，由此，秦国在秦文公击败西戎一役后，在土地和劳动力上的收获都取得了可观的成绩，为秦国日后的发展提供了更为丰富的资源。

我们可以大胆地猜想，这场战争在当时必然惊动了中原的诸侯们。当时，秦文公在战后朝见周王的时候，慷慨地将岐山以东的地区送给了周王室当礼物。此举无疑为秦文公在周廷取得了挺直腰板的地位，而一旁看着的众诸侯们，心里已经开始在对自己说：要注意这个随时可能会爆发的国度。

这事作为秦文公政治生涯的高潮，在历史上如烟花般盛开，也如烟花般寂寥。秦文公在这场战争后，基本进入了晚年退休状态，历史从此再也没有记载关于他的出彩事迹。但是，秦国在这段期间却进入了美丽的童话时代。在这个时代里，关于秦文公的经历被一些模糊的传说给填满。当然，在另一方面看来，秦文公在对抗西戎的表演如此精彩，就这一点，也足以让秦文公获得任何一个关于褒奖的神话。而关于这些神话，下一节我们会让它们作为一种迷人的传述呈现在读者眼前。

在传说之后，历史明确了秦文公的死亡。秦文公五十年（公元前716年），当郑庄公正在周廷为他的霸主地位而理论时，秦文公带着人民对他的敬仰追随他的父亲而去。文公死后，本应该由其长子继位，但文公的长子早于两年前先文公而去，因此，真正接替文公位子的是其长孙嬴立。

嬴立是为秦宪公，在其执政期间，国都再次迁移，这次搬到了平阳（今陕西宝鸡眉县）。或许秦宪公的迁都是想向秦人表明，他必定会以祖父秦文公为榜样，将秦国推上一个更高的发展阶段。

秦宪公凭着他的壮志，在即位两年后（公元前714年）即派兵攻下了亳戎荡社（今陕西西安）部落，然而他的功绩仅限于此。同时，在秦文公年间，秦国的大臣已经在偷偷地拉帮结派、积攒势力，发展到了秦宪公时，已经出现了企图摄政的苗头，这为秦宪公之后的三父擅自废立君王事件埋下了隐患。

秦宪公在位其间没有特别亮眼的表现，他谨慎地走着前人的路子，对于秦国的发展也提供了他的一点力量。

自秦襄公立国之后，秦国历史走过秦文公、秦宪公两世。文公和宪公在政策上遵循着襄公的路，不敢逾越，因此秦国的此段历史以保守为主题。而事实证明，二公的保守政策为秦国的发展提供了最为正确的路途，毕竟，这符合了当时的秦国国情和作为大背景的东周局势。

而这种保守状态到了宣公年间才会开始打开它的僵局，到那个时候，秦国即将帮世人确证一个事实，即当初他们关注的西北国度从未让他们失望过。

当然，历史还没有走到那一步。只是为了让历史能够顺利走到那一步，在秦文公末年发生的神话就有了他的现实意义，而这个，才是我们接下去要讲的故事。

秦文公的神话

秦文公十九年，一道异常明亮的光痕划过天空，照亮了城郭。城里的百姓望着屋顶恰似蒙上一层金光闪闪的薄暮，城郊的大树也如沐浴在神仙的光环之中，城里的鸡犬被这道亮光所吸引，四处跑动，却又明显感觉到它所带来的温暖，遂在这种暖意的包围里进入了它们美好的梦乡。

一颗流星带来的神话在陈仓之地瞬间流传开来。然而这个神话的美丽却包含了太多的政治因素，正如历史上的其他传说一样，这个神话也因为意识形态的需要而进行了一场改造。

《晋太康地志》首先记载了发生在秦文公年间的这则神话。这则神话的时间记载在秦文公十九年（公元前747年）的时候，当时正是秦文公大败西戎后的第三年，秦文公正坐在王座上批改奏折，而此时，民间却发生了一件有趣的事。

传说，有一天，陈仓城里的一个猎人出外打猎。这次打猎让猎人有了一次意外的收获。他遇到了一只他从没遇过的怪物。对于奇异的事物，从来没有人会吝啬地表示出他的兴趣，因此猎人紧紧地观察着这只长得异常奇怪的动物。只见这怪物四只脚如猪蹄一般，而头顶却顶着两只长长的尖角，又如山羊一样。这只怪物此刻正低下它的头，用鼻子在潮湿的土地上嗅着，仿佛在寻找着食物。

这样一只似羊却非羊、似猪又非猪的怪兽令猎人感到无比兴奋，他想到了这只怪物一旦被拖到市集里将会引起的轰动，因此，激动的猎人立即搭起腰里的弓箭，瞄准这个怪兽，用力一拉弓，弓箭出弦，正中怪兽的腿部。怪兽受到这一箭，惊吓之余已经失去了逃跑的力量，箭镞在它的腿里搅动着皮肉，皮肉顿时如鲜艳红花般地绽放。

猎人就这样捕得了怪兽，兴高采烈地用绳子将它绑住，准备带回去让朋友们见见世面。这个怪兽在闹市里一出现，果然引起了如猎人预料中的喧哗，在一阵惊奇和讨论后，众人决定将这只不知名的怪兽献给秦文公。毕竟朝廷之大，总有认识这只怪物的人。因此，这个怪兽在众人的绑缚下，从集市来到了陈仓的王官里。

秦文公对待怪兽的好奇心也不在猎人之下，当他看到这只有趣的动物时，立即产生了强烈的好奇心。但在偌大秦廷上，竟然没有一个人知道它是什么。无奈之下，秦文公只得将怪兽暂放一旁，待博学之人来解开这个谜。

这个神话的高潮还没来临，更令人感到惊奇的是，解开这个谜的博学之人竟然是两个毛头小子。有一天，一男一女两个童子遇到了秦文公和他的怪兽，于是指着怪兽对秦文公说："此名为'媪'，常在地中食死人脑。"（《晋太康地志》）秦文公一听，脸都绿了，原来这几天放在秦庭里的这只动物竟然是如此可怕的不祥之物！秦文公吓到了，立即向两个童子寻求去邪的方法。这两个脸色红润的童子却一点也不慌忙，只见他们其中一人拿起一支树枝往媪的头上插去，媪大痛，拼命挣扎，不久后便死了。

媪的死并不意味着故事的终结，因为在它死前，它也透露了另一个关于这两个童子的信息。原来这两个童子名为陈宝，是大吉之物，天下人得雄者将称王，得雌者将称霸。这个信息令秦文公和他的百姓激动万分，因此他们不念及二童子的恩情，立即开始了对他们两个的捕抓行动。

在这次追捕中，那个女童跑不动了，此时她变成了一只野鸡，飞到了陈仓城北阪，不久后即落地变成了石头。这块石头被秦文公所得，秦文公大喜，传说得雌者称霸，能不高兴吗？于是秦文公立即将石头奉了起来，并为它建立祠堂祭之。而这块石头也在流传中获得了它的名字——宝鸡。

宝鸡的传说跌宕起伏，媪和二童子令这个神话增添了多处亮点。只是这个故事里包含了太多杜撰成分，如果要试着回归它的本来面目，就应该看看司马迁在他的著作里是怎么说的。

《史记·封禅书》将这次事件简洁到这样一段话："文公获若石云，于陈仓北阪城祠之。其神或岁不至，或岁数来，来也常以夜，光辉若流星。从东南来，集于祠城，则若雄鸡，其声殷云。野鸡夜。以一牢祠，命曰陈宝。"

这段描绘虽也多少掺杂着超自然的成分，但毕竟比传说显得真实。从这段话语里，有考古学家读出了这样一层可能性，即这块传说中的宝石不过是诸多宇宙移民中的一颗，毕竟流星因其迷离的姿态，总是能被塑造成神话的。

关于这段记载，郦道元的《水经注》或许更具有考证意义。郦道元认为这颗陨石撞到了陈仓的某个土地，引起了四方鸡群惊叫，因此有了石头与鸡的结合。

而秦文公是在一个叫做伯阳的人的建议下，才决定到这块土地进行视察。伯阳在这次的提议中讲出了一个令秦文公更感兴趣的话题，即这次的自然事件大有炒作之余地。秦文公明白了伯阳的话中之意，立即将这起自然事件炒作为政治神话。

秦文公的政治炒作，其目的是明显的。君权神授的神话曾经控制了人类世界好几个千年，用难以解释的非自然力量来为自己的政权作巩固，这在迷信色彩极重的古代社会里自有它的分量。有如陈胜起义，若没有搞些小技巧，如何在起义军里建立威信，又如何能让一帮乌合之众瞬间成了精神之师？因此秦文公的神话创造，和历史上的其他君王是如出一辙的，其目的不言而明。

只是秦文公创造了神话，在表明他想好好掌控整个秦国事业的同时，其实也预示着秦人已经开始想着他们的霸业。因此，这个神话非但为秦文公在近期的管理上提供了更大的缓冲带，同时，也为秦国后来的称霸种下了意识形态上的赞许。

这个神话并不是秦文公年间的唯一神话，在不久后，秦人在砍伐南山的大梓树时，他们将在被砍伐的梓树树林里遇到一头冲撞出来的大青牛，而这只大青牛又即将带着它的祥瑞之气冲进了秦国的丰水里。

这些神话都告诉了我们，秦文公在实现他的实业后，开始在意识形态上管理着秦人的思想。这些神话也确实起到了它所应该有的作用：在凝聚秦人思想的同时，正向秦国四周传述着这个国度的天命。然而神话毕竟是神话，神话支撑不了一个国家的发展。在秦文公及其后来几代君王年间，真正支撑起秦国发展的还是生产力的提高，而秦文公的神话无非只是作为一种辅助手段而已。

秦文公的神话也只能拿底层的百姓开开玩笑，而在政治上耳濡目染的政客们，对于这种手段自然是不屑一顾。另外，如果这种神话暗示的秦国霸业有其实现的可能性，那么这对于别有居心的政客自是存在难以抵挡的诱惑。因此，在神话传播开来的同时，秦国大臣在文、宪二公年间也正在偷偷地积攒起属于他们的势力。

在神话渐渐遁入沉寂以后，秦国即将面临它的第一次政变。这场政变远不能撼动秦国的统治，因为政变里的主人秦武公用他的魄力悄无声息地解决了这场灾祸。这之后，秦国在秦武公、秦德公和秦宣公年间开始发展起秦国的各项制度，实现了秦国社会的政治雏形。与此同时，周王室却经历了一场政变，而这场政变使周王室从此无法在诸侯面前抬起头来。另外，齐国出现了春秋第一霸齐桓公，而晋国也在晋献公的努力下开始了霸业路程。

秦廷的骚动

病重的秦宪公躺在床上，身旁大臣紧张地等着他临逝的安排，宪公用他颤抖着的手往床前一指，正对着跪倒在床前的长子。这个长子长得英姿勃发，两道剑眉暗示了一种武的坚毅，眼神在透露出霸气的同时，又有几分谨慎的机智。这是一个拥有君王之姿的年轻人，他望着父亲的眼神，虽带着无力感却又满怀期望地看着自己，心里顿时升起一腔热血。在这个年轻人心里翻滚着热情时，他却忽略了旁边站立着的三个人。这三个人站在宪公的床边，正露出诡异的微笑来。

秦宪公在秦君位子上谨慎地坐了十一年，秦国又失去了它的一位统治者。秦宪公逝去之时，对于自己在秦国发展上所付出的努力并无遗憾。毕竟，在他的能力范围内，他确实贡献了一定的功劳。真正令秦宪公感到担忧的是国内大臣的势力发展。在秦宪公晚年，秦国大臣弗忌带领着另外两个野心者，已经暗中规划着他们的周公事业。而面对这种权力逾越，秦宪公却表示出了退让的势头，结果导致自大的弗忌开始了无法无天的行动。

弗忌和另外两个大臣官居庶长，秦人将他们统称为三父。庶长是秦国的特有官职，在春秋时掌握着除君王以外最高的军政大权，其地位相当于周朝的卿。地位一大，就难免自恃功高，全然不把主上放在眼里，何况作为庶长，还统有秦国军队，所有这些因素都足以令三父猖獗起来。

我们都知道，在历史上，老臣作为一种以威望为统摄力的势力，其实力全然不下于一个新立的君王。关于这点，三国时代的孙权深有体会。当时张昭作为吴国元老，为吴国的缔造作出了劳苦功高的奉献，无论是朝中大臣，还是平民百姓，对他都怀有敬佩感激之情。在这种威望的威胁下，孙权对张昭也得礼让几分，只是到了最后，孙权慢慢树立起自己的威望时，才敢于正面和他叫板。而在三国时代的另一边，诸葛亮作为蜀国老臣，竟一辈子将权力牢牢地掌控在了手中。

老臣的威胁如此，秦宪公没有秦襄公这样的威望，又缺乏毅然决然的魄力，自然不敢在他们头上动刀，这种消极的对待无疑更加滋生了三父的高傲。三父看着秦宪公对自己也敬畏三分，明白自己的权力已经足以凌驾在君王之上，在这种情况下，任何一个有权力情结的人，都必须做一件轰动的事，来体现他至高无上的力量。

三父在这一件轰动事上的选择足以见证他们的野心之大，因为他们在几经考虑之后，决定以自主立君来体现自己的权威。

在一个帝王被赋予了信仰色彩的时代，他的废立非同小可。若是一个大臣擅自决定帝王的废立，那便触动了禁忌，所以很少有哪一个大臣会去冒天下之大不韪。只是凡须付出代价的事，就必然也能令人获得相应的回报。成功实行废立的大臣将会获得至高无上的威望和权力。在这一方面，每个有企图心的臣子都以商之伊尹和周之周公为榜样，而他们两个也成功地向世人展示了这一举动可以获得的成就。

当然，也不是每个权臣都能像伊尹和周公这样获得世人的敬仰。伊尹和周公大胆废立君王，其原因均是因为君王无道，致使百姓困扰。如若君王没有大的错误，那么擅自废立便成了篡权的代名词。秦宪公的长子作为太子，从未有过任何错误，故其继承宪公的位子理所当然。所以，三父对无辜太子的罢免，注定了这是一次没有名分的夺权行动。

宪公去世后，太子已经为他即将迎来的王位做好充分的准备。此时的太子心里燃着希望的火苗，但不久后他心中火苗便会被浇灭。浇灭太子希望之火的水正来自三个大臣那冷漠的脸。太子作为权臣争权的牺牲品，由此失去他的王位，取而代之的是太子的弟弟，秦宪公的幼子。

太子眼看三父如此嚣张，虽心有不满，却也无能为力。因此，在一场悄无声息的宫廷政变之后，秦宪公在地下看着他最年幼的儿子被三父抱上了王位，从此，秦国历史迎来了短暂的秦出子时代。

秦出子继位，时年五岁，没人能指望一个五岁的孩子可以管理好一个国家，这就为三父的摄政提供了一个很好的理由。废长立幼一直是权臣最喜欢做的事，因为年幼的人最好控制，这是毋庸置疑的。虽然历史没有太多的记载，但我们却可以肯定，在这段时间里，秦出子作为一个傀儡国王，正在把玩着他的玩具，与此同时，三父正兴奋地品味着至上权力的滋味。

令我们感到疑虑的是，三父或是想对世人再次证实他们的权力，因为在不久之后，他们竟然杀死了被他们控制了六年之久的秦出子，重新立秦宪公的太子为王。

三父的举动令我们感到疑虑，为何他们会杀死出子，重新迎立有了一定势力的太子？这无疑是搬石头砸自己的脚。或许，我们也可以作出这样的假设，即太子在多年的韬晦后，已经慢慢树立起足以对抗三父的势力。三父感到威胁，为缓和这种紧张，只得先赞同太子的即位，慢慢地再谋对策。

当然，猜想可以改变过程，却改变不了结果。秦出子作为政治的牺牲品，彻底失去了他应该灿烂的童年，而对于秦出子的同情，也成了日后三父的祸因。

周桓王二十二年（公元前698年），年幼的秦出子死于三父之手。隔年，太子重新回到了本属于他的位子，重新燃烧了他六年前的执政热情，开始了他以“武”为名的政治生涯。

秦武公即位后，面对着这个发展中的国家，知道自己要做的事还很多。秦国虽然在秦文公、秦宪公的努力下得到了发展，但它作为一个新立的政权，在各项制度的制定上还有待改进。同时，秦文公虽然对西戎取得了前所未有的胜利，却并不意味着西戎问题就此消失在秦国的土地上，西戎问题作为秦国发展史上的旋律之一始终存在。

因此，秦武公面对着和前人一样的两个问题，即社会发展和领土扩张。同时，秦武公在历史的演进后又增添了前人所不必面对的一个问题，即来自权臣方面的威胁。这三个问题共同指向了一个目的：政权的巩固。秦武公必须在这方面付出他毕生的努力。

而在这三个问题中，令秦武公最感威胁的始终是权臣的存在。毕竟，权臣对政局稳定的威胁是最为直接的，所以秦武公必须在这方面先下狠手。因此，秦武公即位后的前几年内，他满脑子想的就是如何除掉弗忌三人。而幸运的是，如同“武”这个汉字所代表的意义，武公不失所望地迅速除掉了这方面的威胁，为秦国政权的集中作出了巨大的贡献。

武公德公好榜样

秦武公在他刚即位的头一年，以讨伐彭戏氏为借口，来到了华山脚下。巍峨的华山山巅，青葱翠绿的树木覆盖整个山头，云雾环绕其中，令人感到庄严而神圣。秦武公望着眼前之景，顿时心头一颤，立即喜欢上了这个地方。因此，他宣布：我要在这里度个假。

秦武公刚接过王位，就在华山脚下的华阳宫过起了他的悠闲日子，这令秦人纷纷议论这个君王是不是有点昏庸。其实，他们都不知道秦武公正在等待。在这个等待的过程中，秦武公尽量令自己的生活低调而简单，因为他正准备着一场夺回权力的运动。

三父虽然重新让秦武公回到了他的王位，却从来都不甘心将权力递回到他的手里，失去了秦出子的年幼借口，三父正式向人们表明了他们对权力的癖好。三父的张狂引起了许多臣子的不满，只可惜三父势力强大，就是秦武公也得对他们礼让三分。因此众臣子对三父也只能咬咬牙忍着，和秦武公暗中送着眼色。

有不满就有反抗，秦武公和臣子们虽然暂时不能拿三父怎么样，但是他们已经在暗中地计划着。秦武公离开王宫来到华阳宫，这便是他们的计划之一。使秦武公远离三父的监视，将使得他们的计划进行得更加顺利，这就是他们的第一步。

秦武公在华阳宫慢慢地累积着势力。一个正统代表在局势所迫下也只得偷着来，这实在令秦武公感到羞愧万分。历史证明，秦武公过人的忍耐力终使得他在这场权力的争夺战中获得了胜利。

武公三年（公元前695年），秦武公在华阳宫准备了三年，终于能和三父正面叫板了。机会一来，秦武公就不再忍让了，这一年，三父为他们的自大付出了生命的代价，而秦武公诛灭他们的理由是：你们杀死了我年幼的弟弟。弑君之罪足以使三父死十遍，而只有一条生命的三父，因此拉上了他们的族人陪葬。

历史上，像三父这种缺乏名分的罢黜君王行动屡屡发生。王莽篡汉，魏曹丕罢汉献帝，这些都是成功夺政的代表。这些事之所以会成功，是因为当时的政治现实允许它们实现。而现在的秦国百姓对于嬴姓赵氏的统治感到满意，这就注定了三父的夺权行动到最后必然失败。当然，虽说有这样的背景原因，我们却也不能否定秦武公在这场夺回政权的戏码中所起到的作用。正是因为秦武公过人的毅力和毫不迟疑的魄力，才使得秦国的权力从权臣三父手中重新回到了赵氏一族的怀抱里。而权力的回收对于秦国的稳定发展是至关重要的，因此秦武公就这次行动中所能得到的历史地位，已经足够使他进入襄、文、宪三公的行列。

三父已死，政权在内部巩固起来，武公随即将他的眼光往外放出。马不停蹄的武公在他的征伐事业中先后征服了绵诸、邽戎、冀戎、义渠戎、翟和貘等戎族，将这些少数民族初步控制在秦国的版图下，使秦国的势力在武公年间达到了关中渭水流域。虽然这种征服在戎人的反复无常下难以实现它的实际意义，但它为秦国的权威建立了初步的基础，这是秦武公即位年间最出色的功绩。如此看来，和文、宪二公相比，武公在对外战争的表现上已经足以凌驾在他们之上，而这也是他得称“武”的原因。

当然，武公并非一个单纯的用武之人。在政治上，武公初设县制，成为秦国地方管理制度的基础雏形，为秦国日后对于广大领土的管理提供了一份宝贵的思想。

秦武公的功绩已经得到了世人的认同，二十年后（公元前678年），秦武公带着他这些功绩找他的祖先报告去了。但是，秦武公担心只凭他一人的言论不足以取信于先祖，因此武公在秦国历史上又开了一个首例——殉葬。殉葬制度为秦武公带去六十六个见证人的同时，也从此给日后的秦国埋下了一个衰败的原因。

秦武公走了，秦国历史还要继续。代武公来管理这个国度的是武公的一个弟弟，和武公一样，其名字在历史的传承下已经丢失了，而他的谥号代表了和武公相反的另一种性格，我们把他称为秦德公。

秦德公在公元前677年开始他的政治生涯，似乎秦人的君主都有御用城市的习惯，如陈仓之于秦文公，平阳之于秦宪公。秦德公在这一方面也不甘落于其祖辈之下，因此秦德公在他刚即位的第一年，就开始了他的迁都计划。

占卜过后，专属于秦德公的国都确定在平阳的正北方，名字叫做雍城，位于今陕西省宝鸡市凤翔县南。雍城在秦德公入主之后，在将近三百年的时间里，都作为秦国的国都所在。其作为几百年来秦国的政治、经济、文化中心，为秦始皇后来的统一奠定了雄厚的基础。

秦德公迁都之后，随之便开始了他雷厉风行的政治改革，秦国在此期间得到了飞速发展。这从当时秦人的祭祀规模逐渐增大便可窥见一二。此外，秦德公还在历法上首次加入了入伏这个概念。农历六月，中国气候进入全年最热的时刻，秦德公为解决在这期间容易受热致病的问题，提出了入伏的概念，令百姓在这个时候要想办法避暑消热，以免得病。从此，伏天的概念在整个中国土地上得到了重视，秦德公的见识也在这件事上得到了它应有的认同。

历史再次为秦国提供了一个贤明的君主，可惜还没坐够两年王位的秦德公就向世人作出了他的告别仪式。三十五岁的秦德公抱着英年早逝的遗憾郁郁而终。相比于两年的短暂执政时间，他的贡献却让我们对这一个聪明而负有责任心的君王感到加倍敬佩。

秦宪公的两个儿子，以一武一德扬名于秦国的历史上。在这两位君王的统治期间，秦国的力量再次踏上了另一个更高的阶梯，国力大增的结果就是为秦国争取到了一定的诸侯势力前来依附。历史记载，在秦德公年间，两个小诸侯国梁国和芮国前来朝见秦德公。关于芮国，其在秦宪公年间因为经历了一场政变，导致政权衰弱，当时秦宪公因为小视了芮国的实力，便贸然进攻，结果反倒碰了钉子。这之后，秦国一直凭借着自己在西北的力量渗透到芮国的政治内部，到了秦德公时，才最终实现了对于芮国的控制。从一开始碰到钉子，经历了对芮国的逐渐渗透，到最后真正控制了芮国，这种发展情势形象地表明了秦国在秦宪公到秦德公之间所获得的巨大进步。

芮国和梁国依附秦国的事件是秦国在秦德公年间实力大增的铁证。有了这种依附，意味着秦国在诸侯中的地位已经上升了一个层次，这无疑是日后秦穆公实现其霸业的现实基础。

此外，在国力发展的同时，武、德二位君王所作出的政治改革也从此成了秦国在日后数百年间的政治制度雏形。由此看来，武、德二公在继承的路子上作出了又一个值得秦后人学习的榜样。

就在秦国国力蒸蒸日上的时候，中原却开始了它的动乱期。昔时，周平王的东周建立在诸侯国相助的前提下，这便为日后东周诸侯的夺权行动埋下了远因。而在诸侯强盛的时代，周王朝却没有出现一个有为君王。相反的，东周内部的荒唐事迹却始终为其权力旁落提供着可能性。

在秦德公死后不久，东周也经历了它的一场政变。这场政变基本意味着周王室再也无力挽回自己的颓势，与此同时，也为强大的诸侯们提供了建立霸业的途径。齐国、晋国在这个时候开始在历史上记下了他们的伟大事迹。而继秦德公之后，秦宣公已经开始将东进的计划付诸实际。

周廷的震动

秦宣公元年（公元前675年），秦国国都雍城再次响起了庆祝王位交接的仪式，秦德公的长子秦宣公在众人的殷殷期待中端庄地走向王位，在一片充满敬意的欢呼声后，稳稳地坐在了王位之上。

秦宣公作为秦国史上又一个出色的君王，他的登基年也似乎预示了这种不平凡。因为就在秦宣公稳稳地坐上他的王座之时，东方周王室的王位却再次动摇了起来。这一静一动似乎在预示着这两种势力的此增彼减，在秦宣公作为一个有为君王开始他精彩的政治生涯时，周王室在秦宣公元年所经历的“子颓之乱”却使它彻底陷入了衰败的泥沼。

周朝在周桓王期间被郑庄公骑到了头上，王室权威的落地使周桓王如其祖父周平王一样郁郁而逝。周桓王在其去世之前，曾暗中对大臣周公黑肩表明了自己对继位者的立场。在周桓王眼里，次子是优于长子的。这次暗示使得周王室在周桓王死后不久随即爆发了一场由周公黑肩引领的“子克之乱”。“子克之乱”对于周王室的政权影响虽说不大，但它却足以作为夺权的榜样——后来的“子颓之乱”即是以它为借鉴。

继承周桓王位子的是其长子周庄王姬佗。周庄王和周桓王有一样的癖好，对于自己幼子的喜爱胜过长子，当年的子克之乱的根源就在于此。周庄王的幼子叫做子颓，尽管庄王倾向于让子颓继位，但在各方面的压力之下，最后也只能根据祖规让其长子姬胡齐为王。姬胡齐的继位令子颓感到不满，这时一种对立已经形成在两个兄弟之间。

不久后，姬胡齐死去了，他的儿子姬阆继位，是为周惠王。周惠王这人在即位之初即表现了他的贪婪性格。他强令占取了蔿国的园圃用来饲养他的野兽，又夺取了周大夫边伯在王宫之旁建立的房舍，此外，周大夫詹父和子禽、祝跪的土地田产，以及膳夫石速的俸禄都在他的强迫下进入了他的口袋。

周惠王这种强取豪夺的行径令这几位受害者感到异常愤怒。在这种愤怒的驱动下，这几位受害者进入了团结一致对抗君王的状态，他们以周庄王生前曾经叮嘱说要立子颓为王作为理由，联合贵族苏氏一起进行了一场推翻君王的政变。这场政变虽来得轰轰烈烈，却并没有取得它所希望的成果。叛乱的结果是政变者出逃，子颓作为政变者拥护的对象，也被迫逃到了卫国。

当时卫国的君王是卫惠公，卫惠公所以会收留子颓自是有他的原因的。恰时，卫惠公有一个政敌公子黔牟被周王室给收留了，这事因此在卫惠公的心中印下了深深的伤痕。此时却正好让卫惠公找到了报复的机会，因此卫惠公立即联合起燕国，表明了自己支持子颓的立场。

当然，关于公子黔牟无非只是一个借口，毋宁说，更吸引卫国的其实是对于权力的掌控。这也说明了一点，在周王室王权旁落的时代，只要有点实力，是没有一个诸侯国不想站起来控制整个时代的，而迎立周王将使得这种权力来得轻而易举。因此，卫国把握了这个机会，企图令自己站立在权力顶峰。

卫国单凭借自己一国的实力实在无法与中央抗衡，因此卫国找来了有一样企图的南燕国。卫国和南燕国由此联合起来，为这场叛乱提供了大规模的军事支持，这种支持使得周惠王在此时并不能像当初一样幸运。因此，周惠王被迫出逃。子颓在卫、南燕的帮助下，坐上了周王的位子。

郑厉公作为郑庄公的后代，调停子颓与周惠王间的关系，然而他的努力却得不到任何回应，受不到尊重的他在大怒之下于次年出兵南燕国，俘虏了南燕国国君仲父，然后将周惠王迎回自己的国都好好伺候着。不久后，郑国联合虢公以军事行动入侵了周王室都城，子颓和边伯等人在热闹的宴席上从此失去了他们的权力。

子颓之乱平定后，周惠王重新入主周廷。为了表示对郑、虢二公的感激，他将酒泉（今陕西东部一带）之地赐给虢，将虎牢（今河南荥阳西北）以东之地赐给郑。这次赐地造成的直接结果是，周王室的土地再一次缩小。

子颓之乱作为春秋初期周王室的一场具有代表性的内乱，源于当时的一种政治现实，而又加剧了这种现实的程度。这个现实就是贯穿了整个春秋期间的一种政治状况，即小国对于大国的依附。

我们已经知道，在秦德公年间，有梁、芮小国依附了秦国。其实，在春秋历史上，这种小国寻找大国依附的例子比比皆是。因为在周王权力逐渐衰退的情况下，如梁、芮这样的小国都明白乱世中该认的是霸权，而非王权。因此，在当时缺乏独当一面能力的小国都纷纷寻找着可以保护自己的大国。这种局面表明了乱世中弱肉强食的现实，也体现了作为中央政权的周王室，其统摄诸侯的威望已经大大地受到了削弱。这种削弱造成了周王室中有心变革的君王的骚动，因此，这些君王经常采取难以缓冲的贸然行动。如周桓王对于郑庄公的正面对抗直接导致了周郑交质这种削弱周王室权威的事件的发生。再如子颓之乱中，周惠王对几位大夫的强取在某种程度上意味着周王室对王权的执著。这种执著直接造成了诸侯的不满，诸侯的反抗与参与又加剧了王室的削弱。如子颓之乱后，周惠王更加受胁于郑国此类的大诸侯国。因此，东周王室在这种恶性的循环下已经难以夺回本属于他们的王权。

周王室的动乱引起了众多诸侯的注意，其中当然也包括刚即位的秦宣公。秦宣公想起了秦襄公的时代，当时西周末年的政治腐败与现在的东周政局有着几分相似性，而秦襄公便是利用这种时代背景直接促成了秦国的崛起。在这种思想下，秦宣公似乎也看到了属于自己的机会。

但是，在这种相似性下又存在着一点点的相异之处。当年西周周幽王的事直接关联到西戎，而西戎作为西北民族，与秦国自来有着密切的联系。因此，是西戎的参与给了秦国保护周朝的理由，否则，作为一个连诸侯都不是的地方势力，秦人的勤王只怕让人觉得是多管闲事。而如今，东周的内乱发生在周王室内部，即使有外来势力的干涉，也仅仅限于郑国这样的中原大国。在这种情况下，位居西北的秦国自然缺乏参与的资格和理由。

秦宣公分析出了这样的不同之处，因此，在子颓之乱于东方轰轰烈烈地上演着的时候，秦宣公只是做出了观望的姿态。当然，既然是观望，就表明了秦宣公也明白一个事实，即周王室如果再这样继续衰败下去，同时只要他让秦国再发展一段时间，自己将会有足够的实力去干涉东方的事务。

因为秦宣公对待子颓之乱的态度，秦国得以在这四年期间（公元前676年至前673年）继续韬光养晦，和平地发展着自己的经济，由此，秦国的实力在秦德公之后又往前推进了一步。秦宣公作为又一个出色的秦国国君，在即位之初便毫不吝啬地展现了他的能力。

秦宣公对于东方的政局还在观望中，在这期间，他不但看到了周王室的衰弱，同时，他也看到了一个诸侯国的称霸之路。这一个诸侯国叫做齐国，在一个叫做小白的君王那里实现了它的霸业。

小白同志来了

秦宣公在自己的国都里聆听着来自东方的消息，子颓之乱为他带去了几分惊喜，同时，情报人员收集到的消息里，那个在秦武公年间就实现了他的霸业苗头的青年人，现在还在凭借着他的威望对这个时代施加着影响。

这个青年人就是齐国历史的一代霸主，也是春秋历史上的首霸齐桓公。

齐国是西周开国后，周武王封赏给太公吕尚的封地。试想，姜太公那时在周朝的地位何等之高，由此也可知齐国自立国以来在西周的政治上便可属大国之列。到了春秋初期，齐国内乱迭起、外患杂错，这种局面到了齐庄公和齐僖公年间才现转机。二公之间，齐国元气渐复，国力日增，主盟诸侯，大有小霸的威势。后齐襄公继位，企图借庄僖余威来控制诸侯，却适得其反。更兼襄公荒淫无耻，与自己嫁与鲁桓公的妹妹私通，并谋杀了鲁桓公，致使齐鲁交恶。襄公胡闹，最终闹得众叛亲离，落到了人心向背的地步。

公元前686年，秦国政局刚在秦武公年间得到稳定，内乱的棒子却接到了齐国国里。当时，齐襄公的一个堂弟公孙无知发动叛乱，弑杀襄公而自立为齐公。齐国政局动荡，逼得公子们不得不出逃他国。这期间，未来的齐桓公便在这逃亡的行列中，他的名字叫做小白，此时他正逃往莒国。而和小白一起出逃的还有他哥哥公子纠，逃到了鲁国。

公孙无知自立为君，却得不到齐人认同，一年后便被齐国贵族所杀，齐国落入无君的困境，顿时一片慌乱。得知这个消息的公子纠和小白都连夜回赶，希望赶在对方之前回国当上齐公。当时，鲁国发兵护送公子纠，并派公子纠的老师带兵去堵截往齐国赶去的小白。这个老师正是一代名相管仲。

管仲追赶上小白的队伍，搭弓射箭，一箭便中了小白腰间的挂饰。真幸亏管仲这箭走偏，要不然齐桓公哪有机会让他的名字响彻天地？当时小白见管仲赶来本已心慌，又差点中了他的箭，惊吓之余，小白只好假装倒地而死，以欺骗管仲。管仲远远望去，见小白中箭后倒地，还真上了他的当，赶忙派人向公子纠报喜。公子纠得知劲敌已死，悬着的心便落了下来，于是命令军队别急，要慢悠悠地、华丽地走回国去。

可在公子纠还没回到齐国时，他便得知自己的弟弟小白已经当上齐国国君了。原来齐桓公装死骗过管仲后，便兼程赶回齐国，在公子纠之前顺利回到了齐国，在贵族们的支持下当上了齐国国君。虽然公子纠再不甘，他都不得不承认，在第一步棋上，小白便比他高了一招。

齐桓公一上位，便立即派出军队发兵迎击鲁军，最后在干时（今桓台）大获全胜，鲁军败回。那时候，齐国众臣子都认为应该要逼死公子纠，免留后患。但是，对于公子纠的老师召忽和管仲，齐桓公的老师鲍叔牙却不舍得杀害贤良。因此，鲍叔牙给鲁君去信，信中表示希望鲁君替齐国杀死公子纠，而将召忽和管仲放回，齐国自会对他们施予极刑。

最终，公子纠被鲁人所杀，而忠心耿耿的召忽却也自杀以陪主，唯有管仲被囚禁，送回了齐国。当时，桓公看到管仲，忽然想起那一箭之仇，愤怒之下便下令斩杀。幸好鲍叔牙和管仲是至交，又深知管仲其人具有大才，因此他请桓公息怒，并将管仲推荐给了桓公。齐桓公也是明理人，既然鲍叔牙如此说了，那就叫来验证验证。于是桓公将管仲请来，和他谈论霸王之术。只见管仲侃侃而谈，说得桓公大喜过望。从此，管仲成了齐桓公的第一顾问。

管仲为相后，指出了齐国的种种弊端，并作出了针对这些弊端的改革，改革囊括了政治、军事、经济等各大方面。在这次齐国改革中，管仲彻底发挥了他身为一个国家总理的能力，在齐桓公的支持下，在其余四位大臣宾须无、隰朋、鲍叔牙和宁戚的帮助下，将齐国从一个人心惶惶的灾难国家，回到昔日的辉煌，甚至还将这种辉煌推上一个前所未有的高度。至此，齐国的国力已无人能及。

国家发展到了这个地步，齐桓公便开始着手实现他当初的霸主梦想。在称霸的道路上，齐桓公首先向各位邻国亮出了自己的实力。因此，桓公和南方的鲁国、北方的燕国、西方的卫国联盟，其目的便是利用这些国家的地理位置，来作为自己的屏障。这些国家在任何一个方面都比不过齐国，也只好心甘情愿地为它服务。

秦武公十七年（公元前681年），齐桓公在齐国甄地召集了宋、陈、蔡、邾四国诸侯举行了“北杏会盟”，旨在协力平息宋国内部争夺君位的变乱。“北杏会盟”说明了齐桓公已经开始以霸主的身份插手他国事务，而齐桓公也由此开了以诸侯身份主持天下会盟的首例，并成了历史上第一个充当盟主的诸侯。

“北杏会盟”将齐桓公的威望提上了一个更高的层次，虽然如此，也不是每次都有诸侯愿意赏桓公的脸。就在“北杏会盟”后不到一年，宋国便公开背叛盟约了。面对这种不给自己面子的行为，齐桓公决定要治它一治。

齐桓公并没有贸然出兵宋国，他的第一步却是派人带着丰盛的礼物前往洛邑拜见周天子，然后向周王说宋国随意废立国君，是不尊重周礼的表现，恳请周天子出兵兴师问罪，以卫周王室的权威。当时周天子也正好想借个诸侯的力量来重新树立天子威望，于是他答应了齐桓公的要求，派出部分兵力，在齐桓公的支持下，联合其他诸侯一起伐宋。

在周王室大旗的压制下，宋国无可奈何，它可不想背负上抗御王师的罪名。因此，宋国只好重回以齐国为盟主的联盟。

这次讨伐宋国让齐桓公学到了一个道理：利用周王室的旗号来控制诸侯，这是最方便的称霸途径。从此，齐桓公又开创了挟天子以令诸侯的风气，为后来的争权诸国提供了一种夺权方式。

公元前679年冬，齐桓公再次以周天子的名义，集合了卫、郑、宋三国国君在齐国举行会盟。盟会上，各国诸侯看到周王室的旗号在齐桓公的身后飘扬着，看到周王室代表对齐桓公的支持，再也没有一个诸侯敢跟齐桓公叫板。从此，齐桓公确立了他的春秋霸主地位。

齐桓公的这种地位在公元前678年更上一层楼。这一年，秦国的君主秦武公在低调地发展了秦国之后，默默地离开了人间。而齐桓公却再次集合了鲁、宋、陈、卫、郑、许、滑、滕等国在幽地会盟，高调地向世人宣告：他齐桓公才是天下的主人。

当秦国的接力棒来到了秦宣公手上时，齐桓公还在继续发展着他的霸业。这期间，桓公的威望越来越高，连远在西北的秦人都感受到了这一代霸主的力量。在秦宣公去世之前，齐桓公便实现了他多次会合诸侯的理想。当然，这还不够，在齐桓公的有生之年，他将实现他“九合诸侯，一匡天下”的壮举。

齐国在齐桓公手里一直走着，而秦国也在宣公手里默默地发展着。齐桓公虽然强大，但对于秦人的影响无非为它提供了一个称霸的模板，毕竟秦人远在西北，这便注定了齐桓公和这个国家无法有太多的交涉。因此，中原诸侯大会，这些都和秦国没有多大关系。秦国虽然很想参与其中，但为了这个目标，它还需要多加努力。

当宣公将眼光从齐国身上稍微拉回一点，他看到了另外一个国家的兴起，而这个国家正与自己毗邻，这是否便是上天给自己的一个机遇？一个涉足中原的机遇。

这个国家叫做晋国，与秦相邻。在秦宣公的东进战略中，它始终是作为第一目标而存在的。

宣公以晋为窗

齐国毕竟距离秦国有很远的距离，因此秦宣公对于齐国的关注有点舍近求远。其实，更让秦宣公感兴趣的是在他旁边的一个国家。这个国家叫做晋国，它的存在在给秦国往东发展的机会的同时，也遏制了秦人东进的念头。

关于晋国的立国历史有两个版本，一个来自《左传》，一个来自《史记》。哪种说法正确其实并不重要，关于远古的晋国历史，我们只需要知道它的姓来自于周王室的姓——姬姓，也就足够了。

当晋国在晋文侯手里时，因其在周平王战败携王以及平王东迁这两件周王室的大事上都出了大力，因此被周平王大加赞赏，晋国遂在晋文侯手里进入它的第一个发展高峰期。

晋文侯死后，他的儿子晋昭侯继位。这个晋昭侯或许太孝敬了，因此他慷慨地将一个叫做曲沃的城池封给了他的叔叔。为什么说他慷慨呢？因为这个曲沃城比起晋君的都城翼还要大。将一个比自己的都城还大的城池送给别人，这第一违背了当时的君臣礼仪，第二也为别人的争权活动提供了便利。看来，晋昭侯此举似乎已经为以后的历史作出了预示。

果然，在这之后，晋昭侯就为他当初的糊涂吃了苦头。因为这个曲沃公在曲沃站稳脚尖后，便开始觊觎晋侯的位子了。这种觊觎直接造成了晋国两城之间多年的战争。这场持久战中，曲沃先是败了两战，最终在曲沃武公的手里顺利达到了目标。

曲沃武公在曲沃继位后，便继续了前人夺取晋国执政权的战争。在曲沃武公的奋力下，最后曲沃军于公元前709年成功掳走了时任晋侯的晋哀侯。晋国的贵族见国王被虏，为防止国内骚动，即时立哀侯的儿子为晋侯，是为晋小子侯。

晋国在小子侯年间，曲沃武公已经将自己控制下的疆土大大扩张，而衰弱的晋国王室对此也只能表现出无可奈何的态度。晋国的王权将在谁之手，其实已成定局。

小子侯四年，曲沃武公又出兵翼城，诱杀了小子侯。曲沃武公作为晋国旁支，多次弑杀正宗，这其实是当时礼乐崩坏的一个写照。就在曲沃武公弑杀小子侯前不久，鲁国便发生了宗室羽父弑杀鲁隐公之事，而鲁国作为春秋时期保留周礼最完整的礼仪之邦，会发生这样的事，便可见周礼在当时已经开始崩坏，而天下混乱的局面自然也无可避免。

周王室也不想发生这样的事，为了维护自己的威严，周桓王便出兵讨伐曲沃。在周王室的干涉下，曲沃武公未能顺利控制晋国大权。但是这种情况没有持续很久，公元前678年，武公再次出兵灭晋公室，还将晋国宫里的宝物献给了周釐王。当时的周王室已经不得不借用齐国的实力来持续自己的威严，因此釐王对于曲沃武公灭晋一事并没有太大的干涉能力，最后也只好顺其自然，将曲沃武公封为晋君，是为晋武公。这便是晋国历史重要的曲沃代翼事件。

在晋武公前三代的共同努力下，曲沃终于成为晋国的正宗，开始了掌管晋国的历史。晋武公死后，由他的儿子姬诡诸继位，是为晋献公。

晋献公在位期间先定内患，巩固了君位，也稳定了政局。然后继续发展晋国，在奉行尊王政策的同时，大力向外进行征讨事业，结果将晋国发展成了一颗无论是在政治上，还是在军事实力上都令人瞩目的新星。

晋献公继续发展着他的晋国，他想要自己的国土面积比现在再大出一倍。但是，在晋国的东面是时任霸主的齐国，晋献公可不敢在他头上动刀，而晋国的南面又是实力和自己相当的楚国，晋献公也不想和他扯不清。在晋国的西面却有一个国家，国土够大实力却又不甚坚强，因此，晋献公便将矛头指向了他。

这个在晋国西方和晋国毗邻的国家正是秦国。当时秦国在秦宣公手里低调地发展着，但是这种低调还是引起了邻居的觊觎。其实，秦宣公也一直在觊觎着他这个邻居，只是晋国实力和威望都比自己高，因此宣公不便轻易动手。而从来挑起争端的都是强大的一方，因此，晋国便先出手了。

晋国多次入侵秦国，但秦宣公一开始还是保持着低调的态度，不愿将和晋国的战争上升到白热化的地步。但是在晋国多次的挑衅下，就是宣公受得了，秦人也受不了。在秦国国民和大臣们的多次劝谏下，秦宣公最后毅然下定决心，发令全国开始进入与晋对抗的状态。

就这样，秦宣公四年（公元前672年），宣公在祭祀了青帝之后，正式对晋宣战。

这兴许是秦晋之间的第一次战争，也兴许是秦国对东方诸侯国的第一次战争。在这之前，秦人都忙于和西戎交涉，虽有心向东，却也无力向东。此时，晋国自己挑起了战端，准备了那么久的秦宣公也就决定不再等待了。既然往东的机会已经提前来临了，那自己就何必再去谦让呢。因此，秦宣公开始了他以晋为窗的东进战略。

在秦晋多年的交战中，晋国虽较具实力，但秦人在与西戎对抗的多年经验下所累积的虎狼之性，却也令晋军不敢小视。因此两国之间并无很大的胜负，两家往来小打小闹，对两国，对整个春秋都没有造成任何大的影响。

时间过得很快，在和晋国吵了八年之后，宣公终于在秦宣公十二年（公元前664年）逝去了。秦宣公作为秦国的又一个贤君，继续发展了秦国国力。最为可贵的，秦国历史在宣公年间进行了改写，从一个专注于内部发展的封闭式诸侯，转向了与中原文明国家争强的自信社会，这是秦宣公最大的贡献，是秦国历史上值得后人纪念的里程碑。

秦宣公死了，继位的是他的弟弟秦成公。成公这人在位短短四年，一生平庸，没有大错也没有大功。但期间发生了一件事，让秦成公和他的后人明白，要想东进还需要多加努力。

秦成公年间，齐桓公以中原霸主的身份来到了西方征讨戎族，因为当时有一个戎人政权孤竹国（今河北卢龙一带）出兵入侵燕国，燕国告急于齐。齐国大兵来到孤竹，当时秦国有大臣考虑到孤竹距离自己国家甚近，孤竹之灭对秦国或许不利，因此提议成公出兵相助。

秦成公虽然平庸，但平庸的人经常有一个优点，那便是自知之明。在成公思虑过后，他向大臣解释说秦国的国力远远弱于齐国，要和齐国正面对抗基本是不可能的。因此，秦国放弃了这个援助想法。

秦成公四年（公元前660年），成公在安静地过完他短暂的君主生活后便与世长辞了。继承秦成公位子的是秦成公的弟弟，便是后来被称为秦穆公的人。这个秦穆公常有霸业之心，这时候，君王的位子传到了他这里，或许，这便是他一展其才从而实现毕生抱负的时候了。

第三章　春秋争霸：秦穆公的伟大事业

穆公的霸业

夹带着几点感伤的眼泪，一条小河缓缓地流过秦穆公的脚下，几片落花纷纷扬扬地飘着，荡落在地上，慢慢地消融在了泥土之中。秋意的萧条令人感到仿似遭受大自然的抛弃，几座陵墓之前，秦穆公和他引领的大臣班子一齐跪倒，这情景为本已肃杀的气氛增添了一份牺牲般的壮烈。

秋天平静地来，却在秦穆公的心底搅起了不平静的波澜。在先祖的陵墓之前，毫无表情的秦穆公在大臣前面得到了一种深不可测的印象，而在这个时候，只有他自己最清楚，他所想做的超过了先辈们已做的一切——齐桓公会盟诸侯的背影深深地印在他的心里。

秦穆公是想称霸的，当然，谁不想称霸？自秦襄公立国以来，毕竟缺少先例，所以这种想法在襄公时候也只是若隐若现，并没有作为一个目标为之努力。而到了秦文公时，虽然在一系列神话里见证了秦国已经萌生了称霸的念头，但由于生产力的低下，自认不足的秦国也只能以发展为先决条件，一代一代地为这个遥远的目标而奋斗着。

到了宣公年间，实力大增的秦国开始了东进的势头。这时候，作为秦国邻居的晋国已经感受到了来自近邻的压力，秦国的霸者事业也在成功遏止了晋国前进的当下里得到了自信的力量。自信一来，秦宣公却走了。未来得及将这种事业进行到底的秦宣公将接力棒递交给了弟弟秦成公，平庸的秦成公在这方面并没有太多的想法，反倒是当时在秦成公后面的秦穆公着急地燃烧着他的决心。

秦穆公名任好，是秦德公的少子，秦宣公和秦成公的弟弟。秦成公在位短短三年就结束了他的生命，同他哥哥一样，具有兄弟情谊的秦成公将君王位送给了他的弟弟秦穆公。这种兄弟情谊为毫无出彩的秦成公抹上了一点亮丽的颜色，因为秦穆公在日后的表现将为这份情谊做出肯定的回应。

秦穆公想着称霸，就算不能称霸整个中原，也必须将自己推上西北地区的霸主位子。这种念头催促着他，令他时刻不敢松懈。就在秦穆公继位的第一年（公元前659年），便开始了他的扩张疆土事业。

秦穆公是幸运的，他的先辈们为他留下了一个国力强盛的国家，因此秦穆公本无需为他的征伐事业顾虑太多，所以他继位后的第一步行动便是出击茅津（今山西芮城东）的戎人。这些戎人夹在秦国和晋国之间，秦穆公要想成功实现与晋国的交涉，就必须先平定这部分戎人的势力。

秦穆公在成功征讨了这部分戎人之后，便将眼光正式移到了晋国的身上。关于晋国，秦国在秦宣公年间开始了和这个国家的交涉。在与晋国的长年小争小斗中，秦国虽无大败，但他的实力确实仍在晋国之下。虽然秦国经过多年的发展国力有所增长，但与中原大诸侯国对抗仍显力不从心。

但是这并不妨碍秦穆公东进的决心，硬的不行，就来软的，在这方面，秦穆公和当年的秦襄公是一样的。秦穆公自知实力不在晋国之上，若要打肿脸充胖子，对自己是无益的。这种情况下，秦穆公想起了当年秦襄公对待西戎的政策——和亲。

秦穆公五年（公元前655年），晋国还是晋献公在当家，当年晋献公灭了虢国和虞国，霸气正盛，秦穆公于是做出毕恭毕敬的样子写了一封信给晋献公。信中在一贯的客套之后，表明了这封信的目的：秦穆公希望能娶得晋献公的女儿。晋献公收到这个请求，在一阵迟疑和公开讨论后，最终做出了决定：将自己的大女儿嫁给秦穆公。

晋献公作为比秦穆公还有实力的诸侯，和秦穆公结亲已经算是给他面子了，何况这门亲事的主角还是自己的大女儿。就这一点而言，也足以见出晋献公对于秦国的防备也不是丝毫无视的。当然，让一个诸侯国的君主当自己的女婿，这对于晚年的晋献公来说，也不失为提升自己威望的一个方法。

任何一门政治联姻，在背后都有双方各自的打算。秦穆公的对晋政策采取和亲的原因，其一是因为自己实力的不足，多年的秦晋之争对于秦国并无益处，相反，短暂的和平能为秦国争取一段发展的时机。其二，晋国作为秦国向东方前进的门户，要对东方施加控制力，就必须先搞好和晋国的关系，因此秦穆公此举无疑是借晋国为踏板，开始他的东进计划。关于第一点，秦国是老手，自然无大碍。关于第二点，就在这次结合的几年后，也就是晋献公走到了他的将逝之年时，历史将会证明秦穆公的政治眼光是具有前瞻性的。

对秦国联姻一事上，晋献公有自己的算计。晋献公虽然实现了晋国的强大，但此时的他也已步入晚年。一个重病的老政治家已经有心无力，只能逐渐将眼光缩回到了宫廷之内。与此同时，位于晋国南部的楚国正在崛起，这个国家对于晋国的发展也有了一定的威胁，另外，晋国的东方又盘踞着老牌诸侯国齐国。在这种多方夹击的情况下，晋国就有了稳定各方的理由。

当时，晋和三大国接壤，晋国和齐国实力相当，发生大冲突的可能机会较小，因此对于晋国的问题就徘徊在结好秦国或是楚国之上。因为楚国从南方崛起，日益威胁到北方各诸侯的地位，因此北方诸侯对其均报之以仇视的态度。这一点，齐桓公先向世人表明了他的态度。当时，齐桓公就曾派出军队准备伐楚，并为这次的出兵行动列举了两点理由，无外乎是楚人不尊重周王室的借口。另外，后来的霸主宋襄公也曾被楚所囚，释放后还和楚发生了一场大战。楚国的遭遇表明了，在当时诸侯争霸的背景下，中原大国对于一个猖獗的“外来户”是可以持一致打击的立场的。晋国作为中原大国，自然也不会例外。

和楚国相比，秦国在西北虽然也有崛起的态势，但只因秦人一贯忍耐，做事低调，所以他们的崛起并没有令其他诸侯国感到威胁。同时，秦国和当时的霸主国齐国中间隔了一个晋国，因此秦国的崛起并不会对齐国构成直接威胁，齐国认为没有必要对秦国施压。秦国正是在这种情况下获得了中原大国的认可，虽然这之中有些许轻视的因素。

在如此对于秦、楚两国的考虑下，晋国显然还是会倾向于秦国的。正好，秦穆公也懂得这样分析，因此他及时出手，将这个分析中的春秋格局变为现实。懂得韬晦之计，这无疑是秦国比楚国聪明的一点，借由这一点聪明，秦国顺利打进了中原诸侯大国的行列。

秦晋因为各种对于自身的有益考虑，终成婚姻，为日后令人津津乐道的秦晋之好起了一个好的开端。而“秦晋之好”也因此成了政治联姻的代名词，到了后来，摒弃了政治因素，它也成为男女婚嫁的形容词。

秦穆公的称霸之路在“秦晋之好”上面获得了一个好的开端，其实这种霸业预兆不仅仅在于此，就在秦穆公即位的那一年，便发生了一件即将改变秦国命运的事。

我们知道，晋献公选择秦穆公的原因不仅仅是从自身的位置上来考虑，秦穆公本身的势力也是晋献公愿意和他联姻的因素之一。秦国到了秦成公时早已声名在外，对处于西北的各个戎人部族来说更是如此。这种情况下，戎人部族对于秦国的崛起已经慢慢地起了忌惮之心。因此，就在秦穆公刚即位的时候，鉴于秦国在西北的威望，西戎人当即派出了一个人出使秦国。而这个人的到来令秦穆公看到他称霸西北的一丝曙光。

由余是个好青年

秦穆公元年（公元前659年），穆公作为君主，正召开着他生平的第一次会议。正当秦廷纷纷响起一声声积极向上的献策音浪时，外头忽传：“西戎绵诸（在今甘肃天水东）部族派使者由余来见。”众大臣一致静默，没人知道由余是何许人，这时候令他们注意的不过是“西戎”这个字眼。可是，待日后，“由余”将会取代“西戎”，令秦廷上的官员们瞠目结舌，敬佩不已。

秦穆公也没听过由余这个名号，但既然使者是来自西戎绵诸，而绵诸在当时的西戎各部族中是数一数二的大部族，这自然让秦穆公表示出浓厚的兴趣，于是将由余唤了进来。

这由余相貌虽不出众，其敦厚的眼神在秦人眼里更像个二愣子，不过举止大方的他显得气度非凡，不下于任何一个站立在秦廷的人。秦国百官议论着他，心想这个人虽有气节之傲，却时刻显出了仁义的精神，而这一点与他们印象中蛮横的戎人却大有出入，因此啧啧称奇。

由余在众人的注视下却一点也不显慌张，他淡定地走到秦穆公面前，向他致以戎王对秦穆公的问候。接下去的一阵对话，由余的表现可谓举止大方、谈吐非凡，而秦穆公向来爱才，自然便对他产生了好印象。

能人在前，秦穆公立即抛下君王的面子，走下他的位置，快步来到了由余面前，用自己的手挽起由余的手臂，将他带出了王宫之外。由余和秦穆公并排行走，难免感到些许局促，心里默默想着这位君王竟然有如此爱才惜才之量，不免对秦穆公产生了一些敬服。

两个人就这样在秦国的王宫里行走着，后面远远跟着一群臣子，见秦穆公对由余表示出如此的亲密，都觉惊讶。其实后面臣子也不必过分惊恐，秦穆公和由余不过话话家常而已。秦穆公觉得由余的举止不似西戎人，并向他表示出自己的疑问。原来，由余也是华夏族人，其始祖可追溯到夏禹的第三子少康氏。后来由余的祖辈因为中原战乱，从晋国避乱到了西戎，遂世代在西戎居住。

秦穆公一听由余不是西戎人，而是晋国人，自然喜出望外，急忙翻出族谱，聊起了伯益和大禹的往事。在一番聊天之后，两人的关系更加亲密，真是相见恨晚，这时候秦穆公已经巴不得将由余留在秦国了。

当然，说两人亲密是一回事，秦穆公对于由余的喜爱自然一方面表现在爱才之心，而另一方面，也是最为重要的，当然是因为秦穆公深深地觉得，由余对于他的霸业必然能提供相助之力。因为由余长年久居西戎，对于西戎的内部情况比起任何一个秦国人都熟悉。而由余又恰恰是晋国人，这意味着由余不会对西戎抱着死忠的态度，同时也预示着秦国与晋国的关系即将有一个突破。

秦穆公是这么想的，可由余并不这么认为。虽然秦穆公对他如此看重，他自己也对秦穆公对他的器重心怀感恩，但是由余觉得自己虽身为晋国人，却世代在西戎当官，这份恩情自然要报。由余的忠义注定了秦穆公想留住由余不过是一相情愿。

秦穆公带着由余走在偌大的王宫里，每到一处辉煌之地，穆公必然自豪地向由余介绍，每见一个精致之物，穆公也毫不吝啬地展示给由余欣赏。秦穆公心里想着，这样壮观的建筑，这样精美的物器，在西戎必定不常见，拿这些东西出来吓吓由余，让他见识什么叫大国。

秦穆公正值骄傲之余，等待着由余的称赞，哪知由余对这些东西却不屑一顾，只是微微一笑，并没有表示出称奇的讶异神情。秦穆公被泼了一盆冷水后，感到些许不满，而在他不满的同时也感到了几分疑虑：难道戎人有比这些更贵重的宝贝？

正当穆公疑惑之时，由余开口了，他说："使鬼为之，则劳神矣。使人为之，亦苦民矣。"（《史记·秦本纪》）由余认为秦宫之所以物质丰富，都是建立在百姓的困苦之上的。穆公一听就不服了，因为秦国向来跟随周人的礼制，而秦宫作为秦国礼的最顶端，自然应该得到本属于他的荣耀。

秦穆公是这样想的，可是由余不赞同，他笑了笑，对秦穆公说出了他独特的政治见解。由余认为，正是周朝的诗书礼乐法度才使得周朝的管理出现问题。因为自先贤创立这些法度之时，他们作为创立者，必定带头贯彻执行，但后世君王一个比一个骄奢淫逸，这种情况下，礼制必然作为一种借口，维持着王室的奢侈生活。而在礼制的要求下，百姓受着统治者的压榨却不能抱怨，这便使得平民的生活越过越艰难。而民生问题作为一个国家的基本问题，当它得不到解决时，自然会阻碍国家的发展。

针对礼制所引发的问题，由余提出了仁义的概念来解释他的治国理念。他认为只要在上者对下以淳厚的仁德治之，在下者必然会以忠信的态度回应之，这样一来，国家在上与下相互的尊敬中，便能自动协调，和谐发展。

在这里，由余的思想里其实已经有了后来孔孟之道的"以民为主"的观点，他的仁义治国理念也早于孔孟，进入了秦穆公的耳里。所不同的是，孔、孟虽然同样希望用"仁"作为内在品质来规范行为，但他们同时也强调了以礼作为外部规范来辅佐。但由余却认为礼制作为一种仪式，若运用不当反倒会引发束缚的害处，对国家的管理并无太大的意义。由余的思想比起孔孟来带着更多功利主义的味道，毕竟由余成长于西戎，耳濡目染了西戎人的率性热血，这便是他和出生在礼乐之国的孔子之间的不同。

秦穆公听到由余这一席话，自然感到讶异。一来讶异于由余的治国理念有其创新之处，同时也讶异于由余的能力已经远远在自己的预料之外。不管由余的治国理念和秦穆公有几分共同语言，秦穆公都从中看出了由余的能力绝非一般，这更坚定了秦穆公留住由余的心。

这一次散步谈话令秦穆公心绪不宁，一来他想得到由余，二来他又怕由余这样的人才留在西戎会对他造成威胁。因此他叫来了内史廖，问他："孤闻邻国有圣人，敌国之忧也。今由余贤，寡人之害，将奈之何？"内史廖想出了一个办法，他认为"戎王处辟匿，未闻中国之声"，秦穆公可以"遗其女乐，以夺其志"（《史记·秦本纪》）。这时候再将由余送回西戎，由余必然劝谏戎王不要耽于娱乐。此时的戎王对由余的劝谏一定会心生不满。再者，由余在秦国逗留的时间较长，戎王必然会对他产生怀疑。如此一来，戎王对由余的不满定然更深。君臣之间有了心结，秦穆公只要稍稍示好，由余必然前来归降。

这个离间君臣的计策想得十分完美，但想要成功，还必须得戎王的配合。如果秦穆公不幸遇上了一个贤明的戎王，那么这个计划简直不堪一击。幸运的是，戎王没让秦穆公失望，像一个称职的演员，演好了内史廖导演的这场戏。

由余回到西戎绵诸，屡次劝谏绵诸王。绵诸王却认为由余已经倚向了秦穆公，才敢如此拂逆。当忠心直谏被当成了拂意叛逆，由余对于绵诸王便失去了信心。秦穆公见时机已到，派人前往由余处劝由余归降秦国。对绵诸王失去信心的由余，感于秦穆公的知遇之恩，也就从此离开了西戎，进入了秦国的宫廷。

秦穆公得到由余后大喜，虽然这时候他对于西戎还没有起兵的想法，但是由余留在秦国，一来为秦穆公去了西戎的一个大患，二来也为以后的讨伐西戎做好了人才准备。后来也证明了由余作为秦穆公花大力气抢夺过来的人才，并没有让秦穆公为他的开销感到不值得。

由余来到了秦廷，为穆公将来的霸业实现了一个完美的开端。可是秦穆公的首要目标不是西戎，他希望能尽快将自己打进中原诸侯的行列，而这一点在秦穆公五年（公元前655年），在穆公作为晋国女婿这一点上实现了。其实，这场政治婚姻为秦穆公带来的不仅仅是地位的提升，还附带了一个比由余更有价值的人才。而同年，晋献公的国家也开始了一场内讧，作为晋国的女婿，这场内讧开始了秦穆公插足晋国内政的“事业”。

五张羊皮的买卖

在春秋时代，五张黑羊皮能买到什么？楚成王会告诉你：五张黑羊皮，只能找我买一个奴隶。但是秦穆公就不同了，他用过人的智慧，用五张黑羊皮买到了一个贤相。

这个贤相就叫做百里奚。

历史上的贤相，有待价而沽的，如蜀国的诸葛亮，你不三顾，我不出门。也有作为官僚世家成名的，如唐朝的狄仁杰，好的背景使他的能力得以更好地施展。当然，不是每个贤相都能摆摆架子的，也不是每个贤相都有一个好的家庭。商朝的伊尹在被商汤看中之前，他的社会地位属于奴隶；周朝的姜子牙暮年才开始辅佐周文王，谁还会想起年轻的他当过屠夫，卖过酒。和这两个名相一样，百里奚在当上秦国上大夫之前，也经历了他的低潮期。

秦穆公四年（公元前656年），晋献公以假道伐虢的计策灭了虢国和虞国。当时百里奚正在虞国当大夫，虞国灭亡，他的地位顿时下降，从一个大夫变成了奴隶。时运不济的百里奚由此来到了晋国，加入了奴隶的行列。

百里奚本名虞奚，因为住在百里乡，故人称百里奚。百里奚的一生实在波折，在当上虞国大夫之前，他只是虞国的一户平民人家的孩子。家虽贫，百里奚的志却不穷，他自小便刻苦发奋、熟读经典，长大后成了学识过人的知识分子。可是当时没有科举，在宗法制度如此森严的虞国，一个平民孩子想当上官是极难的。因此，百里奚也只能抱着怀才不遇的遗憾默默地度着日子。

俗话说，成功的男人背后都有一个伟大的女人，这句话用在百里奚身上是一点也不过分。百里奚不遇伯乐，兼之家境困苦，因此时常在家长吁短叹。这样的男人若到了现在，基本披上了“没用男人”的外衣。但是，他的妻子杜氏见他如此颓废，非但一点也没嫌弃他，反而对他百般激励，甚至鼓励他出外去周游列国，寻找时机。一个低潮期的男性正需要女性的关怀和鼓励，若没有杜氏的见识，只怕百里奚只能一辈子窝在他的小屋里。

百里奚有了妻子的激励，又见妻子对自己充满期待，顿觉惭愧不已。因此，带着妻子的期望和自己的满腹才识，百里奚决定走出去，用自己的双手创造出一个天地来。

百里奚满怀热情地走过宋国、齐国，然而现实渐渐消磨了他的激情。一个外来人想在当地混已是难事，何况想拿个官位来坐？因此百里奚出走到现在，却得不到一个君王接见。就在百里奚即将放弃自己的天真的时候，他的救星出现了。

这个人叫做蹇叔，百里奚拖着失落的影子在齐国郅地遇到了他。两个知识分子一相遇谈得很投机，于是结成了知己。

交了一个朋友之后，百里奚本来那失落的心情瞬间重新高涨起来，他决定要坚持下去，当时似乎有一个时机来到了百里奚面前。原来当时齐国发生了政变，齐国公子无知杀了齐襄公，自立为君。公子无知当上齐君后，招贤纳士，百里奚得知后认为这是一个千载难逢的机会，遂想去应召。正当百里奚准备前往应召的时候，蹇叔拉住他了，蹇叔对他说：“襄公之子出亡在外，无知名位不正，终必无成。”百里奚听了蹇叔的话，遂放弃了这个想法。第二年，如蹇叔所言，公子无知便被推翻了。

不久后，百里奚听到了周王室王子颓的名声，于是奔波到了国都洛邑，准备投奔王子颓。在百里奚临行前，蹇叔曾叮嘱他要好好选择，并约定自己处理好家事后，会前往洛邑见他。后来百里奚等到蹇叔，两人一起面见了王子颓。这次面见令蹇叔很不满意，因此他建议百里奚不要投奔王子颓。鉴于上次蹇叔预测中了公子无知的事，百里奚又听取了蹇叔的建议。而就在几年后，周王室随即爆发了子颓之乱。

百里奚新入社会，经验不足，所幸让他遇上了好友蹇叔。在经验老到的蹇叔的带领下，百里奚才避免了一次又一次的歧途。先有贤妻，再有良友，百里奚的人脉不广，却一镖中的，不可不谓之幸运。

一次又一次的碰壁令百里奚感到心灰意冷，离家那么久了，家里也不知道怎么样，这种惦念让百里奚想回虞国看看。当百里奚对蹇叔说起这个想法时，蹇叔的眼睛却亮了。因为蹇叔有一个朋友叫做宫之奇，他正在虞国做官，如果自己出面，定能为百里奚谋个一官半职。因此两人便出发来到了虞国，在蹇叔的推荐下，百里奚终于在虞国得到了他的官位。

就这样，百里奚顺利在虞国当上了大夫。虽然如此，虞公却没有重用百里奚，因此百里奚仍旧不能实现他的毕生所愿。不过困顿至此，百里奚也不再奢求太多，所以他就安心在这个职位上做了几年，一直到晋献公来到了虞国，百里奚才被扔进了奴隶的圈子。

从平民到大夫再到奴隶，百里奚早已经有了一波三折的经历了。可是这还不够，接下去，百里奚还要经历他人生最大的变动期。

一切好像都冥冥注定。就在虞国被晋国灭亡的后一年，秦穆公便向晋献公求婚来了。晋献公答应了秦穆公的求婚，开始着手置办嫁妆。这一年，百里奚跌落到了他最难堪的低潮期，因为他作为陪嫁奴隶，被送到了秦国。

一个大夫位置坐了几年的人，竟然要他在陪嫁奴隶的队伍里行走，这令百里奚觉得羞辱至极。不屈的他终于在前往秦国的路上逃掉了，然而这并没有结束他的奴隶生涯，因为在逃路的过程中，他被楚人抓走，继续他的奴隶生活。

百里奚就这样从晋国辗转到楚国，可是生活还是一样落魄。在楚国，楚成王听说百里奚擅长养牛，因此便让他干这个工作。在长期与牛相处之后，渐渐地，如同当年他在家一无是处的时候，百里奚又开始自怨自叹了。而这时候，百里奚的身边没有妻子，没有朋友，他已经失去了他的激励源泉，仿佛一切即将步入结束，而百里奚也好像只能将他的后半辈子埋葬在牛群里了。

可是天不绝人路，在妻子和朋友之后，百里奚遇到了他生平第三个恩人，这个恩人就是秦穆公。

尽管秦穆公在即位之初便得到了由余，但人才多多益善，穆公不会嫌多。因此当他无意中听到别人说起百里奚这个名号时，便起了兴趣。他叫来大臣公子絷，对他说出了自己的想法，原来穆公希望用重金购买百里奚。看来在穆公心中，百里奚是值高价的。

可是公子絷有自己的看法，他认为秦穆公如果用重金购买百里奚，那么楚成王便会觉得百里奚是个人才，从而将他留为己用。因此，公子絷建议穆公，既然楚成王让百里奚去养牛，说明百里奚在他眼里，不过是一个奴隶的价钱，那不如用购买一个奴隶的价值，去买回百里奚，这既可以以贱卖贵，又能防止楚成王多疑。

秦穆公觉得公子絷所言很有道理，因此便向楚成王提出了一项交易：用五张黑羊皮购买奴隶百里奚。百里奚在楚成王眼里只能养牛，而会养牛的人到处都是，因此楚成王根本不会在意他，所以这场交易很快就成功了。后来，当百里奚在秦国名扬天下的时候，世人便给了他一个称呼：五羖大夫。

百里奚就这样从楚国解脱了，当他来到秦国时，秦穆公立即亲自接见了他。穆公的接见令百里奚感到惊慌失措，他自认为是亡国之臣，根本不配国君垂询。秦穆公认为百里奚太谦虚了，他亲自解除了百里奚的奴隶身份，然后向他询问国家大事。

百里奚的政治言论令秦穆公兴奋不已，这种兴奋较之当年的由余更甚，因此秦穆公便提出了想让百里奚当上大夫的想法。上大夫在秦国的地位基本等于丞相，穆公已经决定将秦国的军政大权都委任给百里奚。百里奚听到秦穆公的请求，寻找这个机遇已经多年的他却忽然傻了，苦苦追求的东西有朝一日竟然从天而降，这令百里奚一时适应不过来。

百里奚想起了自己多年的苦难经历，想起了自己的妻子，想起了那个在自己困苦时扶持自己的朋友。没错，他想到了蹇叔。当年蹇叔曾告诫他虞公也并不是一种好的选择，但因他当时不愿等待，所以才造成后来的局面。若没有蹇叔，他百里奚指不定现在还在哪里有一餐没一餐地过着日子。因此，他要报答蹇叔。

百里奚拒绝了秦穆公的邀请，并向穆公讲起了自己的朋友蹇叔，希望穆公能将蹇叔迎来，让蹇叔当上大夫。秦穆公爱才之心使他不愿意放过任何一个人才，有了一个百里奚，还顺带送了一个蹇叔，穆公何乐而不为？因此他用重礼请来了蹇叔，让他和百里奚一起当上了秦国的上大夫。

五张羊皮的买卖再次证实了秦穆公对于人才的爱惜。自古以来，善用人才者无不成功，唯才是举的曹操就打下了大半江山。因此，如此惜才的穆公，注定了一个事实——历史终究会记下他。而在货币表现上只值五张羊皮的百里奚，他的实际价值将会在日后的为相期间显现出来。

后院起火的邻居

秦穆公和晋献公结秦晋之好后，对晋国事务的过问也比较理直气壮了。当然，在晋献公在位时，秦穆公作为女婿，其地位是低于晋献公的，所以秦穆公也不能太乱来。这时候，秦穆公采取秦国一贯的观望态度，等待着晋国哪天发生事变。当然，秦穆公知道他不会等太久，因为晋献公已经在慢慢地衰老了。

晋国到了晋献公手里，慢慢地成长着。晋国以过人的智慧灭掉了虢国和虞国这两个小国，开始了“并国十七，服国三十八”的历程。也是在同一年里，隐藏在晋国内宫的问题一瞬间爆发了出来。

当年，晋献公五年（公元前672年），献公出兵大破骊戎（今陕西临潼一带），俘虏了骊戎首领的两个女儿，将她们带回晋国，晋封妃子，大加宠爱。尤其是骊戎首领的大女儿，身子出落得亭亭玉立，粉嫩的小脸如花似玉，柔细的声音酥软人心，令晋献公无法忘记，每日上完朝后的第一件事便是直呼“骊姬”。

后来骊姬直升正房夫人的位子。这之前，晋献公令人卜了一卦，看骊姬当夫人是否吉利，结果呈现出两种不同的回答。用龟甲卜卦，结果不吉利，用蓍草占卜，结果吉利。晋献公当然希望按蓍草占卜的结果来办事，可是占卜师就对他说了：“蓍草占卜的不灵验，要用龟甲才灵。”同时，占卜师还卜出了兆辞，兆辞的内容显示了专宠可能会造成内乱，然而一意孤行的晋献公根本不管这些鬼话，还是将骊姬立为夫人。

骊姬受此宠爱，在宫中大肆非为。恰时晋献公的身体一日弱于一日，齐桓公在葵丘主持的盛大盟会，晋献公就因为身体问题缺席了。晋献公的虚弱为骊姬的胡作非为提供了更大的便利。

后宫问题无非是一群女人在为自己争后位以及为自己的儿子争太子位，骊姬当然也不例外。骊姬已经当上了夫人，因此她的主要目标是为自己的儿子争取到太子的位子。

骊姬的儿子叫做奚齐，奚齐因母而贵。晋献公每次看到这个小儿子就好像看到骊姬一样，顿时感到心情舒畅，因此时常有废长立幼的想法。可是晋献公喜欢归喜欢，祖制在上，他还是不能乱来。想当年周庄王喜欢幼子子颓，却也无法做到明目张胆地废掉太子。当时在奚齐之上还有三个哥哥，分别是齐姜所生申生以及翟国狐氏二女所生重耳和夷吾，就这一点来说，王位怎么都轮不到奚齐。

三个公子成了骊姬的障碍，她要想办法来对付他们。为了对付这三个公子，骊姬拉拢了大夫梁五、东关五等人，一起密谋除掉三人的计策。梁五先给骊姬献了一策："曲沃，晋之宗庙所在，当派申生镇守。蒲城与屈为边防要塞，当以重耳、夷吾戍其地。"这条计策最浅显的目的就是支开三人，其实，它还有更深的意义。在分封制的时代，公族若到了外面，便意味着分封，也即成了旁支，而旁支已基本丧失了大宗的继承权。当骊姬对晋献公这样提议的时候，晋献公又如何不知？不过他还是答应了。

虽然支出了三人，但是名义上的储君仍然是大儿子申生，因此骊姬并不想就此善罢甘休。

申生是晋献公和父亲晋武公的妃子齐姜所生的儿子，身为长子的他已被立为太子，且因德性和军功而备受臣子敬重。这令骊姬非常不满，所以他便首先将矛头指向了申生。

一个大男人自然没办法与工于心计的骊姬比小心眼，骊姬一开始就使出了反间计，反间申生和晋献公之间的关系。有一次，骊姬故意将蜂蜜涂在全身，然后将申生约出来逛花园。花园里的蜜蜂一闻到骊姬身上的蜂蜜，纷纷飞来，围绕着骊姬飞舞。骊姬装出惊恐样，边拍着身子边逃离蜂群，同时也叫申生帮她赶跑蜜蜂。申生于是在后面追着骊姬跑，并用手挥动着蜂群。就这样，骊姬在前，申生在后，远远望去，就好像一对情侣在玩追逐游戏。

其实，在这事发生的前一晚，骊姬便已偷偷地向晋献公哭诉，指责太子申生调戏自己。晋献公一开始还不相信，后来看到了这一幕，再加上骊姬在一旁故作可怜地挑拨离间，晋献公便认定了申生确实是在调戏自己的老婆，不由得怒从中来，自此对申生有了不好的印象。

这件事便是"骊姬夜哭"的由来，意为无中生有。无中生有的东西竟然能成功蒙过了晋献公，这自然是因为在晋献公的心里也早有废掉申生的念头。当然，这种小事还不足以令晋献公有充分的理由废掉太子，骊姬想要彻底除掉申生，还需要狠一点。这一次，骊姬对太子申生说：“君梦齐姜，必速祭之！”（《左传》）申生听了骊姬的话，只得在曲沃摆起祭品祭祀他的母亲。按照古例，祭祀用的腊肉必须在祭祀完后献给自己的父亲。因此这次祭祀后，申生将腊肉送到了晋献公的面前。可是申生不知道的是，这已经不是当初祭祀用的腊肉了，因为骊姬已经在里面加入了毒药。

晋献公在骊姬的挑拨后对申生起了疑虑。因此当申生将腊肉献给他时，他先将腊肉分给了臣子和狗吃，结果臣子和狗吃了之后，均中毒而死。晋献公见此，吓了一跳，立即令人捉拿太子。申生无可奈何之下只好出逃，最后在晋献公和骊姬的逼迫下自杀身亡。

申生是个孝子，有人劝他向晋献公申述的时候，他却认为只有骊姬能让晋献公开心，如果骊姬入狱，那么晋献公只能在他的晚年尝尽孤苦的味道。而当有人劝他逃到别国的时候，他也认为这不利于晋献公和晋国的名声，因此拒绝。有如此孝子，晋献公却因为妇人之言而失去，实在可惜。

申生的两个弟弟重耳和夷吾听闻申生的死讯，便立即返回国都质询事情的经过。重耳和夷吾此举无异于羊入虎口，因为骊姬正想着办法如何除掉他们两个，这时候他们却亲自送上门了。于是骊姬趁机向晋献公进谗言，诬陷两人与申生是同谋的。幸亏二人知道得早，见国都已不能久留，结果连找父亲告别都没有，便悄悄回到了自己的封地。晋献公见儿子们连跟自己打个招呼都没有，便觉得这是做贼心虚的表现，如此，对两个儿子遂更生嫌疑。

骊姬见晋献公已经有了嫌疑之心，立即在旁边煽风点火，老年痴呆的献公自然禁不住这种煽动，竟然派兵攻打两个儿子的封地。

蒲城的重耳听说父亲发兵前来兴师问罪，立即放弃抵抗，认为儿子不应该和父亲对着干。待到蒲城陷落的时候，重耳在晋军的追杀中翻墙而出，逃到了他的母国翟国。另一边，晋军来到了屈城，夷吾并不像二哥重耳一样放弃抵抗，但屈城小地，终究抵挡不了王军的攻打，不久便也陷落了。

屈城陷落了，夷吾本想和二哥一样逃亡翟国，然而他的大臣却认为若夷吾逃到翟国，便证明了他有罪，因此建议夷吾逃往梁国。梁国临近晋国的亲家秦国，这是这次考虑中很重要的一点。

在这次晋国内乱中，因为一个女子的心计，逼死了一个太子，逼走了两个公子，轰动一时，后人将这次内乱称为“骊姬之乱”。“骊姬之乱”再一次证明了一个女子便足以乱国，历史上此类事件层出不穷，上自夏朝妹喜，下至清朝慈禧，权欲过大的女子如若缺乏大局观，便总是容易误国。而骊姬也因为成功利用了美色控制着权力，造成了一场动乱，因此被后人将其连同妹喜、妲己和褒姒三人合称“四大妖姬”。

“骊姬之乱”这个事件对于晋国产生的负面影响其实并不算大，因为它很快就被平复。相反的，我们甚至可以说这是晋国的一个机遇，在这个机遇中，历史为晋国提供了晋文公重耳这样的霸者人物。

当然，骊姬之乱还有后续，两个儿子出逃就意味着这场争斗嗣位的战争还未结束，而这个后续不仅仅影响了晋国本身，它还影响了晋国的邻居兼亲家秦国。因为秦穆公在等待之后，终于盼来了插足晋国内政的机会，因此，秦穆公已经决定为晋国理理家务事。

晋惠公不是真命天子

晋国经历了骊姬之乱后，逐渐步入了它的低潮期。更值晋献公身体屡出问题，基本已经无心过问政事，因此晋国政事由骊姬和几个权臣把持着，将晋献公的几个儿子远远拒在了大门之外。

晋献公在带着满身的疾病去世前，连自己的两个儿子都不能见上一面，我们不知道彼时的献公是否曾感到遗憾。即使献公感到遗憾，当时局势已经不允许他反悔，自己的位置由小儿子奚齐来继位已成既定现实。

虽然献公对奚齐有所偏爱，但他也不得不承认这个儿子并不具备君王之才，所幸当时还有忠贞老臣荀息可以托孤，这才让献公对于自己的离世多了几分坦然。然而，即便是荀息也无力和晋献公晚年内宫混乱的局面相抗争。那时，骊姬的掌权引起了众多大臣和诸公子的不满，因此晋献公死后，一场隐藏已久的政治动乱便被搬上了台面。

在这场晋国内乱中，大臣里克起来指责荀息愚忠，指出两位公子逃亡在外，荀息却迎立幼子即位。虽然荀息向里克表示自己的举动不过是为了忠于先主的意愿，但这并不能消除里克对于骊姬等人的痛恨，最后，里克在这场动乱弑杀了君王。可怜奚齐，王位还没坐稳就死掉了。国不可一日无主，荀息见奚齐已死，忠于主公意愿的他只好重新立骊姬妹妹所生儿子卓子为晋公。不久后，里克再次发难，杀死了卓子。可怜骊姬二姐妹，一生争宠夺势，到头不过换来了亲生儿子的灾难。

奚齐和卓子均死，骊姬的权力梦在里克的冲击下已经彻底破灭了，从此，她彻底消失于晋国的历史之中，却留下了延及后世的骂名。

里克接连杀了两位君王，荀息自认已经无可奈何。当时，荀息所以立奚齐和卓子为王，不过为了向逝去的君主表示自己的忠心，但他同时也明白，这二人立得名不正言不顺，必然引发内乱。最后，在这种矛盾中，荀息选择了自杀，将一个处于动乱的晋国抛下了更深的深渊。

荀息死后，里克开始主管晋国的政事。在众臣子的商议下，里克决定迎回献公二儿子重耳。可是重耳以愧对父亲为由，拒绝了国君之位。重耳不干，还有三儿子。里克于是遣使来到了梁国，请夷吾回国继位。

夷吾在外避难多年，今天里克给他送来的这个消息自然是好的。对夷吾而言，他必须考虑到，如果自己是依赖里克得势的，那么就难免落入他的控制之中，指不定哪天里克看他不爽，自己怕是难逃两个弟弟的厄运。因此夷吾这王位是要回去坐的，但是要坐得保险一点，坐得安稳一点。

为了解决这个问题，夷吾的智囊团就给他出了一个主意：收买秦国。原来夷吾的谋士想以晋国的河西八城为谢礼，请秦国护送自己的主公回国，这样一来，夷吾的回国将显得更加光明正大，且摆脱了单方面依靠里克的不利。夷吾对这个主意表示赞同，因此他们在回信里克的同时，也写了一封信给秦穆公。

当时在秦都焦急地等待着晋国消息的秦穆公，一听到晋国来信，顿时激动了起来。待拆开一看，秦穆公差点手舞足蹈起来。他高兴地把这个消息告诉了百里奚，百里奚也表示这是千载难逢的时机，建议穆公迅速派出军队护送夷吾。有了百里奚的赞同，秦穆公更加坚定了自己的决心，于是他派出了百里奚，令其领兵护送夷吾回晋国。

就这样，夷吾在晋军和秦军的护送下回到了晋国，在里克等大臣的迎立下，继位为晋君，是为晋惠公。这个场景跟几百年前秦襄公护送周平王东迁洛邑时如此相像，我们不得不感叹宿命的安排，在隔代的重复下缝补了时光的裂缝。

有趣的是，夷吾在担心里克的同时却忽略了秦穆公，使得这个外人最终得到了过问晋国内部事务的权力。当然，只是一次迎立还不足以令秦穆公过于嚣张。现在虽然不适合过多地干涉晋国内政，但是找晋惠公讨要自己的谢礼，这还是在情理之中的。于是秦穆公派出了公孙枝来到晋国，希望晋惠公实现他当初的诺言。可是晋惠公并不给公孙枝面子，于是他的大臣吕省就代表他拒绝了公孙枝的要求。从这点看来，晋惠公是个不讲诚意的君王，而这一点，也成了秦穆公日后深入干涉晋国内事的理由之一。

当吕省拒绝了公孙枝的时候，里克在一旁就发起了牢骚，说这是先主打下的江山，当初为何要许给别人呢。原来当初里克迎立晋惠公的时候，惠公也曾经许诺他，待自己坐上王位后，将送他汾阳之地，可是结果和秦国一样，惠公不过是和里克开个玩笑而已。里克这话令晋惠公听着很不舒服，于是晋惠公发誓迟早有一天要解决掉这个乱臣。

惠公的大臣郤芮也早已看里克不爽，此时他看到晋惠公已动杀机，急忙在旁煽风点火。这风煽得晋惠公怒火直冲，遂决定将诛杀里克这一计划提前写入行程表。

里克有一个朋友邳郑父，在当时也是权臣之一。晋惠公想除掉里克，必须先分散两人的势力，因此惠公派邳郑父出使秦国，从而孤立了里克。在邳郑父出使秦国途中，晋惠公早已找到了除掉里克的理由。惠公派兵包围了里克家，在门外对着里克大喊："微子则不及此。虽然，子弑二君与一大夫，为子君者不亦难乎？"做你的君王难道不是很难的吗？这个理由荒谬至极，里克听后，心知惠公已决定杀掉自己，悲愤之下仰天大呼："欲加之罪，其无辞乎？臣闻命矣！"在这一撕心裂肺的呐喊之后，里克便自刎而亡了。

就这样，晋惠公除掉了里克这一心腹大患，开始了他的专政生涯。

里克之死传到了秦国，他的好友邳郑父为他感到心痛，决定替他报仇。于是邳郑父向秦穆公建议，请求穆公帮忙废掉夷吾，迎立重耳回国当晋公。这当然是秦穆公期待的事，于是穆公便在邳郑父的建议下，派出了大臣跟邳郑父前往晋国赠送回礼。这些厚礼的对象也包括吕省等人，秦使把礼物送到吕省等大臣的府中，并表示希望这些大臣有空能光临秦地一游。当然，秦穆公不过是引狼入洞，但是，这事却让郤芮看穿了，因此他表面上答应了秦使，背地里却令晋惠公杀死了邳郑父等一班臣子。

晋惠公在处理邳郑父这事上，因屠杀众多臣子，使本已人心惶惶的晋人更觉政局不安定。同时，晋惠公即位的前几年，晋国屡遇灾荒，导致仓廪空虚，最后不得不向秦国买粮解危。再加上晋惠公这人，在上位之初便在反悔赠送土地和除掉里克两件事上显露出他背信弃义的品质。所有这几点加在一起，便注定了一个现实：晋惠公虽掌握了大权，但此时晋国已经人心离散，惠公的权威自始至终都没有得到晋人的认可。

而在晋惠公夷吾之上，还有一个重耳。当时虽然重耳拒绝了继位，但是晋人在对晋惠公失望以后，又重新想起了他。晋人对重耳的期盼决定了晋惠公的位子是不稳的，如坐针毡的他将心力放在维护权力之上，在管理国家这方面，基本没有任何出彩之处。

晋国自晋献公死后，便落入了失道寡助的难堪局面，他的邻国秦国在这种局面中看到了自己的希望。不久后，晋惠公即将为他的失信而付出代价，这个代价就是送给秦穆公一张门票，并允许穆公长期出入自己的后院。

三百壮士好样的

在古希腊的温泉关之战中，有斯巴达三百勇士，凭借着他们强大的力量和过人的胆识，在波斯大军面前坚毅不屈。这是一个民族的赞歌。这个赞歌并不仅仅出现在斯巴达，就在秦国的国土上，也曾经上演过三百勇士的戏码。

晋惠公继位后，秦国作为邻国和亲家，两国自然少不了来往。只不过，这种亲戚上的联系并不是很亲密，因为惠公从不把穆公这个姐夫放在眼里。可是到了关键时刻，他也不得不想起这个姐夫的好。

晋惠公四年（公元前647年），晋国在频繁的灾荒之后，已经到了仓廪空虚的处境。此时，晋惠公虽然看不起秦穆公这个姐夫，却也不得不低下头来找他帮助，希望秦国能卖他一点粮食。

秦穆公一开始是不情愿的，毕竟惠公在四年前就摆了自己一道，何况之后也从来没为当初秦国的护送表现出任何感激之情。但是百里奚却希望穆公能抛弃这些私仇小恨，他认为福祸终有轮替，这次赠人所需，才能保证他日自己需要的时候，可以得到对方的报答。另外，百里奚还将卖粮解急上升到人道主义的地位：需要粮食的是晋国百姓，又不是只有晋惠公一人。

其实，在百里奚考虑到这些的时候，他不可能不想到一点，那就是，晋国在秦惠公的胡闹之下已经人心离散，在这个时候，秦国如果能卖个人情给晋国，那无疑暗中拉拢了晋人的心，这对于秦国是极其有益的。这一点，才是这次卖粮行动的实际目的。

秦穆公听了百里奚的话，决定抛弃自己那不成熟的记恨念头，派人从仓库里拨出了大量粮食，从秦都雍城出发，沿着渭水航行了五百里远。络绎不绝的白帆飘扬在渭水河上，向晋人招着手而去，晋人望见白帆，无不欢呼秦国粮食的到来。这一个壮观的场面永远留在了晋人的心中，而人们也给了这次行动一个美丽的名字，叫做泛舟之役。

泛舟之役，是战役的役。没错，正如百里奚想的那样，秦国这次送粮行动解了晋国百姓的危机，以人道主义的精神征服了晋人的心，晋人对于秦穆公的喜爱由此甚于自己的君主晋惠公。

其实百里奚不仅预料到秦穆公此举能收服晋人之心，他当年还说过，福祸终有轮替，这一次，灾荒从晋国转移到了秦国。

秦穆公十四年（公元前646年），秦国如同去年的晋国一样，颗粒无收，而仓库又因为去年运粮给晋而供给紧张。同年，晋国已经摆脱了灾荒，粮食在分配之后仍有剩余。这时候，秦国的大臣唯一想到的方法就是向晋国求救。这是一个被众人公认为理所当然的计策，因为去年秦国才刚对晋国进行救急，今年晋国自然不会见死不救。

相对于晋惠公和他的大臣们，秦国臣子真是太天真了。当请求帮助的秦使带着消息来到了晋国的时候，他万万没想到，自己竟然被无礼地遣送回国，而晋惠公对这种人道主义援救明显不感兴趣，竟然毅然决然地拒绝了运粮一事。晋惠公此举自然有他自己的考虑，如大臣吕省所认为的，救灾无疑在助长秦国的实力，从而来压制自己。但是，晋惠公却没有从仁义上来考虑，而他此举在这方面的所失远远大于不救灾的所得。

其实，晋惠公这种不讲仁义之事也不是第一次了，当年拒绝给地一事就让秦人见识到了他的反复，因此，秦人本不该对他有太大的希望。当被拒绝的消息传回到秦国国都的时候，众大臣议论纷纷，一面斥责晋惠公不讲仁义，另一方面也担忧着秦国的粮食问题。

幸好，在百里奚等大臣的努力下，秦国最终于次年（公元前645年）解决了灾荒问题。这时候，秦穆公再也不愿意原谅晋惠公了，他决定发动一场战争，对晋惠公对自己的几经反复来场大清算。因此，秦穆公亲率大军伐晋。晋惠公得知，立即摆阵拒之。秦穆公以仁义之师攻晋惠公无义之军，结果是屡屡胜利，顺利攻破晋国的边疆，直入晋国内地。

秦军一路势如破竹，一直到了韩原（今山西河津与万荣之间的黄河东岸）之地，两军遂于韩原对阵，一场大战一触即发。

在这场战争中，秦军虽得人和，但晋惠公毕竟也拥有地利。因此两军一开始不分上下，不见输赢。后来，晋国有一个武将梁由靡于混战中看准了秦穆公亲率的军队，于是他率部奋力截击了秦穆公，将秦穆公与其他军队隔开了。

秦穆公所率部队就这样被梁由靡包围了起来，晋人此招擒贼先擒王之计，令穆公吓得几近破胆。秦穆公在其中尝试着突围，却只是白费力气，可怜的穆公似乎距离胜利越来越远了。

就在秦穆公部队无能为力的时候，忽然杀出了一支军队，他们英勇地挥舞着手中的兵器，将一个个晋国士兵斩杀。晋国士兵对这支兵队本无防御，此时忽见杀出，顿感手足无措。正兼这支部队的士兵个个英勇异常，强壮无比，结果使得梁由靡的部队被他们杀得大败，纷纷逃亡。

秦穆公之围被这支勇者之师破解了，穆公立即召见了这支军队，要向他们表示自己的感激。这军队人数不多，只有三百人，但个个精神抖擞，眼神坚定，强壮的外表更不必说，这军队令穆公感到异常惊异。待穆公准备赏赐他们的同时，他们婉拒了穆公的奖赏，并向穆公说出了自己的来处。

原来，在和晋交战之前，有一天，秦穆公出外闲逛，待要回家的时候却忽然发现自己的马不见了。这下穆公急了，急忙派人前往寻找。后来，当穆公找到马的时候，它已经被分尸，一片片肉穿过木棒，下面是熊熊烈火在炙烤着，这匹马已经被人杀死并烧烤着吃了！

穆公见到此景，深感遗憾地向这三百个烤马肉的人表示这是他的马。这三百人知道对方是秦穆公后，吓得半死，自己竟然吃了君主的马，这将是多大的过错！他们一边流汗一边颤抖地跪在穆公面前，企求穆公原谅自己的无知。

令他们感到诧异的是，秦穆公非但不怪他们，反而对他们说："吾闻食骏马肉不饮酒者杀人。"听说吃了马肉却没喝酒是会死人的。因此，秦穆公令人送来了酒给这三百个人喝。这三百个人在羞愧的同时，纷纷对穆公的大方表示感激至极。

"穆公亡马"这个故事几乎不牵扯到任何政治性因素，它单纯地向世人表现了穆公的仁义，表明穆公的仁义之心非但有政治上的功利打算，还根源于自己心中那单纯的美好品质。秦国有此君主，带领着相同品格的贤相百里奚，不兴是没有道理的。

这事过后，穆公的宽容在这三百个人的脑中留下了不可磨灭的印象。自从那一天得到穆公恩赐后，他们便在心底许下了誓言，有朝一日定要报穆公这个恩情。现如今，在韩原之战中，替穆公解围最终实现了他们的心愿。

穆公听了这三百勇士的讲述之后，感动不已。他为这三百个人知恩图报的精神而感到欣慰，秦国有人如此，身为国君的自己又如何能不高兴呢。这是一种成就感，一种孺子可教般的成就感，穆公在看到秦人可贵品质的同时，也似乎看到了自己辛劳多年所得到的收获。

最后，韩原之战结束了，以晋国大败、晋惠公被俘为结局。秦穆公看着毫无仁义的晋惠公，再回忆那三百勇士，人的品质本不能以地位来界定，感触颇深的穆公又学到了很多东西。

晋惠公被俘虏到了秦国，穆公对他的小人脸面已经难以忍受，因此作出了杀他的决定。就在穆公准备杀晋惠公祭天的时候，穆公的妻子却穿着丧服一脸泪相地出现在穆公面前。穆公的这个妻子正是晋献公的大女儿，晋惠公的姐姐。此时她正为弟弟的罪而哀恸，请求穆公放了自己的小舅子。

穆公终究过不了妻子这一关，最后他只得放了晋惠公，前提是让惠公的儿子留在秦国为质。惠公以性命为先，答应了穆公，得以逃过一死，返回晋国。

当然，晋惠公返回晋国后并没有就此学乖，但是，至少在表面上，晋惠公顺从了秦穆公。到了这时，秦晋之间地位的高低与晋献公年间的情况已经颠倒了过来，秦国于情理、于实力都升到了晋国之上，造成这种变化的原因有晋国数年内乱所造成的衰弱，也有秦国在穆公和百里奚的管理之下快速发展的因素。这时候，秦国已经完全有理由干涉晋国的内政了。

而几个春秋之后，晋国将再次发生它的动乱，秦国将在扮演处理晋国内乱的戏码中当上重要的角色。

重耳是个潜力股

晋国到了晋惠公这里，由于惠公的反复和多疑，晋国上下可谓人心惶惶。这种情况下，晋惠公也无心去争取霸权，只是躲在自己的深宫之中，计算着如何将权力紧紧地握在手里。在这种算计中，晋惠公已经明白了自己是不讨人喜欢的——晋人不喜欢他，秦人更不喜欢他，然而他还是宁愿一意孤行，只要权力在手，不怕人心向背。但是，在这个世界上有一个人对他的权力威胁之大令他胆寒，这个人就是他的哥哥重耳。

历史上，亲兄弟为争夺权力自相残杀的例子比比皆是。昔时，魏国的曹植虽然七步成诗，感动了众人，却感动不了表现欲强烈的曹丕，最后也只能在幽禁中结束他的一生。几个世纪后，李世民更将这种手足相残的场面表演得更加血腥。亲兄弟尚且明算账，何况晋惠公和重耳只是同父异母的两个孩子。因此，为了巩固自己的权力，惠公已经决定对重耳出手了。

当时重耳仍然住在翟国，和一堆谋臣狐偃、赵衰等人，时刻关注着晋国的内政。这天，当细作急忙赶来向重耳禀告了晋惠公的计划时，重耳立即唤来狐偃等人商议对策。

狐偃认为十二年的逃亡翟国生涯是时候该告一段落了，现如今的方法唯有逃往他国，寻求支持，然后伺机反击。赵衰等无不赞同，重耳因此听从了狐偃的提议，开始收拾他的行李。

就在重耳缠好最后一袋行李的带子时，忽然一个黑影出现，一瞬间的功夫，刺客便出现在他的眼前了。重耳一惊，已经失去了拿行李的力量和时间，急忙往外逃去。逃到了城门口后，重耳见到了本已准备好的马车，立即跳上去，唤着车夫赶忙扬鞭。重耳的一些臣子们狐偃、赵衰、贾佗、魏犨等人也纷纷跟在重耳的身后，君臣又再次踏上了逃亡的路程。

当他们踏上卫国的土地时，卫文公却看不上重耳这块政治筹码。重耳没得到卫国的支持，身边又没有半点钱财、食物，在这种落魄的时候，便是粗茶淡饭都成了天下美食。于是，身为公子的重耳竟然拉下了脸皮向一个农夫乞讨饭菜。农夫见一个穿着绫罗绸缎的富贵人家竟然来向自己要食，便决定调侃他一下。于是农夫拿起地上的一块土，递给了重耳。

重耳受到这样的奇耻大辱，自然难以忍受。待到他想要出手鞭打农夫的时候，狐偃急忙拦住了他，对他说赠土事件意味着把卫国送给重耳，是大吉兆。重耳一听，也明白狐偃不过是在安慰他，他也懂得，自己虽贵为诸侯公子，但此时毕竟流落他国，人在屋檐下，不能不低头，所以重耳也只得忍气吞下了这个羞辱。

不忍心看到自己的主人遭遇耻辱和饥饿，重耳的一个从人介子推只好偷偷地来到山里，将自己腿部的肉割下，炖成了汤给重耳喝下。后来重耳得知介子推的忠心，大受感动。

重耳喝了汤后，暂时恢复了精神。最后，他们一行人离开了卫国，辗转地来到了齐国临淄。

当时齐桓公已步入他的晚年，而名相管仲也刚刚逝去，齐国的霸业已渐显衰势。虽然如此，齐桓公还是希望能在自己死前多做点什么。因此，当他听说晋国公子重耳来到了他的国家，立即厚礼接待。

在与重耳的一席对话后，齐桓公发现了这个青年人的潜力，于是他偷偷地打起了重耳的主意。齐桓公的这个主意就是将自己的宗女嫁给了重耳。这个计划有两个目的，其一便是用安逸的生活消磨重耳的意志，从而为自己的后人除掉一个大敌。如果这个目的不能实现，那么凭着这一层亲家关系，晋国日后如若强大，也自会给齐国几分脸面。

秦穆公十七年（公元前643年），齐桓公病逝。此时重耳没有想过要离开齐国，厌烦了多年逃亡生涯的他，反而沉溺于声色犬马之中。狐偃等人再劝再拉，都没办法说服重耳那颗劳累的心。最后，是齐桓公的宗女联合狐偃等人，硬生生地灌醉了重耳，才将他拉出了这个温柔乡。

一路的颠簸摇醒了重耳，他望着苍茫的大地，醉意全失。愤怒的他斥责了狐偃，但大局已定，重耳也无可奈何。就这样，一群人又再次奔波在中原的大地上。

后来重耳又路过了曹国，因曹共公偷窥重耳沐浴为证实重耳骈肋异常的传言，重耳因此和曹共公结下了梁子。然后重耳又来到了宋国，宋襄公待之如上宾。后到了郑国时，郑文公却对他一点兴趣也没有。

离开了郑国后，重耳一行人来到了楚国。当时楚成王正打败了一心图霸的宋襄公，气势甚炎。爱才的楚成王也如齐桓公一样厚待了重耳，感恩于此，重耳向楚成王作出了退避三舍的约定。当时，楚国令尹成得臣屡劝楚成王趁机处理掉重耳，免成后患，不过楚成王终究拒绝了这等无义之举。

秦穆公二十三年（公元前637年），就在重耳作为楚国上宾之时，晋惠公却已经因病而无力理政。惠公知道自己即将去世，因此派出亲信到秦国告知了当时在秦国为人质的公子圉。公子圉听说父亲病重，急忙偷偷逃出了秦国，待回到晋国不久，晋惠公便病逝了。公子圉顺利继承了父位，是为晋怀公。

怀公能力不及其父，忌妒之心却比之更甚。他一上位，便对重耳发难了。在郤芮等大臣的提议下，怀公下令迫使狐氏、赵氏、毕氏族人招狐偃、赵衰、魏犨等人回国。这些臣子向来不服惠公，现在也不会听从惠公儿子的传呼。因此，狐氏等人纷纷拒绝了怀公的命令。大怒之下，怀公逼死了狐突等人，此举如当年其父逼死里克一帮人，其残酷程度令晋人更加不满。顿时，朝野上下在经受了多年的不服后，已经难以再次忍受这种荒唐的统治。因此，晋人对于重耳回国的向往更加剧烈了。

另一边，当秦穆公听说晋怀公偷偷地溜回了晋国，也是甚为不满，自己将女儿嫁给了他，难道得不到一个岳父该有的权利吗？公子圉虽然不告而别，但毕竟是秦穆公的女婿。于是，秦穆公开始为晋国的内政主事了。

在穆公的考虑中，公子圉不得人心，如果自己支持他，那么在泛舟之役中好不容易争取到的晋人民心将毁于一旦。另外，晋怀公已经即位，秦穆公想要插手晋国内政也失去了理由。因此，穆公决定为晋国迎回重耳。一来，晋人上下无不怀念重耳，自己若能顺利使重耳当上晋公，那对于穆公的功劳将在晋人口中永远流传。二来，如果是自己迎立重耳，那么干涉晋国内事便可以理直气壮点。所有这一切都有利于秦穆公在中原诸侯中的地位提升，因此，穆公派出了公孙枝，前往楚国告知重耳，说穆公要帮助重耳返国。

得到这一个好消息后，重耳一行人匆匆赶到了秦国。

在秦国，秦穆公厚待了重耳，并保证自己会帮助他重回晋国，但前提是收回昔时晋惠公承诺的土地作为酬劳，重耳一口承应下来。看重耳这般豪爽，秦穆公便打算将公子圉的妻子嫁给他。在臣子胥臣的劝说下，重耳才对这层复杂的关系有所释怀，于是迎娶了穆公的女儿，秦晋遂再结连理。

秦穆公二十四年（公元前636年），穆公派公孙枝率领秦军三千护送重耳渡过黄河。阔别了十九年，重耳再次踏上了他的故土，心情有说不清的复杂。得知重耳回国，在国内作为内应的众大夫立即响应重耳，一场声势浩大的换君请求就此开始了。

面对如此强大的气势，惠公的旧臣吕省、郤芮等人纷纷投降。晋怀公此时真成了孤家寡人，当大军开到国都曲沃的时候，怀公已经提前逃走，不久去世。

重耳在众人的盼望中回到了曲沃，当上了晋公，是为晋文公。从此，晋国历史在晋文公的带领下，开始走向了它的高峰期。

在晋国的这场内乱中，秦穆公审时度势，成功当上了重耳回国的第一大恩人。当他的功绩在晋人之间口耳相传的同时，“晋文公的岳父”这个名号也在中原的大地上如雷般地响了起来。秦宣公当年以晋为中原窗的伟大构想已经实现了一大截，秦国的影响力走出了西北的戎人圈子，在中原大地找到了它呼风唤雨的权力。

在秦国慢慢将影响力渗透到整个中原大地的时候，中原的局势却如遇风浪，几经波折。先是齐桓公的死为齐国的霸业带去了消极的影响，而齐国的衰弱又直接为两个大国的崛起空出了位子。这两个大国的名字，一个叫做宋国，一个叫做楚国。

宋襄公的理想国

在春秋时代的地图上，有一个国土面积难以与众大国匹敌的国家，却因为其主公满怀理想的热情，竟有幸与众大国争一时之霸。这个国家是困在齐、晋、楚三大国之间的众小国中的一个，位于今天的河南商丘一带，在当时，它的名字叫做宋国。

宋国自周公封微子启于此以来，在历史上便没有太多的出彩之处，实力不足的它也只能管管旁边的一些小国如卫、郑等，可是卫、郑也不卖它面子，因此战争是难以避免的。当然，小国之间的战争对于宏大的春秋时代也没什么可着重叙述的，因此宋国从来都没有成为过历史的中心。

可是这种局面在宋襄公即位后有了一个大的突破。秦穆公十年（公元前650年），和晋惠公同时即位的宋襄公却没有惠公那种褊狭的性格，相反，宋襄公却经常以仁义自居。当然，虽然和惠公选择了不一样的道路，但是结果却相去不远——他们的性格害了自己。

和秦国当时的秦襄公一样，因为国小，因此必须找个依附，这也是当时的小国所应该选择的发展道路。在宋襄公即位之初，观众多诸侯国，秦国太远且对于中原的影响力过弱，晋国又适逢内乱没空理会太多的外务，剩下了楚国和齐国，两国为霸业正闹得难以开交。在这种局面，宋襄公自然选择了刚到达霸业顶峰的齐国。

宋国因此和齐国结好，向大人物看齐，向大人物靠拢，这就是宋国寻求发展机遇的决策。齐桓公也很看得起宋襄公，因此，齐桓公为避免自己死后生乱，遂将儿子公子昭托付给了宋襄公。

虽然齐桓公做出了安排，但是因其晚年对奸臣易牙、开方、竖刁的宠信，而埋下了祸根。齐桓公病逝，公子昭还没来得及继位，便受到易牙三人迫害，公子昭趁乱逃到宋国，留下了一个混乱的齐国，而齐国也因此结束了他的霸业旅程。

其实，就在公子昭逃到宋国的前一年，宋国发生了两件很奇怪的事。第一件便是五块陨石掉落在宋地，第二件便是有六只鸟竟然以尾为头，退着飞过宋国的天空。这两件事在宋人之间引起了议论，心里多事的宋襄公自然也想要一探究竟。因此他叫来内史兴，向他询问这个预兆。

内史兴想了一下，对宋襄公说："今兹鲁多大丧，明年齐有乱，君将得诸侯而不终。"（《左传》）鲁国之乱暂且不管，宋襄公最有兴趣的便是"齐有乱"和"君将得诸侯而不终"。"齐有乱"意味着他宋襄公"得诸侯"的机会来了，可是为什么到最后却"不终"呢？

可以得诸侯们的支持，可是最后却不得善终，这令宋襄公感到疑虑和担忧。最后宋襄公为这句预言构造了一个景象：宋国将有短暂的称霸。既然是称霸，不管是否短暂，宋襄公都愿意豁出去了。因此，就在公子昭来到宋国的时候，宋襄公便重提昔日齐桓公托付公子给自己的事，以仁义的口号准备帮助公子昭重回齐国。

于是理所当然的，宋襄公便借了齐桓公的霸主名号，号召众诸侯起来响应，共同派兵送公子昭回齐国。宋国毕竟没多少威望，即便借用齐国的名声，也难以控制各大诸侯。因此，对于宋襄公的号召，诸侯们都纷纷给了他白眼，只有一些比宋还小的小国，才愿意空出时间来回应宋襄公。

宋襄公见晋、楚这些大国不愿出兵相助，无可奈何下也只好带着一批乌合之众攻到了齐国。幸运的是，宋襄公的出兵竟然取得了胜利——三大奸臣死的死，逃的逃，公子昭被宋襄公迎回到临淄，顺利当上了国君，是为齐孝公。

这次胜利令宋襄公昏了头了，为齐国这样的霸主国解决内乱，这是何等惊天动地的大事！宋襄公站在齐国的国土上，似乎看到了齐桓公当年看到的景象：所有诸侯在他的号召下举行了会盟仪式，而他在仪式中担当了中心人物。其实，这次攻进齐国所以会胜利，宋襄公的功劳并不是很大。这次的胜利在很大程度上得归功于齐国国内拥戴公子昭的贵族们，若不是他们，宋襄公也难以取得胜利。

宋襄公的内心膨胀让他产生了身居霸主地位的错觉，就在这种美好错觉的推动下，宋襄公只开始了他一系列的征讨战争和会盟号召，最后，宋襄公拉到了卫、邾、曹、滑等几个小国的支持。在这样的情况下想要成为霸主，宋襄公还差得远。

就在宋襄公野心勃勃地进行他的霸业时，来自南方的压力却明显加强，这是自齐国衰弱后崛起了另一个国家——南方的熊氏楚国。

楚国的公室姓芈，熊氏，最早兴起于古丹淅之地（今河南淅川县东南部），在后来的发展中，国土大大扩张，包括现在的湖北全部、湖南、重庆、河南、安徽、江苏、江西部分地方。虽然国土大到令人担忧，但楚国毕竟地处偏僻的南方，因此整体发展并不及中原一带的诸侯国。但是，国土大就有发展的潜力，基于此，便是强大如齐国，也不得不对楚国敬畏几分。齐桓公就曾经领军出兵楚国，后在楚国的战略考虑下，两国才暂结联盟，平息战火。

当时楚国的楚成王弑兄夺位，继位后大力发展楚国，并在周惠王的命令下镇压夷越，大力开拓了江南之地。在楚成王年间，楚国相继灭掉了东南的许多小国，楚国于是在东南站稳了它的脚跟，并因此将眼光放到了北部的诸侯争霸战中。

齐国所以出兵楚国，最大的原因也是因为楚国对于中原霸业的觊觎，而这种觊觎直接威胁到齐国的地位，因此齐桓公自然不能不过问。而碍于桓公的威望，楚国明白与齐国争霸并不能争出个结果来，只好暂时罢兵，互结联盟。待到齐桓公死后，这种情况就不一样了。齐国已经失去了他的霸主地位，就连宋国这样的小国都敢以霸主自居，更何况雄视整个南方的楚国。

当时楚国是楚成王在当家，面对宋襄公的野心，楚成王拉拢了陈、蔡、齐、郑等国，结成了宋襄公集团之外的另一个联盟。

面对来自楚国的压力，宋襄公想要继承齐国的霸业可没那么简单。虽然宋襄公已经以霸主自居，但实力不强的他并没有得到所有人的认同。在不承认他的诸侯国里包括楚国和齐国，宋襄公也明白，要想真正达到呼风唤雨的程度，还必须得到这两个大国的认同。

于是秦穆公二十一年（公元前639年），宋襄公派出了两个使者前往楚国和齐国，把会盟诸侯的想法告诉了两个国君，表达了希望得到他们支持的想法。这信来到了楚国，楚成王一看，露出了轻蔑的一笑。他讥笑世界上竟然还有宋襄公这样不自量力的人物，就凭他还想号召我楚成王？

楚成王本来不想给宋襄公这个面子，但是他的大夫成得臣就对他分析了：宋襄公好名无实，轻信篡谋，倒不如利用这个机会，图中原盟主之位。楚成王听后，心也痒了起来，自己和齐桓公争了多年，总没有个结果。现在齐桓公去世，如若趁这个时机插足中原，那倒是个绝好的计策。于是，楚成王便采纳了成得臣的建议，开始和宋襄公玩玩这个争霸的游戏。

得到了楚成王和齐孝公的赞同，宋襄公于是会合齐、楚两国于齐国鹿地进行会盟。在这次会盟中，宋襄公一直以盟主的身份自居，非但如此，他还未与齐、楚两国讨论便自己拟定了一份通告。通告的内容是在宋国会合诸侯、共扶周天子王室，时间定在了同年秋季。看到宋襄公如此自傲，楚成王和齐孝公心中不快，但为了各自的利益，两人最后不得不在通告上签字，算是承认了宋襄公的霸主地位。

宋襄公见楚成王和齐孝公都签了字，顿时更加飘飘然起来，仿佛整个东周已在他的掌握之中，而他即将代替齐桓公，上演春秋霸主的续集。

但是，宋襄公的理想只能是梦想，因为当天下人看到宋襄公想要站在霸主的位置上时，忽然发现这个人身上根本找不到任何足以当上霸主的功绩。只凭着解决了齐国内乱便想当霸主？宋襄公真是想太多了。连齐孝公看到他的居功自傲都感到不舒服，何况天下的争霸者。而宋襄公也确实不自量力，不去想想在晋、楚、齐三大国的包围下，自己不过是在夹缝里求生存的一个小国，就这点实力如何能在乱世里号令诸侯呢？可怜宋襄公，最后也只能在自己毫不实际的理想国里一睡不醒。

时间很快就到了秋天，当时宋、齐、楚三国签订的会盟合约将在今天举行。于是，除了齐孝公和鲁国国君外，楚、陈、蔡、许、曹、郑等六国之君都出席了。这本是宋襄公想借之确立自己霸主地位的一次会盟，但宋襄公没有料到，在这次的会盟途中却杀出了一个“程咬金”，令他的霸业受到了严重的阻碍，最后彻底摧毁了他的理想。

宋襄公你一边站去

秦穆公二十一年秋，一个消息随着一阵凉风吹到了秦国的雍城：宋襄公会盟了楚、陈、蔡、许、曹、郑六国，准备于宋国订立扶助王室的盟约。秦穆公一听，暗暗笑了起来。中原就要发生一场事故，而他则作为背后的旁观者，正在冷眼旁观着。

正如秦穆公能想到的结果一样，这次会盟并不是那么顺利。宋襄公想凭功绩，楚成王想凭实力，谁都想在这次会盟中当个老大。于是，一场矛盾不可避免，而这场矛盾又将不可避免地上升为战争。

在这次会盟中，因为是宋襄公号召的，因此他已经完全融入了盟主的身份，走起路两袖摇摆，活像一个首长在巡视着下属。看到这一幕，坐在一旁的楚成王偷偷一笑。他心想这个宋襄公真是痴呆，难道还不明白自己的分量吗？早在赴约之前，楚成王就和他的臣子进行了一场议论。议论的结果是楚成王必须趁这次会盟将盟主这个身份给抢过来。看来，这场会盟注定有趣。

会盟的开端由宋襄公讲话。宋襄公像一个主持人一样将这次会盟的内容、目标等一一介绍，这都是会议的场面话，冗长而无趣。等到这些介绍结束之后，真正的重点才从宋襄公的嘴里迸了出来。只听宋襄公问道：“有功论功，无功论爵，我们该挑谁做盟主呢？”

宋襄公自帮助齐孝公登位以来便自认功绩之大无人可比，而楚国不过南方的一个野蛮邦国，对中原的发展并无任何功绩，因此才会说出这样的话来。楚国也明白以威望来论地位，对于自己无疑是无益的，毕竟宋襄公跟了霸主齐桓公多年，而自己又和齐桓公争了多年，因此楚国并不愿意和宋国来以功论赏。但是，功不行，要论爵也不是很好。因为就爵位而言，楚国的子爵地位比起宋国的公爵地位，那也是输了一等。这样分析来下，似乎对楚国都没有什么益处，但是，楚成王既然来到这个地方，他就做好了耍赖的准备。毕竟，在乱世中还讲礼的只能是宋襄公这类迂腐之人，对于楚人，他们不屑这一套。再者，就国力而言，在这里楚国还是可以排第一的，因此软的不行，不妨就来硬的。于是楚成王说："我是王，你只是公，当然我来做。"

楚成王拿出自己的名号来吓吓各位诸侯，但是这个王的名号毕竟不是周天子承认的，宋襄公也不是笨蛋，自然不会被这个假号给骗到。但是宋襄公见楚成王的态度与春天那次会面大有出入，顿时恼怒不已，斥责楚成王不过一个充假王的子爵而已，竟然如此蛮横。

楚成王也不想再和宋襄公多说什么了，直接来比较快。只见成得臣手中的旗子一挥，当时随着楚成王前来开会的那些家仆、侍者无不脱掉外衣，纷纷现出了里面的兵器。宋襄公一惊，却也无可奈何。因为宋襄公向来以仁义自居，仁义之人岂能在盟会上偷偷藏着兵器？因此宋襄公此次赴会完全是不带一兵一卒。

就这样，宋襄公轻而易举地就被楚成王绑了起来。而那些参会的诸侯们，不说基本都是楚国一方的人，便是顺从宋国的，也碍于楚国的强大而不敢出头。所以，宋襄公只能眼睁睁地看着盟主之位离自己渐行渐远，而自己正在被绑往楚国国都的路上。

宋襄公成了楚国的阶下囚，不久后，在宋国大臣的公关外交下，齐、鲁两国出面为宋襄公求情调解。楚成王对宋襄公也没多少兴趣，自己在中原盟会上大显身手的欲望已经实现了，这个宋襄公留在楚国也是个累赘。因此，算是给了齐、鲁两国的面子，楚成王放回了宋襄公。

宋襄公受此大辱，愤怒的心情已经无法平复。楚成王这种不仁不义的做法，他对此极其鄙夷，发誓一定要报这个仇！但是，宋襄公虽然一股气挤在心头，却难以发泄。为什么？因为楚国国力那么强大，并不是宋襄公想打就打的。想到这里，宋襄公委屈至极，看来仁义也有没用的时候。

但是，不久后宋襄公就想到了一个发泄怒气的办法。既然打楚国不行，那么就打亲楚的郑国。此时的郑国早已不复郑庄公时候的霸气，在郑文公时，为求生存，不得不在各大国之间来回往复。齐桓公死后，晋国又值多事之秋，郑国便毅然决然地倚向了楚国，打出了支持楚国称霸的口号。

宋襄公因为看楚国不爽，自然也就看支持楚国的郑国不爽。因此，宋襄公不顾臣子们的反对，派出大军讨伐郑国。郑文公见宋军大兵压境，自己难以抵挡，于是派出使者前往楚国求救。楚成王怎么会放弃这个管理中原事务的机会？一接到郑国的求救信后，楚成王立即派出了军队前往救援。

可是这支楚军却不是前往战事发生的郑国，而是直逼宋国，这使得宋襄公吓出了一身汗来。自己国家本就没多少兵力，此时又派出了一部分来攻郑国，实力空虚的国土怎么可能抵挡得了楚国的进攻。想到这里，宋襄公立即放弃了攻伐郑国的计划，鸣金收兵，赶回宋国。

秦穆公二十二年（公元前638年）十一月初一，当楚军进抵泓水南岸时，宋军已经在对面等候着他们的来临。这时候，宋、楚之间一场决定性的争霸战争已经要打响了。

这是楚国主动挑起的战争，因此，楚军想要碰到宋军，必然要渡过泓水。可是宋军已经在对岸严阵以待，自己在渡水的过程中必然会失去战斗力，从而为宋襄公偷袭自己提供了便利。虽然考虑到这一点，但是楚成王也不愿因顾忌太多而失去这个机会。因此，他毅然下令楚军渡过泓水，和宋军决一死战。

楚军开始了渡水之举，这时候，宋襄公的右司马公孙固对宋襄公说："彼众我寡，可半渡而击。"相信换成任何一个人处在宋襄公位子上的人，都会采取这个计策。渡水的楚军几乎毫无反击之力，此时，位于岸边的宋军只要几堆弓箭，便足以令楚军溃败。

但是，这个人毕竟是宋襄公，迂腐得令人难以置信的宋襄公。面对这个大好时机，宋襄公竟然以"不推人于险，不迫人于阨"的仁义精神拒绝了公孙固的提议。听了宋襄公的话，公孙固两颗眼睛都快蹦得掉了出来，这到底算哪门子的道理？

既然渡水时不打，那么这下楚军已经渡过了泓水，在岸边开始列阵了，这个时候出手总不算不仁义。于是公孙固再次提议宋襄公，趁着楚军队伍混乱之时，杀它个措手不及。

但是，宋襄公还是一副淡定的仁者风范，他以仁义之师不打没准备好的军队为理由，再次拒绝了公孙固的提议。公孙固此时已经毫无办法，面对这么愚蠢的主公，他也只能自求多福了。

可是，上天并没有赐给宋国太多的福气。待到楚军整理好队形时，宋军已经难以和这支军纪严明的大军相抗衡。很快，泓水之战彻底浇灭了宋襄公的理想国。

宋军大败，宋襄公的大腿也因此受了重伤。重伤在床的宋襄公还异常顽固，当国人皆认为泓水之战的失败是因为宋襄公不懂军事的时候，他像一个倔强的孩子，撅着他的嘴，硬生生地说出了这样的话来："君子不重伤，不禽二毛。古之为军也，不以阻隘也。寡人虽亡国之余，不鼓不成列。"（《左传》）这些话的意思归结于一点，便是：君子不乘人之危。

说完这句话不久，宋襄公便带着他的仁义理想而逝了。可怜的宋襄公，既认不清自己，也认不清局势，一味拿仁义说事，到最后落了个这样的下场。无怪乎春秋时人会说"郑昭宋聋"，意思便是郑国懂得见风使舵，而宋国却只会死死地盯着一点。

不管怎样，宋襄公的霸业还没来到便走了。相反的，在泓水之战大败宋国的楚国却如日中天、炙手可热，此时，楚成王的霸业已经实现了一半，为日后的楚庄王称霸奠定了坚固的基础。但是，楚成王也不用高兴得太久，因为当晋国的重耳回到他的国都时，楚国就注定得将这个霸主之位给让了出来。

宋楚争霸是齐桓公死后的春秋旋律，它再次说明了这个时代是不可能得到平静的。当然，这种不平静在宋襄公死后，还在继续着。

晋文公爆发了

不久后，重耳也在秦穆公的帮助下回到了晋国。在重耳当上晋公几年后，秦穆公便收到了来自宋国的书信，信中表明了希望秦穆公能和宋国一起同仇敌忾对抗楚国。原来，天下的格局在宋襄公死后又改变了。

秦穆公二十三年（公元前637年），宋襄公病重，其子王臣嗣位，是为宋成公。成公为保全宋国，只得做出了一个委屈的选择——依向楚国。宋成公的这个选择在当时无疑具有代表意义。因为在齐桓公死后，中原已经缺少一个可以统筹全局的人物，而在当时，楚国最大，因此中原诸国在心中埋怨着楚国不仁义的同时，却又不得不屈从它。

在这种背景下，世人无不希望一个如齐桓公那样的救世主降临，而这个期望，正好成了重耳称霸的背景。

秦穆公二十四年（公元前636年），重耳在秦穆公的帮助下回到晋国，顺利当上了晋公，是为晋文公。文公即位之初，面对当时人心离散的晋国，明白若无改革，将难以挽救这种颓势。于是在和舅舅狐偃及姐夫赵衰等人的讨论下，文公决定对晋国来一场大刀阔斧的改革。

狐偃总操刀，赵衰辅佐，在他们一系列的改革措施实行之后，晋国渐渐有了起色，晋人也在几十年的阴霾之后，终于在文公身上看到了晋国未来的曙光。

也是历史该倚向晋文公，就在文公即位那年，周王室又发生了一场内乱。周襄王有一个胞弟叫做王子带，王子带自襄王即位后便屡次和他相争王位，齐桓公刚去世不久，王子带又动起了歪念头。他联合了狄人攻进周都，周襄王无力抵抗，只得逃往郑国。

在郑国的周襄王唯一能想到的就是求救于诸侯，于是他告难于鲁、晋、秦等国，希望他们能尽快来拯救自己。勤王作为称霸的一个途径，自然受到所有有着图霸之心的诸侯的青睐，因此，基本没有诸侯会拒绝这个请求。

当时，秦国的百里奚一看到这封求救信，便立即劝秦穆公将周王子迎到秦国，好行称霸之事。秦穆公也有这个想法，便二话不说开始调兵遣将。待穆公来到了黄河岸边时，忽然产生了对于晋文公干涉的担心，于是只好暂时屯兵于此，静观其变。就在秦穆公还在黄河岸边徘徊的时候，晋文公在狐偃等人的赞同下，已经亲率大军，以迅雷不及掩耳之势甩掉了秦穆公，直入周地。文公兵分两路，一路前往郑国迎周襄王，另一路则直逼在周的公子带。

晋国当时正好是人心积极，而周王朝的实力已经比小国还不如，因此轻而易举地，晋军便攻破了王子带的军队。叛军溃败，周襄王被晋文公顺利地迎回了国都。

周襄王回国后，大赏晋国，不但好酒好肉，还将阳樊、温、原、欑茅四个农业发达的城池赐给了晋文公。周襄王此举大大扩大了晋国的疆土。晋国在勤王之后，不仅实力有了大的提高，连威望都直逼当初的齐桓公。

看来穆公在这次行动中输给了晋文公，这自然不能说穆公比起文公来更加优柔寡断，毕竟就地理位置而言，秦国要到周都和郑国，都必须经过晋地，这是秦穆公不得不考虑的一点。也因为这一点，穆公称霸的时机就这样让给了晋文公。

此时的晋国犹如一颗明星，照亮了中原各国的希望。宋国早就不满楚国，苦于没有一个大的国家可以依附，此时晋国以勤王的姿态崛起，宋国自然而然背离楚国而倚向了晋国。宋国此举又作为一个代表性的意义，表示了春秋格局的中心在楚成王那里停留不久便往晋文公转移过去了。

晋文公对于宋国的讨好，心有接受之意，毕竟这是他控制中原诸侯很关键的一步。但是另一方面，接受宋国的同时便意味着要交恶于楚国。楚国虽只雄踞南方，但对中原局势有不可忽视的影响力。这一点晋文公也不得不考虑。就在晋文公徘徊不前时，他的大臣先轸站出来说话。先轸认为必须接受宋国。对此可能造成的后果，先轸也想好了对策：这是一个春秋版的围魏救赵——攻伐楚国的盟国曹、卫，楚必救之，则宋国之危自解。

如先轸所言，宋国的背叛引起了楚国的愤怒，楚成王必要出兵教训宋成王，让他也尝尝他父亲尝过的味道。于是，楚军再次出发，直逼宋国。

为了解救宋国，晋文公在军事上进行了改革，将原来的晋国二军重组为三军。在周朝，拥有三军的便属大国，晋国此举，无疑确立了自己中原大国的地位。这一番准备以后，晋文公拔擢六卿，携众诸侯，率领晋军乘南而下，直达卫国。

来到卫国的国境线上时，晋文公派人向卫成公借道援救宋国。卫成公担忧昔时假道伐虢的悲剧再次重演，因此拒绝了晋文公的请求，晋军只好另渡黄河。后来晋文公又提出在卫国征调部队的请求，再次遭到了卫成公的拒绝。晋文公也看卫成公如此不给面子，遂令先轸带领部队直逼卫国。

当时卫国内部亲晋大臣较多，卫成公的举动遭到了大臣们的反对，最后导致了政变，卫成公被赶出了卫国。卫国因此依附了晋国。

这之后，晋军接着南下，来到了曹国。晋文公想起当时逃亡路上曹共公对自己的不礼行为，为报此羞辱，令三军以猛烈的攻势进攻曹国。若要硬拼，曹共公当然赢不了晋文公，因此他想了一个很奸诈的方法：将晋国阵亡士兵的尸体悬挂在城楼上。此举大大动摇了晋兵的士气。为回报曹共公这个奸计，晋文公来个更狠的：晋军将曹国先人的祖坟全部刨开，挖出里面的尸体，暴尸军前。曹国士兵和百姓一听到这个消息，不无哀恸，曹国上下一片哀嚎。

为了祖先安宁，曹国人和晋军作出了交易，他们将运回晋兵的尸体给晋国。晋文公答应这个交易，便趁着曹国大门打开，曹人从里往外运送棺材的时候，令伏兵一出，直入曹国，俘虏了曹共公。曹国也依附了晋国。

晋国成功降服了曹、卫国，围攻宋国的楚国却还没有退兵的意思，此时晋国面临着和楚国决战的境地。在这种把握不大的情况下，先轸向晋文公献策：让宋国使者去贿赂齐、秦二国，使齐、秦劝楚退兵，而自己则将曹、卫之地分割给宋国，这必然导致楚国的愤怒，楚国一怒，自然听不下齐、秦相劝，这将更坚定两国联晋的决心。

按照先轸的计划，宋国的使者来到了秦国，秦穆公收到了宋成公的求救，也明白这是晋文公的意思。其实，晋文公这几年过得风风火火，这早令秦穆公看得有些眼红。但是，能和晋、齐、宋一起扼制楚国，意味着中原已经收纳了他这个西方诸侯。因此，他并不想放弃这个露脸的机会，能多表现就多表现，这是秦穆公的争霸哲学。

就这样，在先轸成功的外交谋略以及齐、秦各自的打算下，齐、秦两国决定出兵援助晋国，由此，春秋形成了三强联合对楚的战略格局。

三强联合，一向自信的楚成王也有点慌了。为防止秦国从后方偷袭，他下令围攻商丘的成得臣领兵退回。但成得臣却自信满满，坚决请求与晋一战。楚成王见成得臣如此坚决，也不再泼他的冷水，只好同意。但仍有所迟疑的楚成王不敢出全力，只派出了小部分军队增援成得臣。

楚国不退，晋国猛进，这就注定了一场难以避免的战争。而这场战争发生在当时的两个大国晋、楚之间，更有齐、秦等国的参与，从而决定了这场战争的影响必然是巨大的，而事实也正是这样。

秦穆公二十八年（公元前632年），围攻商丘的成得臣见晋军来势汹汹，却毫无畏惧之色。他故意给晋文公送去一封休战协议，协议里声称如果晋国能让曹、卫复国，那么楚国就退出宋国的土地。这协议看似休战，其实是激战。晋国如果退出曹、卫的土地，那意味着晋国的霸者之战将暂告一段落，这当然是晋文公所不愿意的。

因此，面对成得臣的激战，先轸也想出了一个更高明的计策来对付他：将计就计，私下答应让曹、卫复国，但前提是两国必须与楚国绝交。这是一个更加高明的激将法，果然，成得臣看到曹、卫竟然公开表明和楚国断绝关系，恼羞成怒，遂仗着自负直逼晋军。

为避开楚国的锋芒，先轸诱敌深入，后发制人，下令部队主动“退避三舍”，撤到了预定的战场——城濮（今河南濮城）。将昔日的诺言化为计策，先轸不愧为春秋时代著名的军事统帅。

晋、楚两军于城濮发生了战争。这场战争中，成得臣刚愎自用、不谙虚实，将主力集中于中军，造成两翼的防备甚弱。面对这种情况，晋下军佐将胥臣将驾车的马匹蒙上虎皮，出其不意地向楚军中战斗力最差的右军——陈、蔡军实行猛攻。楚军右翼溃败，晋军取得首胜。

之后，晋军上军主将狐毛和下军主将栾枝采用了示形动敌计略，作出撤退的样子，诱敌追赶。成得臣上当，令左翼追击。最后在先轸中军和狐毛回军的围攻下，楚军左翼溃败。至此，楚军左右两翼皆败，大势已去，为保住中军以免全军溃败，成得臣无奈何只得退兵，后被迫自杀。

城濮之战以晋军大胜收场，它成功遏制了楚国北进的战略，预告了晋文公霸业的到来。城濮之战也再次改变了春秋的格局，晋国继承了齐国的位子，开始了他号召诸侯的历史，而有所不甘的楚国也在南方伺机而动。

当然，面对晋文公的成功，高兴的不仅仅是晋文公一个人，文公的恩人和岳父秦穆公也面露喜色。虽然自己的女婿混得比自己好，这让穆公多少有点吃醋。但是，文公成功了，而自己作为和他最亲近的诸侯，好处自然也少不了，这就好像齐桓公死后，由宋襄公出头一样。

春秋格局的变化，为秦穆公再次提供了机遇。

秦晋分道扬镳

晋文公在城濮大败楚军，后又接受周天子面见奖赏，正值顶峰的晋文公大会诸侯，正式坐上了霸主的位置。就在晋文公一方独大的时候，却有一个小国特立独行。他不将所有的筹码赌在晋国身上，而是分散投资在晋和楚两方之上，这个深谙投资之道的小国正是郑国。

郑国到了郑文公时，国力已大不如前。而郑国夹于楚、晋之间的地理位置也注定了它难以发展的事实。两个大国在两旁挤压着郑国，郑国要想生存，就必须懂得玲珑之道。因此，在晋、楚争霸的这段时间里，郑文公唯一能做的就是在两方之间徘徊犹豫。

郑文公这种蝙蝠式的反复性格不能令人感到满意，反而激起了晋国的不满。早在晋文公逃亡的时候，郑文公对于晋文公毫无亲近的表示，这无疑在晋文公心里留下了一道心结，因此晋文公早就想找个借口来整整郑文公。这时，对于郑文公的反复无常，晋文公找到了他出兵郑国的理由。

当然，晋文公并不想单独出兵郑国，因为郑国背后还有一个楚国在支持着。虽然楚国在城濮败给了晋国，但这并不表示楚国就从此失去和晋国抗衡的力气了。因此，晋文公在出兵郑国之前还做好了万全准备，如同当年城濮之战时找来秦国，这次晋文公也给秦穆公送去了合作的请求。

秦穆公收到了晋文公的来信。这封信件令秦穆公异常高兴，因为晋文公在出兵郑国时想到的合作对象是秦国，而不是齐国或其他国家，这说明秦国借晋国入驻中原的战略已经实现了。秦穆公在高兴之余，唤来了众大臣商议是否出兵郑国。君臣商议的结果是：把握这个时机，出兵郑国。

秦国给了晋国回复，称自己愿意出兵相助，到时秦军将驻扎在汜水南面，希望晋国自己做好准备。晋文公一收到回复，兴奋不已，立即调兵遣将，驻扎于函陵之地。

郑文公此时正在国都里为自己的地理位置而烦恼着，忽然有人来报，秦、晋两路联军抵达郑国边境，做好了攻伐郑国的准备。郑文公一听，脸色立刻绿了下来，像个失去营养的乞丐，在那里恐慌地抖动着。

躲在国都里恐惧是没用的，郑国在晋、楚两强的夹击下还能存在那么久，一来固然有晋、楚对于两国之间留个缓冲带的考虑，二来，我们也不能忽略了郑文公的能力。毕竟，如果郑文公是个昏庸之君，那郑国只怕早已狼入虎口。因此，面对这次大敌临近，郑文公只得勉强收拾起恐慌之心，叫来大臣们讨论对策。

在毫无对策的时候，郑国有个大夫忽然想起了一个人，于是他对郑文公说："国危矣，若使烛之武见秦君，师必退。"（《左传》）烛之武，这个人有那么大的能耐吗？郑文公心里这样想着，但是，在事情紧急关头，也只好死马当活马医了。于是郑文公听从了大夫的建议，亲自请烛之武来想想办法。

可是这个烛之武不是个好请的人物，只见他摇摇头，故做哀叹状对郑文公说："臣之壮也，犹不如人；今老矣，无能为也已。"（《左传》）原来烛之武也是空有一身抱负却得不到重用之人，此时君主来请他出山，他自然要表达表达自己的抱怨。

郑文公听了烛之武这酸溜溜的话，明白这也就是一个老臣发发牢骚而已，心里还是激动不已。当然，郑文公是个聪明人，他也不点破这一层，毕竟现在有事相请，当然得对人家恭敬一点。于是郑文公也故作后悔的样子，摇了摇头，直说当初没重用烛之武是他的错，希望烛之武能原谅他。

能让一个君主这样对待，这已经算是给了臣子很大的面子了。烛之武见郑文公如此恭敬，心里偷偷爽了一下，也就答应郑文公了。

可是烛之武答应是答应了，但是他真的那么有本事可以解决这个困境吗？看来，烛之武当初所以会摆摆架子，自然是因为他心里已经有底了，没几分本事还真不敢乱应承下来。

烛之武对秦、晋联军进行了分析，他认为两军虽联合，却也各怀心计。尤其是秦国，本来秦国和郑国也没有什么交涉，因此此次秦国对于郑国的攻伐必然是不积极的。凭着这一点，烛之武相信只要以自己的三寸不烂之舌，便可以劝退秦军。秦军一退，晋军孤立，自然也就退兵了。烛之武是这样想的，但是秦穆公是不是这样想的，这还得看他的口舌有多厉害了。

烛之武计划完后立即付诸实行。首先他要去秦国军营中面见秦穆公，此举一定不能让晋文公知道，毕竟晋国人才济济，烛之武一人的口舌再利，也挡不住多人一起口诛。因此烛之武趁着夜色，令人用绳子绑着他，然后将他慢慢地从郑国城楼上放下去。

烛之武来到了秦营里，求见秦穆公。秦穆公听说郑国有使者前来，便令其进见。

烛之武见到秦穆公后，不客套，不寒暄，直入主题。他表明了他这次前来面见秦穆公的目的：希望秦国退兵。秦穆公见前面这位老者理直气壮地提出这样的要求，在觉得好笑的同时也感到几分敬畏。但是，要自己退兵哪有那么容易？秦穆公希望烛之武能说说他为什么要退兵。

烛之武面对和善的秦穆公，也多少放下了自己的姿态，将他当做一个朋友，对他说出了要秦国退兵的理由。原来烛之武认为灭掉郑国对于秦国有害而无益。因为秦国和郑国并无相邻，之间被晋国给隔了起来。郑国如果灭亡，土地必然都归晋国，便是有一部分土地给了秦国，那相离甚远的秦国又要这块土地做什么呢？因此，秦军帮忙灭掉郑国这一个行为无疑只是在为晋文公作嫁衣裳。帮晋文公扩大他的土地，同时也意味着削弱了自己，秦穆公何必做这种吃力不讨好的事呢？

说到这里，秦穆公稍露迟疑的神色。他觉得烛之武说得也无不道理，当时自己出兵郑国只考虑到有机会管管中原的事，倒真没想到那么多。烛之武见秦穆公已经对不上话来，知道自己成功了一半，立即接下去说。

烛之武挑起了昔日晋惠公对秦穆公的背约一事，然后得出了晋国贪婪的结论。因为晋国贪婪，如若郑国灭亡，那么不满足的晋国必然往西发展，而秦国正处在晋国的西部！

这事真是说到秦穆公心坎里去了。当时晋惠公的儿子在秦作人质时，晋惠公还要让自己几分，现在晋文公当霸主了，哪会在意他这个岳父的地位？再者，晋国现在比自己还强大，如果还一味地帮助它，那以后还如何实现自己控制晋国称霸中原的目标？想到这里，秦穆公再也不愿傻傻地帮助晋文公这个女婿了。最后，他和烛之武握了握手，表示感谢烛之武的一席话，并声称自己不久便会退兵。

在烛之武回到郑国不久，秦国便和郑国订立了盟约，并派出军队驻扎郑国，秦穆公自率主力而归。这个消息传到了晋营里，这令晋文公感到尴尬。如果晋文公出兵进攻郑国，那必然要和留守郑国的秦军公开对峙，如果不攻，兵已经来到这里，无功而返又令文公难以释怀。

晋文公进退不是，这时有人建议晋文公先袭击秦军再进攻郑国。但是，晋文公考虑了一下，觉得现在还不是和秦国撕破脸的时候，最终也只好退军而返。

这便是发生在秦穆公三十年（公元前630年）的烛之武退秦师的典故。就因为一个烛之武，一场本可以轰动的大战顿时消弭于无形之间，这便是言论的厉害。其实，烛之武退秦师的影响不仅仅在于保全了郑国，同时，它更产生了一个长远的影响，即破坏了秦国和晋国之间的关系。

当时，秦军竟然敢留兵郑国，无疑向晋国表露了挑衅的态度，这也表明经过烛之武的一番劝说后，豁然开朗的秦穆公已经明白是时候和晋国当面来算账了。但是，霸主晋文公却对这种挑衅仍有所顾忌，这说明晋国虽然称霸了，实力却并不比秦国强多少。在这种情况下，两强对决的局面已经不可避免了。

秦、晋的关系在这里开始陷入尴尬的局面，两年后，当晋文公死后，这两个国家将彻底撕破脸面，进入它们的决战时代。春秋历史走到了这一步，秦晋之好已成为历史。

穆公要出手了

秦穆公三十二年（公元前628年），晋国宣告了一代霸主晋文公的逝世。晋文公在位不到十年，却顺利俘虏了中原众诸侯的心。因此，当晋文公的继位者晋襄公将文公死讯公告于天下时，几乎所有诸侯都赶到晋国参加文公的葬礼。但在到场的这些诸侯中，晋襄公却看不到一个熟悉的身影。

这就是秦穆公。

如果说晋文公的死让谁最高兴，其一便是楚成王，自己的死对头终于先自己而去，能不为他击掌叫好吗？当然，除了楚成王外，还有一个人也很高兴，这个人不是别人，正是晋文公的岳父秦穆公。

当秦穆公接到晋襄公发来的讣闻时，非但没有为女婿的过世而感到伤感，相反的，秦穆公暗暗激动了起来。这个阻碍自己称霸的人终于走了，现在，是自己出场的机会了。

秦穆公本就想和晋国来一场对战，只是苦于秦晋之好的名义摆在那里，不好行这不仁义之事。另外，晋文公的存在也让秦穆公忌惮几分，因此穆公才迟迟不敢动手。两年前，穆公留兵镇守郑国，便已经有了挑衅晋国的意味，他心想，你晋国敢打就来打吧，我奉陪。但是，晋文公在当时并没有想破坏秦晋之好的意思，因此这场决战就耽搁了下来。

两年后，晋文公走了，秦穆公也就不想再等了，自己已经在秦公位子上坐了三十几年了，再等下去只怕要去和晋文公见面了。因此，趁着文公新逝、晋国忙着办理文公后事的当儿，穆公决定要出手了！

穆公召集大臣们，对他们说出了自己的心事。原来穆公一直记挂着自己对于晋文公的帮助，帮助他回国，更将勤王的机会让给了他，要不是自己，晋国哪能有现在的地位。

百里奚在穆公的抱怨中已经看出了穆公的心思，但是百里奚却不赞同穆公的想法，他希望穆公能消一消火，以大局为重，不要贸然出兵。但是年老的秦穆公一意孤行，他已经不能再等了，女婿都走了，自己还能等到什么时候？百里奚知道穆公心意已决，也就不再劝说了。

可是出手也不是说做就做的，必须规划好整个行程。首先，要出兵晋国必须找个理由，可是眼下秦穆公一时也找不到借口，何况在人家办丧事的时候偷袭，只怕会落下不仁不义的骂名。就在秦穆公和他的谋臣们为这个行动伤脑筋时，又有讣闻传到秦国，原来郑文公也跟着晋文公走了。

跟随讣闻而来的是一个叫做杞子的人的来信。杞子是当年秦军留守郑国的将领，他在信中跟穆公作了郑国现况的报告。原来继承郑文公位子的是郑穆公，这个郑穆公年轻的时候曾经在晋国当过大夫，和晋文公有过交情，因此亲晋的他一上位便归附了晋国。杞子认为这时候必须出兵郑国，而自己正好握有郑国北门的钥匙，可作为内应为穆公打开郑国的大门。

这个忽然事变点亮了秦穆公的对晋策略——他决定先出兵奇袭郑国。其实，出兵郑国是完全有理由的，当年烛之武退秦师之后，秦、郑订下了盟约，郑国承诺当秦国在东方的依附国。可是郑穆公一上位却倚向了晋国，而忘了当年和秦国的盟约，就凭着这点，秦穆公便有了出兵郑国的理由。而秦国一旦出兵郑国，晋国自然也不会坐视不理，两国的大战将无可避免地爆发。另外，当年秦军从郑国退回的时候，还留下了杞子等将领驻守郑国，有了这些内应，秦国打郑国也将更加容易。

这时百里奚和蹇叔一听，更加慌了。出兵晋国已是难事，还想路过晋国的土地远征郑国？蹇叔急忙再谏穆公，认为郑国之远，想要偷偷袭击是不可能，而军队在长途跋涉后必然劳累不堪，因此袭击郑国的计策万万不行。百里奚也跟着蹇叔，再行劝谏。

当时，既然有反对穆公的，必然也就会有支持穆公的。在这群支持穆公的臣子中，有一个人正值意气风发之年，自小习武的他身材魁梧，脸庞上横生两道剑眉，眼神虽有几分刚毅，却又透着一丝年少的轻浮。他看百里奚这群老臣如此担忧，揶揄他们真是胆小鬼。然后胸有成竹地向穆公自请领兵出战，又保证自己必大胜而归。

秦穆公的一把火本在百里奚等老臣那里浇得几乎殆尽，这时候，这个青年忽然站出，拍拍胸脯大发誓言，这种信心十足的坚毅重新点燃了穆公的火焰。于是，秦穆公便忽略了百里奚和蹇叔的劝谏，拜这个青年为大将，以他身后的两个青年为副将，将征伐郑国的事全权交给了他们三个年轻人。

这时候百里奚更是吓坏了，他对这次远征郑国本不持有乐观态度，这种情况下，谁统兵谁倒霉。而没想到，自己的儿子竟然自请出兵！百里奚可不想看自己的儿子还没立大功就先兵败而归，于是百里奚急忙提出希望穆公收回这个军令的请求。没想到，他的儿子却揶揄他这个老父亲是个胆小鬼。一番争执下，百里奚也无可奈何。罢了，让他出去体验体验下也好，百里奚只得这样安慰自己了。

没错，这个青年正是当初跟着杜氏流浪天下的那个小孩，名字叫做百里视，字孟明，人称孟明视。孟明视幼年的时候便在没有父亲的家庭里长大，只靠母亲在忙于赚钱养家的空闲时候接受母亲的一点教育。因此，孟明视自幼便有野孩子的倾向，喜爱舞枪弄棒，最后竟养成了和父亲百里奚截然不同的性格。

而被点为副将的另外两个人，一个叫做西乞术，一个叫做白乙丙，这两个人是百里奚挚友蹇叔的儿子。看来，自古突破的事业都由青年人来做，秦国此次也不例外。就这样，孟明视在拜将以后，领着西乞术和白乙丙两个副将，带着一支士气饱满的军队，威风凛凛地走出了秦国的东大门。

望着孟明视的军队往东而去，身影渐渐消失在地平线上。秦穆公在心里为他们默默祈祷着，希望他们能凯旋。而百里奚则暗暗叹了一口气，眼眶里充盈着泪水，似乎再也看不到儿子了。在百里奚一旁，蹇叔早已按捺不住心里的悲伤了，他大哭着喊道："孟子！吾见师之出而不见其入也！"（《左传》）我能看着你们出去，却看不到你们回来。这句话真是大忌！秦穆公一听，感到纳闷和愤怒，这老头子怎么净说这种不吉利的话。于是他讽刺地回蹇叔道："尔何知，中寿，尔墓之木拱矣。"（《左传》）你这个老头子马上就要死了，当然等不到！秦穆公一时的愤怒之言令一个忠心耿耿的老臣感到寒心。事情发展到这里，秦穆公那焦躁的心已经显露出几分了，毕竟他也已经老了。

百里奚生怕君臣生隙，赶快扶起痛哭不已的蹇叔，往城里走去。可是蹇叔一边颠簸地走回，同时又一边哽咽地往远去的军队大喊道："晋人御师必于崤，崤有二陵焉。其南陵，夏后皋之墓也；其北陵，文王之所辟风雨也，必死是间，余收尔骨焉！"（《左传》）

蹇叔认为晋国必定趁着秦军东进的时候于晋国的崤山（今河南陕县东）偷袭之，而秦军远征，精力必然比不上晋军，到那时，以逸待劳的晋军将大败秦军，而他蹇叔必然会去那里帮他们收尸。

蹇叔的哭喊随着军队渐渐地远去，却一直游荡在秦穆公的心里。此时的穆公早已失去了信心，六神无主的他只能抱持着几分侥幸之心，并在斥责蹇叔老糊涂的同时给自己寻求一点慰藉。

可惜，老糊涂的是秦穆公自己，称霸心切的他竟然看不到这次远征的种种弊端。不久后，穆公将为自己对于蹇叔的斥责而感到后悔，因为蹇叔的崤山之论竟然是这般准确！

孟明视首出兵

当孟明视领着军队离开秦国的时候，急躁的心已经忍受不了父亲那烦人的交代。他随口应了几句，便下了出发的军令。此时，虽然蹇叔在后头大声哭喊，也挡不住这群年轻人的盛气。

正苦于平生所学无处施展的孟明视，此时却有幸当上了主将，得以统领大队士兵。就在军队休息的当儿，孟明视想着浩瀚秦军竟然全掌握在自己一人之手，成就感油然而生，整个人因此飘飘然起来，似乎和这天地合为一体，而他则主宰着天地万物。

当然，想想是很容易的，可是做起来又是另外一回事。要知道，从秦国雍城到郑都，此间距离长达一千五百里，更兼旅程中有桃林、崤函、轘辕、虎牢等数道雄关险塞，如此行程，孟明视要经历的艰险可想而知。

但是，在军队还没碰壁之前，孟明视一群人还是意气风发的。他们带着一腔熊熊热火，逐渐远离了秦国的土地。

气焰旺盛的秦军路过了周王室的都城洛邑北门，照理，军队从周天子前面大肆走过是不敬的，但是生在乱世的孟明视实在不想顾忌那么多了，结果是“左右免胄而下，超乘者三百乘”（《左传》）。面对秦军表现出的轻佻无力，周王室有一位童子作出了这样的预测：“秦师轻而无礼，必败。轻则寡谋，无礼则脱。入险而脱。又不能谋，能无败乎？”（《左传》）这位童子就是后来的周大夫王孙满。预测虽说不能相信，但他点出了一个事实，即孟明视年少轻狂，这很可能成为他兵败的原因。

军队经过洛邑后继续出发。孟明视带着军队已经走了很多天了，却还没走到目的地。时为秦穆公三十二年（公元前628年）冬，有小雪纷飞，冷清的道路唯有寒风呼啸，活像躲藏在深山野林里的怪兽，随时都有可能冲出。

路程之远，更兼如此冷的天气，士兵们早已渐渐失去了刚出城门的那股冲劲，一个个在寒风的刮打下冷得抖擞，慢慢地起了报怨之心。孟明视望着一望无际的道路，也渐渐萌生退缩的念头，但是，自己当初拜将时曾夸下海口，这时候哪能回去丢脸？因此，孟明视隔一会儿便激励着自己，也激励着士兵。军队就这样拖拖拉拉地前进着。

又走了一段路程，时间已经从秦穆公三十二年末进入到秦穆公三十三年（公元前627年）初，孟明视带领着军队来到了滑国（今河南偃师东南）的土地上。滑国离郑国只有八十公里远，孟明视精神大振，回复到刚出雍城的那份信心，仿佛胜利已在眼前。为确保军队在袭击郑国时有足够的精力，孟明视便令军队在这里暂作休息。

就在秦军休息的时候，哨兵远远看见有一个人赶着一批牛群往军队走来。当哨兵把这个发现上报给孟明视时，孟明视随即令人将这个人请来，探询究竟。

这人来到秦营里，大大方方地向孟明视做了自我介绍。原来他叫做弦高，是来自郑国的使臣，因为郑穆公得知秦军正驻扎在滑国之地，于是派出他领着牛群前来犒劳秦军，并代表郑穆公欢迎孟明视三个将军前往郑国一坐。弦高说完就将随身带着的四张牛皮和十二头牛献给了秦军。

孟明视一听，顿生疑虑。这次出兵并无透露，为何郑国却已经得知？而郑国既然已经得知，那必然会提前做好准备，此时自己再贸然出兵不是很危险？孟明视想到这里，顿时如泄了气的皮球，本以为胜利即将到手，没想到却突生事变。自己行军如此之久的计划就这样毁于一旦，孟明视不懊恼也不行。

懊恼是懊恼，所幸孟明视也不是个过于莽撞之人，他懂得审时度势，既然讨伐郑国已经是难事了，那又何苦去硬碰这块石头呢？孟明视深感遗憾之下，也只得向弦高敷衍几句，告诉他自己并无意前往郑国。可是孟明视心想，如何才能让弦高相信自己并无意前往郑国呢？当孟明视头往下一低，看到滑国的土地时，他想到了一个办法。

孟明视对弦高表示，自己此次东征不过为讨伐滑国，与郑国无关。弦高一听，也知道他不过是找找借口，但是自己的目的已经达到，因此也不再多说什么，只有随意回应了几句，也便告辞了。

孟明视一代大将，却栽在了一个商人的手里。其实，这个弦高并不是什么郑国使臣，郑国也并不知道秦国正悄悄领兵前往自己的土地。这个弦高只是一个路过滑国的郑国商人，当他看到孟明视的军队时，在悄悄地打听和自己的猜测下，便料定了这是要袭击郑国的秦军。弦高一惊，自己的国家哪能挡得住秦军的来袭？危机临近，爱国的弦高忽然想起了烛之武的事迹，便想效仿一下前人，凭一己之力来退秦师。

因此他便装成了使臣往见孟明视，居然成功骗到了秦师退兵。弦高在这次表现中大有烛之武的遗风，看来郑国从来都不是缺少能人，而是缺少伯乐。

弦高骗退了孟明视后，立即赶回到郑国，向郑穆公报告了这件事。郑穆公又惊又喜，便表示要奖赏弦高，被弦高婉拒了。这时郑穆公想起了身在郑国的秦将杞子等人，秦军前来，这几个人必定是身为内应。于是郑穆公找了个借口遣送杞子等人回国，杞子等接到消息，知道偷袭事败，为免生枝节，也只好先行回国。

郑国就这样又一次被保住了，可是孟明视、西乞术和白乙丙这三个年轻将领却不好过了。郑国攻不了，自己不就无功而返了？当初信誓旦旦，如今却无功而返，这回去后必然被父亲那一辈人笑话，而且自己也无脸向秦穆公交代，这可如何是好。

就在三个人急得火烧火燎的时候，孟明视忽然想到了自己对弦高说的话：自己东征是来征伐滑国的。没错，既然郑国打不下，那就把滑国给打下来！滑国这种小国，要拿下轻而易举。又可以用打滑国来替郑国的功，实在是好计。于是孟明视将这个想法讲给了两位副将听，两个人无不表示出兴奋的神情。就这样，郑国逃过一劫，滑国却即将惨遭灭顶之灾。

孟明视做出这个决定后，立即兵分三路，自己领一军，由西乞术和白乙丙各领一军，团团围住滑国都城。滑国是比郑国还小的国家，哪能抵挡得了秦国这样的大军降临。结果，没花太多的功夫，秦军便顺利攻进了滑国，滑国国君被迫逃亡。无辜滑国，就这样作为代罪羔羊，从此消失在春秋时代的地图上。

秦袭郑灭滑一战，虽说意义不大，却也让我们看到了孟明视此人所拥有的潜在力量。他审时度势，灵巧机变，却又果决刚毅，勇猛向前，这是一个成功将领所应该具备的品质，而他都拥有了。看来，在百里奚老了以后，他的儿子代替他成为秦国的主心骨，也不是不可能的。

当然，孟明视虽然拥有了当一个将领的资格，但是，比起他的父亲，他还是缺少经验。而年轻气盛的他也必然要经历一点失败，非此，又如何能挫挫他的锐气？当孟明视为灭掉滑国而自豪时，他却不知道前面有深渊正在等着他。

当孟明视班师回国时，他们再次来到了一个地方。这是一座险峻的山脉，主峰达一千八百五十米。遍观这一山脉，只有一座狭窄的通道，这通道最多可容一辆战车，依傍着万丈深渊，盘旋曲折。秦军要回国，必须从这个通道走过。

巍峨的高山和惊险的山路映入了孟明视的眼里，孟明视感到奇怪，之前出征的时候路过无觉大碍。但经历过弦高之事后，仿佛一切都变得没那么顺利了，这座山在这个时候忽然变得比来时更加可怕。此时正值春季到来，天气还未完全回暖，一阵冷风从山间吹出，好像魔鬼的呼唤，孟明视在这阵风里隐隐约约地听到了出军时蹇叔的话："必死是间，余收尔骨焉！"

孟明视颤抖了。

出师未捷陷囹圄

孟明视灭掉滑国后，带领着秦军浩浩荡荡地返回秦国。孟明视只在意秦军什么时候能赶回秦国报功，却忽略了这个时候他们正踏在晋国的土地上。所谓螳螂捕蝉黄雀在后，孟明视自以为灭了滑国后便可以安心地回家，却不知晋国此时正在背地里悄悄地讨论着一个阴谋——怎么灭了这支军队。

当时晋文公去世还没有半年，秦国便如此嚣张地踏上自己的国土，且征讨的目的地还是自己的盟国郑国，这无疑是在对自己的霸主地位叫板。秦穆公此举实在令晋襄公和他的一班臣子们难以忍受。

当时晋国反秦最激进的大臣是先轸。先轸一直都将秦国作为心腹大患，只是晋文公在世时总是以接受过秦国帮助为借口，不愿和秦国公开作对。现在晋文公刚死，秦穆公便露出了他真正的心思，想要来抢晋国的霸业了。是可忍孰不可忍，晋国再忍让下去，只怕辛苦经营的霸业就要拱手让人了。

于是先轸来到晋国新君晋襄公的身旁，当着他的面斥责了秦国的贪念，并希望晋襄公能趁这个大好机会伏击路过的秦军。先轸只是作为一种声音，在晋国里，并不是所有大臣都仇秦的。当时晋国六卿之一的栾枝便和先轸持有不同意见，他认为晋文公不愿以怨报德，而晋襄公应该秉持先主的遗愿。

栾枝这种仁义之说在乱世里是很虚的。当然，身为一个将领，他自然也不会太沉溺于宋襄公般的仁义，栾枝这话不过提醒了晋襄公，要打秦国必须有个借口，无名而出兵对于晋国的霸业只怕有害。

先轸也明白这点，这时他为晋襄公提出了几点可作为攻打秦国的理由。其一，秦穆公作为晋文公的岳父，没有参加晋文公的丧事，甚至还在为晋文公办理丧事时便私自踏上晋国的土地。其二，秦穆公的出兵对象是郑国，而郑国可是晋国的同姓国（姬姓）兼同盟国。

先轸列出了这两点，便不怕出师无名了。而晋襄公也比较倾向于先轸的言论，毕竟要报恩的是晋文公而不是他。再者，秦穆公的行为已经算是半公开地和晋国叫板了，晋襄公又怎么能忍受他欺压到自己头上了。因此，晋襄公决定这次要给秦国收收过路费，于是他正式下令：先轸统军，伏击秦军。

先轸接受军令，开始击秦的准备。他联合姜戎，令晋军和姜戎士兵埋伏在崤山的隘道，待孟明视领大军路过之时，伏兵一出，将秦军杀个措手不及。晋襄公也是好样的，他为鼓舞士气，亲自上战场督军。战场上的士兵们看见穿着丧服的晋襄公，在感慨文公昔日的霸业时，也为新君主的英明而感到欣慰。晋襄公此举令晋国士兵士气大涨，个个已经做好了让秦军有来无回的准备。

晋军准备已定，只等着孟明视这只狼擅入虎口。

孟明视领着军队来到了崤山地带，一眼望去，群峰巍峨，道路险峻，副将西乞术告诫孟明视必须小心行军。孟明视望着眼前险恶的地势，自然也有几分害怕。只是身为主将，如果不挺起胸脯，那不是要所有士兵都跟着你弯下腰去？因此孟明视虽心有恐慌，也只得硬撑起信心十足的笑容，励志般地向士兵们宣称：秦军之强悍，不惧一座山！

秦兵在主将的激励下也多少拾回了信心，反正之前来时已经走过一回了，还在乎多走一回？士兵们个个昂首挺胸，不愿意露出任何畏惧的神情。可怜的秦军，却不知前面有多大的危险在等着自己，而这块土地也将成为自己的葬身之地。

当孟明视领着秦军谨慎地进入晋军的埋伏圈时，忽然轰隆一声，紧随着一阵大石滚动的声音。孟明视抬头一看，忽见一块大石沿着山滚动而下，直砸进秦军的前军。秦军被这突如其来的袭击吓了一跳，士兵们立刻慌了阵脚，你推我攘，慌乱之下怎么也逃不出这条山道。

就在秦兵慌乱的时候，更多的大石随后而来，纷纷砸进了秦军的队伍里。秦兵的血流满了整条山道，春天的清新瞬间被一股腥臭味给驱赶了出去。被困于此的秦兵们喊的喊，哭的哭，跑的跑，在这般鬼哭狼嚎之下，天地好像也开始动摇了起来。

与山道的暗红血液相衬，秦军头顶上的天色忽然暗淡下来，抬头一看，只见密密麻麻的箭镞掩盖了整片天空。充满力度的箭镞纷纷射进秦兵的身体，秦兵血液喷溅，好似山谷里怒放的红花。

随着箭镞而来的是晋军的喊声，只见山路两头杀进了无数的晋兵，像一群饥渴难耐的野鬼，啃噬着秦兵慌乱的心灵和颤抖的血肉。

再也没有一条路能逃。在这突如其来的袭击中，整个山道溅满了秦兵的血、铺满了秦兵的尸体。当秦后人回忆起这段历史时，他们无不难受地叹口气，摇着头沉重地说：没有一个人能回来。

也不是没有一个人能回来，或许是因为先轸的命令，晋兵们没有一个人将他手中的武器往孟明视三位大将身上刺去。结果，秦军全军覆灭，唯独主将孟明视，副将西乞术和白乙丙三人被生擒到晋国。

这是发生在秦穆公三十三年（公元前627年）的崤之战，也是秦晋争霸的首次一战。崤之战中，秦国轻启兵端，孤军深入，千里远袭，最终以全军覆灭而告终。崤之战的发生并非偶然，而是秦晋之间利益矛盾激化到无可避免的后果，它意味着联系秦晋之间的“秦晋之好”已经成为历史，接下去，摆在两国之间的将是赤裸裸的决斗。

崤之战大败后，孟明视等三位大将被晋兵生擒到晋国。在路上，当他回忆起跟随自己的士兵们在崤山之上遭难的情景时，当他回忆起这些士兵的血溅得自己的眼睛模糊时，他整颗心像被绳子给缠住似的发痛。这是他第一次大败，因为自己的大意，因为自己的自负，所有的士兵们便从此再也回不到他们的国家，从此再也见不到他们的亲人。对于这样的后果，自己还有何脸面回去见穆公，还有何脸面回去见父亲，还有何脸面回去见秦人？

孟明视、西乞术和白乙丙三人彼此对望着，都看出了对方眼里透露出的惭愧。囚车颠簸在晋国的土地上，两边的晋人以胜利者的姿态看着这三个人。孟明视心里感到异常的难堪，这种难堪最后转变成愤怒。他以眼色暗示了西乞术和白乙丙：这次的仇恨一定要报，要让晋人知道秦人并不是好欺负的！

孟明视崤山兵败的消息传回了秦国，秦人一听到这次大败的消息，整个国度瞬间笼罩上一层阴郁的氛围。而秦穆公那时刻为之悬着的心更在此刻重重地坠了下去，好像被一块重石拉着，硬要将它拉入深渊之中。败了，败了，而且是全军覆灭，秦穆公全身颤抖着，责怪自己当初不听蹇叔和百里奚的劝告，事已至此，都是自己的罪过。

痛心的秦穆公后悔不已，向蹇叔和百里奚表达了自己的歉意，然后叫人做了上百套丧服，给自己和百官们穿上。他要祭拜死在崤山的所有将士，他要乞求他们的原谅，希望他们原谅自己的焦躁。要不是自己称霸心切，又如何能造成这样惨痛的结局。同时，他也发誓要为死去的将士们报仇，他希望有朝一日手刃晋兵来慰藉秦兵的在天之灵。

秦国这次是败了，但孟明视等三位大将还没死。所谓留得青山在不愁没柴烧，只要孟明视他们还在，只要秦人还在，有朝一日，他们会将今天所遭遇的一切回报给晋国的！

我来“还恩”了

秦穆公三十三年（公元前627年），秦国在崤之战中败给了晋国，两国从此断绝了来往。作为崤之战的秦军主将孟明视，因此战而备感惭愧。后来，在秦穆公的激励下，孟明视和他所带领的士兵们重拾起信心，在两年后又重新来到晋国的边界，为实现他当初在黄河上的诺言——“将拜君赐”。

崤之战大败后，孟明视、西乞术和白乙丙三人吸取了第一次自负轻敌、贸然行动的教训，在百里奚等老臣的教导下，努力地研习兵法、训练部队。两年的时间在充实的训练中过得很快，孟明视三人的身体越发强壮，军法也越发精通，而他们所训练出来的士兵也一个个精神饱满，身强体壮。

在这一番训练过后，秦国军队无不士气高涨，都渴望着和晋军一战，以报两年前死在晋军手下的兄弟们的仇。孟明视也一直惦记着这件事，渡过黄河打败晋军，这不单单是复仇的问题，更重要的还是重扬国威的问题。可是虽然孟明视有这个心，却也不敢像第一次那样冲动。这种情况下，自己在秦国做好准备是必需的，同时，他还在祈盼着晋国里有一个人能死去，这个人就是先轸。

崤之战中孟明视就是败给先轸，而之后他困在晋国里，若是先轸时刻在晋襄公身旁，只怕他也没机会逃出晋国。因此先轸一直都是孟明视的心头大患。而先轸作为前辈，在军事上的造诣又远比自己高，有他在的一大，孟明视绝对没有机会进入晋国的大门。

或许是上天听到了孟明视的心事，不然，怎么会有这么好的消息传到秦国：先轸死了！原来在这两年间，先轸一直为那次当面斥责主君晋襄公而感到悔恨。因此，为解除自己心中的不安，先轸在一次和狄人的战斗中，脱掉了头盔直入敌军，最终战死。

先轸的死让孟明视松了一口气，他知道自己苦苦等待的机会终于来了，这一年，他要让晋国重新认识他孟明视。

孟明视做好出军的准备，然后向秦穆公请战，意在报崤山之仇。穆公见士兵们情绪高涨，孟明视也更有担当，遂表示出对这次东征很大的支持，希望孟明视能不负他的期望。孟明视感谢穆公可以再给自己一次机会，在给穆公保证过后，他便领兵出发了。

孟明视领兵来到了秦国西部的彭衙（今陕西白水东北），在这边遇上了晋襄公亲率的晋军，两军遂在此对峙，准备开始一场阔别两年的重逢战争。

两军列阵后，晋襄公派出大将狼晖率领他的部下首先冲入敌阵。在狼晖极具猛势的首发后，随之而来的晋兵惊天动地的呐喊。声音直入云霄，令秦军感到胆寒。面对攻击力如此强大的晋军，秦军士气再高涨，也终究抵挡不住，最终只好宣告败退。

这是继崤之战之后的秦晋第二次争霸之战，史称彭衙之战。彭衙之战作为崤之战的延续，最后仍旧以秦军失利收尾。虽然孟明视在这次战争中又失败了，但是，在这次战争中，孟明视没有犯任何低级错误，明显比崤之战中的表现好了很多。虽然如此，孟明视还是不能原谅自己的又一次失败，此时的他真是惭愧得无地自容，他不再指望秦穆公能免他的罪，他甚至将自己关上了囚车，让士兵拉着他回到秦都，让穆公定罪。

可是，如同第一次原谅了孟明视一样，穆公再次原谅了他。阅历极深的穆公明白，老在顺风里驶船的船夫并不一定就是好船夫，要经过大风大浪、甚至翻过船才有可能成为一个有担当的好船夫。穆公这样勉励了孟明视一番，仍将军队交给他统领，并希望他与其一味地感到愧疚，倒不如好好找找自己身上的问题，再接再厉，从而实现自己的报仇心愿。

秦穆公对孟明视的屡次原谅，一方面表现了他的爱才之心，另一方面，穆公也明白此时的秦国正是称霸的关键时刻，失去任何一个将领都会是一个大的损失。因此，穆公宁愿选择相信，也不要选择放弃。

面对秦穆公对自己的信心和支持，孟明视再次将惭愧化为动力。较之第一次，孟明视更加认真。他开始在自己身上寻找问题，他明白自己在军事指挥上仍有所欠缺，训练军队和作战方式也并不完美。为改正这些缺点，他在熟读兵法的同时，开始像他父亲一样，深入到士兵之间，了解并关心他们的生活。他这种与士兵有福同享有难同当的精神感染了整个军队，结果比起训练更加成功地凝聚了士兵们的心。在士兵们的眼里，他们的将军孟明视已经越来越有个人魅力，他们也因此越来越喜欢这个将军，并希望能和他一起出生入死，缔造辉煌。

就在孟明视训练着自己和士兵的时候，晋国却一直出兵骚扰秦国。当时出兵秦军的任务落在了先轸的儿子先且居身上。先且居统军后，便立即联合了宋、陈、郑三国一起出兵秦国。

面对先且居的挑衅，孟明视深知秦军还没做好应对的准备，因此坚决不出面。不管先且居再怎么诱惑，再怎么挑衅，孟明视都毫无冲动之意。最后，在先且居的领导下，晋军顺利攻下了秦国的两座城池汪（今陕西澄城西）和彭衙，对此，晋军纷纷嘲笑：原来这就是孟明视要来还的恩典。

即使如此，孟明视仍然忍着，如果机会到了，他自会出兵，可是此时还没到，他必须再忍。

对于孟明视“忍”掉了两座城池，秦国的一些大臣很不能谅解，纷纷向秦穆公指责称这个孟明视根本就是个胆小鬼，为什么要让他领兵。但是，秦穆公力排众论，他向大家表示了自己对于孟明视的信任，他相信孟明视终有一天会成功地打败晋军。

秦穆公三十六年（公元前624年）的夏天，在低调了一年之后，孟明视终于再次来到了秦穆公的面前。这次，他希望秦穆公能亲自挂帅统军，并发誓这次如若再不败晋军将不回秦国。秦穆公被孟明视的坚定感染了，于是他命令给出征的军队五百辆兵车、装备精良的兵器和充足的粮食，又拨给出征兵士家属粮食和钱财，以解士兵后顾之忧。

准备好一切后，秦穆公和孟明视亲率着大军，浩浩荡荡地直逼晋国而去！

这支情绪高昂的军队往东渡过了黄河，孟明视下令士兵将渡河的船一概毁尽。看来，这次孟明视是下了十足的决心了，他要背水一战，他要让秦人知道，事不过三。

在孟明视坚决精神的感染下，士兵们一拥而上，将渡河的船只用火全部烧尽。烟雾弥漫了整条河，这是在祭奠三年前死去的士兵们，也是在告诉晋人：你们的土地将如这黄河，消失在黑暗的烟雾之中。

秦穆公为主帅，孟明视做先锋。在孟明视的指挥下，秦军奋力拼搏，直冲入晋军之中。如入无人之境的秦军在晋军中往来驰骋、为所欲为。晋军见秦军换了一群人似的，跟以前截然不同，面对这种天兵般的英勇，晋军纷纷败下阵来。就这样，秦军在孟明视的带领下，一路势如破竹，非但收回了被先且居抢走的两个城池，更是反客为主，将晋国的城池王官（今山西闻喜南）、郊邑（今山西闻喜西）毫不客气地收入囊中。

晋军见秦军来势汹汹，只得坚守不出。孟明视难以再进，便南下自茅津（又名陕津、大阳津，今山西平陆西南黄河渡口）南渡黄河，进抵崤山。来到崤山后，秦军想到了三年前死在这里的兄弟，无不感到哀伤和愤怒。孟明视令士兵们掩埋掉死在崤山的秦兵尸体，并在此立起标志，祭奠三年前的失败，纪念今年的胜利。

这是继崤之战之后秦晋的第三次争霸之战，史称王官之战。王官之战中，秦军终于报了以前的两次败仗之仇，孟明视在此战采用的“济河焚舟”战术，为后来《孙子兵法》“投之亡地然后存，陷之死地然后生”的战术理论，提供了实践依据。也因此战的大胜，孟明视的名声从此响彻大地。当然，更为重要的，秦军在王官之战中的胜利，使得晋国的霸主地位开始产生了动摇。而秦军也因这次大胜而收降了许多闻风而降的部族和小国，使得自己的威望在西方诸戎和东方众诸侯中都有了一个大的提升。

秦穆公虽然对晋大胜了，但还不能成为霸主，要入主中原，穆公不彻底突破晋国是不可能的。可是面对秦国的进犯，晋国却始终保持坚守态势，坚定地遏制住秦穆公东进的野心。面对晋襄公如此果决的态度，秦穆公对于晋国也难以再突破一分。这种情况下，秦穆公将眼光转回到了西方，在这块秦人发展的基业之上，仍然布满了许多不服从秦国统治的戎狄国家。要让自己的西方霸主之名成为现实，他就必须解决掉这些烦人的小鬼。

秦穆公是霸者

秦穆公三十六年（公元前624年）的王官之战奠定了秦穆公作为西方霸主的地位。但是，即使在大西北，秦穆公都没办法做到说了算。当时西北的土地上生活着许多戎狄部族，时常侵扰着秦国的国土，令秦人不堪其扰。秦穆公必须想办法解决这些问题。

在秦穆公的早年，他花了更多的心思在东方的诸侯国上，因此无暇顾忌西方的戎人。王官之战后，晋襄公下令全国封锁，彻底遏制秦人东进的势头。面对晋国的封锁，秦穆公已经难以再往东发展，而自己又步入了晚年，这种情况下，穆公只好将眼光收回到西方，先解决了戎人再说。

当时在西戎里有一个较为强大的部族叫做绵诸，当年秦穆公即位时，绵诸王便派出由余前来窥探秦国的虚实。只是聪明反被聪明误，绵诸王最后中了秦穆公的计，将由余送给了秦国。从此，由余便留在秦国管理戎人的事务。

王官之战后，由余也看出了秦国无法往东进展的局势。而在他多年对戎人的观察后，他知道此时秦穆公已经完全有能力征服众戎，正值穆公的霸业刚登上顶峰，戎人对之也有几分畏惧，因此，这时候是对西戎出手的最好时机。

这样分析后，由余便往见秦穆公，向他提议改变战略方向，暂缓对晋战略，而转为加紧对戎战略。由余的提议正中秦穆公的心，于是秦穆公令由余全权负责伐戎事务。

西戎部族之多，想要一网打尽并不容易。所谓擒贼先擒王，秦国想到征服诸戎，就必须先将戎人中最有威望的那一个部族给拿下。而这个部族正好是由余的老东家绵诸。

绵诸大概是自西周末年由西往东迁移到今甘肃，后定居在今天水地区。由于绵诸在诸戎人中和最早的秦国都城秦亭靠得最近，因此它一直都和秦人有着密切的来往。而对于绵诸，生活在那边多年的由余再熟悉不过了。不论是它的地理，还是它的君王，由余都早已掌握透彻。因此，对于征伐绵诸，有了由余，秦穆公便放了一百个心了。

秦穆公三十七年（公元前623年），带着秦穆公的期望，由余作为秦军的顾问，带领着秦军，再次踏上了他的故土。

由余重新回到了绵诸这块土地，望着眼前这熟悉的景象，他想起自己为这块土地付出了多少心力，却因为绵诸王的多疑，而致使自己不得不离开家乡，顿时感觉委屈。所幸遇上穆公这样贤明的君主，自己才能在他国得以一展所长，实现毕生抱负。想到这里，由余发誓要将这块土地收过来送给秦穆公，他相信，绵诸在穆公的管理下，将会有更好的未来。

因为这种信念，由余带着秦军直入绵诸。当时的绵诸王听说秦军来袭，立即调兵遣将准备迎击。可是秦军速度之快，令绵诸兵士措手不及。很快的，秦军便成功突破了绵诸的防线。绵诸王得知秦军已经成功入侵，知道大势已去，王宫四周也被秦军团团围住，自己已经逃不出了。这种情况下，绵诸王只好放弃抵抗，降于秦国。

绵诸王被俘的消息传遍了整个西戎，紧接着，秦人侵入的消息也随之而来。西戎各部族见秦人势头正劲，而自己当中最强大的绵诸王也都失败了，因此也就不再抵抗，纷纷接受了秦军的招降。

就这样，秦军从出兵到现在不出一年的时间，便成功降服了二十多个戎狄小国。秦国国界也因此往南扩至秦岭，往西直达狄道（今甘肃临洮），往北伸至朐衍戎（今宁夏盐池），往东进驻黄河，史称“益国十二，开地千里，遂霸西戎”（《史记·秦本纪》）自此，秦国的名声在大败晋国后又一次威震了天下。

秦穆公灭戎之战，奠定了穆公在西北的地位，鉴于此，周襄王令人给穆公送来了金鼓当做祝贺之礼。其实，这金鼓便意味着周襄王已经正式承认了秦穆公的西方霸主地位。

秦穆公当上霸主了，虽然只是西方霸主而已，但也算是实现自己百分之八十的目标，距离中原霸主只差一步之遥了。穆公望着金鼓，感慨万分，自己诚恳奋斗了几十年，其他国家的君主都换了好几届，就自己这条老命还一直舍不得离去，现如今，自己终于能拿个霸主的头衔，也算不辜负自己的辛劳了，也算不辜负先祖的期望了。

年已老迈，穆公知道自己不能再和别人争什么了。当一丝温暖的阳光普照大地时，穆公带着他安详的满足神色向世人告别而去了。秦穆公去世的消息传遍了整个秦国，整个国度顿时笼上一层深深的哀愁。国人们为这个仁义之君的逝去而悲痛万分，特意作了一首诗来纪念他。该诗名为《黄鸟》，其中有一句：“彼苍者天，歼我良人；如可赎兮，人百其身！”如果可以赎回穆公，那我们愿意用一百条命来换啊！秦穆公在秦人的眼里分量之重，可见一斑。

秦穆公三十九年（公元前621年），一代贤君秦穆公去世了。他上位前，秦国还不能欺压晋国一丝。他去世后，秦国已经爬上了西北的高峰，并让晋国尝到了秦人的力量。

虽然秦穆公为秦国的发展作出了如此大的贡献，但是后人对于秦穆公的霸业却时常颇有微词。他们认为穆公根本没有齐桓公和晋文公那样号召诸侯的力量，不足以称为霸主。但是，这些批评都忽略了一个事实：在秦穆公时代，秦国根本不能和齐国、晋国相提并论。

齐、晋作为中原的老牌诸侯国，无论在威望上，还是在实力上，比起西北方刚发展起来的秦国来得更有分量。在这种情况下，穆公想发展，还得先看这些人的脸色，那又怎么能要求他必须得做到和这些人平起平坐呢？因此，穆公作为一个有为君主，他的贡献不可磨灭，他的霸业也应该得到承认——从他力所能及的范围来看。

不管后人怎么评价，秦穆公都安然地逝去了，而穆公留下的秦国又该何去何从？秦的后人在这方面确实应该好好规划一下，方不至于辜负穆公的一世之劳。

秦穆公死了，世界却还在运行。在穆公年间，春秋格局风云变幻。先是齐国的霸业正盛，后齐桓公的逝去让齐国几乎再无力争霸，倒因此拉上了一个宋国和一个楚国。宋楚争霸在齐楚争霸之后延续着春秋的战乱，这期间，宋襄公勉强称霸，不久便在楚成王的干扰下遗憾而逝。楚国在南方的野心一直在膨胀着，可是中原诸侯更倾向于本地区的大国，而不是这来自外地的“蛮子”。因此，晋文公因运而起，遂接过齐桓公的霸主位，再次统领中原各国。

晋楚争霸中，秦国作为晋国的坚实盟国，一直坚持着联晋抗楚的战略。可是崤之战彻底宣告了这种局面的破灭。取而代之的，秦国因和楚国有一样的目的，两国遂结盟，将目标一致对向晋国。因此，春秋格局到了秦穆公晚年再次转变，秦、楚联合抗晋已成定局。

其实，秦晋争霸之战中最大的胜利者既不是晋国，也不是秦国，而是在南方坐山观虎斗的楚国。历史已经将一个好的机会送给了楚国，而楚国也不辜负这种青睐，开始了它问鼎中原的历史。

至于秦穆公之后的秦国，接受了周襄王的金鼓之后，在西北已经确立起了它的威权。这之后，它准备再次找晋国开战，继续朝它理想中的东方大地而进。对于这一个挑战，晋襄公之后的晋国却很慷慨地将它迎接了过来。从此，秦晋屡起战端，彻底成了一对死对头，秦晋之好已成传说。

在和晋国争霸的路途上，秦国的未来一片迷茫，秦穆公的后人们还必须在摸索中前进。

第四章　再度羸弱：不堪一击的低潮期

康公不如意

秦穆公二十四年（公元前636年），当重耳被穆公派兵返回晋国时，有一个年轻人因和重耳关系甚密，因此特意为他践行，并写了一首诗来送别。诗曰：我送舅氏，曰至渭阳。何以赠之？路车乘黄。我送舅氏，悠悠我思。何以赠之？琼瑰玉佩。（《诗经·秦风·渭阳》）这首格调清新、略有忧伤的送别诗衬着大西北的彪悍背景，听来令人深感凄凉。

这首诗歌是秦穆公的儿子赵罃所写。赵罃是秦穆公和妻子穆姬所生，穆姬便是晋献公的女儿、晋惠公和晋文公的姐姐，因此这样算起来，赵罃便是晋文公的外甥。其实他们的关系倒也不仅仅限于甥舅，因为晋文公的妻子文嬴正是自己的姐夫，所以赵罃还应该叫晋文公一声姐夫。

总之，这种基于政治联姻所形成的关系错综复杂，讨论起来也没有多大意义。唯一有意义的事，赵罃在秦穆公去世之后便接替了他的位置，成了秦国国君，是为秦康公。

这个秦康公似乎和他的父亲有点不一样，在他的心里，藏着一个文人的影子，这点从那首送别诗里便可窥见一二。或许因为这种差别，才决定了秦国历史的走向：从秦穆公的积极突破、创立辉煌，转回到了秦康公的宁静守成。当然，便是再宁静，都会有一点小起伏。就在秦康公即位之初，他的邻国晋国便对他开了一个玩笑。

秦康公即位不久，正在雍城王宫里计划着秦国的未来。忽然，从晋国来了两个使者，一个叫先蔑，一个叫士会。他们来到了秦康公面前，向康公说出了这次拜访秦国的目的：请秦康公送当时正在秦国担任亚卿的晋文公之子、晋襄公的兄弟公子雍回国继位。

原来，晋襄公在秦穆公去世不久后便也跟着他离去了，这对开起秦晋争端的冤家在同一年而逝，历史在某个时候总是如此有趣。晋襄公去世，晋国当然也要寻继位之主。可是为什么不找晋襄公的儿子呢？当时晋襄公的儿子夷皋还年幼，而连年和秦国、狄人征战的晋国，国内已经陷入了不安定的困境，让一个年纪尚小的孩子来掌管这个局面，怕是难以应付。因此，在晋国大臣的商讨下，他们便决定迎回时在秦国的公子雍。

当然，晋国的公子还很多，为什么偏偏要找回公子雍？这里面当然有公子雍为人优秀的因素，其实，更重要的，正如晋国大臣赵盾所言，公子雍在秦国久住，和秦国的关系较好，若公子雍继位，秦晋或许能回到以往的友好状态。

秦康公对于晋国的这个请求，倒也没有拒绝的理由，再说，自己让公子雍回去当晋君，这就好像当年秦穆公护送重耳回国一样，如此得意之事，哪有不为的道理？因此，秦康公慷慨地答应了晋国使者的请求，并亲自领兵送公子雍返回晋国。

就在秦康公高兴地护送着公子雍回国的时候，从晋国那里忽然又传来了一个事变：晋国决定改立襄公之子夷皋为晋君。这个突然事变令秦康公感到莫名其妙，这不是晋国在耍自己吗？原来，事情的变化起因于夷皋的母亲穆嬴。

这个穆嬴和一般的后宫佳丽并不两样，也是要尽心计只为巩固自己的位置，既然要巩固自己的位置，最好的方法便是让自己的儿子当上国君。因此，就在士会两人前往秦国请求晋康公护送公子雍回国的时候，穆嬴便在为如何让自己的儿子当上晋君而绞尽脑汁。

穆嬴并无什么大计，想到最后她也只能拿出女人惯有的招数——一哭二闹三上吊。她每天都抱着自己的太子来到大臣们议事的朝堂，然后令夷皋放声大哭，自己也随着夷皋的哭泣，一边啜泣一边抱怨大臣们为何要放弃太子另立他人。穆嬴做的也没有那么简单，她知道当时臣子中说话最有分量的是赵盾，因此她特意抱着夷皋来到赵盾的府里，向赵盾叩头乞求。这就让赵盾吓坏了，这穆嬴是什么人？让她来给自己叩头，自己不折寿也该叫人骂死。因此，最后实在承受不了穆嬴的无理取闹，赵盾也只好顺从了她。

这个赵盾是赵衰的儿子，赵衰历经两代，是文公、襄公时的大臣，因此赵氏累积下来的威望，使得赵盾可以成为襄公之后的朝中一把手。再加上赵盾此人能力出众，又具权谋，因此襄公之后的晋国政权，便形成了由赵盾一人掌控的局面。既然赵盾在晋臣中如此有威势，那么他说一，臣子们也就不再说二。最后，当他决定改立夷皋为晋公时，众臣也就将就地同意了。

就这样，穆嬴的计策成功了，她的儿子夷皋托了母亲的福，顺利坐上了晋公的位子，是为晋灵公。

这时候，晋臣中就有人不高兴了，这人便是先蔑。先蔑作为晋国使臣，前往秦国和秦康公做出了迎立公子雍的约定，谁料自己刚回国，晋国就又做出了这个反复的决定，而自己作为晋国代表出使秦国，晋国这样失信于人，不就意味着自己失信于人吗？心有不平的先蔑立即找上了赵盾，想要和他理论。

但是先蔑的理论非但不能让赵盾后悔，相反的，他反而提醒了赵盾一点，那便是晋国此时已经失信于秦了，也就是说，秦晋之间的裂缝又大了一寸，这样，与其等秦国因恨来犯，倒不如自己先出兵制之。因此，赵盾不顾先蔑的感受，立即派出军队前往阻击秦国。

晋军悄悄而行，不久便在令狐地区（今山西临猗附近）望见了远远行来的秦军。晋军毫无声息地袭击了秦军，秦军在毫无防备之下大败。当时先蔑和士会两个人随军参战，其实他们就是对出尔反尔的赵盾心有不满，因此特意找个机会投奔了秦国。

秦康公本就为晋国的失信而感到心有不满，此时又忽然传来了晋国出兵攻击护送公子雍军队的消息。秦康公怒从中来，这让他心里的自尊彻底受损，自己一上位就被晋国摆了一道，叫他以后的威严往哪儿摆？从此以后，历史宣告了秦晋之间的和好已经成了不可能的事实，这会儿，当镜子越破越大，秦晋之间的战争也将越来越烈。

令狐之败后，秦康公一直惦记着这个耻辱，时刻想着有机会必要报回这个仇。因此，就在短短的一年后（公元前619年），秦康公在坐稳了秦君的位置后，立即出兵晋国。这次复仇之战，秦康公顺利攻占了晋国的武城（今陕西华县东北）。晋灵公也不示弱，在两年后（公元前617年）对秦国实行报复，夺回了秦国的少梁。秦康公随即做出反应，一举攻下了晋邑北徵。看来，秦晋之间陷入了长久的拉锯战。

这种小打小闹的战斗积累多次后，便也足以成为发动大战争的理由。在秦康公又发展了秦国两年后，他决定要亲率大军出征晋国，让晋国尝一尝苦头，也让世人知道他秦康公并不是一个只能上别人当的傻瓜。

秦康公的挑战书来到了晋国。晋灵公年幼，当时的晋国政权也就顺理成章地掌握在赵盾手里。赵盾看到秦康公的挑战书，并没有太大的惊讶。毕竟，秦晋之间的战争又不是什么新鲜事，而关于这场战争，晋国也不是就必定会败。因此，赵盾嗤笑一声，你秦国一步都越不过我们晋国，还敢来下挑战书，还是回去西北打打你的戎人吧。在这种自负之下，胸有成竹的赵盾便因此接下了秦国的战书。

当然，赵盾的自负是有理由的，毕竟秦晋之间确实不见上下，因此赵盾对于秦军的侵犯，根本毫无理由会去恐惧。但是，在即将发生的这场战争中，既然秦康公如此有信心，就意味着他掌握了攻必胜的法宝。而赵盾也因为忽略了这一点，差一点使得此战成为晋国永恒的耻辱。

这个法宝，就是当初因不满赵盾而逃到秦国的人——士会。

此仇不报非康公

秦康公即位还不满一年，就让晋国的赵盾开了一个大大的玩笑。对此深深挂怀的康公在五年后开始实行他规划已久的对晋大战。这次秦晋争霸的又一次大战发生在河曲（今山西芮城西风陵渡黄河转弯地区）之地，史称河曲之战。

河曲之战一开始由秦军掌控了主动权。在秦康公的亲自督军之下，将士们无不奋发拼搏、勇往直前。在战事的初期，士气高涨的秦军进展顺利，一举攻下了晋国的羁马（今山西永济南里）。突破晋国边防后，秦军继续往前，不久便推进到了河曲。

秦军在河曲遇到了赵盾率领的晋军，难以继续突破，两军遂于河曲对峙。

见秦军如此威武的队伍列阵在前，赵盾倒也没露几分惧色。但是，赵盾并不是一个喜欢凭着性子来的人，如果是这样，他也没办法掌控晋国政权如此多年。赵盾是一个谨慎的人，一个深思熟虑的人，面对秦军前来，他虽无对战败的畏惧，却也必须小心行事。因此，他唤来了谋臣臾骈，请他说说自己的想法。

这个臾骈是晋国的军事能人，他分析了双方情况后，便得出了一个战略——鉴于秦军远来，臾骈希望赵盾坚守不出，挫败秦军的锐气。赵盾采取了谋臣臾骈的计策，决定和秦军打持久战。因此赵盾令人高筑营垒，坚守不出，待秦军军心散乱时再做进攻之计。

赵盾的深沟高垒彻底挡住了秦康公的进攻，令康公不得越雷池一步。这种情况对于主动挑起战争的秦国自然是不利的，因此康公召来了归降于自己的晋国大臣士会，向士会询问如何才能打破这个僵局。士会想了一下，对秦康公作出了分析。士会认为晋军的部属必是晋臣臾骈的计策，如果能除掉这个人，那么两军对峙的僵局将不难攻破。

但是要如何除掉臾骈呢？秦康公继续询问士会。

士会说臾骈是除不掉的，但是，他向秦康公说出了另一个人的名字——赵穿。赵穿是赵盾的堂弟，又是晋襄公的女婿。其人养尊处优，骄奢蛮横，对军事一无所知，却又好勇狂妄。他对于臾骈担任上军辅佐赵盾一事早深有不满。因此，士会想到，如果能利用他们两人之间的矛盾，或许将有办法激出晋军。

秦康公听到这里，急忙让士会想个办法。士会脑筋一转，一个点子便出现了。士会让秦康公下令，令轻兵疾进挑战赵穿，如此，定能将赵穿激出。康公听从了士会的计策，便命士兵照令而为。

秦军在赵穿营外不断发出挑战的声响，喊得赵穿心痒难耐。本来，养尊处优的赵穿性子就冲，哪能容人如此挑战？再者，赵穿对于臾骈的不满也令他有了不愿服从臾骈命令的想法，毕竟，他自己认为他赵穿身为驸马，还怕他臾骈吗？因此，秦军根本不需要付出太多心力，便将赵穿给激了出来。

秦军见赵穿领部队而出，按照秦康公的命令立即退回。赵穿不谙军事，又性子冲动，当时的他哪能想到那么多，二话不说立即下令追杀秦军。有人将赵穿追击秦军的消息报告给了赵盾，赵盾听了吓了一跳。赵盾明白赵穿此去凶多吉少，若赵穿被秦军俘虏，那就大大挫败了晋国的威势。何况赵穿作为晋襄公的女婿，到时上面怪罪下来，自己又怎么能担当得起？因此，赵盾为保全赵穿，不顾臾骈的劝阻，立即下令晋军主力出击。

赵盾打破了本来的坚守之计，这点正好着了秦康公的道儿。秦康公见晋军主力全出，心里偷偷一笑，立即下令秦军主力迎战前来追击的晋军。两军一相遇，战车相错，戈戟相交，天地顿时昏暗了下来，似乎一场决定生死的大决斗已经来到了眼前。

但是，这一个重重的"但是"将两军都拉回去了。秦晋两军刚一交锋，便在各自主将的命令下往后撤退了。看来，本来极有可能发生的一场大决斗在秦康公和赵盾的谨慎性子下失去了它出场的机会。在这两位谨慎主将的带领下，秦晋之间想要打出一场出彩的战争，也是怪难的。

秦康公刚和晋军一照面，便产生了退却的念头。可是秦康公想要退回，却又害怕晋军趁机前来追击，因此他在谋臣的帮助下，想出了一个办法。

秦康公为成功撤退，故意写了一封战书给赵盾。书中说希望明天再来一场大决战。这封战书的目的在于掩人耳目，秦康公企图以这封战书骗过晋军，然后自己悄悄地撤退。但是，道高一尺魔高一丈，秦人中有人能想到这个办法，晋人中自然也就有人能想到另一个克制它的办法。

这个人又是臾骈。臾骈见了这封战书，便认定了这是秦康公的计策。他认为言语放肆的康公其实心里已经在慌了，因此他提议赵盾应该趁机立即派兵攻击。赵盾很听臾骈的话，立即着手开始做好攻击的准备。但是，赵穿此时又出来破坏了。

这个赵穿处处要和臾骈作对，当他得知臾骈向赵盾讲出这个计策时，立即拉来自己的亲兵挡在了大营门口。赵盾问他这是要干吗，他大声地宣称这是在拦阻晋军出击。因为赵穿有他自己的理由，他认为不先收殓死亡的晋兵就再上战场，这样做很不人道，又认为和人约定好时间，却从背后偷偷捅人一刀，这不是君子的作为。因此，有他赵穿在，他就不允许晋军做出这等不仁不义的事来。

赵盾见赵穿这样无理取闹，却也无可奈何。他就挡在大营门口，难道自己要从他的尸体上踩过去？这当然是赵盾想都不敢想的事。最后，臾骈的计划又在赵穿的胡闹下破灭了。

过了不久，前往侦查的士兵回来报告：秦军已经退兵了。赵盾和臾骈一听，深感遗憾，但事已至此，也只好退军了。

不久，秦军再次侵伐晋国，成功进入了晋地瑕邑（今山西芮城南）。秦军撤退后，晋国立刻在次年春天把詹嘉封在了瑕邑，其目的在于扼守秦军东出的要地桃林之塞（今河南灵宝附近，西接陕西潼关）。这样，秦国若想再从今陕西、河南、山西三省交界地区东进就非常困难了。

河曲之战令我们感到纳闷，它在秦康公声势浩大的挑战声浪下，却在两军刚一照面便立即结束，这就好像打了一天响雷，结果只憋出了一阵短暂的小雨，实在是无聊却又有趣。其实，这场战争对于秦康公来说还是较为有利的，毕竟有一个如此熟悉晋国的参谋士会在手。但局面如此，秦康公却还是表现得小心翼翼。

如此看来，秦康公在此战表现出的谨慎其实已经有了优柔寡断、信心不足的嫌疑，也因为这样，康公那缺乏霸者气魄的性格显露无遗。看来，秦国想要称霸，在康公这位文人性格占大部分的君王这里，是难以实现了。

当然，此战虽无胜负，但它却着实让赵盾吓了一跳。比如激战赵穿从而突破晋军坚守策略一事，就让赵盾觉得秦国必有能人。而赵盾在战争中收到的情报也彻底证实了他的猜想，原来，秦国真的有能人。而令赵盾担心的是，这个能人竟然是以前为晋国效命的士会！

秦康公不可怕，可怕的是秦康公旁边的士会。士会在晋国多年，比晋国现在的许多臣子都更了解晋国的情况，这样的人如果让他留在秦国无疑是个大患。因此，对于这个问题，晋国六卿特意展开了一次讨论会议。而会议的结果毫无疑问地得出了一个结论——必须让士会回到晋国。

士会归晋

赵盾此人混迹晋国政坛多年，掌控晋国政权长达二十年之久。强势如他，却也难免有所顾忌。当赵盾差点在河曲之战着了秦康公的道时，他发现了此时令他最为顾忌的一个人。这个人如果还待在秦国，对于晋国是有大害而无一利。因此，赵盾必须想个办法解决这个问题。

这个让赵盾顾忌的人，正是士会。

士会便是著名的范武子，是晋文公时的臣子，在当年晋楚争霸的城濮之战中便崭露头角，始见于史。后来降于秦国，因其对晋国的了解，为秦康公的河曲之战提供了许多有用的计策。因此，赵盾对此异常挂怀。

河曲之战退军后，赵盾便就士会的问题召来了晋国六卿商讨对策。郤缺认为士会此人毫不自大，性格又柔顺，且足智多谋，将其招回是最好的解决方法。赵盾认为郤缺的话很有道理，士会本就是晋国的人，只是因为一场小小的事变才投向秦国，或许让他回心转意并不会太难。于是，关于士会的问题，这场会议达成了一致的意见——招回士会。

但是要招回也要有方法，在晋国执政内阁的集体讨论下，他们想出了一个很好的办法。

这个招回士会的重大任务落在了一个叫做魏寿余的人的身上。这个魏寿余本是魏氏之主，邻地与秦相接。

计划的第一步，赵盾派人将魏寿余的家属捕抓起来，并下令全国缉捕逃亡的魏寿余。看来，为了让士会回来，晋国这招玩得挺大的。

魏寿余装成被晋国缉捕的样子，一脸慌张地逃到了秦国，求见秦康公，希望秦康公能给予他帮助。秦康公接见了魏寿余，魏寿余在秦康公面前直述了晋国的罪恶，大斥赵盾擅自掌权，诬蔑自己，致使自己不得不逃往秦国。秦康公听着这些话，倒也没多大动心，他魏寿余被害关自己什么事，自己哪有那么多时间去管晋国的事情？

但是，魏寿余继续讲下去了。

魏寿余说他决定背弃晋国，投降秦国，如果秦康公能收容自己，那么魏寿余愿意将自己的采邑献给秦康公。康公一听，冷静的脸上顿时显现出笑容来，毫不费劲就得到一块地，何乐而不为？秦康公一口应允，并对魏寿余待如上宾。看来，康公已经忘了当年秦穆公被晋惠公所骗之事。

魏寿余忽然来投，这事在秦国大臣绕朝的眼里显得极其不正常，他揣摩了一下，觉得这个魏寿余怕是晋国派来的奸细，专来叫士会回去的。绕朝考虑到了这一点，立即将自己的想法上报给秦康公。但是，利益在前，秦康公不愿多想，以免失去这个到嘴的肥羊。因此，魏寿余就暂时在秦国住下了。

魏寿余受到秦人的猜忌，因此虽然很想往见士会，却又深感不方便，不敢大胆行事，免得前功尽弃。因此，在某天下朝时，魏寿余看准一个机会，悄悄地踩了一下士会的脚。两个眼神一相遇，真是无声胜有声，魏寿余的心声顿时传到了士会心里。

这士会知道魏寿余的来意，便仔细考虑起回晋的问题。

其实，士会当初会来到秦国，也是跟着先蔑来的。而一时之意总是难以代表永恒之思，因此，来到秦国后，士会便拒绝和先蔑来往，认为先蔑为人臣，遇事不力谏，却投往他国，实在是丢脸。而自己竟然是和先蔑一路人，因此时常感到惭愧。但自己已投降了秦国，晋人又怎么能接受自己呢？因此，既来之则安之，士会也只能在秦国待下去了。

而来到秦国后，士会发现秦康公一点也不像其父秦穆公，全然没有霸者气概的他柔过于刚，不适合当君王。因此，这一点也让士会对于前来秦国有了更大的后悔。

看来，士会本就想要回到晋国，只是碍于骑虎难下，才久久迟疑。这时候，魏寿余给自己带来了信息：晋国想要自己回去。这真是正好合了自己的意！因此，决定下来的士会立即偷偷地给魏寿余带去消息，声称自己愿意和他回国，只要晋国能原谅自己当时的一时冲动。

魏寿余保证晋国已经原谅了士会，并表示非常欢迎士会回去。而士会只要和他演一出戏，那么回国的日子将近在咫尺。

这场戏是这样的：魏寿余先向秦康公上报，请秦康公派出一个使臣渡过黄河到魏国接受魏国的投降。秦康公大喜，立即亲率士兵来到黄河岸边。放眼东望，魏国的城邑在黄河东方若隐若现，这令康公激动不已。秦康公急忙向魏寿余询问该派出哪个大臣去招降。魏寿余平静地对秦康公说，希望秦康公最好找一个能和魏人交涉的晋人，而这个晋人最好在秦的地位要高。在秦国的官员里，同时符合这两个条件的只有士会一人，因此，魏寿余的话一出，秦康公想到的便立即是士会。就这样，秦康公立即派出士会前往魏国招降。

士会收到康公的任务，当然，他不是笨蛋，如果自己急于答应，势必会引起秦国臣子的怀疑。因此，颇有心计的士会使了一个欲擒故纵之招，他故意拒绝秦康公，对秦康公说："晋人，虎狼也。若背其言，臣死，妻、子为戮，无益于君，不可悔也。"先将晋人骂了一通，然后表示希望秦康公不要被晋人所骗。如此臣子，秦康公又怎么会怀疑他呢？

另外，这个计策还有一个用处，那就是保全士会在秦国的家人。士会对康公说，既然晋人奸诈，那么自己过河就极有可能被杀害，如果自己过河又没回来，那么只能代表自己被晋人杀了，希望康公不要怀疑是自己背叛秦国，从而杀了自己的家人。秦康公听了士会的话，笑士会这人真是多虑了，然后保证便是士会没回国，也不会杀害他的家人。士会这才装作勉强地接受了康公的任务。

就这样，士会作为秦使，准备跟着魏寿余渡过黄河，往晋国而去。而就在士会启程之时，绕朝忽然出现在士会面前。见到绕朝，士会大惊，因为这人曾经怀疑过魏寿余，此次前来，莫不是要来阻拦自己？

看来，是士会多虑了。绕朝这次来，只是递给了士会一卷简策，然后把脸移到了士会的耳边，让士会记住：这次士会之所以能成功回去，只是因为秦康公不听谏，而不意味着秦国没人看破他这个计策。

绕朝对士会的放话颇有为秦国抢回面子的气势，秦国有此忠臣，也不枉了秦穆公的努力一生。但是，这话里也让我们看出了一点，那就是绕朝对秦康公的失望，秦国不是没人，只是君主不用而已。看来，秦康公的缺点在自己大臣那满怀遗憾的讲述里，再次暴露无遗。

士会听了绕朝的话，也知道秦人是不好欺的。当然，现在的他没时间想那么多，赶着回家的他，急忙和魏寿余整理好一切，打着秦国的旗号，渡过黄河而去了。待回到晋国时，士会受到了晋人的欢迎。从此以后，士会在晋国继续他的政治生涯，为晋国的发展作出了巨大的贡献，从而成了晋国历史上的名臣。

士会一去不复还，苦苦等待的秦康公方才恍然大悟。虽然有所恼怒，但自己当初已经答应了士会，不能伤害他的家人。因此，康公履行了他的承诺，非但如此，还将士会的家人护送回晋国，让他们一家重聚。

而关于绕朝这个人，《春秋事语》这本书里提供了一个关于他的不幸的结局。当士会回到晋国时，害怕这人在秦国会对晋国不利，因此士会令人在秦国国内散布谣言，说绕朝早就知道士会想回国，因此希望通过士会向晋国效力。秦国上下谣言一片，秦大夫们听到这个谣言，又想起当初绕朝曾经在士会回晋国之前找过士会，并给了他一卷简策。这样联系一下，便可大做文章。最后，秦康公在大怒之下，将士会回国的罪转嫁到绕朝身上，以通敌之罪处决了他。

可怜绕朝一片忠心，却落得如此下场。秦康公对待大臣的做法，比起秦穆公赦孟明视，实在是天地之别。

士会走了之后，因为秦康公的消极谨慎，秦晋之间的战争基本宣告暂时停止。而康公却也因此被晋国远远地堵在西北，没有往东前进的机会，也缺乏往东前进的决心。看来，正如《逸周书》中的《谥法解》里所说的：丰年好乐曰康，安民抚乐曰康，令民安乐曰康。秦康公虽然在开阔疆土上不及穆公，但作为一个守成君主上，倒也不失其所。

当然，晋国愿意和秦国相安无事，也是因为在他的南方，楚国又一次蠢蠢欲动着。这时候，春秋的最后一个霸主，即将在楚国出现。

晋楚是死对头

秦康公带着秦国进入了一个文人般的宁静生活，但是，在春秋那种烽火狼烟的时代，宁静是找不到它的生存点的。秦康公十二年（公元前608年），康公的死以及随之而来的共公即位，将再次把秦国带入和晋国的争霸战争中。与此同时，晋国南方的楚国也在觊觎着晋国。看来，晋国在这两个死对头的包围下，真是寸步难行。

康公死后，秦共公继承了父亲的位子。共公是康公的儿子，名稻，也有说名猳。秦共公在位仅短短六年，没有什么出彩之处，唯一见载于史的便是，秦国在这时候和晋国重燃战火。而这战火的挑起却是因为晋国赵穿的弄巧成拙。

要说这时的秦晋关系，还得先从楚国说起。

楚国自从楚成王死后，并没有像齐国在齐桓公死后那样陷入沉寂。相反的，楚国的继任者楚穆王，在稳定国内因成王之死而陷入的动荡政局后，大力往外发展，相继灭了多个小国，进一步控制了淮南、江北（今安徽中、西部）地域。楚国的国力在楚穆王那里成功改变了城濮之战后造成的劣势。

当年秦穆公和楚成王因利益相同站在了同一阵线，而齐国又从桓公死后便一蹶不振。这样的政治格局对于楚国的北上是很有利的，因此，楚穆王自然将眼光再次放在了晋国身上。楚穆王的对晋策略直接导致了两个对晋国不利的后果，其一便是楚国的侵犯，其二便是来自后方秦国的骚扰。这种情况下，晋国明显感到了这个来自南方的压力。

为解决楚国的问题，晋国召开了一次紧急会议。会议由赵盾主持，商讨着如何应对当今晋国所处的不利格局。在这次会议里，晋国众大臣们纷纷献言，但是最后赵盾采纳的只有一个人的建议。这个人就是赵穿，赵穿认为晋国的当务之急是和秦国结盟。这是一个有战略眼光的做法，秦晋如果再结连理，楚国也难以嚣张。但是，让人不敢恭维的是，赵穿空有一个好的目标，却为这个目标提供了一个烂的方法——攻打崇国。

崇国（今陕西西安、户县一带）是春秋时期的一个小国，依附于秦国，是秦国的盟友。赵穿的这个战术有这样的用意：出兵崇国，作为它的盟国秦国必然出手相援，到时晋国可以崇国作为要挟，逼秦国与自己结盟。

赵穿提出的这个方法再次将他的公子哥儿性格暴露无遗。在他看来，秦国理所当然地会因为崇国而受制于自己。这里暗藏了另一个消息，即在赵穿眼里，秦国根本比不上晋国。这种大国心态将赵穿的嘴脸揭露得淋漓尽致。

让我们奇怪的是，这样一个馊主意竟然在赵盾那里通过了。看来，赵盾对于自己这个堂弟，实在是恭敬得过分了。不去管赵盾当时是晕了头，还是正在为自己未来在晋国的地位盘算着。总之，在这个建议被提出不久后，赵穿就在赵盾的支持下，率军直逼崇国了。

这时是秦公共即位第一年（公元前608年）的冬天，寒风刚刮过大西北，晋军的西进便像一股巨大的旋风，呼啸着来到了崇国。面对这股飓风，秦人的心更寒了，好不容易得到的几年平静，最后还是破了。同时，这也激起了秦人的热血，既然身在乱世，就不当思平静无为之事。

晋国进攻崇国，这自然犯了秦国的禁忌，如赵穿所预料的，秦共公立即出兵援救。可是，在崇国一事解决后，正当赵穿准备好同秦国和谈的时候，秦共公便又立即领兵而归了。真是来也匆匆，去也匆匆，丝毫不给赵穿任何表现的机会。就这样，赵穿的计划泡汤一事再次显示了他的愚蠢——就连秦人都不愿和他坐下来聊聊天。

事情并没有到这里为止，赵穿虽然没有得到秦国的和谈机会，倒是争取来了秦人的怨恨和不满。人家秦共公刚即位，晋国就欺负到他的头上，这当然让秦共公和他的拥戴者们感到愤怒。这就好像秦康公当年受到赵盾的欺骗一样，共公也在心里暗暗发誓：不报此仇，绝非好汉！看来，秦晋之间任何相结好的努力，在当时的政治格局下，基本是不可能了。

秦共公倒是比他的父亲爽快，说打就打。时间只过了一年，公元前607年的春天，秦共公便率领军队出兵晋国，以复仇之名包围了晋国的焦邑（今河南陕县南）。为解焦邑之围，赵盾亲自出手，领兵来到了焦邑。秦军见晋军大军而至，没有坚持多久便也退回了。

其实秦国也不需要和晋国大动干戈，因为那时候的晋国已经是忙得不可开交。对外除了秦国外，还和郑国有着战争。当时，郑国在楚国的支持下，逼得赵盾不得已而退兵。其实，在赵盾的退兵背后，还有着晋国自己的内部问题。

当晋灵公长大成人后，他和权臣的矛盾就必然激化。刚好，这个晋灵公又是个荒淫无道的君主，这便为赵穿弑君提供了一个借口。晋灵公被赵穿杀死后，由赵盾迎立时在周的公子黑臀，是为晋成公。晋成公即位，因赵盾迎立有功，因此仍然任其掌握大权。

从这里便可看出，在晋国当时，外忧内患的问题已经被当成一个严肃的问题来对待，而内部的政变又势必为楚国提供一个机遇。这一阵子，楚国做出了一件轰动世人的事情。

楚穆王成功挽回城濮之战后的劣势后，便去世了。这之后，他的儿子楚庄王即位。这个楚庄王也是个纨绔子弟，成日里喜爱玩乐，过着花天酒地的生活。在庄王即位的前三年，楚国好不容易收降的众多附庸国再次反叛。叛军联合直逼楚都，楚庄王却仍旧置身事外，毫无所动。

庄王的举动当然引起了楚国臣子们的慌张，这时，有一个叫做伍举的人就站出来讲话了。这个伍举进见庄王，对庄王讲了一只楚廷大鸟的故事，这只大鸟不飞也不叫，整整三年也不知道在等待什么。楚庄王虽然爱玩，却也是个聪明之人，他一听伍举之话，便明白话中有话。聪明的他笑了笑，无所谓地回了伍举：这只大鸟不叫则已，一叫起来是要吓死人的。

伍举一听，以为庄王下定决心要改过自新了，暗暗欣慰。可是，伍举一出门，庄王还是继续着他的花花世界，丝毫不见悔过。这让另一个楚国大夫也看不下去了，这个人叫做苏从。这天，他哭着来到了楚国宫廷。楚庄王一看，急忙问他在哭什么。苏从回答自己正为自己和楚国的命运而哭泣。庄王初听一怒，后情绪稳定下来，再思苏从所言，真有其理。想到这里，庄王忆起了当时伍举的劝谏，深感后悔。到了这个时候，楚庄王才真正准备去一鸣惊人。

这个楚庄王真是不鸣则已，一出手便成功达到了东抑秦西制齐的目的。这时候，徘徊在晋楚两国的郑国再次倚向了楚国，楚国的实力在庄王这里再次得到了它的证明。郑国的反复引起了晋国的不满，赵盾亲率大军进攻郑国，最后在楚国和自己国内的压力下只得退兵。此时，晋国内部因为灵公和赵氏之间的矛盾而忙得不可开交，楚庄王趁着这个当儿，亲率大军北上，直抵周天子都城洛邑附近，在那里陈兵示威。

周定王哪禁得起楚国这样的惊吓，急忙派出大夫王孙满前往楚营慰劳楚庄王。楚庄王见周使前来，便向王孙满询问九鼎的大小和轻重。这个九鼎可是当年大禹所铸，象征着天下九州，是天子权力的标志。楚庄王问鼎，其目的其实正是在询问着周王室权力的轻重，毫无掩盖地向世人暴露了他夺取王权的野心。

王孙满一听，倒是被楚庄王的野心吓到了。但是王孙满也不是个简单人物，他不慌不忙地回答楚庄王："周德虽衰，天命未改，鼎之轻重，未可问也。"这话一出，倒让楚庄王对于现在的局势多了几分了解。确实，现在想要代周，楚国显然还未成气候。

楚庄王虽然最后从周土回国了，但是楚王问鼎的事件轰动了整个春秋时代，它作为一个标志，象征着楚国的实力已空前强盛。

楚国的强大令晋国担忧不已。这时候，晋国依旧夹在楚国和秦国之间，应付着这两个国家。不久后，楚国大败晋国，正式称霸。这为秦国提供了一个榜样，于是，和楚国一样，秦国也企图来个大败晋国。可惜，秦国似乎还不成气候。

这一仗很悲催

历史很快进入了公元前6世纪，这个世纪以晋国权臣赵盾的去世而宣告了另一个春秋格局的到来。赵盾的去世直接壮大了楚庄王的野心，也增加他北上的雄心。当晋国在另一个执政者手里遭遇了它对于楚国的大败后，楚庄王顺利当上了春秋时代的最后一个霸主。与此同时，秦国和晋国的战争还在陆陆续续地进行着，但秦穆公的后人，在争夺霸业这方面，显然有些力不从心。

秦桓公元年（公元前604年），秦国的君主从秦共公那里轮到了秦桓公这里。秦桓公即位的前几年无所作为，默默地在背后支持着楚庄王的霸业，也顺便看看死对头晋国该落到怎样的下场。秦桓公虽然没什么作为，但是他的好伙伴楚庄王却帮他实现了毕生所愿——大败晋国。

楚庄王强大后便时刻觊觎着北上攻晋，只是在前期，因为晋国还有一个赵盾存在，所以楚庄王一直没有机会欺负到它头上。要知道，楚庄王问鼎之后，晋国的威望却在赵盾的努力下仍旧持续着，一直到公元前602年，赵盾还有办法让晋国作为盟主，召集了中原各诸侯进行会盟。

但是，晋国好景不长。赵盾的去世让楚庄王看到了希望。可惜当时正值楚国周围的偃姓诸国发动叛乱，因此楚庄王失去了北上的好时机。又过了一年，晋成公在争霸的关键时刻撒手人寰，楚庄王彻底掌握了这个时机，开始北上，目标直指郑国。

当时迎击楚国的晋国大臣是郤缺。郤缺戴孝出征，联合郑军在柳棼大战楚国。这个郤缺不愧是赵盾钦点的接班人，一战下来，晋国成功打击了楚庄王的北进雄心，楚国败退。当然，一战败退并不会就此消磨掉楚庄王的决心，在此后，楚庄王还多次出兵郑国。这时候，晋楚之间的关系由战略争取转变为明刀明枪的军事争夺，两国之间的决战已经无可避免。

也是时势所趋，关键时刻郤缺去世了。这是晋国继赵盾去世后又一个令其山崩地裂的消息，晋国六卿面临着再次重组，而楚国也即将趁此机会继续他的北上计划。

郤缺去世后的第二年，楚庄王亲统楚国三军精锐，以令尹孙叔敖将中军，子重将左军，子反将右军，开始了他再次北进郑国的道路。这是楚庄王多次北进中最具规模的一次进军，看来，在如此猛烈的攻势之下，楚庄王对于晋国是势在必得了。

三个月后，郑国遭受不住楚军的围攻，背晋而降于楚。郑国此举引起了晋国内部的骚动，以荀林父为代表的一方认为不该和楚国正面交锋，可是先縠却不听荀林父之劝，执意出兵救援郑国。荀林父得知先縠已领其所统部队渡过黄河试图援救郑国，恐其有失，只得率领全军跟上。

楚庄王得知晋军全军渡过黄河，虽有几分激动，也自有几分畏惧，当年城濮之战的失败历历在目，楚庄王哪能不谨慎？大臣孙叔敖也是这样想的，但是他看到了楚庄王犹豫不决，知道庄王心中常有争霸之意，怕其沉不住气，贸然出击，因此二话不说便自领中军开始撤退。

这时楚国有个小官叫做伍参，他认为晋国正卿荀林父刚上任，威望不足以摄众臣，而副手先縠又刚愎自用，兼之晋国六卿矛盾重重，难以有效地调动部队，这样一分析，此战晋国必败。伍参的话坚定了楚庄王的决心，楚庄王令孙叔敖回头北上，准备和晋国开始正面交锋。

晋国一面虽有荀林父这样的主和派，但是他并没有能力阻止好战派对于楚国的挑衅。赵旃、魏锜早不满荀林父，便私自到楚营谩骂楚军，试图挑起战争。楚庄王接受了这次挑战，亲率大军直逼晋军。晋军后退，楚军直逼到晋营附近。正在营里徘徊犹豫的荀林父听说楚军大军来临，一时不知所措，只好下令全军退向黄河。晋军在退军途中，士兵慌乱，舟船不足导致了晋军之间互相残杀。楚庄王乘乱追击，幸有士会等人的掩护，晋军才不致全军覆灭。

这是晋楚争霸之中的又一次关键战争——邲之战。邲之战后，晋国大败，结束了它由赵盾辛辛苦苦经营起来的霸业。而楚庄王在此战后饮马黄河，顺利地以一代霸主的姿态站上了历史舞台的中心。

当然，瘦死的骆驼比马大，晋国遭此大败，却也不至于一蹶不振。在荀林父等大臣的主持下，晋国还在为夺回霸权而努力着。虽然，自己的努力是可以控制的，但是，事态的进展却不是由自己来制定的。沉默多年的齐国到了齐顷公那里，便有了摆脱晋景公控制的野心。齐顷公的试图崛起为楚庄王成功联齐抗晋提供了一个保证，这时候，晋国像极了一个为家计而奔波的中年男人，失去了往昔的精力，但为了家庭兴旺，却不得不残喘地奋力争取。

让晋国忙的还不单单只有楚国和齐国，在晋国的西方，秦桓公也已经等了很久了。

秦桓公自知国力不行，只好看着晋楚争霸，暗暗观赏着两虎相斗。可是楚庄王哪能让他闲着。为扼制晋国，楚庄王联齐的同时也和秦桓公暗中联络着。不久，秦桓公看着中原战火不断，自己心也痒起来了。秦桓公十一年（公元前593年），桓公开始了他见载于史的首次出兵晋国之战。

当时晋国霸业中衰，又有楚国的支持，秦桓公遂毅然领兵东进，攻入晋国，进抵辅氏（今陕西大荔东）。晋景公正忙于北狄民族之事，忽然闻悉秦军入晋，急忙下令晋军回师西进，抗击来犯之敌。在晋景公的率领下，晋军进驻距离辅氏不远的雒（今陕西大荔东南）。

两军对峙，秦桓公先命秦国大将杜回领兵出击。这杜回是个有名的大力士，生得一副铜人长相，更兼身长一丈有余。力能举千钧，惯使一柄重达一百二十斤的开山大斧。据说这个杜回曾经一日拳打五虎，剥皮抽筋凯旋以归。面对这样的猛士，晋国派出了大将魏颗。这魏颗倒没有杜回这么具有传奇色彩，也没有杜回长得如此奇异。对于魏颗的评论，就是明礼敦厚一类词语。看来，单比武力，杜回还是挺有胜算的。

可是战争从来都不仅仅靠蛮力。杜回能赢老虎，只怪老虎无智，遇上了魏颗，他还是得俯首称臣。两军对战不久后，便传出了魏颗生俘杜回的消息。秦将杜回一败，秦军也就失去了士气，秦桓公无奈只得宣告此战失败，令全军退回。

其实，关于魏颗败杜回一事，还有一个美好的传说。传说杜回作战不用车马，只凭着一身蛮力便足以斩杀敌兵。魏颗见杜回如此勇猛，明白不靠智取是难以取胜的。于是魏颗便在草地设伏，将杜回引诱至此。正值两军大战之际，杜回忽然脚步不稳，一步一跌地，好像脚底被什么给绊住了，难以施展开来。魏颗往杜回脚下一看，正看到一个老人拿着一个用草编成的绳子套住了杜回的脚，使得杜回下身难以行动。站立不稳的杜回没坚持多久便摔倒了，魏颗趁机下令士兵生擒了杜回。

这个老人是谁？魏颗一直在疑虑着。就在胜利擒获杜回的那个晚上，魏颗做了一个梦。梦里出现了白天帮助自己生擒杜回的那个老人，这个老人对他说：你救我女儿的性命，今天我来回报你了。

原来，魏颗的父亲魏武子曾经有一个爱妾。魏武子每次出征时都叮嘱魏颗，如果自己死掉了，那么一定要为这个爱妾选个良配，让她重嫁。可是后来魏武子病危时，神志不清，他对魏颗说，希望魏颗能在自己死后将这个爱妾作为殉葬来陪伴自己。待到魏武子死后，魏颗没有遵奉父亲临终的遗言，而是将父亲的这个爱妾重新嫁给了别人。魏颗的弟弟因此而怪魏颗，魏颗却认为一个人神志不清时说出的话是不能当真的，而他所遵奉的正是父亲神志清醒时候的遗愿。

魏颗的举动为自己收获了一个报酬，因此而被晋景公封于令狐（今山西临猗），其后代以祖上封地为姓，称令狐氏。

这便是著名的结草衔环典故中的结草一事。当然，这传说是不靠谱的，靠谱的仅仅是魏颗确实成功用计生擒了杜回。要知道，魏氏当时在晋国是不能算入一流家族的，秦国被晋国不入流的大夫所败，令秦人感到无比感慨。一句话，在当时的局面，秦国还是弱的。

秦桓公首次出兵晋国便大败而归，实在是悲剧。不过，秦桓公还没死心，他要继续努力，反正事态时常变化，自己保不准就能捡到个好时机。可是，令秦桓公想不到的是，他将成为秦国中衰的罪魁祸首。

秦国走上了下坡路

自晋惠公骗了秦穆公后，秦晋两国之间一般都是晋国在耍着秦国玩。当然，风水是轮流转的，秦桓公心想晋国前人摆了秦国前人几道，一定要找个机会给赚回来。这不，秦桓公这次就反过来耍了晋国一下。不过，这一耍造成的后果可不轻。

邲之战之后，晋楚两国仍旧持续着他们的争斗。到了秦桓公十四年（公元前591年），一生戎马的楚庄王逝去，告别了他的霸业。继位的楚共王虽也有心将父亲的霸业发扬光大，然终究因其能力不足，楚国开始走向下坡路。十年后（公元前581年），晋景公也走了。晋景公走之前在晋国发动了一场轰动全国的运动——屠杀赵氏。赵同、赵括与其全族人都被景公一一杀死，后在韩厥的力劝下，景公才放过了一个赵家小孩子，令他作为赵氏后人。这便是赵氏孤儿的传说。

赵氏孤儿的事件表明了晋国内部权力斗争的复杂性。晋国自六卿制度制定以来，便注定了各权臣之间的势力争夺，这为晋国的政局稳定埋下了一个令人不安的定时炸弹。

晋国内部政局不稳，这是每一个晋国君主都认识到的一个问题。继承晋景公的晋厉公也深有所感，因此他继位后便对内肃清权臣，但是这并不能取得太大的作用。对内只能暂时稳定局势，要让晋国安稳，还必须争取外国势力的支持。因此，厉公东和齐国，西约秦国，希望能将这几个大国从楚国那边抢夺过来。

秦桓公二十五年（公元前579年），秦桓公收到了晋厉公的来信，厉公在信中表示希望能和秦桓公两人亲自在令狐（今山西临猗县西）相会，讨论一下两国的关系该如何走下去。秦桓公收到来信，一开始倒也很乐意，遂答应了晋厉公的请求，和他约定好在今年冬天相会。

晋厉公得知秦桓公答应了，心有所喜，想着这次应该能将秦国给拉拢回来，重新缔造以往的秦晋之好。想到这里，晋厉公迫不及待地等待着约定之日的到来。

日子到了，晋厉公激动不已，早早地便来到了约定之地等待秦桓公的来临。可是晋厉公等啊等，就是等不来使者的报信。桓公结果竟然是派出了大夫史颗代表自己来会见晋厉公。没人知道秦桓公在想什么，一开始答应了人家，最后来到了黄河以西的王城时却改变主意了。会不会是令狐这块土地勾起了秦桓公的哪段记忆？不管秦桓公在掂量着什么，总之他不去了。

秦桓公这么过分，晋厉公自然是该生气了。不过厉公倒也不想让这次会见还没开始就结束，毕竟能谈出个结果，厉公也是会高兴的。但是，也不能把脸面放得太低，过河是可以的，但不能亲自去。厉公心里想着，外交得平等，秦国派出个大夫，晋国哪能出个诸侯？因此，晋厉公便让郤犨作为晋国代表，渡过黄河来到王城会见秦桓公。

这次名为诸侯会见的盟约，却因为秦桓公的任性而失败了，最后只在两位大夫的主持下完成。当时晋国的范文子听说事情发展到这一步，便在心里琢磨着：秦桓公毫无诚信可言，这次会盟必定没有任何意义。

果然，如同范文子所预料的。这次会盟后不久，当秦桓公一回到他的秦都，立即就宣告背弃了这个盟约。非但如此，秦桓公还沟通了晋国的又一个老对手狄人，和狄人商量着如何联合进攻晋国。

秦桓公此举可谓不信不智。

不信是显而易见的。既然和人家约定了，为何最后又背约？难道秦桓公没有读过晋惠公的历史？当年晋惠公的反复无常引起了多少晋人的反感，秦桓公真该好好掂量掂量。至于不智，不信便是不智的一个表现。另外，秦桓公竟然还以为拉拢狄人共击晋国可以成功，他也不想想，自己和晋国的对战无一胜出，而狄人又是经常挨晋人的打，两个凑到一起，又能成什么大事？

如果说，秦桓公此举不过想给晋国以往的坑骗秦国报一箭之仇，那么他选择的时机也是错误的。国君背盟是直接扇对方国君的巴掌，这不敬程度是很高的。看来，秦桓公势必要为他的错误付出代价。

秦桓公背盟的消息传到了晋国，晋厉公大怒，决定好好教训一下这个说话不算话的西北诸侯。于是，秦桓公二十七年（公元前577年），晋厉公联合了鲁成公，还顺带搬来周天子的重臣刘康公、成肃公，一起商量着攻打秦国。

晋厉公出兵秦国的第一招是从政治上的，他派出了大臣魏相（又称吕相）前来秦国面见秦桓公。这秦桓公正奇怪着，都要开打了，还派什么使者，却不知道晋厉公玩了一个正名的政治游戏。原来，厉公派出魏相来秦国是为了宣告秦晋之间的关系彻底决裂。

这个魏相一来到秦国，一见秦桓公便张开他的嘴巴，滔滔不绝地进行着他准备已久的演讲。魏相义正词严、大义凛然地念完了这一篇演讲，讲得秦桓公毫无反驳之力，只得目瞪口呆地看着这个口若悬河的晋使。

魏相的这篇演讲便是出名的《绝秦书》。《绝秦书》细数了秦国国君的种种不是，将秦国的国君们批得体无完肤，完全一副小人模样。《绝秦书》虽有雄壮威武之势，其实却是一派胡言。晋国在这书中是睁着眼睛说瞎话，将晋国的不是全推到秦国身上，其目的浓缩成两个字便是——绝交！

秦桓公领教完这魏相的口才，心里纳闷了，要绝交就直接说，干吗要走这奇奇怪怪的形式。但是，当秦桓公拿着《绝秦书》一看时，他才领悟了，原来在舆论上，自己已经输了晋厉公一大截。看来，文人倒也不是没用的。汉末三国时的陈琳的一篇檄文便骂得曹操汗流浃背，头风病竟不治而愈。而魏相绝秦再次为人们证明了一点：文化水平高点，既可以直中他人痛处又不失自己的优雅。

这书信只是个开头，随之而来的才是真枪实弹。秦桓公二十七年（公元前577年）五月，晋厉公亲统大军，会合齐灵公、宋共公、卫定公、郑成公、曹宣公各自率领的本国军队，再加上邾国和滕国的军队，组成了诸侯联军，大军直抵秦国的麻隧（今陕西泾阳北）。

这麻隧距离黄河已远，已经属于秦国的腹地。此次八国联军直入秦国腹地，秦桓公急忙做好迎敌的准备。不管桓公作出如何的准备，都注定改变不了这场战争的结果——秦军败绩。想来也是正常，一个晋国就够秦国受了，何况多国联军。

这场麻隧之战算得上是春秋历史上规模较大的战争之一，据部分史料估计，当时晋国联军兵力约十二万人，秦国兵力约五六万人，总和便有十七八万，这个数字在当时是很大的。也便是因为这么大的数字，秦国之败便也败得很大。当时秦国在麻隧败退后，还被晋军追击到侯丽（今陕西礼泉境内），侯丽距离秦都更近，已经是秦国的内地了。秦国自和晋国开打以来，这还是第一次让人欺负到如此地步。

麻隧之战的失败直接宣告了秦国的衰弱，秦桓公也因此成了秦国中衰的始作俑者。经此一败，秦国基本无力和晋国正面抗衡，晋国也因此稍微对这个西方的敌人放下心来。而晋国也因为这次战争而顺利完成了秦、狄、齐三强服晋的部署，这时，中原霸主实属晋国。

当然，晋国的强大势必引起楚国的不服，不久，两国将再起大战。

至于秦桓公这人，经此一败后，基本没有精力去管理这个他撑不起的国家了。麻隧之战后的次年（公元前576年），秦桓公便向这个混乱的世界告辞了。秦桓公倒也不是一个昏庸无道之君，只是在治理国家方面显得能力有所不足，这一点和他的祖父秦康公、父亲秦共公都是一样的。看来，秦国在这三位君主手里，注定了这个国家走向平庸的历史。

烽烟再起

秦国在走着下坡路，但是，中原大地仍旧战火连绵。就在秦桓公去世后的第二年，也就是公元前575年，晋楚之间爆发了它们之间继城濮之战、邲之战后第三次、也是两国最后一次主力军队的会战——鄢陵之战。鄢陵之战宣告了春秋时代另一个格局的到来，此后世界基本渐入沉寂。

这段时间掌握秦国政权的国君是秦景公。秦景公也作秦僖公，是桓公之子。秦景公有点不幸，因为在他接手秦国的时候，秦国已经在他父亲秦桓公那里遭受元气大伤的经历。这样的秦国是不能有太多争霸的念头的，它能做的就是乖乖地待在自己国内，休养生息，抚平麻隧之战带来的伤痕。

秦景公就是这样想的，因此，在他继位的头十三个年头内，秦国没有发生任何大的动静。此时的秦国又回到以前秦文公时代那个谨慎的国度，不同的是，秦文公那时是在发展，而秦景公此时是在恢复。

秦景公也是幸运的，因为当时的时代背景提供了他可以专注于恢复的条件。那时候，晋国正和楚国为了霸业而闹得不可开交，对于秦国，他们都只想拉拢，而不愿再多动干戈，为自己多树一个敌人。秦景公对于此自然也是高兴的，他现在的任务就是慢慢恢复国力，然后在一边看着晋楚之间的动态。

晋楚两国自开打后就矛盾重重，虽然在晋厉公二年（公元前579年），两国在宋国的出面斡旋下，曾在宋国的西门外结盟休战。但是，利益作为根本诱因，使得这种休战协定注定了其难以兑现的事实。短短三年后，楚国便表现了它的不讲信义，主动撕毁了这个盟约，两国因此又陷入胶着。

秦景公二年（公元前575年），在郑国又一次颠倒了它的政治立场，由晋国那边倚向了楚国后，晋楚之战的矛盾进入了白热化的地步，一场决战已经难以避免。

这场决战的开始是由宋郑两国挑起的。郑国和宋国起了矛盾，打了几场架。自己的盟国宋国被打，而且是被背叛自己的郑国打，晋厉公当然不能咽下这口气。因此，晋国便准备兴兵伐郑。郑国得知晋国亲自出手，急忙向楚国求救。楚国当然也不能示弱，所以它也出动大军相救郑国。

两军一齐出动，最后大军在鄢陵（今河南鄢陵）相遇，展开了晋楚两国争霸的第三次大战——鄢陵之战。鄢陵之战一开始不分胜负。后楚国主将子反喝了几碗酒，待楚共王要找他议事时，竟然发现他已经喝得烂醉如泥，躺床不起。因为这件事，楚共王整颗火热的心瞬间寒了下来，一个主将竟然在两军决战时做出如此荒唐的事来。主将大醉，而敌军又已经做好准备，在无人掌军的情况下，楚共王也无可奈何，最后竟然引军夜遁。

楚共王所以会退军，倒也不是仅仅因为子反醉酒那么简单的事。很明显，从这里已经可以看出楚国争霸的力量已经被大大削弱。因此，鄢陵之战虽没有大胜负，但是它作为春秋时代的最后一场大战，标志着楚国对于中原的争夺已经走向颓势，而晋国却因为此战令楚国退军而再次确立了自己的中原霸主地位。但是，晋国内部的卿大夫权力相争的局面依旧复杂，因此，政局动荡的晋国虽有霸主之名，却也失去了霸主之实。

但是，历史还是眷顾晋国的。后晋厉公因国内政变而死，继承他位子的是他的侄子，是为晋悼公。晋悼公是晋国难得的又一位贤明君主，他继位后便大力整顿起厉公留下来的混乱朝政，罢黜佞臣，重用贤官。而后又着手解决百姓的生计问题，发展经济，从而安定了晋民之心。

晋悼公上任三把火把一个晋国治理得蒸蒸日上。晋国在一番整治之后，混乱的朝政得以稍见安定，国力也有所增加。在这种情况下，晋国想要复霸的希望便增大了不少。果然，在解决好国内问题后，晋悼公便着手开始了他的对外战争，而这次对外战争顺利地降服了郑国和一部分戎人。要知道，郑国这个实行墙头草政策的国家，它的立场对于晋楚两国霸主的地位确认是很重要的。因此，郑国的再次归附无疑重新确立了晋国的霸主地位，晋国的复霸在晋悼公这里实现了。

晋国的再次强大非但令楚公王不服，还让当时在秦国安静地过着日子的秦景公不服。秦景公蛰伏了十几年后，已经觉得国力恢复到有权涉足中原的程度了。因此，当他看到晋悼公大合诸侯的时候，他就不高兴了，心里嘀咕着这个死对头现在怎么又过得那么风风火火了。

秦景公不高兴，当然就要采取点对策来压压晋悼公这小子的气焰。秦景公明白和自己有相同心理的还有一个楚共王，因此景公便再次和楚国合作。为了巩固两国间的合作关系，秦景公还将自己的妹妹嫁到了楚国，成了楚共王夫人。

这个政治联姻还是有点用处的，当秦景公准备开始他的伐晋事业而请求楚国相助时，虽然楚国有大臣劝楚王拒绝这个请求，但楚共王最后还是答应了秦景公。就这样，秦景公十三年（公元前563年），景公出兵伐晋，楚共王进驻武城，为秦军后援。这场秦楚联军发动的战争声势之大，又吓到了郑国，郑国因此又归附了楚国。看来，晋国虽称霸，却始终不能到达一国独大的地步。

秦景公的首次出兵晋国并没有大的收获，仅仅是作为再次和晋国对抗的声明，此战之后，秦晋之间又开始持续数年的战争。直到秦景公十五年（公元前561年）夏天，秦景公的伐晋事业才有所突破。

这年，依附于楚的郑国再次侵宋，晋国领着齐、卫等国出兵伐郑以救宋国，首鼠两端的郑国即刻又向晋国求和。楚国得知郑国屈服于晋国后，一怒之下也准备出兵伐郑。和当年秦景公找自己帮忙一样，楚共王此次也派出使者到秦国请求支援来壮壮自己的声威。

秦景公豪爽地同意了妹夫的请求，命令右大夫詹率师随楚共王伐郑。楚军一到，还未交兵，郑国郑简公便立即开门迎接，跟着楚军一起伐宋。晋悼公得知消息，立即派出大军救援宋国。此时秦景公在秦国得知晋悼公出兵救援宋国的消息，立即看准这个时机，派出庶长鲍和庶长武率军伐晋。庶长鲍率领一支军队先渡过黄河，晋国的留守将领士鲂一看，认为秦军人少不足为患，因此戒备不严。晋国的大意直接导致了自己的失败，当庶长武带领部队渡过黄河和庶长鲍会师时，晋国再临时部属也已经来不及了。这一年，秦军在栎地击败了晋军，这是秦景公对晋的第一次胜利，意味着秦国在秦景公的精心照顾下，实力已经有所恢复。

晋悼公对于栎之败一直耿耿于怀，不久，他便找到了一个报仇的机会。

这是发生在秦景公十八年（公元前558年）的事。在这之前一年楚共王去世，趁着楚君新逝之机，晋悼公率领了中原各诸侯国共十三个联合出兵伐秦。这可是比秦桓公时的多国联军声势更大啊。但是，当这些诸侯再次来到了秦国泾水时，却失去了当年勇渡泾水的豪气。这是因为秦国较之以前强大了，还是诸侯联军较之以前心虚了？

犹豫了一段时间，后来在鲁国的起头下，诸侯们才一个个小心地渡过泾水去。但是，这一渡实在无异于在渡忘川河，因为心狠手辣的秦景公早在泾水上游投毒。毒水顺着泾水流下，不知情的联军士兵一喝下这水便立即见阎王去了。就这样，当渡过泾水后，联军的士兵已经少了一大半。

联军经此挫折，进到秦国腹地后又不见秦景公出门迎战。战线被秦景公越拉越长的联军已经失去了进军的热情，最后联军统帅荀偃在不得已下只得下令退兵。结果，这次声势浩大的十三国联军最终落得个无功而返的结果。后来，晋人为自嘲这次如此窝囊的进军，便将这次行动称为“迁延之役”。

“迁延之役”中秦国的成功全赖于秦景公的坚忍。秦景公知道自己无力对抗十三国联军，因此采取了拖敌战术，将敌军的进攻战线拉长，消磨敌军的士气。看来，秦景公也不失为一位明君。

关于“迁延之役”，还有一个后续。当时十三国联军全退，秦军趁机进击。晋国大臣栾针认为此次是来报栎之败的，如果无功而返那便会成为晋国的耻辱。因此栾针和士鞅带领着自己的部下折回杀入秦军之中。栾针和士鞅势单力薄，很快便败在秦军手下，栾针阵亡，士鞅逃回。

士鞅逃回后，栾针的哥哥栾黡就不高兴了。栾黡说是士鞅唆使他弟弟杀回秦军，才会导致他弟弟的死亡。士鞅迫于栾黡的压力，最后只能出逃晋国，投降秦国。

秦景公接见了士鞅，向士鞅询问了一些晋国的情况。一番对谈之后，秦景公觉得士鞅颇有知人之明。最后，为了让士鞅可以安全回国，怜才的秦景公特意派人去见晋悼公，为士鞅求情。从这件事中，我们也可以看出秦景公惜才爱才以及为人厚道的优点。

迁延之役后的几十年间，秦晋之间没有发生大的战事。这之后，春秋时代即将迎来它的一个难得的和平时代。当这个和平时代过后，另一段历史——战国时代也即将到来。

和平的时代

公元前6世纪下半叶，春秋时代的中原地区进入了一段难得的和平时期，虽然期间也会发生一些小的战斗，但总的来说，这段时期的主题还是和平。究其原因，其实也没有太大的悬念。毕竟，经过那么久的你争我夺，再大的骆驼都会有瘦到比马小的一天。因此，为恢复各自的实力，各国都期盼着和平的到来。

当时晋国的赵武、郑国的子产都提出了这种看法，只是苦于没有人来组织，因此常常沦为空论。这时候，宋国有一个叫做向戌的大臣，他向来和赵武的关系不错，因此当他得知赵武有这种想法时，立即产生了将这个想法化为实际的动力。

想要成功让战乱的时代获得平静，一个一个国家去奔走游说的方法所能起到的作用是很小的，因为对彼此的猜疑难以让如此多的国家达成一致的看法。向戌深知这点，因此他采取了擒贼先擒王的战术——要让世界和平，就要找掌管整个世界的主人。

当时的大国有秦、晋、楚、齐四国，若能让四个国家先点头，那么其他小国也就没有叫嚣的理由了。因此，向戌先来到晋国，和赵武一起说服时任晋国国君的晋平公。向戌的首次出手便以成功收场，第一个国家点头了。这之后，向戌又来到楚国，楚国见晋国点头，自己也就接受了向戌的游说。第二个大国又点头了，向戌的进程还是挺顺利的。

晋、楚都答应了，接下来就剩下齐国和秦国了。向戌亲自来到了齐国，向齐景公说起了他的和平想法。令向戌感到兴奋的是，齐景公也毫不犹豫地点头了。接下来，剩下最后一个秦国了。为尽早结束这项工程，向戌派人快马加鞭前往秦国，向秦景公提出他的看法。

秦景公收到了宋国的弭兵请求，而后又听说晋、楚、齐三大国都答应了这个请求，心想自己当然也不好孤立于外，因此也就顺水推舟地支持了这次弭兵行动。

其实，在向戌派人来到秦国的前几年，秦景公便和晋国作出了缔结盟约的尝试。那是秦景公二十八年（公元前549年）的事，秦晋两国再次约好和谈。只是这次和谈和上次秦桓公的令狐之盟一样，两国国君没有直接对面谈话，而是互派使者通信。直到两年后（公元前547年），秦景公亲自来到晋国重申两国之好，这才算真正达成了结盟的协议。

秦景公所以倾向于和晋国暂停烽火，其目的也便是想找个机会来休养生息，毕竟自己再和晋国这样牵扯下去也难成正果，那倒不如让自己多修炼一下，这也是他接受向戌弭兵的一个原因。而晋国接受这次弭兵的建议也不外乎此。当时的晋国非但对外要处理和晋、楚、齐三大国的关系，更让晋军头痛的还是晋国内部六卿的权力之争——这大大削弱了晋国对外的实力，因此晋国自然也要考虑弭兵。而至于楚国，楚国自鄢陵之战败退后，霸业就基本走着下坡路。而在春秋时代的后期，在江南又有一个叫做吴国的国家正在崛起，吴国的崛起直接限制了楚国的发展，因此楚国想要暂停一下争斗，也是理所当然的。

就这样，在各有打算的情况下，四大诸侯都同意了这次弭兵会盟。而既然四大诸侯都同意了，那些小国也就没有拒绝的道理，更何况，和平才是实力弱的国家所想要的。因此，弭兵会盟通过了大家的赞成，计划在秦景公三十一年（公元前546年）于宋国开展。

会议途中，楚国的子木代替楚康王对主持人向戌提出了一个要求，即要求晋国的盟国朝拜楚国，楚国的盟国朝拜晋国。向戌向晋国的赵武传达了子木的意思，赵武觉得这事有点不妥。因为赵武认为晋国的盟国中有齐国，而楚国的盟国中有秦国，而齐、秦两国是和晋、楚两国并列的大国，要让这两个国家屈尊于晋、楚，只怕人家不愿意。向戌觉得此言有理，便去请教楚康王。康王也是明理之人，最后决定除掉齐、秦两国，让其他的小国互相朝拜两大国。

达成一致后，会议便顺利达到了停战的目的。向戌弭兵的圆满是一个众所期望的结果，无论是各诸侯王，还是各国的平民百姓，都为有这一个短暂的和平时代而感到庆幸。同时，它作为春秋时代临近结束的一个大事件，具有代表性地指出了春秋时候缺乏一个可以独大的国家，因此难以形成统一的局面。而难以统一就意味着和平的持续只能是短暂的，因此向戌弭兵其根本是一个治标不治本的行为，没有统一，就难以和平。

但不管怎么说，现在总算是平静一点了。秦景公也深感欣慰，因为自己总算可以不用那么忙于外国的事了。但是，外面的事不忙，无聊之下就要想想国家内部的事了。这时，秦景公想到了他的弟弟。

秦景公有个亲弟弟，名针。秦桓公在世时非常疼爱这个小儿子，因此针的权势甚重，自然要引起秦景公的猜忌。

当时秦景公有一条令自己非常心爱的猛犬，谁知兄弟同心，针也喜欢上了这条狗。于是，针向秦景公说出了自己的心声，希望哥哥能将这条猛犬送给自己。秦景公本来对针就多有猜忌，这时针竟然明目张胆地要自己最心爱的宠物，这令景公更加不高兴。当然，不高兴是不高兴，自己又能怎样？总不能因为一条狗就判自己弟弟的罪。因此景公最多也只能拒绝针，而不能有进一步的行动。

可是这针真不是个善看脸色的人，他竟然不明白哥哥对自己的心思，还以为哥哥是不愿意将这条狗白送给自己。因此针提出了要用百两黄金来买景公的这条狗。这话一出，景公更气了，你一个公子而已，竟然敢拿钱来压我。虽然针没这种意思，但景公却认为这是在赤裸裸地侮辱自己，这次他理都不理针，留下这个弟弟在那里为哥哥的绝情而莫名其妙。

倒是景公的母亲懂得儿子的心思，她担心针会出事，因此立即对针说出了景公的想法，让针找个时机逃出国去。针这才恍然大悟，自己不知不觉就被打入了哥哥的黑名单，慌张之下只得出奔晋国。针出奔晋国其实也在向秦景公明确自己的态度：我无意争夺秦君之位。

针来到晋国后，以大礼招待晋平公。晋平公见这个秦国公子那么慷慨，大喜地接受了他。但是晋国的叔齐看了这样的排场之后，却认为针必定不会久留，同时认为针不会久留的还有一个赵武。叔齐只是偷偷跟晋平公说出自己的想法，这个赵武则更加直接，当面问针何时会归秦。

针也是个正直的人，不爱拐弯抹角。他坦白地承认自己是担心被秦君放逐，所以出奔到晋国，待到秦国换了新君，也便是自己回国的时候了。

赵武见针如此坦然，觉得这是一个可以深谈的人，于是接着问他对秦景公的看法。针诚实地表明了自己的态度，说他认为秦景公这人只有两个字可以形容——无道。赵武接着问：既然无道，那么秦国会灭亡吗？针对于这个问题回答得很得体，他认为一个国君无道并不会造成国家灭亡，只有连续多代国君无道，国家才有灭亡的可能。

那么秦君会死吗？赵武继续问道。针对于这个问题，作出了一个预测，他认为秦景公活不过今后五年。

世上总有如此巧合的事，不出针所料，四年以后，秦景公四十年（公元前537年），景公便去世了。针也于当年回到了秦国。

秦景公或许不是个有雄心壮志的君王，但可以肯定的是，他也不像针形容的，是个无道的君主。景公保持了秦国的基业，不让自己在四大国之中落下一点一滴，在当时险峻的环境下，这也算得上是大功一件了。当然，相较于秦穆公时代缔造出的伟业，秦国在这几代是怎么也比不上的。

秦景公死后，历史的重心从中原往东南方向移动了。对于继承秦景公的秦哀公来说，他和东方国家的情分，似乎比和中原国家还来得深。

秦廷上的哭声

秦哀公三十一年（公元前506年）冬天，哀公处理完政事，正准备来个午间小憩。忽然，宫外一声凄厉的呐喊震破了秦宫的宁静，这着实让哀公吓了一跳。这一声呐喊过后是一段惊天动地的哭声，哭声凄绝无比，似母亲失了孩子，又如妻子没了丈夫，叫人心寒。

这哭声是怎么回事？

心绪不宁的秦哀公立即命人去探询。过了一会儿，派出的人回报，原来是楚国的大夫申包胥正在外面为楚国而哭。秦哀公一听，有些不悦。楚国关他哀公什么事，你一个申包胥还打算将楚国的霉运带到秦国吗？哀公是这样想的，但是当时秦楚还有盟约，因此哀公也不好意思赶走申包胥。后来哀公想了想，你申包胥能哭几天，我不理你，你还能不知趣地走开？

这是什么情况？申包胥身为楚国大臣，竟然甘心低下脸面来秦国做这等哭闹之事？原来，此时的楚国正值灭国之际。

历史从来都不安静，在中原各国签订了停战协议后，东南这边还时有不平的声音。这声音来自楚国和吴国，这两个国家之间的争夺，形成了春秋后期的另一道风景。

吴国一开始只是东南的一个小国，后到了吴王寿梦（公元前585~前561年）这一代，才开始和中原有所联络。吴国在寿梦那里实现了它的强大，而后便开始了联合晋国和楚国相争的历史。

到了秦哀公二十二年（公元前515年），吴王僚趁着楚平王驾崩之际出兵楚国，取得了一个小胜利。吴王僚高兴地班师回朝，举行了一场庆功宴。却不知螳螂捕蝉黄雀在后，就在吴王僚出兵楚国的时候，国内有一个叫光的公子已经暗暗地筹划了他的政变行动。

在庆功宴上，一个叫做专诸的刺客将匕首藏在鱼腹之中，待鱼上桌时，专诸趁机抽出鱼腹里的匕首，刺杀了吴王僚。吴王僚在懵然之中去世了，这一切的筹划者公子光顺利当上了吴国国君，是为吴王阖闾。

吴王阖闾是个有见识的君主，他当上吴王后，便开始四处网罗人才。也是吴国该兴，这时候正好有一个从楚国逃亡的臣子来到了吴国。吴王和这个亡臣在一番谈话之后，具有政治胆识的他立即赋予了这个亡臣大权，使其得以在政治改革上大展身手。没有让阖闾失望，这个从楚国来的人才将一个吴国治理得兴盛发达，非但如此，他还向自己推荐了一个军事能人。

这个楚国亡臣就是伍子胥，这个军事能人就是孙武。

伍子胥的父亲是楚国大臣伍奢，曾在楚国当过太子太傅。后楚平王因怀疑太子有异心，遂迁怒于伍奢，将伍子胥的父、兄骗到郢都杀害，只剩下伍子胥只身逃往吴国。伍子胥在他的逃亡路上几经挫折，甚至有过韶关时一夜变白发的传说。或许夸张了点，但它表明了这个伍氏孤儿的悲惨经历。

这种悲惨经历势必引发伍子胥的仇恨心理，就是在这次逃亡路上，伍子胥发誓有朝一日一定要亲自杀了楚平王，以泄心头之恨。伍子胥就是带着这种仇恨心理来到吴国的，后因自己的才能受到了阖闾的重用，于是便在吴国开始了他实行报复的路程。

之前，在阖闾政变中，有吴国公子掩余逃奔徐国，公子烛庸逃奔钟吾（今江苏宿迁）。后来阖闾想要算这笔旧账，因此要求两个国家分别将两个公子遣送到吴。两位公子怕有差错，不愿回国，只好求救于楚国。楚国自来与吴国有隙，因此接收了两位公子，还待为上宾，为其筑城。

这件事直接促成了吴楚两国的决战。吴王阖闾在出兵灭了徐国和钟吾后，便和伍子胥、孙武等商讨伐楚策略。

伍子胥先用“彼出则归，彼归则出”的轮替骚扰战术，在消磨楚国精力的同时也麻痹了楚国，令楚国感觉吴国根本不敢和自己正面决战。而惯于外线作战的楚人，也根本不会想到吴国正准备着一场直入自己腹地的战争。

麻痹楚国后，伍子胥和孙武便开着手解决补给的问题，毕竟要直入楚国内地，军资的迅速补给是很重要的。恰在这时，在楚都滞留了三年之久的蔡、唐二侯被楚国令尹释放。这二侯对楚国恨之入骨，希望能有国家能站出来攻打楚国，而自己则愿作前锋。

当时晋国没有答应二侯的请求，最后由吴国承应了下来，于是，三国组成了反楚联盟，吴国出兵，蔡、唐两国分担补给工作。

补给问题解决了，阖闾立即率领吴师出兵楚国。楚国毫无心理准备，面对吴军的来袭，节节败退。到了鲁哀公三十一年（公元前506年），吴军已经直逼柏举（一说今湖北麻城，一说应在今安陆一带），在柏举之战中大败楚军。楚军败退，吴师进逼楚都郢都。

十天后，吴军顺利攻破了郢都，楚昭王提前出逃，留下一个空宫让给了吴国君臣。楚国的国都这时候沦落成了吴国的一个城池，楚国上下哀恸一片。让楚人更加伤心和愤怒的还不仅仅于此，就在吴国攻破郢都后，伍子胥为报父兄之仇，还特意将平王的坟墓掘开，鞭打平王的尸体。

如此耻辱，正道的楚臣哪个能忍？于是，申包胥就出面了。

这个申包胥和伍子胥是故友，当年伍子胥出逃楚国后，曾对申包胥说："我必复（通"覆"字）楚国。"申包胥也不遑多让，回应伍子胥说："勉之！子能复之，我必能兴之。"（《左传》）对这个约定的坚持以及怀着一颗爱国之心，申包胥发誓必要救回楚国。

当时能救楚国的只有秦国，于是，申包胥不辞辛苦，"跋涉谷行，上峭山，赴深溪，游川水，犯津关，躐蒙笼，蹶沙石，蹠达膝曾茧重胝，七日七夜，至于秦廷。"（《吴越春秋》）

来到秦国见秦哀公后，申包胥向哀公请求出兵救楚，但哀公不应。秦哀公的态度令人费解，因为哀公的女儿曾被楚平王纳为夫人，而这位楚昭王就是秦哀公的亲外孙，对外孙不屑一顾，这实在称不上一个仁慈的外祖父。另外，楚国若灭，秦国便失去了联合对晋的坚实盟友，这难道对秦国有益吗？

但是，秦哀公还是拒绝了出兵援救。也因为哀公的绝情，才有了这一节一开始的申包胥哭秦廷之事。

一开始，哀公也不去理会申包胥多可怜，任凭他一个人痛心地哭。但是，哀公毕竟不是铁石心肠之人，当申包胥哭了七天七夜后，哀公终于被打动了。最后，心软了的秦哀公接见了申包胥，大餐招待了这位近于虚脱的爱国忠臣，还为此送给了他一首诗歌，诗曰：

岂曰无衣？与子同袍。王于兴师，修我戈矛。与子同仇！
岂曰无衣？与子同泽。王于兴师，修我矛戟。与子偕作！
岂曰无衣？与子同裳。王于兴师，修我甲兵。与子偕行！

这便是出名的诗篇《无衣》。《无衣》充分体现了秦人那雄壮的豪迈之心以及那钢铁般的坚强斗志。这诗后来在秦国多为传唱，成了激励士兵、凝聚力量的文学工具。

这首诗歌体现了团结的精神，申包胥一听就知道秦哀公准备出兵援救楚国了。果然，不久后哀公便发兵车五百乘救楚，最终在楚军残部以及楚国百姓的共同作战下，数次大败吴军，直至将吴军逼出了楚地。

秦哀公大破吴师，顺利帮助楚国复国，做出了他见载于史的一件大事。除此之外，哀公的一生平平庸庸，再也没有出彩的记载。秦国自秦桓公走上下坡路后，到了秦哀公及其前几个后代这里，还在持续着这场衰落。秦国在这段期间已经失去了历史的青睐，晋、楚和齐似乎也不见过得多风光。

本来的四大国暂告沉默，取而代之的是东南土地上的两个国家——吴、越。于是，历史开始讲述属于吴越的春秋。

吴越的纠葛

秦哀公三十六年（公元前501年），哀公结束了他掌管秦国的任务，前往天国陪他的祖辈们去了。可是哀公是带着惭愧的脸色去的，因为，在哀公之后直到春秋时代的结束，秦国的历史基本进入了一个隐晦不明的时代。

为何隐晦不明？只能说史官对这段历史不感兴趣。为何不感兴趣？只能说秦国的影响之于这段历史无异于小鸡要比凤凰。看来，秦国还没结束它衰落的命运。

秦哀公死后，连续由秦夷公（未正式即位）、秦惠公、秦悼公来执政。这三代君王执政期间，秦国基本无事可言，好像被历史抛弃一般，只好自己躲起来玩自己的游戏。倒是秦国的邻居在秦惠公四年（公元前497年）发生了一场大变，这场大变将晋国本来的六大家族逐出了两家，最后只剩下智、赵、韩、魏四家，为不久的三家分晋开了一个头。

另外还值得一说的就是，这段期间，正好是伟大的圣人孔子周游列国的时期。孔子周游列国，为君王讲述他的仁义之道，可是值得注意的一点是，这次伟大的文化苦旅中却没有秦国的名字。当时秦国虽走下坡路，但好歹也算个大国，孔子连卫国这样的小国都去了，如何会放过秦国？其实，这还要从晋国说起。

当时孔子正准备去晋国，来到了晋国边境天井关下一山村，忽见有一群孩子在玩一个游戏——用石头筑成城市，可是这个城市妨碍到孔子的路了。当孔子请求孩子们为他让出一条路的时候，这群孩子中有一个叫做项橐的就说了：“只有车绕城，而无城让车。”小小年纪就能说出这样的话，对礼制的诠释令孔子感到钦佩。于是孔子便拜这个小弟弟为师，然后令弟子们绕“城”而车。

这之后，孔子又走了一段路程。忽然，在他面前跳出了一只松鼠，只见这只松鼠手里捧着一颗核桃，然后彬彬有礼地对着孔子作揖。孔子一看，大为惊异，心想晋国的孩子和动物都如此懂礼，那么那些高官贵族更不用说了。因此，孔子不愿继续往前去班门弄斧，只好默默地回去了。

这就是民间流传的“孔子回车”典故。当然，孔子既然没去晋国，那么对于远在晋国之外的秦国也就自然而然地不去拜访了。其实，这都是戏说。不过，如果我们愿意将这个传说和孔子没去秦国的原因相结合，那么我们就会发现一个事实，这个事实就是秦国永远的痛——晋国阻挡了秦国多少的好事！

不管怎么说，秦国和孔子是无缘了。但是，有一个关于秦悼公的传说却很美好。传说，在秦悼公年间，老子李耳曾经骑着黄牛离乡西行，过函谷关，最后来到了咸阳面见秦悼公。这是一个具有神话色彩的传说，看来，秦国虽无缘于儒，倒是有缘于道。当然，我们都知道，无论是儒还是道，都不是秦国最后的选择。

前面几件事都是小事，要说在这段秦国的低潮期里，春秋时代最轰动的事自然是吴越两国之间的故事了。

秦惠公六年（公元前495年），吴国完成了权力交接仪式，由夫差来继承阖闾的位子。夫差继位后，首要任务便是报仇。报什么仇呢？原来阖闾在之前曾经出兵越国，结果败于越王勾践，身死于此战。为报此仇，夫差励精图治，继续重用老臣伯嚭和伍子胥，伺机出兵越国。

越国是东南土地上的一个小国，在之前的中原诸侯争霸中从未露过脸面。到了越王允常时，越国才开始壮大起来，并和邻国吴国起了冲突，这才有之后的吴王阖闾败于越王勾践一事。

再说勾践在秦惠公五年（公元前496年）即位时，因顺利战胜阖闾并使得阖闾阵亡，名声遂震于吴越地带。刚即位就打赢一场胜仗，这让勾践多少骄傲了起来。看来吴国也不过就是颗软柿子，这样想着的勾践又开始筹划了他的伐吴计划。

第二年，也就是夫差刚即位的一年，勾践亲自领兵攻吴。吴军迎战，两军在夫椒（今无锡太湖马山）进行了一场关键性的决战。可惜，正如阖闾乘人之危而惨遭大败一样，勾践在这场战争中也尝到了这种滋味。吴国新君夫差趁着这个当儿向勾践宣告：吴国才是这里的王！

此战大败，使得勾践最后只能以五千骑护送退至会稽山。也是天不绝勾践之路，就在勾践败得困顿潦倒之时，他的面前忽然出现了一道曙光，这道曙光即为范蠡。

范蠡是一个极具能力的人，他得知勾践大败，立即前往求见。而后范蠡为勾践分析了局势，向他提出了隐忍麻痹的战术——向吴国称臣乞和，麻痹吴王的心。这个战术是好，但要是遇上死脑筋的君王，谁愿意去低这个头？幸好，勾践也是个明理变通的人，他觉得范蠡所言甚有道理，于是采取了范蠡的计策。

范蠡为顺利实行这个计策，亲自在民间跋山涉水四处寻找美女。最后，在苎萝山浣纱河边上，范蠡遇到了一个富有倾国之色的女子。与之相谈后，范蠡更发现这个女子非但有貌，更兼才德。因此，范蠡便请求这女子帮助自己实行这美人计。国难当头，总不乏巾帼英雄，这女子一听范蠡的请求，便慷慨应允。这女子便是古代四大美女之一的西施。在西施点头之后，吴越便开始了一段令后世文人爱不释手的故事，因这故事里面有战争，有情感，有英雄，有美人，有大义，还有大智。

西施找到了，但还必须更谨慎，毕竟求和是两方面的事，勾践是愿意了，但夫差愿意吗？为了解决这个问题，勾践先派出大臣文种前往吴国，然后以美女、财宝贿赂吴国太宰伯嚭，希望伯嚭能同情同情越王，在吴王面前多说说和好的好处。这伯嚭是个贪婪之人，贪小利者必乏远见，因此伯嚭也没想太多，立即答应还文种这个人情。

文种拉到了伯嚭的支持，也就挺直了腰杆来见夫差了。当夫差得知越国的意思时，本有迟疑，只是伯嚭一直在旁边煽动，更兼夫差当时的心思已经在北伐齐国之上了，因此夫差最后还是答应了下来。当时，伍子胥一听到这个消息，立即面见夫差，建议吴王不要放过越国。可是在伯嚭的挑拨下，夫差还是驳回了伍子胥的建议。

这之后，吴越两国的历史开始走入了不同的境遇。

在吴国，夫差溺爱西施，宠信伯嚭，最后还在伯嚭的挑拨离间下，逼死了伍子胥。非但如此，夫差的生活骄奢淫逸，更频繁北上与晋、齐等国争霸。虽然曾成功召集了诸侯会盟，从而使自己有缘霸主地位，但他的骄傲自满毕竟还是为他未来的命运写下了一个注脚。

另一边，越王勾践在国内也不闲着。他令文种主管内政，令范蠡改革军事。在君臣的努力下，越国恢复了大败前的元气，甚至有所超越。和夫差骄奢淫逸的生活不同，勾践为使自己记住这次耻辱，他采取了苦行的方式来锻造自己。他睡觉的时候就睡在柴草之上，每天吃饭睡觉前都要拿一个苦胆来舔一舔苦味。非但如此，勾践还亲自到田里和百姓一起干活，他的妻子也支持他，用自己的双手来纺线织布。勾践做到这地步，其目的就是为了让自己永记耻辱，不忘耻辱，也同时向越人表明了自己的过错与决心，以此来凝聚百姓的心。

所谓生于忧患死于安乐，这两种不同的遭遇注定了两种不同的命运。

秦悼公十年（公元前482年），正当夫差忙于北上会盟诸侯之时，隐忍了多年的勾践终于到了爆发的时候。勾践二话不说，立即率兵出击吴国。夫差得知，深知养虎为患的自己这次犯下了巨大错误。但是后悔已经来不及了，精兵在外，国内空虚，最后夫差只能以求和的方式来缓和这次突发事件。

十年后，勾践再次带兵出击吴国。吴国在夫差多年的消耗下已经基本无力抵挡越国。

就这样，在范蠡的坚持下，勾践拒绝了夫差的求和。夫差羞愧之下，自杀身亡。吴国从此消失在了历史的舞台上。

吴国走了，越国却还在发展。灭了吴国后，气势正盛的越国北渡淮水，会合中原齐、晋等诸侯。周天子为此赐给了勾践祭肉，并封其为伯。自此，越国代替吴国横行江淮一带，实现了越国的地区霸业。

吴越两国的故事在春秋时代的末期被讲述着，这段故事结束之后，春秋时代也正式落幕了。这之后，历史进入了战国时期。在战国初期，每一个国家都面临着新的考验，而我们的主角——一直走着下坡路的秦国，也不会例外。

第五章　商鞅变法：一个国家最好的机会

祸不单行的时代

当各个诸侯君王在长久的战争后感到厌倦的时候，卿大夫们的野心便开始显露出来。在晋国，在齐国，在鲁国，在宋国，在春秋的很多国家里，有权势的卿大夫们无一不对诸侯的位子送去贪婪的邪笑。在秦国，这种情况也不例外。

秦悼公十五年（公元前477年），一生无所为的悼公去世了，他的儿子继位，是为秦厉共公，《史记》里作秦剌龚公。不管是厉还是剌，从这谥号来看，秦厉共公给我们的印象只怕不咋样，又厉又剌，能是个好君王吗？至于“共”和“龚”，这两字是通假字，为知错能改之意。看来，这秦厉共公倒也不见得多坏。

但是，对于曾经坏过的秦厉共公，到底他是怎么样的坏法，历史对此却没有任何记载。相反的，关于秦厉共公年间的历史记载，却似乎让我们觉得这位君王倒也不失为有所作为的明君。因为在秦厉共公执政的时候，楚国、晋国等一些国家，以及当年被秦国大败的西戎绵诸之国，都派出使者前往秦国与之交好。可见，在秦厉共公时，秦国在春秋的地图上，还有他的一份地位。

不仅如此，秦厉共公还有军事上的胜利。秦厉共公十六年（公元前461年），秦厉共公下令攻伐大荔之戎（在今陕西大荔），最后顺利灭亡了这个部族。还有，在秦厉共公三十三年（公元前444年），厉共公第二次雄起：派军对义渠犁庭扫穴，还俘虏了义渠王。

从以上的事件来看，似乎秦厉共公也不是个坏主儿。当然，历史的记载很模糊，单单从这些来看，倒也不能看出个所以然来，如果觉得这样便意味着秦国强大了，那只怕过于武断。

不过，既然对于秦厉共公的谥号和其生平的不符而有所疑虑，那么我们还是愿意就这种不符做出猜想。要知道，谥号是君王死后臣子们给的，如果秦厉共公的生平所为和他的谥号不合，那或许能说明一个问题——君臣不和。当然，猜想不是毫无依据的。之所以会做出这样的猜想，也是基于当时卿大夫权力上涨的事实。如果我们愿意相信这种猜想，那么我们便可作出结论——秦国在这个时候已经开始了卿大夫擅权的历史。

这种猜想是否正确，其实也无关紧要，因为不久之后，这种猜想便成为事实。

秦厉共公三十四年（公元前443年）的一天，太阳慢慢收敛起它的脸，整个秦国大地忽然昏暗了下来。秦人们带着些许恐慌和惊奇，纷纷站在各自的家门口指着天空那逐渐消失的太阳。这是一场日食，就在这场日食在民间带来喧闹的同时，秦都里也传出了一个重大的消息——秦厉共公去世。

去世的那年遇上日食，是上天在为秦厉共公降着半旗，还是上天偷偷给秦人泄露了一个天机——秦国接下来的命运将如被吃掉的太阳一般，毫无光明。第一种可能我们不能确定，不过第二种可能，我们却可以信誓旦旦地说：它发生了。

继承秦厉共公的是秦躁公，有谓“好变动民曰躁”（《谥法解》）。看来，这个君王的评价比他的父亲是更糟了，他父亲好歹还有一个“共”字，到了他这里，就单留个坏的字了。

有一件事可以证明秦躁公确实比他父亲还不行。秦躁公十三年（公元前430年），那个曾经被秦厉共公端了窝的义渠国这回反过来欺负到秦国头上了。那年，义渠兵大军入秦，直抵渭水，顺利报了当年的剿窝之仇。

当年欺负人家，今年被人欺负。以辩证的角度来看，这种风水轮流转意味着秦国实力在前后的差距，这时候，秦国已经被一个小国欺负到头上来了。

虽然秦公室已经不堪到这地步，但是那些有实权的卿大夫们还不敢过于贸然行动，反正权力都在手了，大事过几年再做也无妨。因此，秦躁公最后得以安息，而不用经历秦国的事变。不过，他自己逃掉了，他的弟弟却逃不掉。

继承秦躁公的不是他的儿子，而是经由大臣们从晋国迎回来的秦怀公。又是大臣迎立，大臣迎立新君一般都会有问题，当年晋惠公不就是因为担心这个问题，才向外求救于秦国的吗？看来，秦怀公挺危险的。

正如大家所担心的，只过了四年，秦怀公便遇上了大臣政变。可怜的秦怀公，虽当了四年君王，却无实权，无政绩，被一群卿大夫掌握在手里玩弄着。也是到了这个时候，秦国的卿大夫们才不愿意仅仅满足于在谥号上动动手脚，他们已经开始玩实实在在的了。

秦怀公失位后，卿大夫为了掌控实权，便立了秦怀公的孙子即位，是为秦灵公。秦灵公期间也没发生多少大事，不过有一件事倒值得一说。

在秦灵公三年（公元前422年）的时候，灵公下令全民祭祀炎黄二帝。这其实是一个很重要的信号，它带来了一个信息，即秦国在多年的文化熏陶下，已经可以接受秦地本土的信仰了。我们都知道，秦国是来自东夷，因此在这之前，秦人的祭祀对象一般都是东夷诸神。到了秦灵公这诏令一下，才正式确认了炎黄这些中原文明的始祖在秦国祭祀对象里的地位。而炎黄又是华夏五千年的公认始祖，因此此事无疑为日后秦国的统一排除了些许信仰方面的障碍。

秦灵公十年（公元前415年），灵公去世，本应该由其子师隰继位。但师隰并没有得到大臣们的认同，最后，大臣们以师隰年幼为理由，迎立了时在晋国的悼子为秦君，是为秦简公。当然，也有说秦简公是自己夺取君位的，其实这可能性只怕不够。毕竟当时秦简公身在晋国，如果没有秦国国内大臣的支持，他又如何能凭一己之力登上君主之位？因此，秦简公怕也是和国内富有实权的卿大夫们做出了交易，才能赢得他们的拥戴。

秦国自秦厉共公到秦简公这里，政局由于卿大夫的插手而显得摇摇晃晃。而君主的频繁更换更使得秦国无法形成强有力的中央集权，从而为卿大夫的擅权让出一条更宽的道路。秦国在这个时候已经陷入了一个恶性循环，这种恶性循环在渐渐侵袭着秦国的国力。

国力衰退，就势必引起国外的觊觎。在秦国国内政局动荡的时候，它的东方邻居已经开始伸出贪婪的双手了。只是到了这个时候，它的邻居已经不是那个晋国，而是一个即将被称为魏的新兴势力。

晋国公卿魏氏对于秦国的攻伐，一方面使得政局不稳的秦国陷入了更深的泥沼，另一方面也刺激了秦简公，迫使秦简公开始思考一个很重要的问题：秦国为何会落后？而对于这个问题的思考直接促进了秦国一段伟大历史的展开——秦国改革。

新的敌人

秦灵公六年（公元前419年），当灵公正苦于他的国家被一群卿大夫所掌控的时候，忽然从边疆传来了一个令灵公更加震惊的消息：晋国魏氏准备打过来了！

原来，此时的晋国魏氏正忙于扩大他的疆界，因此魏氏主人派出军队前往修筑少梁城（今陕西韩城），以便屯兵积粮进攻秦国。秦国当然不能眼睁睁地看着魏氏这样明目张胆的挑衅，因此就在魏军修筑的过程中派出军队攻打上梁。两军交战，最后秦国败下阵来。魏氏在击退秦国后继续修筑城池，秦国也在黄河之地修筑防御工事，以防魏氏入侵。

这次冲突并没有造成太大的流血战争，但是它意味着秦国开始了它又一轮忙于对外的战略方针。四年后，秦灵公十年（公元前415年），魏氏又率军出击秦国，包围了秦国的繁庞（今陕西韩城东南），然后将城里的居民全部迁走，占据了该城。对于魏氏的进犯，秦国却也无可奈何，只好着手建造籍姑（今陕西韩城以北）作为抵御的堡垒。

看到这里，我们会发现以前和秦国对着干的一直是晋国宗主，而此时却换成了晋国魏氏。看来，晋国内部已经开始了一场轰烈的变革。

早在晋国兴盛之时，六卿制度便在这块土地上生根落地。晋国的六卿在分权的同时也时刻进行着争权夺利，因此，六卿制度自产生以后，便注定成为造成晋国政局动荡的因素之一。

在六卿的发展中，最后形成了以韩、赵、魏、智、范、中行六家的争权局面。六家大夫各有各的地盘，各有各的势力，因此相互之间明争暗斗，无形中削弱了晋国对外称霸的实力。

当卿大夫的权力越来越大时，国君已经难以对此进行控制，因此他们便开始了一场更为明显的战斗。在这场战斗中，六卿之间的范、中行两家败下阵来，被其余四家逐出了晋国。从此晋国的六大家族变成了四大家族，形成以智氏独大、韩赵魏三足鼎立的局面。此事发生在秦惠公四年（公元前497年）。

智氏独大后便有了不切实际的幻想了，既然自己最强，为何不将其他三个家族给吞并呢？为此，智家大夫智伯瑶便召来了另外三家大夫赵襄子、魏桓子、韩康子，对他们说出了自己的想法：晋国本是中原霸主，后吴、越相继崛起，晋国的霸主之位因此被夺，为此，希望各家大夫能拿出一百里地出来献给公家，使晋国有机会富强。

多么爱国的一份言辞，智伯瑶削弱其他三家的计策想得可谓万全。可是晋国不是只有一个智伯瑶是聪明人，难道赵、魏、韩三家能走到这一步是全靠时运的？显然不是，因为他们三家早已从这句话中听出了一些端倪。

三家都知道智伯瑶是存何居心。但是，一来因为智伯瑶以公家为名来压制，因此他们难以推挡。二来也因为智氏强大，心不齐的各家都不愿独自去得罪智氏。因此，魏桓子和韩康子两人便各自交出了自己的一百里土地，将前人所积攒起的势力毫无代价地献给了别人。

但是，这三家之中的赵襄子却一点也不向智氏示弱。当智氏亲自上门向赵襄子讨要土地时，赵襄子以先祖留地不便轻易让出为由，义正词严地拒绝了。赵襄子的强硬毫不客气地让智伯瑶碰了壁，这智伯瑶气从中来，回家后立即联合魏氏和韩氏两家出兵攻赵。

赵家势单力薄，寡不敌众，只好带着兵马退守晋阳（今山西太原）。智家率领了三家兵马直逼晋阳，将晋阳城围得水泄不通。可是在赵家的坚守下，三家兵马却再也不能再往前一步。就这样，这场围困战持续了两年之久，从秦厉共公二十二年（公元前455年）直到秦厉共公二十四年（公元前453年）。

这样对峙下去也不是办法，为此，智伯瑶在察看了地势之后，忽然想出了一个办法——水淹晋阳。原来在晋阳城的东北上方有一条晋水，晋水绕过晋阳往下而流。智伯瑶想到如果引晋水往西南，那晋阳城不就不久便成为水下城池了。

智伯瑶想到这个办法，立即下令士兵着手实行。智家军在晋水旁边另挖出一条通往晋阳的支流出来，然后在上游地区筑起水坝，用来蓄水。此时恰逢雨季，有雨水的帮助，水坝很快就蓄满了水。水满后，智伯瑶命士兵在水坝上凿出一个大口子来，就这样，水坝里的水像囚禁了多年的野兽忽被释放一般，沿着挖出的支流直扑晋阳城内。

过了不久，晋水便灌入了晋阳城。大量的水漫过城池的街道，流入各家各户。晋阳百姓为避水灾，只得跑到房顶上住，还必须架起灶头才能煮饭。遭此大害，晋阳城里的群众恨透了智伯瑶，他们宁可淹死，也不愿投降。

一天，智伯瑶带着魏桓子和韩康子来到晋阳城外，指着晋阳城高兴地对两位大夫炫耀着：我才知道大水也能灭国！这话一到魏桓子和韩康子的耳里，如同一道闪电一般，击醒了他们那迷糊的心。要知道，不是只有赵家门口才有河流！如果赵家灭亡了，那么以后智家是不是也会这样来对待自己？魏桓子和韩康子想到这里，无不慌张地流着汗。

赵襄子见晋阳城水患之重，深知坚持不了多久，只得找来门客张孟谈商量。张孟谈为赵襄子分析了韩魏两家的心理，请求由自己出面和两家交涉。赵襄子同意了，于是张孟谈便前往面见韩魏两大夫。

韩魏两大夫本就为水淹城池而担忧，此时恰遇张孟谈前来商谈三家联合之事，遂也不再犹豫，答应了赵家的请求。

三家联立，一齐出兵出击智氏。智氏还在朦胧的睡眠之中，忽见火光满天，杀声遍地，待反应过来，自己的营地早已被大水侵袭，随后更有军队向着自己冲来。死了，死了，智伯瑶深知自己反被将了一军，此时敌军忽然来袭，自己却全无抵抗之力。最后，智伯瑶只能亲眼看着智家军一个个地倒下，看着气焰嚣张的敌军拿着刀架在自己的脖子上，而后便毫无知觉了。

智氏聪明反被聪明误，想要以一吞三，不料却被三合攻一。也是魏氏和韩氏能及时醒悟，不然待赵氏一灭，那土地还不是被智氏所吞并，他们两家又能得到多少好处？到了这个时候，智氏将更加强大，他们两家就算联合，怕也是对抗不了了。因此，所谓三个臭皮匠赛过诸葛亮，韩、赵、魏做出了一个正确的选择，才能顺利保全自己，又顺便灭了一家独大的智氏。

智氏一灭，三家平分其势力。从此，在晋国内部，赵氏霸北，魏氏居西北，韩氏偏东南，形成了三家鼎立的局面。

三家一鼎立，当然就要继续他们的明争暗斗了。但三家平分势力，谁也赢不过谁，因此智氏灭亡后，三家更宁愿先发展自己的势力，而不愿去触怒对方。就因为这样，才有了魏氏和秦国的冲突。

两国冲突在秦灵公时并没有上升到大规模的军事行动，要到了秦简公时，这种情况才有进一步加强的趋势。因为在这个时候，魏氏开始引领了一场改革的风气。这场改革开创了日后魏国的百年霸业，同时它也作为领头羊，向世人发出了震耳欲聋的喊声：时势所需，唯有变法。

改革带来的变化是足够大的，起码这让魏氏在对抗秦国的战争中显得绰绰有余。秦简公时，面对魏氏的进犯，弱小的秦国无能为力，免不了节节败退的命运。在这种受人欺辱的遭遇下，秦简公也开始思考秦国未来的命运。而为了摆脱这种落后的宿命，秦简公在参考了魏氏的情况之后，也开始走上了改革的道路。

是到改革的时候了

在秦国无所事事的年代里，它的邻居却发生了巨大的变革。晋国三家鼎立的局面基本预示了新时代的到来。待到三家彻底进化成三国，晋国从此消失在历史的记载里，取而代之的是三个新兴的国家——韩、赵、魏。在三国中，魏国首先兴起。而魏国的兴起直接导致了秦国又一轮的衰弱，面对这次衰弱，秦简公当起了一个勇士，直面了人生的惨淡。

秦简公二年（公元前413年），边境又传来魏氏进犯秦国的消息。这一次，魏氏派军大举入侵，在郑（今陕西华县北境）的城下击败了秦军。不久，秦简公六年（公元前409年），距离上次入侵只有短短四年，魏氏再一次派军继续深入秦国。这一次，魏军顺利夺取了秦国大片土地，并在秦地上修筑了临晋（今陕西大荔东）、元里（今陕西大荔北）两城。

次年（公元前408年），魏军继续进入秦国扩大他们的战果。这一次，魏军攻至郑邑（今华县），并在洛阴（今陕西大荔西南）、合阳（今陕西合阳东南）之地又修筑了两座城池。可怜的秦国到了这个地步也只有退到洛水背后，修筑重泉（今陕西蒲城东南）实施防御。

秦简公即位还没几年，脑子都还没晃过神来，怎么就被魏氏这个晋国大夫级别的人连续欺负了那么多次？难道一个国家分化成三个势力，而自己一个大国还比不过其中的一个？这实在是耻辱。想当年秦晋两国好歹也平分秋色，何以现在晋国分化了，自己反倒比人家弱了？

秦简公想来想去，想到底也就得出了两个结论。第一个，魏氏变强了。第二个，自己变弱了。

自己变弱了，这是显而易见的事。秦国自秦穆公之后就从没有过强势的劲头，过了秦桓公后又一路直下。这之后，从秦厉共公起，秦国陷入了卿大夫夺权的泥沼，政局不稳造成了数易君主的后果，数易君主又加剧了政权的不稳。秦国的衰弱自是毫无疑虑。

魏氏变强了，这又是怎么回事呢？为什么魏氏能变强，这才是秦简公最关心的问题。其实，魏氏变强也没有什么特别的秘密，只不过又是刚好遇上了明君贤相的组合罢了。

秦厉共公三十二年（公元前445年），魏大夫魏桓子的位子换了一个人来坐，待日后魏氏成国后，我们便把这个人叫做魏文侯。

魏文侯是魏国的第一位君王，在他即位时，北方有强大的赵氏，东边也有危险的韩氏，而西边更是仅隔着一条河的秦国。在这种情况下，魏文侯为保证不被列强吃掉，首先要做到的便是自保，才有可能谈打破封锁，往外发展。

为求自保，当然便要发展自己。当时魏地境内有著名的盐产地盐池（今山西运城解池），魏文侯于是着重发展盐业，然后依靠盐业所获取的巨大收益用来建立一支精锐的常备军。这支常备军后来遇上了他们的主人吴起，成了鼎鼎有名的军队——魏武卒。

当然，魏文侯很明白一点，要发展就要靠人才，没有人才就谈不上发展。因此，魏文侯很注重人才的收服和培养。当时魏国有一个人叫做李悝，他被魏文侯重用，管理整个国家的内政。

这个李悝接受了管理魏家的使命，便开始在魏地实施了他的施政理念。具有改革意识的李悝在魏地进行了一系列的改革，改革内容囊括了政治、经济、法律，改革结果卓有成效，成功地将一个新发展的魏国供上了一层更高的地位。

这就是发生在魏国的李悝变法。李悝变法在有效地打击旧制度的同时，也使得魏国的国力日益强大，为日后成为战国初期强盛的国家奠定了一个坚实的基础。另外，李悝变法不单单在魏国内部形成影响，它开启了战国大变法运动的序幕。这之后，战国各国纷纷踏上变法的道路，最终汇成了一股时代潮流。

李悝为魏国作出的贡献还不仅仅于此，在为君王推荐人才上，李悝也付出了一份巨大的功劳。那时，有一个叫做吴起的卫国人从鲁国出逃，正打算投往魏文侯麾下。魏文侯开始有点迟疑，因为关于这个吴起的舆论评价并不是很好。原来，当年齐鲁交兵，鲁君有意令吴起为将，却因为吴起的妻子是齐国人而又对此有所保留。为了得到这个将位，吴起竟亲手杀了自己的妻子。

吴起杀妻求将的行为令世人诟病，魏文侯当然会犹豫一下。但是，李悝却认为吴起这人虽然贪名，却有过人的军事才能，魏氏若想兴，必须唯才是举，不必拘泥太多。在李悝的说服下，魏文侯最后决定任用吴起为将，吴起从此开始了他在魏地改革军制的历程。

魏国的军制在吴起的改革下完善许多，军队实力也因此而增强不小。几年后，那支用盐业养起来的魏武卒在吴起的带领下，已经成了魏国的强劲之师。

魏文侯见吴起的军事能力果然有过人之处，便命他为主将，开始了对秦的攻伐事业。从此，吴起便带领着魏武卒直入秦地，在秦简公年间多次成功夺取秦国的土地，最后尽占秦之河西地（今黄河与北洛河南段间地）。昔日的秦地成了今天的魏郡，河西之地变成了魏国的河西郡，吴起受命在此镇守。

对于河西之地，魏文侯并不仅仅采取武力威慑，同时他还对其进行了文化渗透。秦人本处狄戎之地，对于中原文化存有向往。魏文侯利用秦人的这个心理，拜当时著名的大儒子夏为师，并请求其前往河西讲学。

子夏是孔子的著名弟子，“孔门十哲”之一。子夏到河西讲学一事有重大的意义，它象征着华夏文化的重点转到了魏国河西，因此而形成了著名的河西学派。河西学派为战国时代培育出大批经国治世的良材，并成为前期法家成长的摇篮。

看到这里，秦简公才明白了始末，原来邻居魏氏是靠着变法而强大的。秦简公既然明白了邻居强大的良方，也就明白了自己下一步该走向哪里了，看来，是到改革的时候了。于是，一场涉及政治和经济的改革便在秦国开展了。

先是在政治方面的改革。秦简公六年（公元前409年），简公颁布命令，允许官吏佩剑。官吏有佩剑，在当时的人们看来是文明先进的标志，因此早在春秋时代，中原便有很多诸侯国实行了这项制度。所以秦简公此举意在跟风，倒也没有多大改革意义。第二年，这项制度更进一步，法令允许了百姓佩剑。在周礼的规定中，佩剑只属于贵族的特权，百姓本无此权利。因此，秦简公这项改革的重要目的便是削弱贵族的特权，同时也起到全民防守的作用。

在经济方面，秦简公开始了“初租禾”的步子。所谓的初租禾，其实也就是上交农田税。此举在现在看来或许没什么大不了，但在当时的秦国可是一大进步。因为交税就意味着承认了秦国境内土地的私有化。本来，周王才是土地的所有者，但是在各国纷纷对国内的农田收税之后，周王室的土地所有制已经失去了它的真实意义。此时，对土地的私有无疑缓和了因国内多年兵败而愤怒的群众的心。

这些改革拉开了秦国变革的大幕，而在军事体制方面，秦国却还没有触动到。因此在秦简公这里，秦国虽然开始变革，却也没有因此走上富强的道路。

秦简公的改革之路没有再深入下去，但历史还在继续。秦简公十二年（公元前403年），周威烈王正式承认了晋国的魏氏、赵氏和韩氏为诸侯。三家分晋作为一个信号，标志着春秋时代的结束，历史正式进入了七雄并立的战国时期。

惠公的绝对大反击

秦简公十二年（公元前403年），战国时代正式揭开了大幕。在战国时代的初期，由魏国引领的改革之路蔚然成风，在这方面，秦国的秦简公也小试身手，开启了秦国多年变法的序幕。但是，在秦简公死后，他的继任者并没有将改革进行到底。因此，邻国魏国继续着他的开拓之路。

秦简公十五年（公元前400年），简公去世了，他的继任者是秦惠公。早在秦简公十四年（公元前401年）时，简公在忍受了魏国多年之后，终于雄起了。这一年，简公不愿再当个被动的失败者，他终于下令对魏国进行了一次军事反击。当然，并没有取得什么大的胜利。

其实，简公的反击是必要的，因为秦国的河西之地被魏国完全侵占，秦国因此被逼退至洛水一带。要知道，河西之地是秦国一个很重要的战略要地，此地被夺，秦国的防御大降，其性命危在旦夕。因此，睡不安稳的秦简公当然要开始他的反击行动。但是，魏国之强，使得这种反击根本不及一提。

幸好，魏国的敌人并不仅仅只有秦国一个。发展中的魏国还将它的眼光放到了东方的齐国，放到了南方的楚国，还有和自己同根而生的韩、赵两国，因此，忙于四方周旋的魏国并不能将所有的心思全放在秦国身上。因此，自秦简公死后，秦惠公即位的前四年内，秦、魏之间并没有发生任何值得一提的战争。

到了秦惠公四年（公元前396年），叱咤一生的魏文侯完成了他的历史使命，给他的后代们留下了一个强盛的魏国。继承魏文侯的是那个在伐秦事业上立下了累累功绩的儿子——太子魏击，是为魏武侯。

魏武侯继承了父亲的意志，将发展魏国作为自己的使命，并为这个目标努力地行动着。就在武侯即位的三年后，魏国又开始了新的一轮对秦攻伐。因此在这一年，秦惠公便被迫开始面对父亲遇过的难题——魏国的吴起。很明显，有吴起在魏国的一天，秦国就不会有安宁。因为，魏武侯命令吴起的这次出兵，再次大败了秦国。

这次失败让秦惠公感到了时势的艰难，看来自己真的已经被魏国压得死死的了。但是，面对魏国的强势，秦惠公并没有像其父一样想到改革。又或许，秦惠公虽有心改革，但当时的秦国却缺乏深谙改革之道的能臣。因此，秦惠公对于魏国的来犯并不能找到一个很好的解决办法。唯一能行的，还是一如既往地搞拉拢同盟行动。

现在有可能帮助秦国的只有齐、楚两个大国。可是，齐国当时正经历着内乱，又兼之三晋联兵已经攻进齐国迫使齐君割地求和，因此，齐国对秦国并不能提供任何帮助。最后，如同当年秦楚联合对晋一样，现在的秦国能拉拢的盟国还是楚国。但是，秦惠公是有这心思，可是楚国愿意吗？事实是，楚国也正缺乏一个政治伙伴。

秦简公十四年（公元前401年），楚国迎来了它的又一个新君主——楚悼王。在楚悼王之前，和他隔了两代的君王是为楚惠王。楚惠王在即位后，记取了楚昭王被吴国欺负到郢都的教训，立志富强。最后，在楚惠王的努力下，楚国国力迅速恢复，大有争霸之势。

但是，楚悼王即位的政治背景和楚惠王时已经相去甚远。最主要的变化便是三晋的强大，这使得被三晋压在南方的楚悼王深感尴尬。事实证明楚悼王的担忧并不是毫无理由，三晋为了成功破楚，再次联合，并于秦简公十五年（公元前400年）出兵楚国，结果大败楚军于乘丘（今山东巨野西南）。

三晋的入侵触怒了楚悼王，于是在秦惠公七年（公元前393年）反击韩国，顺利夺取了韩国的负黍（今河南登封县西南）。

战争总是礼尚往来，楚国夺取了韩国的城池，三晋当然也不能示弱。于是，秦惠公九年（公元前391年），三晋联军又来报复，最后再次大败楚师于大梁（今河南开封西北）、榆关（今河南新郑东北）二地。这两个地方是楚国的战略要地，一旦失去，此时的楚国便无可避免地陷入和秦国失去西河之地时一样的窘境。因此，面对三晋的强势，如同秦惠公一样，楚悼王也很希望能为自己找个同伴。最后，在两国的交涉下，秦、楚又达成了一致目标——联合对抗三晋。

为了摆脱三晋，楚国请求秦国出兵，从而分化三晋的力量，减轻自己的压力。秦惠公慷慨应允，便开始分析如何进行背后偷袭行动。

在三晋之中，和秦国领土相邻的只有魏、韩两国，而对于魏国，秦国已经在它上面吃了很多亏了。因此，秦国这次不会傻傻地选择魏国偷袭。不是魏国，当然就是韩国了。正好，三晋之中，最弱的也便是韩国了。因此，秦惠公趁着三晋联合对楚之时，不失时机地派出大军进攻韩国。

这次进攻韩国，一雪秦国之前被魏国几经战胜的耻辱，顺利地攻下了韩国宜阳（今河南宜阳西）六座城池。宜阳被夺的消息震动了三晋，迫于秦国在后方的骚扰，三晋暂时放松了对楚国的进逼，将部分兵力转向了西方。秦惠公十年（公元前390年），魏武侯下令出军援助韩国，最终在武城（今陕西华县东）与秦国进行激战，不分胜负。

这次武城之战虽说不分胜负，却也激起了秦惠公的雄心。要知道，在这之前，秦惠公是一直被欺负的，而这次能打个平手，看来魏国也没什么了不起的。何况这时候还有楚国和自己站在同一战线，另外，齐国也趁着这当儿在东方夺取了魏国的襄陵，让魏国大惊失措。所有这一些想法都让秦惠公觉得该来一场绝地大反击了。于是，秦惠公十一年（公元前389年），惠公抱着拼死一搏的决心，破釜沉舟，背水一战，领着大军五十万，来到了晋国的阴晋（今陕西华阴东），在这里摆开了阵势，准备和魏军来一场大决战。

秦惠公这次领兵五十万，这真是一个天文数字。相比之下，魏国的吴起只有五万魏军，真是小巫见大巫。但是，对于吴起来说，统兵在于“治”而不在多，因此，虽然魏武卒只有五万，但都是对于驰骋沙场有着丰富经验的猛兵。因此，吴起对于秦惠公这五十万的噱头并不是很在意。

为成功击退秦军，吴起请魏武侯亲自举行宴会，并为有功的士兵进行奖赏，对阵亡的士兵家属进行慰问。在这一系列笼络军心的行动后，魏国的五万士兵无不为君王和主将的恩宠表示感激，因此个个发誓要在战场上报答魏国，让秦军有来无回。

吴起不愧为战国的卓越军事家，在他出色的统领下，这五万魏兵个个奋勇杀敌，竟然有了以一当十的英勇。就这样，在魏军反复的冲杀下，五十万秦军被这个小队伍冲击得不成模样，死的死，逃的逃，庞大的军队瞬间如大山崩塌，再也无力举起兵器往前一步。

此战便是著名的阴晋之战。阴晋之战以吴起以少胜多大败秦军而告终，它使得魏国顺利保住了河西这块战略要地，有效地遏制了秦军东进的势头。而对于本就虚弱的秦国，遭此大败后基本是元气大伤，已经到了赔老本的地步了。因此，此战过后，对于秦惠公的贸然反击，秦国国内对其批判声迭起，而秦国也因此陷入了更深的政局动荡之中。

秦惠公十三年（公元前387年），惠公去世了，继任者是他年仅两岁的儿子秦出公。一个幼儿的继位注定了秦国王权旁落的命运，秦国又陷入了一场泥沼之中。

秦国的政局动荡，却远远比不上和它隔三晋而对望的齐国。就在三晋崛起于中原的时候，齐国内部正在酝酿着一场巨大的阴谋。

窃国者诸侯

秦惠公十四年（公元前386年），一个还不会讲话的孩子被他的母亲抱上了秦国君主的王位。一国君主若由一个年幼的孩子来担任，无疑会滋生政治阴谋。因此，秦国在秦出公即位后，它的大臣们便又嗅到了一些不安定的味道。

这种不安定来自于两岁的君王，同时也来自于邻居的魏国。秦出公刚即位，魏武侯便将矛头指到了这个年幼的孩子头上，率领大军进攻秦国，最后在武下击败了秦军。

当然，来自国外的威胁并不具备巨大的震慑力，真正笼罩在秦国大臣们身上的阴影还是来自国家内部权力的争夺。这一次，因为秦出公年幼，他的母亲小主夫人作为监护人，自然取秦出公的权力而代之。一个女人想掌权，如若有孝庄这样的政治能力，倒也令人放心，可是若遇上了慈禧这样的乱政女子，只怕再大的国家都会被她的无能给败坏掉。

这个小主夫人就是慈禧一样的人物。她宠信身旁的宦官，使得政权掌握在一群不学无术的人手中，造成的结果自然是加深了秦国的政局混乱。这种政局混乱引起了国内百姓的怨声载道。但对于沸腾的民怨，小主夫人和她的宦官们保持着视而不见的态度。最后，非但百姓们抱怨，就是为国效命的秦国官员们也是个个痛斥腐败的政治，其结果是造成了大批正直官员的无奈隐退。

秦国的政治在此时已经跌到了最深的谷底，再荒唐下去，只怕秦国最后会不再姓秦了。关于这个后果并不是不可能的。在秦人眼里，三家分晋的情景历历在目，昔日强大的晋氏，今天还不是被别人给瓜分了？而当秦人们的眼光放得再远一点，他们非但看得到邻国的变动，他们还能看到远在东方的齐国。就在秦出公即位那年，齐国发生了一件大事。当这件大事传到秦国的时候，秦人们反观自己的政局，无一不感到不安。

当年受封齐国的人是姜子牙，因此齐国自来是姜姓吕氏掌国。不过在齐桓公时，一个人的出现为日后的齐国埋下了一个祸根。这个人叫做陈完。

陈完本是春秋时的陈国公族。公元前707年，陈国发生了宫廷内乱，陈完被迫出逃，后投奔了齐国。完公奔齐后，在齐庄公手下当了个“工正”，所谓“工正”，也就是管理百工的官。齐桓公似乎对这个陈完来降很有兴趣，非但让其当官，还奖赏了他很多土地。齐桓公当时正为自己的霸业而笼络着四方名士，殊不知，这样却也为自己的国家引狼入室。

陈完从此在齐国发展，因在古时，陈与田同音，故齐人都称陈完为田完。久而久之，陈田的后代便以田为氏。

田氏在齐国的地位是很高的。陈完刚奔齐国的那时，大夫齐懿仲便看中了这个青年人，遂有意和其结姻。于是，齐懿仲令人为这件事占了一卦，卦象显示了田氏日后在齐国的命运：五世其昌，并于正卿。八世之后，莫之与京。意思就是田氏在它的第五代那里将光耀其族，位至卿大夫，而到它的第八代那里，其地位将俯视整个京城。这卦象令齐懿仲欣喜异常，因此两家遂结姻缘。

齐国到了齐庄公时（前553~前548年），田氏的后代也迎来了它在齐国的第四代。这田氏第四代名叫田须无，因侍奉齐庄公而深受庄公的赏识和宠爱。这个田须无有个儿子叫田无宇，便是田桓子。田桓子因在齐庄公年间的对外讨伐上立下功劳，因此深受庄公欣赏。

不久，齐庄公被国内大族崔氏所弑杀，崔氏和庆氏因此在齐国擅权起来。待齐景公继位后，崔氏被灭，齐国因此少了一个大族。这之后，庆氏有家臣想杀主人以报庄公之仇。当时田桓子正和庆氏主人在外田猎，田须无得知这个消息，立即派人找个借口将田桓子召回。田桓子在父亲的暗示下，明白接下来将要发生的事情。因此先行返回，并在路上毁掉了渡船和桥梁，以延误庆氏回家的时间。结果，庆氏的势力被自己的家臣所摧毁。

崔氏和庆氏两大家族在齐国的灭亡，使得田氏的势力大为增强。结果，正应了当年齐懿仲的那一卦，田氏在它的第五代取得了光耀家族的好成绩。而第五代到了，预言中的第八代还会远吗？

齐景公在位时（前547~前490年），其人奢侈淫靡，好治宫室，更爱厚赋重刑。国库里的布、帛、稷、粟都放得腐烂，养着虫子。宫外的百姓却生活没着落，劳役不断，饿殍载道。公室的奢侈之风令齐人不满，齐景公却一点也不体恤百姓，自顾自地挥霍着民间的血泪。

面对齐公室的行为引起了百姓不满的现象，田氏在此时开始了他们拉拢人心的计划。田僖子以新制的五进制借粮给百姓，而还时却用旧的四进制（即四升为豆，四豆为区，四区为釜，十釜为锺）。如此，对于田氏的雪中送炭，齐国百姓无不感恩于此。结果，民心渐向田氏，田氏在齐国也越见强大。

对于田氏的强大，齐国臣子也不是没人对此毫无顾虑。当时的齐相晏婴就曾明示齐景公要注意田氏，并提议齐景公下令以礼治国，制止卿大夫的擅自作威作福行为。齐景公有所醒悟，但为时已晚。当时，田氏已经在齐国掌握了大部分民心。

田氏不单将筹码压在百姓之上，同时还将矛头指向了齐国国内的强势宗族。齐景公死后，当时有国氏和高氏两大宗族迎立了太子荼为齐公，史称晏孺子。但是，田僖子却不满两大宗族，想要立景公的另一个儿子阳生为国君。因此，田僖子表面上附和高、国两相，暗地里却在齐国大夫们之间挑拨离间，又和逃往鲁国的阳生暗中联系。

在田僖子的一系列行动后，齐国的大夫们对高、国两相开始猜疑，最后在田氏的带领下，发动兵变。高、国两相和晏孺子被迫出逃，田僖子于是派人前往鲁国迎回阳生，并在一次宴席上请出阳生，然后请求众大夫一起迎来阳生为国君。就这样，阳生在田僖子的帮助成了齐国国君，是为齐悼公。悼公得立全赖田氏，因此田僖子被悼公任命为相，从此独揽齐国大权。

这之后，齐国又经历了一次政变，田氏再次成了其中的受益者。

田氏采取了一系列政策，其中还包括外结诸侯，内扩封地。到了齐宣公时（前455~前405年），在田氏多代的共同努力下，田氏几乎拥有了整个齐国。

齐宣公死后，齐康公继位。康公在位十四年，长年沉溺于酒色，完全不理朝政。齐相田和便以国君不贤，将其废黜为庶民。田和废君后，便开始外交诸侯，以得诸侯的支持。秦出公元年（公元前386年），在田和的努力联络下，魏武侯答应了田和，前往周王室对周天子施压，希望周天子能封田氏为侯。周天子毫无反驳之力，只得将祖辈封给吕氏的那块地重新封给了田氏。到了这时候，田氏顺利取代了齐。

田氏代齐事件是战国初期继三家分晋之后的又一大事件，它再次宣告了卿大夫对诸侯正宗的取代。因为这层意义，田氏代齐作为和三家分晋一样具有标志性的事件，成了春秋踏入战国的又一个转折点。

相对于齐国的政变，秦出公算幸福的了。虽然政权掌握在母亲手中，在母亲的胡闹下摇晃不安。但是，秦国毕竟还没到由卿大夫来取代的地步。究其原因，便是秦国虽有像齐国田氏这样的世家大族，但其在秦国国内却还没有形成田氏那样的势力，因此想要一家独吞一国便不像田氏那样容易。

但是，齐国能出现这种局面，秦国也就有可能会步其后尘。因此，秦人们在庆幸的同时也暗暗担心着：如果这种局面毫无改善，那齐国的悲剧在秦国上演，也不是不可能的。

幸好，既然历史在最后选择了秦国，那么齐国的遭遇就不会降临在秦国之上。就在秦出公即位后不久，秦国就出现了一位救世主。这位救世主怀抱着将秦国从颓势里挽回的意志，开始了拯救秦国的道路，也开始秦国富强的道路。

公子连力挽狂澜

秦出公在位之时，政权由小主夫人掌控。对于小主夫人的昏庸无能，百姓怨声载道。有谓越是政局混乱之时，越能引出英雄。就在秦人们为秦国未来的命运而担忧着的时候，秦国忽然出现了一个救世主。这个救世主从东方而来，他的名字叫秦师隰。

秦师隰又名公子连，是秦灵公的儿子，秦出公的堂兄。当年，秦灵公去世，本应该由他继位的君主之位却被他的叔叔秦简公给抢走了。秦简公和卿大夫想发动政变，就先得排除异己。而作为本应该成为继承人的公子连，自然成了他们的头号敌人。

当时的公子连才十岁，身旁也没有太多的臣子能支持自己。因此势单力薄的公子连只好在一些家臣的保护下出逃秦都。公子连先是逃到了故都西犬丘，最后仍觉危险，只好逃往正在发展中的魏国。

当时的魏国在李悝和吴起一群名臣的支持下实施变法，正处于蓬勃发展的时代。看着魏国的发展，再反观自己国内的衰败困顿，公子连在叹气的同时也深感不安。因此，他便深深地发誓，待日后必定要回国变法，还秦国一个兴盛的时代。为此，公子连便待在魏国研究学习，同时也时刻关注着秦国局势。

对于魏国，公子连并不仅仅只有欣赏之情。因为在公子连流亡魏国期间，秦国多次败于魏国，所以公子连在心疼秦国的同时，对于魏国也多少产生了一丝忌恨。这样看来，公子连大有勾践的隐忍之性，也大有后人师夷长技以制夷的见识。

秦出公元年（公元前386年），魏武侯帮助齐国田氏获得了齐国的诸侯位置，因此魏、齐两国出现了短暂的和平。魏、齐两国和平了，同时秦、楚之间的联合也使得三晋毫无用武之处，因此，三晋之间便开始互闹矛盾。

这矛盾来源于三晋之间的根本利益关系。当时，三晋联手对付西北的秦国和南方的楚国，可是这两个国家的版图和东方的赵国都没有沾上边，因此，赵国早就对这种联手有所不满。这种不满便加深了三国之间的利益纠纷，最后，三晋之间有了分离的裂痕。

这道裂痕从赵敬侯迁都邯郸便可窥见一二。邯郸是一个天然的防守之地，赵敬侯迁都到此，便意味了三晋之间对于彼此已经出现了危机感。同时，赵国还和楚国联系密切，而秦楚之间也向来和好。因此魏武侯就开始担心了，要知道，若秦赵楚联合，将对于魏国形成夹击之势，使魏国陷入三面受敌的不利局面。

为解决这个问题，魏武侯左思右想，希望能找到办法打破这个可能形成的不利局面。恰逢此时，秦国国内因为小主夫人的擅权而引起了政权不稳的危机，而自己国内又正好收留了一个最有可能成功秦国国君的人。因此，魏武侯便想到了一个办法——帮助公子连回秦国当国君，在秦国建立一个亲魏政权。

公子连身在魏国，心却时刻惦记着秦国。秦国发生的事，他又如何能不知道？秦国在小主夫人的儿戏下，将本就动荡的政局搞得更加乌烟瘴气，这又如何能不让身在他国的公子连心痛？可怜公子连一身抱负，急欲挽救秦国于困顿，却终因身在外地，国内无势，而只能成为深夜里的遗憾。

正当公子连在唉声叹气的时候，忽然有人来见他，向他传达了魏武侯的一个想法——武侯想要帮公子连回国当国君。

公子连听到这个消息，自然是高兴异常。但是公子连是个精明之人，他完全不把自己的喜悦摆在脸上，因为他也知道魏武侯的用意。公子连在魏国已经将近三十年之久，魏武侯什么时候不对自己表示支持，要到了这个魏国的多事之秋，才会想到将自己这个多年的储备拿出来利用呢？

公子连明白魏武侯的用意，同时，对于魏武侯护送自己回国，他也有另外的担忧。要知道，秦、魏多年的争战造成了彼此之间的不和，秦国人民对于魏国不是一般的痛恨。这种情况下，如果公子连被魏国护送回去，如何能得到秦国百姓的民心？再者，如果公子连是被魏国迎立的，那势必会形成魏国仗势制约秦国的后果。

对于上面几点的考虑，公子连做出了一个决定：靠自己的力量回国。看来，魏武侯的提议没被公子连采纳，但是直接激起了公子连回国的决心。

公子连回应来者，令其回去告诉魏武侯，自己愿意回国，但不敢在魏国事多的时候还来分散魏国的力量，因此希望魏武侯能让自己独自归国。魏武侯一听公子连的回应，虽然由自己迎立的目的没有达到，但毕竟公子连要回去了，好歹他是在魏国待过很多年的，因此怎么也会对这块土地有点感情，亲魏这事指不定还是有看头的。所以魏武侯对于公子连回国的行动还是表示支持，并送给了公子连很多车马和金银。

公子连决定依靠自己的力量回去，也就开始为这个目标而行动了起来。公子连明白现在秦国内部对于小主夫人已经忍无可忍，因此他便令人进入秦国联合那些和小主夫人不和的大臣，让他们在秦国国内四处散布公子连即将回国当国君的消息。与此同时，公子连也积极寻访豪杰，并暗中拉拢秦国内部的大臣。

秦国百姓一听说公子连即将回来当国君，无不感到欢喜。虽然他们不知道这个从魏国回来的公子是个怎么样的人物，但是他们愿意赌一赌，因为小主夫人这群人已经将他们逼得没有退路了。因此，公子连顺利争取到了秦国内部大臣和百姓们的心，这点让公子连的计划进行得很顺利。

秦出公二年（公元前385年），正当公子连为目标而努力的时候，秦国那边忽然给他送来的一个消息——国内庶长愿意帮助公子连回国掌政。公子连一得到消息，兴奋不已，立即带着自己的家臣，二话不说地赶回秦国。

公子连一开始由郑所之塞（今陕西华县西）入境。这里地处渭水之南，是西进秦都雍邑的东方要道。可是当公子连率领队伍来到了城下时，竟然遭到了守塞官吏的拒入。这个守塞官吏以臣子不该事二主为由，表明自己不能让公子连过去。但是，守塞官吏愚忠则愚忠，却也明白秦国此时需要的正是公子连。因此，守塞官吏睁一只眼闭一只眼，希望公子连能另寻入境之处。

公子连在郑所碰了壁，只好北渡渭水，转道焉氏塞（约今陕西富平附近）谋求进入秦国。这里距郑所之塞还没有半日行程，从这里进入秦国，也不失为捷径之路。和郑所的遭遇不同，负责这一带防务的菌改一见公子连前来，便立即打开城门，投向公子连。公子连遂由此向雍城进发。

在前往雍城的路上，公子连遇到了小主夫人派出缉拿他的军队。可是当这支军队来到公子连面前时，却表明自己的立场——支持公子连。这真是如虎添翼，公子连有了这支军队，再加上秦国国内的支持，要顺利进入秦国已经是轻而易举之事了。果然，没有多久，公子连便率领了这支军队直入雍城。雍城里的小主夫人见公子连大军直入，失去了众人支持的她已经找不到任何办法。最后，在公子连的逼迫下，小主夫人只得抱着她的儿子秦出公，自杀身亡。

在外过了二十九年，此时的公子连总算顺利返回了自己的国家。当公子连被大臣们拥立上秦国国君的位置时，他的心里五味杂陈，感慨万千。这个久违的故土终究被自己握在了手上，可是放眼看去，整个国土坑坑洼洼，残破不堪，看来，是自己实现毕生所愿的时候了。

公子连紧张又兴奋地坐上了秦国国君的位子，在他紧紧地将自己的双手握成拳头之后，他明白这个国家将在他的管理下重新踏上兴盛的轨道。此时的公子连仿佛被赋予了一个历史重任，他也认为自己应该并且完全有能力去承担这个重任。秦国由此开始了变法复兴的道路。

改革之路

秦国这个国家在长年外争内斗之后毫无生气，百姓们只能眼巴巴地望着命运的施恩，送他们一个贤明的统治者。当这种急迫的眼神汇聚成一个时代的呼唤，秦献公便应运而生了。秦献公公子连接过了这个残破不堪的国家。当要求兴盛的呼声回绕在整个秦国时，秦献公的心中燃起了熊熊烈火。在积聚了多年的经验后，秦献公准备在一朝爆发了。

秦献公即位后便找寻着强国的道路。其实，在献公心里，他早已为自己规划好了整个治国安排。这份规划全然得益于他在魏国的三十年。在秦献公待在魏国的三十年间，正好是魏国强盛壮大的时候。这点让秦献公有极大的触动，为何一个新兴的国家却能迅速发展，从而凌驾到其他大国之上？

带着这个问题，秦献公在对魏国进行一番考察的同时，还将其和秦国进行了一次对比。关于魏国，他看到了一个李悝。这个李悝在魏文侯的支持下，大胆地在国内进行变法，结果使得魏国的经济迅速发展，政治也因而安定。后来又有一个吴起。这个吴起在军制上的大胆突破，完善了魏国的军事制度，也提高了魏军的作战能力。再又有一个西门豹。这个西门豹刚到邺城，便“斩杀”了当地的“河伯”，将迷信之风带出邺城，又在邺城大刀阔斧地改革，使一个本已荒芜的地方重新染上了多彩的颜色。

这三位贤臣之所以能帮助魏国取得这样好的成绩，其中无外乎一个词——改革。看来，当历史进入到另一个阶段的时候，因循守旧只会阻碍这种过渡，从而使自己落在了历史之后。若要让自己跻身历史前列，唯一的方法就是紧跟历史，而紧跟历史就对变化提出了要求。因此，要强国，唯有改革。

这份教训在吴起奔楚之后更加坚定了秦献公的决心。

吴起在魏国功成名就，难免遭人嫉妒。当时的魏相公叔痤便对吴起忌惮几分，因此时刻想着一些阴谋来陷害吴起。有次，公叔痤的一个仆人知道了他的心思，便向他献出了一个陷害吴起的计策。

公叔痤按着这个计策。他先来找魏武侯，对魏武侯说吴起这人好名利，而魏国只是一个新兴的小国，只怕吴起在这里待不久。魏武侯一听，再联系吴起杀妻求将的经历，倒有了几分怀疑，因此便向公叔痤询问该如何应付。于是公叔痤就对魏武侯说："试延以公主，起有留心则必受之，无留心则必辞矣。以此卜之。"（《史记·孙子吴起列传》）送一个公主给吴起，如果吴起不接受，就代表他不想留在魏国。魏武侯觉得这个方法不错，便准备照做了。

公叔痤自己娶的就是公主，在见过魏武侯之后，立即将吴起请来自己家里赴宴。在宴会上，公叔痤故意激怒了公主，让公主大骂自己，轻贱自己。吴起一看，身为公主如此盛气凌人，如果自己也娶了公主，那她不是也会爬到自己头上？向来看中功名的吴起可不愿让自己戴上一个"妻管严"的外号。因此，当改天魏武侯表示自己愿意将公主嫁给吴起时，吴起却委婉地拒绝了。

魏武侯一见吴起拒绝，想起公叔痤那天的警告，便开始对吴起产生了不信任的念头。后来，吴起见魏武侯渐渐疏远了自己，才明白自己中了公叔痤的计。公叔痤此人好争权，擅阴谋，如果吴起再待在魏国，只怕性命不保。因此，吴起便不告而辞，离开了魏国，来到了楚国。

当时楚悼王正急于寻找贤臣，忽闻吴起来投，兴奋不已。但是，吴起在魏国多年，对魏国的贡献之大众所皆知，为何魏武侯会舍得抛弃这么一个能臣？楚悼王对此深感疑虑，因此对于吴起来投持保留态度，最初只让他在宛城当了一个太守。

吴起当了多年的河西太守，治理起宛城来可谓驾轻就熟，不久便将这个地方治理得井井有条。楚悼王见此，大喜，便坚定了重用吴起的决心。于是，楚悼王召回吴起，向他询问治国之道。吴起一条条地列举了楚国的弊端，每一条都直中楚悼王的心窝。最后，吴起对楚悼王说：想要强大，唯有变法。

楚悼王折服于吴起的施政理论，便将变法的任务全权交给了吴起。这之后，吴起在楚国开始了他的变法之路，而楚国也因为有了吴起变法，遂成功挽救了贫国弱兵的局面，重新踏上了富国强兵的道路。

楚国的变法和魏国的改革彻底坚定了秦献公的心。献公期望着有朝一日能紧握秦国政权，将这个在流亡期间学到的经验应用在秦国身上。如果这样，秦国必然强大。

秦献公在魏国学到了这层道理。同时，他也从统治者身上寻找问题。对比秦魏两国的国君，秦国从秦厉共公起就不曾出现过一个英雄般的君主。反观魏国，无论是魏文侯，还是其后的魏武侯，都具有非凡的政治魄力和战略眼光，更兼文侯其人，有识人之能，容人之量，方可笼络众多贤臣。因此，在魏文侯、魏武侯和楚悼王这些君主身上，秦献公看到了一个强国的统治者理应具有的品质，便将这些品质学了过来。

秦献公在魏国期间学到的治国方法可谓不少。这全赖于他那颗坚决复兴国家的心，如果换了别人，在魏国安逸地过着日子，三十年过去，只怕全然忘掉了自己国家的疼痛。秦国有这样的君主，又何愁不复兴呢？看来，秦国百姓这次的赌注是下对了。这个君王在自己即位的第一年，便开始改变了秦国的生活。

秦献公元年（公元前384年），献公刚在人民的欢呼下登上君主位子，忽然就做出了一件轰动秦国的改革——废除人殉制度。人殉在秦国有多年的历史，它除了让贵族大夫们彰显自己的身份地位外，对于秦国的发展毫无益处。若在国家盛时，对于人口的需求不高，人殉制度的缺点自然也不会太明显。可到了秦献公这年代，对于人口尤其是青壮年的需求提高，人殉制度夺取生产力的缺点便暴露无遗。因此，秦献公的废除人殉制度意义非凡。它从根本上制止了秦国生产力和兵源的缺乏。而有了生产力，秦国的农业和工商业便兴盛起来，秦国的经济也因此而重回平稳发展的轨道。至于有了兵源，这对于秦国军事的贡献，自是不用多讲。

这之后，秦献公做了第二件大事——迁都。秦献公将都城从本来的雍城迁到了秦国东部、地近河西地的栎阳（今陕西西安阎良区武屯乡）。这栎阳地近河西，秦献公的这次迁都之举一来向秦人表明了自己夺回河西之地的决心。另一方面也使得自己远离旧都雍的束缚，因为在这里聚集了一大批有权有势的贵族。

除此之外，秦献公还继续推广当年由秦简公颁布的初租禾。初租禾对于土地私有的认可，对于地主来说当然具有诱惑，但对于贵族来说，却无疑暗中剥夺了他们的权利。因此，初租禾在东部边防地区推行得较为顺利，在西部以雍城为中心的贵族聚集地便受到了很大的抵触。另外，初租禾作为支持地主的政策，还经常引起贵族和地主之间的冲突。

秦献公对于两者之间的冲突，采取了平衡缓和的政策。他没有硬性地要求奴隶主贵族实行自己推行的初租禾，为了拉拢这些贵族，秦献公和当中最有势力的一家结成了姻缘。对于地主阶级，秦献公在他们之中挖掘人才，从中选拔官员，让地主的势力变大，从而平衡其与奴隶主贵族之间的力量。

秦献公以联姻和宽容的方式对待贵族阶级，同时又让实行的政策偏向地主和农民。在这种两相平衡之下，秦献公拉拢了贵族势力的同时，也获得了地主阶层的支持。因此，秦国渐渐有了复苏的势头。

这之后，秦献公还在国家的各个方面实行各种改革。在秦献公的改革之后，秦国的国力渐强，人口增加，经济复苏，军事素质也提高了不少。但是，当贵族们看透了秦献公的政策后，便明白了这些政策都是以牺牲自己的利益为前提的。

因此，秦献公的改革引起了部分贵族的不满，也因为这个原因，改革在秦献公这里才无法跨出更大的一步。

当国内的改革引起了贵族的抗议时，秦献公便想出了对外战争从而转移国内关注点的方法。于是，在秦国经历了秦献公的改革而开始有万物复苏的美好景象时，秦献公便将眼光放到了外国。而在秦献公的眼睛里面，首当其冲的便是在自己东边的韩、魏两国。

千古一王

秦献公的改革总算挽救了秦国持续多年的颓势，将秦国重新拉回了富强的轨道。为此，在秦献公十一年（公元前374年），献公接见了周烈王派来的使节太史儋。太史儋暗示了秦献公，希望秦献公能扛起尊王的大旗，在扶助周王室的同时让自己成为新一代的霸主。听到这里，秦献公的心痒了起来。

就在同一年，在太史儋的鼓励下，秦献公随即派兵进攻了三晋之中的韩国。可是，秦献公的首次用兵竟然以失败而告终。这之后，秦献公又足足蛰伏了八年之久。

这八年之中，秦献公的变法在国内的贵族中引起的不满声越来越大，国内的矛盾也越来越尖锐。这种矛盾如果不及时进行处理，只怕会触动一场大的内战，为此，秦献公让这种情况成为一个直接的理由，开始了他蓄谋已久的对外战争。

对外战争成功转移了国内的关注点。当然，这只是秦献公的目标之一。在秦献公的计划中，收复河西之地远比这个目标重要。因此，秦献公对这次对外战争抱有十分的期望，他期望能顺利达到目标，夺回失去多年的土地。同时，秦献公也抱有十足的信心。根据记载，早在秦献公十七年（公元前368年），栎阳的天空陆续飘下了不少金属材质的东西。这次奇怪的天象给献公理解为上天献给自己的金瑞。天降金瑞当然是不可能的，它可能是秦献公为提升国内士兵士气而采取的一种方法。但是，它也向世人表明了秦献公对于此次出兵的决心和信心。

秦献公十九年（公元前366年），在败于韩国的八年后，献公再次派兵东进。当军队来到了洛阴之地时，秦军遇到了韩、魏联军。联军就在面前，秦献公必须把握这个时机。如果此次兵败，国内群众对于自己将会失去信心。如果此次大胜，自己将争取到更多的信任，从而可以进一步地实现目标。

在此战中，秦献公将决心和信心化成了力量，最后率领着英勇的秦军成功击败了韩、魏联军。这次胜利在秦国国内造成了一阵兴奋，秦人们在秦献公大败韩、魏军队之中看到了秦国变法的结果，也看到了秦国复苏重建威望的希望。

当秦国上下还沉浸在胜利的喜悦之中时，秦献公二十一年（公元前366年），献公再次领兵伐魏。其结果是深入到魏国的内部，在石门（今山西省运城西南）大败魏、赵军队，斩首六万。石门大战是秦国对魏所取得的前所未有的大胜利，在这之后，献公将获得的土地献给了秦国的贵族，从而稍微缓冲了贵族们因变法而不服的心。

这场大胜轰动了秦、魏两国，也震惊了周王室。为此，周显王派出了使节前往秦国祝贺，并且向秦献公献上绘有黼黻花纹的绣品。“黼”是黑白两色相间的刺绣，花纹是一对斧钺，而“黻”是黑青两色相间的刺绣，花纹是一对弓形。因此，这次送礼很有代表性意味。因为赐给诸侯斧钺弓矢，本是周天子承认受赐者为霸主的隆重仪式。在春秋的时候，晋文公就接受过周天子的这些礼物。只是，当时的周王室还有点能力，因此送出的东西是真东西。可是到了战国时候，周王室已经弱到不像样了，因此，周显王只能把绣有这些东西的绣品送给秦国，当是走个形式。

要知道，当魏国在国力顶峰的时候，周王室都没有送出这些东西。而秦国此时不过胜了魏国两战，远远比不上当年魏国夺取秦国河西之地的威风，却有幸获得周王室的认可。由此看出，周王室在当时是有所偏向的。

获得周王室的支持后，秦献公便大胆地更前进一步了。秦献公二十三年（公元前362年），三晋之间又发生了矛盾。秦献公看准了这个机会，再次出兵攻魏，最后在少梁（今陕西韩城南）大败魏军，俘魏军统帅公孙痤，并成功收复了庞城（今陕西韩城东南）。

秦献公三出三胜，似乎意味着秦国的实力已经凌驾在魏国之上了。其实不然，当时的魏国多面临敌，自然无法全身心对付秦国。同时，魏国内部因为公叔痤等人的相争行为，致使军事行动难以一致，最终才难逃败亡的命运。因此，秦国能胜，在一方面虽有自身改革的功劳，另一方面也正好遇上了魏国多事之秋。

少梁之战是险胜的。它并没有给秦人带来太多的兴奋，相反的，它给秦人带来的是警示：在魏国无法全身心抵抗自己的同时，自己还只能以低空飞过的姿态获得胜利。这个警示让秦人明白，秦献公的改革虽好，却仍然具有局限性。因此，若要继续胜利下去，秦国的改革就必须继续，秦国的发展就必须继续。

可是，少梁之战后不久，秦献公便带着未能继续发展秦国的遗憾离开了人间。秦献公作为一个出色的政治家，他的出现为秦国带来了一个转折点，顺利终止了秦国沦落的脚步，成为了秦国实现再度崛起的奠基人。

秦献公为秦国的发展作出了巨大的贡献，因此他的死换来了秦人们的痛苦哀悼。在秦献公去世的那天，秦国上下无不感到心痛。秦国好不容易遇上一个明君，为什么上天就要将他给带走呢？秦人的呼唤感天动地，也因此进入了一个年轻人的耳朵里。这个年轻人二十岁左右，眼神隐约间可见先祖秦穆公的刚毅。当这位年轻人听见了秦人们的哭声时，他才明白自己肩上的担子有多么的重。

这个年轻人叫嬴渠梁，是秦献公的儿子。献公死后由他来继承献公的位子。嬴渠梁接过秦国的时候，早有秦献公在自己前面开创了一条改革的道路，因此不至于上位时手忙脚乱。但是，秦国在秦献公时的改革具有不彻底性，因此秦国便没有真正实现富强的目标。而在秦献公死后，诸侯们更看不起他一个二十岁的年轻人。因此，此时的诸侯并没有给嬴渠梁好的眼色看。看来，对于秦国，嬴渠梁任重而道远。

幸好，这个嬴渠梁是个不甘心让人看扁的人物。当时，中原的各诸侯都将秦国看做是夷狄之族。要知道，这种轻视在当时是很严重的。孔子就曾说过一句话："夷狄之有君，不如华夏之无君。"可见夷狄在中原文明人士的眼里，实和野蛮人毫无差别。因此，面对众诸侯的轻视，嬴渠梁感到愤怒异常。为此，他愤然喊出："诸侯卑秦，丑莫大焉。"（《史记·秦本纪》）

这声呐喊代表了当时秦人的心声。远在西北的秦国在多年积弱下，国力大降。后虽有秦献公的努力，从而争取到周王室的支持，但中原诸侯对此显然不屑一顾。因此秦人们无不希望有一个统治者能为自己正名，能为自己向世人证明：秦人并非夷狄之辈！

这声呐喊也让我们看出了秦献公的后代并非羸弱之人。面对秦国的衰弱，嬴渠梁痛心疾首。而既然有了担忧国家的见识，也足以见出嬴渠梁此人心存高远之志。既然心有远志，秦国的发展在此人手上也就得到了一个保障。无论嬴渠梁能否将秦国带上真正富强的道路，但他能发出这样的呐喊，起码为秦人们打入了一剂强心剂——这个继承人不会视秦国之衰退于不顾。

当然，有心不代表有力。当嬴渠梁继承了他父亲的位子时，他的手脚是颤抖的，他的眼神是恍惚的。整个秦国在他的脚下好像在微微地摇晃着，他从来都没有信心让这个国家稳稳地站立起来。但是，既然自己已经被赋予了这个使命，那么自己就有义务去完成它。

嬴渠梁怀着激动的心情和不安的颤抖，在大臣和百姓们的注视之下，登上了秦国的最高位。几年后，这个年轻人将在秦国做出一番轰动的事业来，这番轰动的事业使得秦国真正实现了富强，为秦国后来的统一之路开辟了一个起点。

商鞅从西边来了

秦孝公即位后，面对着一个毫无政治地位的国家，他又该如何去治理呢？变法？他自己心中并没有太多的知识和经验，只怕难以担起这个担子，何况当时自己还得对贵族旧势力礼让几分。秦孝公是想继续变法的，但对于这个目标，他首先想到的，还是寻找人才。

秦献公从魏国那里学到了变法改革和为人君主的道理，秦孝公则从父亲那里学了过来。但是在一开始的政治实施中，秦献公倾向了变法改革，而秦孝公则倾向了为人君主。因为秦国在秦献公进行一系列改革之后，已经进入了变法的瓶颈阶段。要么碍于执政者难以想出更彻底的变法，要么碍于旧势力对于更彻底的变法的抵触。因此，根据自己即位时的国情，秦孝公即位后做的第一件事便是：求贤。

秦孝公元年（公元前361年），孝公向全天下下达了招贤令，表明了自己求贤若渴的心情。但是，贤人们是没那么容易找的。这道求贤令直到它颁布的两年后，才真正实现了它的效用。

在这两年间，秦孝公也不能呆呆地等待着能人从天而降。毕竟治国还是得靠他自己，贤臣只是个辅佐。因此，秦献公在等待贤人来投的同时，也做了些安抚民心的小动作。另外，为了向外人展示秦国并非夷狄之辈，秦孝公还实施了两线作战的计策：向东出兵包围陕城，向西击斩西戎狟王。而到了秦孝公二年（公元前360年）时，孝公更进一步向韩国发动进攻，在怀（今河南武陟西南）驻军，并在殷（今河南武陟东南）筑城。

秦孝公即位后的两年内便取得了一些小成绩，为此，周显王又给他送来了礼物：文武胙。按照周朝礼制，胙一般只赐给周王的同姓诸侯。至于文武胙的意义更非同一般了，它是指周王祭祀周文王和周武王时用的肉。自周平王以来，异姓诸侯中只有齐桓公获得这样的殊荣。如此看来，便可见这份礼物的重量了。

其实，当时也没有几个诸侯国会将周王室放在眼里了。因此这份礼物最多就是个象征意义，并没有太大的实际性。也是因为周王室的威望基本落到了小国的地步，因此它才迫切需要一个国家来支持它。而纵观整个地图，只是和自己同命运的秦国最有可能了。

虽然周王室的礼物没有太大的实际意义，但它作为一种认同，确实对于秦孝公激励了不少。当秦孝公亲手接过礼物的时候，他感到激动却又夹杂着些许慌张。自己抱得动这份礼物吗？求贤令已经颁布两年了，还没有一个能人来投，秦国的未来有希望吗？

可就在秦孝公满怀激情却又感到无助的时候，一个人在他的生命中出现了。这个人的到来彻底挽救了秦国。他就叫商鞅。

商鞅也叫卫鞅、公孙鞅，是战国时期的卫国人。商鞅自小便熟读百家经典，在深谙各家的理论之后，他最终选择了法家之术，有谓“少好刑名之学”（《史记·商君列传》）。既然是个满腹经纶之人，当然就不愿意待在一个小小的国家，因此商鞅年少时便来到了魏国。

当时正值李悝和吴起在魏国风风火火变法的时候，商鞅看到这些，在怀着羡慕的同时，心中搅动起翻滚的波浪。要到什么时候，自己才能大展身手？

是金子总会发光，商鞅的才能总算得到了时任魏相的公叔痤的关注。于是，公叔痤便令商鞅做了自己的家臣。商鞅在公叔痤手下做事，本以为机会来了，却不知道这个公叔痤本是个嫉才妒贤之人，又哪能让他有太多的出头机会？因此商鞅在公叔痤手下沉寂了几年，也难以向上前进一点一滴。

后公叔痤在和秦献公的对决中被俘，虽然最后被释放回国，但也因此积郁成病。人之将死，其言也善。公叔痤对于能臣排挤了一辈子，在自己即将病逝之前，也难免为这个国家担心了起来。魏国以后要发展，就要有人才，而人才都因为自己的自私而逃出了魏国。这都是自己的责任。公叔痤愧疚不已。

在公叔痤深感后悔的时候，他想起了商鞅。这个人在自己多年的观察之下，其能力绝对不下于李悝和吴起之下，魏国若能得到他，不怕发展不了。因此，公叔痤便魏惠王说："公孙鞅年少有奇才，可任用为相。"但是魏惠王对于公叔痤的推荐全然不放在心上，公叔痤也看出魏惠王的敷衍，因此他继续说："王既不用公孙鞅，必杀之，勿令出境。"（《史记·商君列传》）

从公叔痤的言语之中，我们便足以看出商鞅的能力非同一般。可是魏惠王对于人才似乎没有太急迫的需求，因此他也不太在意公叔痤的死前之言。他认为这不过是一个老人将逝之前的痴呆之语，自己随口应几声，算是给他一个交代，也便够了。魏惠王对于人才疏忽至此，魏国由文、武两侯缔造的霸业在这里结束，也是情理之中了。

商鞅见公叔痤已死，而自己也没有获得魏惠王的重用，深感失望。看来，在魏国这种正值兴盛的时代，要用自己这样一个毫无名声的人，基本是不可能了。可是，正当商鞅为自己的未来感到迷茫的时候，忽然从西方传来了一道求贤令。这求贤令是秦孝公颁布的，内容情真意切，语气迫切渴望。这时候，商鞅从这一纸文里似乎看到了自己的希望。这时是秦孝公元年（公元前361年）。

不晓得因为何种原因，要隔了两年之后，商鞅才实现他第一次面见秦孝公的机会。这是发生秦孝公三年（公元前359年）时，秦公的近侍景监将商鞅正式推荐给了秦孝公。

求贤若渴的孝公一听说商鞅在魏国的故事，二话不说便召见了他。这个时候，战国的一代名君和一代贤臣在秦国的土地上四目相遇，即将碰撞出影响秦国乃至中国历史的火花。

可是，这次会面却没有人们想象中的激情四射。当商鞅对秦孝公讲述起尧舜的治国之道时，秦孝公听得昏昏欲睡。看来这人和一般的孔子门徒没两样。秦孝公是这样想的。在好不容易听完这次无聊的讲座后，秦孝公直骂这个推荐人：你看你给推荐个什么人，这样的人值得重用?

近侍景监被秦孝公的劈头一骂骂得汗流满面，只好跑回去找商鞅抱怨。原来，这商鞅不过是试验一下秦孝公，看这个秦孝公是否是个不能变通的君主。如果秦孝公难以变通，那根本无法支持自己在秦国的变法。这时候，当商鞅听说秦孝公因为自己的尧舜之道而对自己感到失望时，他在这个君王身上却看到了希望。因此，他请求近侍景监再帮助自己一次，为自己当个中间人，安排和秦孝公再次会面。

近侍景监大概也是懂得商鞅的才能，因此他冒着再次被骂的可能，为秦孝公提出了请求。这秦孝公也实在是无可奈何，在缺乏人才的时代，任何的可能性都不能放过。因此，在吃了第一次会面的亏后，秦孝公竟然接受了第二次的安排。

本来以为这次能擦出火花，可是，商鞅竟然还是在秦孝公面前大讲商汤周文武德并用的王道。这和尧舜的王道有差别吗？秦孝公实在不愿再听下去了，待商鞅退出后，他又叫来近侍景监斥责了一顿。

这个近侍景监也是无辜，当个中间人，没得收任何好处，还要讨两顿骂，这不是自己没事找事吗？但是，近侍景监还真是没事找事做，或许他对于商鞅的信心太足了，总觉得这个人就是日后的秦相，自己这时候必须好生侍侯。因此，在无辜讨了两顿骂后，近侍景监竟然还为商鞅和秦孝公安排了第三次会面。

幸好，近侍景监总算在第三次会面获得了他所应得的报酬——因为秦孝公开始认同商鞅，他为此得到了秦孝公的赞许。近侍景监获得秦孝公的表扬后，激动不已的他积极地为商鞅和秦孝公安排了第四次会面。而这次会面，才真正擦出了明君和贤臣之间的火花。

在这次会面中，商鞅借由李悝的《法经》六篇作为基础，向秦孝公详细阐述了法制强国的理念。其核心就是严法治国、赏罚分明、树立君主威仪、调动各种力量壮大国力。商鞅这次提出的理念直中秦孝公的心。非但在理论上，法制治国的可能性是吸引人的，便是在实际中，李悝变法对于魏国崛起的贡献都是有目共睹的。因此，秦孝公这次听商鞅讲得天花乱坠，自己也听得心花怒放。从此，两朵花触碰到一起，倒结出了一颗丰硕的果实。

于是，秦孝公三年（公元前359年），秦国准备开始一场轰动的变法。可是，在国内旧势力的压制下，这场变法真能如愿地实行吗？

变法就是图强

秦孝公三年（公元前359年），当秦孝公遇上了商鞅后，一代明君搭配贤臣的佳话便由此流传，一幕震人心魄的火花便由此燃放，一颗丰硕的果实便由此盛开。一场轰动的变法，已经准备在秦国掀起了它的开幕式。

商鞅为秦孝公制定的变法大致有以下内容：

第一，颁布法律，制定连坐。连坐即一家有罪而九家相揭发，若不揭发，则十家连坐。将一个小系统结为一个法律体系，有利于彼此之间互相监督，从而贯彻法的实施。作为一个法家代表人物，商鞅对于法律的强硬性是很看重的。有一次，商鞅在渭河边上对七百多名囚犯判决，以雷霆手段用大刑伺候，以至渭水尽赤、号哭震天，令人不寒而栗。由此便可看出商鞅抱着多大的决心在秦国变法，而对此不加干涉的秦孝公，其决心也可见一斑。

第二，奖励军功，禁止私斗。对于军功的奖励，一方面激励了士兵为国作战的雄心，在另一方面也打击了贵族的特权。在贵族势力猖獗的时代，对于官位的垄断使得不少有心人士被排挤到官场之外，一辈子也别想踏上仕途。而军功的奖励无疑打破了这种官位垄断，那些有心人士大可以通过为国奉献的途径来增加自己的功绩。

第三，重农抑商。农业在古代是百业之本，农业的发展，基本意味着一国经济的发展。如此便可见重农的重要性。为此，商鞅还制定了“徕民”政策，即招徕三晋百姓前往秦国垦荒。当时秦国地广人稀，土地虽多但人口不足，因此商鞅才对三晋迁来的人口实行奖励政策，从而鼓励外来移民。“徕民”政策大大充实了秦国的劳动力和兵源。

第四，建立郡县制。郡县制的基本意义在于由国君直接派官吏治理，从而加强中央集权。这无疑也触动了地方贵族的利益。

以上四点是发生在秦孝公六年（公元前356年）时的变法，属于商鞅在秦国的第一次变法。这之后，为进一步释放秦国的发展力，商鞅的变法更进了一步。秦孝公十二年（公元前350年），商鞅开始废井田，开阡陌。这项制度是确立地主阶级统治最为关键的一项，它以法律形式正式确立了土地私有制，从而大大地打击了贵族的势力。

这之后，为了便于向东发展，商鞅还建议秦国将都城迁到渭河北面的咸阳（今陕西咸阳东北）。

这些只是商鞅变法中一些具有代表性意义的变法措施，除此之外，商鞅变法还有许多内容。但总的来说，这些变法都逃不出一点，即它适应了奴隶制崩溃、封建制确立的大变革时期，又反过来催化了这种变革的进展。正是这种与所处时代的相互作用，才使得商鞅变法得以在日后获得它非同凡响的意义。

当然，也正是因为商鞅变法的时代意义，才使得这次变法遭受了一些旧势力的抵触。以上所列出的变法，没有一条不是直抵贵族大夫们的心窝，这哪能让他们受得了？因此，早在这些变法还没有开始在秦国实行的时候，秦国的贵族大夫们便有人对此表示了反对。

旧贵族的势力以秦国的太师甘龙、左司空杜挚为代表。甘龙是秦国的世族名臣，在秦国具有足以凌驾秦孝公的威望。他曾在秦献公时辅佐献公实行新政，长期领国的他为秦献公时的发展作出了巨大的贡献。可是身为世族集团的人，甘龙难以对秦国的贫弱产生实质性的认识，因此而产生的疏离感，使得甘龙注定无法在变法上继续前进。而身在这个阶层之中，也注定了他为维护自己阶层而形成的局限性。因此，甘龙虽在秦献公时支持新政，但当新政彻底触碰了他的底线时，他便无法容忍了。

当时为实行商鞅的新法，秦孝公曾开会进行一场讨论。

会上，在听完商鞅的观点后，甘龙发表了自己反对的意见。他认为“法古无过，循礼无邪”，那又何必要变法呢？为此，商鞅义正词严地进行反驳：“前世不同教，何古之法？帝王不相复，何礼之循。”（《史记·商君列传》）时代都不同了，君王都不同了，还法古？还循礼？商鞅的观点明显比甘龙更有辩证的见识，国情不同，治理之法又哪能一概而论。

当听到这里的时候，甘龙看了看秦孝公的表情，发现孝公露出了赞赏的神色。于是，甘龙懂了，他明白秦孝公是支持商鞅的，自己再争辩只怕也无济于事。因此，老谋深算的甘龙决定先隐忍下来，静观时变。虽然甘龙没有直接出面表示制止，但在他暗中的支持下，商鞅的变法也受到了其他世家贵族的抵触。因此，在商鞅提出他的理念之后，要过了足足三年，商鞅才有幸在秦国施展他的毕生抱负。

在秦孝公的支持下，商鞅变法总算在秦孝公六年（公元前356年）得以在秦国国土上轰轰烈烈地开演。此时，商鞅手握改革大权，激情四射，意气风华，整个秦国仿佛成了他的舞台。站在这个偌大的施政舞台上，商鞅感到了前所未有的成就感和期待感：一个属于他的时代终于到来了！

商鞅的变法在秦国雷厉风行地展开，这之中虽有无限反对的声音传入秦孝公的耳中，但意已决的秦孝公一点也不动摇。面对着许多持反对声音的奏本，秦孝公采取了不予理睬的态度，这为商鞅的变法提供了最强有力的支持。在秦孝公和商鞅的坚决下，这次变法在秦国一直进行下去，并没有因为时间的流逝而减缓中断。

但是秦孝公的不理睬终究引起了部分贵族的不满：既然秦孝公装作没看见，那就来做件大事让你看看。为了给商鞅难堪，贵族们采取了明知故犯的伎俩，他们就想要看看他商鞅能拿他们怎么样，“于是太子犯法”。（《史记·商君列传》）

这个太子就是日后的秦惠文王。当时太子还小，但他的师傅们可以“帮”他犯法。

太子犯法。这确实是一件大事，也是一件难事。以法治国，当然就要一视同仁。可是对象是太子，商鞅敢将法实施到他的头上吗？秦孝公愿意吗？对此，商鞅想出了一个计策，既免除了惩罚太子，又维护了法律的尊严。

商鞅认为太子犯法，罪在指导太子的人。因此他惩罚了太子太傅公子虔和太子的老师公孙贾。虽然没有直接惩处太子，但对于这两个官位之高的人的惩处也着实令所有贵族们都吓了一跳。经过这一次，他们总算见识了商鞅的决心，也明白了秦孝公对于变法的支持全然不在商鞅的决心之下。因此，他们再也不要自讨无趣了。但是，当他们每一次看到商鞅那得意的脸色时，当他们每一次感到自己的权益再次被变法所剥夺时，他们都恨不得剥了商鞅这个罪魁祸首的皮。也因为这样，商鞅的变法为他自己的未来埋下了祸根。

虽然商鞅的变法为商鞅引来了多数忌恨的眼光，但它确实给秦国带来了复苏的美好景象。对农业的支持发展了秦国的经济，对军功的奖励提高了秦国军队的战斗力，而所有的一切变法也彻底动摇了贵族势力的根基，巩固了秦国中央的权力，从而使秦国的政局恢复了安稳的景象。

正当变法在秦国轰轰烈烈地展开的时候，魏国因为魏惠王的骄傲自满逐渐走上了它的衰退之路。对于邻国的衰退，秦孝公明白正是自己崛起的时候。于是，秦、魏两国再次展开了它们的战争之路。

孝公要东进

秦孝公在变法富强的同时，再次将眼光放到了魏国身上。当年被夺的河西之地一日没收复，秦魏两国之间的战争就一日不能平息。秦献公曾为此而努力，最后遗憾而逝。秦孝公要给秦国和父亲一个交代，就必须继续前进，拿回整个河西地。

秦孝公的信心是大的，却绝对不是自负。因为非但秦国不一样了，此时的魏国，也早已和昔日的强大相去甚远了。

魏国在秦献公决心改革之后，就吃了秦国多次的亏。待到魏惠王时，这个君王显然并不是让人很满意。别的不说，单说把一个商鞅拱手送给了秦孝公一事，就可以令他感到惭愧。事实也是这样，当魏惠王知道这个昔日被他无视的人，今天竟然将一个积弱已久的秦国给重新扶了起来，他心里又该是什么滋味呢？

很明显，秦国在秦献公和秦孝公期间的富强对魏国造成了压力，这从魏惠王建筑长城便可看出。秦孝公四年（公元前358年），魏惠王派大将龙贾开始率领军队沿西部边境修筑长城。这条长城的修筑，显示出魏国对秦国已采取守势，也说明中原的诸侯国开始重新认识秦国这个混居戎狄的国家。

这之后，魏惠王还在秦孝公七年（公元前355年）会见了秦孝公。这也足以见出魏惠王确实开始重视起这个国家了。

但是，见了面不代表两人就好起来了。如果秦国和魏国好起来，那他还能往哪里发展？因此，就在这次会面的第二年（公元前354年），秦孝公便开始了他的伐魏之路。

这一年，秦孝公趁着魏国大举进军赵国的时候，在其后方派出大军进攻魏国。魏国在东方正疲于应付齐赵联军，因此无暇顾及西方战线。最后，秦孝公在元里（今陕西澄城南）顺利击败魏军，夺取了长期为魏国占有的少梁。迫于秦国在西方的骚扰，魏将龙贾又受命在阳池（今河南原阳西南原武镇）一线再筑一道长城。与此同时，韩国也自附近的亥谷接着向南筑了韩长城，显然，这也是为了抵御秦国。

可是长城再高再大再长，都阻挡不了秦国东进的决心。

同一年（公元前354年），秦孝公命公孙壮率军伐韩，最后包围了焦城。只是碍于韩军的拼死抵抗，公孙壮才无法得手。公孙壮见局面僵持不下，遂率秦军转攻其他地方，最后在上枳、安陵（今河南鄢陵西北）、山氏（今河南新郑东北）筑城。

秦孝公的东进屡屡成功，大大激起了秦人的信心。这时候，秦国的情况已经和秦孝公即位时相去甚远。秦国军队在魏地的奔驰，使得中华的大地上已经没有一个诸侯国敢再用轻视的眼光来对待这支虎狼之师了。

秦孝公九年（公元前353年），魏军在桂陵惨遭齐国大败。虽然此战大大挫败了魏国的实力，但毕竟曾为骆驼，瘦死了还是比马大的。因此魏国并没有就此一蹶不振，它在战败后奋起拼搏，最后还成功地给了由齐国带领的联军一次小小的报复。

就在魏国忙于东方的事务时，秦孝公还频频地对其用兵。秦孝公十一年（公元前351年），商鞅受命率军进攻魏国西长城的北段要塞固阳，最后顺利迫使该城投降。面对秦国雄踞西方的威胁，魏、韩两国的国君也只得低下高傲的头颅，主动来到秦国，向孝公求和示好。

这两国的求和举动震惊了整个天下，秦孝公此时已经完全敢抬高他的头颅，趾高气扬地俯视着这些曾经看轻自己的国家。秦孝公所取得的成绩也令当初唯一看得起他的周天子看到高兴，因此，秦孝公十八年（公元前344年），在周天子的宣召下，秦孝公会合其他诸侯一起朝见了周显王。这次朝见，秦孝公从周显王那里取得了霸主的头衔。自此，秦国重建了他在西方的霸主地位。与此同时，东方的齐国和秦国遥相呼应，也在这个阶段确立了他的东方霸主地位。

东西方两霸的崛起，令魏国感到恐慌。但是，魏国实力毕竟还是强大的，魏惠王深知这一点。虽然齐、秦在东西方各自确立起了霸权，但中原的事务还是得由自己说了算。魏惠王一如既往地自信，如果没有这股自信，当初他又如何会放走商鞅呢?

魏惠王的自负最终成了他失败的一个原因。他的自负，在魏国多年的商鞅是很了解的。因此，针对魏惠王的这个缺点，商鞅想出了一个可以使自己伐魏之路更加顺利的计谋。

秦孝公十八年（公元前344年），商鞅回到了魏国，这次他是来游说魏惠王的。商鞅先对魏惠王歌功颂德一番，然后在魏惠王将他的得意神色毫不保留地表现在脸上的时候，立即劝惠王召开诸侯大会，然后行称王之事。

魏惠王刚一听商鞅的话，倒也吓了一跳。后来他再斟酌了一下，毕竟自己正如商鞅说的，确实有称王的资格。因此，魏惠王采纳了商鞅的提议，于同年邀请宋、卫、邹、鲁等国君主及秦公子少官在逢泽（今河南开封南）进行会盟。

在这次会盟上，魏惠王摆出了周天子的架势，并在诸侯间趾高气扬地发号施令。与会的诸侯看到魏惠王这种自以为是的姿态，无不感到厌恶。只有秦国派来的公子少官在旁边偷偷地笑着，因为他知道了这正是商鞅的计策——麻痹魏惠王，让他的自负为自己树敌。

逢泽之会虽然给了魏惠王一个“王”的头衔，但也因此而使得魏国沦为人人厌恶的魔鬼。但自满的人总是没办法听进别人的指责，因此魏惠王根本不知道这些诸侯们正在背后偷偷地骂着自己。所有的一切都让他感到满意，魏惠王是王，因为他是王，所有人都得服从他。

可是，在逢泽之会上竟然缺席了两个国家——韩国和齐国。齐国强大，不来就算了，韩国一个小小的国家，凭什么不来参加？韩国对这次会盟的抵制令魏国感到不满，因此，这便引发了秦孝公二十一年（公元前341年）的魏攻韩战争。在这场战争中，韩国难以御敌，最后求得齐国的援救，齐国出兵援救，结果在马陵大败魏军。

马陵之战后，魏国还没从战争的创伤中走出，忽然传来秦、齐、赵三面夹攻的消息。原来秦孝公得知齐国在马陵大败魏国后，立即听从商鞅的提议，联合齐、赵趁机进攻魏国。

面对三军夹攻，魏国派出了公子卬前往西线抵抗秦国。这个公子卬和商鞅是旧交，当两军对峙时，商鞅便派出使者写信给公子卬。信中表达了商鞅怀念昔日和公子卬的交情，如今虽两军交战，但商鞅仍旧希望能暂时抛开国仇，两人私下聚一聚，痛饮一杯，一叙旧情。

公子卬见信露真情，却也动了怀念旧友的情绪。因此，公子卬便亲自赴约，往见商鞅。可惜，公子卬却用真心换来了绝情，当他在聚会上和商鞅聊得甚欢的时候，忽然两边跑出甲士，将他一举拿下。

魏军失了主将，商鞅便趁机出击魏军，魏军大败。所谓兵不厌诈，商鞅在战场上的做法还真有法家的气魄。

秦孝公此战让世人见证了他作为西方霸主的实力是不虚的。当然，秦孝公能取得这一切成绩，除了靠他自己的努力外，最大的功劳还得归于商鞅。因此，秦孝公慷慨地把鄔（又名於）等十五个邑封给了商鞅，因此地名商，商鞅的名字便由此而来。

这时候，商鞅在秦国的地位已经无人能及。但是，别看商鞅权大，要仔细分析起来，不难看出商鞅的背后其实只有一个秦孝公在支持着。秦国的贵族们没有一个不想将商鞅活剥生吞的，因此，当秦孝公死后，商鞅便也迎来了他的死期。

秦孝公二十四年（公元前338年），一代霸主秦孝公去世了。秦孝公是继秦穆公之后第二个得到霸主名称的秦国国君。他起于秦国的危难之时，以力挽狂澜之势成功地挽救了衰退的秦国，为秦国日后的统一献出了不可估量的功劳。因此，将他称为千古一王，名副其实。

秦孝公的时代结束了，在他发展着秦国的同时，其他国家也正在经历着它们的变动期。这之后，一个属于变革的阶段即将结束，一个属于大动荡的阶段应运而生。

再起动荡的时代

秦国正在如火如荼地开展着它的变法，其他国家也从不闲着。当魏国到了魏惠王时，这个曾经缔造出霸业的国家，也不得不承认此时的它已然明显感到了来自近邻的压力。这近邻不仅仅有秦国，还有韩国，有赵国，有齐国。改革从来不特别地属于任何一个国家，它属于一整个时代。

魏惠王这人虽说没有大智，但也不至于大愚，因此当时魏国还可以勉强维持着它的霸业。可是不久后，这种霸业在魏惠王手里便开始走上了衰弱。魏国的衰弱同时引起了其他国家的强大，从此，战国在经历了改革风潮后，再次开启了烽火狼烟的时代。

至于魏国的衰弱，还得先从两个人说起。

当时有个人名叫庞涓，本师从鬼谷子，后学成下山，投了魏国。这庞涓是鬼谷子的嫡传弟子，见识和能力自然都是一等一的，因此很得魏王宠爱，最后官至上将军，统管魏国兵权。

当庞涓正在魏国享受这份高官的荣耀时，忽然一个消息传入了他的耳朵里——孙膑被魏王请下山了。不知为何，这个消息令庞涓深感不安，他手中的杯子不小心摔破，整个房间似乎摇动起来，好像一切都将消失在这场震动之中。但是最后他稳了稳，撑起笑容接待了这个昔日的兄弟。

原来这孙膑是孙武的后人，曾和庞涓一起师从鬼谷子。孙膑天资在庞涓之上，更得鬼谷子师傅亲手传授兵法，因此能力自是比庞涓还强。这也是庞涓所担心的地方，既然能力比自己还强，便是自己的敌人！而当孙膑在魏国越来越得魏惠王的喜爱时，庞涓的危机感便一天重于一天。最后，他用计软禁了孙膑，还对他实行了酷刑。

孙膑知道庞涓是因嫉妒而下狠心，因此聪明的他便装疯卖傻，倒也瞒过了庞涓。那时，有个人知道孙膑的处境，便来到齐国向齐威王讲述。

齐威王愿不愿意接纳孙膑呢？如果早一点，或许不会。但这时的齐威王已经与几年前那个沉迷于酒色的国君不一样了。事情是这样的，齐威王即位时，如当年的楚庄王一般不理国政，后在大臣的极力劝谏下，终于振作了起来。这时候，有个叫邹忌的平民来到齐威王面前鼓琴自荐。齐威王见邹忌有过人之处，便任其为相，在齐国进行了一场改革。

邹忌的改革虽没有商鞅的高明，却也成功地富强了齐国。齐威王在邹忌这里见识了贤臣对于国家的重要性，当有人来讲述孙膑的故事，讲述的这个人又是赫赫有名的墨子时，他当然对此很感兴趣。于是，他命令田忌无论如何一定要将孙膑带回齐国。最后，田忌以假孙膑瞒过了众人的耳目，将真孙膑成功带回了齐国。

孙膑回到齐国，便受到了齐威王和田忌的礼遇。著名的田忌赛马典故里的计策就是孙膑给田忌出的主意。因为孙膑的聪明，齐威王便拜孙膑为大将。这时，魏国自失去了商鞅之后，又失去了一名贤臣。

当庞涓和孙膑的故事连接到时代这个大背景时，历史便因这两个人开始转向。

秦孝公八年（公元前354年），在魏惠王的任命下，庞涓率领了八万魏军进攻赵国。在庞涓的统领下，魏国大军直逼赵国都城邯郸。在苦战一年后，赵国终于快撑不住了，急忙向东方的邻国齐国求救。

当时齐威王强国之后，正欲向外进行扩张。因此，在得知赵国危机时，齐威王便命田忌为主将，孙膑为军师，领兵救赵。这时候，两个昔日的同窗好友，在战场上展开了他们的厮杀。

为了救赵国，田忌采取了孙膑"围魏救赵"的计策，挥师直捣魏国军事重镇平陵（今山东定陶）。庞涓眼看胜利在即，当然不便退兵救援，因此下令猛攻邯郸。最后，在庞涓的猛攻下，邯郸陷落。邯郸陷落的时候，齐军也已经逼近了魏都大梁。魏惠王慌了，只好下十万火急之书令庞涓领兵回救。庞涓接令后，也只得放弃邯郸，回师救援。

当庞涓兵至桂陵（今河南长垣西北）时，忽然两路杀出齐军。奔波回国的魏军自然敌不过以逸待劳的齐军。因此，孙膑在此战大败庞涓，为国争光的同时也报了私仇。桂陵之战大大打击了魏军，也首次见证了齐国在邹忌变法后的崛起。

到了秦孝公二十一年（公元前341年），魏国为弥补桂陵之战所带来的亏损，令庞涓出兵弱小的韩国。韩国敌不过魏国，便向齐国求救。此时孙膑一如往常当起了军师，再次和庞涓在战场上斗智斗勇。

魏军眼见伐韩胜利在即，偏又碰上齐国这个程咬金。愤怒之下便决定先歼齐军，再灭韩军。因此，当齐军进入魏国国内时，魏军便回师尾随。

鉴于魏军的自大，孙膑向田忌献出了添兵减灶的计策，即当两军相遇时，齐军开始每日减灶的动作，从而给魏军造成齐军败退的假象。庞涓确实比不过孙膑，这个计策很快就蒙骗了庞涓。于是，庞涓领着精锐骑兵前往追赶撤退的齐军，最后却在马陵（今山东郯城一带）遭到了齐军的伏击。庞涓两次败在了孙膑之下，遂愤然自杀。魏军主将和主力军一败，其余部队便如散兵一样，在齐军的冲击下全军溃散。

马陵之战再次以齐国胜利而结束。齐国经由桂陵之战和马陵之战大胜魏国之后，其在诸侯中的威望大升，完全超过了魏国，也由此称霸了整个东方。而魏国在这两战之后，军事实力受到重创，又遇西边秦国的时刻侵扰，因此从此丧失了与齐秦两国争霸的实力。自此，历史从此进入了齐秦相争的时代。

三晋之一的魏国走上了衰退的道路，至于三晋之中的其余两国在这个阶段又有怎样的命运呢？

韩国在三晋之中一直处于弱势，因此外人要打三晋，必先打韩国。到了韩昭侯即位才逐渐改变了这个局面。

在韩昭侯在位期间（公元前362~前333年），以申不害为相国，在韩国实行改革。在申不害的改革下，韩国倒也逐渐兵强国治，政治清明。虽说底子小的韩国在改革之后仍旧难以和齐秦这样的大国相匹敌，但至少在短暂的时间内，韩国的强大足以使得外人不敢对其乱来。

至于赵国，这个被多个强国包围的国家自来也没有一条顺当的路。直到赵武灵王在其在位期间推行了包括“胡服骑射”等一系列改革之后，赵国才真正走上它的强国之路。

历史到了这里，从最开始的魏文侯，到最后的赵武灵王，这期间经历了楚悼王、秦孝公、齐威王和韩昭侯，战国历史上的大国除了燕国稍微晚起步之外，无一不在战国初期踏上改革之路，也无一不因改革而使国势强大。这些都说明了一个问题，局势在前进，政策如果无法跟上，只会落入闭塞衰竭的境地，因此，改革很重要。

改革的风潮过了之后，以桂陵之战和马陵之战为起点，战国时代便也由此进入了大对决的阶段。这里的对决包括政治上的，也包括军事上的。而无论是在哪一方面的对决，接下去的战国历史都为后人留下了极其宝贵的经验。

在政治上的对决，最令后人津津乐道的自然是合纵和连横了。合纵连横作为时代的产物，见证了战国时期各大战略家的眼光和见识，同时也让后人领教了嘴上功夫的厉害。因此，接下来的历史，将在一群外交官的手上翻来覆去。战国，开始了合纵连横的历程。

第二卷

合纵连横——群雄并起中的国运较量

第一章　合纵连横：玩转四方得渔利

惠文王要当励志帝

秦孝公二十四年（公元前338年），四十四岁的秦孝公英年早逝，太子即位，是为秦惠文王。秦孝公是秦国历史上一位有作为的君主，他在秦国的崛起中起着不容忽视的作用。其最为称道的就是重用商鞅，在各种阻力之下仍支持商鞅变法。

我们知道商鞅最终被车裂，但是，我们不能否认，商鞅变法造就了秦国的富强，而商鞅的变法没有秦孝公的支持，也就无从谈起。所以当失去靠山以后，商鞅何去何从成了现下迫在眉睫的问题。

这日，多年没有出门的公子虔来到大殿，将一纸诉状送到秦王手中，却见那秦惠文王读罢，眉头紧锁。原来，这诉状中所写乃是告发商鞅与魏国通信，图谋造反，此事虽然疑点重重，却也不是毫无根据。

商鞅本是卫国人，因不受国君重用，有感怀才不遇，又赶上秦君广发请柬，招贤纳士，便入秦为相。但是，古人的乡土观念浓厚，又有那句“非我族类，其心必异”的古训，商鞅变节也不是没有可能的。

秦惠文王这样想着，心中并不愿意相信这样的事实，毕竟话又说回来了，商鞅对秦国的贡献是不容磨灭的。排除秦惠文王与商鞅的个人恩怨，秦惠文王对商鞅的才干仍然是赏识的，对商鞅此人也是愿意信任的。

话说秦惠文王与商鞅的恩怨，这要从秦惠文王为太子时说起。商鞅一入秦国，便得秦孝公重用，实行了一系列的变法措施，废井田、开阡陌，实行郡县制，奖励生产和战斗，登记户口制，实行连坐之法。这些措施，对于旧贵族来说，无疑是当头一棒，利益大大受损。

对于旧贵族来说，最难以接受的莫过于爵位与俸禄的丧失，因为在变法之前，这些都是世世代代享有的政治和经济特权，贵族子孙即使对国家没有贡献与功劳也照样能够世袭特权。这样世代世袭的官制，使得各阶层之间鲜有流动，更养育了一批养尊处优，不思进取的阶层。

商鞅当权以后，首先便是拿这些宗室贵族开刀，以军功为加官晋爵的依据，宗室贵族同样无功不受禄，如此一来，宗室权力衰弱，利益大大受损。随着改革的进行，商鞅与旧贵族形成了一种难以调和的对峙关系。司马迁在《史记》中评价商鞅："商君相秦十年，宗室贵族多怨望者。"

变法之初，各种阻力扑面而来，身为太子的秦惠文王在新法面前，也是利益受害者之一。不满新法的宗室贵族便联合起来，唆使太子知法犯法，年轻气盛的太子心有火气，又加上宗亲在旁煽风点火，便带头犯法了。

此时，新法刚出，刑不上大夫的理念已经被废除，天子犯法尚且与庶民同罪，太子犯法，当以律例处分。按照秦国新出律法，违法者当受黥刑。作为未来的国君，却要顶着这样的耻辱整日面见群臣，那颜面何在?

惩罚"储君"是冒天下之大不韪，但法律既出，自然也不会只是摆设。商鞅的铁腕手段尽人皆知，那么，太子犯了法应该如何处置呢？只见那商鞅大手一挥，太子不能惩罚，他的两个师傅，总可以治他们一个管教不严之罪。

商鞅命人将太子的两个师傅公子虔和公孙贾唤来，以他们代替太子治了罪，这二人一个被割掉了鼻子，一个在脸上刺了字，真是冤枉透顶。"刑其傅公子虔，黥其师公孙贾"，商鞅这一招杀鸡给猴看的戏码确实有效，如此一来，那些蠢蠢欲动的王公大臣即使心中窝着一口怨气，却也都不敢触犯新法，胡作非为了。

当时身为太子的秦惠文王虽因"储君"的身份没有被施刑，但他仍觉得脸上没有光彩。男子汉大丈夫，却让老师为自己承担罪名，让别人代为受过，这真是往脸上抹黑，丢人现眼的事情。因为此事，商鞅与秦惠文王之间的恩怨愈发复杂起来。所幸秦惠文王是一个通情达理的明君，私人恩怨其次，国家社稷为大，并没有将对商鞅的不满带到朝堂之上。

能够如秦惠文王一般恩怨分明非常人能够做到。太子傅公子虔就做不到。公子虔能够成为太子的老师，肯定不是简单人物。他因商鞅割他鼻子一事耿耿于怀。可以想象，一个很有名望的人却没有了鼻子，那是一件多么让人感到耻辱的事情。

公子虔心中的怨与恨有如滔滔江水连绵不绝，却找不到发泄的出口，毕竟商鞅当权，秦孝公是他有力的后盾。公子虔强压着心中的怒火，忍气吞声"杜门不出八年"之久，直等到他的学生秦惠文王登上王位，公子虔认为他报仇报冤的时机到了，这么多年的隐忍终于暴发。他在秦惠文王面前告发商鞅变节。

公子虔的诉状之后，纷至沓来的还有众多宗室旧贵族的上书，大好时机，有仇的报仇，有冤的报冤。众愤难平这种情形之下，秦惠文王思量片刻，为一人而令众人愤怒，这实在是划不来的交易，暂且不论商鞅是否通敌变节，先将他抓获了再说。

对于秦惠文王来说，杀商鞅以平民愤，这是一个不难的选择。此时变法已经成效显著，深入人心，没有商鞅，变法依旧会在既定的轨道上继续前行，所以并不是非商鞅不可，既然如此，他的价值也就不长远了。而宗室贵族却是不一样的，他们不仅势力强大，更有充分的利用价值。

一个国家的稳定与强大，这是多少性命，多少鲜血才换来的。对个人而言，生命诚可贵，但在国家利益面前，个人性命如蝼蚁般渺小，此时，为了国家的稳定，牺牲掉一个商鞅又算得了什么？现实就是这样残酷。

尽管商鞅对秦国忠心耿耿，更是做出了不可磨灭的贡献，为秦国吞并六国，一统天下奠定了基础。但是，在一番衡量之后，秦惠文王还是做出了杀商鞅的决定，也许对于秦国来说，这是一个不错的选择。

商鞅眼见不利局势越来越糟，又闻秦惠文王要杀自己，知在秦国已无活路，便趁着月色摸黑逃出，往魏国方向而去。一路奔波，眼见要出关了，又累得要命，便想在客栈留宿一晚，歇个脚，明日天亮了再赶路。

商鞅来到客栈，却因为没有证件而被拒之门外，一连投奔几家，皆是此种结果。依据商鞅新法，住店要出示证件，没有证件者若是被留宿了，店主也要承担相应的罪责，这就是所谓的连坐法。商鞅万般无奈，大叹一口气，心中五味俱全，悲喜交加，自己立的法，却将自己给拦住了。

商鞅拖着疲惫的身体继续赶路，入得魏国境内，却被赶了回来，商鞅曾领兵攻打魏国，魏人对商鞅甚是仇恨，哪里还会收留他？商鞅终究逃不过一死，这真是商鞅名扬于新法，死于新法，也算是冥冥之中注定的了。

对于商鞅此人的评价，历来褒贬不一，司马迁评价他：“商君，其天资刻薄人也。迹其欲干孝公以帝王术，挟持浮说，非其质矣。且所因由嬖臣，及得用，刑公子虔，欺魏将卬，不师赵良之言，亦足发明商君之少恩矣。余尝读商君开塞耕战书，与其人行事相类。卒受恶名于秦，有以也夫！”王安石评价他道：“自古驱民在信诚，一言为重百金轻。今人未可非商鞅，商鞅能令政必行。”《资治通鉴》中也有提到他：“商君尤称刻薄，又处战攻之世，天下趋于诈力，犹且不敢忘信以畜其民。”

商鞅的性格之中存在着刻薄少情的一面，这是众多史家的共识。商鞅的朋友赵良也曾劝诫他留好退路，早作打算，“刑黥太子之师傅，残伤民以骏刑，是积怨蓄祸也”。但是，商鞅依旧我行我素，这也许与他所信奉的法家思想有关，他的这种性格成为造就他悲惨命运的一个因素。

不管后人如何评价他，商鞅变法对秦国的贡献却是有目共睹的。可以说，秦国的崛起与强大正是在商鞅变法之后，仅凭这一点，商鞅就足以被历史铭记，永垂不朽。

合纵连横

春秋初期，中国大地上有一百四十多家诸侯，随着各家兼并战争的持续，诸侯国的数量锐减，到战国初期仅有二十几家。这二十几家中有七家实力最为强大，乃是秦国、齐国、赵国、魏国、韩国、楚国、燕国，史称“战国七雄”。

战国七雄使劲浑身解数，开展富国强兵的策略，在想要吞并彼此的同时又要防止被吞并掉，在这样的环境中求得生存，实属不易。各国需在加强自身实力之外，更要搞好与其他各国的关系。

国与国的关系，是一门高深的学问，尤其是在战乱充斥之时，敌友关系往往就在一念之间，而这有时却决定着一国的兴亡，所以什么样的外交策略便显得格外重要。《韩非子》中有“外事，大可以王，小可以安”的说法。

战国时期，最为人称道的外交策略便是合纵连横，或称纵横，这一战略持续到秦灭六国，一统天下。合纵连横主要针对秦国而生，却反被秦国利用，衍生出远交近攻的战略，完成了一统天下的大业，天数的安排有时候真的让人很是哭笑不得。

所谓合纵连横就是各国互为拉拢，互为利用，共同对抗敌国的战略。顾名思义，合纵，就是南北纵列的国家相互联合，连横，就是横向国家相互联合。

战国初期，齐国是东方大国，而秦国经历了商鞅变法以后，后来者居上，迅速崛起，成为一个独当一面的西方大国，其余五国均无法与秦国、齐国抗衡。迅速强大的秦国、齐国下一步战略必然是继续实施兼并战略，弱国将面临严峻的危机。

根据战国初期形势，所谓的合纵连横针对性已经十分明朗，合纵主要是对燕国、赵国、魏国、韩国与楚国而言，他们中的任何一个国家都不足以单独与秦国或者齐国抗衡。所谓唇亡齿寒，这几个弱国联合起来，共同对抗齐国、秦国，以防止被兼并反倒是明智之举。

你有张良计，我有过墙梯，合纵既出，齐国、秦国能够到今日也不是吃素的，针对合纵，出台连横战略。各国将恩怨放下，能够走到一起，无非是为更长远的利益打算，但是，没有永远的朋友，也没有永远的敌人，只有永远的利益。当利益不均或者有更大的利益诱惑之时，什么朋友与敌人都成了虚的，利益才是至高无上的，秦国或者齐国就是利用人性的这一弱点去拉拢一些弱国，加入到自己的阵营中，攻打另外的弱国，达到兼并弱国的目的。

到了战国中期，随着形势的日新月异，合纵连横的针对性也在不断变化，随着商鞅变法的持续进行，秦国一国独大的局面渐渐形成，成为六国共同的威胁。面临这种新局面，其他六国调整战略，逐渐走入一个阵营，此时的秦国成为众矢之的。

这一时期，合纵连横局势便成为六国联合共抗秦国，是为合纵，秦国拉拢弱国，各个击破，是为连横。

战国时期，有名的纵横家有苏秦、张仪还有公孙衍。在中国古代，法律尚不健全，人治一向是主流。在人治的社会中，个人意志显得尤为重要，一个君主的才干能够决定一国的兴衰，而一批有才干的贤臣，能够将一国带入一个更高的发展层面。

我们所熟识的商鞅便是极好的一例，商鞅变法之后，秦国迅速崛起，可以说秦国一统天下的基础是商鞅变法之后奠定的。试想如果没有商鞅变法，秦灭六国，一统天下，能否成功，亦未可知，所以说个人力量是不容忽视的。

我们提到的纵横家苏秦、张仪、公孙衍却是利用三寸不烂之舌的功夫将合纵连横的思想传播到神州大地的每一个角落，从此战国历史的色彩被他们改变了，两千多年过去了，他们的名字在史书上依然熠熠生辉。这更加让我们明了，一个人能够让历史铭记，不一定因为是创造出了多少价值的物质财富，一个伟大的思想也是不可估量的贡献。

苏秦与张仪均从师于鬼谷子，鬼谷子是个颇有传奇色彩的奇人，是春秋战国时期纵横家的始祖。鬼谷子，其名王诩，常年在山中采药修道，号玄微子。王诩住在阳城山中谷地，此地林木茂盛，谷深不可测，常年无人居住，便被人称为鬼谷，王诩就自称鬼谷先生，后人便以鬼谷子相称，后人根据其言行编著而成的大作也被命名为《鬼谷子》。

据史书记载，鬼谷子上知天文，下知地理，通晓数学，熟稔人性心理，是个集各种智慧于一身的传奇人物。可以称之为思想家、教育家、谋略家、兵家、纵横家，这么多的美誉集于一身。

这样一个具有传奇色彩的不凡人物，自然有有志之士前去投师，鬼谷子皆倾囊相教，但是，能够如他这般学尽天下智慧的少之又少，能够在一方有所作为的倒也是有的，有如孙膑与庞涓，苏秦与张仪。我们知道孙膑、庞涓是春秋战国时期有名的兵法家，孙膑还著有《孙膑兵法》一书，成为后世兵书的一个典范。苏秦与张仪二人也不是简单人物，这二人仅凭一张嘴就成为家喻户晓的人物，而他们所倡导的纵横思想则贯穿着整个战国历史。

鬼谷子除在山中修行外，还到各地去游学，可谓是行万里路，读万卷书，因此他的思想皆据现实而来，非常具有实用价值。

鬼谷子死后，他的思想被留存下来，后人根据其言行编著成了《鬼谷子》一书，书中涉猎广泛，乃鬼谷子一生所得。《鬼谷子》内容丰富，包含政治、军事、外交谋略及其言谈辩论技巧，值得庆幸的是，此书被完整流传下来，这为后人研读鬼谷子提供了方便，另一方面这本书中的策略也为今日外交与商战提供了借鉴。

鬼谷子作为纵横学的始祖，他的两个弟子苏秦、张仪继承了他的衣钵，成为纵横学的倡导者。苏秦曾凭借其三寸不烂之舌游说六国，联合攻打秦国，是为合纵战术。张仪则恰恰与之相反，他凭借其谋略游说，利诱兼具威胁，将六国同盟打破，才使得秦国各个击破，终成一统大势，这其中张仪的功劳可谓极大。

尽管苏秦与张仪处在政敌的位置，但是，这二人却并没有直接打过交道，因为苏秦要比张仪年长，苏秦去世时，张仪才初出茅庐，与张仪演对手戏的是公孙衍。

公孙衍，魏国人，曾入秦为官，官职犀首。有史书记载，犀首乃公孙衍号，至于犀首是公孙衍的号还是官名，各有争执，不能确定。我们更愿意相信，犀首是为官名，时人常以犀首称公孙衍，于是犀首便成了公孙衍的代名词。

公孙衍起先事秦国，后被魏国收买，便入魏为相，提出了合纵的战略，并联合燕国、赵国、韩国、楚国，连同魏国共同攻打秦国，重创秦国。

纵横家的合纵连横对当时的时局影响是非常大的，时人道："公孙衍、张仪，岂不诚大丈夫哉？一怒而诸侯惧，安居而天下熄。"能有这样的评价，也算是不枉此生了。

河西是老秦家的

秦惠公十一年（公元前389年），秦惠公壮志踌躇，多年的养精蓄锐，终可大展身手。兵力充盈，粮草满仓，五十万大军，这样的阵容怎能不令秦惠公意气风发，他一心开往河西重镇——阴晋。让秦惠公意想不到的是，这一决策竟然成了他终生的耻辱。

河西之地与秦国仅仅一河之隔，乃是秦国通往中原的门户，其战略性可想而知，而河西重镇阴晋更是重中之重，秦国要想实现入主中原的野心，必须占据阴晋，乃至河西之地。这其中的原因颇多，在此举三例为证：

首先，战争需要战略物资的供给，河西是通往中原的必经之路，但是，现实情况却不尽如人意，河西一直被魏国占据，唯有搬走这块绊脚石，才能打通这一战略通道。

其次，秦国与中原的商贸往来，也途经河西，而魏国一直在从中赚取渔翁之利，秦国商贸多受盘剥，早有打破这种不利局面的意图。

再次，从最基本的自保角度来说，秦国占据河西之地也是必要的。秦国有黄河之险，崤山、函谷关为屏障，但是，这均需要以河西之地为依托，所以，没有了河西之地，这一切都成了空谈，暂且不说称霸之事，尚且自保都是上天保佑了。

仅此三点，河西之地，就必须是秦国的囊中之物，但是，夺得这样一个重地却非易事。秦国与魏国河西之争久矣，两国此地战事也不曾间断。对于魏国来说，自然也知道河西对于秦国的意义，自然不肯相让，魏国在多次倾力击退秦国之后，仍旧稳占河西。

这一年是秦惠公登上大位的第十年，这一次，秦惠公将满腔的激情倾注于攻占河西，以五十万兵力与魏争夺这一战略要地。魏以吴起为将，领五万兵力相抵挡，十比一的比例之下，秦军似乎胜利在握，但是，历史就是这样的出人意料又这样的大快人心，魏军竟然以少胜多，最终凯旋，成了赢家。

面临这样的结局，魏人欢呼雀跃之，秦惠公意气消沉，锐气也被杀得全无，大叹一声，满是无奈，得河西之地的愿望只有留给下一代了。

五十多年过去了，秦人仍在为祖先遗愿而奋斗，这一时期，形势却是大变，不同往日了。商鞅变法之后，一个强大的秦国迅速崛起，到秦惠文王即位，接手的是一个成为众矢之的的强秦。虽然，秦惠文王因为政治需求车裂了商鞅，但是，商鞅变法不但没有被废除，还被继续延续，深入人心。

而此时的魏国，却是另一番情景。马陵之战，齐国、魏国交兵，魏国大败，十万大军被歼灭，士卒短缺，也没有像吴起这样的良将，可以说是魏国正处于内外交困的境地。

如此良机，怎能错过？秦孝公在世时，就曾多次派兵再次进攻河西，得胜而归，俘获了魏国主将公子卬、魏错，秦孝公一世，对魏国的战争屡战屡胜，其中最为有成就者当数庞城与商鞅。

秦孝公十年（公元前352年），齐国、魏国大战于桂陵，两军打得不可开交，魏国兵力皆出动，国中守军稀少，庞城趁此时机，东攻魏国。魏国见后方被秦攻打，两边受敌，却也无法分身，心中直骂秦君是个卑鄙小人。可惜，历史已经走入了战国，春秋时期的那种中规中矩的君子战争已经过时，兵不厌诈已经深入人心。

庞城顺利攻入安邑，魏国守军竖起白旗，庞城大胜而归，得魏将魏错。在庞城之后，商鞅在次年领兵再次攻打魏国，捉拿主将公子卬，给魏国雪上加霜，此时，魏国主力消耗殆尽，夺回河西指日可待。

收纳河西的愿望还没有实现，秦孝公就一命呜呼了，真是“出师未捷身先死，长使英雄泪满襟”。子承父业，秦孝公死后，秦惠文王即位，即位之初，秦惠文王在旧贵族的怂恿下，将商鞅车裂后，待朝政稍作稳定，秦惠文王便再次将攻取河西之地视为心头大事。

随着秦国的日益崛起与强大，攻取河西理当成为当务之急，毕竟秦国的野心随着实力的扩大在不断膨胀，只有早日拿下河西，才能够走出关中，走向中原，与六国一决雌雄，最终完成一统天下的大业。

河西之地，秦国觊觎已久，面临秦国的野心，魏国也不曾懈怠。魏国已大不如以前，况且又有强敌齐国，两面受敌，要与秦国硬拼自然占不得上风，既是如此，那只能自保，以守为攻了。魏惠王在位时，为防止秦军前进，修建了崤山长城，但迅速崛起的秦国野心勃勃，势在必得，区区一长城，哪里能够阻挡得住他们的进攻。

商鞅死后，秦惠文王重用公孙衍。公孙衍是魏国阴晋人，战国时期有名的纵横家，主张联合诸国共同抗秦，不过这都是在其背叛秦国，投奔魏国之后的事情，此时的公孙衍对秦国还未有二心。

也许是因为时代背景使然，战国时期忠君思想并不浓厚，士人更为关注的是个人价值的实现，哪里能够提供施展才华的舞台，哪里便是效忠之地。在这种观念的指导之下，背叛时有发生。当然这也不能全部归结为时代因素，个人意志也是重要方面，为利益所诱惑而另投他主者也大有人在。

但是江山易改，本性难移，一个人若是有了背叛的前科难保他不会再次背叛。但从另一个方面看，人非圣贤，孰能无过，若是因为一次犯错，就将人的德行一竿子打死，这也未免太不符合人之常情。所以说，如何对待这种贤才，那就要考验君主的慧眼了。

公孙衍本是魏人，秦惠文王将其任命为大良造，与其一同谋划攻打魏国、夺取河西之地事宜。这年是周显王三十六年（公元前333年），秦军整装待发，秦惠文王命公孙衍领兵，大举进攻魏国。只见那公孙衍号令一发，秦军便气昂昂往关外而去。

作为昔日大国的魏国，再也雄壮不起来，多年的战争，已经让他筋疲力尽了，与齐国的较量更让他穷途末路。士卒少，粮草缺，将领无能，试想这样一个魏国如何能够与赳赳强秦相抗衡?

公孙衍领兵往自己的老家气势汹汹而去，这引狼入室一词说的应该就是公孙衍这样的人，魏军不能抵挡秦军的强大攻势，只好投降，在割地等条件威逼利诱下，秦魏修好。魏国将阴晋割让给秦国，秦国自然乐意，我们前面也说了，阴晋乃是河西重镇，秦以此为依托，攻打魏国夺取河西，便是轻而易举了。河西一旦落入秦国手中，那么向东扩张，觊觎中原的梦想也就指日可待了。

阴晋既得，秦惠文王心头的一块大石头落地了，但是，人的欲望永无止境，永远无法满足。对于这份既得利益，不过是秦国的一个阶段性目标而已。

周显王三十九年（公元前330年），公孙衍再次领兵攻打魏国，魏国倾其兵力，不过八万余士卒，在与秦军作战中，竟有一半被杀，他们的主帅龙贾被俘。魏军群龙无首，一击即溃，秦军顷刻便取得胜利。

没有招架之力的魏国再次求和，代价是全部的河西之地，至此，河西之地终于再回秦国，秦国打开了通往中原的门户，距离梦想渐行渐近。

张仪我来了

阴晋一战可谓是让公孙衍出尽了风头，魏国战败以后，以割让阴晋为请和筹码，秦惠文王欣然应允。尽管他的终极目标并不在于此，毕竟心急吃不了热豆腐，台阶还必须一步一步走，这么多年都等了，这一时半会儿的功夫还是等得的。一年的养精蓄锐以后，公孙衍再次领着秦军踏上了魏国的国土，这一次，他的目标是整个河西。公孙衍的军事才能依旧好得没话说，魏国主将龙贾也被生擒。所谓射人先射马，擒贼先擒王，一支群龙无首的军队，奈何怎样挣扎，都免不了被屠杀的结局，魏军八万有余被屠杀，对于秦国来说，这是一次巨大的胜利。

面临这样的情形，魏惠王如何的不情愿，也要犹豫着竖起白旗了。公孙衍除了军事才能佳外，口才还相当了得，凭着他那三寸不烂之舌，威逼兼利诱，迫使魏惠王将河西地区割让给秦国。魏国以整个河西地区为代价，终于换来了一时的安宁。

魏惠王割让河西之地实属无奈，从长远来看，这确实是一步臭棋。河西门户打开，秦国通往中原的道路也就通畅了，秦国以此为基地，在此转运物资，距离觊觎中原的梦想越来越近了。魏国虽然解了燃眉之急，距离亡国之日却是不远了。

公孙衍在短短时间内，取得了秦惠文王的信任，帮助秦国夺取了河西之地，这是秦国人多少年的梦想，在公孙衍的手中实现了。此时的他可谓是意气风发，气场惊人，秦国内外对公孙衍莫不是刮目相看。但是，这样的成就依然没有满足公孙衍那颗贪婪的心，他想要更多来填充他无尽的贪婪，这些秦惠文王是无法满足的。

有钱能使鬼推磨，这句话并不是对于所有人通用，但是在公孙衍这里是行得通的。就是在割让了河西之地的这一年，魏惠王更加清楚地认识到，与秦国硬碰硬地单打独斗，取胜的可能性是非常渺茫的，非常时期只有采取非常之道。

魏惠王一想到那个本是魏国人的公孙衍满心的怨恨，正是他率领着秦军将自己的家乡陷入血腥之中，魏惠王恨不能杀之而后快，只是苦于鞭长莫及。正当魏惠王一筹莫展之时，魏国中有深知公孙衍品行者进言，公孙衍贪婪爱财，却也是腹有才华，若能够以重金贿赂，收为己用，那可是一举两得之事。

魏惠王一听此言，心想确实有理，便依计而行。公孙衍成功被说动，一来，源于他对财富的无限制追求，二来，人的骨子里一般都有恋乡情结，公孙衍本是魏国人，不管他愿意不愿意承认，在他的潜意识里仍有为魏国效力的热情与愿望。

收下重金，应允了来者，公孙衍虽然身在秦国，心却是又回归了魏国。吃人嘴短，拿人手短，公孙衍既然收了好处，自然要替人办事。这日，公孙衍来见秦惠文王，秦惠文王满脸堆笑，对于这位功臣，他是十分敬重与赏识的，怎奈那公孙衍却已经今非昔比，心中所想只是一己私利，并不以秦国为重了。

公孙衍见了秦惠文王，态度虔诚无比，表现忠诚的戏码还是要演足的，公孙衍以为，现下秦国、魏国交好，不用担心有后顾之忧，可以趁此时机进攻别的国家，若能够得西戎之地便可了却一桩心事。

秦惠文王对公孙衍信任有加，哪里会想到公孙衍包藏祸心，纵使心中隐隐觉得不妥，也没有断然拒绝。一心沉浸在建功立业之中的秦惠文王自然也希望能够扩张领地，对于公孙衍的建议他是有心动的，但是，这个时候，有个人站出来，敲醒了头脑发热的秦惠文王，也拆穿了魏惠王与公孙衍的阴谋诡计。

将秦惠文王拉回现实的是何许人也？此人乃是张仪。张仪同公孙衍一样，也是魏国人，与有名的纵横家苏秦师出同门，从师于著名学者鬼谷子。张仪学识不浅，较之苏秦还要略胜一筹，但是张仪的运气不佳，并没有如同苏秦一样迅速成名。

饱读诗书，满腹韬略的张仪完成学业归来，却满是现实的壁垒，因为家境贫穷，更没有结识达官贵人，根本没有办法入仕为官，一展宏图。才华满腹却无处施展，这是众多中国士人的悲哀，然而，人终究需要在乐观中才能看见光明，相信天生我才必有用，才能见到希望。

“天将降大任于斯人也，必先苦其心志，劳其筋骨，饿其体肤，空乏其身，行拂乱其所为，所以动心忍性，曾益其所不能。”抱着这样的想法，张仪见在秦国谋职不成便去了楚国，前去投奔楚相昭阳。

这日，楚相昭阳宴请宾客，张仪也在其中。这昭阳有一国宝，乃是众所周知的“和氏之璧”，这宝贝怎么在楚昭阳手中？原来，楚昭阳领兵获胜，楚威王心花怒放，便将“和氏之璧”赏赐给了他，这是一份巨大的荣幸。

有了这份荣幸，楚昭阳不免要在席间拿出这“和氏之璧”炫耀一番，“和氏之璧”在众宾客手中传来传去，众人皆赞不绝口。怎知，就在这传送的过程中，这“和氏之璧”竟然就不翼而飞了，本是皆大欢喜的宴会，竟然被愤怒、惊恐所取代。

东西丢了，自然掀起了轩然大波，这东西必然会在在座的各位囊中，那么是谁拿了这代表荣誉的“和氏之璧”呢？在没有证据的情况下，众人将怀疑的目光转向了张仪，在座各位中，只有张仪家境最为贫穷，最有可能贪恋这价值不菲的宝贝。在一番威逼利诱之后，张仪仍旧一口咬定没有拿“和氏之璧”。

这张仪也是有骨气之人，本就没拿，自然不肯承认。愤怒的楚昭阳便以大刑伺候，只见那张仪遍体鳞伤，浑身已经没有一块完肤，却是咬紧牙关，愣是不肯屈打成招。楚昭阳见张仪如此绝决，敬重张仪是条好汉，又恐闹出人命，便放了张仪。

张仪回到家中，并没有因为满身的伤痕累累而遭遇好的待遇，家人对他冷眼相看，就连他的妻子也讥笑他，“嘻！子毋读书游说，安得此辱乎？”对于妻子的讥讽，张仪并不在乎，反倒问妻子道，“视吾舌尚在不？”他的妻子一脸苦笑，答：“舌在也。”张仪大叹一口气道：“足矣。”

这一段话在旁人读来甚是可笑，但是这正表明了张仪对自己的信心，只要有舌头在，天下之大，怎能没有一席之地？事实证明，正如张仪所说，他的成败就在于一口伶牙俐齿，这些都是后话，暂且不提。

张仪在家休整了半年，身上的伤大愈，这半年里，无论家人怎样难听的讥讽，都没有让张仪丧失斗志，一蹶不振下去，相反，这半年成了张仪养精蓄锐的大好时机。

张仪的同门师兄苏秦，此时正值发迹，在赵国颇有威信。苏秦主张合纵抗秦，意图在秦国安插一个内应，知张仪有奇才，便想让张仪入秦，但唯恐张仪不乐意，便安排了一场以张仪为主角的好戏。

这日，一个友人来到张仪家，对张仪道："子始与苏秦善，今秦已当路，子何不往游，以求通子之愿？"穷途末路的张仪找到一根救命稻草，便想拼命抓住，也不迟疑，翌日启程，前往赵国投奔苏秦去了。

只是，张仪来了以后，苏秦不好生接待不说，还将其晾在一边，让其吃仆人吃的饭菜，还百般侮辱。受尽屈辱的张仪斗志一下子燃烧起来，师出同门，竟然有如此大的差距，张仪怎能甘心？

张仪收拾行囊，再次前往秦国，这一路上竟然有人将其照顾得无微不至，原来，苏秦所为就是要激起张仪斗志，张仪对苏秦的苦心感激涕零，心中有了报答的决心。

这一次来到秦国，张仪的运气不错，恰逢秦惠文王招纳贤才，张仪便毛遂自荐，在众多贤士之中脱颖而去。秦惠文王拜张仪为客卿，让其参与朝政大事，这对张仪来说是莫大的荣誉，张仪也不失所望，初入秦国，便拆穿了公孙衍进攻西戎的计谋。

张仪认为，秦国与魏国虽然修好，但是果真要寄托于这样的关系必然是要吃大亏的。魏国四面受敌，内忧外患，正是秦国攻打他的好时机。相反，若是向西攻打西戎，魏国稍得喘息，难免会乘人之危，这样的话就是得不偿失了。

听张仪一番高论，秦惠文王如梦初醒，差点酿成大错。此事之后，秦惠文王对张仪更加亲近，而公孙衍则备受冷落，张仪的时代来临了。

一张嘴说动一个国

担任秦国客卿以后，张仪的韬略慢慢展现出来，秦惠文王对他也愈加信任，让其直接参与朝政。此时的张仪却饱受着内心的煎熬，聪明如张仪，自然知道苏秦将自己送来秦国的目的，然而，转念一想便是秦惠文王那满是期待的眼神，这种进退维谷的境地真是让张仪左右为难。

张仪不过是苏秦安插在秦国的一个卧底，苏秦一向主张合纵，联合各国共同对抗不断强大的秦国，将张仪送往秦国是他的一步棋，待张仪取得秦惠文王的信任，便可里应外合，起到事半功倍的效果。

但是，事实证明苏秦的这步棋是一步臭棋，饱受煎熬的张仪必然会选择一条利己的道路。报恩只在一时，不可能一世。苏秦的恩情，张仪只是以暂时不去算计赵国来报答，除此之外，张仪的心思便留在了秦国。

站在张仪的立场，忠诚于秦国是一个不错的选择，毕竟秦国是一个可以施展抱负的大舞台。张仪空有满腹才华，无处发泄，这么一个千载难逢的大好机会，他不会错过，也不能错过。

在这个偌大的舞台上，张仪尽情施展着半生所学，他将从名师鬼谷子那里所学的纵横学，用现实渲染，融入秦国现状，拿出了一个帮助秦国破坏六国合纵的连横战略，这个策略正好是针对苏秦的合纵，真是你有张良计，我有过墙梯，张仪终究是比苏秦技高一筹。

张仪是一匹脱了缰的野马，苏秦已经不能驾驭，当张仪飞黄腾达，眼中只有秦国的时候，苏秦不得不为他当年的这一步棋而后悔莫及，只有空感叹养虎为患了。

苏秦搬起石头砸了自己的脚，有得懊恼了，张仪却已经在秦惠文王给予的平台上施展着自己的才华了。如何破解六国合纵是当前迫在眉睫的难题，张仪也不食言，暂时没有打赵国的主意，毕竟还有苏秦的一份情谊在。

六国同盟形成了一个坚固的链条，要打破这样一个链条，需找到一个薄弱环节，从中将其截断，然后各个击破，张仪把矛头指向了自己的家乡——魏国，那里经历了一场场的战争，却是无甚成果，此时的魏国兵力大减、士气低落，可谓是内外交困。另一方面，魏国还是秦国的邻国，秦国若是舍近求远，攻打其他国家，恐怕魏国会乘人之危。最后，魏国毕竟是昔日大国，若不趁其虚弱之时给予重挫，恐怕日后留有后患，更难以对付。

种种的局势让张仪把大刀指向了魏国，张仪按照计划一步一步将魏国拉入设置的陷阱之中。这年是周显王四十一年（公元前328年），张仪在做足了准备之后领兵攻打魏国蒲阳，蒲阳被攻下，张仪却做了一个让众人大跌眼镜的决定。

张仪向秦惠文王进言，将蒲阳归还魏国，以此为诱饵，获取更大的利益。这样的决定在当时朝中犹如巨石一般激起了层层波浪，更多的是不解与鄙夷。对于张仪来说，却是毋庸置疑的肯定，张仪有信心凭借他的三寸不烂之舌，定可以捞取更大的利益。

"用人不疑，疑人不用"这话在秦惠文王身上非常恰当，秦惠文王将此事交给张仪全权处理，并不过多干涉。可以想象，秦惠文王的这份信任，只会让张仪更加卖力为其效力。蒲阳归还魏国以后，张仪便进入魏国，要挟更大利益。

魏国战败，魏王正为丧失蒲阳而心痛时，却又听闻秦国将蒲阳归还了。魏王有些丈二和尚摸不着头脑，首先的反应便是惊喜，但是惊喜过后，紧接而来的却是一股不祥的预感。魏国与秦国相邻，素来为土地争得死去活来，两国的战争持续了几代人的历史了，此次，秦国却大发慈悲，将得来的战果返还，必然有着其他意图。

魏王所想很快得到了证实，这日，魏王正在与群臣设宴，却听人来报，张仪带着公子繇来到了秦国，这犹如一声霹雳，正击中了魏王的要害。真是害怕什么就来什么，这张仪此次前来，必然不会有好事。

秦国，大堂上，张仪启奏以公子繇入魏国为质子，张仪本人则担任护送使者，如此一来，入得魏国便可用他那三寸不烂之舌游说魏王。

互换质子，这看似的交好仍然不能掩盖表面之下的尖锐矛盾。而一旦沦为质子的人，便是生死未卜的结局。在古代君主妻妾成群，子孙也是数不胜数，物以稀为贵，这人也同理，儿子一旦多了，也就不是什么宝贝了，所以两国一旦交恶也就不会在乎质子的安危了。

秦国凯旋，却又是赔地又是送质子的，这样的做法对于秦国来说，简直就是天大的屈辱，但是，从张仪的长远之策看来，要放长线钓大鱼就必须要付出一些代价的。

张仪背负任务而来，自然不肯懈怠，见了魏王一番寒暄过后，便切入正题，张仪滔滔不绝，满口的大道理，却句句沁人心脾，魏王被张仪牵着鼻子走却不自知，一个外交家能有这样的才学必然会在各国中游刃有余。

张仪的自信让魏王不得不正视现实，秦国是一个劲敌，要与秦国对抗不是一朝一夕的事情，而听张仪言下之意乃是两国交好，对于已经一蹶不振的魏国来说，这自然是一件求之不得的好事。魏王不是弱智，秦国能够突发善心，不可能没有来由。魏王心中想着千万般要求，不觉有些失神了。但是，张仪的一句话，魏王可是听得清清楚楚，“秦王之遇魏甚厚，魏不可以无礼”。

张仪这种说法确实有些无赖行径了，说起秦王的礼遇，那自然是将蒲阳归还魏国，但是话又说回来了，这蒲阳本就是魏国所有，秦国领兵攻占别国领地，真是狠狠地打了人家一巴掌，又塞给人家一个甜枣，却反过来又说礼遇甚厚。暂且不论张仪是如何的说辞，作为外交家，张仪是成功的。魏王心动了，背叛六国同盟，加入秦国阵营，这是一个艰难的选择。从大局上看，脱离六国同盟者便是将六国同盟的链条拦腰斩断，这对于其他五国来说是一个重大的打击，但是，魏国毕竟与秦国邻壤，秦国出关，魏国首当其冲，魏王不得不为自己的臣民想一想。

心动的魏王，试探着向张仪询问当如何报答秦王的厚恩。大鱼已经上钩，张仪心中一喜，表面却不露声色，真是狡猾至极。张仪心中早有应对，便娓娓道来，秦王喜好土地，投其所好，给予一部分土地，秦王定然会喜不胜收，日后，合力征讨其他诸侯国，魏国的好处自然更是少不了。

魏王心中七上八下，对于土地他同样也是吝啬的，但是若真能如张仪所说，与强秦结好，共夺其他诸侯国的土地，那时候所得的土地，恐怕是难以丈量了。况且，此时若不应允了张仪，秦国一怒而天下撼，后果更为严重。

这样想着，魏王心中便释然了许多，慷慨地将上郡与少梁两地献给了秦国。皆大欢喜，张仪乐呵呵地回到秦国，一笔更大的荣誉正等着他。

魏国献上郡与少梁的消息传到秦国，秦惠文王惊喜万分，张仪这一张嘴真可谓是可敌几万兵，秦惠文王对张仪更加赏识了。张仪从魏国归来，秦惠文王亲自迎接，并将其提拔为丞相，这可是莫大的荣誉。秦国丞相之位一直空缺，秦惠文王今日破天荒将张仪推到这样的位置上，真是令张仪受宠若惊。

张仪从一个穷困潦倒的小人物，一举成为秦国万人之上一人之下的丞相，这样的信任，给了张仪信心，让他在秦国霸业的道路上越走越远。

谗言一捅就破

张仪是一个集智慧于一身的人，见得圣君便被重用，满腹的才学得到了充分发挥。在张仪入魏不费一兵一卒，仅仅靠一口伶牙俐齿便将上郡与少梁拿下之后，秦惠文王便将其晋升为丞相。这丞相之职可谓是德高望重，秦国不设丞相久矣，张仪能荣登此位真是受宠若惊。

这张仪也是一个知恩图报的人，尽心尽力为秦国效忠，却也没有打赵国的算盘，如此一来，苏秦的知遇之恩也算报了，朋友的情谊一刀两断，至于苏秦就把他搁置一边，至此，没有恩情可言，从此便是敌人。通观以上描述，我们对张仪是充满好感的，但是，人无完人，金无足赤，张仪非圣贤，怎么会没有私欲，我们就看看张仪，这个聪明绝顶的人是如何要坏而又搬起石头砸了自己的脚的。

张仪入秦之时，有一个人慕秦惠文王之名而来，此人乃是陈轸。陈轸同张仪一样，腹有才华，更懂得运筹帷幄之术，这二人初入秦国，均得到了秦王的赏识，秦惠文王将他们一视同仁，收为己用。

一山不容二虎这话说的一点不错，张仪、陈轸这二人，平日里和和气气，暗中却已经较上了劲。这二人均想专宠于秦惠文王，便采取各种手段在秦王面前各显神通，当然这种正面的较劲对于秦王来说是个好事情，问题是，这二人在背地里也搞小动作诋毁对方，这种不齿的行径只能靠秦王擦亮慧眼，一看究竟了。这不，张仪、陈轸二人又起了争端，张仪耐性不足，憋不住气，首先使出了阴招。论才干这二人不相上下，皆得秦惠文王重用，张仪是从一个穷小子一步一步爬上来的，自然更懂得珍惜眼前荣华的来之不易，唯恐日子一长，秦惠文王会冷落了自己。有陈轸在，张仪战战兢兢，不得安宁，要想个办法保住自己的地位。

这日，秦惠文王独留张仪论事，张仪认为时机到了，正事讨论完毕，张仪转身要走，又像想起了什么事情似的，转身悄然对秦惠文王道，“轸重币轻使秦楚之间，将为国交也。今楚不加善于秦而善轸者，轸自为厚而为王薄也。且轸欲去秦而之楚，王胡不听乎？”

张仪这话的意思是：陈轸带着重金游走于秦国、楚国之间，表面上是为秦国办事，但是却没有任何成效，楚国待秦国并没有越来越好，反而越来越差。楚国对陈轸个人倒是礼遇有嘉。由此不难发现，陈轸的所作所为只是打着为秦国谋略的幌子为自己谋福利。

秦惠王一听这话，脸有疑色，陈轸一向忠诚，怎么会做出苟且之事？秦惠文王心里有面镜子，明亮得很，对张仪所说，并不全信。张仪见此，知道秦惠文王心有疑惑，便在旁煽风点火道，“陈轸为王臣，常以国情输楚。仪不能与从事，愿王逐之。即复之楚，愿王杀之。”

一边是陈轸泄露国家情报，一边是张仪以此相威胁，秦惠文王感觉事态严重，必须一查究竟。秦惠文王让张仪暂避，命人将陈轸唤来，一问究竟。

陈轸匆匆赶来，见秦惠文王脸色不对，深吸一口气，准备迎接暴风雨的来临。君臣二人也不寒暄，秦惠文王张口便道，“吾能听子言，子欲何之？请为子约车。”陈轸听秦惠文王这样一说，一头雾水，一国国君竟然要为臣子备车，再加上秦惠文王说话的语气，更让陈轸觉得此事非同小可。

秦惠文王一言，便让陈轸意识到事态严重，关乎甚大，不可大意。陈轸云里雾里全然不知秦惠文王所指何事，便一头愣在那里，半晌不说话，秦惠文王心急，便又道：“吾闻子欲去秦之楚，有之乎？”听秦惠文王这样一说，事情就像是捅破了的窗户纸，明了起来。

原来是这样，陈轸暗中叹了一口气，表面仍不露声色，心中知道这是张仪惹出来的事端，思绪快速转动，片刻脑海中已经有了完美的应对之策。兵来将挡，水来土掩，你张仪有什么阴谋诡计就尽管使出来，陈轸这样想着，心中已经下了决心要与张仪一较高下。

片刻之后，陈轸已经镇定自如，直视着秦王，非常坚定的回答，“然”。这一个字从陈轸的口中吐出，犹如下了非常大的决心。秦惠文王半晌不说话，但是可以看得出来，他心中的怒火已经燃起，快要压抑不住，他无法接受一个让他如此信任的人会背叛他这样的事实。

原来，张仪所说不假，秦惠文王大叹一口气，满是失落。待秦惠文王平复了情绪，君臣二人便有了如下的一段精彩的对话：

秦惠文王道：“仪之言果信矣。”“仪以子为之楚，吾又自知子之楚。子非楚，且安之也！”

陈轸答曰：“非独仪知之也，行道之士尽知之矣。”“昔子胥忠于其君而天下争以为臣，曾参孝于其亲而天下原以为子。”

陈轸能说出这样的大道理却仍旧做出背叛这样大逆不道之事，更让秦惠文王费解。陈轸看出了秦王的不解，不等秦惠文王问及，便接着娓娓道来，“臣出，必故之楚，以顺王与仪之策，而明臣之楚与不也。楚人有两妻者，人其长者，长者詈之；其少者，少者许之。居无几何，有两妻者死。客谓者曰：‘汝取长者乎？少者乎？’曰：‘取长者。’客曰：‘长者詈汝，少者和汝，汝何为取长者？’曰：‘居彼人之所，则欲其许我也；今为我妻，则欲其为我詈人也。’今楚王明主也，而昭阳贤相也。轸为人臣，而常以国输楚王，王必不留臣，昭阳将不与臣从事矣。以此明臣之楚与不。”

如果伍子胥与曾子的故事仍旧不能表达陈轸的意思，那么接下来他举的一个浅显的例子，足以证明陈轸的忠诚。故事的梗概是这样的，话说有一个楚国人，有两个妾，长得不是倾国倾城，却也是闭月羞花，引无数英雄竞折腰。有一人抵挡不住美貌的诱惑，便设法去勾引。

这个偷情者首先把黑手伸向了楚人年纪大一点的妾，结果被臭骂一顿，偷情者灰溜溜地逃走了。一次不成再来一次，这个偷情者非常有不成功便成仁的意志，这次，偷情者将目标转向了年纪小一点的妾，结果却是出人意料地得手了。

没多久，楚人死了，他的两个妾成了寡妇。这个时候，就有人问这个偷情者，若是要你娶这两个妾中的一个，你会娶谁呢？偷情者不假思索，当然是年纪大一些的。这样的答案出人意料却又在情理之中。道理很简单，一个人不能忠于自己的丈夫，怎么又能够指望他忠于别人呢？

同理，陈轸若真是向楚国泄露秦国情报，楚国自然也不会相信陈轸能够忠于楚国，这就像狼来了里面的孩子一样，一个人一旦有了前科，就不能不让人怀疑，当他说的话真假难辨的时候，人们更多的时候是选择不信任。

话说到这样的份上，不需要再多言，秦惠文王已经明白陈轸所讲，误会解除，刚才的阴霾一扫而光，君臣二人相谈甚欢，秦惠文王对陈轸更加信任。陈轸与张仪的恩怨仍旧没有化解，但是，这二人对秦国的忠诚天地可鉴，撇开个人恩怨，他们的目标是一致的，那就是致力于秦国的强大。张仪最终被任命为丞相，得到了重用，而陈轸也不甘于后，出谋划策，运筹帷幄不输于张仪，这二人为秦国的崛起过程中起着不容忽视的作用。

公孙衍的合纵

张仪屡立大功，成为秦惠文王的新宠，可谓是春风得意，但是有人欢喜有人忧，秦惠文王只见新人笑，不见旧人哭。那曾风光一时的公孙衍颇有谋略，却因心术不正而备受冷落。为一时的贪念，昔日荣华富贵不再，沦落到坐冷板凳的田地。

公孙衍是天生不能安于寂寞的人，光鲜地站在舞台上是他的毕生追求，只要能够尽情演绎他的人生，公孙衍从来都不会在乎这个舞台是谁提供与给予的。

不甘于幕后的公孙衍毫不留恋地离开了，毕竟这里的舞台他已经唱不了主角，另外还要背负骂名。公孙衍本是魏人，在秦国做事，后得魏王赏识，被魏人以重金收买，做出了出卖秦国的事情。没有出路的公孙衍便去了魏国，意图在魏国大展宏图。

公孙衍来到魏国，魏惠王便任其为相，被秦人冷落的公孙衍受到如此礼遇，冰冷的心顿时温暖起来，必然尽其所能，使出看家本事做出一点业绩来。确实如此，公孙衍以他对各国形势的认识与了解，很快便提出了合纵的外交战略，这一战略把矛头指向了秦国。

合纵确实是针对形势的一步高棋，若是没有张仪的连横，公孙衍以一合纵计谋定天下那也未可知。然一物克一物，历史就是在这样的阴阳相克的规律中前进。公孙衍的合纵遭遇了张仪的连横，就像是无所不能吞噬的大火，遭遇了倾盆大雨，便失去了功效，我们且看这一对冤家是如何以各国为棋局来一战高低的。

张仪登上万人之上一人之下的丞相之位，成为万人瞩目的超级明星以后，便积极为连横而奔波。张仪的首要目标便是魏国，魏国是秦国出关的第一道障碍，必须要搬掉这块绊脚石，以后一统天下的路途才会更加平坦。

身为魏人的张仪并不念及私情，举起了砍向魏国的大刀，形势不断变化，各国矛盾重重，复杂多变，谁也不是谁永久的朋友与敌人，昔日的朋友可能成为今日敌人，而今日敌人又有可能幻化成为日后的朋友。这其中变化，皆“利益”二字使然，游刃于利益变化之中，顺应时势者方得天下。

张仪无疑是一个很好的利益操控者，恰到好处地利用各国的矛盾与利益，将各个诸侯国分批击破，自从担任丞相之职以后，他的连横政策就有条不紊地进行着。而与此同时，公孙衍也在为他的合纵尽心尽力。

话说这个时期的魏国，已经今非昔比，在屡战屡败之后，士气低落，到了再而衰，三而竭的地步。对外大片国土重镇被迫割让给秦国，使得秦国打开了入主中原的门户，魏国少了东部屏障也将赤裸裸地面对秦国。与此同时，魏国的国内政局也极为不稳定，可以说公孙衍来到魏国以后，见到的是一个内忧外患，千疮百孔的局面。面对这样一个国力衰竭的境况，要想单打独斗，独自与逐步崛起的强秦相抗争，那真是难于上青天。

鉴于此，公孙衍试图拉拢别国，共同对抗秦国。秦国入主中原，横扫六国，一统天下的野心已经初露端倪，对于其他的诸侯国来说，但凡眼光长远者，必然会懂得团结自保的道理。道理很简单，做起来却没有那么容易，公孙衍的合纵之路走得异常艰难。

秦惠文王十三年（公元前325年），公孙衍入齐国，见得齐国大将田肦，向田肦推广他的合纵政策。这田肦能得公孙衍重视，必然不是普通人物，那么他到底是何许人也？田肦，人称肦子，说起田肦，那可是让齐国人竖起大拇指的人物。继孙膑、田忌以后，田肦成为齐国的顶梁柱人物，在齐国能够独当一面，齐威王曾不无自豪地对魏惠王道，“吾臣有肦子者，使守高唐，则赵人不敢东渔於河。”在今高唐县固河镇村西有一古墓被列为县级重点文物保护单位，这就是所谓的肦子墓。

回到我们的主题上来，我们前面讲到公孙衍来到魏国以后，实施他的合纵政策的第一步便是拉拢齐国名将田肦，田肦也是一个有远见的人，二人相见恨晚，一拍即合，当即决定共同攻打赵国，史书记载，“犀首、田肦欲得齐、魏之兵以伐赵。”

但是，愿望是美好的，美好的愿望成为现实还需要一个艰难的过程。这二人虽然身处万人之上，但毕竟还有更大的主子罩着，出兵与否也不是他们能够拍板钉钉的。

公孙衍知田肦为难，便又道，“请国出五万人，不过五月而赵破。”五万兵力就要破赵，田肦听着有点不靠谱，公孙衍说的却是简单轻松而又信誓旦旦。田肦有些迟疑，事情恐怕没有公孙衍说的那么容易，这公孙衍能否靠得住，思及此，田肦的眉头越皱越紧了。

公孙衍眼看着田肦表情变化莫测，已经明了田肦心中的顾虑，走至田肦身侧，一番低声窃语，如此这般一番，田肦恍然大悟，只是点头称是，片刻功夫，便额头舒展，喜上眉梢了。

原来，公孙衍早就有了细致缜密的打算，攻打赵国当然不是一件容易的事情，岂是靠五万兵力一朝一夕就能够攻下来的？但是，若是当真将这些实情告予国君，国君掂量轻重恐怕会有畏惧而不敢出兵。若当真如此，他们的计谋便不能得逞，只能付诸东流了。

公孙衍的目的是让魏国、齐国的国君出兵，为了达成这样一个目标，他们必须将事情说得轻巧简单，一旦出兵，就如同泼出去的水，射出去的箭，再也收不住了，而这个时候在战场上出现了危情，国君就不得不再次出兵援助。

公孙衍与田肦商讨一番，便各自劝谏国君出兵攻打赵国去了，诚如他们所料想的那样，两国国君见形势如此乐观，便应允了出兵之事。如此一来，两国国君便走入了公孙衍、田肦二人设好的一个不得已的圈套之中。

两国国君出兵以后，形势并非是如同他们听到的那样，但是，继续增兵支援是他们唯一的选择。齐、魏两国联军兵分两路，左右包抄，战争形势迅速好转，赵将韩举被田肦生擒，平邑、新城迅速被占领，而公孙衍一路也是长驱直入，势如破竹，赵国大将赵护成为俘虏。

联军凯旋，一场漂亮的大战让两国国君忘却了公孙衍、田肦谎报军情的事实，公孙衍的合纵政策取得了初步成功。好的开始是成功的一半，公孙衍干劲十足，立即着手准备下一轮的合纵，他的下一个目标是把楚国拉入到一个阵营中来，却不料半路杀出了个程咬金，事情更加曲折了。

公孙衍的合纵政策初战告捷，这引起了秦国的高度警惕，张仪的敏锐度尤为高，齐国、楚国、魏国三国一旦联合，对秦国的威胁那是不可估量的，张仪是绝对不允许这样的事情发生的，那只有先下手为强了。

张仪是纯粹的实干家，他一边命使臣前往齐国、楚国拉拢齐、楚两国，一边又亲自领兵攻打魏国。秦国使臣到了齐、楚，会见了两国的大臣，利诱兼威逼，迫使两国断绝与魏国的友好关系，转而亲近秦国。在军事上，魏国节节败退，无奈之下，也不得不向秦国靠拢。

公孙衍联合齐国、楚国的计划失败了，但是，合纵依然是大势所趋，公孙衍在一次失败之后，并没有气馁，反倒是再接再厉，发起了历史上著名的“五国相王”事件。

见证奇迹的时刻

在周王朝一代，“王”是一个至高无上的尊称，普天之下能够称之为“王”者不过是周天子一人而已，但是随着周天子势力的衰弱，“王”这一称号不再是周天子的专属，各国诸侯纷纷冠以这样的称号来提高自身的地位。到了战国中期，能称王者不在少数。这一时期就发生了著名的魏、韩、赵、燕、中山共同称王的事件，史称“五国相王”。

“五国相王”的事情还要从公孙衍的合纵政策说起，话说魏国公孙衍联合齐国田肦共同导出了一场攻打赵国的计谋，结果赵国大将被俘，联军大获全胜，得地无数，这一事件是公孙衍合纵的首功。

齐国、魏国联合是一个美好的开始，除了军事上的通力合作外，两国的领导人物还多次会晤，在政治上保持一致。魏国内部主张联合齐国实施合纵战略的大有人在。宰相惠施便是其一，在惠施等人的撮合与陪同下，魏惠王与齐威王互称为王，魏王还派人将太子送到齐国以为人质。种种形式都在表明，齐国与魏国的结盟是充满诚意与决心的。

在齐国、魏国结盟的同时，公孙衍还试图将楚国拉入到他们的阵营之中，但是，让人感慨的是，这一系列的活动均因为张仪的掺和而功亏一篑。

秦国见齐国、楚国活动频繁甚是不安，以张仪为首的连横派便采取了一系列的军事、外交活动。张仪亲自领兵攻打魏国，夺取魏国领地，作为入主中原的基地，与此同时，张仪又命人与齐国、楚国政要相会于啮桑，利诱威逼兼施，最终迫使齐国、楚国两国与魏国疏远。

公孙衍一计不成，再生一计，就在秦国与齐国、楚国相会之时，公孙衍预料到与齐国的同盟最终会因为秦国的插足而瓦解，公孙衍便开始寻找新的盟友，就像我们在前面提到的，没有永远的朋友，也没有永远的敌人，只有永远的利益。公孙衍将目标转向了燕国、赵国、韩国、中山，这四国均实力有限，在战国这样的乱世中，单枪匹马不能自保，难保有朝一日不被强国吞并。

燕国、赵国、韩国、中山四国对当前形势的认识非常明了，只有广结大国，才能与强国相抗衡。燕国多次遭齐国欺侮，秦惠文王十一年（公元前327年），齐国派兵讨伐燕国，幸得魏赵韩联合相救才免除了被困的境地。而赵国素来与齐国相好，因为此战两国的联合关系遭到破坏。韩国、中山实力较弱，一直都在寻找能够好乘凉的大树作为倚靠。

公孙衍将五国联盟之事一提，便得到了各国的纷纷响应，赵国一马当先，向魏国回以友好的表示，当年魏国联合齐国一同将赵国打得损兵折将，还占领了赵国的领地，这份仇怨，赵国不知还记得否？能够让赵国舍弃前嫌，加入到五国阵营之中，我们不得不佩服公孙衍的能耐，不过话又说回来，所谓识时务者为俊杰，赵国要在乱世中立足，总要有得有舍方可。

秦惠文王十五年（公元前323年），公孙衍主导发起相王，魏国、韩国、赵国、燕国、中山五国集会，互相承认为王。其实，在两年之前，魏国、齐国已经互为称王，而就在这一年，秦国也称王，也恰是在这一年，魏惠王尊称韩威侯为王，以此来作为拉拢韩国的一个手段。所以，对于这次聚会来说，主要的任务就是尊赵、燕、中山三国诸侯为王，从此平起平坐，互相拉拢，这样就形成了以魏国为首的统一战线。至此，战国诸雄皆称王，周天子已经名存实亡，成为彻底的摆设。

“五国相王”是公孙衍合纵战略的又一成功案例，五国联盟以后，令各大国甚是不安，秦国、齐国、楚国皆纷纷站出来反对，使尽浑身解数来拆散这一同盟。

齐国首先发出了反对的声音，齐国反对“五国相王”的理由是中山资格不足，尚不配称王，“我万乘之国也，中山千乘之国也，何名于我？”这个时期，称王虽然已然成为一种风气，但“王”这一称号毕竟还保留着它的神圣不可侵犯性。

齐国再怎么也是风光一时的大国，此时却沦为与中山国同等级的地位，这份屈辱让齐威王难以咽下。细究之下，我们不难发现，这一理由并不值得齐国如此大动肝火，毕竟这只是关乎面子的问题，不痛不痒。

其实，齐国反对“五国相王”更深一层的原因乃是源于齐国本是魏国同盟，后来因为张仪的插足而叛齐魏同盟，齐国害怕五国结盟后，魏国会以此来公报私仇，以同盟的力量来对付他，所以，齐国要想尽办法极力破坏五国同盟。

在反对中山称王的同时，齐国还试图以割地的形式来拉拢燕国、赵国，企图与燕、赵联合，共同攻打中山国。但燕、赵洞悉了齐国分裂五国联盟的阴谋，不为利益所动，并没有接受齐国伸出来的橄榄枝。

燕国、赵国的做法与其说是讲义气的行为不如说是有远见的做法，因为从长远来看，一旦他们接受了眼前的小利益，背叛了同盟，转而攻打中山，那么中山的结局就是他们的下场，唇亡齿寒的道理他们是懂得的。

齐国的计谋没有得逞，便用关闭与中山往来的通道相要挟，中山毕竟是一个小国，商旅往来多有借道齐国之处，齐国如此做法令中山王甚为不安。中山王连忙命重臣张登带着重礼去拜访齐国权臣田婴。

这张登是个能言善辩之人，一番说辞，将田婴哄得心花怒放。田婴便去面见齐威王，要求允许中山称王。其实，田婴也不是三言两语就能够哄骗之人，他的考虑是此时送给中山国一份恩情，中山国必定会与齐国亲近，他日若是能借中山的军队攻打魏国那就成了易事。齐威王听了田婴所说，认为田婴言之有理，便应允了中山王称王之事。

齐国阻挠“五国相王”的努力没有成功，灰溜溜的退下，这让楚国非常鄙视。齐国走了，楚国举着大刀出马了，楚国出马，非同小可，眼见楚国大将昭阳领兵直奔魏国，魏国未战先就胆战心惊了。

大将昭阳是何许人也？竟令魏人如此害怕。昭阳，名云，是楚昭王的后裔，任职上柱国，这个职位是楚国的最高武官。昭阳在楚国是名号响当当的人物，也就是在几年前，他领兵攻打越国，俘获了越国国君，并将越国大片领土并入楚国，此事威震神州大地，昭阳的威名也远扬各地。

楚国攻打魏国，令魏国十分不安，毕竟此时的魏国千疮百孔，还没有从失败的阴霾中恢复过来，但是考虑到“五国相王”的成功，魏国满怀期待他国的相助。但是，实际上，魏国虽然拉拢了燕国、赵国、韩国、中山四国，但是在对抗齐国、秦国、楚国三个大国的过程中，魏国的实力并没有太大的增强。

一方面，五国同盟初具雏形，还未得到巩固，另一方面，四国国力较弱，而各国之间依然是存在着重重矛盾，谁也不愿意为了谁做出过多的牺牲。在这种背景之下，楚昭阳气势汹汹领兵而来，结局可以想象，魏国损兵折将，败得一塌糊涂。楚军在楚昭阳的领导下披荆斩棘，势如破竹，连破八座城池而归。

军事上的打败，让为合纵而所做的努力成了泡沫，而公孙衍本人也被弃之一边，再次坐上了冷板凳。

陈轸不辱使命

话说楚昭阳在经历了襄陵之战后那是相当威风，本是国家军队最高统帅的他被晋升为令尹一职。令尹在楚国可谓是一人之下万人之上，而且，楚国的令尹就如同国家元首一样，仅此一位，这样的荣耀对于任何人来说，都是无上的骄傲与自豪。

昭阳在连破魏国八座城池以后，准备一鼓作气，乘胜攻打齐国，这一消息对于齐国来说，无异于晴天霹雳，在反对魏国主办的“五国相王”的时候，齐国、楚国尚且处于同一个阵营，这魏国的锐气刚刚被挫败，楚国就将矛头指向了齐国，这其中变化让齐威王有些难以适应。

乱世之中，形势瞬息万变，齐威王对这话真是有了深刻的体会。楚国实力强大，硬碰硬的战争难以取得胜利，对于如何应战齐威王一时没主意。也正是在齐威王六神无主的时候，秦国谋士陈轸出现了。

陈轸就是我们前面提到的智破张仪谗言的谋士，他素来与齐国亲近，又得齐威王信任，便毛遂自荐，愿意充任齐国使臣面见昭阳，劝其退兵。在多次接触后，齐威王知道陈轸有些能耐，此刻听陈轸要孤身一人前去劝昭阳退兵，却也不禁半信半疑，但是，在这个节骨眼上，尝试一下，总比干着急有用，只能死马当活马医了。

陈轸在得到齐威王应允后，便孤身前去楚国军营，面见昭阳。陈轸毫不客气，在恭贺楚军取得胜利的一番寒暄过后，便直奔正事，只是，让人疑惑的是陈轸扯的却是关乎楚国法令的事情。

“楚之法，覆军杀将，其官爵何也？”按照楚国的律例，对于破敌杀将的将领会给予什么样的官职呢？陈轸突然问出这样的话，令昭阳有些出其不意，对陈轸突然有了兴致。

“官为上柱国，爵为上执圭。”授予上柱国的官职，封赐执圭爵位（执圭，春秋战国时期楚国的爵名，是楚国最高的爵位。圭是一种玉版，因为卿大夫在举行典礼时要手执圭，所以称之为执圭），陈轸卖关子，昭阳却是个武人，直接了当地回答了陈轸。

“异贵于此者何也？”对于昭阳的回答，这并不是陈轸想要的答案，于是，接着又有了第二问。

“唯令尹耳。”只有令尹是最高官职了。在楚国上柱国是最高武官，而令尹则是掌管军政大权的最高长官。陈轸所要呼之而出，他所说也渐入正题。

“令尹贵矣！王非置两令尹也，臣窃为公譬可也。楚有祠者，赐其舍人卮酒。舍人相谓曰：‘数人饮之不足，一人饮之有余。请画地为蛇，先成者饮酒。’一人蛇先成，引酒且饮之，乃左手持卮，右手画蛇，曰：‘吾能为之足。’未成，人之蛇成，夺其卮曰：‘蛇固无足，子安能为之足。’遂饮其酒。为蛇足者，终亡其酒。今君相楚而攻魏，破军杀将得八城，又移兵，欲攻齐，齐畏公甚，公以是为名居足矣，官之上非可重也。战无不胜而不知止者，身且死，爵且后归，犹为蛇足也。”

昭阳思忖片刻，已经明白了陈轸所说。令尹之职确实已经是楚国最高官职了，而楚国也不会设置两个令尹，现如今昭阳已经得令尹之职，达到事业的巅峰，根本就没有晋升的余地了。陈轸所说不假，昭阳点头称是，接着，陈轸便列举了画蛇添足的例子，令昭阳一时没了主见。

画蛇添足的例子我们都听说过，此处，陈轸将昭阳攻打齐国比做画蛇添足，这样的说法虽然令昭阳不悦，细细想来，确实有几分道理。从昭阳个人前途的来说，他的功劳，可以说是楚国尽人皆知，名声威望均具备，而爵位也达到高峰，就算是取得再大的胜利也不会有晋升的机会。

尽管昭阳智勇，但是攻打齐国并没有完全的胜算，一旦失利，要么战死，要么接受国人的指责，还有被降职的危险。所以，对于昭阳来说，攻打齐国不论胜负，所得均不划算，这笔账，陈轸给昭阳算得十分清晰准确，由此得出结论，攻打齐国完全是一种画蛇添足的行为，如此一来，还为什么要做那损兵折将的苦差呢，不若回家休息划得来。

“画蛇添足”是一个生动形象的例子，昭阳完全掉进了陈轸的思路里面，顺着陈轸的指引，昭阳思量再三，得出结论，攻打齐国确实是一个得不偿失的举动。反过来，若是此时退兵，还能送给齐国一份恩情，这样何乐而不为呢？这样想着，昭阳的脸上也露出了平和之色。陈轸步步紧逼，处处察言观色，在昭阳的脸上看到了胜利的希望。

昭阳在营帐内踱来踱去，对于一个忠心耿耿的将领来说，领兵打仗然后得胜而归，这是无上的光荣，也是生命的价值所在。而此刻，昭阳却要做出一个艰难的抉择，是乘胜再战还是打道回府？

陈轸满怀信心地离开了，诚如他所预料的，昭阳退兵了，“画蛇添足”这个故事的说服力是难以抗拒的。陈轸仅仅凭借一个“画蛇添足”的故事就让楚国退兵，解除了齐威王的心头大患，真是巧舌能抵千军万马，陈轸非凡的智慧不禁让我们竖起大拇指。

今天，我们再读陈轸与昭阳这段对话的时候，不禁会有更深一层次的考虑，我们更多地会疑惑，昭阳攻打齐国果真是“画蛇添足”之举吗？陈轸这个“画蛇添足”的说服力真的就无懈可击吗？

陈轸的成功在于抓住了个人利益得失这一问题的关键，战，不但不会增加个人利益，反而有可能损害个人利益，而不战，则绝无损害，这样的选择题，多数人会选择一个保守的答案。

但是，站在一个更高的高度上，若是将国家利益融入其中，在这一前提下，这个问题的答案又有了差异，战了，才有胜利的机会，而不战绝无可能。有一个小故事是这样讲的，一个人屡次虔诚无比地请求上天能够让他中一次彩票，他的虔诚令上天动容，但是，上天却无法满足他的愿望，因为这个人从来就没有买过彩票，一次都没有。

在国家利益得到保障之下，个人利益才得长存，试想，有一天楚国灭亡了，还何谈个人爵位？所以从长远利益来讲，陈轸的说法是站不住脚的。

另一方面，胜败乃兵家常事，没有永远的常胜将军，带兵打仗之人，自然懂得这样的道理。昭阳久经沙场，必然也有战败之时，战场上，不可能因为存在着失败的这一结局而畏惧不前。

当然，站在陈轸的立场上，他这一“画蛇添足”的比喻是成功的，重要的是他的目的达到了。陈轸成功的关键在于他能抓住昭阳的致命弱点，然后围绕这一点慢慢引导昭阳走入他的思路，步步为营。这样的素质是一个成功的谈判家需要具备的，陈轸无疑是一个智慧非凡的外交家。

当魏相是个阴谋

在各大国的共同干涉之下，“五国相王”最终形同虚设，以失败告终，公孙衍的合纵政策挫折重重，前途一片晦暗。眼见如此，魏惠王对公孙衍也渐渐失去了耐心，起初的那份坚定与信任完全变了模样，公孙衍的梦想之路越来越艰难。

与楚国一役，让魏国痛失八个城邑，魏惠王的斗志一点点被磨灭，接下来将何去何从这是一个值得深思的问题。本是指望公孙衍干出个模样来，却终究一无所得，还落得一个兵败的下场，这样的残局应该如何收拾，这让魏惠王头痛不已，不过魏惠王没有头痛多久就一命呜呼，入阴间享福去了。

继魏惠王之后即位的是其子魏襄王，魏襄王是魏国的第四代国君。魏襄王接手的是一个一蹶不振、千疮百孔的魏国，面临这样一个烂摊子，魏襄王同样理不出头绪，只能得过且过，走一步算一步了。

魏惠王十三年(公元前322年)的春天，在秦国如日中天的张仪突然被免去了丞相的职位，就在众人感叹，真是伴君如伴虎，一朝欢喜一朝忧的时候，张仪起程回到了魏国，并且面见了魏惠王，转眼之间成了魏国的丞相，这其中速度真是令人吃惊，我们不得不佩服张仪的能耐。

其实，事情的发展远不是众人看到的模样，但凡有些智慧的人，不免会有疑问，张仪为秦国忠心耿耿，他的连横政策与公孙衍的合纵相生相克，也起到了立竿见影的成效，对于有功之臣，秦惠文王不可能赏罚不明，反倒以怨报恩，这其中必然有些猫腻。

本是魏人的张仪，曾经踏破铁鞋，都未能入围魏国的政治中心，而今却破天荒被授予了丞相之职，这其中巨大变化，恐怕不是因为张仪的个人影响力使然。

秦国对外宣称免去了张仪的丞相之职，但是，内幕并不像表面这般简单，张仪虽然入魏，实则掌握两国相权，其目的不过是暗中为秦国服务，推行他的连横政策。魏国与秦国接壤，作为合纵政策的主要倡导者，也是合纵环节上的薄弱环节，若是能将魏国拿下，合纵就不攻自破，秦国距离统一大业也就越来越近了。

其实在拉拢魏国的道路上，张仪的政策是软硬兼施，毕竟，倚靠蛮力的损失是不可避免的，但是，必要的军事进攻又是不可或缺的。

在张仪入魏为相之前，秦国主要采取的是强硬的军事战略，张仪曾领兵猛烈攻打魏国，黄河以西地区已经没有了魏国势力，秦国占据黄河天险，可攻可守，对魏国是一个巨大的威胁。一旦打开入主中原的通道，秦国就如虎添翼，更加难以抵御。

军事上的惨败，让魏国丧失了战胜秦国的信心，就在这个时候，张仪非常适时地送上了橄榄枝。作为秦国的忠实者，张仪入魏国为丞相，魏襄王不敢懈怠，尽管他知道张仪的目的是为秦国谋取利益。

魏惠王十二年（公元前323年），在魏国被楚国打得毫无招架之力而又与齐国、秦国关系紧张之时，张仪站了出来，将齐国、楚国与魏国的执政大臣齐集挈桑，商讨为魏国调停之事。张仪的这种行为目的非常明确，讨好魏国，拉拢魏国，让魏国向秦国倾倒，一旦有了魏国这个拥护者，秦国的大国道路就容易多了。

入秦国之前，张仪已经预料到事情并不顺利，首先，他的两大政敌并不好对付。张仪主张连横，公孙衍主张合纵，这二人的敌对关系不言而喻，而魏国的当权者惠施也是合纵的忠实拥护者。张仪一入魏国，便与这二人较起了劲。

公孙衍与惠施这二人地位显赫，威信也不低，再者，他们能够爬到这样的位置，也不是普通之辈，所以要扳倒他们，恐怕不是一件容易的事情。在魏国，张仪处于一个你死我活的战场中，在这场没有硝烟的战争中，费尽心思的斗智斗勇是胜利的法宝。

魏国境内，连横派与合纵派明争暗斗之时，魏惠王一命呜呼，新君登位，这对于公孙衍与惠施来说，不是一件好事，对于这位新君，他们无法捉摸他的心思，与新君之间的信任也微不足道。更不利的是，公孙衍与惠施的合纵并没有有效地解决魏国面临的难题，更多的却是一次一次的碰壁与失败。

新君魏襄王即位以后，张仪急忙施展神通，获取魏襄王的信任。“魏国即将四分五裂。”面见魏襄王，张仪便抛出了这句毫无头绪，一点都不动听的话。初听这句话，魏襄王的脸片刻之间就变了颜色，一个完整的诸侯国在自己的手上变得四分五裂，这是多大的耻辱，死后如何见列祖列宗，任是哪一个国君也不愿意背负这样的恶名。

见魏襄王脸色大变，张仪仍旧一副泰然，不得不让看官为他捏了一把汗，自古因为一句话而惹来杀身之祸的不在少数，这生死攸关的大事，张仪怎会如此口无遮拦，但是，聪慧如张仪，自然不会将置于危险境地，张仪此话必然有他的深意。

生气归生气，魏襄王仍旧保持着作为一个君王的风度，平静一下心情，魏襄王说出了心中的疑惑。张仪的目的就在于此，他的每一句话，都指引着听者顺着他的思路前行，然后跳入他设好的圈套中而不自知。

张仪不紧不慢，徐徐道来：“魏地方不至千里，卒不过三十万。”张仪此话属实，不容魏襄王辩护。魏国在经历了多次战败以后，在黄河以西的战略要地统统丧失，而最近与楚国的战争又丧失了八个城邑。说到兵力那更不能够保障，区区三十万兵力，这样的阵容是无法与强国相抗衡的。

见魏襄王不语，张仪知道说到了魏襄王的痛处，这正是张仪想要的。这样的痛楚还不够，要刺激魏襄王认清形势，还必须要再加把火力，张仪接着煽风：“地四平，诸侯四通辐辏，无名山大川之限。从郑至梁二百余里，车驰人走，不待力而至。”

这话主要讲魏国的地理条件不利，意思是，魏国地势平坦，没有山川作防御，四面八方的诸侯国均可以从各处攻来而不受阻挡，这样的地理条件难守难攻，稍有懈怠，便可落得四分五裂的下场。

张仪不停罗列事实，却也不全是危言耸听，魏襄王越听张仪说下去越觉得张仪所说是事实，更觉丝丝凉意从心头涌上，不禁打了个寒战，魏国所处境况实在是不尽如人意，魏国以后的道路越来越艰难，魏襄王感觉身上的担子顷刻间重了许多。

眼见魏襄王脸色越来越沉重，张仪知道他的话已经奏效，这些依旧还不够，张仪仍需要再加火力。“梁南与楚而不与齐，则齐攻其东；东与齐而不与赵，则赵攻其北；不合于韩，则韩攻其西；不亲于楚，则楚攻其南：此所谓四分五裂之道也。”

此处“梁”即大梁，乃是魏国都城，代指魏国。此句张仪再叙魏国所处境况之艰难，不与四方各诸侯国处理好关系，便有多处受敌的险境。

魏国的种种不利，张仪一一罗列，吊起了魏襄王急于寻求脱困办法的胃口。就在这时，张仪恰到好处地提出了他的意图，那就是与秦国合作，亲近秦国，以秦国为靠山，那么周围各国便有所顾忌，不敢轻举妄动了。

这是一个诱人的提议，魏襄王不能不被诱惑，在一夜的考虑之后，魏襄王放弃了公孙衍的合纵，转而支持张仪联合秦国攻打其他诸侯国的政策，这是一个迫不得已的抉择，注定也是不会长久的。

魏国通过张仪与秦国结为同盟，秦国拉拢魏国的计谋成功，便利用魏国开始了他的新一轮的扩张，尽管道路是曲折的，但是前途是一片光明的。

第二章　诸侯暗战：风雨交加的嗜血年代

合纵再起

在张仪一番唇舌之下，事实非常残酷地摆在了眼前，不容逃避，而硬拼蛮干却注定是于事无补的，在这种境地之下，魏王屈服了。张仪作为牵线者，充当了使者的角色，通过张仪，魏国与秦国成为一个战线。

魏王被迫屈服，却也有他自己的打算，那就是利用秦国的力量来抵挡齐、楚两个大国。事实证明，魏王的如意算盘跟秦国的意图背道而驰。秦国关心的只是他的连横，魏国只是第一步棋，接下来就是吸收韩国乃至更多的国家加入他的阵营。确也如此，韩国很快也加入了他们的阵营。我们不得不承认，魏国、韩国也有苦衷，那就是秦国的不可一世。因此当秦国失利时，这种同盟就显得尤为不稳定。

魏国、韩国被拉入同一阵营，秦国心头的一块石头落地了，路一步一步地走，目标一个一个地实现，秦国将下一个目标投向了齐国。齐国、楚国是可与秦国同日而语的大国，在尚能够与秦国对抗之前，他们自然是不肯轻易投降的。

秦国要攻打齐国，要途经魏国、韩国，而将这两个国家拉入自己的阵营，已经为攻打齐国铺好了道路，看来，对于秦国来说，这是一场势在必得的战争。但是，事情并没有计划得那么顺利，齐威王不是一个好惹的主，在齐国顽强的抵抗之下，秦军大败，这样的结局是秦国所始料未及的，而随之而来秦魏同盟也开始动摇。

前面我们讲过，魏王是在迫不得已的情况下屈服，通过张仪与秦国结盟，而齐国、秦国一战让魏王重新看到了希望。魏国处于困境之中，其他诸侯国又何尝不是？而秦国也不是坚不可摧，不可战胜的。

秦国战败，是张仪连横政策一大失败，张仪狠狠摔了一跤，紧接而来的是形势的变化，魏国境内主张合纵政策的势力见有机可乘，又纷纷抬头，活跃起来。

自从张仪掌权，公孙衍为首主张合纵的谋士便低调行事，伺机东山再起，此次，连横遭遇挫折，给了他们机会，魏国境内有一批主张亲齐的势力恰当时机地活跃起来，而与此同时，齐国、楚国也要求驱逐张仪，再谈合纵。

公孙衍能够与张仪成为政敌，自然也不是简单人物。张仪来到魏国的所作所为，均被公孙衍看在眼里，恨在心里，只是一朝失势而已。但是形势旦夕即变，公孙衍唯有耐心等待，然后再恰当时机地采取行动。

见有机可乘，公孙衍再次站了起来，准备给张仪一个下马威，将其赶走，为此，公孙衍开始了造谣生事的一系列举动。公孙衍先是秘密派人到韩国，送去了机密小道消息，秦国、魏国结盟的真正的目的乃是联合起来，共同对抗韩国。这一消息犹如一块巨石，在韩国激起了千层浪，谣言四起，人心躁动起来。

公孙衍所说虽无真凭实据，却也并非空穴来风，因而十分具有说服力。秦国野心勃勃，路人皆知，其问鼎中原的志向已经不是什么秘密了，只是多年来，秦国均未能如愿，不过是因为秦国地处关内，外有大国魏国阻挡，现今魏国虽然已经威风不如往日，但是瘦死的骆驼比马大，有魏国这块绊脚石存在，秦国入主中原的日期就得推迟。

现下，秦国与魏国结为同盟，秦国东进不但不会有阻碍，还会有魏国的相助，而韩国首当其冲。所以这样的形势，对韩国是十分不利的，可是韩宣王却认贼作父，甘于当秦国小弟，是极为不明智的。

韩国重臣公叔本就不赞成与秦国结盟，这下更有了反对的理由，韩国境内驱逐张仪的呼声高涨起来。公叔在与公孙衍的频繁交往中，对公孙衍的才华十分赏识，常常宴请公孙衍，商讨国家大事，有委以重任的趋势。

公孙衍针对韩国处境，提出了保韩国的万全之策，第一步就是拆散秦国与魏国的联盟。秦、魏联盟一旦被拆散，韩国就安全了，因为如此一来，魏国无暇自顾，根本无力攻打韩国，而秦国出关又有魏国抵挡，也无法攻打韩国，这可谓是针对韩国与周边形势提出来的一个上策，韩宣王也不禁叫绝。

韩宣王认定了明确的目标，便马不停蹄为之奋斗，先是将国家重任委以公孙衍，随后又任其为相国，全权办理外交事务。公孙衍大展身手的时候到了，他将一贯倡导的合纵政策再次拿上台面。此次，他的意图首先拉拢齐国，齐、韩结盟以后，凭借齐国、楚国的铁杆关系，楚国必然也会加入进来，赵国、燕国自然也会很识相地尾随而至，这一计策不仅完美，而且可行。

其实，不需要公孙衍的拉拢，齐国、楚国就已经与秦、魏联盟势不两立了。秦国、魏国的结盟，让齐国、楚国甚是不安，对他们来说，一个秦国就已经难以应对，再加上魏国那更是雪上加霜。齐国、楚国公开反对张仪，要求公孙衍担任魏国丞相，在这样的呼声之下，魏王开始动摇。

面临这样的压力，张仪知道已经大失君心，唯有加快让魏王投向秦国的进程。面临张仪咄咄逼人要求魏国投降秦国的建议，魏王更加反感，不满情绪终于爆发，最终下令驱逐张仪。

入魏四年之后，张仪在一阵唾骂声中灰溜溜地回到了秦国，到了秦国的张仪，仍是一个香饽饽，受到秦惠文王的重用。尽管遭到暂时的失败，张仪发扬连横的决心仍然没有改变，而事实也证明，连横仍旧是一个不错的出路。

秦国见张仪的连横政策没能奏效，软的不行只能来硬的了，秦惠文王出兵攻打魏国。秦军气势汹汹，以咄咄逼人的姿态开进魏国，这个时候，公孙衍挺身而出，再倡合纵，这一主张立即得到了东方各国的支持，毕竟强秦都打到家门口了，再不联合起来，就只等亡国了。

公孙衍一时之间成了人人敬仰的大人物，齐国、楚国、赵国、燕国纷纷宴请他参与各国决策大事。魏王见形势如此，也不甘于人后，对公孙衍的态度也来了个大转变，让其主持魏国政事，并授予丞相一职，公孙衍春风得意，往来于东方各国之间，均被视为上宾，一时之间好不得意。

在公孙衍的倡导下，东方各国的合纵联盟再次形成，此次联盟有六个国家：楚国、齐国、赵国、韩国、燕国、义渠。前面五国我们都有提到，暂且放置一边，话说义渠，乃是西方少数民族政权，与秦国相邻，而两国时战时和，关系十分不稳定。当年义渠内乱，秦国趁此时机攻入义渠，一举拿下，自此义渠成为秦国的属地，但是这种隶属关系同样是十分不稳定的，秦国不得不随时应对义渠的叛乱。

公孙衍能够将义渠拉入六国阵营，这是走得非常有战略意义的一步棋。义渠在秦国后方，秦国东进不得不有所顾忌，而东方各国又可与义渠形成东西夹击之势，对秦国是一个重大的威胁。

六国同盟以楚怀王为纵长，初具规模，公孙衍的合纵政策小有成就。但是这一看似强大的联盟实质上矛盾重量，这注定了此次合纵的结局。

团结才有力量

“团结就是力量，团结就是力量，这力量是铁，这力量是钢，比铁还硬，比钢还强……”不管有多么的老掉牙，不可否认，这首歌陪伴过每一代人。朗朗上口的音律，简洁却充满力量的歌词曾经让年轻的我们气血膨胀。至今，仍有不少的企业、单位将“团结就是力量”这句话视为激励人心的座右铭。

团结就是力量，在个性化张扬的今天，它仍旧是一个法宝。团结，一切困难都可以迎刃而解，团结，任何敌人都不在话下，一个组织没有了团结，就如同一盘散沙，终究端不起来，成不了事。

天时不如地利，地利不如人和，只有团结的力量才能撑起一片天。当一个诸侯国遭遇了六个诸侯国，结局却是那么的出人意料，更加验证了这句话的真理性。

公孙衍登上魏国相位，轰轰烈烈地以掩耳不及迅雷之势组织起了合纵同盟，非常漂亮地打了一个翻身仗。政敌张仪灰溜溜地回到秦国，对秦惠文王满是歉意，所幸秦惠文王没有跟张仪计较，仍旧对其委以重任。

公孙衍恰到时机地一声号召，引东方各国纷纷响应，事情进展顺利，不论是公孙衍还是各国诸侯王对此次合纵均寄予极大的希望。但是，嘴巴上的支持不过是张张嘴的事情，一旦到真的需要拿出实力真刀实枪要上阵的时候，当真有不少的退却者。

秦国张仪的连横拉拢政策以失败告终，秦惠文王心中不痛快，敬酒不吃吃罚酒，只有给他们一点颜色看看，让他们知道厉害，方能迫使他们屈服。秦惠文王发兵往西攻打义渠，往东攻打魏国、韩国，其咄咄逼人的气势让六国加快了合纵的步伐，并推举楚国国君楚怀王为纵长，准备以联军之力共抗秦国，史称“五国伐秦”。

“五国伐秦”的说法是一种非常流行的说辞，实际上，根据后人的研究与总结，此次伐秦参与者是六国，分别是魏国、齐国、楚国、韩国、燕国和赵国。这种说法在《战国策·魏策一》得到证实，而在《史记·楚世家》之中，也有这样的记载“山东六国共攻秦”。

流行版的“五国伐秦”之中没有魏国，这种说法跟常理亦有相悖之处，公孙衍在组织合纵期间，乃是魏国丞相，他组织合纵，必然是受到魏王的许可的，若是他的合纵同盟之中没有魏国的参与，这于情于理都说不通。另一方面，魏国将张仪驱逐，这本身就意味着与秦国翻脸，魏王不可能不入合纵同盟寻求庇护，从这两方面讲，魏国是参与了伐秦同盟的。

秦国已经在函谷关做好了应战准备，而合纵同盟这边仍旧没有做好出兵的准备，究其原因仍是“利益”二字。各国利害不同，各国君主又有各自的打算，所以没有触及到实际利益，而又不是那么迫在眉睫的诸侯国均不愿意多出兵，这样同盟之间互相推诿，人心涣散，成了一盘散沙，迟迟难以集齐军队出兵，最终，战场上的有生力量也只有韩国、赵国、魏国的军队而已。

在漫长的整军之后，联军出发了，浩浩荡荡赶往函谷关，却被早已恭候多时的秦军当头痛击，联军组织混乱，不堪一击，一时之间就失去了纪律，落荒而逃者、踟蹰不前者不计其数。诸侯各国均不愿意多出力，之间的矛盾更加尖锐，反倒是自乱了手脚。

魏国损失惨重，不愿意再战，便转而向秦国求和，其他五国见此也不再恋战，纷纷撤退，联军最后竟然演化到了不攻自破的境地，真是可悲。

楚国作为实力最强者，而楚怀王又作为纵长，却没有撑起大旗，起到顶梁柱的作用。其实，在被授予纵长这样的荣职之后，楚怀王的态度是非常积极的，楚国抵抗秦国的决心也是非常坚定的，但是随着战争形势的发展，失利的趋势越来越大，楚怀王不得不为自己的国家优先考虑。

在这样的关键时刻，主事的魏国、楚国先后退缩，向秦国竖起白旗，摇尾乞降，韩国、赵国均是不能与强秦相匹敌的小国，这样的形势就注定了联军的失败。六个诸侯国，这是一个非常强大的实体，若是论实力，秦国焉能相比？但是失败的结局就明明白白摆在了那里，这其中道理无外乎各自为政，不能团结。

面临惨败的结局，六国本当反思，但是，让人遗憾的是战败之后，联盟之中充斥的满是投降的气息。魏国、楚国一马当先，带了一个投降的“好头”。这两个大国是合纵联盟的重头，他们一投降，其他诸侯国也就退缩了，不过这其中也有特例，赵国就是一个。

周慎靓王四年（公元前317年），也就是秦军与联军开战的第二年，魏国投降，秦军以庶长樗里疾为主将，领兵乘胜追击，再攻联军。两军在修鱼交锋，联军大败，被斩首八万有余，韩国将领申差也被俘，联军投降，只有赵国应战，不肯屈服。

赵国不肯求和，战争仍在继续，这个时候出现了极其戏剧化的一幕。秦国继续追击赵国，而本是合纵同盟国的齐国竟然也加入了攻打赵国的行列，这样一来，形势全乱了，合纵同盟竟然自相残杀了。

齐国是个大国，因为与楚国的联盟关系被拉入了合纵联盟，在与秦国的战争中，一直低调行事，不肯多出力。而此时，见赵国被秦军追得抱头鼠窜，转而落井下石，背叛了联盟，这种乘人之危的卑鄙行径十分让人气愤。

齐国为什么在赵国落难的时候雪上加霜？这其中缘由不过就是想从中分一杯羹，夺取赵国一块领地罢了。齐国与秦国一向势不两立，都有争夺霸主的志向，一山不容二虎，两国均在较劲，扩张领地，强国壮兵。眼见赵国穷途末路，便想轻而易举从同盟诸侯国身上吸一点血，壮大自己。

没有永远的朋友，只有永远的利益，因为利益，朋友成了敌人，赵国本就势单力薄，哪里招架得住两个大国的进攻，最终还是屈服了。最为顽强的赵国投降了，六国合纵联盟彻底失败了，公孙衍眼见着这些，估计要气得瘫坐在地上。

六国伐秦以失败告终，这是公孙衍合纵政策的又一次失败，有人说，合纵政策的实践虽然遭遇了多次失败，但是并不意味着合纵政策是错误的，从理论上讲合纵是符合当时各国国情与实际的。

确实，合纵政策是一个弱小国家求生存的完美战略，但是，理论与现实总是存在很大差距，一个好的理论不能很好地融入实践之中如何称之为成功的理论。也有人说，如若各国真能够很好地履行公孙衍的合纵政策，真正团结起来，共同对抗秦国，那么天下形势便不会如此。但是，历史不是舞台剧，可以用“如果”来排练，事实就摆在那里。

合纵需要多个诸侯国的参与，但是各个诸侯国利害不同，离心离德是很正常的，这就注定了合纵要比连横困难得多。而公孙衍与张仪这对政敌的战争，从一开始就不在同一个起跑线上，公孙衍的道路愈来愈艰难了。

韩国来了公孙衍

明月当空，皎洁的月光洒向大地，虽然已经入夜，庭院中仍旧明亮一片，不禁让人感叹，今晚的月色真美。此时正是人们酣睡之时，非常宁静，只闻声声叹息，细看之下，原来庭院之中还有未眠人。

举杯邀明月，对影成三人，这样的场景早了李白九百年，一个落寞的身影在院中独酌，又是一个伤心人。月光洒在他的额头，只见眉头不展，只闻声声叹息，看那背影，听那声音，却是公孙衍。

眼见六国同盟攻打秦国以失败告终，公孙衍怎能不叹息，这是合纵政策的再一次失败，纵使公孙衍有耐性，各诸侯国国君也已经大失所望了。不可否认，公孙衍是极具战略眼光的，而他的个人才华也是非常人所能及。但是，令人称赞的战略，满腹的才华，换来的却是一次又一次的失败，这其中的道理真是让人难以想明白。

若说怀才不遇似乎又欠妥当，毕竟公孙衍也曾登上舞台演出了几场重头戏，只能说是天外有天，人外有人，张仪的连横正是合纵的克敌，也许公孙衍应该像周瑜一样仰天长叹：“既生瑜，何生亮？”

六国合纵失败以后，魏国境内的形势变化对公孙衍非常不利，魏襄王的失望，政敌的中伤，以及权力的丧失，让公孙衍备感压力。面临这样的情形，公孙衍已经没有反驳的资本，毕竟失败在先，怨不得旁人指责。

大臣田需素来与公孙衍不合，见公孙衍失宠，便落井下石，暗中向魏襄王进言，多次指责公孙衍。而田需的党羽以及公孙衍当政期间曾与他有过过节的人，纷纷站出来指责公孙衍，如此一来，魏襄王对公孙衍不但不信任，还开始有了反感。魏襄王将魏国大权转交田需，公孙衍失势，日子过得甚是窝囊，昔日的阿谀奉承变成了今日的冷眼相看，这样的屈辱让公孙衍甚是难看，知道在魏国待不下去了，公孙衍不得不为自己谋出路。

公孙衍打算到韩国去，一方面韩宣王对他非常赏识，另一方面，公孙衍与韩国大臣公叔有些交情，所以在韩国也许能够谋得一份好的差事。但是，所谓有仇不报非君子，公孙衍是个有仇必报恩怨分明的人，在走之前，还要办一件事情。

因为田需的指责与中伤，公孙衍失去了魏襄王的信任，遭遇众人的白眼，这个仇，公孙衍不得不报，田需想要掌握魏国大权，最具杀伤力的报复就是让他美梦破灭。公孙衍一走，田需必然继任丞相一职，掌握魏国大权，所以必须要给他树立一个强有力的敌人来阻止他美梦成真。

公孙衍想到一个合适人选，此人是齐国公子田文。公孙衍向魏襄王进言，以田文接替自己担任丞相一职，魏襄王欣然应允。魏襄王对公孙衍已经失去信任，为何能够采纳公孙衍的进言，这其中的蹊跷众人自然明了。田文乃是齐国公子，若能以他为宰相，必然能够得到齐国的支持，这对于已经千疮百孔的魏国来说，是一件好事，魏襄王何乐而不为呢？

魏国这边，公孙衍完成了交接，而韩国那边，丞相之职也已经为公孙衍准备多时，一个有才华之人，到了哪里都是香饽饽，这是亘古不变的真理。公孙衍轻装上路，虽然遭遇排挤，但是报了中伤之仇，已经令公孙衍一扫阴霾，投入到新一轮的战斗中去了。

事实证明公孙衍的眼光非常独到，正如他所安排的，他的政敌田需的好日子没有如期到来。田文虽然在此之前并没有什么名气，但是“孟尝君”的美名终究名扬天下，而田需也始终未能够超越，估计在田需的心里不知道把公孙衍的祖宗八代骂了多少遍。

公孙衍来到韩国，仍担任丞相一职，可见韩宣王对其给予了厚望，只是这一次，公孙衍能否扭转乾坤，也让人替他捏了一把汗。

公孙衍一门心思抱着合纵的梦想，来到韩国之后，依旧开始策划新一轮的合纵计划。公孙衍的耐心已经到了极限，在此之前他组织了多次对秦国的进攻，均以失败告终，这对公孙衍来说是已经是巨大的打击，他因此也被排挤出了魏国。一次两次的失败就足以让各诸侯国君主失望，失败若再次袭来，公孙衍就再也没有颜面活跃在历史的舞台上了，所以现在是一个打翻身仗的机遇，公孙衍已经经不起再次的失败。

公孙衍以最快的速度投入到合纵运动中，其决心之大，让秦国倍感不安。因此，秦国在修鱼大败合纵联盟之后，继续进攻韩国。作为韩国丞相，公孙衍担起了顶梁柱的重担，领兵与秦军相抗。

两国开战以后，韩国明显处于弱势地位，此时六国仍是同盟，却没有一个诸侯国出兵相助，真是悲哉。战败的消息接二连三传来，韩国内部出现了投降的声音，公孙衍见已经无力回天，也便不抱任何希望了。随着形势的发展，韩国内部投降的声音已经成为主流，韩国大臣公仲朋主张以割地来换取和解，并决定与秦国一同伐楚。

韩国要投降并打算伙同秦国一同出兵楚国的消息传到楚国，正在一旁看热闹的楚怀王万万没有想到，火势已经扑向了自己这边，连忙召集大臣商讨应对策略。这般那般讨论之后，终于定出了一个完美计谋，对于楚国来说，这确实是一个不错的策略，同时，也意味着韩国策略的失败。

楚怀王派使者到韩国，告知韩宣王楚国要出兵救援韩国，一同对抗秦国。楚怀王让士卒、战车伪装整军待发，做出了出兵的姿态。楚国是个大国，韩宣王以为有了楚国作为倚靠，便可以不用仰仗秦国，便取消了与秦国割地求和的计划，在战场上继续与秦军周旋。

秦国被韩国狠狠地玩了一把，本打算收兵的秦王对韩国发起了更加猛烈的进攻，而楚国那边，只见有出兵的打算，却迟迟不见援军到来，韩宣王才知道掉进了楚怀王的陷阱。但是，这个时候若是再向秦国提割地求和的事情，似乎已经为时过晚了，只有硬拼死扛了。两军相持一年多，韩军再也没有余力支撑，狼狈不堪，步步退让，终以失败告终。

对于公孙衍来说，这无疑又是一次难以承受的打击，无情的失败让公孙衍再也没有颜面在韩国待下去了，毕竟在落魄的时候是韩宣王重用了他，公孙衍给了韩宣王希望，带给他的却是失望，君臣不必多说，只有数不尽的无奈，公孙衍的出路也已经注定。

走投无路的公孙衍在韩国混不下去，再次回到魏国。公孙衍在离开魏国的时候尚且摆了政敌田需一道，田需更加对他怀恨在心，而大臣之中又不乏对其怨恨者，现在公孙衍灰溜溜地回来了，自然不会得到好脸色，可以想象公孙衍的日子怎么会好过。

就在这样悲愤交加的日子中，公孙衍含冤而死，他的死也极具悲剧色彩。公孙衍与大臣陈寿积怨甚深，田需为置公孙衍于死地，便命人将陈寿杀死嫁祸给公孙衍，公孙衍无力反驳，只能蒙受不白之冤，后被处死。一代风云人物就这样陨灭了，而这一过程中，最为无辜的当属陈寿了，他成为一个彻彻底底的牺牲品，不禁让人感叹，世事无常，利益之争中，一不留神就成了牺牲品。

公孙衍死了，合纵战略却没有随之而去，合纵终以失败告终，却已经深入人心，依旧在历史的舞台上上映，那是公孙衍没有逝去的灵魂。

义渠之乱

螳螂捕蝉黄雀在后，军事战争中最为惧怕的莫过于此，因此，解除后顾之忧的战前准备必须要做到位，秦国在出征六国之时，便考虑到了这点。秦国的西部邻居是一个小国——义渠国，多年来与秦国为敌，千里之堤尚且能够毁于蚁穴，秦国要东进必须要防止义渠在背后插刀。

话说这义渠到底是一个什么样的民族，这还要从遥远的历史说起。义渠在商朝之时就已经存在，那时，义渠是羌戎民族的一个分支，以游牧为生，居无定所，大体活跃在今天宁夏固原草原和六盘山、陇山两侧。

居住在陇东的鬼方与义渠常常因为领地而互相攻击，但是义渠与商王朝的关系较为和洽，而鬼方与商王朝势不两立，常年战争，而战败方多是鬼方，鬼方逃走以后，义渠就趁机占领陇东大片地区，势力不断扩大。

随着义渠领土的扩张，人口的增加，义渠的生存状态也逐步发生变化。陇东地区与农耕民族相邻，此地土地肥沃，水草丰美，除了可以发展畜牧业外，还可以发展农耕业，而在与农耕民族的交往中，义渠民族也学会了农耕的技术，农业成为义渠人民的第二产业。

当农业得到稳定发展，游牧状态就不再适合义渠民族了，义渠生活逐步走向定居，并且建立起了自己的城堡和村落，彻底改变了游牧的生活，走进了半农半牧的生活。

好日子没多久，西周建立以后，多次镇压少数民族，义渠也未能够幸免，但是毕竟还毕竟流淌着游牧民族的血液，强悍好斗的本性依然不减。少数民族的激烈反抗让西周王朝很是伤脑筋，最后只得转变策略，以安抚为主，战争为辅，义渠也便臣服于周王朝。

有了周王朝的庇护，义渠的发展更加无阻，再加上所处的地理环境优越，义渠很快发展成为一个强大的民族。同时，义渠还训练了一支所向披靡的骑兵，其气势令人生畏。有了实力，义渠便有了摆脱周王朝的野心，只是时机尚未来临。

西周末年，西周王室气数将近，“小人在位，君子在野”是对这时的周王室最好的诠释。“烽火戏诸侯”的闹剧一演再演，国人强烈不满，而天灾人祸又纷至沓来，西周王朝摇摇欲坠，危机四伏。少数民族犬戎趁机起兵，周王朝无力抵抗，西戎长驱直入，势如破竹，直达城下，昏君周幽王在骊山被杀。

趁着周王朝内乱，义渠脱离周王朝的统治，建立了自己的国家。从此，义渠国载入史册。西周灭亡以后，东周虽然尚存，却已经千疮百孔无力于对少数民族控制了。

没有了束缚，义渠犹如脱了缰的野马，撒起了欢。义渠东征西讨，将周边少数民族尽归于自己的势力范围。这一时期义渠的势力范围不可谓不大，西至西海固草原，东达桥山，北控河套，南到泾水，面积约十万平方公里，包括近川、陕、青、甘、宁等地，其主要势力范围在今甘肃省宁县西北部一带。

偌大一个面积呈现在我们面前，相比与能够提上榜单的春秋战国时期的大国，义渠并不比它们小。令人惋惜的是，强盛一时的义渠终被秦国灭亡，而义渠的遗址也已经没有了痕迹。若是没有史书的记载，它将被湮没在历史的长河之中，义渠留给我们的只有无尽的想象了，这些都是后话，回到我们的话题上来。

历史走进春秋战国时代，义渠仍旧持续稳定发展，与义渠的发展相并存的是和秦国反复不断的战争。虽然日益汉化，义渠仍旧保持着好斗的传统，随着实力的壮大，义渠向南扩张的野心也越来越强烈，这不可避免地要与秦国发生冲突，而义渠也有与秦国相抗衡的实力。

义渠是一个凶悍的民族，全民皆兵，战时作战，闲时放牧务农，他们的民族精神是以“战死为吉利，病终为不祥”。有着这样的信仰，士卒在战争之中无不英勇。义渠最为让人忌惮的，当属它的突击骑兵。义渠民族善骑马，马术了得，遇到战争，突击骑兵神出鬼没，势如闪电，却让人摸不到头脑，对于这样一支骑兵，秦国也是伤透了脑筋，没有半点办法。

公元前4世纪前后是义渠最为强盛的时期，这一时期，义渠不断南下，其疆域东达陕北，北到河套，西到陇西，南达渭水，面积约二十万平方公里，领土是东周初期的两倍。与这一时期的中原大国不相上下，若是论及战斗力，恐怕还会有过之而无不及。这样一支不可一世的战斗力有朝一日若是入主中原，历史便要改写了。也许义渠有这样的野心，但是它也不得不面对事实，内乱的频仍让它无暇南顾。

繁华过后，义渠便开始走下坡路，战争没有把义渠打倒，但是面对内乱，义渠明显经验不足，自家起火，这是历史上众多王朝没有逃脱的命运。义渠陷入漫长的内乱，这给了秦国一个千载难逢的机会，秦国大举进攻义渠，义渠仓促应战，却又不能同心，结果造成大败，国君被俘，成为国耻。

经历了商鞅变法之后的秦国，迅速崛起，以至于成为众矢之的。秦国与魏国一役，夺得魏国大片领土后，趁义渠内乱再攻义渠，这一次义渠再遭惨败，义渠被占领，义渠迫不得已臣服于秦国。秦惠文王在此建立了义渠县，义渠以国为县，以君为臣，对于义渠来说这是奇耻大辱，形同亡国。

义渠的臣服是无奈的，在骨子里仍以秦国为敌，秦义的战争并没有因此而结束，义渠伺机而动，只是没有找到合适的时机。等待，等待，忍耐，忍耐，上天终究没有枉费他们的期待。

这年，公孙衍的合纵正如火如荼，非常具有战略眼光的他准备将义渠也拉入到伐秦同盟中来，义渠的地理位置与秦国的恩怨对秦国来说是一个致命的武器。秦国在义渠与东方六国的包围之下，各国之间若当真能够好好配合，只等瓮中捉鳖，拿下秦国不在话下。若真能够如公孙衍所想，历史就又是另一番场景了。六国终究让公孙衍失望了，所幸义渠还有点点星光。

非常恰到时机的，义渠的国君来到魏国，公孙衍急忙向他灌输合纵思想，义渠国君对秦国早就恨之入骨，当然乐意与六国站在同一战线。义渠国君回到义渠，暗中部署攻打秦国之事。

眼见六国同盟形成，秦惠文王绝对不会坐以待毙，整军待发，做好了应战的准备。周全如秦惠文王，自然也考虑到了义渠，若后院起火，那自然不能前后兼顾，所以必须要解除后顾之忧。秦惠文王有求于义渠，便派人向义渠国君献上“文绣千匹，好女百人”意图与义渠修好。义渠国君一口应允，而士卒却已经做好了完全的出征准备。秦惠文王不疑有他，将大批主力派往前线。

六国联军多是乌合之众，不堪一击，魏国、韩国相继投降，秦国乘胜追击不肯求和的赵国。正当秦军与赵军酣战之时，义渠的大军猛攻秦国大本营，秦国留在本部兵力有限，不得不暂时放弃对赵国的战争，班师回朝。

义渠在战争中收回了部分失地，但是，秦国实力毕竟尚在，在回师不久，秦国就调遣重兵三面包抄大举攻入义渠，蚕食了大半义渠国土，义渠从此丧失了与秦国相抗衡的势力。后又经历了大大小小将近四十年的战争，义渠终究被秦所灭。

鹬蚌相争很实用

“谋事杀良，非忠也；乘人之危，非仁也。”乘人之危一向以贬义词出现在汉语词典中，做人自然不能乘人之危，不然会被冠以不仁的骂名。但是，当这种境况发生在国家之间时，特别是在春秋战国这样的群雄相争的乱世之机，乘人之危就成了一种智慧，更为甚者，若不能把握这种乘人之危的机遇，倒是会被冠以迂腐或者愚蠢的骂名。当下，就有一个绝好的乘人之危的时机摆在秦人面前，聪明如秦惠文王自然不会错过。

秦惠文王十年（公元前316年），巴和蜀发生战争，打得不可开交。今日提起巴蜀，人们并不陌生，首先映入我们脑海的是“九寨沟山水的神奇，黄龙山水的瑰丽，熊猫世界的趣，恐龙世界的奇”，当然也不能忘却那“峨眉天下秀，青城天下幽，剑阁天下险，夔门天下雄”的景象，还有让无数学者为之痴狂的巴蜀文化。话说在先秦时期这巴、蜀两国是怎么个境况？这要从遥远的历史慢慢说起。

巴、蜀历史悠久，据有记载的历史，巴、蜀地名在夏商朝已经存在，但是那个时期的巴、蜀只是部落，而不称国，而且巴并不以此为名，而是称之为彭，有学者称古时彭与巴音同，可通用。巴、蜀在四川、重庆境内，巴在东，蜀在西，范围较大，巴蜀地区民族众多，据《华阳国志》记载，有濮、賨、苴、粪、奴、獽、夷、蜒、滇、僚、僰，这些民族中巴族、蜀族分布最广、人口最多。

在古代天灾人祸频繁，又多发战争，所以各族人们的迁徙十分常见，随之而来的是血缘关系的融合与经济文化的交杂，再加上地缘关系的原因，巴、蜀常并称。随着时代的发展，巴蜀不离，并发展成了独特的不同于中原的巴蜀文化。同时也正因为巴蜀的这种独特关系，今人研究探讨巴、蜀的族源颇有难度，更有分歧。

巴人的祖先称之为“廪君”，据说此人是从当时的五个姓氏之中经过各种技能比赛公选出来的，巴人彪悍好斗，居无定所，早期以狩猎、捕鱼为生。“廪君”及其他的子孙带领巴族南征北战，活跃在川东、湖北西部及贵州东北一带，并吸纳了其他少数民族，势力不断壮大，到了春秋时期建立起了国家，这时才称之为巴国。

关于蜀的历史，在甲骨文中已有商王征讨蜀的记载，根据记载，蜀在商的统治之下，但是蜀人冒险好斗的性格决定了他们不可能安于本分，于是便有了征讨之说，这一时期，蜀已经称之为国。

根据神话传说，蜀人的祖先是“蚕丛”和“鱼凫”，前者是蚕后者是鸟，这种神话传说在远古历史中并不少见。如有学者称，夏朝建立者大禹乃是一只大虫，这跟蜀国以“蚕丛”和“鱼凫”为祖先的记载有异曲同工之处。

到了春秋时期，关于“杜宇”的传说流传甚远，《华阳国志·蜀志》记载：“蜀有王曰杜宇，一名杜主。”而有迹可查的众多史书中也有这样的记载：“七国称王，杜宇称帝。”在晚唐诗人李商隐的《锦瑟》中有我们非常熟悉的诗句“庄生晓梦迷蝴蝶，望帝春心托杜鹃”。杜宇称之为望帝，这句异常凄美的诗句，描绘的就是关乎杜宇的凄美故事。

据记载，杜宇“教民务农”，不仅蜀人受其教化，就连与之相邻的巴人也受其影响，开始农耕，现今巴蜀农民仍保留着祭祀杜主以求多产的习俗。时逢大水，望帝部属鳖灵领兵治水有功，望帝禅位于他，是为开明帝。

成就很容易遮蔽人的双眼，鳖灵身为开明帝，一天天骄傲起来，久而久之却变得不再开明了，鳖灵不能体恤百姓，还百般盘剥，致使百姓不胜其害，便再请望帝。望帝前去教化鳖灵，不但无功，还惹来了杀身之祸。

望帝的复出对鳖灵始终是个祸患，鳖灵唯恐被夺权，便命人去追杀望帝，走投无路的望帝，便幻化为一只杜鹃，整日啼叫，直至啼出血来，鳖灵终被感化，成为百姓之福。神话故事里摆脱不了现实的影子，虽不能全信，对现实却也有借鉴价值。

春秋战国时期，蜀国的疆域主要在川西平原，北抵汉中，西达氐羌，南到峨眉、乐山、宜宾，而巴国在势力增强后也不断沿着长江向东发展，巴蜀之地土地肥沃，又有山川屏障，成为楚国与秦国相争的目标。

首先向巴蜀伸出黑手的是楚国，楚国是南方大国，霸气十足，曾厚颜无耻地公然宣称："我蛮夷也。今诸侯皆为叛相侵，或相杀。我有敝甲，欲以观中国之政，请王室尊吾号。"

楚人是中原人所谓的南蛮，最不讲究正统礼数，又桀骜不驯，不受周王室的统领。凭着实力，楚国走上了往巴蜀扩张的道路。

楚国的扩张，兵分两路，一路指向蜀国，一路指向巴国。楚国眼馋汉中肥沃之地，便想与蜀国分食，蜀国疆域虽大，但文明尚不开化，无论是兵力还是武器设备均不能与楚国相抗衡。两军相争，其结果是汉中之地大片被楚国侵食，楚国建立起了牢固的西部屏障，并在此设立多郡进行管辖。

楚国开往巴国的兵力，同样是个大丰收，巴国迫于楚国的淫威，不得不臣服于它。这通过史书《左传》中桓公九年（公元前703年）记载的一件事情可以看出，时巴国在楚国的西北，与之相邻的是邓国，巴国欲与邓国结好，不得不前往楚国征求楚国的同意。

巴国人桀骜不驯，又开化不深，一旦有机会，自然要反抗，巴国人曾趁楚国内乱，向楚国发起进攻，也曾经在楚国与别国相争之时，落井下石，企图得渔翁之利。这些反抗对楚国虽然有一定的打击，但是仍然不能撼动它的根基，巴国也始终未能摆脱楚国的束缚。

楚国在巴蜀捷足先登，这让它占尽了优势。但楚国在巴蜀的优势，随着秦国的插足而渐渐消失。

秦国的目标是一统六国，争取天下，与当时的大国楚国终究会有一番争斗。与楚国的决斗不可避免，而秦国的目标是占据楚国的大后方，然后以包抄之势将楚国一步一步蚕食，但是战略的实施，还必须以夺取巴蜀与汉中为根据地。

自从商鞅变法，秦国成为众矢之的以来，秦国忙得不亦乐乎，也打得不亦乐乎，苏秦的合纵，公孙衍的合纵，纷至沓来，将矛头指向秦国，六国攻秦遭遇惨败，更是让秦国开足了马力，对周边各国的攻势一浪高过一浪。但是，另一方面，树敌太多，把秦国处于一个危机累累的境地，如此一来，恰当地处理与各国的关系，就成为一个非常棘手的问题。而与哪些国家交好，又攻打哪些国家，除了依战略而定外还要依时机而行。

有了长远的目标，一个恰当的时机仍然是可遇而不可求的，对于秦国来说，就是这样一个可遇而不可求的时机。争夺天下，夺取巴蜀势在必得，秦国这个后来者，能否在楚国占尽优势的巴蜀地区夺得一席之地，进而将楚国赶出此地，独占巴蜀？

先打韩还是先打蜀

将军将秦师，西南奠遐服。
故垒清江上，苍烟晦乔木。
登临直萧辰，周览壮前躅。
堑平陈叶满，墉高秋蔓绿。
废井抽寒菜，毁台生鲁谷。
耕人得古器，宿雨多遗镞。
楚塞郁重叠，蛮溪纷诘曲。
留此数仞基，几人伤远目。

——刘禹锡《登司马错古城》

凡是稍有了解秦朝历史者，对司马错这个人必然是知道的，作为秦朝著名将帅，司马错得到了最高评价，有人曾评价白起、王翦、司马错：“白起过于残酷，王翦偏重战术，只有司马错的战略才能出众，也有谋略，主张仁道，值得尊敬。”有这样的赞誉，也不枉司马错戎马一生，拼死效忠了。

司马错，生卒年现已无法考察，历仕秦惠文王、悼武王、昭襄王三世，与司马迁有渊源，追究起来，乃是司马迁的八世祖。司马错虽是武将，但绝不是有胆无识、有勇无谋之辈，他跟同时代的张仪一样，精通纵横学。文武双全的他，一生立功无数，其中最让人津津乐道的就是伐蜀。

秦惠文王九年（公元前317年），这一天，司马错迫不及待地前去面见秦惠文王，经历了无数次的硝烟战火与各种大场面的司马错此时为何如此失态，这让人感觉事态并不寻常，原来，巴蜀相攻，为秦国既定计划的实施提供了一个大好机会。

司马错见了秦惠文王，将此事一说，秦惠文王也非常高兴，便唤来谋臣商讨下一步策略。群臣各抒已见，你一言我一语，只见秦惠文王的脸色变得凝重起来。巴蜀相攻确实为秦国提供了一个绝好时机，但他们也不得不面对一个事实，那就是六国攻秦的隐患还没有清除，韩国仍在蠢蠢欲动，怕是要有下一步的举动。秦惠文王踱来踱去，举起不定，将目光转向了一直没有发话的张仪。

“不如伐韩。”张仪将心中所想说出，这跟秦惠文王的想法相左，但秦惠文王知道张仪自有主张，想听听他的想法，便道：“请闻其说。”张仪也不客气，将心中所虑娓娓道来。

“亲魏善楚，下兵三川，塞轘辕、缑氏之口，当屯留之道，魏绝南阳，楚临南郑，秦攻新城宜阳，以临二周之郊，诛周主之罪，侵楚魏之地。周自知不救，九鼎宝器必出。据九鼎，按图籍，挟天子以令天下，天下莫敢不听，此王业也。今夫蜀，西僻之国也，而戎狄之长也，弊兵劳众，不足以成名，得其地不足以为利。臣闻：‘争名者于朝，争利者于市。’今三川、周室，天下之市朝也，而王不争焉，顾争于戎狄，去王业远矣。”

张仪不主张攻打蜀国而主张伐韩国，其理由是，蜀国边远，乃是蛮夷之邦，即使劳民伤财最后将蜀国打下，也会因为蛮夷的桀骜不驯而不能在此扎稳根基。那样一来，只会徒劳无功，与建立霸业的距离就会渐行渐远，反倒是得不偿失。

另一方面，与楚国、魏国结好，然后借助他们的兵力图谋周室。其具体的规划是，秦国出兵三川，堵塞辕、缑氏两个隘口，魏国则领兵切断与南阳的交通，楚国领兵逼近南郑，这样一来，周王室就断绝了救援，秦兵攻打新城、宜阳就易如反掌，周王室命不久矣，等周王室拿下，转而占领楚国、魏国，那么霸业就可图了。

张仪攻打韩国，然后图谋王室，称霸天下的野心宏伟而诱人，但是这样的目标岂是短期内就能够实现的？在秦惠文王看来，这是可遇而不可求的，倒显得空洞而不务实。

对于张仪的说辞，秦惠文王没有发表自己的看法，转而将目光移向司马错。这个身经百战的将帅也许能够给他一个满意的答复。果然不负所望，相比于张仪的宏图大志，司马错的想法来得更加实际，针对张仪所说，司马错给出了精彩的反驳，司马错道：“不然。臣闻之：‘欲富国者，务广其地；欲强兵者，务富其民；欲王者，务博其德。三资者备，而王随之矣。’今王之地小民贫，故臣愿从事于易。夫蜀，西僻之国也，而戎狄之长也，而有桀纣之乱。以秦攻之，譬如使豺狼逐群羊也。取其地足以广国也，得其财足以富民，缮兵不伤众，而彼已服矣。故拔一国，而天下不以为暴；利尽西海，诸侯不以为贪。是我一举而名实两附，而又有禁暴正乱之名。”

司马错站在一个为政者的高角度去阐述问题，虽然讲的是眼前事，目光却是放得非常长远。首先提出了成大业者必须具备的三个条件，那就是拥有广阔的领土，让百姓安居乐业，最后是要有恩德，而攻打蜀国，恰能够为秦国带来这三样东西。

蜀国战乱，不费吹灰之力就能拿下，这样既能够得到它的土地，还能够剥夺它的财富，施惠于秦国人，除了这些具体的实惠以外，还能够获得除暴安良的好名声，可以说是名利双收，这样的好差事，何乐而不为呢？

司马错说到这里，秦惠文王心中已经赞叹不已，而在座的大臣也不禁为司马错的谋略竖起大拇指，这才是为政者当考虑周全的事情。但是司马错到此并没有结束，他接着罗列出了攻打韩国的众多不利之处。

司马错道："今攻韩劫天子，劫天子，恶名也，而未必利也，又有不义之名。而攻天下之所不欲，危！臣请谒其故：周，天下之宗室也；韩，周之与国也。周自知失九鼎，韩自知亡三川，则必将二国并力合谋，以因于齐赵而求解乎楚魏。以鼎与楚，以地与魏，王不能禁。此臣所谓危，不如伐蜀之完也。"

张仪将攻打韩及其之后的目标描述得非常好，但是，在司马错看来却存在着种种的不利，首先在名誉上就得一个骂名，周王室虽然名存实亡，但毕竟还是天下人的宗室，挟天子以令诸侯的效用还是存在的。攻打周王室，必然会招致恶名，这是其一。其二，韩国一向崇尚温和外交，与周边各国关系尚且融洽，若是韩国与周王室联合，并请求楚国、魏国的救援，如此一来，秦国损兵折将，能否战胜还未可知，这样名利双损的事情为什么要做呢？

从张仪与司马错二人关于秦国进攻方向选择的辩论中，我们可以看出，张仪所说仍是他的纵横政策的延续，他的着眼点在周旋于屈指可数的大国之间，利用他们之间的利益、矛盾关系为秦国谋取利益。而司马错却非常看重蜀国的价值，蜀国作为秦国西南的一蛮夷小国，其价值却不可忽视。

秦国得蜀国赢得名声外，更能为以后和与之相抗衡的楚国相争赢得筹码，巴蜀作为楚国的后方基地，秦得巴蜀，便是对它的严重威胁，楚国以后的战略不得不考虑到后方威胁。

司马错话语未落，在座大臣多有点头称赞者，秦惠文王也不再举棋不定，当即拍板定下了攻打蜀国的战略，张仪见形势已定，便也不再争论。

秦惠文王命人整军备粮，做好了出兵的姿态，只是，这一次他能否如愿以偿，顺利拿下蜀国，在巴蜀占尽优势的楚国当真会坐以待毙，眼见优势一日一日丧失吗？

巴蜀成了囊中肉

司马错战功无数，有人说司马错一生无败战，不知道此种说法是否有据可查？不管此话是真是假，不可否认，司马错的功劳是不可抹杀的，但是司马错被后人知晓乃至铭记，却多是源于他与张仪的这场著名的辩论。

围绕着秦国的发展方向，司马错与张仪的主张一一展开，当然我们不敢妄断他们二人谁对谁错，只不过是优中择一而已。张仪的主张甚是宏大，直捣黄龙，成就霸业，经历了商鞅变法迅速崛起的秦国，虽然走在当时各国的前面，但是，显然并不具备这样的条件，或者说时机尚未成熟。

反观司马错的主张，倒是更切合实际，师出有名的情况下得地得财，还博得“除暴安良”的好名声，这真是以最小的代价获得最大的利益的典范。也无怪乎秦惠文王采纳了司马错的意见，并紧急展开行动。

在一切准备就绪以后，秦军开进蜀国，但是此次伐蜀，秦惠文王以谁为将帅却在史书记载中产生了争议。据司马错的八世孙司马迁在《史记》中记载，这一年的十月，司马错领兵平定了蜀国，并将蜀国国君贬为侯，蜀国成为秦国的一个郡。这种说法似乎顺理成章，首先司马错主张攻打蜀国，其次司马错是个难得的将帅，能够担起讨伐蜀国的担子。

在常人看来，秦惠文王将司马错任命为主帅合情合理，但是在史书《华阳国志》中就有了另一番说辞，依据《华阳国志》中的说法，指挥灭蜀国的乃是张仪，蜀国被灭以后，蜀国国君在武阳也被张仪杀掉。

当然，秦惠文王虽然没有采纳张仪的主张，但让张仪参与战争这是有可能，但是将其任命为主帅这似乎就超出了常人的想象了。另一方面，《华阳国志》中，在讲到秦灭巴蜀时，丝毫没有提及司马错，这就不得不让人怀疑此记载的真实性了。

有学者称，《华阳国志》在论及司马氏时，多有曲笔，由此看见，作者常璩对司马氏是非常反感的，此事要从常璩的出身说起。

常璩是东晋人，按理说，晋朝司马氏当权，为迎合当权者，常璩理应美化司马氏才对，他为什么要反其道而行呢？常璩生于晋朝不假，但同时他又是蜀人，那时东晋朝廷重用中原旧族，轻视蜀人，常璩年老，虽在朝廷为官，却处处受到歧视。

常璩文笔流畅，不得志的他便寄托于著书，写成《华阳国志》一书，成为我国古代第一部地方志。《华阳国志》主要介绍了巴蜀历史，因为寄予了作者的感情，书中对司马氏多有怨恨，也就不免有了曲笔之处。

回到我们的主题，《华阳国志》是一部重要的讲述巴蜀的地方志类史书，后人在研究巴蜀历史时，多有引用。我们应该辩证看待，毕竟过多个人喜恶的投入会影响历史的客观性。在伐蜀之战中，我们更倾向于司马迁的记载。

根据司马迁的记载：“卒起兵伐蜀，十月，取之，遂定蜀，贬蜀王更号为侯，而使陈庄相蜀。”秦军与蜀军在葭萌（今四川广元昭化镇)遭遇，蜀军不敌，多有溃散而逃者，蜀国国君见形势大糟，逃亡武阳，到了这年的十月份，蜀国被攻下。

诚如司马错所料想的，蜀国被灭以后，蜀国的土地、财富均成了秦国的囊中物，在各诸侯国之间，秦国的优势越发显现了。

欲望无止境，不论是土地，还是财富都是多多益善，秦国轻而易举得蜀国，巴国就在眼前，自然不会就此罢手，一个乘胜追击将巴国也一并拿下。秦国拥有了巴蜀，其战略意义非常重大。有人称，司马错伐蜀之功与商鞅变法可以相提并论，因为商鞅变法为秦统一六国，建立一统国家奠定了社会基础，而司马错伐蜀则为秦统一六国打下了经济基础与战略基础。暂且不论这种说法是否有夸张之嫌，我们不可否认的是，司马错伐蜀为秦国带来了不可估量的好处，而对于其他诸侯国来说，则是无尽的灾难。

眼见秦国意气风发，胜利一发不可收拾，作为强敌的楚国自然不会袖手旁观。秦国得到巴蜀，利益损害最大者当属楚国，而威胁最大者也当属楚国，楚国多年的经营，因为秦国的插足而毁于一旦。不仅如此，巴蜀在楚国后方，一旦秦国对楚国形成包抄之势，楚国就危在旦夕。

失去巴蜀以后，楚国的西南门户被打开，楚国的战略考虑变得异常艰难，众多隐患让楚国应接不暇。一方面秦国往东可以顺长江而下，直达楚国的政治中心郢，其次秦国东向而来，汉水河谷也是一个不错的选择，另一方面，秦国还有可能南下，出武关直入楚国腹地。种种隐患，不管是哪种可能，或者兼具多种可能，楚国均是无法承受的。

根据司马错得巴蜀便得楚国的战略，楚国岌岌可危，楚人看得明白，所以不等秦人在巴蜀站稳手脚，楚国就派兵气势汹汹而来，秦军稍作休整，立即投入到下一轮的战斗中。楚国虽是大国，但是毕竟已入暮年，而秦国刚刚崛起，正值壮年，两军相争，互有胜负。

秦、楚之间的拉锯战争持续多时，对于楚国来说，巴蜀是必争之地，关乎存亡安危，所以必须倾全力夺取。楚军拒秦军于汉中，楚国倾注了血本，打算将秦国拿下，但是结果仍然惨不忍睹，达官显贵尚且有七十多人丧命，就不用说士卒了，损兵折将之后，汉中失守。关于楚国的这段耻辱，史书是这样记载的："楚尝与秦构难，战于汉中，楚人不胜，列侯执圭死者七十余人，遂亡汉中。"恼羞成怒的楚怀王反倒被激起了斗志，发重兵攻打秦国关中腹地，两军交于蓝田："楚王大怒，兴兵袭秦，战于蓝田。"

连续的拉锯式战争，楚国已经力不从心，领地一点点被蚕食，而都城也被迫往东一迁再迁，"熊绎封丹阳，文王始都郢，平王更城郢而都之。昭王迁若阝，旋还郢。至襄王，东北保陈城。考烈王迁巨阳，又迁寿春，亦曰郢。"江汉平原渐渐落入秦国的钳制之下，楚国的日子过得相当艰难。

秦国虽然轻而易举得到巴蜀，但是，对巴蜀的管理却让秦惠文王伤透了脑筋。巴蜀乃少数民族聚集地，其桀骜不驯的民族个性再加上民族纷杂，管理起来煞是困难。秦收巴蜀以后，对巴蜀武力与拉拢并存，蜀国国君死后，秦便将其子弟封为侯，并以陈庄为蜀相，以张若为蜀守，以此来监视蜀侯。但是，巴蜀之乱仍频发，秦国在此地的统治仍然极不稳定。

在楚国与秦国相抗争的同时，巴蜀也时时伺机而动，反叛者接二连三地站起来，但均没有成就大气候，其中规模较大者当属蜀相陈庄监守自盗发动的叛乱。司马错受命入蜀平乱，司马错部属甘茂将陈庄杀死，蜀乱乃平定。

张仪使楚

时间飞快，转眼间沧海桑田，时事已经变了模样。当初名不见经传的秦国，自打商鞅变法之后，就走上了强国之路，成为屈指可数的大国，收巴蜀之后，更是威震诸侯国，而昔日的大国齐国与楚国却在你争我斗的战乱时代之中渐渐显得力不从心，宛若走入暮年。

时间可以改变很多东西，人亦在时间的流转中有了新的面貌。达官显贵转眼间可以成为穷困潦倒的流浪汉，而昔日毫无无立足之地的流浪者也可以成为九五之尊，这其中变化有谁能说得准呢？这就给了我们一个启示，那就是善待我们身边的每一个人，英雄也有潦倒时，穷人也有富贵日，不要因为一时的狭隘而酿下后患。

道理总是简单，但若真能够做到，人人都成了圣人。可人总是在不知不觉之中顺着自己的意愿前行，以至于不得不为当初的任性埋单。

当日，张仪穷困潦倒，到处碰壁，最后成为楚相的食客。坐席之间，楚相兴起，拿出楚王赏赐的和氏璧给众人显耀，众人赏玩之间，和氏璧不翼而飞，这和氏璧乃楚王赏赐，代表着无上的荣誉，楚相自然不会不了了之。在座众人之中，只有张仪为生活所迫，最为潦倒，众人便将责任推向了他，楚相也断定是张仪偷了和氏璧，张仪非常有骨气，面临如何的刁难，仍然不肯背黑锅，最后被暴打一顿，赶出了宴席。

张仪伤痕累累，在家休养半年，在家人面前丢尽了颜面。时间可以扫去很多东西，包括人的记忆。但是这份耻辱，对于张仪来说，终生难忘，待张仪在秦国担任丞相，走上一人之下万人之上的高峰，这份耻辱仍然存留在张仪记忆的最深处，这也许就是张仪最初的动力所在。

复仇，当张仪有了这样的实力，并且这种个人恩怨能与他所服务的秦国互不矛盾时，爆发力更为强大。不管是从私人角度，还是从国家利益的角度，楚国始终都是秦国的一个劲敌，如今秦国日益强大，扩张之路也越走越顺，是时候向楚国下手了。其实在很久之前，张仪就已经盯上了楚国这块肥肉。

在给楚相的一封信中，张仪对当日耻辱念念不忘，并表示要复仇，心中大体是这样的意思：当日，我与你一同饮酒，没有偷你的和氏璧，你却将我打得遍体鳞伤，现在你要当心，仔细守护好你的国家，我要偷你的城池。这也许是秦国的既定计划之一，但是当张仪以这样的形式说出来的时候，不知道楚相心中作何感想。

巴蜀事务告一段落，秦国将目标转向了楚国，这也是张仪所希望的。在这个过程中，事情的发展遇到了一个不小波折。

眼见秦国霸气十足，楚国与齐国虽为大国，但已经今非昔比，势不如往日了，两国对秦国的气势汹汹同样畏惧，便结成了同盟，约为生死之交。这对秦国来说是一个相当严峻的考验，“秦欲伐齐，齐、楚之交善。惠王患之。”

这一时期，战国七雄的形势已经转化为三足鼎立，当时的秦国、楚国、齐国是实力相对较强的。现下，齐国与楚国联合，这让秦惠文王有些吃不消，一对二这样的比赛，秦国并没有绝对的胜算，而秦惠文王也不愿意做这样的尝试，面对这样一个严峻的外交形势，秦惠文王深思之后，依旧拿不出一个完美的战略，便向谋臣张仪讨教方案。

“吾欲伐齐，齐楚方欢，子为寡人虑之，奈何？”秦惠文王愁眉苦脸，希望张仪能够想出个完全方案。眼见秦惠文王一筹莫展，这些年来的一幕幕在张仪的眼前演电影般一闪而过，是秦惠文王将自己从一个被人唾弃的小人物提拔到今日的丞相之职，这份恩情，张仪不能不报答。况且，拿下楚国，这里面也包含着私人恩怨，张仪没有理由不冒个险。

思及此，张仪心中已经有了解决方案。秦国惧怕的是楚国与齐国结盟，若要攻打楚国，就需破坏齐楚同盟，如何将齐楚同盟搅黄，这是问题所在。最后张仪选择从楚国下手，晓之以理，诱之以利，让楚怀王亲手将齐楚同盟破坏。

秦惠文王十二年（公元前314年），秦惠文王命人为张仪准备好了车马、粮草、钱财，张仪带领几名随从往楚国赶去，张仪此去是要说服楚怀王与齐国绝交，转而与楚国交好。

张仪身负使命来到楚国，楚怀王对此十分重视，亲自出迎不说，更将张仪视若上宾。一国国君自降身份，迎接他国使者，这在中国历史上还真不多见。张仪见楚怀王如此，便知有戏，虽然心中对楚国恨之入骨，却是满脸堆笑与楚怀王及楚国大臣相谈甚欢。

张仪一副处处为楚国着想的姿态，对楚怀王道：“秦西有巴蜀，大船积粟，起于汶山，浮江已下，至楚三千余里。舫船载卒，一舫载五十人与三月之食，下水而浮，一日行三百余里，里数虽多，然而不费牛马之力，不至十日而距扞关。扞关惊，则从境以东尽城守矣，黔中、巫郡非王之有。秦举甲出武关，南面而伐，则北地绝。秦兵之攻楚也，危难在三月之内，而楚待诸侯之救，在半岁之外，此其势不相及也。夫弱国之救，忘强秦之祸，此臣所以为大王患也。”

张仪将楚国现下所处的国际形势及其面临的众多危机一一摆在了楚怀王的面前，这些楚怀王其实比张仪更加清楚，但是当张仪将楚国种种不利道出来的时候，楚怀王突然有一种命不久矣的感觉，听得他毛骨悚然。

其实张仪所说并非危言耸听，形势确实如此。秦国据有巴蜀以后，对楚国形成包围之势，楚国的处境岌岌可危。楚国西南门户大开，秦国不论往南还是往东均可顺流而下，直捣楚国腹地，秦国的威胁是楚国难以逃脱的灾难。

楚怀王听张仪将秦国的意图如实相告，对他更加亲近，知道张仪此番前来，也必定是无事不登三宝殿，便听张仪将来意讲明。原来秦国想以商於地方的六百里土地和秦国美女换取秦、楚联姻，当然秦国也不会做赔本的买卖，秦国的条件是楚国与齐国废除盟约。

楚怀王苦于秦国对楚国的威胁，早就有了与秦国妥协的打算，只是苦于没有途径，现在张仪竟以六百里秦国土地与秦国美女相许，楚怀王自然心动，这是天上掉馅饼的好事，何乐而不为呢？眼前的这份大礼实在诱人，楚怀王一心沉浸在不战而得秦国六百里土地，还有美女赠送的喜悦中，没有太多的考虑，楚怀王就应允了张仪，跳进了张仪设的陷阱里。

天下没有免费的午餐，谁又会做不赚的买卖，况且这个人是聪明绝顶的张仪呢？楚怀王作为一国国君，生于战国这样的乱世之中，仍旧没有参透这简单的处世之道，真是悲哉。为了眼前的丁点利益而与齐国断绝联盟关系，陷楚国于更危险的境地，这是目光短浅的行为表现。当然在张仪的阴谋还没有被揭穿之前，楚怀王仍旧在美梦中没有苏醒。

张仪乐呵呵地打道回府，徒留楚国一片争论之声，到底发生了什么事情？原来，是我们前面讲到的老熟人陈轸登上了舞台，发出了与众不同的声音。

丹阳之战

诚信法则是人与人相处的一座桥梁，这个法则在国家与国家的交流中同样生效。但是，政治中的道德与人与人之间的道德有所不同。为国家利益而不诚信的行为在政治中比比皆是。这种丧失道德的行为不但不会受到指责，反而被认为是一种大智慧，即所谓兵不厌诈。

张仪出使楚国将楚怀王骗得团团转。尽管张仪有失诚信，但后人对他仍竖起大拇指，大赞其智慧。我们再来回味一下，张仪那段极具诱惑力的话："弊邑之王所说甚者，无大大王；唯仪之所甚愿为臣者，亦无大大王。弊邑之王所甚憎者，无大齐王；唯仪甚憎者，亦无大齐王。今齐王之罪，其于弊邑之王甚厚，弊邑欲伐之，而大国与之欢，是以弊邑之王不得事令而仪不得为臣也。"

前文中曾经提到，张仪与楚国相尚有一段恩怨未结，被冤枉偷和氏璧的耻辱让张仪终生难忘，被暴打差点致残的疼痛，让张仪仍痛在心里。张仪对楚国不但没有好感，还充满着仇恨，但是，张仪却掩饰得极好，不但与楚怀王相谈甚欢，还马屁拍到了九霄云外，弄得楚怀王云里雾里晕头转向，美哉乐哉。

当然几句夸赞的话，在张仪来说并不是难事，而这也不足以达到张仪的目的，张仪接着抛出了重头弹，这下让楚怀王当真醉倒在美梦中，张仪道："大王苟能闭关绝齐，臣请使秦王献商、於之地，方六百里。若此，齐必弱，齐弱则必为王役矣。则是北弱齐，西德于秦，而私商於之地以为利也，则此一计而三利俱至。"

张仪来楚国之前，就已经做好了完全的准备，楚怀王是什么样的人物，张仪必定是调查过的，所谓“利令智昏”这话送给楚怀王作为标签最为恰当。摸清了楚怀王的底牌，张仪按理出牌，楚怀王终究是被牵着鼻子走了，小小的利益诱使他毫不犹豫地出卖了盟友。

张仪的智慧在于为达到自己的目的，却处处表现出为他人着想的假象，也许旁人尚能够抵挡这样的糖衣炮弹，但是对于楚怀王就足矣。事情进展得相当顺利，一段拍马屁的话，一个空口无凭的割地许诺，就摆平了楚怀王，可见楚怀王的智商高不到哪里去。

结局可谓是皆大欢喜，暂时的皆大欢喜，张仪达成了任务，楚怀王不费一兵一卒得了六百里土地，尽管这土地还没有到手，却足以令楚怀王提前高兴一阵子，对于双方来说，这是一个完满的结局。

楚怀王更将张仪视为上宾，吃喝玩乐样样置办妥当，张仪在楚国享乐一番，便起程回秦国去了。楚怀王让楚将逢侯丑跟随张仪入秦，办理两国结盟与割让土地事宜。一路上，张仪与逢侯丑游山玩水，喝酒吃肉，不亦乐乎。逢侯丑不疑有他，更加坚定了与秦国结盟的事情。

张仪走后，楚怀王将此事公布于朝廷：“不縠得商於之田，方六百里。”楚怀王洋洋自得，准备接受群臣的朝贺，也许是因为在位多年始终没有什么成就，如今终于办成了一件值得炫耀的事情，总要拿出来显摆显摆。事情正如楚怀王预想的那样，群臣皆朝贺，这样楚怀王更觉得做了一件了不起的大事，越发春风得意起来，但是群臣之中却有个特立独行者——陈轸。陈轸让楚怀王觉得真是大杀风景，不过这也反而吊起了楚怀王的胃口。

楚怀王命人将陈轸唤来，脸色沉重，张口便问：“不烦一兵不伤一人，而得商於之地六百里，寡人自以为智矣！诸士大夫皆贺，子独不贺，何也？”

意思是说，不费一兵一卒就得到了秦国商於六百里的土地，我是不是很聪明，楚怀王仍旧在卖弄才智。只是，此时“自以为智”这话从楚怀王的嘴中说出来，不久之后便自打嘴巴，让人哭笑不得。这个我们暂且不论，且看陈轸是如何回应的：“臣见商於之地不可得，而患必至也，故不敢妄贺。”

陈轸一语中的，指出楚怀王恐怕不能如愿以偿，此话一说，楚怀王的脸色立即黑了下来。这话太不中听，让楚怀王颇受打击。所幸楚怀王仍旧保持着绅士风度，忍着怒气将心中的疑虑问出。陈轸也不客气，将心中所虑娓娓道来：

“夫秦所以重王者，以王有齐也。今地未可得而齐先绝，是楚孤也，秦又何重孤国？且先出地绝齐，秦计必弗为也。先绝齐后责地，且必受欺于张仪。受欺于张仪，王必惋之。是西生秦患，北绝齐交，则两国兵必至矣。”

作为糖衣炮弹之下的清醒者，陈轸的考虑甚是周全，并且合情合理，秦国把楚国当回事，重视与畏惧的是楚与齐国的结盟，一旦齐、楚断绝关系，楚国便孤立无援，秦国哪里还会把楚国放在眼里？

与齐国绝交之后的楚国，孤立无援不说，还树下了敌人。西有强秦，北有齐国，形势非常险峻。良药苦口，楚怀王正沉浸在既得地又能抱得美人归的美梦中，哪里还听得进陈轸的苦口婆心？

陈轸修纵横学，善辞令，楚怀王见说不过他，又不肯认输，气呼呼地道："吾事善矣！子其弭口无言，以待吾事。"谁也说服不了谁，孰是孰非，那就用事实说话吧。用事实去实践理论的正确与否，这是一个完美方略，但是这不是在做实验，而是切切实实关系到国家的命运与百姓能否安康，这个代价实在是太大了。

楚怀王有些迫不及待，紧急下达了与齐国绝交的指令，只等着割地之事早日办妥，也了却了自己的一桩美事。但是左等右等，仍然不见动静，楚怀王有些心急，莫非出了什么岔子？他寝食难安，便命人去打探。

却说张仪一点动静都没有，这是怎么回事？原来张仪使了一招苦肉计，为的就是让楚国与齐国彻底闹翻，毫无回旋的余地。在回秦国的路上，张仪假装从车上摔下，三个月没有上朝，楚人找不到张仪，这可急煞了楚怀王。

楚怀王日思夜想，最后得出结论，张仪肯定是觉得楚国做得不够出色，才玩起了避而不见的把戏。楚怀王赶紧命人到齐国再申绝交事宜，并且臭骂了齐国一顿。果然见效，张仪终于肯露面了。

张仪从楚国回来以后，面临一个险境，秦惠文王对于割六百里土地给楚国的事情全然不知，一旦秦惠文王知道，割地之事是决然不能允许的。张仪必须自己想办法解决这六百里土地的事情。

在割地之前，必须彻底地拆散齐楚联盟，而齐、楚绝交以后，又断然不能真的将六百里土地奉上。张仪绞尽脑汁，终于想出了一个万全之策，足以把楚怀王气得七窍冒烟。

张仪闭关三月后出山，见了楚国使者，两人有了这样一段经典的对白，张仪道："从某至某，广从六里。"使者曰："臣闻六百里，不闻六里。"使者已经有些丈二和尚摸不到头脑了，怀疑自己出现了幻听，明明说好的六百里怎么眨眼间缩小了一百倍，成了六里？

张仪表现得既大义凛然又茫然无辜："仪固以小人，安得六百里？"这样一来，使者无话可说了，无凭无据，又没有白纸黑字，沮丧地回楚国了，迎接他的是楚怀王的暴风骤雨。

一场张仪引发的战争

"计者，事之本也；听者，存亡之机也。计失而听过，能有国者寡也。"好的计谋关乎国之根本，但是有好的计谋却不采纳，那么距离家破国亡就不远矣。当日楚怀王与陈轸争辩多时，最后楚怀王一意孤行，执意要用事实证明他的明智，结果却适得其反，落得一个惨失盟友，孤立无援的下场。

楚国与齐国彻底闹僵，楚怀王盼望入秦使者能够早日归来，带回好消息。但是，当使者垂头丧气风尘仆仆从秦国赶回时，楚怀王的美梦彻底破灭了。这一切来得太突然，让楚怀王难以置信，当日张仪是如何的信誓旦旦，怎么转眼之间就成了一个谎话连篇的大骗子？楚怀王瘫坐在软榻上，依旧没有想明白这是什么情况。

一夜的无眠，一夜的休整，楚怀王将事情前前后后理顺，终于明明白白地清楚了，他被张仪给耍了，狠狠地耍了。楚怀王抓狂了，大发雷霆的他将寝宫中的瓶瓶罐罐摔倒在地，握着滴血的拳头，心中下定了决心不杀张仪誓不休。

看着因为仇恨而充满斗志的楚国国君，我们心中除了可怜还有感叹，堂堂一国国君竟然能够愚钝到如此地步，也难怪一个本可与秦国分庭抗礼的泱泱大国在他的手中堕落。张仪仅仅一张嘴，开了一张空头支票，没有任何的凭证就让楚怀王做出了与齐国绝交的行为，楚怀王如此草率也难怪会掉入张仪的陷阱之中了。

愤怒的楚怀王，立即展开军事会议，整军伐秦，以报被欺之仇。群臣唯唯诺诺，均是木偶，听命行事，不敢提出反对意见，唯独我们的老熟人陈轸敢于直言。陈轸向前一步，对楚怀王道："臣可以言乎？"

楚怀王虽贵为君主，但颜面还是看得很重的，与齐国绝交事宜，被陈轸一语中的，楚怀王甚是颜面扫地，自拍耳光。此时陈轸站出来，楚怀王颇为难堪，又不能剥夺臣子的发言权，便默许了陈轸的请求。

陈轸再次与楚怀王唱起了反调："伐秦非计也，王不如因而赂之一名都，与之伐齐，是我亡于秦而取偿于齐也。楚国不尚全乎?王今已绝齐，而责欺于秦，是吾合齐、秦之交也，国必大伤。"

陈轸不赞同伐秦，毕竟与齐国刚刚闹僵，若是再与秦国结仇，就非常危险了，不如反其道而行，不但不与秦国计较六百里土地的事情，反而割地给秦国，趁机与秦国结盟，然后借助秦国的力量攻打齐国，从齐国那里获得补偿的同时还削弱了敌国。

以智慧的眼光来看，从楚国当前情形出发，陈轸的主张是个妙计，不但能够结交秦国还能削弱齐国。但是，楚怀王听到以后非常不爽，被张仪愚弄的那口气仍然堵在胸口，无处发泄，非要一战方能解气心头大恨。

对于陈轸，楚怀王的耐性也开始显得不足了，一而再再而三的容忍，这陈轸却越发蹬鼻子上眼。贪婪者同时也是吝啬者，楚怀王一心想要从别国得到土地，一听要割地向秦国求和，就把陈轸的意见否决了，意气用事的他，决心非要好好教训一下张仪不可。只是，楚国当真有那样的实力吗？因为对手不只是秦国，还有他昔日的盟友——齐国。

楚怀王再次置陈轸的谏言于不顾，按照自己的意愿一意孤行，战争不可避免了，同时不可避免的还有失败和楚国的前途。在此，我们不得不再一次大骂与感慨，大骂楚怀王的愚蠢，感慨在专制政权之下，君主的智慧与才学对一个国家的存亡是如此重要，可以令国兴也可以令国衰，甚至是国亡。

周赧王三年（公元前312年），楚怀王命屈匄为统帅，领兵伐秦，扬言要活捉张仪。发挥我们的想象力，以楚怀王现在的心态，若当真捉住了张仪，恐怕不会给张仪一个痛快，定要将他千刀万剐方能泄心头之恨，或许楚怀王也是这样的想法，但是，梦想总是美好的，现实却总是冰冷而残酷的。

仇恨蒙蔽了楚怀王的双眼，让楚怀王没有想到的是，齐国会出兵相助秦国。当日，楚怀王命人到齐国对齐国泼妇般大骂，这份屈辱，齐国能怎会不报复？

楚怀王盲目自大，出动十万大军以为足以应对强秦，却不幸遭遇了滑铁卢。秦国以魏章迎战，又兼有齐国相助，对楚国形成夹击之势，在丹阳大破楚军。楚怀王的斗志尚存，又倾全国之兵前来支援，结果在蓝田再次遭遇惨败。

背腹守敌的楚军顾此失彼，毫无还击之力，当仅有的两万士卒逃出重围，回到楚国的时候，秦国已经占据了楚国大片土地。更加雪上加霜的是，乘人之危者这个时候也纷纷伸出了黑手，不论是魏国还是韩国也乘机占据了楚国的部分领土。

楚怀王慌了，楚国的大臣也慌了，情况与料想的完全不同，这时的楚怀王突然意识到一个问题，那就是与齐国的结盟是求生存的最佳方案。自从张仪到楚国走了一趟以来，形势就开始失控，但是，不管怎样，楚怀王从来没有对自己的决策后悔过，经历了这样惨败的一战之后，楚怀王终于认清了形势。诚如陈轸所说，秦国之所以会重视楚国，原来全赖于齐楚同盟的关系。

让人庆幸的是，楚怀王还算知错就改，他命屈原前往齐国负荆请罪，请求与齐国重修旧好，但是，亡羊补牢，不知晚否？派屈原出使楚国的同时，楚怀王终于把陈轸重视起来，派他到秦国去求和。

陈轸来到秦国，秦惠文王居高临下，底气十足，自然也知道陈轸此来的意图，便提出以秦国商於之地来换取楚国黔中之地作为讲和的条件，任陈轸聪慧，也没有讲价还价的余地。回到楚国，陈轸将秦惠文王所言告知楚怀王，群臣皆无语，在一片寂静之中，楚怀王做出了一个让众人大跌眼镜的决定："不愿易地，愿得张仪而献黔中地。"

楚怀王被仇恨蒙蔽了双眼，看来中毒不浅，提出秦国若能够奉上张仪，楚国便以黔中之地相送。土地的争夺是发生战争的最为主要根源，在冷兵器时代，一场战争，不知道要牺牲多少人的性命，才能换来一席之地。丹阳之战、蓝田之战楚国十几万大军，仅仅有两万幸存者，这样的代价之后，楚怀王却是奉上大片土地，换得张仪一人，这样的代价也未免太大了。这个时候，任谁都想去把楚怀王踹两脚，无奈，谁让他生在君主之家呢？

以张仪换取黔中之地，这个买卖对秦国来说，稳赚不赔。朝中大臣多有劝秦惠文王立即送张仪起程上路者，这也难怪，自从来到秦国，张仪一人抢占了多少人的风头，朝中自然有众多眼红者，而张仪这一去，恐怕是羊入虎口，有去无回。如此一来也算是为众多的人谋福利了，但是让秦惠文王做出这样的决定却有些困难。

张仪是个功臣，自从张仪来到秦国以后，出谋划策，甚是卖力，立下了汗马功劳，但是现在却为了更多的利益将他送往虎口，这是对待功臣之道吗？就算秦惠文王有这样的心，也没颜面对张仪提这样的要求。不仁不义的罪名秦惠文王承担不起，若当真将张仪送到楚国去，这以后谁还肯为秦国效力？但是，黔中之地着实充满诱惑，秦惠文王陷入两难之中。面临这些，张仪又有怎样的举动，他最终能否虎口脱险？

虎口脱险

一个有智慧的头脑可以拯救上千个头颅，张仪很好地诠释了这句话。同时张仪也确信，哪里有智慧哪里就有出路，所以当秦惠文王陷入两难境地的时候，张仪恰当时机地站了出来，大手一挥，大义凛然的一声“臣愿去”，不仅让秦惠文王热泪盈眶，更让那些心怀不轨的嫉妒者内心惭愧——这才是为臣者当做的事情。

张仪自告奋勇，愿意只身冒险，秦惠文王在感动之余也不禁为张仪捏了一把汗。张仪此去凶多吉少，这是可以想象的。楚怀王花了那么大的血本换得张仪一人，自然不会轻易放过他，张仪惨死的景象在秦惠文王眼前一闪而过，让秦惠文王不禁打了一个寒战。张仪面临的是未知的刁难与无尽的折磨，秦惠文王有些于心不忍。

这日，秦惠文王召见张仪，君臣二人掏心掏肺，秦惠文王心情沉重，反观张仪倒显得异常镇定，秦惠文王问：“楚将甘心于子，奈何行？”张仪怎会不知道到了楚国将面临着什么？但是张仪自有他的打算：“秦强楚弱，大王在，楚不敢取臣。且臣善其嬖臣靳尚，靳尚得事幸姬郑袖，袖之言，王无不听者。”

原来，张仪已经想好了出路。张仪说的这段话有两层意思，一方面，强秦是他坚强的后盾，另一方面，张仪提到了楚国的两个人，一个是靳尚，一个是郑袖，至于这两个人是何许人，我们在后面会讲到。

秦惠文王听张仪这么一说，又想到张仪谋略超凡，也许当真能够化险为夷，平安归来，有了希望，哪怕是渺茫的，秦惠文王不论是良心上还是情绪上都稍微有了些安慰。

秦惠文王为张仪置办好了行囊，临行前又为他准备好了奇珍异宝，让他到了楚国以后打点达官贵人，免遭受苦。秦惠文王亲自为张仪送行，眼见马车渐行渐远，秦惠文王久久没有离去，不知道这一走，还有没有回头路，前面充满着太多的未知，想及此，秦惠文王大叹一声，生死由命，眼眶不禁湿润了。

马车颠簸，张仪心中五味俱全，虽然在众人面前表现得洒脱，张仪心中亦是没有底的，虽然胸中已经有了计策，但是能不能行得通也未可知。楚怀王此次大动干戈，又以战略要地——黔中作为交换条件，这样的大手笔，心中的仇恨必然是不浅的，张仪知道，此去实属冒险。但人生本来就是一个不断冒险的过程，对于任何人来说，前途都是未知的，搏一搏才有峰回路转，柳暗花明的机会。张仪叹息着，纵然有满身的智慧细胞，但毕竟也是常人，不是万能的，此时的他有些赶鸭子上架，硬着头皮上阵的错觉。罢了，船到桥头自然直，只能按照既定的计划行事了，是成是败，就只能看天意了。

张仪到了楚国以后，没有立即去面见楚怀王，而是秘密会见了上官大夫靳尚。据史书记载，靳尚是奸诈小人，在《离骚经序》中有一段话，对靳尚的鬼脸有描述："（屈原）入则与王图议政事，决定嫌疑；出则监察群下，应对诸侯，谋行职修，王甚珍之。同列大夫上官靳尚，妒害其能，共谮毁之。"靳尚没有什么才学，却干一些陷害忠良的勾当。

但凡小人，还有一个通病，那就是唯利是图，视财如命，这个靳尚也不例外，这对张仪来说，是件好事，此时的张仪，能够派上用场的就是他的智慧与所携带的金银财宝。靳尚身居上官大夫，是楚怀王的侍臣，当然仅凭这一点尚不足以让张仪引起重视，这个靳尚与楚怀王夫人郑袖走得非常近，张仪需要借助的是郑袖的力量。

张仪见了靳尚以后，送上了一大笔见面礼，靳尚见到金银财宝眼睛已经移不开了。靳尚当然明了张仪所求之事，收人钱财，自然要替人消灾，事情有些棘手，但是看在钱财的份上，靳尚自然要冒一下险。张仪见靳尚那副嘴脸，心中又多了份把握，心胸也骤然开阔起来，毫不犹豫地去面见楚怀王去了。

楚怀王见了张仪，气不打一处来，恨不能将之千刀万剐，冷哼一声。楚怀王咬牙切齿地命人将张仪关了起来，张仪命在旦夕，仍不动声色，决然没有求饶的打算，这让楚怀王非常挫败，仿佛做的这一切都丧失了意义。

张仪被囚禁起来，择日就要问斩，靳尚这边马上行动起来，不然为时晚矣。靳尚贪婪至极，却是个一毛不拔的铁公鸡，所幸他虽然没有什么大才，却还有点小聪明，靳尚只身来到郑袖处，心中已经有了主意，不花一分钱，说服郑袖向楚怀王求情放掉张仪。

郑袖，楚怀王的宠姬，时年已四十多岁，依旧得宠于楚怀王，必然有着过人之处。此人有过人的智慧，又心狠手辣，才得以剪除对手，在后宫中独领鳌头。对于此人，我们就从一个小故事来领教一下她不动声色的谋略。

作为一国国君，楚怀王身边必定是美人无数，而魏美人就是其一。这魏美人生得如花似玉，又极尽温柔，颇得楚怀王宠爱，楚怀王其他姬妾多有怨恨者，但是郑袖却是个例外。

郑袖对魏美人形同姐妹，吃喝玩乐，无不把最好的留给她，在楚怀王面前还多番夸赞她。后宫之中无人不知郑袖对魏美人的好，所谓投桃报李，备受孤立的魏美人在郑袖这里得到了一份珍贵的姐妹之情，必然对郑袖掏心掏肺，将其看做知己。

一年多的相处，二人已经无话不谈，但就是郑袖将魏美人温柔的送上了绝路。魏美人对自己的鼻子颇为不满，郑袖就拿这事做起了文章，这日，郑袖凑至魏美人耳边，非常担忧地告诉她，楚怀王对魏美人的鼻子有些怨言，这话一说，正好碰到了魏美人的痛处。

魏美人脸色大变，可惜那个时候还没有整容的技术，魏美人惨兮兮地向郑袖征求意见，郑袖便建议她，见到楚怀王的时候，以手帕掩住鼻子，可就是这样一个法子，葬送了魏美人花样的年华。自那之后，魏美人次次见楚怀王都掩着鼻子，楚怀王问起，魏美人又支支吾吾，不肯说。一头雾水的楚怀王知道郑袖与魏美人走得近，便去问郑袖，这郑袖的嘴脸终于露出了本来面目。

郑袖悄然告诉楚怀王，魏美人闻到楚怀王身上有股怪味，是以每次见到楚怀王都以手帕掩鼻。楚怀王的脾气顿时上来了，火冒三丈的他也不听魏美人解释，便命人将她的鼻子割去，从此，后宫之中再也没有了魏美人的身影。

故事讲完，我们对郑袖也有了进一步的了解，不动声色就铲除了情敌，还留下了一个好名声。那么对于这样一个聪明人，靳尚能否说服，达到自己的目的呢？

这日，靳尚来到郑袖处，以一副处处为其着想的姿态说了这样一番话：“秦王甚爱张仪，将以上庸六县及美女赎之。王重地尊秦，秦女必贵而夫人斥矣。”这话对郑袖非常具有杀伤力，对于张仪的死活，郑袖并不关心，她所在意的是，秦国若当真送来美女，必然抢了她的风头，已经过了而立之年的她，已然愈发对自己失去信心。

郑袖不能允许这样的事情发生，便跑到楚怀王那里大哭大闹：“臣各为其主耳。今杀张仪，秦必大怒。妾请子母俱迁江南，毋为秦所鱼肉也！”这话对楚怀王同样具有杀伤力，秦国的实力楚怀王已经见识过了，这不是他楚国能够惹得起的。

楚怀王有些举棋不定，这个时候，靳尚又在旁煽风点火，加了一把火力。随后，靳尚与郑袖你一言，我一语，让楚怀王没了主见，脑袋一热，答应放了张仪。靳尚与郑袖两人换看一眼，不禁眉开眼笑。

张仪顺利虎口脱险，再看楚怀王，我们不觉有几分可怜了，被多次玩弄于股掌之中，自张仪出使楚国以来，便连遭惨败，事事不顺。当夜深人静的时候，楚怀王头脑冷却之后，必然对放掉张仪之事而后悔不已。

“凤凰男”燕昭王

南登碣石馆，遥望黄金台。

丘陵尽乔木，昭王安在哉？

霸图今已矣，驱马复归来

——陈子昂《燕昭王》

燕国能够登上战国七雄的榜单，自然也不是等闲之国。历史的车轮走至燕昭王时期，燕国已经有了三十九代的历史。燕昭王是燕国历史上一位怀有雄心壮志的君主。他能够登上国君之位，却经历了一番波折。

燕昭王，名职，燕王哙之子。燕王哙一生没有什么作为，到退位的时候却做了一件在燕国历史，乃至在中国历史都足以让人津津乐道的事情，那就是学先祖尧、舜、禹，上演了一部禅让的大戏。

燕王哙昏聩无能，却非常有自知之明，在旁人的唆使下，将君主之位让给了燕国的丞相子之。史书中关于子之的记载并不多，我们也无从查证，这个子之到底能有多大的能耐，能够得此荣幸？

战国时期，父死子继已经成为不争的传统，不管儿子贤明与否都是合法的继承人。也许是出于对国家前途的考虑，抑或是受到奸人的挑拨，燕王哙不计后果地将王位给了子之，这必然引起自己儿子的不满，身为太子的平对父亲如此安排甚是恼火，君主之位他觊觎已久，况且也本该属于他，愤怒的他揭竿而起，领兵攻打子之，支持太子平的燕将尾随其后，气势汹汹地为权力而战。

子之当然也不会坐以待毙，整军迎战，燕国历史上一场重大的兵变不可避免地发生了，燕国陷入大乱之中。在战国这样的乱世之中，大的内乱是非常危险的，这不仅是对燕国国内来说，更是对于燕国所处的周边形势来说，作为三足鼎立之一的齐国正虎视眈眈，眼盯着燕国伺机而动。

这一时期的齐国，联合魏国灭掉宋国，一心想要与迅速崛起的秦国分庭抗礼，灭六国，一统天下同样也是齐国的目标，所以侵扰兼并其他诸侯国成为必然，周边各国不胜其扰，对齐国甚是反感，燕国便是其一。但是，齐国有实力却是一个不争的事实，以现下燕国之力根本无法与齐国相抗。

燕国忍气吞声，隐忍多年，却越发助长了齐国的骄横之气。燕国内乱，齐国是分外高兴的，趁此大捞一笔这样的好事，齐国自然不会错过。正当公子平与子之闹得不可开交而只可自顾的时候，齐宣王命人攻打燕国，此时的燕国哪里还经得起外敌？不到两个月的时间，齐军就攻入了燕国的都城蓟，燕王哙惨遭杀害，子之更惨，竟然被剁成了肉酱，公子平不知所踪。

成业易，守业难，齐国轻而易举将燕国拿下，对燕国的管理却不得其法，燕国人民起义不断，这主要源于齐国对燕国百姓的残暴。以暴制暴这种做法有时候很容易起到适得其反的效果。齐国在燕国鱼肉两年，最后在燕国人民与各诸侯国的反抗与干涉下被迫撤兵，燕国终于重得自由。

重获自由的燕国依旧面临严重的内忧外患，没有一个有才干的领导者，燕国依旧是一盘散沙。在赵武灵王的干涉下，从韩国迎回了作为质子的公子职，并将其推上君主之位，就是后来大名鼎鼎的燕昭王。

燕昭王即位以后，燕国的混乱局势仍旧没有结束，在内乱中侥幸生存下来的公子平再次聚集了一班追随者，图谋君主之位。燕昭王在韩国做质子多时，没有培养起自己的势力，所幸得其母相助，才顺利打败公子平。

燕昭王的母亲易王后，是秦惠文王的公主，眼见燕昭王在于公子平的战斗中处于下风，便请求秦国的支持。秦国趁机施恩于燕国，联合魏国一同攻打太子平，太子平兵败被杀，燕国内乱终于平定，秦国也趁此与燕国结成了盟国。

燕昭王胸有大志，又目睹了齐国对燕国的欺辱，一心想要报仇雪恨。以燕国目前状况，想要一洗国耻并非易事，燕昭王自然也有自知之明，让燕国强大起来，这不仅是当务之急，更是硬道理。

这日，燕昭王来到朝堂之上，放眼望去，一无忠臣，二无良将，燕昭王犯了愁，让这样一个诸侯国强大起来，实属不易。燕昭王在脑海中搜索着，燕国之大，谁能够与他共谋大业，一闪间，燕昭王想到了一个人，此人乃是老臣郭隗，郭隗虽年老退休却颇有见地，不如找他去商讨对策。

事不宜迟，燕昭王亲往拜访了郭隗，二人探讨当今形势，感叹齐国是如何欺人太甚，相谈甚是投机。最后燕昭王说明来意，燕昭王道："寡人将谁朝而可？"意思是说，我将要拜访谁好呢？

郭隗没有正面回答燕昭王的话，而是以一个千金易死马的故事启发燕昭王："臣闻古之君人，有以千金求千里马者，三年不能得。涓人言于君曰：'请求之。'君遣之。三月得千里马，马已死，买其首五百金，反以报君。君大怒曰：'所求者生马，安事死马而捐五百金?'涓人对曰：'死马且买之五百金，况生马乎？天下必以王为能市马，马今至矣。'于是不能期年，千里之马至者三。"

死掉的千里马，尚且能够得到如此重视，必然有众多的活千里马投奔而来。燕昭王似懂非懂，对郭隗所说的了解并不十分明，故事讲完，郭隗接着给燕昭王一个建议："今王诚欲致士，先从隗始；隗且见事，况贤于隗者乎?岂远千里哉！"意思是说，国君你现在要招揽天下有才德之士，那就从我郭隗开始吧，像我这样的人尚且能够得到重用，何况是那些比我更加贤能的人，他们难道会因为路途遥远而不来投奔大王吗?

燕昭王恍然大悟，欣喜不已，对郭隗更加敬佩。大受启发的燕昭王回去以后便命人建造了一座金碧辉煌的房子，其繁华可堪比宫殿。待房子建好了以后，又择了一个良辰吉日亲自前往郭隗住处，隆重将其接来，对其毕恭毕敬，堪比孝敬自己的父母。

在优待郭隗之外，燕昭王为笼络人才，还在沂水建立起了一座高台，储备黄金，以作为招揽人才的费用，此处便是陈子昂诗中所提到的"黄金台"。

燕昭王优待老臣郭隗，高筑黄金台的消息不胫而走，一时间，天下有才学之士纷纷赶往燕国，可谓是人才荟萃，其中不乏杰出者，如从赵国而来的剧辛，从齐国来的邹衍，从卫国来的屈庸，从魏国来的乐毅，等等。在此，我们不得不一一提邹衍与乐毅二人。

邹衍，齐国人，是我国历史上阴阳学派的创始者，他根据阴阳五行所创立的五德终始说以及大九州说影响深远，五德终始说成为朝代更替的有利说辞，而以大九州说为依据划分地缘亦影响至今。

邹衍在这一时期已经名气颇大，各国君主对其不敢懈怠，而燕昭王尤甚，据说邹衍来到燕国，燕昭王亲自在前拿着扫把扫地为其清洁道路，入座之时，也坐在邹衍的下座，更为邹衍特意建造了一处宫殿专供讲学，这就是开头诗中所提到的“碣石宫”。

说到乐毅，但凡有些历史常识的人，必然是知道的。乐毅，赵国人，才学出众，主攻军事，来到燕国以后，招募士卒，训练军队，为燕国培育了一支强大的军事力量。

招贤纳士只是燕昭王登基后的第一步棋，以后他还进行了各项改革，积聚燕国实力，并积极与周边各国建立融洽的关系，向攻打齐国，报仇雪恨一步一步迈进。

武王的彪悍人生

秦国蒸蒸日上，野心勃勃的秦惠文王据有巴蜀，打开了楚国的西南大门，一步一步向着他的一统天下的梦想前进着，蜀地却在这个时候发生了叛乱。秦安插在蜀地以监视蜀侯的蜀相陈庄发动叛乱，拥兵自重的陈庄杀死蜀侯，还向秦国邀功，请求封赏。眼见陈庄在蜀地作威作福，俨然成了蜀国新主，而脱离秦国附属的趋势也日益显现，秦惠文王甚是担忧，这是一颗眼中钉，必须要拔除。

巴蜀的战略位置十分重要，此地在楚国的后方，可方便对楚国形成包抄之势，另一方面，此地山川险要，易守难攻，一旦失去，再想夺回，如果没有恰当的机缘，那是非常困难的。对于蜀地的叛乱，秦惠文王十分重视，正准备对其用兵，却病倒在床。岁月不饶人，秦惠文王走南闯北也劳累了，况且病来如山倒，病去如抽丝，秦惠文王这一病，就再也没有起来。

病榻之上，秦惠文王交代后事，立下遗嘱，然后一命呜呼。秦惠文王从周显王三十一年（公元前338年）即位到周赧王四年（公元前311年）去世，在位二十七年，这期间正是秦国崛起之时。

从车裂商鞅却仍延续商鞅变法，到重用张仪实施连横，再到后来打通中原通道，夺取魏国领地，最后攻占巴蜀，占领汉中要地，这是秦国政策的一个重要转变。这一时期，秦国战略从国内的改革变法转向对外扩张，领土面积在这一时期扩大了数倍，而关中之地与巴蜀之地不但有天府之国之称，更是秦国一统天下的两个重要根据地，这为秦国之后的兼并六国，一统天下奠定了坚实的基础。

秦惠文王死后，秦国崛起之路并没有因此而止步。依照秦惠文王遗嘱，太子即位，是为秦武王。秦武王，名荡，秦惠文王之子。荡这个名字，寄予了秦惠文王对儿子的期望，更是秦国历代君主的期望，那就是称霸中原，荡平天下，只是不知道秦武王能否担负起秦国祖祖辈辈的期望。

秦武王即位时仅有十八岁，放到现在，这个年纪仍旧是个孩子贪玩的年纪，但是秦武王已经担负起一个诸侯国一统天下的重担。秦武王英年早逝，年仅二十三岁，却在史书上留下了不少的印迹。

秦武王即位之初，面临着众多的内忧外患。新君登基，政局不稳，这很容易给别国有机可乘，特别是周边各国。秦武王登基之时，齐国、楚国、韩国、魏国、越国纷纷派使臣前来祝贺，各国使者承担使命而来，名为祝贺，实则各怀鬼胎，互为牵制，伺机而动。

秦武王尚年幼，却已不是一个一心贪玩的孩子了，况且还有身边诸谋臣的辅佐，对于各国心思，秦武王也是略知一二的。对于这场各国使臣俱赴的盛宴，秦国有自己的打算，各国使者纷至沓来，恰为秦武王提供了一个联络有利诸侯国对抗共同敌人的机遇。

秦武王首先将目标投向了越国，作为春秋时期的最后一霸，越国虽然在进入战国以后未能进入七雄榜单，但越国的实力仍旧不容小窥。作为东南地区第二大国，越国与楚国的恩怨那就不言而喻了。

楚国、越国在东南分庭抗礼，楚国一心想要吞并越国，而越国也意图蚕食楚国，取代楚国位置。但是，两诸侯国相抗多年，双方各有胜负，吞并蚕食彼此的愿望也一直没有实现。多年的敌对，让这两个诸侯国成为世仇，鉴于此，秦武王准备抓住时机，再给楚国一次重击。

越国使者来到以后，秦武王将其视为上宾，并亲自接见，越国虽大，但远不及秦国，越国使臣能得到如此待遇，可见秦武王的重视程度之大。秦武王与越国使者大谈天下形势，再叙秦国与越国旧情，最后秦武王提出结盟共攻楚国的提议，此提议一出，便得到了越国使者的赞同，最后，越国与秦国达成共识，共同夹击楚国。

楚国的危机解除，韩国、魏国虎视眈眈，妄图趁秦国新君初立，政局变动之时攻打秦国。对于这一危机，秦国将如何化解关系重大。秦武王首先与齐国搞好关系，对齐国处处拉拢，其实自从齐楚同盟破裂以后，齐国已经逐渐倾向于秦国。在与齐国搞好关系的同时，秦武王还让叔父樗里疾接待韩国使者。

至于为什么让樗里疾接待韩国使者，这里面大有文章。樗里疾是秦惠文王的异母胞弟，他的母亲是韩国人，因为这层关系，樗里疾承担起再叙秦、韩之好，拉近与韩国的关系的作用。

对于魏国，秦武王拉拢齐国共同向其施压，如此一来，魏国也不敢轻举妄动了，秦武王通过一系列的外交政策，终于稳住了周边各国。当然，这些只是缓兵之策，并不能在根本上杜绝外患，但在秦国新君初立之时，处理好周边各国的关系，为秦国稳定国内局势争取了足够的时间。

秦武王在即位之初，就通过外交手段拉拢各国，免去了秦国遭遇乘人之危的险况。一个不满二十的少年能做到如此，不免让我们生出赞叹之情，也不免想要对秦武王有更进一步的了解。

观史书，最充满趣味性的莫不是对秦武王喜好的记载。秦武王是个忠实的尚武主义者，此人威猛雄壮，史称有神力，这是秦武王非常值得炫耀的绝技，但是具有戏剧化的是，秦武王也正是丧命于此，这真是应了那句福祸相依的古训。

在靠武力说话的战国时代，尚武这也不是一件坏事，但是也要懂得过犹不及。秦武王有神力，便常常以比试力气为乐，对于同道中人也是惺惺相惜，或者将其提拔为将领，或者将其置于身边，这在中国历史上也算是一朵奇葩了。在此我们不得不说说乌获、任鄙与孟贲（字说）这三人了，《史记·秦本纪》有记载："武王有力好戏，力士任鄙、乌获、孟说皆至大官。"

对于乌获，他在秦武王在位期间有什么功绩，我们历观史书也没有找到记载，但是，对于他力气大的事实却是存在的，至于他的力气究竟有多大，史书中并没有明确的记载。据《战国策·燕策》所记："今夫乌获举千钧之重，行年八十而求扶持。"而《商君书·错法》也有类似的记载："乌获举千钧之重，而不能以多力易人。"

这千钧到底是有多重，我们可以换算一下，根据今日计量，一钧为三十斤，这千钧就是三万斤，能举起三万斤这是不可能的，这只能说史书中记载的只是夸大之说，不过乌获力气大我们却是毋庸置疑的。

任鄙也是当时有名的大力士，时有秦人谚语："力则任鄙，智则樗里。"《韩非子·守道》，也称："用力者为任鄙，战如贲育，中为金石，则君人者高枕而守已完矣。"可见，任鄙也是大力士中的佼佼者。

孟贲，字说，齐国人，也是因为力气大而得福，但正如我们前面所说的，福祸相依，孟贲因为力气大而荣华富贵，却也因此而赔进了一族人的性命，这却也得不偿失了，这个我们暂且在后面说。

对于孟贲，《东周列国志》有这样的描述："有齐人孟贲字说，以力闻，水行不避蛟龙，陆行不避虎狼，发怒吐气，声响动天。尝于野外见两牛相斗，孟贲从中以手分之，一牛伏地，一牛犹触不止。贲怒，左右按牛头，以右手拔其角，角出牛死。"

这里没有说孟贲能举多少斤，却给我们呈现了一个故事，足以震撼我们。徒手将打斗中的两头牛分开，并将一头不驯服的牛的牛角拔下来，这可不是常人所为，足见孟贲力气之大。

任鄙、乌获、孟说三人均因为力大无比而被武王重用，我们的敬佩之情猛然又回到了原点，秦武王终究是个常人，将个人喜好带入政治，最终也在这一喜好上栽了一个大大的跟头，命丧黄泉，徒留惋惜。

息壤之盟

秦武王即位以后，以羁縻拉拢的办法暂且稳住了周边各国，待秦国政局稳定，秦武王的国君之位坐热了以后，便开始不安分起来。秦国往东进入中原，建立中原霸业的野心日益按捺不住，秦武王年轻气盛，更有建功立业的志向，眼见国内政局已经初步稳定，便把眼光转向了周边各诸侯国。

占据中原，取代周王朝，建立一统天下的大业是秦国的终极目标，为了实现这个目标，秦武王首先瞄准了宜阳。宜阳是韩国的战略军事要地，同时也是周王朝的都城洛阳的门户，得宜阳，便能够同时威胁韩国与周天子，是一箭双雕的好事。

其实，在秦惠文王时期，当时的谋臣张仪就曾经提到过往东攻打宜阳的战略，只是当时正赶上巴蜀相争，秦惠文王权衡利弊，便将主要力量放在攻打巴蜀上，张仪的策略并没有得到重视。随着形势的发展，秦国占据了巴蜀，稳固了战略后方，这为秦国往东发展势力奠定了一个良好的基础。

秦武王年纪虽小，抱负却甚大，这天，他召集群臣，商讨下一步的战略方向问题，秦武王对群臣道："寡人欲车通三川，以窥周室，而寡人死不朽乎？"三川是韩国一地名，指宜阳。秦武王这句话的意思是说，我想要攻打三川，取代周王室，若是当真能够如愿，那么我死了也算是值了。

群臣议论纷纷，无不点头称赞秦武王的抱负之大，但是当秦武王问及，谁能担当此大任时，大堂之下顿时安静下来，这让秦武王非常恼怒，心中已经有了不满情绪。秦武王将目光转向右丞相樗里疾，意图让其承担起大任。但是，让秦武王失望的是，樗里疾并不赞成攻打宜阳。

樗里疾年长，考虑得周全而保守，其实他的顾忌也不是没有道理，宜阳既然是韩国战略要地，韩国必然会重兵把守。另一方面要考虑到的是，秦军入宜阳，路途遥远，路况险恶，这一路下来，士卒劳累，马匹疲惫，必然会消耗巨大的体力，一旦与韩国交战必然占不到优势。况且更为严重的是，若是魏国、赵国这个时候也来插一脚，那后果就不堪设想了。

秦武王一心想要出兵建立功业，对樗里疾所说的这些，并没有耐性考虑，便极不耐烦地打断了他的话，又将目光转向了左丞相甘茂。所幸，甘茂没有让秦武王失望，关于攻打宜阳，甘茂提出了自己的主张。

依照甘茂的谋略，要攻打韩国，就必须孤立韩国，防止其他国家的支援而对秦国造成夹击之势，而此时能够向韩国提供支援的只有魏国与赵国。赵国与韩国之间有魏国相隔，一旦魏国按兵不动，赵国必然也不会有所作为，所以当务之急只有一个，那就是破坏韩国与魏国的联盟。

对于甘茂的分析，秦武王甚是赞同，所以下一步的目标非常明确，那就是拉拢魏国，那么谁来完成这个任务呢？甘茂义不容辞将此重担揽下："请之魏，约伐韩。"虽然只是短短的六个字，却足以让秦武王将其视为忠臣。

甘茂收拾好行囊，在向寿的陪同下出使魏国。到了魏国以后，还未受到魏国接待，甘茂就告诉向寿说："子归告王曰：'魏听臣矣，然愿王勿攻也。"在还未见到魏王之前，甘茂就如此说，令向寿非常不解，这可是欺君大罪，向寿有些犹豫，但又不敢直言。甘茂见此，又道："事成，尽以为子功。"甘茂这话说得非常坚定，让向寿看到了希望，也不多问，便依照甘茂所言回去以甘茂所说原封不动告诉了秦武王。

甘茂归来，秦武王前往息壤迎接，令秦武王疑惑的是，既然后顾之忧解除了，为什么却不去攻打韩国呢？君臣二人相见，一番寒暄问候之后，秦武王便将心中疑惑说出，且听甘茂是如何回答的。

"宜阳，大县也，上党、南阳积之久矣，名为县，其实郡也。今王倍数险，行千里而攻之，难矣。臣闻张仪西并巴蜀之地，北取西河之外，南取上庸，天下不以为多张仪而贤先王。魏文侯令乐羊将，攻中山，三年而拔之，乐羊反而语功，文侯示之谤书一箧，乐羊再拜稽首曰：'此非臣之功，主君之力也。'今臣羁旅之臣也，樗里疾、公孙衍二人者，挟韩而议，王必听之，是王欺魏，而臣受公仲侈之怨也。"

诚如同樗里疾所顾忌的，对于攻打宜阳的难度，甘茂也预料到了。对于这样一个重镇，秦军不远千里而去相夺，这必定是一场持久战，久攻不下，必然有人进言，有如樗里疾、公孙衍他们本就与韩国有着千丝万缕的关系，如此一来，对作为同盟的魏国如何交代，而甘茂本人还要遭遇韩国的怨恨。

对于秦武王，甘茂认为信念也是不够坚定的，甘茂接下来举了一个曾子与曾母的例子，"昔者曾子处费，费人有与曾子同名族者而杀人，人告曾子母曰：'曾参杀人。'曾子之母曰：'吾子不杀人。'织自若。有顷焉，人又曰：'曾参杀人。'其母尚织自若也。顷之，一人又告之曰：'曾参杀人。'其母惧，投杼逾墙而走。"

最后，甘茂得出结论："夫以曾参之贤与母之信也，而三人疑之，则慈母不能信也。今臣贤不及曾子，而王之信臣又未若曾子之母也，疑臣者不适三人，臣恐王为臣之投杼也。"

人言可畏，母亲与儿子关系亲密如此，也经不住旁人一而再再而三传言。而甘茂不过是寄居在秦国，与秦武王的关系更不及曾子与其母亲关系亲近。

甘茂言及此，秦武王已经明白了甘茂的意思，原来甘茂这是在为以后铺路。攻打韩国宜阳是一个艰巨的任务，非一时半刻能完成，时日一长，必然会有闲言，一人谏言也许还能够坚定，但面对多人的谗言，这就很容易动摇君心，如此一来，不但失信于魏国，还毁坏了甘茂的个人名声。

秦武王见甘茂考虑周密，频频点头，一时无语，踱步片刻，便对甘茂道："寡人不听也，请与子盟。"我要与你订立盟约，我不听信别人的议论。秦武王此话一出，甘茂如释重负，这就是他的目的所在，于是二人在息壤订立了盟约，史称"息壤之盟"。

甘茂到了魏国，以共享伐韩之利为诱饵，说服魏王断绝与韩国联盟，转而与秦国结盟，共同攻打韩国。利益之下，魏王屈服，战争一触即发。

甘茂小施计谋，解除了后顾之忧，对于甘茂缜密的思维，我们不得不佩服，而事实也证明，甘茂有这样做的必要。战争如此，生活亦如此，没有后顾之忧直奔我们的目标，梦想才能够实现，而瞻前顾后往往会在犹豫中丧失了前进的动力。

秦武王之死

经历了几代人的苦心经营，自商鞅变法到打击六国合纵，到秦惠文王时期，秦国已经稳居战国七雄之首，而新即位的秦武王也是一个满怀抱负的少年君主。秦武王，这位年轻的君主在即位之初就表现出了超越常人的成熟，极其富有积极进取精神，而野心之大也令人称畏，"寡人欲容车通三川，窥周室，死不恨矣"，从他身上秦国人看见了希望。

宜阳之战的胜利，让秦人无不称赞秦武王的英明。宜阳的战略位置我们前面而已经交代过，作为战略重镇，秦国得宜阳，其势力便深入中原，而距离秦武王所憧憬的"窥周室"的愿望也不远矣。

秦武王"窥周室"便是想要仿效周天子，尽管此时的周天子已经有名无实，却仍旧还是天下人的共主，秦武王要称霸天下，真正做到天下之大，一人独尊，以秦国目前的发展趋势看，秦武王的目标并不奢侈。正当意气风发的秦武王大步向着目标前进的时候，一个逞能却断送了秦武王年轻的生命。

秦武王有一项嗜好，那就是与别人比力气，在崇尚武力的战国时期，力气大固然是好，但是一国国君将这种比力气的嗜好时时融入到政治与日常的生活之中，就有些过了。我们前面在对秦武王进行简短介绍的时候也提到，秦武王将大力士封要职，时时与他们比试力气，因此而荣升高位的有任鄙、乌获、孟贲等人，就是我们本节要提到的二号主人翁。

话说，秦军占领宜阳之后，周赧王甚是不安，毕竟秦人都要打到自己的家门上了。宜阳纳入秦国疆域之后，洛阳便门户大开，眼见秦国贪婪地觊觎洛阳，周赧王却一筹莫展，毕竟以周王室现在的实力是无法与强大的秦国相抗衡的。

让周赧王害怕的事情还是发生了，宜阳被攻下的消息传到秦武王的宫殿，秦武王兴奋不已，立即带领大力士任鄙、孟贲赶往宜阳，入宜阳巡视。站在宜阳城墙上，秦武王远远看着洛阳，心中的那份喜悦简直难以言表，目标在即，秦武王已经有些迫不及待了。

在宜阳巡视一番，秦武王便亲自领兵往洛阳而去，周赧王自知无力反抗，便以礼相待，令使者前往迎接秦武王一行，并在宫殿之中备好了宴席重礼迎接秦武王的到来。迎接仪式盛大，而在礼法上讲却不合时宜。周天子名义上毕竟是天下共主，以秦武王的行径来看，秦武王乃是贼臣乱子，周赧王自降身份委屈求得一时苟安，真是悲哉！

毕竟自幼读书学礼，秦武王自知“罪孽深重”，来到洛阳以后，也不敢有所造次，听闻周赧王宴请，秦武王不敢面见，便推辞了。虽无颜面见周天子，秦武王的野心却没有因为心虚而有丝毫的减少。入洛阳以后，秦武王直奔太庙，观赏象征着至高无上权威的九鼎，这九鼎非同寻常，可大有来历，此话要从夏朝说起。

夏朝建立以后，其建立者大禹将天下划分为九州，即荆、梁、雍、豫、徐、青、扬、兖、冀九州，以各州进贡的青铜分别铸成了九个鼎。大禹再命人将九州的名山大川、风景胜地以及奇异珍宝均画成图，然后镌刻在鼎上面，一个鼎象征着一州，九鼎乃是九州，也就是整个中国，虽然那个时候还没有“中国”这一名词。

随着时代的发展，到了商代，鼎成为象征身份尊卑的标志，唯有天子才能用九鼎，而天子之下依次遂减，到了士这一级别就只能用一鼎。而对于平民百姓，鼎是他们望尘莫及的，所以这一时期，鼎已经演化成了权力的象征。

汤灭夏朝建立商朝以后，便将九鼎迁到商都，《左传》有记载：“桀有昏德，鼎迁于商。”后盘庚迁都到殷，九鼎也跟随而至，到了周朝，九鼎依旧被视为圣物，安放在太庙之中。正如墨子说的：“夏后氏失之，殷人受之；殷人失之，周人受之。夏后、殷、周之相受也。”

夏商周三代，九鼎也代代相传，成为象征国家权力的传国之宝，谁拥有九鼎，谁就拥有天下至尊。春秋战国时期，天下大乱，周王室日益衰微，而对于九鼎的企及仍旧是各个诸侯国的最终目标。

春秋时期，楚庄王曾明目张胆问鼎中原：“寡人闻大禹铸有九鼎，三代相传，以为世宝，今在雒阳。不知鼎形大小与其轻重何如？寡人愿一闻之！”此后“问鼎”一词便成了争权夺利的代名词。

到了战国时期，时为大国的楚国、齐国也曾觊觎于此，当然作为一枝独秀的强国，秦国自然也不能免俗。商鞅变法之后，秦国日益崛起，后来者居上，成为强国，有灭六国一统天下的气魄。张仪非常恰到时机地提出夺取九鼎，号令诸侯，一统天下的策略，只是这一策略还未完满实施，秦惠文王就一命呜呼了。

关于太庙中的这九鼎，就说到此，再回到我们的主人翁身上来。秦武王与随从任鄙、孟贲二人来到太庙，见那九个大鼎在大殿中依次排开，甚是壮观。见到梦寐以求的九鼎，秦武王感慨万分，忍不住上前抚摸，仔细观看。这鼎倒还精致，秦武王两手试探性地一推，竟然丝毫未动，秦武王不禁来了兴致，再用两手使劲一推，仍旧未能动弹半分。

恰逢任鄙、孟贲二人在身边，秦武王比力气的劲头上来了，秦武王走至一个鼎前，转身问身边二人，谁能将其举得动？太庙看守鼎的人见状，不禁窃笑，这鼎重达千钧，自从存在以来，就没有听闻过以一人之力徒手将其举动过。

任鄙熟稔秦武王的脾性，知道秦武王争强好胜，况且君主面前怎好争先，任鄙便婉言称，自己只能举起百钧重，这鼎看似有千钧，是万万举不起来的。孟贲却不管这一套，毫不谦虚，走至鼎前，挽一挽袖子，一掀衣服，便上阵了。

孟贲抓住鼎两侧的耳朵，闭目调试气息，深吸一口气，大喊一声，只见那鼎徐徐离地，竟然有半尺高。孟贲满红耳赤，恐怕是吃奶的劲都用上了，半尺之上，再也不能支撑，鼎重重落下，而孟贲不能支撑，幸好有左右相扶，保不准会瘫坐在地上。

孟贲喘息未定，秦武王已跃跃欲试，一侧的任鄙一看形势不对，慌忙上前劝阻。孟贲乃大力士，用其全力尚且只能够举起大鼎半尺，若是秦武王有个什么闪失，他们二人肯定脱不了干系。

然而，任是任鄙及其随从说破了嘴皮，秦武王仍旧不听，只见他走到鼎前，一个马步抱住大鼎，却发现锦袍甚是不方便，便又站起来，将外面袍子脱掉，将腰中带子扎紧，袖子上挽，再走至鼎前，下蹲，抓住鼎耳，一系列动作一气呵成。

秦武王大吸一口气，丹田已经充满了力道，只见他使出浑身的气力，终将那鼎举起半分，身边人不禁拍手称好，马屁拍得一个比一个好听。举起大鼎，似乎仍旧不能令秦武王满意，他的目标是举着这个大鼎走几步，怎料这样一个心思却让他以性命来抵。

秦武王能举起大鼎，已经体力不支，怎奈好胜心作祟，他仍旧不肯轻易放弃，偏要举着鼎挪动步伐。刹那间的功夫，众人还没有反应过来是怎么回事，就听到了秦武王的惨叫声，原来，体力不支的秦武王身子一歪，竟然将鼎压在了自己的脚上，这可非同小可，这鼎重有千钧，非把脚压个骨碎不可。

一片慌乱之中，鼎被移开，只见血肉模糊一片，见者无不心痛。秦武王昏死过去，太医迅速赶来，只是晚矣，秦武王终究因失血过多气绝身亡。

本是欢欢喜喜来到洛阳，却在一片哀声之中回去。不过让他瞑目的是，总算是了却了当初心愿，“通三川，窥周室，死不恨矣”。

第三章　削弱齐国：少个对手多条路

季君之乱

在秦武王的操纵下，秦国攻取宜阳之后，再入洛阳，可谓是少年得志。任谁也没有想到的是，也就是在这一年，意气风发的秦武王因为在太庙中举鼎被大鼎压碎了胫骨，终因失血过多抢救无效身亡，年仅23岁。

周赧王听闻秦武王气绝身亡的消息后颇为震惊，待反应过来，连忙备好精美的棺材亲自前往哭丧。在右丞相樗里疾的护送下，秦武王的遗体被送回到咸阳，处理完秦武王的丧事，是该归咎责任、惩处责任人的时候了。

秦武王举鼎之时同时在侧的孟贲、任鄙二人受到了完全不同的待遇，孟贲被五马分尸不说，其族人也被满门抄斩，这真是伴君如伴虎，一着不慎，就遭遇没顶之灾。与之形成鲜明对比的是，任鄙则因为劝谏之功，被升职为汉中太守。

丧事处理好了，责任追究也找到了陪葬者，可是秦国终究还是要继续走下去。秦武王即位仅仅三年而已，因为死得突然，也没有立下继承人的遗嘱，况且秦武王还没有生儿育女，所以继承人的问题就成了头等大事。

宫廷内，除了个别人仍沉浸在悲痛中外，更多的人已经振作精神，投入到新一任的继承人选争夺之中。秦武王无子，按照宗法制的原则，就只能从秦武王的兄弟之中选择一个人作为继承人，但是，秦惠文王儿子众多，哪一个能够担当此大任呢？

君主之位，谁人不想坐，但是，能够坐得起的自然是有实力之人。秦国一时之间陷入王位继承人争夺之中，但凡有些实力者皆拉帮结派，希望获取更多的支持者，而没有实力者纷纷投奔到实力派的阵营中，希望能捞个拥立之功劳。

当时，有能力继承王位的主要有两派，一派是以秦惠文王的王后与秦武王的王后为首，她们婆媳二人意图拥立公子嬴壮为王。按说，秦国上下，君主之位的继承人选，最有资格说话的当属秦惠文王的王后，她毕竟是秦武王所有弟弟的嫡母。话虽如此，兵荒马乱的战国时代，礼仪法度多有荒废，最有发言权的却是手中掌握的实权。虽然有册立亲信的想法，秦惠文王的王后与秦武王的王后毕竟是女人，不曾干预过政事，所以并没有实力。

另一派就是以魏冉为首，他们意图拥立公子稷为王。秦武王死之时，公子稷正在燕国做质子，这个不得宠的公子，做梦也没有想过能够登上秦国君主之位。那么，秦武王死后，他为什么能够成为与公子壮相抗衡的实力派呢？这主要得益于他的舅舅魏冉。

公子稷的生母是芈八子，“芈”是她的姓，“八子”是她在秦国后宫中的封号。在秦国后宫，共有八个级别，分别是王后、夫人、美人、良人、八子、七子、长使、少使，这八个级别依次递减，所以“八子”这个级别并不高，而芈八子也并不得秦惠文王宠爱。

秦武王登上君主之位以后，便将芈八子的亲生儿子公子稷送往燕国做质子，所以依这种情形来看，公子稷并没有登上君主之位的资格，但是，值得庆幸的是，秦武王英年早逝，而公子稷恰恰有个有实力的舅舅，也就是魏冉。

魏冉，历仕秦惠文王、秦武王，手握大权，是芈八子同母异父的弟弟，在这个节骨眼上，必然要站出来帮助自己的外甥了。秦国上下，放眼望去，魏冉实力不小，就连秦惠文王王后与秦武王王后都要对其礼让三分。

随着事态的发展，公子壮在君主之位之争中渐渐处于下风。芈八子与魏冉姐弟二人联手拉拢支持者，打击公子壮势力，最终排除阻碍，将公子稷立为秦国新任国君。下一步就是将在燕国做人质的公子稷接回秦国，此事得到了燕国与赵国的支持。

秦国形势，周边各诸侯国密切关注，秦国将公子稷立为新君的消息不胫而走，首先向公子稷伸出橄榄枝的是赵国。赵武灵王派丞相赵固前往燕国迎接公子稷，以示友好，而燕国对公子稷的态度也来了个大转变，事事奉承，乐呵呵地放人，大力配合。在赵国与燕国的支持与配合下，公子稷非常顺利地回到了秦国，登上了君主之位，是为秦昭襄王。

秦昭襄王登上君主宝座，因年纪尚小，便由芈八子代为执政，史称宣太后。秦昭襄王能够登上君主之位，全赖于魏冉及其宣太后势力，现下时局稳定，自然要对有功之臣大加封赏。宣太后以秦昭襄王口谕，将她的弟弟魏冉封为将军一职，手握秦国军事大权，守卫秦国军事政治中心咸阳。后来又将其加封为穰侯，赐封地河南邓县。

魏冉之外，宣太后的另一个弟弟与她的其他两个儿子也得到了赏赐。宣太后同父异母的弟弟芈戎被封为华阳君，而她的两个儿子公子市和公子悝，被分别封为泾阳君与高陵君。这四人一时之间风光无限，成为拥立秦昭襄王的大功臣。

秦昭襄王顺利荣登大宝，宣太后终于长舒一口气，这么久的策划，终于是没有白费心机，正当他们高枕无忧，荣享富贵的时候，公子壮及其支持者却是咬牙切齿，伺机而动，准备反戈一击，夺回政权。

在秦昭襄王登基的第二年，也就是周赧王十年（公元前304年），据史书记载，这一天有彗星出现，公子壮及其跟随者认为时机成熟，悄悄潜入秦国宫廷，准备发动一场里应外合的宫廷政变，但是事情败露，后果很严重。

当时主持军事的大将军魏冉毫不手下留情，举起了屠杀的大刀，公子壮及其跟随者多惨遭杀害，而众多无辜者也多受到牵连。魏冉之意不仅在于杀鸡给猴看，而是斩草除根，斩尽杀绝。

公子壮及其亲随均被杀，无一幸免，秦惠文王的众多儿子中，但凡不追随秦昭襄王而又有些实力者，均死于魏冉刀下，血腥的镇压，血淋淋的例子，让秦国上下再也不敢有所妄想。而当时的政敌秦惠文王的王后也惨遭不幸，秘密被害，秦武王的王后，眼见形势不对，不敢在秦国久留，趁着月色灰溜溜地逃回了娘家。魏冉名震秦国上下，提及他，无人不变色，皆有畏惧之情。

此次政变，没有威胁到秦昭襄王的统治便被血腥镇压，因为公子壮又被称为季君，所以此次政变被称为“季君之乱”，季君之乱为宣太后与魏冉提供了一个铲除政敌的机会，自此以后秦昭襄王的君主之位坐得更稳了。

秦国经历了秦武王的去世，继承人选的争夺，以及后来的季君之乱，尤其是秦昭襄王即位之初，尚未成年，还不能亲政，但是秦国没有因此而衰落，这主要得益于宣太后政治才能及秦昭襄王两个舅舅与两个弟弟的辅佐，那么这个宣太后到底是一个什么样的人物，她一介女流之辈又是如何整治泱泱大秦的呢？

女人也要发言权

说起女性“垂帘听政”，我们并不陌生，对其中的佼佼者慈禧太后我们非常熟悉，更有甚者有如武则天，则从幕后走向台前做起了中国历史上的第一个女皇。若是论到垂帘听政的开创者，当属战国时期秦国宣太后，这是为众多对史学认识不深者所不了解的。

说起宣太后，不得不说是个让人刮目相看的奇女子，在前面一节我们也有简单介绍。宣太后，也就是芈八子，是楚国的一位公主，姓芈，但八子不是她的名字，是她入秦国成为秦惠文王妻子之后得到的封号。这个封号其级别在后宫众嫔妃之中不算高，但就是这样一个在后宫之中并不占分量的女性，凭借她的政治才华，依靠其两个弟弟与两个儿子的协助，将她的大儿子送上了秦国的君主之位。

秦昭襄王因为还未成年，便由其生母宣太后暂时执掌朝政，开创了垂帘听政的先河，在《后汉书·后纪序》中有这样的记载：“自古虽主幼时艰，王家多衅，必委成冢宰，简求忠贤，未有专任妇人。割断重器，惟秦宣太后摄政事。”对此有更加明确记载的是李贤所说的一句话：“太后，昭王母也，号宣太后。昭王立，年少，宣太后自知事，以同母弟魏冉为将军，任政，封为穰侯，太后摄政，始于此也。”从这段话中，我们可以看出，宣太后是后宫妃子专政第一人。

宣太后专擅国事以后，便开始大张旗鼓提拔亲信，首先是将她的族人一一加封，对拥立秦昭襄王有功的亲信，主要是宣太后的两个弟弟，以及她的另外两个儿子大加晋爵封地，这四人成为当时权倾一时的重臣。除此之外，宣太后还让在楚国的族人插足秦国内政，当时担任秦国丞相一职的向寿便是楚王推荐而来，如此一番折腾，秦国上下便形成了外戚专政的格局，而名义上的掌权者秦昭襄王则被晾在了一边，日益年长的秦昭襄王在母后的压制下只能日复一日地等待。

让秦昭襄王万万没有想到的是，宣太后的“暂时”摄政，足足有36年。秦昭襄王在即位三年之后，举行了加冠礼，也就是成年了，可以亲政了，但是，这个亲政也就只是形式上而已，真正的实权仍然掌握在宣太后及她的亲信手中。

作为后妃执政的首例，宣太后的政绩可以说是值得肯定的。秦昭襄王即位之时，秦国虽然已经是当时在众诸侯国之上的强国，但是，作为一个其他诸侯国均无法比拟的一流大国，秦国成为众矢之的，面临众多的对手，秦国必须要处理好与周边各国的关系，如此一来，才能实施侵吞六国，一统天下的策略，但这谈何容易。

任用亲信终于稳定住了秦国内部政局，宣太后便把目光转向了其他诸侯国，首先是与自己的母国楚国搞好关系，建立了同盟关系，其最重要的手段就是联姻。在宣太后的直接作用下，秦昭襄王迎娶了楚国的公主作为秦国王后，又指派秦国各宗室的女儿嫁给楚国掌权者为妻，这种联姻在宣太后的引导下，变得非常普及，最后竟然到了谈起秦楚王室之人，无不是一家人的地步，可见，宣太后的联姻政策贯彻得非常到位。

通过政治上的联姻，秦国、楚国暂时建立起了友好关系，但是这只是暂时的，战争仍旧时有发生，这不过是治标不治本的策略，当然从一定程度上讲，宣太后的联姻政策仍旧是有效的，起码暂时稳住了楚国。

宣太后能够执掌秦国政权，自然也不是一个安分的人，祖辈打下的基业，以及历史赋予秦国一统天下的使命，一同被宣太后接掌过来。在国内政局稍稳定之后，宣太后便马不停蹄地命身为大将军的魏冉东征西讨，打击六国。

对周边六国最终目的是打击，但打击之中不免也要拉拢，不论是拉拢后再打击还是打击后又拉拢，宣太后的铁腕手段在周旋六国关系中一览无余，秦国也结结实实地过了一把大国的瘾。

宣太后对外政策的典型当属对义渠侵吞，这也是史书中对宣太后记载最多的事件，不过其中褒贬则是各抒己见，各不相同了，我们且看看宣太后是如何展开手腕将义渠拿下的。

义渠国在秦国西北方，与巴蜀一样，可谓是秦国的后方了，义渠人是匈奴人的一个分支，以游牧为生，居无定所。但是随着与周边各诸侯国的交往加深，义渠人渐渐学会了农耕，并建立了自己的城池，到了秦昭襄王时期，义渠国已经发展成一个拥有一定实力的中等国家，这对秦国来说是一个严重的威胁。

义渠地区山势险峻，士卒多为骑兵，时时骚扰秦国边境，若是论实力，义渠自然在秦国之下，但是因为义渠流动作战的缘故，打不赢便走，因此很难将其彻底制服。秦国东进，就必须要解决后顾之忧，避免义渠乘人之危。

秦昭襄王即位，义渠命人前来贺喜，名为贺喜，实则是打探秦国虚实。宣太后执政以后，多次向西进攻，但终究是没有多大成效。不解决义渠，往东攻打六国便处处受到牵制，这可急煞了宣太后。

宣太后偶尔听义渠的使者提起，义渠王是个年轻力壮的汉子，并且极其贪恋美色，不禁心中有了一计。不难想象，宣太后的计谋自然是美人计，但是这美人计的主角是谁呢？我们万万也没有想到，宣太后会亲自上阵。

已经三十多岁的宣太后，因保养得当，依旧美丽动人，她知道凭她的美貌与智慧定可以引起义渠王的兴趣。另一方面，出于私心的考虑，多年的寡居生活，宣太后那颗蠢蠢欲动的心也需要一个异性的安慰。谋划出这么一个利己的策略，让宣太后甚是自得，下一步就是如何接近义渠王的问题了。

机遇总是降临有准备的人，宣太后既然有了策略，便只是等待一个恰当的时机了。对于宣太后这样一个处心积虑又无时不在准备的人来说，机遇无处不在。当得知义渠要举行盛大的祭祀活动的时候，宣太后知道时机到了。

将秦国上下事务交给几个亲信打点，宣太后唤来顶级的化妆师，将自己打扮了一番，再见那宣太后全然没有了往日的威严，却如少女一般羞答答、美丽而妖娆，别有一番情趣。看着镜中的自己，宣太后越发自信。

命人准备好几大箱子金银珠宝，宣太后带着几个贴身随从，往义渠国赶去，美其名曰：秦昭襄王即位时，义渠王曾来贺喜，本当回拜。

宣太后的到来，令义渠上下尤其是义渠王非常兴奋，一大批金银财宝的进账是其一，义渠王更感兴趣的是宣太后这个美女。当宣太后一番花言巧语之后，义渠王已经有些云里雾里分不清方向了，而在宣太后充满激情的挑逗与鼓励下，义渠王终于再也忍受不住，掉进了温柔的陷阱。

义渠王与宣太后陷入热恋，宣太后索性在义渠国常住下来，这期间宣太后用尽各种手段将义渠王困在温柔乡中不能自拔。义渠王终日沉迷于男欢女爱，渐渐丧失了宏图伟志，对宣太后这么年纪比他大的情人，也非常仗义，在史书中，我们再也找不到义渠对秦国的骚扰。

一招美人计，秦国的后顾之忧解除了，这不得不让我们对宣太后产生敬佩之情。更难得的是，这份感情维持了多年以后，宣太后在她认为的必要之时毫不留情地杀死了义渠王，然后占据了他的国家。

也许我们会感叹宣太后的蛇蝎心肠，但是，秦国利益前，宣太后虽为妇人却无妇人之短见，这才是成就大事者所必须具备的，而若干年后，当秦始皇一统天下之时，也不得不感谢宣太后所做的一切。

黄棘之盟

经历了春秋的风吹雨打，大浪淘沙之后，林林总总的小政权均在战乱中丧失了立足之地，能够称雄称霸的不过就是七个大国而已。随着形势的变化，七个大国相互竞争，互为蚕食，终究是此消彼长，终有胜出者，这是大势所趋。

历史发展到公元前3世纪末的时候，天下之中，实力最强者当属秦国。秦国自从商鞅变法以后，经历了秦孝公、秦惠文王两代的耕耘，到秦昭襄王时期，已经可以称为诸侯国中的超级大国，随着实力的增强，秦国早早就流露出了灭六国一统天下的野心。

当然，其他六国也不会自等灭亡，联合起来，共抗秦国，这是他们共同的愿望。但是，谈论道理容易，做起来却非易事，在一些有志之士的倡导下，一次一次联合起来，却被打得落荒而逃，这样的结局随着次数的增加，失望也越大，信心更是脆弱得可怜。

秦国之外的六国之中，能够称之为大国的也就是齐国、楚国，而与秦国怀着同样的野心而又有些实力的也不过是齐国罢了。秦国、齐国均有称霸天下的野心，拉拢联盟就成了一个当务之急，由于地理位置与实力使然，楚国便成了他们共同争取的对象。

历史走到楚怀王末期，楚国走了下坡路，尽管如此，饿死的骆驼比马大，楚国的实力仍是不可忽视的。能够得到楚国的支持，这不论是对秦国还是对齐国，都如虎添翼。从地缘位置上来看，更决定了楚国是必争之地。秦国在楚国的西北，齐国在楚国的东北，这样的位置布局，让秦国、齐国充分认识到，谁能够将楚国拉入联盟，抑或是谁能够吞并楚国，便是争取到了称霸天下的主动权。

楚国占尽了地理优势，按说权衡利弊，必然能够左右逢源，况且楚国朝堂之上也不乏有志之士，有如屈原这样的贤能之才。不幸的是，楚怀王并不是一个精明的君主，而他的身边又聚集着一些贪婪之辈。在远贤良、亲小人的楚怀王的带领下，楚国何去何从？

秦昭襄王即位以后，宣太后成为实际的当权者，这对楚国上下来说，是一个让人振奋的好消息，而这也意味着秦国对外政策的一个转机。作为楚国王族后裔，楚国便是宣太后的娘家，对待这样一个对己有利的娘家，宣太后自然是不会亏待的。

在宣太后的督促下，秦国、楚国冰释前嫌，走入“春天”。宣太后先给自己的儿子秦昭襄王迎娶了楚国的公主，秦昭襄王之后便是秦国与楚国的王室贵族的联姻，形成了“秦迎妇于楚，楚迎妇于秦”的喜庆局面。

宣太后的一番努力没有白费，秦国、楚国朝堂之上无不是姻亲关系。对宣太后的心思，并不能纯粹以衡量女性的标准来推断。在宣太后的心中，唯有秦国利益至上，她所做不过是为秦国开疆辟土，一统天下的准备而已。

秦国与楚国这种充满亲情的表象关系之下，仍然是此起彼伏的心机，而两国关系的和解也不过是暂时的，起码对于秦国来说是如此。

对于秦国伸过来的橄榄枝，楚怀王是有些踟蹰的，毕竟楚国与秦国的合作并不愉快。况且，就在听闻秦国意图拉拢楚国的消息后，魏国的丞相来到楚国，游说楚怀王共同抗秦事宜，将秦国的狼子野心分析得十分透彻，更大胆预言，楚国如果背弃抗秦同盟而与秦国结盟，日后必然遭秦国灭亡。

魏相的这些话虽然不中听，却让楚怀王想起了往事，不愉快的往事，楚怀王至今仍旧历历在目，这让楚怀王窝囊不已。当年，张仪到楚国，楚怀王奉其为上宾，张仪却以六百里商於之地为诱饵，诱使楚怀王与齐国断交，最终使楚怀王落了个两空的下场。而之后，楚怀王再次以汉中之地换取了张仪，却被张仪的花言巧语所迷惑，不顾朝中大臣的反对，一意孤行，将张仪放走了。

这些事实历历在目，让楚怀王不敢轻易有所幻想，毕竟一朝被蛇咬，十年怕井绳，对于秦国和解的诚意，楚怀王有些期待，又有些畏惧。秦国是超级大国的事实天下无人不晓，若能够傍上这样一个大款级别的诸侯国，楚国获得庇佑不说，也许还能够与秦分得一杯羹，抱着这样的想象，楚怀王不忍回绝秦国的一番“好意”。

周赧王十一年（公元前304年），在秦昭襄王迎娶楚国公主之后的第二年，宣太后命人频繁活动于秦国、楚国之间，商讨联盟之事。对于与秦国的联盟之事，楚国上下议论纷纷，支持之声有之，反对之声亦有之。

支持者多是接受秦人贿赂而为他人谋利者，而这些人却又恰是楚怀王亲近的人，在这些人的劝说下，没有主见而处于摇摆不定状态下的楚怀王心中开始有了倾向。宣太后知道楚怀王与他信任的人一样，均是贪婪之徒，早就命人打点好了，对于楚怀王身边的人，一些小恩小惠的金银财宝就足矣，但是对于楚怀王，唯有以土地做诱饵，诱使其上钩。

当秦国抛出归还曾经在楚国夺取的上庸之地这样的诱饵时，楚怀王心痒难耐，又恐再次被耍，心中虽然已经应允，却言不由心假惺惺地支支吾吾并未口头上答应。对于楚怀王的言不由衷，宣太后已经看出了端倪，便又命使者到楚国，使割取上庸的承诺成为事实，给楚怀王吃了一颗定心丸。

面对秦国的诚意，楚怀王再也忍耐不住，乐颠颠地接受了秦国送上的糖衣炮弹。楚国的有志之士有如屈原竭力反对，多次进言，均遭拒绝，不甘心的屈原不屈不挠，无视楚怀王愤怒的面容，在一次一次的谏言后，楚怀王实在无法容忍，便将其流放到了汉北地区，这是屈原遭遇的第一次流放。

楚怀王是铁了心自甘堕落于秦国的温柔乡，这是任谁也拉不回来的，流放屈原，不只是针对屈原一个人，这是杀鸡给猴看的把戏。这一招果真起到了立竿见影的效果，自屈原被流放之后，朝堂上下再也没有反对之声，楚怀王终于如愿以偿。

周赧王十一年（公元前304年），宣太后期待的一天终于来临了。年幼的秦昭襄王在辅臣的陪同下来到黄棘，会见了在此等候多时的楚怀王。若论血缘关系，这二人还是甥舅关系，但见那作为舅舅的楚怀王低声下气，对年幼的外甥极力讨好，若宣太后在场，目睹这样的场面，不知道作何感想？

秦国与楚国在黄棘会盟，建立了同盟关系，正式昭告天下，楚国真正与秦国站在同一个阵营，这就是史书中记载的“黄棘之盟”。

舅舅是楚国君主，外甥坐拥秦国国君，这样一个强大的联盟，横扫天下，一统大业，更加有胜算。只可惜所谓的甥舅之情，兄妹之情，不过是一个表象罢了，那一点的情分，在诸侯国利益面前不过是九牛一毛，根本不值得考虑。黄棘之盟后，秦国与楚国的关系虽然得到了暂时的缓和，但战争没有停止，利益之争依旧是不变的主旋律。

韩魏向齐国

秦国在处理与周边各诸侯国关系的一贯政策是，打一个巴掌，给一个甜枣，然后又在一个未知的时候在背后又踹人几脚。秦昭襄王即位以后，宣太后执政，完全继承了秦惠文王对外政策的精髓，在与周边各诸侯国结盟的同时也在对他们用兵。

修鱼一战以后，齐国与楚国的联盟成为秦国的心腹大患，张仪以六百里商於之地为诱饵，诱使楚怀王与齐国绝交，但是，经历了丹阳一战以后，楚怀王渐渐认识到，秦国之所以重视楚国，就是赖于齐楚同盟，更觉悔不当初，便命使者到齐国安抚认错，意图重修旧好。齐国要与秦国争夺天下，楚国的地理位置及其实力十分重要，便再次与楚国和解，建立了同盟关系。

齐楚两国相安无事，却因为秦国的再次插入而关系紧张起来。年纪轻轻的秦武王因为举重事业而献出了九五之尊的生命，秦武王死后，秦国当权者宣太后是个实力人物，因着她与楚国的关系，秦与楚两国的关系走入一个暖春期，两国领导人会晤，订立了“黄棘之盟”，昭告天下两国非比寻常的姻亲关系。

齐楚同盟目的在于共同对抗秦国，而在秦国的拉拢下，楚国再次当了墙头草，倒向了秦国，这无疑再次惹恼了齐国。接受了秦国的糖衣炮弹，楚国再次背叛了盟友，对于这样的结局，齐国忍无可忍，准备发动一场对楚国的战争。

以齐国之力攻打楚国，略显单薄，人多力量大是永远不变的道理，纵览九州，横扫天下，齐国将目光盯向魏国与韩国。魏国、韩国对于秦国的虎视眈眈甚是害怕，张仪相魏的耻辱，让魏国无法抬头，宜阳之战，让韩国失去了重要的战略基地，这些均是拜秦国所赐，这些耻辱让魏、韩两国对秦国充满了仇恨之情。

在魏、韩两国对秦的仇恨之焰上再浇一桶油的是，秦昭襄王即位的第二年（公元前303年），秦国就将战火指向了魏国。蒲阪、晋阳和封陵作为秦、魏两国之间黄河上的重要渡口，秦国早就觊觎已久。一旦将这三个战略渡口打下，蚕食魏国，以至于灭亡魏国就容易多了。秦昭襄王即位后，秦国国内形势稍稳定，秦昭襄王便下达了攻打魏国的命令。

在攻打魏国之前，秦国先给韩国塞了一个甜枣，那就是归还在韩国夺取的武遂，武遂是贯通韩国南北的重要通道，对于韩国来说非常重要，对于这样一块肥肉，韩国乐呵呵地接收了。真是让人哀其不幸，怒其不争，此时获得一点小的利益，便扬扬自得，却不知唇亡齿寒，更大的灾难即将到临。

秦国在拉拢了韩国之后，便开始攻打魏国，韩国还沉浸在重拾旧地的喜悦之中，丝毫没有感觉到灾难的来临。当秦国调转火力转向韩国的时候，韩国上下被打了个措手不及，武遂是个战略重地，秦国难道当真会拱手相让？当然不是，这不过是一个诱使韩国袖手旁观的一个诱饵罢了。武遂，秦国还是要夺回来的。

而在攻打韩国的时候，魏国非常理所当然地看起了热闹，面对这样的结局，我们总免不了叹息，这样活生生的例子在战国时期总是一演再演，所谓前车之鉴难道都成了虚言？仔细想来，不过是长远利益与眼前利益的关系，利益二字是永恒的追求，因为迫不及待，或者因为眼前利益的损失而放弃了长远利益的打算，这是多数人的通病，却是极不明智的。

这不得不让我们想起公孙衍，这个合纵政策的发扬者，他有着很好的理论，以战国之形势，合纵是极佳的选择，而合纵政策也多次得到多数诸侯国的支持。历史却以秦国灭六国，一统天下而作为战国的结束，这其中缘由也不过是如此。

眼前的利益触手可得，却为以后更大的失去埋下了伏笔，眼前的失去虽然不甘心，却是获取更大利益的代价，这是一个亘古不变的真理。可是又有多少人能够真正做到眼光长远，不贪图眼前小利呢？那些代表着国家利益，位于九五之尊之人尚且不能，何况是普普通通的人呢？

回到我们的正题中，话说魏国、韩国都被秦国狠狠地戏弄了一番，代价不小。魏国、韩国立即谋划出路，他们看到了有实力的齐国，恰逢齐国正在实施合纵政策，三国一拍即合，组成了一个阵营。

说到齐国的合纵政策，我们不得不提一个人，那就是此次合纵的发起者——孟尝君。对于孟尝君我们并不陌生，作为战国四公子之一，他继承了公孙衍的衣钵，宣扬合纵思想。

孟尝君与公孙衍打交道，这要追溯到公元前316年，这一年，公孙衍在魏国当值，而孟尝君也被派至魏国做丞相，对于公孙衍的合纵政策，孟尝君总览天下大势，甚是赏识。在公孙衍合纵策略的实施中，孟尝君甘为下手，与公孙衍共同筹备策划。不幸的是，各自的利益面前，联盟各诸侯国总是因小失大，将集体利益置之不顾，最终导致了合纵的失败。

公孙衍失势，渐渐退出历史的舞台，好的思想不应该无疾而终，抱着这样美好的想法，孟尝君接过了这根接力棒，举起了合纵的大旗。幸运的是，孟尝君的合纵有齐国这个实力派为靠山，孟尝君大旗一挥，便招来了魏国与韩国这两个遭遇挫折的诸侯国。

孟尝君的合纵，不是一时兴起，在秦武王时期，便已经注重实施，拉拢与秦国势不两立的诸侯国是他的目标。毕竟天下之大，唯有秦国才是一个强敌，不灭秦国，齐国称霸之梦就永远存在于想象中了。

楚国曾因为一时的贪念而背叛了齐国，却在被打之后，再次投入齐国的怀抱。一时被贪念所惑，就有可能再次被贪念所迷，在秦国的利诱下，楚怀王又一次投向了自己曾经的对手秦国。正在实施合纵的齐国哪里能够容许楚国一而再再而三的欺骗与失信？

在得到魏国与韩国的支持后，齐国发动三国军队，打着楚国背叛联盟的名义去攻打楚国。一个齐国尚且不能应对，何况是三国联军呢，楚国当然不能够挡住三国联军的进攻，楚怀王眉头紧皱，不停踱步，因为太过焦急脑中一片空白。

就在楚怀王急得眼泪快要掉下来的时候，经身边人的提醒，想起了他的外甥秦昭襄王，楚怀王不禁拍手叫好，他的这个外甥年龄虽小，本事却大，大树底下好乘凉，楚怀王赶紧亲笔修书，命人快马加鞭送往秦国，请求援助。

黄棘之盟刚订不久，秦国与楚国的热乎劲还没有过，而最为重要的是，这次的对手是他的宿敌——齐国，所以秦国不得不出手。按照惯例，各个诸侯国之间请求他国援助是需要人质的，两国君主虽然是甥舅关系，但是亲兄弟尚且需要明算账，这一惯例是不能被打破的。

楚怀王为表诚意，将太子横送到秦国作为人质，这个名为横的太子，人如其名，果真又横又狠，不知道他日后会给楚国惹出什么乱子来，这个我们暂且不提。

人质送到，秦国即刻发兵，在秦国的帮助下，三国联军迫不得已撤退，一阵手忙脚乱之后，楚国终于转危为安，楚怀王长舒一口气。他这个外甥果真不是盖的，而秦国这个盟友他算是交对了，殊不知，另一场灾难正向楚国袭来，只是，这一次，楚国能够幸运地躲过这一劫吗？

楚怀王不给力

形势千变万化，转眼间福祸转换，这又有谁能够说得准呢！在秦国的帮助下，楚国渡过难关，转危为安，楚怀王心头的一块石头终于落地了。对于秦昭襄王的这份恩情，楚怀王看在眼里，记在心里，心中不免坚定了跟随老大到底的信念。

一个巴掌拍不响，楚怀王的信念坚定了，却不见得秦国也作此感想。事情的导火线源于在秦国做质子的楚国太子横。太子横人如其名，堪与螃蟹称兄道弟。

质子是个费力不讨好的差事，为了增进各诸侯国的友谊与信任，各国之间互派质子，但这恰恰是互不信任的表现。联盟各诸侯国一旦关系破裂，质子的生命就危在旦夕，为此而送命的大有人在。到有些国家做质子会被奉为上宾，但更多情况下是被视为藩臣，自然受不到好脸色。

战国末期，秦国已经成为九州唯一的超级诸侯大国，所以没有必要对任何人低声下气，在趾高气扬的秦国做质子自然也就等同于受罪。太子横来到秦国，估计是受了些委屈，太子横在楚国衣来伸手饭来张口，事事都有人宠着、溺着，何时受过丁点委屈？火暴脾气的他无法忍受，在与秦国一位大夫产生冲突后，一时气火攻心，犯起了糊涂，忘记了自己身上的政治任务，竟然将秦国大夫杀掉了。

这事情非同小可，当惨剧发生，看着满地的鲜血，太子横的神智渐渐清晰，事情发展到这一地步，已经没有退路，太子横难以再估计诸侯国利益，趁着月色，偷偷溜出宫殿。逃出秦国，踏上楚国的境界后，他终于松了一口气。但是，接下来，令他犯愁的是，如何向自己的父亲交代呢？

太子横知道自己闯了大祸，也就没了往日的底气，支支吾吾急煞了楚怀王才将事情的前前后后说个明白，楚怀王瘫坐在位子上，刚刚建立起来的秦楚友好关系却在这一刻出现了裂痕，楚怀王已经无力追究太子横的责任，重要的是秦国那边反应如何，而楚国未来的路又将怎么走？想及此，楚怀王脑中一片空白，事情总是一波未平，一波又起，想要求个安稳实在太难了。叹息着，楚怀王命人入秦打探秦国消息，秦国对于此事会作何感想？

对于秦国来说，楚国质子杀掉秦国大夫一事可大可小，鉴于秦国仍需要楚国的支持，秦国没有大肆追究楚国责任，但是两国关系破裂的隐患已经埋下。

当探子回来汇报了秦国情况，楚怀王终于叹了一口气，也许事情没有他想象的那么严重，楚怀王这几日寝食难安，今晚终于可以安心了。可惜楚怀王这样简单而渺小的愿望终究是没有实现，因为不死心的孟尝君再次发动魏国、韩国联合齐国攻打楚国。

楚怀王彻底崩溃了，事情总是那么棘手，也顾不得他的美食、好觉，紧急召集大臣，调动军马，准备迎战，这年是周赧王十四年（公元前301年）。

楚怀王在做好一手准备的同时还向秦国告急，寻求帮助。让楚怀王备感寒心的是，他的外甥竟然对他置之不理，任由楚国被欺负。面临这样的结局，楚怀王也只有捶胸顿足。

齐将匡章、魏将公孙喜、韩将暴鸢带领三国攻打楚国重要渡口方城。要入方城，需要渡过沘水，这就难住了三国联军，因为不知沘水是深是浅，在还没有搞清楚形势的情况下，也不敢贸然有所行动。

楚军在沘水另一岸列阵，分兵把守，从春到秋，半年的时间过去了，三国联军却迟迟不能渡河，后来，有个联军士卒向楚国一樵夫打探到，“荆人所盛守，尽其浅者也；所简守，皆其深者也”。知道了沘水的底细，三国联军也就不再有所畏惧，在夜深人静之时，趁着月色，齐国将领匡章率领一支精兵，瞅准哪里楚国守兵多，渡过沘水与楚军大打出手，楚军连连败退，大片土地被三国联军占领。

楚国与秦国关系出现裂痕，又遭遇了三国联军的攻袭，这雪上加霜的悲惨，让楚国不得不对齐国屈服。楚国向齐国求和，并将太子横送入齐国为质子，这个太子横也真是可怜，送了秦国又送齐国，只是不知道这次会不会惹出什么乱子来。

楚国送质子入齐的行为惹恼了秦国，在齐、魏、韩三国联军撤离楚国以后，秦国又气势汹汹地打来，这下楚怀王有得忙了，依旧是败仗，楚国两万多士卒被杀，秦国大胜而归。但是，事情没有结束，秦国并没有善罢甘休，在退兵后的第二年，秦国再次发兵攻楚，楚国损失惨重，损兵折将不说，楚国八座城池被秦国夺取，这是一个巨大的损失。

等各个诸侯国的军队均从楚国境地上撤走，呈现在楚怀王面前的是一个四分五裂的楚国，面临这种内外交困的境地，楚怀王老泪纵横。也就是在这个时候，他的外甥秦昭襄王命使者送来了一道催命符，将楚怀王打入无底深渊，再也没有爬起来。

在痛打楚国，占尽楚国便宜以后，秦昭襄王约楚怀王到武关相会，商讨结盟之事，秦昭襄王的诏书是这样写的："始寡人与王约为弟兄，盟于黄棘，太子为质，至驩（通欢）也。太子陵杀寡人之重臣，不谢而亡去，寡人诚不胜怒，使兵侵君王之边。今闻君王乃令太子质入齐以求平。寡人与楚接境壤界，故为婚姻，所从相亲久矣。而今秦楚不驩，则无以令诸侯。寡人愿与君王会武关，面相约，结盟而去，寡人之愿也。"

这是秦国一贯政策的延续。面临秦昭襄王的盛情邀请，楚怀王却高兴不起来。老实巴交的楚怀王不知道秦昭襄王葫芦里卖的什么药，此次邀请是福是祸也是个未知数，是赴约还是放秦昭襄王的鸽子，这在楚国朝堂之上引起了一番争论。

昭雎和屈原认为秦国是黄鼠狼给鸡拜年不安好心，还是不去为上，"王毋行，而发兵自守耳。秦虎狼，不可信，有并诸侯之心"，但是楚怀王宠爱的幼子子兰公子却极力劝说他的父亲前去赴险，或许尚可以挽救楚国与秦国的友好关系，楚怀王犹豫再三，对秦国仍然抱有一丝希望，便单身去赴约了。

对于楚怀王的抉择，我们备感无奈，在多次被秦国玩弄于股掌之间后，楚怀王仍然对其充满了幻想，所谓的前车之鉴，在楚怀王这里全都成了浮云。知错能改，善莫大焉，楚怀王却是屡教不改，待其清醒之时，却是后悔之日，这次的代价却是让楚怀王连后悔的机会也没有了。

楚怀王到了武关，在还没有弄清楚状况时便被扣押了，秦昭襄王没有亲自出面，而是派了一个使臣将楚怀王押到了咸阳，关于此段历史，史书是这样记载的："遂与西至咸阳，朝章台，如蕃臣，不与亢礼。"

到了咸阳，秦昭襄王亮出了他的底牌，那就是要求楚怀王"割巫、黔中之郡"，原来，这是秦昭襄王以扣押一国君主来要挟获取土地的伎俩，楚怀王大怒，万万没有想到自己的外甥会对自己玩起这种下三滥的阴谋。楚怀王虽然利令智昏，却也不会做出出卖土地的苟且之事，盛怒的楚怀王大呼一声：“秦诈我而又强要我以地！”便不再理会秦的无理要挟。

没有达到预期目标，秦昭襄王便把楚怀王关了起来。周赧王十九年（公元前296年），这一年的一日，楚怀王逮了个机会从囚室逃出，遗憾的是没有做到悄无声息。当发现了楚怀王逃走后，秦国便封锁了通往楚国的各条通道。没有办法直接回国，楚怀王走迂回战术，先是跑到赵国，准备经赵国回楚，不幸的是，赵人不让楚怀王进城，后有追兵，前无去路，楚怀王的处境简直是一言难尽。无奈之下，楚怀王便往魏国方向逃去，却不幸在途中被秦人抓到，再次被送往咸阳。

白白折腾了一圈，楚怀王羊入虎口，已经是有去无回了，在这样的绝望中，楚怀王病倒了，这一病还不轻，不久就命丧黄泉了。

孟尝君到秦

孟尝君继公孙衍之后倡导合纵，联合齐国、魏国、韩国共同对抗秦国与楚国，成为当时名声赫赫的纵横家。其实孟尝君之美名还不仅仅在于此，作为战国四公子之首，我们有必要对孟尝君有一个详尽的了解。

孟尝君，姓田名文，其父田婴乃是齐威王之子。孟尝君生于宗室皇族，但是孟尝君幼时却没有得到应有的礼遇，这是源于当时的迷信传说。孟尝君生于五月，时有五月生子克父克母的说法，“五月子者，长与户齐，将不利其父母”，所以孟尝君一出生就被他的父亲遗弃。十月怀胎辛辛苦苦把孩子生下来，却要将其遗弃，对于一个妇道人家来说，这实在是太残忍了。孟尝君的母亲不忍将其遗弃，便偷偷地将其抚养成人。

孟尝君被其母偷偷抚养，虽然没有得到父亲的教导，却长成一个博学多识的人。至其年长以后，他的母亲将他带至父亲身边，父子交谈之中，孟尝君的言语中无不体现着睿智，他的父亲也就接受了他的存在。

孟尝君最为人津津乐道的就是他招揽宾客之道，他招揽各个诸侯国的宾客，不论出身，不论贵贱。孟尝君家业丰厚，对待其门下宾客毫不吝啬，凡是前往投奔者，皆受到孟尝君的礼遇，其饮食居住皆与孟尝君相同。

孟尝君如此对待门客，其名不胫而走，天下的贤人志士纷纷前往投奔，当然，其中也有穷困潦倒，在别处混不下去之人，其中也不乏犯罪而逃的犯人。孟尝君不问门客出路，皆一一接纳，一时之间，各色人物皆齐聚孟尝君门下，有几千人之多。

孟尝君的用人之策，颇与曹操的“唯才是举”类似，其中不乏鱼目混珠，德行不良者，我们也许会对其不屑，但是，也正是这些人在关键时刻帮了孟尝君的大忙。

齐湣王派孟尝君入秦国任职，这在秦昭襄王来说，是件好事。这时，秦昭襄王对孟尝君的感情那是五味俱全，又恨又喜。孟尝君的大名，秦昭襄王早就钦羡已久，在此之前，秦昭襄王已经意图拉拢孟尝君，只是，孟尝君没有赏脸。

秦昭襄王以弟弟泾阳君到齐国作人质，伺机拉拢孟尝君。水往低处流，人往高处走，尤其是对于春秋战国时期的士人来说，能够为谁效力在其次，更重要的是实现自己的价值。

秦国野心勃勃，俨然一个超级大国的姿态，能够到这样的诸侯国去一展才华，这是求之不得的美事，孟尝君心痒了，打算接受这次的邀请，但是，这个时候，门下的一个宾客苏代站了出来，一席话打消了孟尝君入秦的念头。

“今旦代从外来，见木偶人与土偶人相与语。木偶人曰：‘天雨，子将败矣。’土偶人曰：‘我生于土，败则归土。今天雨，流子而行，未知所止息也。’今秦，虎狼之国也，而君欲往，如有不得还，君得无为土偶人所笑乎？”

苏代讲的是一个木偶人与土偶人的故事，故事中以木偶人比孟尝君，土偶人虽遇到洪流，却是能够回归本土，而木偶人却不知所踪。孟尝君入秦，若在秦国不能回来了，那只有被齐人笑话，辱没了美名，这是得不偿失的。

孟尝君向来注重名声，一听这话，便打消了入秦的念头。没有入秦，孟尝君却忙不迭地倡导其合纵，联合魏国、韩国共同对抗楚国与秦国。

孟尝君此次入秦，可以说是凶多吉少，虽然被任命为宰相，秦昭襄王对其却是极其不信任的。孟尝君作为齐国宗室，能否全心全意为秦国出力这是未可知的，在诸多事务上，会不会顾及到齐国利益而舍弃秦国利益这也是不可知的，所以秦昭襄王的礼遇只是表面上的。

秦昭襄王心中本有芥蒂，若是有人在旁煽风点火，那孟尝君的处境就更加危险了。孟尝君就是这么不幸，时任秦国宰相的樗里疾，领兵打仗，为秦国的强大与稳定立下了汗马功劳，摸爬滚打才爬到了宰相的位置，在秦国享有很高的盛誉。但是，让他不爽的是，孟尝君一来到秦国便得到了宰相的职位，而名气也压过了他，樗里疾在当权者中也算是元老级的人物了，真有心对付这样一个外来人简直易如反掌。

樗里疾的脑筋已经迅速转开了，这日，他的门客公孙奭来到秦昭襄王面前，将孟尝君如何种种一一陈述，总归就是一句话，孟尝君不会真心臣服于秦国，反倒会出卖秦国，为秦国带来种种灾难。

对于孟尝君，秦昭襄王虽然钦佩其名，却终究不敢全然信任，又听身边人这样一说，心里对孟尝君更加猜忌了。秦昭襄王也不敢妄下论断，便找来樗里疾商讨此事，可以想象，秦昭襄王正好掉进了樗里疾的圈套，樗里疾添油加醋再一说，注定孟尝君的日子不好过了。

君臣二人商讨一番，打算把孟尝君羁押，暂时软禁，再想其他办法。孟尝君优哉游哉，完全没有注意到危机的降临，却见泾阳君慌慌张张跑来，大叫不好，细听之下才知道，自己命在旦夕了。

作为知己，泾阳君不忍见孟尝君被困，便出谋划策让其去贿赂秦昭襄王的宠妾燕姬，让其求情，也许还可得救。孟尝君命人去见燕姬，献上一块上好白玉，这燕姬正是得宠时，什么样的稀奇宝贝没有见过，对孟尝君献上的白玉根本就不放在眼里，却张口要那白色狐皮裘。

孟尝君这白色狐皮裘价值连城不说，更是天下无双，世上再也没有第二件了，要说能够活命，送上这狐皮裘自然不在话下，可问题是，这狐皮裘在孟尝君入秦时就已经献给秦昭襄王了，现下可犯了愁。

孟尝君急得犹如热锅上的蚂蚁，一时间没了主意，这时有一个门客求见，见了那门客，却见那门客手中拿的正是白色狐皮裘，这本就是孟尝君所有之物，自然不会看错，孟尝君又惊又喜，事情终于有了头绪。

原来，这个门客善于偷盗，夜里便披上狗皮，装扮成狗的样子，学着狗叫混进了秦昭襄王的寝宫，将狐皮裘偷了出来。孟尝君将狐皮裘献给燕姬，燕姬也不失所望，为其求情，秦昭襄王便将孟尝君放了。

孟尝君一得自由，便趁着天黑，撒开了腿，乘着快马驾着快车，往外逃。来到城门处，天还未亮，鸡还未鸣，城门大锁，根本不能出城。但是，追兵在后面忙不迭地追了过来，原来，秦昭襄王放了孟尝君后意识到自己干了件放虎归山的蠢事，便命令士卒马不停蹄地追赶孟尝君。

眼见追兵将至，城门却迟迟不开，东方的天空已经渐渐露出了鱼肚白，城门只有在鸡打鸣后才会被打开，孟尝君一行却是等不及了。正在一筹莫展之时，孟尝君身边的一个门客，非常逼真地学着鸡打鸣叫了几声，而在睡梦中的公鸡紧接着苏醒过来，一起跟着叫了起来，守门的士卒听到后，便将城门打开了。孟尝君终于摆脱了追兵，顺利逃生。

这一次性命攸关的经历，让孟尝君差一步就走进了阎王殿，孟尝君对秦国更加憎恨，更加紧了其合纵抗秦的计划。

匡章攻破函谷关

孟尝君此次入秦的经历可谓是惊心动魄，初入秦国便遭奸人谗言，险些被杀。所幸他平日里喜交友人，又与人为善，才在他们的帮助下逃出了虎穴，这番经历让孟尝君气火攻心，对秦仇恨的种子已经种下。

孟尝君回齐，途经赵国，赵国的平原君听闻了孟尝君的经历，颇有惺惺相惜的感觉，备好酒宴为其压惊。宴席中也以贵宾相待，这对于孟尝君来说，无异于雪中送炭，心中温暖了不少。

饭饱酒足，孟尝君告别了平原君，踏上了回齐国的道路，在回去的途中，有不少的赵国人因为久仰孟尝君的大名，不免有想要一睹孟尝君风采者。所谓耳闻不如一见，却是有些美好留在想象中更佳，当赵国人见到孟尝君是个又瘦又矮的小男人时，幻想中的美好形象一时间被打碎，不免有些失望，也不免表现在了颜面上。

当然以貌取人虽有不对，却也无伤大雅，怎奈，这孟尝君刚刚经历了一场生死的较量，心绪不佳，又碰上这等事，不免脾气大发，拿这些手无缚鸡之力的平民百姓出气。孟尝君拿起长剑，乱刺乱砍一通，随从也纷纷效仿，顿时鲜血洒了一地，哀号声遍起，留下一片狼藉，孟尝君扬长而去。

至此，我们对孟尝君的印象也大为改观，一个刚刚从鬼门关转了一遭的人，转眼间就将一些无辜的性命送进了阎王殿。这不得不让人感叹，古代社会平民百姓的性命就如草芥一般不值钱，一个掌握生杀大权的人，纵使是犹如孟尝君这样身负盛名的贤人，也不免会手染血渍，干净不起来了。

在手染鲜血后，孟尝君毫无愧疚之色地绝尘而去，终于回到了齐国。金窝银窝不如自己的狗窝，秦国强大，却终究不是孟尝君施展才华的地方，孟尝君回到齐国以后，被齐滑王任命为丞相。当初，齐滑王将孟尝君送入虎口，心中不免有些愧疚，此次孟尝君虎口脱险，齐滑王将其任命为丞相里面也有补偿的成分。

入秦一遭，孟尝君带回来的是满腹的仇恨，任职齐国丞相以后，孟尝君便将目标指向了秦国，继续实施他的合纵抗秦政策。孟尝君首先想到的还是昔日齐国的盟友——魏国和韩国，当年，齐国、魏国、韩国三国联军两次共抗楚国，夺得了楚国的大片土地，共享战果，这样的辉煌为何不能再次上演呢?

孟尝君以齐国曾经帮助过魏国、韩国为由邀请两国加入抗秦阵营之中。其实，对于魏国、韩国来说，楚国尚且可以对付，秦国就太难了，他们不愿意蹚这浑水，怎奈受制于人，不得不拿出一些诚意。孟尝君除了寻求魏国、韩国的相助外，还从周天子那里借到了兵器与粮草，攻打秦国的计划势在必行。

秦国虽然强大，却也是多处受敌，况且是齐国、魏国、韩国三国联军，另外还有周天子提供了粮草与兵器相助。此次，秦国面临的是一个强大的敌人，最终鹿死谁手还真是未可知。

一切准备就绪，联军浩浩荡荡开往秦国的函谷关。提起函谷关，我们并不陌生，必然想到那句“一夫当关，万夫莫开”的称誉，此地是重要的要塞，因为地处谷中，而又深险如函，才有了函谷关的称谓。此地是秦国重要屏障，既是“一夫当关，万夫莫开”，可见攻打此地也非易事，但是，这世间的事情又有谁能够料到呢。

齐国此次派出的大将是匡章，对于此人，我们有必要有个详细的了解。匡章，具体生卒年已经无从考证，称谓甚多，有田章、陈璋、章子、匡子多种叫法。匡章历经齐国几代国君，可谓是齐国的元老级人物。匡章是个武将，为齐国屡立战功，齐威王时就已经在齐国颇负盛名。

匡章的辉煌战争史，从史书记载的史事来看，是在齐威王末年开始的，这一年，张仪在秦国为相，魏国惧怕秦国淫威而寻求秦国的庇佑。秦国与齐国水火不容，共争一统天下的霸主地位。秦国拉拢了魏国、韩国，并从这两个诸侯国借道攻打齐国。齐威王以匡章为将领，到桑丘迎战，匡章的政敌趁他不在朝堂，便进谗言，污蔑匡章有投降秦国之意。听了近臣一番贬低匡章的话，齐威王是这样回应的：

“章子之母启，得罪其父，其父杀之而埋马栈之下。吾使者章子将也，勉之曰：‘夫子之强，全兵而还，必更葬将军之母。’对曰：‘臣非不能更葬先妾也。臣之母启得罪臣之父。臣之父未教而死。夫不得父之教而更葬母，是欺死父也。故不敢。’夫为人子而不欺死父，岂为人臣欺生君哉？”

原来，在匡章出征之前，齐威王为激励匡章，便允诺匡章若能够全胜而归就将匡章的母亲改葬。匡章的母亲因为得罪了自己的丈夫，被丈夫杀掉埋在了养马的栅栏下，这对于匡章的母亲来说是一件非常屈辱的事情，所以才有了齐威王改葬一说。

匡章却不领情。作为齐国的将领，匡章要改葬其母的实力还是有的，但是他不愿意这么做，这主要是源于他的父亲。匡章的母亲因为得罪了父亲才被杀受辱埋在养马的栅栏下，如今父亲死了，若是改葬母亲，就是违背死去的父亲意愿，匡章是不敢这么做的。

在齐威王看来，匡章对死去的父亲尚且如此，那么对于活着的君主自然不会产生背叛的念头。齐威王没有理会谗言，依旧对匡章信任有加。最终，匡章也不负所望，在桑丘击败了秦军。

齐威王死后，齐宣王即位，这期间，匡章曾领兵趁燕国内乱，用一个半月的时间攻破燕国。齐滑王即位后，在孟尝君的倡导下，齐国联合魏国、韩国抗楚国，匡章率领联军在垂沙大败楚军，楚国大将唐昧被杀。

以上我们可以看出，不论是武功还是德行，匡章都是过关的，只是此次函谷关一役非同小可，自从秦国立国以来，函谷关就没有被攻下的历史，更何况如今经历了商鞅变法与几代明君的经营后，秦国已经日益强大，成为战国末期的超级大国。在这样的背景之下，攻下函谷关并非易事，匡章率领三国联军能否凯旋？

战争从周赧王十七年（公元前298年）持续到周赧王十九年（公元前296年），这是一场持久战，也是一场毅力战，尽管艰难，联军却终究将函谷关攻下了。

攻下函谷关，进入秦地就轻而易举了，秦昭襄王绝对不允许这样的情况发生，所以当务之急便是如何阻止联军乘胜追击。秦昭襄王命使者去拜见孟尝君，准备以割地自救换取联军的撤兵。

秦昭襄王在命人与齐滑王交涉的同时，也派人贿赂了孟尝君身边的人韩庆，韩庆便极力劝孟尝君与秦议和。战争持续了太久，士卒疲惫没有了斗志，孟尝君便接受了与秦议和的条件。孟尝君的这一决定让其后悔终生，错过了灭亡秦国的大好时机，待到秦国翻身，那就只有被欺负的份了。

恶果很快便降临，饿死的骆驼比马大，秦国毕竟实力在，很快在战败中恢复过来，投入到新一轮灭六国的计划中。

伊阙之战

函谷关一战，秦军大败，函谷关在秦国的历史上被首次攻下，齐国将领匡章在历史上留下了美名。秦国自商鞅变法以来，经历了秦惠文王与秦武王两代的经营，实力大增，可谓是意气风发，不想却在此栽了个大跟头，这真是让秦昭襄王窝了一肚子的火。

不论是掌权的宣太后，还是年轻气盛的秦昭襄王均是野心勃勃的人物，秦国灭六国一统天下的根基便是在这一时期。通过又拉又打的政策，作为秦国南部威胁的楚国已经完全丧失了生命力，自顾尚且不能，自然也不会有什么大的作为，对于这一点秦国倒是大可以放心，作为头号大敌的齐国，秦国是鞭长莫及，毕竟不彻底打通中原通道，秦国纵有百般能耐也是不足以与齐国一争高低的。

解决了楚国这个后顾之忧以后，秦国大举进攻六国的时机也来了，秦昭襄王先把目标转向了魏国与韩国，这两个诸侯国都处于中原要地，要夺取中原，这两个诸侯国首当其冲。天助秦国，也就是在这几年，天下大势发生了翻天覆地的变化。一来，本在同一阵营的齐国与魏国起了争端，处于相持阶段，二来，魏国与韩国相继更换了新君，国内形势尚且不稳定，再者，赵国在经历了赵武灵王的强大之后，陷入到内乱之中，而英明一世的赵武灵王却在这场内乱中被活活饿死了，真是悲哉！

魏国、韩国局势动荡，这是秦国进攻的一个好时机，赵国自顾不暇，自然也不会插手，而齐国正等着看好戏，秦昭襄王的战前准备紧锣密鼓地进行着。

无论是对于魏国还是韩国，与秦国这一战均是铆足了劲的，毕竟受秦国欺辱多年，总有忍无可忍之时。秦国自从商鞅变法以来，迅速崛起，依靠其强大的实力，在多次战争中取得胜利。

在秦国南部的楚国深受其害，汉中、巴蜀一带均落入秦国手中，最后竟然落得一个楚怀王被囚禁致死的下场，楚国自此一蹶不振，亡国指日可待。

在欺辱楚国的同时，秦国还频频东进，而与之东部相连的魏国与韩国深受其害，以秦国之野心与气势，楚国的今日便是魏国与韩国的明天。秦国势力之大，不是单单一个魏国，一个韩国所能够对抗的。以往的种种结果便是很好的例证，虽然多次抵抗，却多数是以失败结束，失败之后，唯有以土地为求和的砝码，如此反反复复，魏国与韩国大片土地被秦国蚕食，长此以往终究不是办法。

面对秦国的气势汹汹与咄咄逼人，魏国与韩国走入一个阵营，联合起来，准备以倾国之力给秦国一个反击。魏国与韩国这次抱的希望很大，倾国之力，一旦失败，将如同楚国一般，一蹶不振。

秦国虽然频频东进，其实本身也是危机重重，这主要是源于巴蜀的叛乱。秦国轻而易举收服巴蜀，但是要稳固在此地的统治并不容易。巴蜀少数民族众多，又多彪悍好战，不满于秦国的统治，稍有实力便伺机反抗，而秦国此次派往的将领又趁机寻求自立，所以巴蜀的战争，一直不曾间断。巴蜀地区制约着秦国大部人马，秦国国内与东进的兵力也就非常有限了。

此次战役，其形势不论是对秦国还是对魏国与韩国均是各有优劣，至于其中结果如何，就难以猜测了。

周赧王二十二年（公元前293年），秦国的大军出发，浩浩荡荡往中原而去。魏国与韩国联合起来，共同抵抗。韩、魏虽然曾经作为齐国的跟班，一同攻下秦国战略要地函谷关，却也知作为当时的超级大诸侯国，秦国的实力不是盖的，必须要充分重视起来。

韩国、魏国紧急召集了24万大军，其中有魏国军队16万，韩国军队8万，应对秦国的12万大军，这是一个两倍兵力的比例，况且魏国军队中还有部分的魏武卒。这魏武卒在魏国曾经是出尽了大风头的，是吴起在世时训练的一支精锐步兵，史称“魏之武卒以度取之，衣三属之甲，操十二石之弩，负矢五十，置戈其上，冠胄带剑，嬴三日之粮，日中而趋百里。中试则复其户，利其田宅”。

魏武卒穿着有三层防护的重甲，手执长矛，背负五十支长箭，操着十二石的弩，随身携带三日口粮，半天就能够走一百里的路程，如此一番劳累之后，还能够迅速投入到战争之中，这样的一支士卒战斗力是可想而知的。吴起率领这一支军队创下了辉煌的战争历史，史载“大战七十二，全胜六十四，其余均解”。七十二场战争中有六十四场全胜，剩下的打成平局，这非平常军队所能为。

如今吴起虽死，魏武卒的精神与灵魂却是留下来了，魏国请出魏武卒，韩国与魏国有这么大手笔，足见对此次战争是十分重视的。这一役，联军的主帅是公孙喜，秦国的领兵将领是白起。

但凡对秦史稍有了解之人，对白起定是不会陌生的，白起被誉为秦国的“战神”，可以想象能够拥有这样一个称号的人，自然是不同凡响的。历史中对白起的定位非常高，战国时期著名的四将，白起、王翦、廉颇、李牧，白起居于首位，更有人称白起是中国古代史上继孙武之后的一个杰出的军事家，对于这样一个传奇般的人物，我们有必要对其有个详细的了解。

白起，姓芈，白是他的氏，楚国人，白公胜的后代，所以又被称为公孙起。周赧王二十一年（公元前294年），秦昭襄王以白起进攻韩国，韩国新城被一举攻占，秦昭襄王对自己的慧眼识人非常满意，便将白起封为左更，这是白起在战争中崭露头角。

在伊阙之战之前，白起不过是秦国众多名将中一个不起眼的小将，能够得此殊荣，统领12万士卒，实属上天怜悯。也就是这样一个机遇，让白起从此登上了名将的高峰。

魏国与韩国实力庞大，又有魏武卒这样的精锐部队，反观秦国这边，却是不那么乐观的，司马错领兵10万，去平定巴蜀叛乱，秦国又必须要留兵在驻守城池，所以能够拿出手的确实不多，东拼西凑的12万士卒之中也不乏滥竽充数之辈。

秦军与韩、魏联军对峙于伊阙，处于相持状态。伊阙是魏国与韩国的门户，地理位置十分重要。韩、魏联军占领要地，据险地把守，在形势上占据了优势。

对于韩、魏联军来说，能够抢先占领先机，以逸待劳，其优势是十分明显的。其一，秦军远道而来，士卒必然疲惫，韩、魏联军双双齐下，在秦军还未站稳根基之时打他个措手不及，必然是不难的。其二，伊阙地势险要，秦国攻城自然不是一日两日能够攻下的，韩、魏联军固守不战，只是拖延时间，直等到秦军弹尽粮绝，趁着这个时机，联军再出击，其伤亡损失必然也是最小的，不论是哪一种方案，对于联军都是极好的。

兵力上强烈的对比，形势上的巨大差距，让白起犯了难。就在秦军陷入进退维谷之中时，韩魏两国却有了异心，两军貌合神离，均有各自保存自身实力之心，在这种情况之下，都不愿意多出一分力。一个军心涣散的组合，没有上苍的厚爱，那是万万不可能打胜仗的。

白起在综观形势之后，做出了集中力量，各个击破的决策，白起先将目标投向了力量较弱的韩国，他以少部分兵力在前方牵制韩军主力，然后以主力部队绕到到韩军后方，杀韩军一个措手不及，韩军方阵大乱，一击击溃，斩首不计其数。

魏军见韩军被破，军心不稳，大有畏惧之心，手忙脚乱之下也遭遇惨败。当韩魏联军主力被破以后，联军主帅已经控制不住形势，士卒纷纷溃败而逃，而秦军却士气大振，白起领兵乘胜追击，联军多被歼灭，主帅公孙喜成为俘虏。

伊阙一战，白起领兵以少胜多，名声大噪，韩、魏两国元气大伤，被迫割地求和，秦国东入中原的道路再也不可抵挡。

在困顿中奋起的苏秦

“头悬梁，锥刺股”是家喻户晓的故事，自从懂事起，父母、师长就用这个故事来勉励我们勤奋学习，在这一节中我们就来见识一下故事的主人——苏秦。

苏秦，字季子，洛阳人。战国时期诸侯分立，周天子直属洛阳一地，洛阳是个大都市，苏秦的出身却不甚乐观。据《战国策》记载：“且夫苏秦，特穷巷掘门、桑户棬枢之士耳。”从中我们可以看出，苏秦既不是皇亲国戚，也不是什么名门望族，乃是出身于贫民之家。

家境贫寒，却有一身的学问，这是非常难能可贵的。这样的出身，大部分人会安于现状，勤勤恳恳做个安分守己的农民。苏秦却不安分，也就是这份不安分，让他日后成为一个“一怒而诸侯惧，安居而天下熄”的关键性人物。

少有大志而又不甘贫穷的苏秦，听闻鬼谷子有才学，便前去拜师，鬼谷子见其聪颖，便授以纵横学。苏秦勤奋好学，又兼天性聪颖，很快便将鬼谷子所授融会贯通。

苏秦勤奋，“锥刺股”便是一例，《战国策·秦策》记载，苏秦“读书欲睡，引锥自刺其股”。至于苏秦聪明到什么程度，有两个成语可以为证，这两个成语是走马观碑与目识群羊。

苏秦在跟随老师学习一段时间后，很快便学会了老师教授的学问，他的老师感觉自己已经黔驴技穷，已经没有什么可以教的了，便带着苏秦入洛阳寻访有学之士。

师徒二人一路上谈笑风生，游山玩水不亦乐乎。策马入洛阳的路上，苏秦看到路旁有块石碑，便边走边看。老师见他看的起劲，便提议停下来看完再走，熟料苏秦却已经看完，并且将碑文一字不漏地背诵了下来。尽管知道苏秦聪慧，却没有想到竟然能够过目成诵，这给了老师一个很大的惊喜。苏秦走马观碑的消息不胫而走，成为一时美谈，此后走马观碑也成为称赞人聪明的赞语。

目识群羊与走马观碑类似，同是称赞苏秦有着过目不忘的本领，其本意是苏秦走在路上，看见一群羊走过，就能够非常准确地说出白色的羊与黑色的羊的数目。有这样的本事，也难怪连他的老师也自叹黔驴技穷。

苏秦学得一身的学识，便辞谢老师，准备去做官，一展宏图。战国时期，天下纷争不断，各个诸侯国之间明争暗斗，这样的背景为知识分子，尤其是贫穷阶层的知识分子，提供了一个一展才华，步步高升的机会，众多身份卑微之士因为有才学而出人头地。

苏秦出身贫穷，亲朋好友对他寄予了厚望，如今，求学归来，苏秦大有一鸣惊人的抱负。现实是，他空有本领，却无机遇，一事无成。苏秦在列国周游了数年，仍旧没有哪一个国家的国君肯重用他。

苏秦眼观天下，秦国有一统天下之势，便鼓起勇气入秦，向秦王宣扬他一统天下的策略：“秦四塞之国，被山带渭，东有关河，西有汉中，南有巴蜀，北有代马，此天府也。以秦士民之黼，兵法之教，可以吞天下，称帝而治。”苏秦为秦国勾画了一个非常有诱惑力的前景，可秦惠文王非常理智地拒绝了他：“毛羽未成，不可以高飞；文理未明，不可以并兼。”眼见没有希望，苏秦垂头丧气地离开了。

用尽法宝，说破嘴皮，依旧没有得到重用，而此时，苏秦身上所带的盘缠也将用完，苏秦真是到了黔驴技穷的地步了。山穷水尽的苏秦，灰溜溜地走上回家的路，受尽人情的冷漠之后，在他心中，家是唯一的港湾了。

满心愧疚的回家寻找温暖的苏秦却在家中受到了更加残酷的打击。回到家后，没有久别重逢的喜悦，苏秦看到的是“妻不下纴，嫂不为炊，父母不与言”。生他的父母不跟他说话，与他曾经同床共枕的妻子不理他，饥饿的苏秦去嫂子那里寻点吃的，却也碰了一鼻子灰。

面临眼前的种种困境，苏秦没有理由抱怨，毕竟一个贫苦之家能够拿出钱财让其求学多年，这已经是非常大的恩遇了。背负着偌大的希望离去，却满载着失望而归，这不仅是对苏秦的重大打击，更是一下子戳破了亲人的希望，那么还能奢望什么好的脸色呢?

种种待遇，苏秦微笑着接受，心中却是无限的苦楚。有句话说的没错，压力成就动力，在巨大的压力之下，苏秦却有了更大的斗志，大叹一声：“妻不以我为夫，嫂不以我为叔，父母不以我为子，是皆秦之罪也！”感慨过后，苏秦把自己关进屋子里，进修去了，这一次养精蓄锐的结果会如何?

据《战国策》记载，苏秦在闭关期间，有一本书对他影响甚大，这本书的书名是《太公阴符》，传言是姜子牙所作，记载兵法与权谋。苏秦在得到这本书后，如获至宝，精心研读，在此书的基础上，掺和所思所悟，写成了《揣》、《摩》两本书。

一段时间与世隔绝的研修之后，苏秦带着他的两本著作出关了，这一出关，正赶上了燕王哙禅让引起的大乱，这恰恰成了苏秦一鸣惊人的一个契机。

燕昭王招贤纳士，改革内政、整顿军队。通过法律规范了管理的审查与考核，在用人方面也摒弃了“亲亲”“贵贵”这样的恶习。在军事上，以乐毅为将，进行军队训练，并安抚士卒家属，一定程度上提高了士气，军队的战斗力得到了很大的提高。

也就是在这样的时机，苏秦入燕，这是苏秦政治旅程的开始。那么，苏秦能否在人才会聚的燕国崭露头角，继而一鸣惊人?

苏秦的三寸不烂之舌

苏秦来到燕国，得以觐见燕昭王。来此之前，苏秦就为自己定好了位，那就是做一个说客。燕昭王即位以后，招贤纳士，一时之间群英会聚，武将有乐毅，谋士有邹衍，他们均是各自领域的佼佼者，若再与他们争饭碗，那无异于是一条非常艰难的道路，况且，苏秦对自己的嘴上功夫颇为满意，说客无疑是一个很好的选择。

见了燕昭王，苏秦先一番美言，说得燕昭王颇为得意，苏秦留了下来。当然，燕昭王并非因为苏秦的一番美言而将他留在身边，此时正值用人之际，是骡子是马总有拉出去遛的时候，不管怎样，燕昭王对苏秦的印象还是不错的，好的开始是成功的一半，有了一个好的开端，苏秦的信心更大了。

苏秦能说会道，却也不是无稽之谈，事事能够有理有据，颇入人心，在不断的交往中，燕昭王越发觉得苏秦是个可信任之才，对苏秦重视起来。

取得燕昭王的信任，苏秦事事越发卖力了，眼见燕国在燕昭王的治理下，逐步崛起，苏秦察觉到燕昭王的雄心壮志，似有伐齐之心。其实，这也无可厚非，毕竟齐国曾经趁火打劫，攻下整个燕国，置于齐国统治之下，后来因为燕国人民的不断反抗，才免遭亡国之苦。齐国主力虽然从燕国撤出，却仍旧占据着燕国大片领土。

想起齐国，燕昭王恨得咬牙切齿，那份耻辱，是燕昭王心中永远的痛楚，眼见齐国日益嚣张，燕昭王便有些按捺不住，想要出手了。但是，事实是残酷的，齐国是个大国，综观天下，唯有秦国能够与之相抗衡，一个小小的燕国焉能是他的对手？

有心无力，最让人心痒，齐国横行霸道，燕昭王却只能忍气吞声，只等养精蓄锐之后再报那奇耻大辱。苏秦眼观六路，耳听八方，又懂得察言观色，渐渐成为燕昭王的心腹。入燕不久，燕昭王便将苏秦派往齐国，交涉被齐国占领的燕国土地问题。

齐国从燕国撤出以后，尚有十座城池被齐国占领，在国内政局稍稳定之后，燕昭王便考虑着如何收复这丨座城池。苏秦接受了这一艰巨的任务，以最小的代价要回燕国的十座城池是他此行入齐国的目的。

来到齐国，面见了齐宣王，苏秦在礼节上无一不具，这让齐宣王对他颇有好感。一番祝贺与问候的寒暄过后，苏秦对齐国的未来表示了担忧，一副全然为齐国着想的模样，苏秦此举意在吊起齐宣王的好奇心。

眼见苏秦这副模样，齐宣王的好奇心果真被吊了起来，这正中苏秦的下怀。苏秦将已经准备妥当的说辞娓娓道来，听得齐宣王频频点头，连称有理。一个说客能够在不知不觉中将听者引入他的思路，在这样一个氛围中迷失了自己的思绪，这正是说客的目的所在。种种道理听起来是那么的合情合理，说客在不知不觉中已经达到了目的，却让听者听起来处处是为自己着想。

苏秦的一番说辞，让齐宣王听着舒服的同时为燕国谋取了无尽的福利，这其中的成功应该源于苏秦的处处为齐国的“着想”。现下，燕国弱小，以齐国之力，攻下燕国不在话下，但是俗语有云，打狗尚且要看主人，燕国背后有秦国，秦国与燕国有姻亲关系，燕国被欺辱，秦国岂能够坐视不理？

得燕国之地容易，但是却因此而得罪了秦国就得不偿失了。秦国是当时唯一的一个超级大国，举齐国之力能否一战尚且不可知，齐国为何要冒这么大的风险呢？

两个问句，把齐宣王问得哑口无言。齐宣王听闻苏秦所说，一时没有了主意，在殿中踱来踱去，良久无语，回想苏秦所说，不无道理，但是让他把入口的肥肉吐出来确实又不甘心，两厢衡量，不知道如何抉择？

苏秦见齐宣王的神情，心中不禁明了，知道事情已经有了回旋的余地，只要再在旁点把火就能够不费一兵一卒将原属于燕国的土地收复，这可是一份大功劳。

苏秦走至齐宣王身边，以试探性的语气，非常明了地提议，不若归还燕国的十座城邑。苏秦见齐宣王并没有强烈反应，便接着说出了齐国归还燕国城邑的种种好处。齐国若当真归还了燕国的十座城邑，不但是在向秦国示好，还给了燕国恩惠，燕国必然感激涕零，而齐国也赢得了好的名声，这不论是对秦国、燕国还是齐国自身，均是好事，可谓是一箭三雕。

齐宣王虽然皱起了额头，却频频点头。事情进展得非常顺利，齐宣王最终是将齐国将士辛辛苦苦用血肉之躯换来的燕国十座城邑拱手送还，除此之外，还外送千金表达歉意。苏秦目的达成，真可谓一条三寸不烂之舌可抵千军万马。

苏秦昂头挺胸踏上回燕国的路，准备迎接掌声与鲜花，这是苏秦出师第一战，打得非常漂亮，至少他是这样认为的。苏秦想象燕昭王听闻这个消息后，眉开眼笑的神情，不觉神清气爽，精神百倍，干劲十足。希望与失望同在，希望越大失望也就越大，对于此话苏秦是确确实实、真真切切地感受了一把。

回到燕国，事情完全不在苏秦的预想范围，没有鲜花，没有掌声，就连一个住处也没有，再见那些同僚，眼中却是数不尽的不屑，而苏秦甚至没有觐见燕昭王的机会。苏秦一头雾水，却也明白必然发生了对自己不利的事情。

苏秦赶紧找人打听了一下，终于明白这其中的缘由。原来，苏秦在齐国的这段时间，有人在燕昭王面前进谗言，说他是如何如何不讲义气，把苏秦陈芝麻烂谷子的事情一一抖了出来。苏秦刚来燕国不久，燕昭王听得半信半疑，却也不敢大意，毕竟这是关乎国家未来社稷的大事，再加上说话的人在燕国有些分量，就更加增加了可信度。

对于燕昭王来说，苏秦毕竟不是本国人，非我族人，其心必异，虽然太过笼统却也颇有道理，况且，并没有深入交往，对苏秦其人也并不十分了解。万一苏秦是别国派来的卧底，岂不是正中了圈套？另外，苏秦一入齐国，便不劳一兵一卒就让齐国归还了燕国的十座城邑，这种天下掉馅饼的事情，颇有蹊跷，可信度十分可疑。

宁信其有，也不能在日后后悔，燕昭王在不给苏秦任何机会辩解的前提下，就给苏秦定了罪，至于苏秦从齐国要回燕国十座城邑的功劳也忽略不计了。

苏秦明白了其中缘由，时时伺机觐见燕昭王，终于如愿以偿，并与燕昭王进行了一次彻夜长谈，不管经过如何，总之，苏秦用他那三寸不烂之舌说动了燕昭王，这次长谈以后，燕昭王对苏秦依旧如故。

说客在战国时期的作用非常突出，一个有智谋而又能言善辩的说客，其作用更是不可估量，在有些情况下，可胜千钧万马。若说到战国时期的顶级说客，非张仪、苏秦莫属，张仪与苏秦师出同门，但张仪要比苏秦较早登上历史舞台，这与《史记》中司马迁的记载有些出入。

张仪在历史上落幕以后，苏秦成了一个不可缺少的角色，此次不费一兵一卒就为燕国收复了十座城邑，这是苏秦崭露头角的开始，之后还有更大的一个舞台等着他去开拓。苏秦是聪慧的，但是，伟大思想的实践需要天时、地利、人和的密切配合，若非如此，便仅仅是构想而已。

苏秦的棋盘有多大

一番“锥刺股”之后，苏秦带着满腹的学问来到燕国，终于找到了适合自己的舞台。在这个大舞台上，苏秦倾其所学，立誓要闯出个模样来。上任之初，出使齐国，以三寸不烂之舌不费一兵一卒就让齐宣王归还了燕国的十座城邑，这是一个非常成功的开始，尽管回来之后出现了一个小小的插曲，但是，这并没有打击苏秦的信心。

在与燕昭王彻夜长谈以后，苏秦越发干劲十足，为燕昭王鞍前马后越发上进。燕昭王看在眼里，记在心里，对苏秦更是信任有加，这让苏秦春风得意，一扫往日阴霾，终于扬眉吐气了一番。

一个优秀的说客善于察言观色，在这一方面，苏秦毫不吝啬。在洞察了燕昭王想要报复齐国的意图之后，苏秦便开始动起了脑筋。

燕昭王岂能够忘记齐国给予的奇耻大辱？自己父亲惨遭杀害，而燕国刚立的新君被剁成了肉酱，齐国的铁骑踏过了燕国的整片领土，人民惨遭蹂躏，亡国之恨，燕昭王时时记在心里。往事不堪回首，现实却也同样的残酷，纵观天下，自从各国相继进行了变法之后，形势发生了巨大的变化，秦国日益强大，成为唯一的一个超级大国，楚国一日一日被蚕食，不如往日，唯有齐国堪与秦国相抗衡，这样的实力，燕国自然不是对手。

经历了子之之乱，又遭遇了齐国的趁火打劫，虽然在位的燕昭王励精图治，对内改革，选贤任能，却也不是一日两日就能够使燕国迅速崛起的。每每想及此，燕昭王不无叹息，大仇未报，便一日不得安息。

苏秦总览天下大势，又善于察言观色，怎不知燕昭王的心思。让燕国强大起来，非一朝一夕的事情，既是如此，就唯有借助外力与削弱齐国两条道路可以走了。

苏秦准备双管齐下，一来使齐国与各个诸侯国交恶，二来以战争形式来削弱齐国实力，为达到这样的目的，苏秦想到了位于齐国以西的一个小国——宋国。

宋国与秦国临近，为寻求秦国的庇护，一直以来与之交好，宋国虽小，但是要拿下它也是不免要劳民伤财，损兵折将的，如此一来，齐国实力必然受损。另一方面，秦国一直将宋国视为口中之物，齐国如攻打宋国，岂不是从老虎口中夺食？秦国自然不会坐视不管，有这样一个强有力的后盾，就更增加了攻打宋国的难度。

苏秦的脑筋迅速转动，计谋呼之而出，来不及犹豫，便前去觐见燕昭王，将心中所想一一禀报了燕昭王。燕昭王虽然有伐齐之心，却还没有形成如此缜密心思，听罢苏秦所说，不觉心旷神怡，信心与勇气一时涌上心头，对苏秦的计谋赞叹不已。

燕昭王连连点头称是，见他容光焕发，苏秦再次大胆提议，请求出使齐国，入齐国做卧底，好在齐王耳侧煽风点火，以实现他削弱齐国的目标。燕昭王此时已经对苏秦的计谋佩服得五体投地，哪里还有不应允的道理，一口答应了苏秦的请求。

苏秦在入齐使得齐宣王无偿送还燕国十座城邑以后，于公元前289年再一次踏上了出使齐国的道路。此时齐国的国君是齐湣王，他对苏秦的印象不错，苏秦一入齐国便得到了优待。

其实，这一年齐国国内形势已经发生了变化，齐湣王上任不久便罢免了孟尝君，作为战国四公子之首，孟尝君的名气那不是一般的大，况且手下聚集了一批生死门客，这些人中的多数大都是在落难之时被孟尝君收留，孟尝君好吃好喝的将他们待为上宾，这是雪中送炭的恩情，他们必然是对孟尝君忠心耿耿的，可谓是生死之士。

孟尝君的行侠仗义为他赢得了名声的同时，更为他带来了实惠，好几次能够死里逃生全赖于门客的相助，这样一来，孟尝君之名更是尽人皆知了。一个臣子，名气大到超过了主子，这样的臣子又有哪几个君主能够容忍？所谓功高盖主，就这一点，孟尝君就不能在齐国待下去了，更何况孟尝君把持齐国朝政大权，使君权弱化，更是被齐湣王所不容的，所以，孟尝君已无立足之地。

孟尝君被罢免了，与此相对的，齐国与周边诸侯国的关系也发生了微妙的变化。孟尝君把持大权时，一向主张与赵国交好，他这一走，他的政敌便登台唱起了主角，齐国与赵国的关系走向滑坡，这正中苏秦所愿，事情已经开始朝着他预期的目标发展了。

作为一个卧底，必须处处谨慎，毕竟是一着不慎，脑袋就要搬家。纵使比常人聪慧，苏秦也不免小心翼翼，更是时时察言观色。来到齐国以后，苏秦并没有立即向齐湣王献上攻打宋国的计谋，而是上下打点，打听齐国形势，毕竟知己知彼才能够百战不殆。

这日，苏秦见齐湣王心情舒畅，便将蓄谋已久的计谋说了出来，当然，这番说辞自然不能跟在燕昭王面前的说辞雷同。兼并其他诸侯国无论对于哪个诸侯国来说都是乐此不疲的事情，在诸国中有些实力的齐国更是如此。齐湣王好大喜功，攻打宋国的提议自然是乐于接受的，但是，又必须有个合情合理的理由，这让齐湣王陷入困境之中。宋国素来谨慎，不惹事端，总要找出个攻打它的理由来。

苏秦早有准备，他搬出宋国君主来说事。原来，宋国的国君荒淫无度又暴虐不堪，虽身居高位，却不谋其政，致使天下共愤。齐国若是在这个时候攻打宋国，不但不会背负不义之罪，还会为天下除害，这样一来，齐国不但赢得了美名，还获得了实际的利益，齐国称霸中原也就指日可待了。

齐滑王听罢苏秦所说，心中顿时澎湃起来，哪一个君主不想在在位期间做出一番成绩？对于好大喜功的齐滑王来说亦是如此。齐滑王的野心蠢蠢欲动，似乎要喷薄而出了。然而，齐国攻打宋国也同样有许多顾虑，齐滑王不得不深思。

正如我们前面所说，宋国历来与秦国交好，对于招惹秦国，齐滑王还没有十足的把握。一旦与宋国交战，势必也要与秦国大动肝火，所以，齐国的对手不单单是一个弱小的宋国，还有宋国背后强大的秦国，这是利益与风险并存的事情，齐滑王不敢贸然出兵。

眼看齐滑王一扫愉悦，代之一脸的阴霾，苏秦已经料到齐滑王的顾虑，心中早就有了应对之策。这盘棋正朝着苏秦预料的方向一步一步前进，每一步他都已经想到，一个小小的宋国不足为惧，齐滑王害怕的是秦国，针对此，苏秦再献上一计。

苏秦的计谋是联合各个诸侯国共同抗秦，这正是公孙衍合纵政策的延续，苏秦一生事业的巅峰也因为合纵而成就。

拿不定主意的齐滑王一步一步被苏秦牵着鼻子走，苏秦的每一个计谋让人无不叫绝，当苏秦提出联合各个诸侯国共抗秦国的计划时，齐滑王连忙拍手称好，削弱秦国正是齐国好几代人所求，若能够由齐滑王亲手完成，那历史上必然有他浓重的一笔，想及此，齐滑王怎能不兴奋？

当苏秦一手揽下合纵事宜时，齐滑王已经感动得几乎要落泪了。夸下了海口，苏秦当真能够完成联合各国共同抗秦的使命？他的命运又将会出现什么样的变故？

如意算盘终得逞

孟尝君被罢免以后，接替他的职位的是韩珉，韩珉此人虽然在历史上名气不大，在此却有必要对他有个大概的了解。身为燕昭王的好友，韩珉在思想上是亲秦的，在孟尝君独揽齐国大权之时，受到压制，因为孟尝君是主张与赵国交好的。

孟尝君下台以后，韩珉登上齐国的相位，齐国与周边诸侯国的关系也随之发生变化，齐国与秦国的关系很可能向着缓和状态发展，这对于其他弱小的诸侯国是十分不利的。

当时天下，秦国独尊，齐国仅次于秦，若是这两个超级大国联合起来，侵吞蚕食众多小国易如反掌。苏秦带着削弱齐国实力的目的来到齐国，如今齐国却出现了与秦交好的势头，这种形势对燕国十分不利。一个齐国燕国尚且不能够独立应对，更何况再加上一个强大的秦国呢，苏秦自然不能容许势态朝着这样的方向发展。

苏秦冷静下来，思绪慢慢展开，若使齐湣王不动心思与秦国结盟，眼下唯有加速合纵的步伐，增强齐国与秦相抗衡的实力。正当苏秦思路渐渐清晰，事情越来越有眉目之时，一个人的到来引起了苏秦的恐慌。

秦国大臣魏冉出使齐国。听说此事，苏秦的神经立即紧绷起来，现在他对秦国十分敏感。魏冉是秦国重臣，在秦国手握大权，党羽甚多，此次秦昭襄王派他前来，恐怕是有极其重要的事情。

魏冉觐见了齐湣王说明来意，消息已经传到苏秦耳中，事情正是苏秦所害怕，魏冉此次前来正是要商讨秦齐联盟之事，为此，秦国还抛出了一个巨大的诱饵，那就是齐国、秦国东、西称帝。事情似乎要超出苏秦的控制，对于燕国来说，前面的路将更加难走，所以他必须从中作梗，破坏秦齐同盟的形成，如此才能给予燕国生存的机会。

姑且不论苏秦如何阻止齐国与秦国的结盟，且看秦国与齐国结盟是基于什么样的目的。

秦国自从商鞅变法以后，可谓是意气风发，对周边各个诸侯国蚕食、吞并，往西吞并巴蜀，打败义渠，往南削弱楚国，先是将楚怀王玩弄于股掌之上，然后将其囚禁，直至使其客死他乡，而昔日的楚国再也不似往日威风，逐渐衰弱下去，不再是秦国的对手。在西扩领地，南弱楚国之时，秦国还逐步打开了入主中原的道路，魏国、韩国均不胜其扰，领地多有被蚕食，伊阙一战，韩国、魏国24万联军被白起打得落花流水，这两个国家实力大伤，已无还击之力，唯有割舍领地以求得苟延残喘至今日。

在秦国扩充实力的同时，齐国也没有闲着，趁着燕国内乱，政局不稳，狠狠地打击了燕国，燕国险些遭遇亡国之辱。齐国、秦国这两个大国，一东一西，各自将手伸向周边诸侯国，在他们东征西讨的淫威之下，韩国、魏国、燕国唯求自保，而一直悄无声息的赵国却趁着这个时机不断强大起来。

赵国的强大是在赵武灵王在位时，一来，赵国与周边各个诸侯国关系融洽，尤其是与东方大国齐国保持友好的关系，二来赖于赵武灵王“胡服骑射”的改革。赵武灵王是一位非常有作为的君主，他即位的时候，赵国正处于衰弱时期，在与其他诸侯国的战争中，赵国常常吃败仗，时间一长，士卒士气下降，毫无信心，致使一些与之相邻的小国也常常来骚扰赵国边境。

有压力就有动力，赵国面临的处境非常危险，再不进行一场大的改革，就要面临亡国之险，赵武灵王锐气十足，当目睹了北方胡人的英勇之后，便决定效仿他们进行改革。赵武灵王多与北方胡人打交道，在多次的交手失败后，他总结经验教训，发现胡人在穿着与武器装备上都有许多长处。在衣着上，胡人穿窄袖短袄，足上穿靴，不论是起居生活还是作战均十分方便利落。而胡人作战时多是骑兵，使用的武器也多以弓箭为主，这样的作战形式具有非常大的灵活性。

以人之长补己之短，赵武灵王决定实行“胡服骑射”，下令全国上下效仿胡人，并以身作则，穿上戎装，学习骑马射箭。

一项新的改革措施的实施，总是会遇到来自各方各面的困难。“胡服骑射”实行之初便遭遇了各种阻力，众多皇亲国戚以“易古之道，逆人之心”为由，纷纷站出来反对，并拒绝执行赵武灵王的命令。赵武灵王一改往日的温和，非常严肃地指出：“先王不同俗，何古之法？帝王不相袭，何礼之循？”“势与俗化，而礼与变俱，圣人之道也。”“便（通变）国不必法古，圣人之兴也，不相袭而王。”赵武灵王每一句反驳，都让众王公大臣哑口无言。

赵武灵王停顿一下，在殿堂上居高临下，以一种不可抗拒的口气针对衣服，又说出了一番话：“衣服之制，所以齐常民也，非所以论贤者也。”赵武灵王王者之风，无不令听者生畏，而他所说的话，更是分量十足，最终得到了大臣的支持，“胡服骑射”得以顺利实施。

“胡服骑射”之后，赵国建立了一支骑兵，成为战争的主力，并在多次战争中显示出了无与伦比的威力，赵武灵王先夺中山，再掠胡地，北击匈奴，一时之间“辟地千里”，在韩国、魏国、燕国衰弱下去的同时，迅速崛起，成为仅次于秦国、齐国的大国。

对于赵国的迅速崛起，秦国甚为惊恐。秦国要想继续东进，必须要先拿下赵国这个拦路虎，而与赵国友善的齐国对于这个悄然崛起的“朋友”也是同样的不满，毕竟又多了一个劲敌，但是，正如当时时人所说，“齐、魏虽劲，无秦不能伤赵，秦、魏虽劲，无齐不能得赵”，要拿下赵国，没有齐国的相助难以成功。

秦国与齐国相距甚远，因为这种地缘关系，两国的直接交兵较少，但是，这两国却是称霸天下的劲敌，两国必然有一场最后的较量。而赵国的拔地而起，成为与两国相抗争的一个大国，不论对于齐国还是秦国，都觉得赵国是个劲敌。基于这一点，秦国想要拉拢齐国，目的在于共同抵抗赵国。于是，秦国重臣魏冉便受秦王之命，出使齐国，并送上帝号为诱饵。

此时的苏秦正与齐滑王策划攻打宋国，却被魏冉插了一脚，这一脚扰得齐滑王有几分犹豫，心中升起了与秦国联盟的念头。

眼见齐滑王在赵国与秦国之间摇摆不定，苏秦立刻动了心思，给齐滑王上了一课：首先，齐国与秦国共称帝，天下之人却独尊秦国，但若是齐国放弃帝号，天下人便会敬重齐国，放弃称帝可为齐国赢得好名声。其二，同秦国联盟，共同攻打赵国与齐军攻打宋国所得利益相较之下，反倒是伐宋更有利。既然如此，齐王为什么不放弃帝号而顺应天下民意呢？

一番话说得齐滑王犹如醍醐灌顶，茅塞顿开，齐滑王当即回绝了秦国，并约赵国在阿地会盟，约定共同对抗秦国，在哄得齐滑王甘之如饴的同时，苏秦的目的也达到了。

柿子捡软的捏

齐湣王在位时期，齐国日益强大，南征北战也越来越骄横。自苏秦成功离间了齐与秦的关系，齐湣王开始走上了独自称霸的道路，他先后率齐军南败楚相唐昧于重丘，在向西进攻三晋势力，打击其于观津。接着，秦昭襄王二十年（公元前287年），齐国合纵楚、三晋攻秦，在与秦国交手的同时，齐和赵、魏也在激烈地争夺宋国。为了夺取宋国的控制权，齐国不惜与赵、魏大肆开战，也因此悄然地消耗了国力。

秦昭襄王二十一年（公元前286年），在夺宋之战中，不甘失败的赵国再次向齐国挑战。不过，赵王俨然高估了自己当下的实力，被齐国又一次挫败。此后，齐湣王第三次伐宋，此次孤立无援的宋国终于被齐国所吞并了，而齐国也因此失去了三晋和楚国的支持。苏秦的几次离间终于达到了目的。

自齐国打败宋国之后，将自己的国土扩展至千里之外，一时间各路诸侯都对齐国表示臣服，秦、燕、三晋这些与齐相邻的大国则是又眼红，又觉可气。齐湣王的行为也愈加嚣张，骄矜自满，对内欺民而失民心，对外又多方得罪诸侯，齐国的政治局面迅速下滑，国势岌岌可危。

正所谓，捡柿子要捡软的捏。秦昭襄王二十三年，即燕昭王二十八年（公元前284年），燕昭王见齐国势孤，苏秦的目的达到，立刻任命乐毅为上将军，征全国之军力出征齐国，一雪前耻。

秦昭襄王二十三年（公元前284年），燕昭王联合三晋和秦国，对齐国发动战争。燕昭王知乐毅熟读兵法，见解非凡，就命他为上将军率领燕军。此时，秦国派兵和三晋的兵马会合，与燕军形成一线。三晋和赵国久闻乐毅盛名，赵王更是以相国印授给了乐毅，令乐毅统帅赵国兵马。其他几国见如此情况，也把兵马指挥权交给了乐毅。不久，乐毅统帅燕、秦、韩、赵、魏五国之师伐齐。

因燕国与齐国北面接壤，五国联军从燕国出发，直插齐国北地。当时的齐湣王尚未得知苏秦是间谍，以为燕国跟自己的关系不错，根本无须顾虑，还沉浸在骄奢淫逸的暖乡当中，哪知道家门背后早已经被自己信任的人点着了一把大火。

乐毅出其不意，攻其无备，令齐国顿时乱了阵脚。齐国在北方的驻兵非常少，遇到五国联军简直不堪一击，齐国北部各城接连失守。齐湣王见势不妙，立刻任命触子为将，率领全国军队主力渡过济水，向西进发以拒五国敌兵。齐国此时倾20万兵力与五国20多万兵马在济水之西（今山东高唐、聊城一带）展开决战，在这里发生了著名的济西之战。

由于齐湣王连年发动对外战争，齐国的兵马其实已经疲惫不堪，全军士气低落，迎战势头正旺的五国联军已经不利。但齐湣王却不管这些，为了迫使将士死战，竟以“挖其祖坟、退败则死”对将士们相威胁，使得军营中人心惶惶，将士离心，全军斗志消沉。这样的兵马与乐毅交手，无疑是要败的。不出所料，齐军与五国联军刚刚交手便败下阵来，触子不敌而逃亡，一时间不知去向，副将达子只好收拾残兵，退到了都城临淄，屯兵于秦周（临淄雍门以西地方）以免临淄被夺。达子没想到乐毅会穷追一路，双方于秦周展开激烈的交战，达子不幸身死，临淄的第一道大门就这样被打开。

这个时候，秦国和韩国因国内政局不稳，都无心恋战，退出了这场伐齐战争，乐毅却并未善罢甘休，而是将魏国的军队分出去攻打被齐国占领的宋国旧地，把赵国的兵马调出来打河间之地，他自己则带着燕国的兵马进攻临淄。看到乐毅如此安排，燕将剧辛坐不住了，他坚决不同意燕军孤军深入，毕竟齐大而燕小，如果没有其他诸侯国的兵马，燕军独攻齐军，赢了也就罢了，万一不输不赢或者干脆输了，以后一定会与齐国结梁子，以后一旦齐国再次崛起，肯定会拿燕国开刀。

不过，乐毅却不同意剧辛的观点，认为："齐王伐功矜能，谋不逮下，废黜贤良，信任谄谀，政令戾虐，百姓怨怼。今军皆破亡，若因而乘之，其民必叛，祸乱内作，则齐可图也。若不遂乘之，待彼悔前之罪，改过恤下而抚其民，则难虑也。"这段话的意思是，目前趁着齐王人心所背的时候攻打齐国，齐国的臣子百姓也会跟着造反，攻击齐国王权。如果燕国此刻不把握时机，过齐而不攻之，等到齐滑王回过神来，痛改前非，整顿国治，那时候再想图谋齐国就难了。于是，乐毅便率燕国兵马，一举进攻齐都临淄，不久临淄即沦陷了。

燕昭王听闻乐毅大胜的消息，欣喜若狂，暗道真没选错人，立刻亲临济上（即济西）犒赏燕军，封乐毅为昌国君。而另一边逃亡莒地的齐滑王恨燕王和乐毅入骨，偷偷向楚国求助。楚顷襄王十五年（公元前284年），这一年成了齐国灾难性的一年，也成了齐滑王客死他乡的一年。楚国以助齐国夺回政权的名义占领了淮北等大片土地，楚将淖齿则偷偷潜入莒，与齐滑王密谋合作，齐滑王不疑有他，在毫不知情的情况下，被淖齿杀了。

至此五国伐齐战争结束，此役乐毅不仅实现燕昭王为燕国雪耻的愿望，燕国的疆域也得到了扩展，燕国在战国中的"七雄"地位亦因此得到了确立。

镜头调转到秦国。秦国之所以在伐齐之战中突然退出，原因有二：第一，顾虑与燕将剧辛几乎相同，如果对齐国赶尽杀绝，将来齐国再次崛起，将必成秦国大患；第二，当时的秦国内部政局不稳，没有必要因为过大的军费开支再增加内政负担；第三，若是当真攻齐，没有必要与燕国共享齐地，不如自己取之。秦昭襄王一向深谋远虑，于是临阵撤军，决定他日再图齐地。

不过，此时的秦昭襄王对齐国的兴趣不大，而是对魏国和赵国更感兴趣。秦昭襄王二十四年（公元前283年），驰名远近的和氏璧落在赵国手中，秦昭襄王贪图和氏璧的名贵，便向赵国提出了以十五座城交换之的提议。至此，便发生了人人皆知的"完璧归赵"一事。

第四章　计谋楚赵：我要你们的地盘

完璧归赵

春秋战国时期，诸侯国不论大小，几乎都有自己的镇国之宝。《战国策》中有这样的记载："周有砥厄，宋有结绿，梁有悬黎，楚有和璞。""璞"是指未经雕琢的美玉，而这里所说的"和璞"指的就是和氏璧。

关于和氏璧的记载很多，最早见于《韩非子》和《新序》等书中。相传在春秋时期，楚国有个琢玉能手，名叫卞和。卞和偶然间在荆山（今湖北省漳县）见凤凰落于一块青石之上。古人曾有"凤凰不落无宝地"之说，卞和凭借自己的眼光和多年的经验，觉得这是一块难得的美玉，便把它献给了君王。

当时楚国在位的是楚厉王，他把卞和所献之玉交由宫中的玉工查看，这玉工识不得金镶玉，便回禀君王说这只是一块普通的石头，并非什么美玉。楚厉王闻言大怒，便下令斩了卞和的左脚。

厉王死后，即位的是武王。卞和见新君即位，又捧着这块玉石去见武王。武王也识不得玉，依旧交由玉工查看。怎知这玉工仍说卞和所献的是一块石头，楚武王又以欺君之罪砍了卞和的右脚。

武王死，他的儿子文王继承了他的王位。卞和自知冤屈，心中有苦难言，便抱着这块玉石在楚山脚下痛哭了三天三夜。他眼中的泪水都流尽了，后来流出来的竟然都是鲜血。

楚文王得知此事，便派人去问卞和为何哭得如此伤心。卞和回禀道，他并非为自己被砍去的双脚而哭，而是为这块宝玉而哭。美玉被误认为顽石，就像他如此忠贞之人却被错判为欺君的小人。文王听他所言，便下令将这块玉石剖开，其中果真是举世无双的美玉，遂赐其名为"和氏璧"。

这块玉璧曾被楚威王赐予了灭赵败魏的功臣昭阳，后来就不知下落。到了战国时期，赵国宦官缪贤偶然以五百金购得和氏璧，赵惠文王闻讯，便将其占为己有。

秦昭襄王也知道和氏璧是一件举世无双的宝物，所以在听说了此事后，他便修书给赵惠文王，称"愿以十五城请易璧"。秦国在当时的势力可谓是如日中天，大有吞并诸国的趋势，赵国自然不敢与之对抗。看着秦昭襄王的来信，赵惠文王陷入了两难的境地。

赵惠文王想一向小气不肯吃亏的秦昭襄王这次竟如此大方，实在是有些蹊跷。但若是不肯将和氏璧交到秦国，恐怕又会引起两国的战争，到时候必然是血流成河，民不聊生。其实用一块玉璧去换十五座城池，这的确是一桩不错的交易，也是赵国扩张其势力范围的一个绝好机会。赵惠文王也有所心动，但他又怕秦昭襄王要花招，最后人财两失。

赵惠文王思来想去也拿不定主意，于是便将大臣们召集起来一起商议，想找个合适的人出使秦国。众人讨论来讨论去，也没有提出什么合适的人选。这时缪贤便站出来推荐了他的门客蔺相如，说这个人可以出使秦国。

赵惠文王不相信一个小小的门客能够担此重任，缪贤便解释道，他曾经犯罪想逃到燕国去避难。但蔺相如却对缪贤说，他如何知道燕王就会收留他呢？缪贤告诉蔺相如，说他与燕王曾有一面之缘，燕王也说过愿意交他这个朋友。

但蔺相如却对缪贤说，赵国比燕国强大，缪贤又颇受赵王陛下的宠信，燕王自然愿意与之结交。如今缪贤戴罪出逃，燕王惧怕赵王，又怎么会收留他呢？在蔺相如看来，燕王不仅不会帮缪贤，也许还会将其押送回赵国。与其这样，他建议缪贤还不如向主动赵王请罪，或许还能得到宽恕。缪贤依蔺相如所言，果然得到了赵王的赦免。根据这件事，缪贤便认定蔺相如是个有勇有谋之人，定可以替赵国化解危机。

赵惠文王听了缪贤的话，便下令召蔺相如前来，问他道："秦王以十五城请易寡人之璧，可予不？"蔺相如回答道："秦强而赵弱，不可不许。"意思是就眼前形势看，秦强赵弱，所以不得不答应秦国的要求。赵惠文王又问："取吾璧，不予我城，奈何？"言下之意是害怕秦国得了和氏璧却不给赵国城池。蔺相如不紧不慢地说出了自己的想法：倘若不答应秦王的要求，理亏的是赵国，但如果秦国不兑现其承诺，理亏的就是秦国。相比较来看，宁可答应秦国也不可失了礼数。

赵惠文王想了想，也觉得蔺相如说得有理，便问他何人可以出使秦国。蔺相如知能担此重任的除他之外并无二人，于是便自告奋勇，说自己愿意带着和氏璧出使秦国。并且立下了军令状，说如果秦王依他所言，给了赵国十五座城池，他就把玉璧留在秦国，倘若秦昭襄王不遵守诺言，他一定将玉璧完整地带回赵国。赵惠文王见蔺相如如此坚决，便准了他的请求。

蔺相如带着和氏璧来到了秦国，秦昭襄王喜不自持，马上在章台宫接见了他。蔺相如双手将和氏璧献上，秦王遂将这件绝世珍宝传给后宫嫔妃和左右随从看，其喜悦之情溢于言表，殿堂之上"万岁"之声更是不绝于耳。秦昭襄王只顾欣赏玉璧，丝毫不提换城一事。蔺相如见状知道秦昭襄王并没有想把十五座城池划归给赵国的意思，就谎称和氏璧上有个小瑕疵，想要指给秦昭襄王看。

秦王听他这么说，也十分好奇，就命人把和氏璧交还给蔺相如，让他指一指缺陷在什么地方。哪知蔺相如拿到和氏璧之后，迅速向后退了几步，靠在柱子边，怒气冲冲地说秦王想得到和氏璧，便写信给赵王，说愿意用十五座城池交换。赵王将大臣们召集起来商议，大家都说秦王一向贪婪，是想用城池骗取和氏璧，没有人赞同将和氏璧送往秦国。是蔺相如力排众议，称平民百姓之间的交往都讲求诚信，何况国与国之间呢？如果因为小小的一块玉惹怒了秦国，这是十分不应该的。

蔺相如见秦昭襄王无言以对，又继续他的正色之言。他说赵王是听从了他的意见，斋戒了五天，才派他将这稀世珍宝送到秦国，且还拜送了国书，亲自在朝堂上行了大礼，这就是对秦国的尊重。可他作为赵国的使者，来到秦国后，秦王却在章台宫如此普通的宫殿接见，这是礼节上的怠慢。且秦王在得到和氏璧后，竟随意将它交予宫人们看，这不仅侮辱了使者，更是侮辱了赵国。蔺相如更是直截了地指出秦昭襄王无意将十五座城池划归给赵国，所以他才借机将和氏璧拿了回来。如果秦昭襄王一定要强迫他交出和氏璧，他就与和氏璧一起撞碎在这柱子上！

话说完后，蔺相如就握着和氏璧要往柱子上撞去。秦昭襄王见状，唯恐和氏璧有什么闪失，便命人阻止了他，并婉转地表达了歉意。接着他又命手下的官员将秦国的地图拿出来，指出要划归给赵国的十五座城池。

蔺相如已经认定秦昭襄王是个不守诺言的奸诈小人，这么做只是瞒骗一时，过后根本不可能兑现。为了保住和氏璧，蔺相如心生一计，对秦昭襄王说这和氏璧乃是众所周知的稀世珍宝，赵王是出于对秦王的敬畏，所以不敢不将其献出来。在他离开赵国的时候，赵王为和氏璧斋戒五天，如今秦王您也应该斋戒五天，并在朝堂上设下接待“九宾”的礼节，唯有如此，他才肯将和氏璧献出来。

秦昭襄王知道强取不成，就答应了蔺相如的请求，不仅斋戒五天，还奉蔺相如为上宾。五天过后，秦昭襄王的斋戒之礼已成。他马上下令在朝堂上设“九宾”之礼，款待赵国使者蔺相如，想让他交出和氏璧。但蔺相如还是不能相信秦昭襄王，为保万无一失，早就把和氏璧交给了自己的随从，让他乔装打扮，从小路回到赵国。

此时蔺相如来到大殿之上，正色说道，自穆公开始，秦国的二十多个国君，没有一个是坚守信用的。蔺相如怕受秦王的蒙骗对不起赵王和赵国百姓，所以已经遣人将和氏璧送回赵国。秦强赵弱，秦王派一位使者前往赵国，赵王也不敢不将玉璧献上。以秦国之强大，不如将之前所言的十五座城池划归赵国，赵王自然不会留着和氏璧来得罪于秦。蔺相如说完之后，便以欺君之罪请求受汤镬之刑。

秦昭襄王万万没有想到事情会发展成这样子，大臣们也是面面相觑，不知如何是好。有人认为秦王受到了侮辱，要杀了蔺相如泄愤。秦昭襄王也非泛泛之辈，所以并没有在一气之下杀了蔺相如。在他看来，倘若杀了蔺相如，也得不到和氏璧，秦、赵两国的关系也会断送。他命手下之人放蔺相如回赵国去，谅赵国也不敢欺骗秦国。蔺相如就这样平安地回到了赵国。

蔺相如出使秦国，既保住了和氏璧，也没有引发两国的战争，更为赵国争得了颜面。赵惠文王大喜过望，即刻就封蔺相如为上大夫，对他十分器重。至于秦国，也没有将十五座城池划归赵国，玉璧换城一事也就不了了之了。

渑池之盟

在“和氏璧”一事中，秦昭襄王没捞到半点好处，自然心有不甘。蔺相如完璧归赵虽然没有直接引发两国的战事，却为之后的秦赵之争埋下了隐患。

蔺相如回国后不久，秦昭襄王就发兵讨伐赵国，并以迅雷不及掩耳之势攻克了石城。第二年，秦国又来攻，杀赵人二万余。就在赵国陷入混乱之际，秦国却派来使者要与赵国和解，并通知赵惠文王到西河外的渑池商谈具体事宜。秦国的举动让赵国君臣如陷云雾之中，一时间摸不到头脑。眼看秦国声势如虹，却为何不一鼓作气攻克赵国，反而要求和解呢？

对于秦昭襄王“和解”下的真实用意，后世有许多推理和猜测。有一种观点认为秦国虽实力强过赵国，且在这次战争中也一直处于上风，但依旧没有实力消灭赵国。如果一味强攻，后果也只能是两败俱伤，得不偿失。从当时的社会背景来看，在昭襄王二十三年（公元前284年），齐秦抗衡的时代就已经过去。秦国虽位居七国之首，但赵国却在赵武灵王的治理下成为北方新兴的大国。虽说赵国其后不如武灵王在位时实力强劲，但瘦死的骆驼比马大，实力依旧不容小觑。由此看来，这种说法也有一定的道理。

就当时各国的情况和它们之间的关系来看，促使“渑池会”最终成行的最根本原因还是秦、赵两国的利益。秦昭襄王二十四年（公元前283年），秦国出兵攻取了魏国的安城，随后兵至大梁，大有灭魏之势。燕、赵两国闻讯出兵来救，秦国怕这几个国家联合起来对抗自己，并收兵回国。为了孤立赵国，秦国先后和楚国、魏国交好。其后赵国伐楚，秦王便派大将白起攻赵，占领了不少城池。在其后的四年时间里，秦国和赵国一直处于对抗的状态中，虽然秦国优势明显，但碍于赵国的实力，这种状态也一直没有被打破。

就在秦国苦恼于如何打破僵局之时，赵国的后院却起了火。秦昭襄王二十八年（公元前279年），齐国大将田单率军攻打燕军，夺回了本属于齐国的七十座城池。燕、赵本就是盟友，燕国受到齐国威胁，赵国如何不受牵连？就在此时，被秦国压迫多年的楚国也开始起兵反抗，且势头还不小。此时的秦国和赵国都无心也无力再相争下去，于是便有了渑池和解之约。

渑池会发生在秦昭襄王二十八年（公元前279年），司马迁在《史记·廉颇蔺相如列传》中对其的描述也仅有401字。司马迁交代渑池会的背景是“明年，复攻赵，杀二万人”。秦国此时虽为楚国所扰，不能再与赵国胶着下去，但在这样的背景下提出和解的建议，很明显取得了会议的绝对主动权，也是对秦国在之前战争中所获得的利益的一种巩固。渑池之会看似是秦胜赵败的“城下之盟”，但其中另含深意，这一点在上文中也有所述及。

秦国提出和解，那赵王是去还是不去呢？赵惠文王和之前收到秦昭襄王送来的索要和氏璧的书信时的表现一样，十分惊恐。众所周知，秦国以狡诈著称，之前的例子也不在少数。例如公元前313年，秦国的张仪用六百里地使楚国与齐国断交，最后楚怀王只得六里地。其后的秦昭襄王九年（公元前298年），楚怀王应秦国的邀约在武关与之会盟。却被秦兵扣押，最后死在了秦国。在这样血淋淋的例子下，赵惠文王根本不敢去赴约。

赵国大将廉颇和上大夫蔺相如合计了一下，觉得如果不去赴约，不就显得赵国太过软弱了吗？这对赵国来说是十分不利的。赵惠文王碍于脸面，也深知此次会议的重要性，于是就命蔺相如和他一同前往。

廉颇是赵国的老臣，历经政事多年，眼光和手段都十分老到。他知道赵惠文王此行吉凶难测，于是就请求如赵王三十日不回国，就立太子为王，以免秦国拿赵王要挟，赵惠文王同意了他的请求。

秦昭襄王二十八年（公元前279年），秦、赵两国的君主相会于渑池，共同商讨和解的事宜。据《史记·年表·赵表》记载：惠文王二十年，“与秦会黾池，蔺相如从”，后《集解》引作“渑池”。“渑池”是地名，今属河南境内，其故址在今河南省渑池县西。战国时期，渑池为“渑池邑”，早先属于郑国，后归属韩国，最后为秦国所得。渑池是秦赵两国的交界之地，这次会盟虽然没有直接的兵刃交接，确实处处暗含杀机。

秦昭襄王仗着自己势力强大，根本不把赵惠文王放在眼里，经常借机戏弄他。一次，秦昭襄王借着酒意，提起他曾听说赵王雅号音律，尤善弹瑟，于是便请赵惠文王弹奏一曲以助酒。赵惠文王本就害怕，在此情景下也不得不从。但一国之君在酒席之上弹瑟，这成何体统？秦国的御史还马上上前记载道：“某年某月某日，秦王与赵王会盟饮酒，命令赵王弹瑟。”赵惠文王的面子马上就挂不住了。

这个细节十分微妙。“御史”一职在战国时期是专门掌管书籍，为君王记载国家大事的官员，也就是后来所说的“史官”。这个史官根本没有接到秦昭襄王的传唤，就主动上前将如此芝麻小事郑重其事地载入史册，可见这本就是一个阴谋。秦昭襄王或许早就交代了史官，也有可能是这个官员看到自己的主子有意侮辱赵惠文王，于是便借势给赵国一个难堪。且《史记》原文记载，秦王是“令”赵王鼓瑟，这一个字就将秦、赵两国的地位区分开来，心思何其毒辣。

蔺相如见赵惠文王被如此欺负，便以其人之道还治其人之身，要秦昭襄王为赵惠文王击缶。秦昭襄王自然不肯，蔺相如就威胁说，如果秦昭襄王不肯击缶，他的血就将在五步之内溅到昭王的身上。秦昭襄王左右见状，欲杀蔺相如，但都被蔺相如视死如归的眼神吓退。秦昭襄王无奈，只得为赵惠文王击了一下缶。蔺相如也命赵国史官记道："某年某月某日，秦王为赵王击缶。"

客观来说，赵惠文王肯为秦昭襄王弹瑟，惧怕的是秦王的淫威，也显示了自己性格方面的软弱；而秦昭襄王为赵惠文王击缶，不是害怕赵惠文王，也不是害怕赵国，怕的是蔺相如真的不要命撞死在自己面前，到时候场面就不好收拾了，毕竟在"和氏璧"一事中他就已经领教蔺相如的厉害了。这种惧怕，一个来自内在，一个来自外在，细细较之，也颇有意味。

秦国"偷鸡不成蚀把米"，自然心有不甘。大臣们就借祝酒之机说道："请以赵十五城为秦王寿。"蔺相如也不肯示弱，反击道："请以秦之咸阳为赵王寿。"从始至终，秦昭襄王都没有占到赵国一点便宜，此时廉颇也率重兵于边境，以防秦国有借机入侵之举。秦国虽占尽天时地利，却无奈赵国君臣上下一心，自然不敢轻举妄动。和解之后，秦国君臣只得悻悻然地回到了秦国。

明人有言："相如渑池之会，如请秦王击瓦，如召赵御史记，如请咸阳为寿，一一与之相匹，无纤毫挫于秦，一时勇敢之气，真足以虎秦人之魄者。"显然"渑池会"一事后，蔺相如的伟大形象更显丰满。

秦昭襄王走了，赵惠文王终于松了一口气。回国之后，赵惠文王马上封蔺相如为上卿，地位一下子跃居廉颇之上。不少人为廉颇叫屈，说如果不是廉颇在边境"盛兵以待"，秦昭襄王又怎么会怕区区一个以死相拼的蔺相如？其实这次会盟的成功，廉颇和蔺相如只是起了一个助力作用，其真正的原因还是处于秦国想要一统天下的野心和企图。

这一阶段的秦赵之争虽然以"渑池会"和平解决，但在齐、楚两国败退之后，秦赵两国就没有了后顾之忧，之前一直勉强维持的"友好关系"也濒临破裂。昭襄王三十四年（公元前273年），赵国联合魏国攻打秦国，战之于华阳，新一轮的争霸又拉开了帷幕。

楚国首都陷落记

渑池一会，秦昭襄王显然是为了稳住赵国，好腾出手来解决楚国带来的麻烦。蔺相如虽因此事跃居老将廉颇之上，惹来了一干人的嫉恨，但廉颇毕竟是风度翩翩的大将，知道自己的错误后主动上门"负荆请罪"，将相一和，赵国的局势也慢慢稳定了下来。

花开两朵，各表一枝。暂时放下赵国不谈，来看看引发"渑池会"的另一位主人公——楚国。秦、楚两国的关系一直都较为复杂，可谓是亦敌亦友。春秋时期，楚国可以说是南方的强国，尤其是在秦昭襄王元年（公元前306年）吞并了越国之后，中国南方的领土几乎都收归楚国名下。这时的楚国不仅土地辽阔，人口也急剧攀升，军事实力也日益强大。

吴起在楚国变法之后，楚国的势力日益强大，诸侯“患楚之强”，希望奉其为合纵首领。楚怀王十一年（公元前318年），在楚国的带领下，五国合纵攻秦。但因为诸国间的利益纠葛，楚国与秦国的战争多以楚败而终。

楚怀王时期，秦相张仪奉命入楚。张仪巧舌如簧，用“六百里之地”骗怀王与齐国断交，引发了秦楚大战。在这次战争中，秦国大胜，齐楚联盟丢城失地，各国的格局出现了新的面貌。秦楚就一直这样战战合合。直到昭襄王二十七年（公元前280年）前后，秦国将战略进攻重点转移到了楚国，在两年时间里，先后攻下了上庸、鄢、邓等地。

昭襄王二十八年（公元前279年），秦国派大将白起率秦军从汉中出发，沿汉水来到了楚国的咽喉重地——邓城。此时楚国新主刚立，政局不稳，再加之忠臣被逐，令尹子兰乱政，正是一举攻克它的好时机。身为战国四大名将之一，白起此次可以说是下了必胜的决心。秦军此次出兵选择了沿汉水行军，是因为汉水两地富庶，秦军可以随时补充粮草。不仅如此，每经过一条河，白起就下令拆桥、烧船，丝毫不留后路。秦军将士见主帅态度如此坚决，也不觉提高了士气，浩浩荡荡向楚国开来。

此时的楚国根本无力对抗秦国，白起的部队势如破竹，很快就攻下了邓城。邓城一役之后，秦军又瞄准了下一个目标，楚国的别都——鄢城。楚国的腹地在汉水两岸，也就是今天的湖北省，北边的武当山和大别山是楚国的天然屏障，邓城和鄢城就位于此。此时邓城已失，如果鄢城再不保，郢都就将面临直接的威胁。

楚军如临大敌，自然不敢怠慢。为了护卫都城，楚军精锐部队几乎都集结于此。白起命手下运来沙土，先把护城河截断，然后越过壕沟，攻打鄢城。楚国虽然实力大不如前，但鄢城毕竟是易守难攻。秦军强攻了许久，丝毫没有奏效。白起见强攻不成，就下令登城。鄢城处于山谷之间，木材十分充裕。秦军将士得令后，马上去树林中砍了许多木材，制作出了简易的梯子。这种梯子专用于攻克城楼，特点是“依云而立”，在上可以鸟瞰城中，所以被称之为云梯。

楚军见秦军攻下不成，转而攻上，连忙转变了策略，调来大批的弓弩手射击城墙上的秦军。不仅如此，楚军将士还用撞木猛撞秦军的云梯，秦人纷纷落下城头，死伤无数。秦军虽然出师不利，但白起并没有乱了阵脚，他拿来地形图仔细观察，希望能够找到新的突破口。

白起发现，鄢城乃借峡谷之势而建，汉水的支流夷水途经鄢城所在的山谷，缓缓向西南方向流淌而去。白起大喜过望，决定水攻鄢城。他借着地势，修建了一条长达百里的长渠，把夷水引到了鄢城。水引来之后，白起又下令关闸蓄水，等到水量达到一定的高度后，便猛然开闸，洪水就咆哮地向鄢城涌去。

曹植《相论》这样评价白起：“白起为人，头小而锐，瞳子白黑分明，顾可与持久，难与争锋。”他引夷水攻城，虽是妙计，但全然不顾城中百姓的死活，其号“人屠”由此可见一斑。鄢城一役，楚国军民死伤人数竟达十万之数。所谓“百姓随水流，死于城东者数十万，城东皆臭”，其景象可以说是惨绝人寰，而白起也因此受封为列侯。

水退之后，白起率大军进入了鄢城，稍作停留之后就火速开往两百公里外的郢都。鄢城一役的惨败，使得楚人对秦军闻风丧胆，丝毫不敢抵抗，白起在前往郢都的过程中自然没有受到丝毫阻力。一路上，秦军“掠于郊野，以足军食”，连粮草之资都没有花费。

西渡漳水和睢水之后，秦军马上就拿下了西陵，郢都与西面的联系就此切断，几乎成了一座孤城。白起顺势挥军东下，来到了夷陵。在夷陵，白起放了一把火，把楚王的宗庙烧了个干干净净。眼看郢都就要不保，楚顷襄王带了亲眷连忙向东逃去，并把都城迁到了陈，也就是今天的河南淮阳。

至此，楚国都城陷落，国君出逃，天下为之震撼。秦国削弱楚国的目的也就此达到，竟陵西北的广阔土地都划入了秦国的版图，昔日的郢都也成了秦国治下的一个小郡。此次伐楚，大将白起居首功，秦昭襄王自然恩赏不尽，加封他为“武安君”。

说到郢都的陷落，不得不提起一个人，那就是楚国的爱国诗人屈原。此时的屈原正在第二次放逐途中。“皇天之不纯命兮，何百姓之震愆？民离散而相失兮，方仲春而东迁”，屈原在得知都城陷落的消息之后，悲愤地写下了这首饱含血泪的《哀郢》，悼念他那逝去的祖国。自从屈原第一次被放逐，他就知道楚国必定会葬送在奸臣和昏君之手。虽然他早已预料到此事，但得知真相后他还是掩饰不住内心的震惊与悲痛。他秉着对祖国和君王的一片忠心，不愿在国破之后苟活于世，毅然决然地投了汨罗江。

诗人的身影虽然渐渐远去，但他那份爱国的热忱却历经千年而不散。从屈原的经历和结局我们也可以窥探出楚国败落的根本原因，那就是国内政治的黑暗，这也是秦昭襄王下定决心攻打楚国的最大依据。楚国的政权一直都把持在屈、景、昭几个大姓贵族的手中，平民百姓根本无法跻身于统治者的行列。贵族大臣们居功自傲，如何有心思帮助君主好好地治理国家？

到了楚顷襄王时期，国君大肆封君，就连男宠们也都获得了封号。顷襄王更是每日骄奢淫逸，为了享乐无所不用其极，根本无心理政。仅有的几个忠臣，例如庄辛、屈原，也都被顷襄王驱逐。

秦昭襄王占了郢都后还不甘心，想乘胜追击，联合韩、魏两国继续进攻楚国。楚国的春申君害怕秦国“举兵而灭楚”，整日茶饭不思，如坐针毡之上。春申君思来想去，觉得只有一个办法能够拯救楚国，那就是离间秦、韩、魏三国之间的关系，让秦国无心攻楚。

春申君给秦昭襄王写了一封信，先是追溯了秦国和韩、魏两国的渊源，说秦国和这两国本来就有宿怨，不像秦国和楚国有姻亲的情分。秦国不去攻打韩国和魏国，以解心腹之患，反而来攻打楚国，这是十分不明智的。接下来，春申君又劝告秦昭襄王，说物极必反，已经攻占了楚国的都城，就不要把楚国再逼上绝境。以上这些话对秦昭襄王来说是不痛不痒，但春申君接下来的话就点到了秦昭襄王的痛楚，让他不得不考虑与楚国修好的建议。

秦国最大的目标就是一统天下，春申君却提醒秦昭襄王，一旦楚国覆灭，得到好处的是韩、魏两国，齐国也可以坐收渔人之利，到时候秦国想要一统天下就愈加困难了。春申君建议，秦国不如和楚国修好，一起攻打韩国，拿下了韩国，魏国也就不在话下，这样雄图霸业就指日可待了。秦昭襄王是个以利益为重的人，他思虑再三，也觉得春申君的话很有道理，便遣使入楚，与楚国修好。楚国虽然在春申君的挽救下逃过一劫，但其根本受到了动摇，势力更加衰微，终不复旧日风采。

阏与之战是场喜剧

楚国迁都之后，秦国为了统一大计，又把战火烧到了大梁。秦国三次围攻大梁，为的就是灭亡魏国，使秦国东西的城邑连成一线，断绝楚、韩、赵、燕的关系，以便日后各个击破。

秦昭襄王三十七年（公元前270年），秦国出兵攻打赵国的阏与。阏与之战发生在渑池之会后第九年，在此之前，秦国为了稳住赵国，主动将安国君之子异人送到赵国去做人质，但这也不能化解秦赵之间多年的矛盾。从秦国的角度来说，攻打赵国是有其正当理由的。当初秦国先后占领了赵国的祁、蔺、离石三地，这三个城池对赵国来说十分重要，于是赵惠文王就和秦昭襄王商量，能否用另外三个城池将祁、蔺、离石三地换回来。为表诚意，赵惠文王甚至主动将公子郚送到秦国做人质。

秦昭襄王见赵国如此坦诚，君臣合计了一番，就同意了赵惠文王的建议，把这三座城池还给了赵国。没想到赵国这次却不讲诚信，迟迟不肯交出作为交换的三座城池。秦昭襄王大怒，便以赵国毁约为由发兵赵国。

阏与位于太行山山脊，地势十分险要。阏与的西面是韩国的上党，东经武安就到达赵国的都城邯郸，对两国的意义都十分重大。秦国进攻阏与之举意义重大，是其拿下楚国之后，寻求东进的重要一步。秦国本想借攻打阏与之机给赵国一个下马威，没料到赵国人才济济，自己反受其害。

秦国进攻阏与的终极目标是攻克邯郸，灭了赵国。秦军虽然越过了韩国，却让韩国感到了巨大的威胁。唇亡齿寒，阏与一旦被攻克，上党也是朝不保夕。

韩国眼见秦国来袭，却丝毫没有招架之力，只得求助于邻国赵国。两国的利益此时紧密联系到了一起，赵国自然不敢怠慢。接到韩国的求援信后，赵惠文王马上召集群臣商议。

当时在场的有廉颇、乐乘、赵奢等人，赵惠文王信任廉颇，于是首先问他："可救否？"廉颇想了一下，回答道："道远险狭，难救。"赵惠文王不甘心，又问站在一旁的乐乘，得到的回答也是一样。廉颇和乐乘久经沙场，都是赵国的名将，他们如此说，阏与一战可以说是回天无力。就在赵惠文王放弃希望、准备听天由命的时候，一个人占了出来，他就是赵奢。

此时的赵奢还只是一个名不见经传的小人物，而他之所以能够成长为一代名将，就是因为他敢在大将廉颇和乐乘共同给阏与下了"死亡判决书"之时，提出了"狭路相逢勇者胜"的高深见解。

据《战国策》记载，赵奢在赵武灵王推行"胡服骑射"之时，应该已经是一个骑兵。后来赵武灵王饿死在沙丘宫，他身边的许多大臣也因此获罪，赵奢也在其列，被流放到了燕国。从燕国回来后，赵奢成为一个负责税收的小官。税官虽然是个小差事，但赵奢从不马虎，其认真的态度在很多事情上都能体现出来。

大家都知道赵国有个赫赫有名的平原君，是战国四公子之一。平原君虽然贤明，但却仰仗权势，拖欠国家税收。这件事虽然是众所周知，但却无人敢管。收税是赵奢职责所在，再加上他曾经上过战场，所以一怒之下，就将平原君的九个亲信全部杀了。平原君知道这件事后自然怒不可遏，马上就要杀了赵奢为自己的亲信报仇。没想到赵奢不但不怕，反而说平原君地位尊贵却知法犯法，要被天下人耻笑。平原君被人抓到了把柄，为了自己的声誉自然不敢多言。

赵奢的行为虽然有些鲁莽，却让平原君看到了他不畏权贵，尽忠职守的一面。平原君不仅没有再计较这件事，反而将他推荐给赵惠文王。就这样，赵奢从一个小小的税官升为赵国的税收总管。升官后的赵奢没有懈怠，赋税之事在他的管理之下变得井井有条，再加上他在攻打齐国的战争中表现出色，替赵惠文王夺下了商河之地，此后愈发得到国君的器重。

正因如此，此次赵国君臣商量救阏与如此重大的事情时，也有赵奢的一席之地。虽然廉颇和乐乘都说阏与难救，但赵奢说："其道远险狭，譬之犹两鼠斗于穴中，将勇者胜。"

有人说赵奢这么做完全是为了"骗取"兵权，好完成自己建功立业的夙愿，其实他自己心中对这一战也并无把握，且他领兵之后并没有按他之前所说的"勇者胜"去与秦军硬拼，而是消极怠战近一个月，采取的是拖延时间，消耗对方体力的战术。其实这种说法有失偏颇，赵奢所谓"勇者胜"，并不一定是指要去硬拼。在知道实力差距后还去拿鸡蛋碰石头，纵然是"勇"也是"愚勇"，而赵奢在分析了局势之后，采取了相应的战略措施，最后击败了实力强大的秦军，这是一种"智勇"，更是"狭路相逢勇者胜"的真意。

从根本上来说，赵惠文王是十分想救阏与的，不然他也不会再三询问，赵奢也是获悉了君主的心意才请兵出战。而赵惠文王最终相信了赵奢，赐予他虎符，让他带着赵国的大军前去迎击秦军。无论过程如何，阏与之战最后的结果向世人证明了一个事实，赵奢并非是一个贪图功名的小人，他确实是一个不可多得的军事人才。

赵奢领兵之后出了邯郸，但却没有一路赶到阏与，与秦军厮杀，而是在离邯郸三十余里的地方驻扎了下来，且一住就将近一月。赵国将士求战心切，恨不得立刻飞到阏与跟秦军杀个你死我活，而将军却在此前不着村后不着店的地方扎营，这是何意？赵国大军这面一头雾水，而秦军却捡了个便宜，马上将武安包围了起来，大有攻城之势。武安离邯郸不远，一旦失守，不要说救阏与了，连国都都要保不住了。

武安被围的消息传来，赵军哗然色变，但赵奢依旧按兵不动。赵军内有个军官建议赵奢发兵救武安，赵奢不但不听，还将其处死，并下发了一道指令：如再有以军事进谏者，格杀勿论！

不但赵国将士摸不着头脑，秦军方面也是如陷云雾。秦帅胡阳派出探子到赵军中刺探军情，赵奢发现之后不仅没有杀了这个间谍，反而好酒好菜款待他，然后将他送回秦军大营。这回胡阳乐了，赵帅如此胆怯，而秦军如此强大，如今又围了武安，可以说是可攻可守，战争的胜利肯定属于秦军。

其实赵奢有自己的打算。阏与地处太行山，地势险要，倘若在山地与秦军决战，几乎毫无胜算，但如果能将秦军骗到平原之上，赵国就可以发挥骑兵的优势，此战才有可能获胜。而武安虽然离邯郸很近，只有八十余里，但距离赵奢的大营仅二十里。胡阳认定赵奢不敢来攻，于是就把部队全部撤下山，驻扎在武安附近的平原地区。如此一来，秦军就失去了原有的地势优势。

赵奢为什么对秦军下山如此有把握？那时因为他知道秦国一向贪婪狡猾，又很自大，绝对不会满足于阏与这个小地方，秦国的目标是赵国广大而富饶的平原之地。知己知彼，方能百战百胜，一切都在赵奢的掌握中。就在秦军沾沾自喜，准备找个机会灭了赵奢的时候，赵军却在一夜之间转移到了阏与，把秦军困在了武安平原之上。

战争的局势陡然发生了转变，优势全部转移到赵军旗下。且经过数十日的奔波，又围了武安，又来回撤军，秦军士兵已经是疲惫不堪，而赵军却是养精蓄锐，气势勃发。

“秦兵后至，争山不得上，赵奢纵兵击之，大破秦军。秦军解而走，遂解阏与之围而归。”等到秦军回过神来，已经为时已晚。纵使是困兽犹斗，秦军还是惨败而还。阏与一役，赵奢扭转局势，使赵军大获全胜。赵惠文王大喜过望，封赵奢为马服君。

之所以说阏与之战是场喜剧，那是相对诸国来说。秦国不可一世，将谁放在过眼中？如今却着实被赵奢摆了一道，如同猴子般被戏耍，实在可笑。秦国这次的惨败虽然跟宰相魏冉“远攻”的方针政策有着密切的联系，却成为秦国另一个大人物登上政治舞台的开端，这个人就是范雎。这么说来，阏与战败，对秦国来说是个悲剧，但对范雎来说，或许可以称为一个喜剧。

忍辱负重的范雎

阏与战败的消息传回秦国，秦昭襄王陷入了痛苦的深渊。而在此时，有一个人却在简陋的馆舍之中写着准备上呈给他的奏疏，这就是后来大名鼎鼎的范雎。

此时的范雎不叫“范雎”，而叫“张禄”。他本是魏国人，但他为什么改名换姓躲在秦国？这就要从他之前的经历说起。范雎自幼家贫。但他自恃有才，所以想要游说魏王，一展胸中抱负，但无奈社会地位低下，根本找不着门路。所以范雎只得投奔了中大夫须贾，希望有朝一日能成为天子近臣。

须贾对范雎还算看重，有一次他奉命出使齐国，便带了范雎和他一起去。他们在齐国一待就是几个月，事情却毫无进展。齐国的君主齐襄王听说范雎能言善辩，是个人才，就赐给他佳肴美酒和十两黄金。须贾知道了这件事后，以为范雎做了叛徒，把魏国的机密之事告诉了齐王，所以大怒。他命范雎收下酒肉，退回黄金。

范雎虽然冤枉，但无奈身份卑微，只得依须贾所言。但纵使如此，须贾还是对范雎产生了厌恶之情。须贾如此生气不在酒肉黄金，而是在齐国丢了颜面。他一个中大夫都没有得到齐王的赏识，而范雎一个卑贱之人，却如此得齐王看重。须贾再也容不下范雎，一回国就将这件事告诉了魏国国相魏齐，说范雎叛国，不然齐王为何无故赏他东西？

魏齐听信了须贾的话，决定给范雎一个教训。他命手下的人将范雎狠狠地揍了一顿，几乎将他打死。范雎为了保住自己的性命，趴在地上装死。魏齐见他一动不动，就命人将他用草席卷起来，丢到茅厕里。相国府的门客故意羞辱范雎，不仅没人替范雎求情，竟然还在他身上撒尿。被打得遍体鳞伤的范雎只得苦苦哀求看守他的人将他放了。这个人实在于心不忍，就禀报魏齐说，范雎已经死了，要把尸体拖出去丢掉。

此时魏齐正在喝酒，已经大醉，于是一挥手准了守门之人的请求，范雎就这样逃出了宰相府。第二天魏齐酒醒，觉得有些不对劲，就派人去找范雎的尸体。下人回来禀报，并没有看见尸体，魏齐大怒，下令一定要将范雎抓回来。范雎东躲西藏，后来遇到了一个叫郑安平的人。郑安平听说了他的遭遇，十分同情他，便将他藏了起来。范雎为了逃避杀身之祸，就改名张禄，开始了自己的流亡生活。

秦昭襄王派王稽出使魏国，实际是为了网罗人为自己效力。郑安平见这是个机会，就装扮成差役，前去伺候王稽。一日，王稽问郑安平可认识什么有才华的人，愿意随他回秦国效力，郑安平就推荐了他的同乡张禄，也就是范雎。王稽让他带来一见，郑安平说他有仇人追杀，只有晚上才能出门。等到夜深人静之时，范雎就来见了王稽。经过一番交谈，王稽肯定了他的才能，便决定带他回秦国。

王稽和范雎一起乘车回秦国，经过湖邑的时候，见有一辆装饰华丽的马车迎面驶来。王稽告诉范雎，来者是秦国宰相魏冉，范雎听说魏冉在秦国擅权，且十分讨厌各国而来的人，为免受其侮辱，决定躲在车中不相见。果不其然，两车相遇之后，魏冉问了问魏国的情况，还特意询问王稽有没有带他国的客人一起归来，说这些说客根本无用，只会扰乱秦国的政事，王稽自然不敢违逆宰相，就说没有。

魏冉走后，范雎还是不放心，怕他回来搜查，于是就下了马车，躲了起来。不出范雎所料，魏冉果然派人回来搜，但没有发现任何蛛丝马迹，也就只有罢了。

虽然历经了坎坷，范雎还是平安到达了秦国。其后王稽去向秦昭襄王汇报东边各国的情况，借机把范雎推荐给了他。王稽说魏国有个叫张禄的人，十分有才华，他说大王您的政权危如累卵，所以将其带来，希望能帮助大王巩固政权。秦昭襄王不信有此神人，就没有接见范雎。出师不利，范雎也只有待在秦国继续等待时机。

其时秦国的大权被宰相魏冉所掌控，秦昭襄王虽然已经在位将近四十年，但一直都受到“四贵”的权力打压，根本不能施展自己的才华和抱负。魏冉掌权下的秦国施行的是“远攻”的方针政策，实际却是魏相国的“损公肥私”之计。我们不能否认魏冉早期对秦国的发展起到了重要的作用，但晚年的他想得更多的是自己的势力和荣华。

魏冉是秦昭襄王之母宣太后的亲弟弟，其封号是“穰侯”。魏家家大业大，不仅在秦国拥有大量封地，还将夺取而来的定陶之地收归即有，所拥有的财富甚至超过了国君。为了能够在定陶安享晚年，魏冉在没有告知昭襄王的情况下，擅自发兵远征齐国，其真实意图是夺取刚、寿等地，扩大定陶的势力范围。

阏与战败之后，秦国成为众国耻笑的对象。秦昭襄王被压抑了多年的怒火终于爆发了出来，他想要凭借自己的力量再振秦国雄风，但又苦于没有辅助自己的贤才。就在此时，他想起了王稽给他推荐的那个说过“危如累卵”的张禄。就现在的情况来看，张禄一年前所说的话确实不假，如此看来，这人肯定拥有非凡的才华。

整日政务缠身的秦昭襄王怎么会突然想起范雎这个小人物呢？这实际靠的是范雎自己的努力，也就是前面提到的那封奏疏。所以说机会求实求不来的，只有靠自己的争取。在秦昭襄王苦恼之时，范雎的奏疏适时地呈了上去，这对秦昭襄王来说可谓是一根救命稻草。

这封秦疏大意如下：“我听说贤明的君主治理国家，都是赏罚分明。有功之人，就会赏赐他们财物，有能力的人就会许以他们官职，至于那些功勋能力超过他人的人，赏赐和官职自然也要高过他人。在秦国，无能之人不能做官，但有才之人也不会被埋没。

“我听说周有砥厄，宋有结绿，梁有悬黎，楚有和璞，这四件都不为玉工所识，但都是天下至宝，难道曾被大王所遗弃的人就不能于国有益吗？我还听说善厚家者取之于国，善厚国者取之于诸侯，天下有明主则诸侯不得善后，这是天下兴衰的道理。

“名医看病可断人生死，贤君治国可知过失成败。于国有利的建议就要采纳，有害的就要加以剔除。至于那些有所怀疑的，不妨放手一试，这个道理就算尧舜复活也不会改变。

“如今我已经在馆舍之中等待大王一年，希望能祈求您片刻的时间，我愿将我毕生所学都告诉您。大王您如果认为我是个有才之人，就一定要接见我；倘若认为我是无用之人，我留在这里还有什么意义呢？况且我所要对您说的话，至关机密，不能写于书信之上。如果我说的话没有道理，我愿意就地受死。”

范雎的奏章言辞恳切，感人肺腑，秦昭襄王读过之后马上命令左右，速速接他进宫详谈。

远交近攻之策英明

求贤若渴的君王遇上怀才不遇的臣下，自然有一番深谈，而秦国的历史也因为这次谈话而出现巨大的转变。

范雎奉旨去离宫拜见秦昭襄王。多年的忍辱负重，才换来这一日的君臣相见，这个机会对范雎来说是弥足珍贵，所以他自当会好好把握。为了给秦昭襄王留下深刻的印象，这次的会见有些与众不同，绝对可以称得上是一部自导自演的好戏，而导演和演员自然是故事的主人公——范雎。

随着宫中的侍者来到宫门后，范雎佯装不认识宫门，冒冒失失就要闯进去。这时秦昭襄王的车辇刚好经过宫门，宫人怕范雎惊了圣驾，就对他说大王来了，让他马上回避。范雎见机会来了，大声说道：“我只知秦国有太后和穰侯，何来大王？”

秦昭襄王得知是范雎来了，不但没有生气，反而向他道歉，说自己早该向他请教，只是因为其他的事情耽搁了，所以才拖到现在。他还说自己的能力不够，所以要以宾主之礼相交，希望范雎能够指教于他，最后还邀请范雎共乘车辇，给足了他面子。

接下来的谈话也经过了范雎的精心设计，目的也是为了得到秦昭襄王的重视。进入宫室之后，昭襄王特意屏退了左右，起身恭敬地求范雎指教，但连问三次，范雎都含含糊糊，不肯相告。事不过三，昭襄王也觉得不对劲，就反问道：“难道先生就不肯见教于寡人吗？”

事情已经到了这个分上，范雎也知道再这样下去就会惹怒昭襄王。戏已经做足，效果也已经达到，一个君王再有耐性也不能容忍臣下这样的态度。于是范雎马上向昭襄王拜了一拜，说不敢不敢。

接下来，范雎终于开始了自己准备了多年的长篇大论。他说道："当初姜太公在渭水之滨垂钓，周文王为请他出山而倾尽全力。他二人虽素昧平生，但文王听姜太公一席话就拜其为尚父，由他辅国。在姜太公的辅助下，周终于灭商，安定了天下。周有姜子牙为相，殷商也有箕子和比干这样的忠臣。他们虽是纣王的宗亲，但纣王不听他们的谏言。比干被处以挖心极刑，箕子被关入囚室，纣王就这样将天下拱手送给了他人。我如今流落异乡，原本受到大王您的疏远，但我接下来要说的话涉及兴亡大计，骨肉之情。大王问了我三遍，我之所以不回答的原因是不知道大王对我的建议是否有诚意。我并不是怕做比干和箕子，只要您采纳我的建议，就算让我去赴死，我也在所不惜。如果我的死能换来秦国的大治，那就是死好过生，这也是我毕生的心愿，请大王务必三思。"

范雎说的这番话很有深意，可以说为他之后所提的治国方略做好了铺垫。昭襄王听他说"骨肉之情"，也了解了几分意思，于是对他说已经摒去一切责任，让他大胆直言，无论言及任何亲贵都不怪罪。

范雎见昭襄王如此诚恳，心中自然是十分感动。但他怕隔墙有耳，仍不敢将最要紧的话说出来，先以对天下的大势分析敷衍了一番。他说秦国地势险要，这是各国都比不上的，而且秦国兵力强大，可以说是所向披靡。昭襄王承穆公之业，继孝公之余烈，但图谋天下的大业至今未成。秦国闭关守国十五年，没有丝毫进展，都是因为大臣不忠，国君的计谋不够远大。

秦昭襄王听他所言，就问他自己的过失在何处。范雎此时终于说到了重点——昭襄王多年采用魏冉的"远攻"策略就是最大的错失所在。在范雎看来，秦国多次发兵远攻都考虑不周，尤其是越过韩、魏攻打齐国更是不明智之举。秦国和齐国距离遥远，韩、魏等国又横亘其中，如果出兵太少，就震慑不了他们，但出兵太多，将士们跋山涉水，到了战场上也是疲惫不堪，还会造成后方空虚，实在是百害而无一利。范雎还举了魏国攻打中山国为例，魏国当初就是越过赵国远攻中山，虽然战胜，但所得之地被离中山国更近的赵国所抢走，所以说远攻即使取得了胜利，战果也难保住。再回到伐齐一事，如果攻而不克，秦国就会成为天下人的笑柄，但如果战胜，秦国在齐国的土地也迟早会被魏国和赵国抢走，到时候忙活一场，却是为他人作了嫁衣。

范雎此言一出，秦昭襄王如醍醐灌顶，连呼"高明"。指出了错处，就要给出新的措施了。范雎继而就提出废去"远攻"之策，而采取"远交近攻"之术。远攻是损己利人，而近攻则是步步为营。

秦昭襄王也同意范雎的看法，于是向他求教"远交近攻"的具体策略。其实这个方略很好理解，远交的目的就是离间东方各国，使它们成不了合纵之势；近攻就是谋求中原之地，扩张自己的势力范围。先攻韩、魏，再拿齐、楚，如此天下尽在掌握。

昭襄王得此计后大喜，马上拜范雎为客卿，让他助自己谋求天下大业。不仅如此，他还马上下令停止伐齐，转而讨伐距离较近的韩国和魏国。范雎一个流亡之人，身份如此卑微，竟然得到昭襄王的大力提拔，自然成为众矢之的。且不说众人对范雎的嫉妒，就昭襄王陡然改变战争策略这一行为，就马上招来了魏冉等老臣的不满。

这时秦国的朝廷呈现出这样一种态势，以穰侯魏冉为代表的亲贵权臣不满昭襄王如此宠信范雎，仍旧坚持“远攻”，而那些曾经受到魏冉打压的大臣见范雎渐渐得势，就依附他形成了一股新的政治势力。新旧两种势力焦灼在一起，难分上下。正所谓“一山不容二虎”，眼见矛盾日渐加深，范雎知道扳倒魏冉的时机到了。倘若不趁此机会除去旧势力，不仅不利于推行他“远交近攻”的策略，自己的地位也会受到影响，甚至有可能会丢掉性命，因为魏冉的背后毕竟还有宣太后，那可是昭襄王的母亲。

一日，秦昭襄王召见范雎。君臣二人同处一室，身边并无旁人。范雎见这是个机会，就进言说，昭襄王如此信任他，他无以为报，只是之前所说的安秦之计还未言尽，希望昭襄王能够给他个机会，让他把话说完。

此时的秦昭襄王对范雎已经无比信任，听他这样说，马上就让他有话直说。范雎就说了他以前在山东之时，只知道齐有孟尝君，而不知有齐王。到了秦国，只知秦国有穰侯和宣太后，不知道有秦王。按照常理来说，一个国家的杀伐决断的大权都是掌握在国君的手中，他人怎么能干涉？但如今宣太后倚仗国母这尊贵的身份，和穰侯一起擅权竟达四十余年。秦王虽为国君，却有名无实。穰侯远攻齐国，表面上是说为了国家的利益，其实是损公肥私。从前齐国因为崔杼擅权，齐庄公死于非命；赵国也因李兑擅权，赵武灵王竟然饿死在沙丘。如今昭襄王的地位也是岌岌可危，穰侯仗着自己是皇亲国戚，在外肆无忌惮，惹怒了诸侯。而昭襄王身边的人也多为太后、穰侯一党，他只怕昭襄王会步齐庄公和赵武灵王的后尘，到时候这个秦国就归魏冉所有了。

范雎的一番话正说到昭襄王的心坎上，于是他决定收回多年为外戚所掌控的政权。但魏冉毕竟是太后的弟弟，昭襄王看在亲戚情分上，没有取他的性命，只是收回了他的相印，让他回自己的封地去安度晚年。魏冉离开咸阳的时候，居然用了上千辆牛车来搬家，可见他做宰相这些年为自己谋取了多少利益。魏冉罢相后不久，宣太后就去世了。没有了太后的阻碍，昭襄王接着又把华阳君、泾阳君、高陵君三人遣去关外。

秦昭襄王四十一年（公元前266年），大权在握的昭襄王命范雎为秦国新一任宰相，并加封他为“应侯”，封以应之地。范雎的上台是秦国历史的一个转折，至此，秦国会在这颗冉冉升起的政治新星的带领下，走向新的辉煌！

报仇的精神力量

“昭王得范雎，强公室，杜私门，蚕食诸侯，使秦成帝业。”

——李斯《谏逐客书》

秦昭襄王四十一年，秦昭襄王拜魏人范雎为相，开始推行“远交近攻”的新政策。秦国的巨大政治变动震惊了各国，众人都不知道这个名叫“张禄”的人是何方神圣，也不知道自己国家的命运会在这个人手上发生怎样的改变。

范雎一上台，就开始推行他“远交近攻”的策略。从公元前266年开始，秦国用了六年的时间来打击魏国和韩国，其后就爆发了战国历史上著名的长平之战。《史记·秦本纪》中记载了秦国这六年主要的军事活动：

“昭襄王四十一年，攻魏，取邢丘、怀；昭襄王四十三年（公元前264年）：攻韩，拔九城；昭襄王四十四年（公元前263年）：攻韩，取南阳；昭襄王四十七年（公元前260年）：攻韩上党。”很显然，“远交近攻”的首要目标是魏国和韩国，其中又以魏国首当其冲。这除了因为距离的原因，或许还有范雎个人的因素在里面。

据司马迁《史记》记载，范雎恩怨分明，是个“一饭之德必偿，睚眦之怨必报”的人，之前帮助过他的郑安平和王稽都在他的推荐下做了大官。但当年在魏国之时，须贾和魏齐不分青红皂白就污蔑他叛国，对他极尽侮辱，差点弄得他丢掉了性命，如此深仇大恨，范雎又怎能忘怀？“君子报仇，十年不晚”，就是因为心底的这份仇恨，范雎才忍辱负重这么多年，终于等到他成为秦相的那一天。

此时的范雎用的还是“张禄”这个假名，魏国的安釐王得知秦国来攻，不知自己做错了什么，马上派出使节前往秦国。魏国大使首先来到了新任宰相“张禄”的府邸，希望秦相能够在昭襄王面前美言几句，放过魏国。世上就是有那么多的巧合，魏安釐王这次派出的使臣不是别人，正是当年冤枉范雎的小人须贾。虽说“仇人相见，分外眼红”，但范雎还是用一个戏剧性的方式让须贾牢记了一个事实，当初他污蔑、陷害自己，绝对是他一生犯过的最愚蠢的错误。

须贾自然不知道秦国的丞相“张禄”就是自己当年的门客范雎，所以范雎就特意换上了一套破破烂烂的行头，前去驿馆“拜访”须贾。风尘仆仆的须贾见到衣衫褴褛的范雎后大吃一惊，虽说当年是他一手将范雎害到将死的境地，但如今见范雎如此潦倒，对其十分同情，还送了范雎一件袍子，并让手下摆上酒菜。

交谈之间，须贾提及他此次来到秦国的目的，就是为了拜见丞相“张禄”，却苦于没有门路。范雎趁机告诉他，他到秦国多年，虽然境遇不佳，却与新任宰相有些瓜葛，可以为须贾引荐。须贾听他这么说，自然是喜不自禁，马上就让范雎带他去拜见丞相“张禄”。但经过多日的奔波，须贾的马车已经坏了，没有豪华的马车，怎么能进丞相府呢？范雎又一次解了须贾的燃眉之急，说他可以借到马车。

须贾就坐着范雎“借来”的马车进入了范雎的府邸，当然，他对自己将要面对的事情一无所知。来到丞相府后，范雎找了个机会进入后堂，不久之后便身着华服，在众人的簇拥之下，再次出现在须贾面前。难以想象须贾见到范雎之后的表情，此时的他只知道不停地向范雎磕头请罪。此时想请得秦相美言恐怕是不可能了，能保住自己的项上人头才是最重要的。

范雎等了多年，今天终于可以一雪前耻。他在众人面前将须贾当年所犯的罪行一一列举出来，将他骂了个狗血淋头。此后，范雎上奏秦昭襄王，改“张禄”之名为“范雎”，开始光明正大地施行自己的复仇计划。

范雎虽然有仇必报，但公是公，私是私，魏国毕竟是自己的故乡，所以他还是为魏国说了几句好话的。须贾完成了任务，自然对范雎感激涕零。临行之前，范雎在丞相府大摆筵席，美其名曰为须贾送行。须贾自然不敢怠慢，只得奉命前往。

这次的宴会办得十分隆重，来的全都是各国的使节和范雎的宾客，都是地位尊贵之人。但令须贾疑惑的是，他找来找去都没有找到自己的座位。这时候，主人范雎出来了，当即就给了须贾一个难堪，让他一个人坐到廊下去。须贾这下子明白了，所谓的饯行宴其实是范雎为了羞辱他的一个陷阱。

人在屋檐下，不得不低头。须贾此时受制于人，只能悻悻然地一个人坐到了廊下。没想到事情还没完，开宴之时，给须贾上的居然是一盆喂马的豆料，还让两个犯人像喂牲口一样喂他，言下之意就是说须贾是畜生。这时范雎发话了，说须贾虽然之前害他不浅，但这次见面还送了他一件袍子，可见经贾没有完全泯灭良心，所以放他一马。范雎还让须贾带个话给魏王，让他即刻把他的亲眷送到秦国来，此外还要将魏国丞相魏齐的头颅一并带来，否则秦军就要血洗大梁。

由此可见范雎的确是个恩怨分明之人，一丝一毫他都记得十分清楚。当年须贾只是个导火索，充其量只是个善妒的小人，而真正把他像烂泥一样踩在脚下的人是魏相魏齐，这才是他要报复的第一人。

须贾听了范雎的吩咐，自然不敢怠慢，火速把这个消息传回了魏国。虽然魏齐是堂堂宰相，但软弱的魏安釐王惧怕秦国的威势，只得牺牲魏齐一人来拯救整个国家，毕竟以魏国现在的实力与秦国抗衡，无疑是以卵击石。魏齐听说安釐王要杀他，马上收拾了东西，星夜逃亡赵国，躲在了平原君赵胜的家中。

范雎既然说了要拿魏齐的人头，就不会轻易放过他，无论他逃到天涯海角，都会取他的性命。而秦昭襄王此时也知道了这件事，他一直敬重范雎，甚至称他为“叔父”，得知范雎曾经受过这样的侮辱，他怎能不愤怒？于是昭襄王亲自修书一封，请平原君赵胜到秦国宴饮。赵胜不知是计，就来到了秦国，昭襄王马上将其扣下，要挟他交出魏齐。

赵胜毕竟还是有些骨气的，不肯屈服于秦国的威势之下。但就在赵胜与秦国交涉之际，赵惠文王也接到了昭襄王的书信，让他速速处死魏齐，否则就要出兵讨伐赵国。

赵惠文王不像赵胜如此强硬，只得听昭襄王的安排。魏齐见赵国待不下去了，就连忙逃回了魏国，希望信陵君能够保护他。可信陵君也不敢惹麻烦，根本不见他，他又逃到楚国，受到的待遇也是一样。

这回魏齐死心了，天下之大，竟没有容他之地。一气之下，他拔剑自刎，自己结束了自己的性命。魏齐死后，他的人头被人砍下送到了秦国。范雎命人将其洗净，并涂上了一层漆，做成夜壶，目的就是为了报魏齐当年羞辱他的仇。

范雎大仇已报，秦国也开始一步步蚕食周围的领土，扩大自己的势力范围。

就范雎报仇这件事本身来说，范雎当年在魏国受了奇耻大辱，还差点丢了性命。他功成名就之时报复须贾和魏齐本没有错，但手段太过毒辣，显得有些小家子气。不过从范雎的事迹来看，这样迂回曲折却招招致命的处事方式，正是他一贯的风格。从这件事我们也可以看出，除了赵国的平原君赵胜有意与秦国争个高低之外，没有人敢得罪秦国，可见秦国当时的势力已经如日中天。

打击了韩、魏之后，秦国的下一个目标就是赵国。在中原的广袤土地上，一场充满着腥风血雨的大战就要拉开帷幕，那就是——长平之战。

荀子不是来旅游的

就在范雎把秦国治理得风生水起的时候，一个人正坐着马车行进在前往秦国的道路上，这个人就是儒家的又一大家——荀子。

在春秋战国这个精彩的大舞台上，活跃着这样一群人，他们活着不靠自己的双手和气力，靠的是自己的嘴皮子。除了像张仪这样的纵横家之外，在各国之间来往奔波的就是这些时刻不忘宣传自己治国思想的诸子了。

荀子名况，字卿，赵国人，后世人尊称其为“荀卿”。西汉宣帝名刘询，为避其讳，就取与“荀”古音相近的“孙”字代替，所以荀子又被称为“孙卿子”。荀子五十岁游学于齐，为稷下学宫祭酒。齐国有人向国君进谗言污蔑荀子，荀子就离开齐国来到了楚国。楚国的春申君十分欣赏荀子，推荐他为兰陵令。春申君死后，荀子也受到了牵连，官职被罢免。

司马迁《史记》记载：“荀卿嫉浊世之政，亡国乱君相属，不遂大道而营巫祝……鄙儒小拘，如庄周等又滑稽乱俗，于是推儒、墨、道德之行事兴坏，序列著数万言而卒。因葬兰陵。”这几句话几乎可以概括荀子的毕生思想。然而在《史记》一书中，司马迁并未提及“荀子入秦”一事，原因为何，现在已经无从猜测，但“入秦”的确是荀子晚年经历的一件不可忽略的大事。

春秋战国学术氛围活跃，诸子思想可谓是百花齐放，百家争鸣。这些游学之人奔波于各国之间，不单单是为了欣赏各地不同的风土人情，更重要的是推行自己的思想和治国方略，荀子也是一样。

根据历史记载推算，荀子入秦的时间应当不会超过公元前266年，也就是范雎为相，开始推行“远交近攻”的那一年。荀子入秦的时间不长，远没有他在稷下学宫的日子久。

当时的秦国虽然很强大，但因其推行严刑峻法，所以在东方各国眼里是个野蛮之国。各国虽然打心眼里瞧不起秦国，但碍于它强大的实力，也是敢想而不敢说。这种矛盾的心理很微妙，曾游历于齐楚之地的荀子对秦国也有这样的想法。

真正的秦国真的是个充满了血腥的野蛮之国吗？眼前的景象完全颠覆了荀子心中对秦国的想象。根据《荀子·强国篇》的记载，他是这样形容他所看见的景象的：“其固塞险，形势便，山林川谷美，天材之利多，是形胜也。入境，观其风俗，其百姓朴，其声乐不流污，其服不挑，甚畏有司而顺，古之民也。及都邑官府，其百吏肃然，莫不恭俭、敦敬、忠信而不楛，古之吏也。入其国，观其士大夫，出于其门，入于公门；出于公门，归于其家，无有私事也。不比周，不朋党，倜然莫不明通而公也，古之士大夫也。观其朝廷，其朝闲，听决百事不留，恬然如无治者，古之朝也。故四世有胜，非幸也，数也。是所见也。”

在荀子眼中，秦国不仅地理条件优越，且民风淳朴，政治清廉。这样看来，秦国四代都跃居众国之上是有深刻的原因的。对于秦国来说，荀子是个外来者，更是个曾经厌恶和怀疑过自己的外来者。这样的人对秦国的评价都如此之高，这说明荀子所言是十分客观可信的，此时的秦国已然成为那个人人向往的“治世之国”。

荀子入秦之后，拜会了秦国的两大核心人物，秦昭襄王和丞相范雎。作为秦国的丞相，荀子入秦有理由先拜见范雎，然后再由范雎引荐他去拜会昭襄王。从范雎和荀子的经历来看，他们有很多相似之处。第一，他们都不是土生土长的秦国人；第二，他们都是曾被谗言所害的失意之人；第三，他们都有满腹才华。

也许正是这三点原因，荀子和秦昭襄王的会面在范雎的斡旋下进行得十分顺利。那么昭襄王会怎样对待这个来自远方的大儒呢？会将他留在秦国并委以重用吗？而从荀子的角度来看，这次会面是他进一步深入了解这个崛起之国的绝佳机会。

《荀子·儒效篇》详细记载了昭襄王和荀子的这次谈话。

王问：“儒无益于人之国。”荀子答曰：“儒者法先王，隆礼义，谨乎臣子而致贵其上者也。人主用之，则势在本朝而宜；不用，则退编百姓而悫，必为顺下矣，虽穷困冻餧，必不以邪道为贪；无置锥之地，而明于持社稷之大义。”

仔细分析这段简短的谈话，从中不仅可以看出昭襄王和荀子两种不同的治国思想，也可以看出荀子的儒家思想和孔孟之间的巨大差异。昭襄王的开场白很独特，说的是“儒无益于人之国”，意思就是指儒生对于治国是没有什么用处的，这无疑是给秉持儒家之道的荀子一个巨大的打击和难堪。

昭襄王之所以会说出“儒者无用”这样的话，原因是很明显，也是很深刻的。秦国自穆公商鞅变法以来，一直推行的都是法家的治国策略，到了昭襄王时期已经是第四代了。而秦国也正是因为变法逐渐成长为可以傲视群雄的第一大强国。正因如此，秦国的国君对儒家的那一套“仁政”都不感冒。

那么荀子是如何应对昭襄王如此尖锐的批评的呢？荀子说，所谓“儒者”，是重视礼仪之人，他们恪尽职守又忠于君王。如果君主任用这样的人为官，那对朝廷有益，如果不用他们为官，他们也不会有所怨恨，就会成为老实顺从的百姓。这样的人即使是穷困潦倒，也不会产生邪恶的贪念，虽无他们的立锥之地，也是深明大义之人。作为一位大儒，荀子没有直接反驳昭襄王的话，而是一种委婉的方法告诉他，儒者对于治国是有很大作用的。荀子的这种做法直接反映了他温婉谦逊的性格特点，这在当时那些巧舌如簧的谋士和游学者之中是不多见的。

秦昭襄王又问荀子，如果儒者成为一国之君，那又会如何呢？

荀子回答他说，儒者如果成为天子，那是再好不过的了。因为如此，儒家的思想就会传播得更加广泛，利益准则也能很好地推行，社会风气就会发生巨大的变化，最后自然会出现“四海之内若一家”的盛况。

荀子所说的“四海之内若一家”十分符合昭襄王一统天下的政治理想，但“治乱世用严法”，所以荀子所说的“重礼仪”的治国方略最终还是没有打动昭襄王。其实昭襄王没有重用荀子的原因不难理解，对于一个一心想要谋取天下的君王来说，如何来创造一个盛世现在还言之过早了。荀子虽然在言语上满足了昭襄王对未来的憧憬，但他以整个社会和天下百姓的利益为出发点，这显然和昭襄王的政治理想有着很大的出入。

就从儒家思想本身来看，荀子的思想和他的前辈孔子和孟子都有很大的差异。荀子所处的时代已经到了战国后期，这时的秦国已经通过商鞅变法变成了诸侯间的强国。无论是从军事实力，还是政治经济状况来说，秦国都是一支不可忽视的力量，这或许也是促使荀子入秦的最直接也是最根本的原因。相对比来说，孔子和孟子虽然都周游列国，却没有到过秦国，这也和当时秦国的经济和政治地位有关。

荀子主张“隆礼”、“重法”，但他所说的“礼”和孔子所说的“礼”在内涵上还是有一定差异的。《荀子》一书中有言：“礼者，法之大分，类之纲纪。”他理解的“礼”，是和“法”紧密结合的，这就摆脱了之前公卿世袭的约束，如果贵族不符合礼法，同样要受到处罚，而寒门子弟若懂礼并践行之，就可以拜官求相。所以从某种程度上来看，荀子的儒家思想内涵更为复杂，是“礼治”过渡到“法制”的一种体现。

战国末期，政治局势由诸侯割据逐渐走向统一，而文化思想方面也从百花争鸣的状态逐渐走向了总结。这段时期，新兴的地主阶级兴起，而荀子的思想就是代表着他们的利益。从稷下学宫时期开始，荀子就开始批判地吸收着各家的思想，从而创造性地赋予了传统儒家思想“法制”的内容，这是一种思想上的突破，也是顺应时代潮流的一种改变。

荀子虽然没有得到秦昭襄王的重用，但他的学生李斯在他身后获得了巨大的成功。李斯从荀子学帝王之术，后助秦始皇嬴政一统天下。如果说荀子的思想是现实主义和浪漫主义的结合，那么李斯就在这种结合中将“法”的地位上升到了一个新的高度。它的现实性更适应时代的需求，这也是李斯在仕途上超越自己老师荀子最根本的原因。

上党的选择

荀子离开了秦国，但秦昭襄王统一天下的步伐还是要继续。这次讨伐的对象依旧是老对手——赵国，也就是那个不久前让不可一世的秦国颜面尽失的赵国。从阏与之战或是更早的时间开始，秦国图谋赵国的野心已经是司马昭之心路人皆知了。从当时的局势来看，赵国是唯一一个能与秦国抗衡的国家，尤其是阏与一役大胜秦国之后，赵国的政治地位也陡然提高。

赵国国土面积较小，生存环境也比较恶劣。鉴于赵国的这种特殊情况，在其他的国家都在进行政治、经济体制改革的时候，赵国却在赵武灵王的领导下开始了军事方面的改革，也就是历史上著名的胡服骑射。赵武灵王虽然带领赵国走向强大，但没想到被自己的儿子软禁在沙丘，最后竟然被活活饿死。

赵武灵王死后，赵惠文王继承了其父的王位。赵惠文王的性格比较软弱，这一点从“和氏璧”和“渑池之会”事件中也可以略知一二。但好在此时的赵国还算是人才济济，武将有廉颇、乐乘，后来又有了赵奢，文臣方面也有有勇有谋的蔺相如，而赵惠文王本人也可以算得上是从谏如流，大臣们的忠言基本上都能听得进去，所以此时的赵国延续着“胡服骑射”后的辉煌，还算较为太平。

转眼间，那场让赵国扬眉吐气的阏与之战已经过去了4年。公元前266年，赵惠文王离开了人世，即位的是他的儿子赵孝成王。秦国见这是个机会，就准备卷土重来，收服赵国，完成统一天下的重要一步。秦国先发制人，发兵夺取了赵国的三座城池。赵国自身不够强大，所以只得求助于齐国。作为代价，赵国将王子送到齐国做人质。

赵国之所以求助于齐国的原因有二，一是顾此失彼，赵国的北边是匈奴，此时大规模入侵，赵国的精锐部队基本上都调往北方镇守边境，实在没有充足的兵力再去与秦国抵抗；二是良将已失，此时赵奢已经作古，武将能堪当重任的只剩下老将廉颇。廉颇虽然是名将，但其长处是防守而不是进攻，所以面对秦国咄咄逼人的态势也只能做到守卫国土，想要主动出击很难。

由于这次获得了齐国的帮助，秦国也没有得到多少好处。公元前265年，秦国在丞相范雎“远交近攻”的战略指导下，将目光转向了赵国的邻国——韩国。秦国讨伐韩国很明显是“醉翁之意不在酒”，一则是为了将韩国作为日后进攻赵、魏两国的军事据点，二是为秦军向东挺进开辟一条道路。

和赵国相比较，韩国是个实力衰微的小国，但它的重镇上党却是进攻赵国的一个关键之所。上党地处韩国北部与赵国交接之处，地理位置十分重要。它坐落于太行山山麓，地势险要，只有通过山中的一些孔道才能与韩国的其他地区交接。上党不仅是韩国的门户，以东约一百五十公里就是赵国的首都邯郸，一旦失守，对韩、赵两国都是一场噩梦的开始。也正是因为上党如此重要，所以秦国方面也是倾注了大量的兵力，不拿下上党誓不罢休。

秦国为了拿下上党，由大将白起率领秦军在韩国北部和韩军纠缠了近三年，拿下了少曲、高平、南阳、野王等十座城池，斩杀了韩国军士共五万余人。在秦国的重压之下，上党失去了和韩国本土的联系。韩桓惠王闻风丧胆，生怕秦国拿下上党之后就趁势将韩国一起吞并。在与大臣们商议之后，桓惠王主动将上党送给秦国，希望秦国能够放自己一条生路。桓惠王本以为这样就可以息事宁人，但他万万没有想到，这道诏令会在执行环节出了差错。

割地投降的诏令传到了上党，但此时驻守上党的郡守冯亭却宁死不从，拼了命要跟秦国斗争到底。韩国和秦国的实力毕竟有天渊之别，过了没多久，冯亭就弹尽粮绝，眼看城池就要被秦军踏平。此时的冯亭左右权衡了一番，决定将上党十七县献与赵国，希望赵国能够发兵援助韩国，最后促成“三晋”联合抗秦的态势。

冯亭的这个想法很绝，其内涵基本上可以概括为四个字，那就是“转嫁危机”。客观看来，赵国的实力的确是要高过韩国，它也是唯一一个敢于和秦国叫板的国家。一旦赵国发兵来救，秦国和韩国的战争就会转变为秦国和赵国的战争，到时候韩国就可以置身事外，使自己的利益不受到半点损害。

冯亭的算盘打得很精明，却给赵国出了一个大难题。上党主动依附的消息传来，赵国君臣马上分成了两派。一派以平阳君赵豹为代表，他们主张谨慎处之以静观其变，因为上党之地如此重要，秦国肯定不会如此轻易地放过赵国。一旦接受上党的依附，无疑是引火烧身，自讨苦吃，持此观点的还有赵国老将廉颇。

另一派以平原君赵胜为代表，主张接受上党，与秦国争个高低。因为不费一兵一卒就可得到上党十七县，对赵国稳固自己在山西的地位是绝无仅有的良机。如果此时犹豫不决，就会被秦国占了先机。赵孝成王此时即位不久，还处于血气方刚的阶段，自然不会因为惧怕秦国就畏首畏尾，所以最终接受了平原君的建议，决定收上党十七县为赵国所有。

其实接受或者不接受冯亭的依附，赵国都无法避免和秦国的一场大战，只是战争爆发的时间问题。接受了上党，秦国或许会马上将矛头指向赵国，但如果不接受，上党一旦为秦国所有，下一个遭殃的还是赵国。

如此分析，上党势必不能交到秦军的手里。赵孝成王的想法是好的，但在行动上犯了一个巨大的错误。接受了冯亭的主动依附之后，赵孝成王竟然只派了平原君赵胜带了为数甚少的兵力前去接管上党。至此，赵国就卷入了一场没有止境的噩梦，而秦、赵两国对上党的争夺，就此拉开了长平之战的序幕。

不管是来自韩国还是赵国的阻力，秦国对于上党都是志在必得。且不说上党是秦国入主中原之地的一个跳板，就拿它之前为此付出的近三年的努力，秦国也不可能将这块到嘴的肥肉拱手让给自己的死对头赵国。

赵国接管上党的消息传到了秦国，秦昭襄王大怒。丞相范雎马上上书给昭襄王，力主还赵国以颜色，发兵讨伐赵国，防止三晋形成合纵之势。秦昭襄王四十六年（公元前261年）初，昭襄王发布了一道动员全国的诏令，要以倾国之力攻赵。到了年末，秦国大军主力在左庶长王龁的带领下，向北翻越了太行山，越过安邑，浩浩荡荡地向上党走去。除了王龁一路大军之外，秦军还有一路为主力军作掩护军队，从宜阳攻打韩国的缑氏，以防韩国和魏国支援赵国。

赵国方面，赵孝成王为了抵抗秦军的来袭，在派出平原君去接管上党的同时，还派老将廉颇率赵国大军驻守在了另一个险要之地——长平。秦、赵两国在上党所倾注的兵力实在太过悬殊，于是上党马上就陷入了秦军的包围中。冯亭见上党就要保不住了，就率领十七县的官员和百姓突出重围，火速向赵国奔去。赵国既然接管了上党，此时就不能坐视不管，于是就将这些韩国的流亡者安置在了长平。

王龁见局势发生了变化，便马上挥师转向，率领秦军主力一步步向长平逼近。

纸上谈兵害死人

到了第二年春天，秦、赵两国在长平的交战已经进行到了白热化的状态。秦国兵强马壮，不论是步兵还是骑兵都是其他各国所不能抗衡的。此次的战争中，秦国投入了将近六十万的兵力，且秦军纪律严明，赏罚分明。秦军将士为了夺取军功，个个如狼似虎，真可谓是所向披靡，令人闻风丧胆。

而赵国方面此次也没有怠慢，前后投入的兵力总共也超过了五十万，双方兵力在数量上可以说是旗鼓相当。因为之前赵武灵王推行“胡服骑射”，所以赵国骑兵的军事素质相当高，且以弩弓骑兵见长。但从士气方面来看，赵国将士的积极性显然比不上秦国，而且战斗经验也不如秦国将士丰富。

战争初始，赵国的先锋部队和秦军交战于长平之南。秦军勇猛，初战告捷，赵军不敌对手，竟然全军覆没。赵军出师不利，老将廉颇遂率赵军四十余万主力退守长平以北，以守为攻，以静制动。

廉颇老成持重，又征战沙场多年，经验十分丰富。他知道秦军此时气势如虹，几欲再战，如果贸然与之硬拼，受损失的肯定是赵军。于是廉颇率赵军在空仓岭一带筑垒自守，无论秦军如何鼓战，他就是不迎战。廉颇此举十分高明，一方面能够保存自己的实力，一方面还可以消磨秦军的士气，可谓是一举两得，一箭双雕。等到秦军士气衰退时再一举攻之，到时候胜利才大有可图。

但廉颇的苦心并不是所有人都能理解，尤其是年轻气盛的赵孝成王，他见廉颇按兵不动，简直成了热锅上的蚂蚁，不知如何是好。赵孝成王三番五次发文书谴责廉颇，问他为何如此消极怠战，长他人志气，灭自己威风，并一再催促廉颇主动出击。

但所谓“将在外，军令有所不受”，廉颇虽然知道赵孝成王已经动了气，但依旧坚持自己的主张，绝不轻易出战。到了这年四月，秦赵双方发生了一次激烈的交战，这场战斗一直延续到了七月，期间赵国丢失了两处要地，西营垒也被秦军占领，局势渐渐倒向秦国。但纵使战局如此不利，廉颇还是下令退守丹河，固守阵地，与秦军隔河相峙。赵军充分利用了丹河的有利地形，以不变应万变。而在秦国方面，接连几个月的战斗，也使得秦军损伤无数，士气也有很大的下降。

战争就这样陷入僵局，王龁虽然急于一战，但碍于廉颇的严防死守，三年内都没有越过丹河一步。从当时的局势来看，秦、赵两国谁能取得此次战争的胜利还是一个未知数。如果赵国此时能一直坚持廉颇的战争策略，此战或许还有一丝战胜的希望。但秦相范雎老谋深算，在他得知赵孝成王和廉颇在战略方针上出现了分歧的时候，他觉得有机可乘。

此时，赵国派使者郑朱前往秦国议和。秦国为了制造秦、赵两国和解的假象，假意殷勤接待郑朱。因为东方诸国虽然实力都不能与秦国抗衡，但一旦形成“合纵”之势，事情就会变得棘手而难以解决。但如果诸国认为秦赵两国已然和解，必然会孤立赵国，使赵国陷入无援之地。

除了制造和解的假象之外，在范雎的授意下，秦国间谍带着大批的金银珠宝秘密地潜入了赵国，意图挑拨赵孝成王和廉颇的关系，让赵国更换统军将领。不久之后，赵国国内就谣言四起，说廉颇不战，乃是怯战，秦军其实根本不足畏惧，如果派马服君赵奢的儿子赵括出战，必然能一举克敌。秦国的间谍还用金钱收买了赵国的权臣，于是他们向赵孝成王进言，希望撤换廉颇，派赵括前往长平统战。

世人都知道赵括“纸上谈兵”，那么其人究竟如何，果真是一无是处吗？赵括的名气虽大，却比不上他的父亲赵奢。赵奢是赵国赫赫有名的大将，曾率军在阏与大败秦军，震惊诸侯。

赵括出生于武将之家，从小就酷爱兵法，谈起军事来可以说是头头是道。从小就爱学习本不是什么坏事，但赵括并没有继承其父隐忍稳重的性格特点，反而有些浮夸自大，自认为论兵法，世上无人能出其右。赵括经常和父亲探讨为将用兵之道，面对父亲提出的问题，赵括每次都是对答如流，但赵奢怕他因此自恃才高，所以从来都不夸奖他。其妻觉得十分奇怪，赵奢就解释说，打仗一事关乎将士的生死和国家的存亡，但在赵括口中如同儿戏般轻松，倘若用他为将，军队一定会大败。

其实当时赵括在赵国名气是很大的，否则秦国也不会选他来作为“反间计”的主角。当年赵奢在世的时候，曾奉命去攻打齐国的孤城麦丘，此时陪伴在他左右的就有他的儿子赵括。

在赵奢出战之前，赵国的军队就已经进攻麦丘多时，但一直都没有将其攻下。此时的齐国虽然实力大不如前，但麦丘因为粮草充足，且又有墨家的弟子帮助守城，所以竟然成为一块难啃的硬骨头。但赵惠文王可不管困难有多大，他派赵奢出征，且命他一个月之内一定要拿下麦丘。

赵奢来到麦丘，延续了之前的强攻策略，但收效甚微。就在赵奢陷入迷茫之际，他饱读兵书的儿子赵括站了出来，劝父亲换个策略，先了解麦丘城中的情况再做打算，知己知彼，方能百战百胜。

赵奢见他说得颇有道理，于是就抓来一些齐国的俘虏来询问情况。没想到这些齐国人虽然被俘，却有些爱国之心，面对赵奢的提问一概不答。赵奢见他们如此也没有别的办法，赵括却不这样想。他见硬的不成就来软的，不仅好吃好喝地供着他们，还发放钱粮，让他们回家去和亲人团聚。

在赵括的糖衣炮弹下，这些俘虏终于归顺赵军，并供出了一个有利于赵军的大好消息，麦城现在已经断粮了，根本撑不了多久。此时赵括又心生一计，他将这些俘虏放回城去，散发赵军有粮且善待俘虏的消息，又每日不停地向城中投放粮食。不久之后，百姓哗变，出城投降，麦丘不攻自破。赵奢完成了赵惠文王交予的任务，而年纪轻轻的赵括也因此名声高涨。

从麦丘之战来说，赵括的确是有些才气的，但当时的情况是他的父亲赵奢为主帅，他只是充当一个谋士的角色，大事并不由他定夺。倘若让他独自领军出战，以他急躁且自负的性格，后果便可想而知了。

但并非每个人都了解赵括的底细，比如说赵孝成王，他就坚信赵括是名将之后，且名气在外，派他前去定然不会有所差池。再加上他本来就不满廉颇以守为攻的战略方针，用赵括替换廉颇的建议正合他心意。赵孝成王不了解赵括其实并不打紧，但可怕的是秦国丞相范雎对赵括只会“纸上谈兵”的特点了然于心，这就是悲剧的开端。

不知就里的赵孝成王最终听信了传言，下令让赵括前往长平取代廉颇。虽然赵国此时大多数人都中了秦国的“反间计”，但还是有两个清醒的人，一个是蔺相如，另一个是赵奢的妻子，赵括的母亲。

蔺相如此时虽然尚在病中，但为了大局，他还是拖着病体前去劝谏赵孝成王。蔺相如劝赵孝成王不要听信谣言任用赵括为将，他还作了一个很好的比喻，说赵孝成王听信谗言，就如同用胶将调弦的柱黏死，不知道变通，又怎么能弹奏得出好的乐曲呢？但赵孝成王不听。蔺相如之所以反对赵括出征是因为他知道赵括只懂得背诵兵书上的教条，对于实地作战可以说是毫无经验。那么赵括的母亲面对这个可以让儿子建功立业、大展宏图的机会，为什么还要站出来反对呢？

所谓“知子莫若母”，赵括的母亲自然知道自己的儿子到底实力如何，再加之赵奢生前与她的那次深谈，她自然要遵从丈夫的意愿，不能让赵国的前途断送在儿子手中。为了国家的荣誉和利益，她劝赵孝成王万万不可用赵括统军，一旦赵军由赵括统领，赵国此战必然会一败涂地。对于赵括之母的举动，赵孝成王十分不解。于是其母就告诉赵孝成王赵括和其父赵奢不同，赵奢能够与将士甘苦与共，而赵括却很自私，他将大王所赏赐的钱财全部收归己有，手下之人对他只有惧怕，根本没有与他交心之人。可是，此时的赵孝成王心意已决，又怎听得进他人的劝谏？最终他还是授予赵括上将军之职，命其火速前往长平统军作战，同时也答应了赵母，一旦兵败，绝不牵连于她。

秦国知道大事已成，就暗中将大将白起调往长平，命王龁为副将，协助白起统领秦军。任用白起为将之后，昭襄王还另外派遣了一支增援部队开赴长平，并下令严守此机密，称“敢泄武安君为将者斩”。

作为战国赫赫有名的战将，白起久经沙场，战斗经验十分丰富。他曾率秦军与韩魏联军大战于伊阙，斩杀敌军二十余万。破楚的鄢郢之战也是以他为统帅，楚国也因为此战而一蹶不振，几乎退出了争霸的舞台。白起知道赵括是个没有实战经验、只会纸上谈兵的庸才，针对赵括的特点，他对秦国的兵力进行了严密的部署，确立了诱敌深入，围而歼之的作战方案。

长平成了屠宰场

年轻气盛的赵括一来到长平，就将廉颇之前制订的作战方案全部推翻，不仅更换了左右将领，还改变了之前的军中制度。一时间，赵军上下军心动荡，统领和将士之间离心离德，斗志大不如前。

与此同时，赵括还下令转守为攻，马上调兵遣将，准备向秦军发动攻击，夺回上党十七县。赵括此举正中白起下怀，他命令秦军佯装败退，引诱赵军出战。赵括自然不知白起是以退为进，以为秦军真的是惧怕自己的威势，于是愈发得意了，命赵军倾巢而出。秦军且战且败，一路向营垒方向退去，而赵军在后面紧追不舍。

秦军大营驻扎在一个峡谷之中，赵军一旦进了谷，就如同进入了一个大口袋。此时秦军只需将谷口守死，赵军就是腹背受敌，插翅难逃。果不其然，等到赵军气势汹汹地追着秦军进入峡谷之后，秦军的近三万骑兵便从四面八方涌了出来。秦国的骑兵部队迅速分为两路，从赵军两侧插到了赵军后方的谷口位置，将赵军整个包围了起来。此时的赵军成了瓮中之鳖，进也不是，退也不是，只能在谷中和秦军对战。

围了赵军主力之后，白起为免赵国后方来援，又派出一支由五千人组成的车骑部队赶往赵军的大营，将留守的赵军监视起来。

赵军眼见被围，顿时乱作一团，其精锐部队左右冲击，想突破秦军的包围圈。对于赵军的举动，秦国早就做好了准备，由骁勇善战的骑兵迎战赵军，以挫其兵锋，将战争主动权牢牢掌握在自己手中。

赵括见初战不利，又害怕秦军将赵军分而歼之，于是便下令将所有的部队都集结在一起，修起了防御工事，等待后方的救援。

虽然秦国方面死守消息，但赵军在长平被围的消息还是传回了邯郸。赵国君臣听说了此事后大为震惊，举国上下也是人心惶惶。经过君臣商议，认为此时最重要的就是火速派遣救援部队前去长平解救危局。赵孝成王下令，命赵国境内剩下的部队火速集结，不惜一切代价前往长平救援。

秦昭襄王得知赵国倾全国之力解救长平，也感觉到事情的严重性，或许此时就是与赵国决一死战的机会。昭襄王亲自前往河内征兵，河内十五岁以上的男丁悉数从军，前往长平参战。

这支新组建的军队由河内出发之后，没有直接参与到前方的战斗中，而是直接行军至丹朱岭。丹朱岭的位置在赵军于长平的大营之后，秦军占领了此地，就彻底地阻绝了长平的赵军和后方的联系，达到了其纵深包围的目的。

时间一直持续到了九月份，此时的赵军已经被围一个半月，后方的援军根本进不了长平。粮草断绝已久的赵军只有靠吃战马和死尸来维持自己的生命，全军将士无论是身体还是精神都已经濒临崩溃。赵括知道再守下去也等不来援军，坐以待毙只能是死路一条，杀出重围，也许才能获得一线生机。赵括将剩下的精锐部队归拢起来，分成了四个小队，不停地突围。虽然赵国的骑兵不分昼夜地出击，想要突破包围圈，但无奈秦军的围守如同铜墙铁壁一般，根本无法轻易冲破。此时赵括身负众望，冲杀在最前方，秦军弓箭手万弩齐发，赵括终于战死沙场。

主帅一死，赵军失去了主心骨。奄奄一息的赵军突围无望，又无援军来救，只得放下武器，全体向秦军投降。秦军接受了赵军的投降，马上解除了赵军的武装。据记载，四十万赵军的兵器和甲胄，堆起来如同几座小山。而这几十万人的性命此时就掌握在秦将白起的手里。

白起的狠辣人尽皆知，当初秦国攻楚，水淹楚国都城的时候，死伤的军民就达十余万。此次赵国四十万俘虏落在白起手中，白起又怎会遵守“降将不杀”的原则，放过这些赵人的性命呢？当属下来征询如何处理战俘的意见时，白起说了这样一句话，其称：“赵卒反复，非尽杀之，恐为乱。”赵人反复无常，留下来必为祸患。

就因为白起这一句话，赵国四十万俘虏全部坑杀，秦军只将赵军中年幼之人放回，其数总共还不足三百人。至此，秦国彻彻底底地取得了长平之战的胜利。长平战败，军士被坑杀的消息传回了赵国，举国陷入了悲痛和哀悼之中。赵国的多少家庭因为这场战争而妻离子散，家破人亡，这样的结局如何让人不辛酸落泪！赵孝成王得知长平战败后大怒，下令诛杀赵括三族，但因为之前答应过赵母，所以免除了她的死罪。

无论从哪个角度来看，长平之战都可以称得上是春秋战国时期规模最大、持续时间最长、情况最为惨烈的战争之一。此战赵军四十万大军全军覆没，秦军也是死伤过半，双方前后的伤亡共计百余万。所谓“晋阳之围，悬釜而炊；长平之战，血流漂橹”，古人论及东周五百年间的战争，其惨烈者首推晋阳、长平两役。

长平之战之所以会产生这样的后果是有其深刻的原因的。从总体实力对比来看，秦国虽然略占优势，但赵国也不是无力与之抗衡，这一点从之前廉颇率军与王龁对抗数年就可以看出。赵国之所以败得如此惨烈，其根本原因就是战略上的失策，而秦国之所以能够取胜，其原因也是因为采用了得当的策略。

首先，赵国对于冯亭献上党一事考虑不周。不费一兵一卒就得上党十七县固然是个不小的诱惑，但赵国在接收上党之时并未做好充足的准备，反而让自己陷入了两难之地。而秦国却借攻打韩国之机，巧妙地将战场转移到了赵国。

其次，赵国用人不当。之前用老将廉颇驻守长平，虽不能迅速取胜，以守为攻也是一个稳妥不过的万全之策。谁知赵孝成王心高气傲，听信谗言，用赵括而不用廉颇，使四十万赵军陷入秦军的埋伏。而秦国方面，所用王龁、白起都是勇猛善战之辈，又善于谋略，赵括与之相比，真是有天渊之别。至于谋臣方面，秦国有范雎这个老谋深算的丞相自不待言，而赵孝成王左右亲近的大臣大都为秦国的“反间计”所用，只有一个蔺相如，但此时也是重病不起。

其三，赵孝成王急于求成。和政治经验丰富的秦昭襄王相比，赵惠文王的政治头脑显得十分幼稚。他不顾自己的实力，一味地争强好胜，又听不进他人的劝谏，反而愿意听信那些虚假的谣言。而昭襄王重用范雎之后，能够充分地吸收丞相提出的建议，甚至在关键时候放下身份，亲自到河内去征兵。

最后，赵国的外交策略有误。在秦、赵两国交战之际，赵国没有马上向其他的国家，如魏国和楚国求救，反而心存侥幸，派使者去秦国和谈。而秦国正好利用了赵国使者来秦的机会，孤立了赵国，同时也破坏了东方诸国的“合纵”之势，使赵国最后只能孤军奋战。

历经长平一役，赵国元气大伤，从此一蹶不振，再也无力与秦国抗衡，而其他诸国也因此战受到巨大的威慑。至此，关东六国中实力最强的国家也退出了历史的舞台，形成了秦国一家独大的局面。长平之战是诸侯争霸，天下混战时代即将结束的一个标志，统一的局势已然成为一个不可逆转的现实，一个统一的大帝国就要诞生。

第五章　更进一步：火中取炭

离间成功

长平一役，秦国虽取得了胜利，却因为坑杀四十万战俘而失了道义，列国都开始同情战败者赵国，愈发地视秦国为蛮荒残暴之国。长平坑杀惨剧的始作俑者白起却没有因为四十多万条性命丧失其手而感到一丝的愧疚，反而愈发骄横起来。

长平之战过后的第二年十月，白起顺利地收回了早就该属于秦国的上党，并一再请求昭襄王趁赵国国力空虚，发兵攻取其都城邯郸，一举灭了赵国。白起一面征询昭襄王的意见，一面悄悄地进行了部署。他命王龁占领了皮牢，司马梗攻下了太原，准备一得令就亲自率领秦国大军，直捣邯郸。

秦国要攻打邯郸的消息吓坏了赵孝成王，作为赵之邻国的韩国此时也感到了一丝凉意。两国国君商议，在秦昭襄王四十七年（公元前260年年末），合纵家苏代受赵、韩两国之托，踏上了前往秦国劝兵之路。

苏代，东周洛阳人，是纵横名家苏秦的兄弟，在他之下还有一个弟弟名叫苏厉。苏家三兄弟都以在各国纵横为生，尤其是大哥苏秦，名扬天下，几乎是无人不知，无人不晓。苏家虽然家境贫寒，但苏代和苏厉都以苏秦为榜样，努力学习纵横之术，希望能名留青史。

从苏代的经历来看，他也是历经坎坷和磨难，终于成就了自己的一番事业。这次他受韩、赵两国所托，带着大批的金银财宝来到秦国，首先踏入了范雎的丞相府。虽然范雎也是靠嘴皮子起家，但苏代在各国游历多年，面见过多位国君，无论是在胆量、经验，还是在实力上都不逊于范雎。

一见范雎，苏代就劈头说道："赵国一旦被秦国所灭，天下再无人敢于秦国对抗。秦王称帝后，一定会封武安君'三公'的爵位。武安君在南边破了楚国的鄢、郢等地，与占领了汉中地区，不久前又大败赵国的四十万大军，为秦国夺取了七十多座城池，就算是大名鼎鼎的周公和召公也不过如此吧。武安君一旦位列三公，您要如何自处？到那时就算你不甘心，也只能眼睁睁地看着武安君位居你之上了。"

范睢想了想，认为他说得很有道理。苏代见范睢心有所动，便马上给出了一个解决的办法。他先从天下大局入手，说秦军围困上党，上党的百姓在冯亭的带领下全部依附了赵国，可见天下的百姓都不愿意成为秦王的子民。一旦韩国被灭，燕国肯定会趁机分一杯羹，吞并赵国北边的土地，而东边的土地也会归齐国所有，这样一来，秦国也占不了多少好处。如此看来，不如趁势与韩赵两国修好，让他们割让城池作为代价，以免武安君再建立傲人的功勋。

苏代不愧是纵横名家，几句话就戳到了范睢的痛处。出于自己的利益，也为了牵制自己的对头白起，范睢马上上书昭襄王，说韩、赵两国愿意割地求和。而从秦国方面说，将士们历经了长平这一场大战，已经是疲惫不堪，实在不宜再次出征。且秦国已经因为坑杀战俘一事失了道义，如果再咄咄逼人，恐怕会大失人心。如此一来，不如保存自己的实力，休养生息，等到有好的时机再将韩、赵两国拿下，如此也彰显大国风范。

秦昭襄王一向信任范睢，基本上到了言听计从的地步。此时听范睢分析得头头是道，于是就同意了韩、赵两国的求和之举。秦国这边一放出话，韩国就说愿意献出洹雍之地，而赵国也愿意割让给秦国六座城池。公元前260年十二月，秦国答应了韩、赵两国割地求和，第二年一月就将前线的军队悉数撤回。从结局来看，苏代此次来秦还是十分成功的，不仅保住了韩国和赵国暂时的安全，还成功地离间了范睢和白起。

但范睢罢兵休整的建议和最后撤兵的结果让白起大为光火，就因为这个谋臣的几句话，秦国就白白错失这么好的战机，他也失去了一个建功立业的大好机会。其实客观分析，长平之战后的确是赵国最虚弱的时候，此时进攻是再好不过的。而范睢为了一己私利，就劝昭襄王退兵，于国于民都是无益的。范睢这么做很明显是对功勋卓著的白起起了戒心，而因为这件事，白起也对范睢多有怨言，和秦昭襄王之间也产生了嫌隙。至此之后，秦国将相失和，这不仅拖延了秦国统一天下的进程，也给其他国家制造了机会。

虞卿啊虞卿

秦国接受了韩、赵求和的请求，撤走了邯郸周围围守的军队。秦国撤军之后，赵孝成王也按照之前的约定，准备割让赵国的六座城池给秦国。为了讨好秦国，赵孝成王甚至带着大批的奇珍异宝亲自前往咸阳见秦昭襄王，并重申了割让城池的约定。

就形势发展来看，赵国割地，秦国撤兵，此事已成定局。但赵孝成王回到邯郸之后，赵国的大臣却为赵国是否真要割地给秦国一事发生了争议。以赵郝、楼缓为代表的亲秦派认为，赵国应该遵照约定，以最快的速度将六座城池割让给秦国，如果不这么做，秦国恐怕还会发动大规模的进攻，到时候后果就不堪设想。

这时候有个人站出来反对，坚决不同意割地给秦国，他就是赵国的上卿虞卿。虞卿是赵国人，本是个长于谋略的游说之士。因其肩搭雨伞，脚穿草鞋，历经坎坷来邯郸游说，赵孝成王为他的诚心所感动，第一次见他就赐他白璧一双，黄金百镒。第二次拜见赵孝成王的时候，虞卿就被封为了上卿。

长平之战初期，赵国屡战屡败，可以说是损兵折将，出师不利。赵孝成王当时十分着急，就招来楼昌和虞卿，说赵军战败，又损失了一名都尉，真是颜面尽失。赵孝成王想集结所有的兵力和秦军决一死战，因此来征询楼昌和虞卿的意见。

楼昌首先站出来表态，他不同意赵孝成王决战的想法，反而建议派个使臣前去秦国求和。虞卿不同意楼昌的看法，认为与其求和于秦，不如去联合魏国和楚国一起抗秦。虞卿说楼昌要向秦国求和，不过是因为他认为赵国打不赢秦国，他又问赵孝成王，看目前的态势，秦国是否有意击败赵国呢？赵孝文王说秦国这次倾尽国力，肯定是志在必得。

虞卿见赵孝成王并非看不清形势，于是就对他说，秦国既然竭尽全力，那么此时求和也是无用，不如将使臣派去楚国和魏国，而且要带上大量的珍宝。楚国和魏国的国君见到珍宝，一定会好生接待赵国的使臣。这样一来，就可以造成一种诸侯联合抗秦的局势，秦国必然不敢再轻举妄动。到了那个时候再去秦国求和，赵国才能占据有利位置，和谈才能见到成效。

由此可见，虞卿的眼光还是相当长远的。他既不同意赵孝成王与秦决战的意气之举，也不同意楼昌立即求和的建议。他知道和谈一定要掌握主动权，所以建议先联合魏、楚，再与秦国谈判，所以说虞卿“长于谋略”，此言的确不谬。但赵孝成王并没有听从虞卿的意见，而是直接派平阳君郑朱为使者去秦国商谈和解一事。郑朱入秦一事并没有受到什么阻碍，且在秦国也受到了很好的款待。

赵孝成王得知此事后，就对虞卿说，秦国已经接纳了郑朱，如此不用先去联合魏楚，也能达到和解的目的。虞卿不以为然，他认为如今天下诸侯国的使臣都在秦国，见郑朱来秦，定以为秦、赵两国修好，魏、楚两国见态势如此，以后肯定不会再帮助赵国了。最后虞卿给出了自己的结论，说此次和谈肯定不能成功，而赵国也必定会被秦国所击败。不出虞卿所料，秦国果然利用郑朱入秦一事孤立了赵国，使赵国陷入了无援的境地，最后造成了长平之战的悲剧。

此次赵郝、楼缓力主割地以媚秦，虞卿又站出来反对。在他看来，秦国此次休战撤兵是因为长平一战已经筋疲力尽，而不是因为想要和赵国和谈，如今赵国将六座城池白白割让给秦国，这是强秦而弱己。等到秦国明年恢复了实力再来进攻赵国，那赵国就不能自救了。

赵孝成王拿不定主意，就将虞卿的想法告诉了赵郝。赵郝自然不认同虞卿的说法，理由是虞卿并不能摸透秦国的底细，如果为了区区六座城池就得罪了秦国，如果秦国明年发兵来攻，赵国岂不是连腹地都要拱手让出去。但赵郝也不能向赵孝成王保证割让六座城池就能让秦国明年不再攻打赵国，同时他还提醒赵孝成王，如果秦国明年单单攻打赵国，而不攻打韩国和魏国，那一定是赵国没有像韩、魏两国一样好好侍奉秦国，那时候的责任就更不是赵郝所能承担的了。

赵孝成王又拿赵郝的话去问虞卿。虞卿说赵郝既然不能保证割让六座城池就能换得赵国的太平，那么此举就是徒劳无功的。如果秦国明年来攻，又要割地求和。如此循环往复，简直是自取灭亡。与其这样，还不如不要和谈，秦国纵然实力强劲，现在也是有心无力，如果加强防守，秦国未必能拿下赵国的六座城池。

接下来，虞卿又提及秦国此次退兵的原因，说秦国此时国力尚未恢复，军队的战斗力肯定大不如前，不如利用原本要白白送给秦国的六座城池来拉拢其他的诸侯国去攻打秦国，这样赵国之前所失去的也能在秦国那里夺回来。其后虞卿又分析了割地给秦的弊端，说赵郝称不像韩国和魏国一样侍奉秦国，就一定会招致祸端，那就是说每年都要拿出六座城池送给秦国，年复一年，到最后无地可给，秦国还是会一样发兵攻打赵国。俗话说“强者善攻，弱者不能守”，一味地任凭秦国摆布，只会让对方越来越强大，自己越来越虚弱，秦国谋取赵国土地的野心也就会越来越大。赵国的土地是有限的，而秦国的贪欲却是无限的，如此一来，赵国这个国家就不复存在了。

虽然虞卿分析得很有道理，但赵孝成王经历了长平一役，对秦国已然是十分恐惧，所以还是犹豫不决。恰逢此时，楼缓回到了赵国，赵孝成王马上就此时征询楼缓的意见。楼缓没有直接回答赵孝成王，而是先给他讲了一个故事。

故事说有个叫公甫文伯的人在鲁国做官，但后来因疾病而死。公甫文伯妻妾众多，有两个在他死后便自杀随他而去了。公甫文伯的母亲听说儿子病死了，居然没有掉一滴眼泪。家中的保姆觉得十分奇怪，这世上哪里有死了子女却不伤心的父母呢？公甫文伯的母亲解释说：“大圣人孔子被驱逐出鲁国，我的儿子就不追随孔子了。如今他死了，倒是有两个姬妾为他殉节，可见他平日对待尊长很淡薄，对待女人却是深情厚谊，这样的儿子死了还有什么好可惜的。”

楼缓说众人都认为公甫文伯的母亲深明大义，但如果这番话出自他妻子之口，那别人肯定会说这是个善妒的妇人。由此可见，不同的人因为立场不同，就算说出同样的话，用意也是不同的。楼缓说他刚刚去过秦国，如果说不割地，他认为会引发很严重的后果，但如果说把城池割让给秦国，众人恐怕会认为他楼缓一定得到了秦国的什么好处，所以才会帮秦国说话。楼缓虽然说了这么一大篇话，但最后还是向赵孝成王表明了自己的态度，说替赵国考虑，还是把六座城池割让给秦国为好。赵孝成王也认为他说得很有道理。

虞卿见赵孝成王有所动摇，马上入宫拜见，说楼缓是个虚伪的小人，劝赵孝文王一定不要听信他的话。楼缓得知此事后，马上和虞卿起了争执。他反驳道，虞卿不知实情，说的话根本不可信。如今天下诸侯都在怀疑赵国，赵国与秦国开战，诸侯都十分高兴。如果现在和秦国修好，不仅抚慰了秦国，也断绝了其他诸侯瓜分赵国的野心。赵国就要遭受灭顶之灾，自保都是一件难事，还说什么联合他国对抗秦国。

虞卿马上给予反击，说楼缓居心叵测，就是为秦国说话。一味地服软不仅不能安抚秦国，反而会增加其他诸侯国的疑心，让众国以为赵国是个软弱可欺的小国。齐国一直和秦国水火不容，如果将六座城池送给齐王，齐国一定会和赵国联手攻打秦国。这样一来，齐、赵两国的深仇大恨都可以得报，又向诸侯们显示了赵国的实力。一旦齐、赵两国结盟，秦王就会反过来向赵国求和，而韩、魏两国也会继续依附赵国。六座城池可以换来赵、韩、魏、齐四国的结盟，何乐而不为呢?

虞卿所描述的美好前景大大诱惑了赵孝成王，他立即采纳了虞卿的意见，并派他火速前往齐国去商谈攻秦一事。虞卿拜别了赵孝成王，兴冲冲地赶往齐国。据《战国策》记载，他前脚走，秦国讲和的使臣后脚就来到了赵国。楼缓惊恐万状，马上逃出了赵国。赵孝成王愈发信任虞卿，还封给他一座城邑作为奖赏。

事实上，既然决定了联众抗秦，赵国君臣必然知道其后果。此事一旦为秦国所知，一定会向赵国发动大规模的战争进行报复。所以赵国的使臣以虞卿为代表，正在马不停蹄地奔赴各国游说，而国内则是营建城池，修缮兵甲，广积粮草，安抚百姓，可以说是上下一心，誓死要与秦国抗争到底。

邯郸告急了

且说赵国与齐国交好之后，魏国果然派人来请求加入赵国的合纵盟约。赵孝成王不知道如何处理才好，于是就召虞卿前来商讨。虞卿先是去平原君赵胜家与他探讨了合纵之道，然后才去见赵王。赵王对他说，魏国请求和他们结盟，虞卿却说魏国错了。赵孝成王听他这样说，马上就说，他并没有答应魏国，但虞卿这次说赵孝成王错了。赵孝成王被虞卿的回答弄得一头雾水，于是就问他为什么要说如此自相矛盾的话，合纵联盟是不是没有作用了。

虞卿不慌不忙地解释道，他曾听说过大国和小国一起处事，有什么好处就归大国享用，有什么祸事就由小国承担。如果赵国和魏国结盟，赵国是大国，魏国是小国，这样一来，风险就由魏国承担，而赵国却能够享受成果，所以说魏国之错在于前来结盟，使自己陷入危险之境，而赵国错了，是没有答应魏国的请求。但从赵国的利益层面来看，合纵盟约还是很有利的。赵孝成王听他分析得很有道理，于是就答应与魏国结盟。

与此同时，赵国还将灵邱之地赠与楚国的国相春申君，以此拉拢楚国。又派出使者携带重金前往燕国和韩国，与它们交好。这样一来，这个联盟就有赵、齐、魏、韩、燕、楚六个国家，规模还是十分可观的。

秦昭襄王得知赵国不但不按照之前的约定让出六座城池，反而还联合诸国准备与秦国对抗后大发雷霆，觉得秦国堂堂大国，却被手下败将如此戏弄，是可忍孰不可忍。昭襄王马上下令让大将白起出征赵国，给赵孝文王一点颜色看看，白起却拒不出征。

白起向昭襄王进言道，赵国自长平之战之后，举国上下都十分忧惧，于是君臣终日操劳于政务，百姓勤于农耕，都是为了备战。不仅如此，赵国还备下了大量钱财结交诸侯，态度言辞也十分谦卑。赵国曾经也是独霸一方的强国，此次虽历经长平惨败，但实力仍然存在。赵国一旦促成了各诸侯国的合纵之势，就会一心一意对抗秦国。所以秦国此次贸然出征赵国，一定会失败而归。因此白起劝告昭襄王，此时时机尚未成熟，要慎重考虑发兵攻赵这件事。

白起不肯出征，一方面是因为之前退兵邯郸一事，一方面也是出于对现实的考虑，从他的一番分析来看，他说得还是很有道理的。但昭襄王自长平一役之后就有种天下唯我独尊之态，自然听不进白起的劝告，几次强请之后，白起索性就称病不出。昭襄王认为白起是居功自傲，所以十分恼怒，但念及白起是老臣，且又功勋卓著，所以一直隐忍不发。但昭襄王的自尊毕竟受到了损害，为了维护自己和秦国的颜面，昭襄王另派大将王陵领兵讨伐赵国。

秦国此次发兵共六十万，共分为三路。由十万军队从北边进攻上党，牵制住北方的赵军，使他们不能南下增援邯郸。十万军队负责攻打有可能会前来援救赵国的魏楚联军，断了邯郸的后路。而四十万主力部队由王陵亲自率领，直接奔赴主战场——邯郸。

虽然赵国之前积极备战，也通过外交的手段联合了其他的诸侯国，但从当时的局面来分析，这次战争的优势还是在秦国的。长平一役，赵国损失了将近四十万的部队，基本上达到了军队总数的四分之一。且出征长平的部队都是赵国的精锐部队，其中还包括了赵国最强大的骑兵部队。失去了骑兵部队的赵国，就等于完全失去了主动出击的野战能力。

祸不单行，因为赵国的实力一落千丈，而秦国又在此刻大举入侵，于是赵国北方的燕国也决定就此机会捞上一笔，于是也派出军队从背面攻击赵国。昭襄王四十八年（公元前259年初），燕国出四十万大军击赵国。赵国守军严阵以待，坚守住了东北部已有的城池，逐步消耗燕军的战斗力，随后将其各个击破。燕国大败，几乎一半的将士都成了赵国的俘虏。燕国最终被迫和解，赵国东北部的威胁也解决了。燕国的来袭虽然分散了赵国一定的兵力，但燕军毕竟不成气候，所以也够不上什么太大的威胁。对于赵国来说，此时最大就威胁就是来自西方的秦国。

赵国实力大不如前，这是不争的事实。为了保存实力，赵国对此次战争做了详尽的战略准备。因为失去了骑兵部队的野战能力，赵国只能全线收缩，施行转攻为守的策略，将部队从一些不太重要的外围城池撤出，退守至都城邯郸。与此同时，赵国还采取“坚壁清野”的方针，将各地的守军和粮草聚集起来，保障邯郸的军事和物资供给。同时还将外围带不走的物资悉数烧毁，还将沿途水源一并堵塞，不能它们为秦军所用。

因为赵国的这种战争策略，秦国大军进入赵国境内之后，并没有受到什么军事上的阻碍。十月底，王陵率军攻占了邯郸外围的最后屏障——武安关和皮牢关。一个月之后，秦国大军长驱直入，成功地将邯郸包围了起来。

秦军对邯郸发动了猛烈的攻击，但赵国人这次是破釜沉舟，连国君赵孝成王都亲自激励臣民抗击敌军。而平原君赵胜更是将自己所有的家产都贡献出来，奖励那些敢于为国赴死的勇士。不仅如此，赵胜还将自己的妻女送到战场洗补衣物，照顾那些受伤的将士。

虽然赵国在长平之战中损失了四十万的精锐部队，但此次与秦国开战，很多平民都主动要求要参与战争。这些老百姓几乎都在长平之战中失去了自己的亲人，所以虽秦国的仇恨可以说是沁入骨髓。在仇恨的驱使下，赵国在短短数月的时间内就集结起了四十万的军队，这支部队虽然多由幼童和老者组成，但他们抗击秦军的视死如归的决心是任何一支部队都不可比拟的。再加上有国君的鼓舞，赵国可谓是上下一心，全民抗战。

经历长平一役的惨败，赵孝成王也吸取了教训，再不敢草率行事。他重新启用了老将廉颇，让他全权负责邯郸的战略防守。此时的廉颇虽然已经年过七十，但怀抱一颗报国之心的他丝毫没有推脱，毫不犹豫地下了这个重担。

秦军占领了武安关之后便以此为基地，开始对邯郸发动猛烈的进攻。秦军先是用大量的弓弩手为掩护，向邯郸城发射了约数十万支箭，然后步兵便依靠云梯，想要在弓箭的掩护下冲上城墙。除了步兵和弓弩手之外，秦军还利用战车猛攻城门。虽然秦国来势凶猛，但赵国也不甘示弱，一次次地将秦军的进攻击败。

赵国先是用弓箭手给予还击，同时又用竹竿和滚木雷石击退攀爬在云梯上的秦军。赵国就这样顽强地抵抗着，一个月后，秦军伤亡人数达到了将近两万人，但邯郸城依旧固若金汤。

秦军出师不利，只得被迫休整。赵军抓住这个机会开始派出一些小股部队不时地到秦军营地进行骚扰。秦军本来就是出征在外，此时更是受到了巨大的惊吓，士气一时低落了下来。不仅如此，赵孝成王还派出使者来到秦国，对秦昭襄王说，如果秦国不马上停止这场战争，赵国就会依照之前的约定将在赵国做人质的嬴异人斩杀。

赵国使者的来访对秦国来说显然是一种赤裸裸的威胁，秦昭襄王显然不会因此就停止进攻。到了这年年底，在秦昭襄王的严令下，秦军对邯郸又发动了一次规模巨大的进攻。但因为赵军严防死守，此时又正值寒冬，秦军大败而还。在这次的对抗中，秦军的伤亡人数超过了将近一万人，整个部队都陷入了恐慌之中。无奈之下，主将王陵只得下令撤军五十里，同时火速上书给秦昭襄王，要么派兵前来增援，要么撤军回国，结束这场战争。

刚愎自用很危险

王陵的上书马不停蹄地传到了咸阳，秦昭襄王得知前方战事失利的消息大为光火，马上召集大臣前来商议。昭襄王首先怒斥了白起和范雎，说白起恃宠而骄不肯出征，而范雎听信苏代之言，与赵国交好失去了战机，简直是误国误民，让秦国蒙受此奇耻大辱。

为了挽回战局，秦昭襄王决定启用武安君白起为将。对昭襄王来说，白起可以说是他的一张王牌。长平一役也是纠缠多时，但白起一出马，不出数月，就将赵国打得落花流水。到了现在这个关键时期，或许只有白起才能力挽狂澜，救秦军于水火之中了。

昭襄王满心欢喜地给白起下了一道诏令，但没想到又一次遭到了拒绝，理由还是同上次一样——抱恙在身，不能出征。一次推辞昭襄王还能相信，接二连三地拒绝就未免太不识抬举。

昭襄王虽然心中愤怒，但还是压制住心中的怒火，质问白起，为何多次托病推辞。白起回答说："（赵国）臣人一心，上下同力，犹勾践困于会稽之时也。以合伐之，赵必固守。挑其军战，必不肯出。围其国都，必不可克。攻其列城，必未可拔。掠其郊野，必无所得。兵出无功，诸侯生心，外救必至。臣见其害，未睹其利。"大意就是赵国如今上下一心，秦国围攻邯郸也占不到什么便宜。与其等到各诸侯国的援兵到来，还不如主动撤军，如此对秦国才是最有利的。

白起不愧为一代名将。他虽然没有亲自到过邯郸战场，但凭借他多年的战争经验，对战局的分析还是十分透彻的。首先，秦国和邯郸相距甚远，而且沿途的城池也并不都在秦国的控制之下。长途行军，不仅在物资方面的损耗加大，对将士的身心也是一种摧残。其次，战线拉得太长，很容易受到赵国的突袭，粮草供应不上，前方的战事肯定会受到影响。最后，这次出征赵国一开始就错过了战机，也违背了范雎自己制定的"远交近攻"的策略，不先攻打距离较近，实力较弱的韩国和魏国，反而去攻打实力日渐恢复的赵国，实在不是上策。

虽然事实摆在眼前，可秦昭襄王一向自负，此刻又怎听得进白起的劝告呢？怒火中烧的他再一次命白起出征，还放下了一句话——"如君不行，寡人恨君"。

可白起也十分固执，始终不肯改变自己的态度，并回答昭襄王说："破国不可复完，死卒不可复生。臣宁伏受重诛而死，不忍为辱军之将。"言下之意就是秦国此战必败，他不想因为一场胜败已定的战争破坏自己"战无不胜"的美名。

秦昭襄王被白起气得哑口无言，他从内心深处觉得自己作为君王的自尊被白起践踏得破败不堪，这也为后来的白起之死埋下了隐患。秦昭襄王不肯相信白起的"必败"之言，但又不肯就此放弃，毕竟白起的能力是大家有目共睹的，昭襄王不愿再去碰钉子，于是就派范雎前去相请。范雎和白起本来就有过节，此次范雎领命前去，直接质问白起道："楚国地大物博，方圆千里，将军你仅凭几万人马就攻下了其都城，与韩、魏两国的斗争也是以少胜多，使得这两国至今都不敢有所举动。如今赵国的士兵死伤过半，我军的实力远胜于赵。你当初能够以少击多，何况如今以多攻少，以强攻弱？"

范雎这番话说得冠冕堂皇，其实却是巧妙地将战争的成败归结到白起的个人能力之上，其中也有激将之意。范雎巧舌如簧，本来就是靠嘴皮子起的家，说话自然是暗含深意，但白起根本不吃他这一套。对于范雎的话，白起逐条反驳道："楚王忠奸不分，残害贤良，重用佞臣。楚国虽然国土广阔，但上无明君，下无贤臣，将士和百姓自然也没有什么抵抗能力，如此方能以少胜多。至于韩、魏两国，是面和心不和。它们相互推脱责任，这才导致了战争的失败。当初长平一役大败赵国，没有乘胜追进，就已经失去了战机。如今他们得到了喘息的机会，上下一心。现在强攻邯郸，赵国人必定会誓死反抗，而且各路诸侯的兵马随时都有可能前来援助赵国，所以说秦国此次必败。"

白起的意思很明显，他不是因为和范雎的私人恩怨，也不是为了自己的名声，而是从目前的局势看，此仗根本没有再打下去的必要。面对白起的反驳，范雎是无言以对，只好悻悻然地离开了白起的府邸。

范雎本是奉昭襄王之命前来，这时自然要去回禀。他在白起那里受了气，见了昭襄王便将白起的话添油加醋地说了一遍，如此昭襄王对白起的忌恨愈发地深了。事情发展到了这个地步，纵然白起不肯为将，仗还是要继续打下去。昭襄王只得命王龁去前方换下王陵，与他一起前往的还有秦国的大批援军。

秦国的十万援军在王龁的率领下，带着大批的粮草和军用物资来到了邯郸。昭襄王此次下达了死令，全军不计一切代价，一定要在最短的时间内拿下邯郸。昭襄王的态度如此坚决，手下的将士们自然是万死不辞。

而对于主将王龁来说，这次的邯郸之战是一个机遇也是一个挑战。如果他此次拿下邯郸，那加官晋爵自不待言，还能因此名留青史，成为千古名将。况且白起已老，最近又三番五次地开罪于昭襄王，如果他能拿下邯郸，一定能取白起而代之。

就这样，邯郸之战最激烈的一次进攻开始了。秦国方面还是运用弓弩手在后掩护，步兵在前方攻城的方法，只不过这次进攻的强度大大增强，还运用了一些新型的作战武器。这种武器的主体类似塔楼，十分高大，下面有个带有轮子的底座，通过人力可以推动其前进。塔楼内部是盘旋而上的阶梯，士兵由此爬到顶层的小门之后就可以从塔楼上跳入城墙，这就大大降低了士兵的死亡率。

而赵国也开始派出一些精锐部队开始反击秦军，且地方上的部队也为了配合邯郸主战场的作战开始攻击秦军的侧翼部队和物资运输部队。主战场上，老将廉颇亲自披挂上阵，大大鼓舞了士气。赵国将士们用巨石将秦军的攻城塔楼悉数砸坏，并发射了大批带有燃料的箭将其烧毁。

双方就这样僵持下去，到了夏季，秦、赵双方都伤亡惨重，秦军基本上没有取得什么实际意义的胜利，反而损失了五名军官，军队的士气也变得十分低落。赵军虽然伤亡过半，疲惫不堪，但仍旧坚守着邯郸，一刻也不敢放松。

时间一天天过去，邯郸可以说是陷入了绝境。经过长时间的抗战，邯郸已然成为一座孤城。城内缺衣少粮，百姓吃的是草根树皮，几乎到了吃人以果腹的地步，怎一个惨字了得，但赵国军民凭借那刻骨的仇恨和必胜的决心撑了下去。

到了十月，战局虽然逐渐倒向了秦国，但还是没有发生什么实质性的转机。此时范雎向昭襄王推荐了郑安平率军去前线支援王龁。郑安平是范雎的恩人，曾经救范雎于水火之中，后来靠着范雎的关系做了秦国的大官。范雎虽然对郑安平十分信任，但此人并非是什么人才。此时昭襄王已经急红了眼，范雎推荐了郑安平，他想都没想，就准了范雎的请求。

两军交战，临时更换将领是大忌，这次派郑安平前去邯郸已经是秦军第二次更换主将。但此时昭襄王心意已决，郑安平就带着诏令和增援部队火速地开往邯郸。秦国方面不断地施加压力，邯郸基本上已经到了水深火热的境地。命悬一线的时刻，平原君赵胜果断请求出城去寻求他国的援助。邯郸之战最终鹿死谁手，此时对于秦、赵双方来说都是一个未知数。

毛遂很会做推销

邯郸保卫战打到了这个地步，就算赵军再努力，再英勇，如果秦国再不退兵，那邯郸也会弹尽粮绝。真的等到那个时候，邯郸全城的军民就是死路一条，而赵国也会彻底地退出历史的舞台。

就在邯郸陷入危难的时刻，平原君赵胜踏上了一条艰难曲折的求援之路。作为战国四公子之一，平原君称得上是赵国除国君之外的权威人物。他曾经辅佐过赵惠文王，如今又辅佐赵孝成王，可以说是赵国的老臣了，政治经验自然十分丰富。

上党一事，赵国因小失大，平原君也要负一定的责任。邯郸一战，平原君也是倾尽所有，但还是不能救国于万一。邯郸一旦被秦军所破，平原君又有何颜面面对赵国的列祖列宗？如今要出使各国求援，以平原君在天下的声望，无疑是最佳的人选。

其实早在邯郸保卫战初期，赵国就向齐国开口借过粮。但那时齐国上下态度都十分暧昧，不想蹚秦、赵两国的这潭浑水，所以采取了暂时观望的态度，赵国使臣最终无功而返。但如今邯郸命悬一线，能不能保住全城军民的性命和赵国的江山，全靠平原君在各诸侯国的游说。

权衡了利弊之后，平原君决定先去楚国，与之签订“合纵”盟约。赵国之所以选定楚国，原因也不难理解。魏国因为之前订立过盟约，且得信陵君的支持，肯定会发救兵支援。韩国实力本就不足，如今在秦国的打压下已经是自顾不暇，哪还有余力来帮助赵国？至于燕、齐两国，到目前为止还没有受过秦国的切实打击，所以只会作壁上观，根本不会为了赵国开罪于秦国。选来选去，最后只剩下一个楚国。楚国虽然之前受到秦国的巨大打击，但它曾经也是个雄霸一方的强国，所以说还是有一定的实力的。再加上秦人烧其宗庙，楚国人和赵国人一样，都对秦国有着刻骨的仇恨，这也是平原君挑选楚国作为联盟对象的一个重要原因。

此次出使楚国，平原君是抱着必成之心。他公开表明，如果此次能够通过和平的谈判方式取得赵、楚两国的联盟，那是再好不过的了。如若不然，就算是在楚国抛头颅、洒热血，也要完成这次出使的任务。

因为此次出使事关重大，所以平原君要挑选二十个食客与他一同前往。平原君此去心意已决，因为时间紧迫，所以他下令只在自己的门客中选取随行人员，不必再耗费精力到外面去找。平原君声名远播，手下的门客上千，挑出二十个还不是易如反掌吗？但这次随同出使的门客要有极高的素质，不仅要有谋略还要有胆识，能应付一切突发的状况。

因为要求苛刻，所以平原君选来选去，都只有十九个人可以担此重任。其实要在上千人中选出二十个人应该不是什么难事，且这个数字也未必一定是真，应该是司马迁为其后毛遂的出场做一个铺垫。

闲话少叙，没有凑齐二十个人怎么能成行呢？就在平原君不知如何是好的时候，他的门客中有一个人站了出来，主动要求和他一起去楚国签订盟约，这个人就是战国历史上大名鼎鼎的毛遂。因为他此次出使秦国的故事，还诞生了一个众所周知的成语，那就是“毛遂自荐”。

此时的毛遂已经在平原君门下当了三年的门客，但一直都没有找到机会施展自己的才能。他见此次出使楚国是个难得的良机，就把自己推荐给了平原君。但平原君在得知毛遂已经在他门下三年之后，很不看好他，根本不想带他出使。平原君的意思是，但凡这世界上有才华的人，就如同放在袋子中的锥子一样，他的特长和能力马上就会显露出来。但毛遂已经在他门下做了三年的门客，他从来没有听到过任何人称赞他的才能，甚至连提起他名字的人都没有，可见此人并没有什么能力。

毛遂也知道平原君会对他有所怀疑，于是便解释说，他只不过一直未身处囊中，如果给他施展的机会，他一定会锋芒毕露，而不是只露出一个小小的尖端而已。平原君一则见他这么有自信，二则一时又没有什么好的人选，就同意了毛遂的请求。此时的平原君没有想到，带上这个叫毛遂的人一同出使楚国，是他做过的最正确的决定之一。

随平原君一同出使楚国的另外十九个人之前都看不起毛遂，但经过一路上的交谈，慢慢地对他改变了看法，奉他为二十人之首。平原君到了楚国之后，开始和楚国君臣谈论“合纵”联盟的重要性。平原君说得口干舌燥，从早晨太阳升起一直说到正午太阳当空，但楚国方面的人依旧是不为所动，迟迟不肯下决定。

从楚国的角度来看，对“合纵”一事犹豫不决也是可以理解的。如果订立盟约，就要发兵救赵。如果赵国战败，那么楚国就会得罪秦国，以自己现在的实力，根本没法抵挡秦国的又一次进攻。而且就算赵国取得了战争的胜利，楚国也会损失一定兵力，这对于自己的国力也是一种损失。况且实际的危机也没有降临到自己头上，所以楚国也没有非救赵国不可的理由。反过来看，如果不发兵救援，赵国一旦被灭，楚国也是朝不保夕。冠盖相道，前途渺茫，楚王自然陷入了纠结和为难之中。

楚国这边多一刻的犹豫，赵国的君臣百姓就要多受一时的苦楚。门客们和平原君一样，也是心急如焚。他们见没有什么效果，就让毛遂前去试一试。毛遂握着剑柄拾级而上，问道：“合纵”的利害关系十分清楚，三两句话就能决定。为何今天从日出就开始说，到了日上三竿还不能决定呢?

楚王不认识毛遂，就问平原君这个人是干什么的，平原君便如实回答说，这是他的舍人。楚王觉得和一个小小的舍人一起说话有失身份，于是就怒斥毛遂，让他下去。没想到毛遂不但没有退下，反而握着剑柄更近一步，说楚王之所以敢斥责平原君的门客，是因为仗着楚国人多势众。但现在在十步之内，楚王能够依靠的没有别人，所以说楚王的性命是掌握在毛遂的手中。楚王当着平原君的面斥责于他，就是对平原君的不敬。

毛遂接着又说，他曾听说过商汤凭借七十里的土地统一了天下，周文王凭借百里的土地就让天下诸侯俯首称臣，这并不是靠他们兵多将广的优势，而是因为他们能够就已有的条件奋发向上，最后成就一番霸业。而楚国幅员辽阔，方圆五千余里，士卒上百万人，足可以图霸天下。但白起只率领了几万部众就拿下了鄢、郢之地，还烧毁了夷陵，侮辱了楚国的先祖。这对楚国来说，是历经百代都不能终止的仇恨，赵国因为长平一战倍感羞耻，为何楚王却丝毫不以此为耻呢?

毛遂的话触痛了楚王的心，可以说从这一刻开始，楚王心中的天平就开始慢慢倾向了赵国。

说完这些之后，毛遂又重新回到“合纵”这个话题上来。他说“合纵”一事，最大的受益者是楚国而并非是赵国，所以说楚王不应该当着平原君的面斥责于他。楚王听了毛遂的一番话，马上就答应与赵国立定“合纵”盟约。

毛遂见楚王答应了，就马上让左右的人取牲畜的血来歃血为盟。毛遂举着铜盘，依次请了楚王和平原君的血，他和其他十九位随行的门客也相继歃血，最后确定了此次盟约。

作为一个说客，毛遂的表现可以说是精彩绝伦，惊世骇俗。他握剑上前，虽说是对楚王的不敬，但却成功地保全了平原君和赵国的颜面。且他说话抓得住重点，首先从楚国和秦国之间的仇恨入手，其后又论述了“合纵”将给楚国带来的利益。他的分析丝丝入扣，字字在理，所以说不管是从个人感情方面，还是从国家利益方面，楚国都应该出兵援助赵国。

和楚国签订了盟约之后，平原君一行人顺利地回到了赵国。平原君深知此次出使楚国，最大的功臣就是毛遂，所以他就对他人说，他赵胜以后再也不敢随意地挑选人才了。他曾经自认为选出的人才不计其数，天下有才之人都收入自己的囊中，却没想到错过了毛遂这样的人才。

平原君还称赞毛遂，说他一到楚国，就使得赵国的威望和地位大大地提高，可以说是高于九鼎和大吕。毛遂用他的三寸不烂之舌成功地说服了楚王，真是以一人之力敌过百万军队。至此之后，平原君对毛遂十分敬重，把他奉之为上宾。

赵、楚两国的“合纵”盟约制定之后，春申君黄歇就带着楚国的援军匆匆忙忙地向邯郸赶去。就在楚国发兵援赵的时候，魏国还有一个人在尽自己的能力帮助赵国，那就是信陵君魏无忌。

窃符救赵

赵国和魏国一直交好，且两国又是姻亲，所以在邯郸战事逐渐吃紧的时候，赵国就向魏国派出了使者请求援助。魏安釐王接到赵国求救的消息后自然不敢怠慢，马上派大将晋鄙率十万精兵北上援赵。秦昭襄王得知此事后，派使者来到魏国，告诉魏安釐王，说邯郸久攻不下，诸侯之间有胆敢前去相救的，就是与秦国作对。秦国结束了与赵国的战事之后，就会发兵攻打。

魏安釐王胆小多疑，受秦国恐吓后，他派人命晋鄙原地待命，想看看局势再作打算。其实安釐王这么做也是有自己的理由的。魏国曾深受秦国之害，因为实力不如秦国，所以经常受其侵扰。秦国曾经出兵攻打过魏国的都城大梁，夺取了许多土地。

就这样，魏国援助赵国的军队就这样停在漳水之南的邺城，据目的地邯郸只有一日的路程。平原君见援军迟迟不来，顿时心急如焚。当他得知魏国受到秦国的恐吓不敢援赵的时候，他马上修书一封，派人马不停蹄地送给魏国的公子魏无忌，希望他能想个办法救赵国于危难之中。

魏公子魏无忌就是当时赫赫有名的四公子之一的信陵君，他为人敦厚老实，十分重情义。和其他的公子相比，信陵君的城府不深，也不会隐藏自己的心事，这也是他为什么会冒着这么大的风险窃符救赵的原因。

魏无忌和赵国的平原君有亲戚关系，他的姐姐是平原君的夫人，则他就是平原君的内弟。信陵君得知邯郸告急，而魏国的军队又停在半途之后，马上入宫求魏安釐王发兵。但魏安釐王惧怕秦国的威势，迟迟不肯做决断。就在此时，平原君才在万般无奈之下带着门客去楚国求救，随后便发生了“毛遂自荐”的故事。

而魏国方面，信陵君救赵心切，但多次入宫都没有取得什么实际的效果。信陵君一心想要救赵，他知道去求安鳌王已经没有什么用了，就准备带领自己手下的宾客前去邯郸，誓与赵国同存亡。

就在信陵君和他的门客们经过夷门的时候，一个重要的人物出现了，那就是侯嬴。侯嬴又称侯生，本是大梁城夷门的守门人，身份十分低微。信陵君听人说他很有才能，便有意与他结交。信陵君一贯礼贤下士，为了求取一位人才，竟然屈尊亲自去见侯生，态度也十分恭敬。其后，信陵君还亲自为侯生驾车，至其他的宾客于不顾。由此可见，信陵君对侯生是何等的看重。

但这次信陵君带着宾客去援救赵国，侯生并没有随同他前往。等到一干人等到达夷门的时候，他才站出来说了一些不痛不痒的送别的客套话，丝毫没有与信陵君一起赴死的意思。

侯生的态度让信陵君十分恼怒。他待侯生如此恭敬，超过了其他任何的宾客，但侯生却在他面临险境的时候弃他于不顾，这实在不合情理。信陵君虽然当时没说什么，但后来越想越不对劲，于是就调转车头回来问侯生为什么要如此对他。

侯生见信陵君回来找他，居然十分高兴。他笑着对信陵君说，他早就知道公子会回来一问究竟。信陵君十分不解，侯生便解释说，公子待他的诚心，自然是无人不知，无人不晓，但他恩将仇报，这样对待公子，谁都会不理解的。所以他说自己知道信陵君一定会回来找他。

侯生又对信陵君说，他带着宾客去邯郸，无疑是羊入虎口，自寻死路，实在不是明智的选择。信陵君听侯生如此说，就知道他心中已有妙计，就将其请入室内，与他单独商议。

不出信陵君所料，侯生果然向他献了一计。他说兵符就放在安鳌王的卧室内，如今安鳌王最宠爱的女人是如姬，如果能得到她的帮助，一定能将兵符顺利地偷出来。

信陵君觉得这是个好办法，如姬深受安鳌王宠幸，进出卧室自然是十分方便，但她又怎么会冒这么大的风险去帮自己偷兵符呢？侯嬴又对信陵君说，如姬的父亲当年被人所杀，她为了替父报仇，悬赏了三年，但都没有找到仇人。如姬知道公子您威名远播，曾经向您哭诉，希望您能帮她找出仇人。您为她报仇雪恨，她就是付出自己的性命也在所不辞。如今公子您只要去求如姬，许以她这件事，她一定会帮您拿出虎符，得到了虎符之后，您就可以率大军救赵。一旦帮助赵国击退了秦军，那就是您所创下的丰功伟业了。

信陵君此时也想不出别的办法，只得听从了侯嬴的计策，前去拜见如姬。如姬本来就十分敬仰信陵君，她又感激信陵君为自己报杀父之仇，自然是愿意助信陵君一臂之力的。在如姬的帮助下，信陵君顺利地拿到了兵符，准备前去邺城接管晋鄙的军队。

就在信陵君即将出发的时候，侯生又对他说了一番话，并向他推荐了一个人，那就是他的好友朱亥。侯生说“将在外，军令有所不受”，如果晋鄙见到兵符，心生怀疑，不肯将军权交出，那事情就麻烦了。为保万一，希望公子能带上他的朋友朱亥。朱亥虽然是个屠夫，但力大无穷，是个不可多得的力士。一旦有突发状况，可以帮助公子杀掉晋鄙。

从事后的发展来看，侯生果然是料事如神。但信陵君生性善良，怜惜晋鄙是魏国的老将，为国家立下过汗马功劳，以至于落下了眼泪。但为了救赵的大计，信陵君还是听取了侯生的建议，带着朱亥，马不停蹄地赶往邺城，而侯生因为年老体衰，所以就没有随行。

侯生也知道信陵君不忍杀掉晋鄙，因此心生内疚之情，但这也是关键时刻万不得已的计策。所以在信陵君快要到达目的地的时候，侯生面朝邺城的方向拔剑自刎，以此来报答信陵君对他的信任，其忠贞之心令人潸然泪下。

到了邺城之后，信陵君拿出兵符，假传安釐王的命令，要取代晋鄙统领全军。晋鄙虽然见了兵符，却心生疑惑，自己并未犯下什么过错，安釐王为何好端端地派信陵君前来替换自己呢？为了谨慎起见，晋鄙对信陵君说，他奉大王的命令带领十万大军驻扎在此，这是国家给予我的重任。如今公子您孤身一人带着虎符到了这里，就突然要将我换下，这是怎么回事？

信陵君也没法跟他解释，但事情一旦被晋鄙识破，之前所做的一切努力就前功尽弃了，还有不少人会受到牵连。就在这千钧一发之际，站在信陵君旁边的朱亥突然从袖子里拿出一个四十斤重的铁锤，打死了晋鄙。主将一死，信陵君顺利地接管了魏国的十万大军。

其后信陵君下令，如果父子都在军中，那么父亲回国，儿子留下来作战；如果兄弟都在军中，那么弟弟留下，哥哥回国照顾父母家人；如果是家中独子，也可以回国。这一道充满人情味的军令又一次显示了信陵君的仁慈之心。除去这些被遣送回国的将士之外，一共剩下了八万余人。在信陵君的指挥下，魏国这八万大军继续北上，踏上了解救赵国的道路。

秦国这回栽了

到了这年十二月初，魏国和楚国的援军都先后赶到了赵国，并在邯郸城的外围驻扎了下来。与此同时，郑安平率领的秦国增援部队也赶到了邯郸，一场声势浩大的战争就要拉开帷幕。

魏楚联军到来的消息令赵国方面松了一口气，但真正的危机还尚未解决。面对各国的援军，秦国不但没有慌乱，反而增加了兵力，一部分驻扎在汾城，一部分继续围攻邯郸。秦军身经百战且又经验丰富，肯定预料到各国会“合纵”抗秦。

其实秦国对各国的援军早就做好了准备，虽然对邯郸的围攻十分艰难，但秦军内部还是有一部分部队始终没有投入到攻打邯郸的战斗中去。而且随着时间的发展，秦国还在不断地增加这支部队的实力。大战开始之际，秦昭襄王派张唐带领这支部队驻扎在汾城外围，准备阻击诸侯的援军。

秦军虽然准备充分，但赵国方面不断地派出小股兵力骚扰秦军后方的补给线。赵国此举让秦国防不胜防，只得将前方的部分兵力调回以保障军队的粮草和物资供给。如此一来，秦国在邯郸主战场的兵力就不如之前那么强大了。

至于邯郸城内，境况一如往常的凄惨。秦国固然实力强劲，可以兵分多路，在抗击援军的时候不耽误攻城。但如果能在援军到来之前就将邯郸拿下，那就可以节约不少兵力。所以在援军尚未到来的这段时间内，秦军进攻的强度可以说是与日俱增。在饥饿和死亡的重压之下，邯郸城内出现了主动向秦军投降的声音。而邯郸之所以能够在如此剧烈的冲击下坚持这么久，靠的就是赵国的上下一心，如今一旦人心涣散，破城就在朝夕之间。

作为邯郸战役的主要政治领导人，平原君陷入了焦虑之中。这时他的门客李谈向他提出了一个建议，让他将邯郸城内的妇女都收编入军，并倾尽其家财来鼓舞士气。李谈对平原君说，如今邯郸危在旦夕，但后宫的姬妾们依旧穿着绫罗绸缎，吃着美酒佳肴，可知城中的百姓吃的却是草根树皮。再者城内的兵器都已经消耗殆尽，只得将木头来当做武器，公子您的珍宝玉器却一点也没有减少，这让百姓们怎么一心抗敌呢。

李谈说完又对平原君做了一个假设，如果邯郸被秦军攻破，平原君的这些金银珠宝也保不住，但如果能够保全赵国，更大的荣华富贵都不在话下，何况是这些东西呢?

听了李谈的话，平原君陷入了沉思。最终他听取了李谈的建议，并亲自组织了由三千勇士组成的敢死队，时刻准备出城抗敌。到此为止，赵国的士气又重新振作了起来。

十二月底，已经到达的魏楚联军在信陵君的指挥下，对秦军发起了强烈的进攻。魏国从西面，楚国从东面，分两路开始了强攻。与此同时，留守在邯郸城内的赵国三千敢死队也在李谈的率领下从正面对秦军出击，巧妙地配合了魏楚联军。

其实秦国此次的战略布局还是比较合理的，其军队主要分为了三部分，主力部队负责继续围攻邯郸，剩下的一部分保障粮草运输的畅通，一部分抗击魏楚联军。而且值得注意的是，秦国这三方面的军队相隔并不遥远，一旦出现了什么问题，也可以互相援助。

客观来说，秦国如此部署可以说是面面俱到，攻守两方面都没有耽误。但出乎其意料的是，赵国居然在援军到来之时一改之前小心防守的策略，派出三千敢死队主动出击。这样一来，就使得围攻邯郸的秦军腹背受敌。

魏楚联军来势汹汹，与秦军在邯郸城外展开了激烈的斗争。信陵君和春申君自然知道秦国的实力，所以丝毫不敢怠慢，秦国方面与之相对的是王龁和张唐。两军交战不久，魏国就折损了六千兵力，其后魏楚两国损失的兵力也达到了两万多人。而秦国在阻击魏楚联军的过程中也损失不少，这一点也在很大程度上影响了之后的决战。

自秦、赵之战开始，秦军已经在邯郸城外围攻了将近两年，已经是疲惫不堪。如今又受到赵、楚、魏的三面夹击，自然抵抗不住，没过多久就全线崩溃。在这种情况下，王龁率领秦国的主力部队急忙向西边撤退，逃回了守地——汾城。但不幸的是郑安平此次带来的两万援军却被三国联军围困在邯郸城之南。

郑安平完全没有料到邯郸城内的赵军会如此英勇，但此时他的部队已和主力部队彻底分离，可以说是孤军奋战。眼见粮草断绝，突围又无望，郑安平只得带领全军投降了赵国。

有人也许会问，郑安平为什么这么快就选择了投降，而不等待援军的到来呢？首先，秦国的主力部队已经转到了对抗魏楚联军一线上了，根本无暇顾及邯郸主战场。王龁和张唐已经溃败，哪里还分得出兵力来解救郑安平呢。其次，就是之前说到的，赵军的勇猛程度完全出乎秦军的意料，所以说秦军的心理防线早已溃败，再做挣扎也是徒劳无功，反而会将所有的将士送上死路。权衡利弊，郑安平只得选择了一条最合适的道路，那就是投降。

郑安平降赵之后，邯郸之围暂时解除，联军乘胜追击，继续进攻西边的汾城。此时的秦军已经乱作一团，根本无心作战，最后被联军打得落花流水，剩下的残兵败将只得逃回了河西地区。这时三国联军和秦军隔河相望，双方对峙不下。

大势所趋，秦昭襄王也是无可奈何。四国议和之后，魏国收回了之前被秦国占领的河东地区，赵国也收回了太原郡，而上党之地也交还给了韩国。

邯郸保卫战历时三年，涉及的国家众多，其声势之浩大也是战国历史上少有的。秦国仰仗自己国力雄厚，想一举吞并原来实力强劲的对手赵国，但却在“合纵”联盟的抗击下折戟而还。

邯郸一役，秦国军队损伤大半，之前六年侵占的领土也全部丢失。秦国此次战败的原因是复杂的，从主观上来说，是因为范雎和白起的私人争斗而没有把握好战机，以致给了赵国以喘息的机会。但从客观上来看，秦国在长平一战中也损失了半数的精兵部队，持续进攻的能力也大大减弱，所以说实力的暂时下降应该是秦国最终失败的根本原因。

虽然赵国取得了这次战争最后的胜利，但其在军事、政治等方面的地位却没有得到明显的改善和提高，而秦国一统天下的野心一丝也没有减少。从某种程度上来说，赵国完胜却大伤元气，秦国虽败却未伤其根本，邯郸保卫战只不过是稍微拖延了秦国统一六国的进程。

无论如何，现在的秦国已经登上了实力的巅峰，再也没有诸侯国敢单独与之相抗衡。秦国上下怀抱多年的统一理想，要实现也只是时间的问题。此仗之后，秦国并未丧失其斗志，而是重整旗鼓，又开始了新一轮的统一全国征程。

西周国至此完结

邯郸战役的失败大大损伤了秦昭襄王的自尊心，他后悔当初不该不听取白起的建议，但此时为秦国立下过汗马功劳的白起已经去世。作为一代名将，白起之死可谓是充满悲凉之感。一个人的崛起和衰败往往就在一瞬间，而那世间的繁华荣辱在死亡面前也只不过是一缕尘烟，被风轻轻一吹，就消失得无影无踪，不禁让人心生感慨。

其实在邯郸战事吃紧之时，秦昭襄王还是一直都存有启用白起之心，但白起心高气傲，从来都不给秦昭襄王面子。到了决战时刻，秦昭襄王心中也逐渐嗅到了失败的气息。一贯自负的他怎么能承受如此惨烈的失败？于是便将所有的怒火发泄到了白起的身上，当然这其中也有范雎的不少“功劳”。

秦昭襄王四十八年（公元前258年），已经失去了政治地位的白起被驱逐出了咸阳。白起走后，范雎对昭襄王说，白起被贬为平民，又被逐出国都，肯定心有不服，留下他恐怕会有后患。秦昭襄王听信范雎所言，就下令赐死白起。曾经叱咤风云的一代名将就这样在杜邮挥剑自刎，结束了自己跌宕起伏的一生。

虽然秦昭襄王和范雎要为白起的死负一部分责任，但白起的悲剧基本上可以说是一个性格悲剧。白起败就败在他执拗的性格。虽说他是秦国的功臣，但秦昭襄王毕竟是一国之君，三番五次请他出征，而白起却从不给国君台阶下，反而一次次地出言顶撞，这是任何一位君王都不能忍受的。白起对战局的分析虽然十分透彻，但他却一定要和昭襄王较这个劲，证明自己的想法是正确的，这让昭襄王颜面何存呢？这样不把国君放在眼里的臣子，就算他有再大的能力，不能为人所掌控，又留他何用呢？

白起虽死，但秦国仍然是当时唯一的超级大国。通过这次的战争，秦国从根本上意识到，想要成功地完成统一天下的大业，最根本的就是要瓦解诸侯国的“合纵”联盟，使他们不攻自破。出于这个目的，昭襄王向各个诸侯国都派出了使者。与此同时，周朝也感觉到了威胁，于是便派相国亲自赶往秦国。

此时的周王朝已经是名存实亡，天下真正的权力掌握在秦国的手中。周朝的相国早就听说过秦国的威势，他怕在秦国受到歧视，所以走到半路就折返回去了，根本没有按照之前的计划到达咸阳。

有人见周相无功而返，就劝他说，秦王对你的态度如何，现在还不能确定，如果想要知道东方三国的真实情况，就一定要前去拜见秦王。如果秦王对你此行十分看重，那就说明他还是在意周王朝的地位，而周王朝恭谦有礼的态度也会获得秦王的信任。如此一来，周朝便还有立锥之地。

周相觉得此人说得很有道理，于是又一次踏上了前往咸阳的道路。这一次，他终于成功地见到了秦昭襄王。在秦国的大殿之上，周朝的丞相俯首拜见昭襄王，宗主国和诸侯国地位的转换，由此可见一斑。

秦昭襄王问周相此次前来所谓何事，周相回答说，此次前来是为了解救秦国。秦国的大臣听他说出这种话，都露出了鄙夷之色。有人就笑着说道，周朝不过方圆百里，不求自保，还说什么为秦国解围。秦国如此强大，又何须周朝担忧。

秦昭襄王心中也有些不解，就问周相何出此言。周相便将六国联盟之事告诉了昭襄王，并问他秦国可有解决之法。昭襄王摇了摇头，周相就建议昭襄王用金钱为手段，破坏六国的盟约，但秦国一定要保证周王朝的平安。

秦昭襄王此时正为六国联盟的事情而烦恼，于是便答应了周相的请求。送走周相之后，秦国就派出使臣唐雎带着一车的金银和美女来到了赵国。在宰相范雎的示意下，唐雎在武安摆下了宴席，并且将黄金赠给了赵国不主张进攻秦国的人。其后，范雎又送了五千金到武安，名曰收买天下有才之士，其实是为了破坏六国的盟约。

那些靠游说诸国谋生的合纵之士，不乏一些见钱眼开之辈。他们见到了秦国的财宝，就将"合纵"盟约抛诸脑后，开始为钱财斗争起来。六国联军本来就在函谷关受到了秦军的阻截，如此一来便军心大乱。各国的军队作鸟兽散，诸国的"合纵"联盟又一次以失败告终。秦国此次未费一兵一卒，仅用不到一万金，就成功瓦解了六国联盟，这一方面显示出秦国外交手段的高明，一方面也显示出六国联盟关系的脆弱。

一年之后，昭襄王见时机已经成熟，便果断地派出十万大军攻取韩国的阳城、负黍两地，而负责此次东征的是秦国的贵族——赵摎。诸国本以为秦国不会这么快出手，所以听到赵摎攻韩的消息后都十分惊慌。

直接受到威胁的山东六国准备再次结成"合纵"之势，联合起来抗击秦国。就在此时，西周公站了出来。周朝分裂之后，东周的国君就称为"东周公"，西周的国君就称为"西周公"。

此时东周的国君周赧王已经年过八十，体弱多病的他根本无力治理国事，所以周朝的大权都掌握在西周公的手中。西周公当然不愿意周王朝被秦国取而代之，为了自己的利益，他主动站出来组织东方六国的"合纵"。

韩国是秦国这次直接打击的对象。韩国国君一听说西周公要组织"合纵"，马上派出使者告知西周公，如果此次能靠"合纵"成功地击退秦军，救韩国于水火之中，韩国愿意将阳城和负黍两地献给周天子。韩国表面上说将两座城池敬献给天子，实际上就是为了贿赂周朝此时的实际掌权者——西周公。

西周公贪图韩国的小利，马上就答应了韩国国君的请求。但西周公的举动明显违反了周朝丞相与昭襄王的约定，这让昭襄王大为恼火。在昭襄王看来，周朝丞相主动来到咸阳献计，他又念及周和秦本是同源，这才暂时放过周朝，已经是仁至义尽。如今西周公居然出尔反尔，做出这种小人的勾当，还想率领六国的军队攻打秦国，那自己就没必要再对周王朝客气了。

就在昭襄王下定决心灭周的时候，西周公便带着他的军队开始对秦国发动了进攻。据记载，西周公这次集结的军队共计十万之数，可以说是倾尽周朝之国力。但事实上，这十万军队基本上没有什么战斗能力，全是一些乌合之众。在实力强劲的秦军面前，不到两个时辰就被打得溃不成军。

周朝好不容易集结起来的十万“王师”就这样被秦军杀得片甲不留，首领西周公也成了秦国的俘虏。那些剩下的残兵败将见大势已去，便纷纷向秦国投降。一次看起来声势浩大的“合纵”联盟就这样在顷刻间化为乌有。

西周公被俘获之后可谓是万念俱灰，他也听说过秦军在长平坑杀了四十万赵军，其手段之狠辣，世间少有。所以他看到前来审问他的赵摎时，吓得浑身发抖，生怕赵摎将他处死。西周公抱着赵摎的腿泣不成声，主动要将自己所有的封地和百姓都献给昭襄王，只求昭襄王能够饶他一死。

西周公合纵之时信誓旦旦，大有视死如归之势，如今为了自己的性命竟然将自己的百姓主动献给敌国，可见此人不能成大事。赵摎见他如此自觉，倒省了自己的气力，心中自然十分愿意。

其后赵摎便将西周公的请求告知昭襄王，请求他的意见。昭襄王下令将西周的三十六座城邑全部划入秦国的版图，将代表着帝王之尊的九鼎运送到咸阳。除此之外，为了防止西周的军民有造反之心，就将西周的三万民众全部迁往东周。昭襄王遵照和西周公的约定，保留了他的性命，但将他迁到狐这个地方。至于周赧王，依旧让他住在洛阳城，但已经是一个毫无权利的傀儡了。

周朝自建立以来，一直是诸侯之首，也是天下的政治中心。但在周郑交质之后，周王朝的地位一落千丈，甚至连一般的诸侯国都不如，只是维持了一个“周天子”虚名。战国以来，诸侯割据，天下大乱，周王朝基本上完全失去了对局势的控制力，被强大的诸侯国任意摆布。分裂之后的统一是历史必经的道路，周朝由兴至衰直至灭亡也是不可扭转的趋势。

周赧王去世之后，周国的百姓纷纷逃亡东方。七年之后，秦庄襄王灭东周，周朝就这样退出了历史的舞台，而秦国一统天下的曙光就在前方。

第三卷

帝国时代——铁血烽烟终成江山梦

第一章　嬴政出世：青年人的铁腕之治

商人的眼光

一个商队行出赵国邯郸，满载的货物显示着此次出行收获颇丰。众人脸上都带着笑容，似乎在憧憬着以后的美好生活。但这种喜悦却丝毫没有感染商队的主人——吕不韦。吕不韦在思考，由这个思考所作出的决定将彻底改变他一生的道路。

吕不韦，卫国濮阳（今河南濮阳）人。他出身于商人家庭，从小耳濡目染，跟随父亲学着经商。加之，吕不韦很有经商的天赋，他“往来贩贱卖贵”，很快便“家累千金”，甚至有超过父亲的势头。

这“贩贱卖贵”四字是经商的最根本要诀，也是人人都知道的常识。便宜买来，然后高价卖出，赚得其中的差额。说起来很简单，却不是那么容易做到。世上商人千千万，但真正越做越大，做成功的却是寥寥可数，吕不韦是其中之一。他经过一次次的“贩贱卖贵”，慢慢积累起资金和经验，成为一代名商。

当然，在这一次次具体的商业交易中，很多事情不是“贩贱卖贵”这简单四个字就能解决的。商人需要有独特的眼光、敏锐的触觉、快捷的行动力，能在广大的市场中发现商机，并且快速作出决断，真正落到实处。

吕不韦身上具备优秀商人应该有的品质。也就是这种独到的思维与见解，让他在这次邯郸之行时，发现了新的“商机”。这个“商机”之大，远远超出之前他所做过的所有买卖。同样，任何事情都有两面性，这个“商机”的危险程度也是难以想象的。事情如果做成了当然是好，它能让一个地位并不高的商人翻开人生辉煌的一篇，而一旦事情落败，将可能使得吕不韦倾家荡产，攸关生死，甚至牵连整个家族。

对于如此重大的事情，吕不韦要与家人商讨一下。到家后，吕不韦将自己一路深思熟虑所下的决断说与父亲，并试图让父亲同意自己。他问父亲：“耕田之利几倍？”父亲回答“十倍”。之后，他又以百倍利益的珠宝来问父亲，当把父亲的心理位置调到一定高度时，打出了关键：“立国家之主。”相对于成为一国之主来说，种田、贩卖珠宝只是小打小闹，仅仅为满足自己的口腹。而一旦成为一国之主，所谓普天之下，莫非王土；率土之滨，莫非王臣，全天下都是自己的了，自己想获得多少利润，就能获得多少。

如此一番言论，还并不足以打动父亲。吕不韦打出了另一张牌："今力田疾作，不得暖衣余食；今建国立君，泽可以遗世。愿往事之。"现在，我即使努力耕田，勤奋劳作，依然不能达到衣食无忧，而现在有一个机会来拥立国君，就可以光宗耀祖，恩泽于后世的子子孙孙。吕不韦想要成名成业的信念非常强大。不管是长江后浪推前浪也好，还是儿孙翅膀已长成，吾已老矣也好，对于吕不韦的决定，父亲未置可否。

此时，远在赵国的邯郸，与吕不韦父子谈话密切相关的人，吕不韦眼中的大"商机"——异人——秦王庶出的孙子正处于生活窘迫，饱受煎熬中。

秦国的太子于秦昭襄王四十年（公元前267年）死在魏国，两年后，也就是秦昭襄王四十二年（公元前265年），秦王立次子安国君，也就是异人的父亲为太子。安国君儿子有二十多个，异人排行居中，其母亲叫夏姬，在安国君后宫众多女人中，不受宠爱，也没有什么地位。

异人处在这样的一种情况，注定了他的不受重视。不但如此，一碰到什么不好的事，别人都会推到他头上。他被送到赵国当人质。作为人质，异人没有人身自由，处处受制于人，同时要时时刻刻担心自己的脑袋会不会掉下来。

祸不单行，偏偏在异人作人质的时候，秦国多次攻打赵国。于是，赵国人对异人的态度可想而知了。虽然也是王子，但异人无疑是最不像王子的一位王子。不说日常出行他没有什么象征自己身份和地位的车架与随行人员，就连日常用的财物都不充足。经济基础决定上层建筑。在连吃饭、穿衣都成问题的情况下，异人如何能维持王子的形象，更不用说要成为一代王者了。

吕不韦见到异人后，认为此人"奇货可居"。他去拜见异人，对异人说："吾能大子之门。"意思是，"你想光大自己的门庭，不再像现在这样使自己受控于他人。我能帮你达到这个愿望。"显然，作为一个社会地位不是很高的商人，吕不韦并没有得到异人的重视。甚至，异人认为吕不韦就是个笑话："且自大君之门，而乃大吾门！"你连自己的门庭都没有光大呢，还是等你把自己的事情解决了，再来说光大我的门庭吧。

吕不韦这人很会识人眼色，当然看出异人没把他当回事。他并不气馁，也不灰心。经过无数次的商场战斗，他已经学会了等待、忍耐，就像一只狩猎的狮子，随时观察，找到对方的致命之处后，一击而毙。吕不韦顺着异人的话："子不知也，吾门待子门而大。"你可能不了解我的情况，我的门庭需要仰仗你的门庭壮大而壮大。每一个商人都希望提高自己的社会地位，但这不是花钱就能买到的，需要去依仗政客来拔高自己。吕不韦和异人，一个有钱没地位，一个有良好的出身而没钱，两人就如左膀右臂，少了哪一个，也不能达成自己的事业。

异人自然也清楚这种状况，凭现在的自己，如果没有助力，尤其是钱财方面，将寸步难行，也很难在政治上有所发展。吕不韦或许就是他失掉的臂膀。他拉吕不韦坐下来，准备深入了解一下眼前的这个人。

吕不韦为他分析了现在的局势："秦王老矣，安国君得为太子。窃闻安国君爱幸华阳夫人，华阳夫人无子，能立适嗣者独华阳夫人耳。今子兄弟二十余人，子又居中，不甚见幸，久质诸侯。即大王薨，安国君立为王，则子毋几得与长子及诸子旦暮在前者争为太子矣。"秦王已经老了，你父亲安国君是太子。而听说安国君非常宠爱华阳夫人，什么都听她的。而华阳夫人没有儿子，将来安国君登上王位后，对选太子起决定作用的就是华阳夫人了。异人你在众多兄弟中不受宠，还被远远发配到赵国来当人质。假如秦王百年后，你父亲登基。而你远在赵国，远水解不了近渴，你还能指望那些一直在秦王身边的兄弟争夺太子之位吗？

吕不韦切中要点，异人深以为是，问："为之奈何？"那怎么办呢？自己的状况自己清楚，无奈身处此种境地，他也曾苦思过对策，仍是没有更好的出路，他希望吕不韦能给他带来一条新的道路。

吕不韦也确实有备而来："子贫，客于此，非有以奉献于亲及结宾客也。不韦虽贫，请以千金为子西游，事安国君及华阳夫人，立子为适嗣。"他从自己的角度出发分析，异人没钱，而他有钱。如果想要成为嗣子，就需要获得更多的支持者。让别人支持，不是凭你三寸不烂之舌，或者是成为太子后怎样，一些子虚乌有的承诺就能打动人，让人为你卖命的。不投其所好，送点礼物、钱财什么的，谁愿意跟着你？吕不韦说话很有技巧，"虽贫"二字，不张扬，不骄傲，没有一般商人的财大气粗，也不会让异人难做。同时，他也向异人表明了决心与忠心：我没有太多钱，但我愿意拿出所有来支持你。如此，吕不韦轻松取得了异人的信任与肯定。

吕不韦还献计：自己拿出的钱可以用于去秦国游说的经费，孝敬安国君和华阳夫人这两位关键人物。这对异人有很大的帮助。异人对此作出感谢，也适时表明态度："必如君策，请得分秦国与君共之。""既然你忠心为我，我也不会亏待你的，事成之后，我与你共享秦国。"

吕不韦见自己的目的已经达到，拿出五百金给异人，用于日常支出和结交宾客所用。另外，又拿出五百金购买一些珍奇玩物，自己带着去了秦国。从此，吕不韦从商界跨入政界，在历史舞台上发挥他的作用。

吕不韦看中异人"奇货可居"，纯粹是以商人的眼光。商人的眼光就在于能找到可以投资的东西。这种商人的特质在吕不韦身上尤为明显。并且，当他发现可以投资的东西，会敢于去尝试，敢于去冒这个风险。风险有多大，收获就有多大。吕不韦和异人的这番交接，也将使历史重新改写。

吕不韦的投资

吕不韦已经不仅仅满足于混迹商界，作为一个商人，他有比任何人还大的野心，也有比任何人还灵敏的赚钱嗅觉。当那个在赵国过着尴尬处境的秦国公子异人被吕不韦发现时，吕不韦立即从他身上嗅到了一股钱的味道。于是，吕不韦便在他身上大大地投资了下去。

给予异人的生活费，结交宾客以及混迹拉拢秦国上流社会的交际费，所有这些一共花了吕不韦数千金的钱。但是，吕不韦身为一个具有前瞻性的商人，他认为他的钱全部花在了刀口上，因此对他来说他并不觉得可惜。他自己知道，此时自己正在做一份大事业，而这份事业已经远远超出了赚钱的意义。

为了让异人能获得秦国王室的认可，吕不韦首先在王室里找目标，用他作为商人敏锐的眼光将秦王室的人都扫了一遍，最后，他确定了一个目标——华阳夫人。

华阳夫人是秦昭襄王的太子、异人的父亲安国君嬴柱最宠爱的姬妾。有一个问题一直困扰着华阳夫人，那就是她始终没有子嗣来稳固这种宠爱。对此，吕不韦明白她的心里一定时常怀有顾忌。毕竟，华阳夫人总有年老色衰的一天，而嬴柱身为太子，迟早当上国君，到那时，华阳夫人如果不能为嬴柱找个接班人，那她的地位必然不会像现在这样如此受宠。就是看中了华阳夫人的心，吕不韦才大胆从她这里进攻。吕不韦决定找机会说服华阳夫人，让华阳夫人收异人做她的义子，这样，异人才有可能继承嬴柱的位子。吕不韦的计策是完美的，这也是他成功的一个关键，敏锐的观察和细致的分析，然后一针见血地直插心脏。思虑和果敢在吕不韦身上配搭得如此融洽，他的成功也是必然的。

但是，华阳夫人毕竟是王室贵人，她的地位是吕不韦这种商人所远远不能企及的。因此，虽然吕不韦将目标定在了华阳夫人身上，他却苦苦找不到机会接近华阳夫人，即便有机会接近，那又怎么去说服她收异人为义子呢？华阳夫人又凭什么听一个商人的话呢？吕不韦必须再好好思考一下。

后来，吕不韦的眼睛亮了，因为他看到了华阳夫人的姐姐。吕不韦此时将目标从华阳夫人身上移到了她姐姐这里，要拉拢华阳夫人，就先拉拢她的姐姐。毕竟华阳夫人姐姐的地位低于华阳夫人，吕不韦想要借机接近她还是比较容易的。至于用什么办法来拉拢这两个女人呢？吕不韦明白，有权势的女人一般都会沉迷于物质利益，从这点分析开来，吕不韦便认为华阳夫人和她的姐姐必然都是见钱眼开的人。当然，这是商人的价值观，但在某种程度上，它却总是成立的。

华阳夫人的姐姐和华阳夫人确实是吕不韦心中的这类人，毕竟身在华贵的环境里久了，心也变得浮华了起来。这令吕不韦感到十分满意。但是，人家华阳夫人再怎么说也是王室，难道还缺钱吗？吕不韦决定另辟蹊径，他用钱买来了一些奇异的宝物珍玩献给这两个女人。同样是物质上的收买，吕不韦没有傻傻地将一大箱金银抬到华阳夫人姐姐的府中，而是用钱换来了大批珍贵稀罕的宝物。用稀罕的珍玩，一方面可以令两位夫人觉得吕不韦此人确实够意思、懂风情，另一方面也让两位夫人觉得自己的身份毕竟有别于他人，因为人家收的是俗得不能再俗的金钱，而自己收的却是珍贵的宝物。总而言之，吕不韦献珍玩的方式成功地让两位夫人注意上了这个贿赂者，也使得这种收买能力大大增值。

华阳夫人的姐姐收到了吕不韦的礼物后，心中大喜。当然，这种礼物的收受是不能搬上台面讲的，吕不韦还必须给华阳夫人姐姐一个正当的说法。因此吕不韦便先对华阳夫人姐姐讲起了异人这人是如何如何仁孝，如何如何贤智，说异人这人在赵国是经常“以夫人为天，日夜泣思太子及夫人”。说完异人的好处后，吕不韦接着便对华阳夫人姐姐说出自己心中的想法：“吾闻之，以色事人者，色衰而爱弛。今夫人事太子，甚爱而无子，不以此时蚤自结于诸子中贤孝者，举立以为适而子之，夫在则重尊，夫百岁之后，所子者为王，终不失势，此所谓一言而万世之利也。”这段话正点破了华阳夫人的痛，而身为姐姐是如何不懂得妹妹的心思呢？因此，收了礼物后本已高兴不已的华阳夫人姐姐，在听了这段话后更觉吕不韦是很有道理的，最后，她便和吕不韦暗中作了一个交易：帮吕不韦说服华阳夫人认异人为义子。吕不韦见自己的第一步已经有了收获，心中的兴奋程度大大地超过了华阳夫人姐姐，毕竟，她收的只是一箱宝物，他将要得到的却是一个巨大的收获。

吕不韦离开了华阳夫人姐姐的府中，究竟结果会如何，吕不韦就全靠她了。接下去，吕不韦还必须再继续和异人打好关系，以确认异人成为秦王后不会弃用自己。

吕不韦对异人已经很好了，但是他自己觉得投资得似乎还不够，因此吕不韦时刻惦记着拉拢异人。有一次，吕不韦邀请异人参加酒宴。在宴席上，吕不韦令一群舞女上来献舞助兴。当时异人已经有点醉酒了，当他看着眼前的舞女如同一群仙女一般翩翩起舞时，脸上露出了难掩的兴奋之情。这时候，异人忽然从这群仙女中看到了一个姿色最绝的美女，这个美女对异人频频暗送秋波，令异人酥软得心乱如麻。异人难以掩饰心中的激动，立即请求吕不韦将这个女子献给自己。

吕不韦顺着异人手指的方向望去，原来异人想要的女子竟然是自己的小妾赵姬。赵姬是舞女出身，后被吕不韦娶为妾，因其妩媚异常，故深得吕不韦的宠爱。可是，现在异人竟然要娶自己的爱妾，这叫吕不韦如何舍得？这个小妾自己才娶没几天，就要将她献给异人，吕不韦的心里已经有点不平衡了。但是很快的，商人的理性压制了这种不平衡，吕不韦明白自己已经为异人投资了很多，绝对不能在这个节骨眼上因为一个女子和他闹不和。因此，吕不韦装出不在意的样子，忍痛将赵姬献给了异人。异人见吕不韦对自己果然是一片忠心，心里大喜，对吕不韦的信任也越来越深了。

到此，吕不韦对异人的投资真是到了“破家”的地步了。但是，吕不韦既然当初选择在这条道路上走下去，他就不会后悔。当然，吕不韦已经骑虎难下了，他想后悔也后悔不了了。吕不韦一旦后悔，那些投资的钱便将如扔入大海里的石头一样，沉到底部，永不见影。所以，吕不韦已经坚定了这条路，他要继续走下去，并且要将它走得很好。

而从以上这些投资中可以看出吕不韦此人真不愧是一个精明大气的商人。在吕不韦那波澜壮阔的心里，他明白“贱买贵卖”的生意无论做得再大，也只能生一时的钱。只有为自己争取个聚宝盆，让它无时无刻不在为自己创造着金银，只有这样，才能随时随地都能赚到钱。而在吕不韦心里，生钱之道并不是一般的商人所认为的以钱生钱，吕不韦以他的奇特眼光看到了另一种生钱的可能——以权生钱。所以，吕不韦要挣钱，就必须要掌权，钱权在吕不韦那里已经得到了很好的统一，也因为如此，他才有机会在商界和政界这两个领域内都树立起巨大的影响。

吕不韦能投资的都投资了，接下来就是看事情会不会如他所期望地一样运行了。

异人回国了

为了成功让异人回国当秦王，吕不韦采取了非常多的行动。但是事情的进展都会如他所期望的那样吗？他的投资真的会得到回报吗？吕不韦对此并不敢说有百分之百的信心，他只能暗中祈祷。所谓谋事在人成事在天，吕不韦已经做完了该做的一切，剩下的就交给天去决定了。

不久，上天将会告诉吕不韦，有他自己的努力和上天的眷顾，他的命运是好的。

就在华阳夫人姐姐和吕不韦达成交易后，她立即赶往妹妹的府中，将吕不韦送给华阳夫人的宝物送给了她，然后对她说起了吕不韦的心意。见妹妹已经有点动心，华阳夫人姐姐便立即以一个长者的姿态给妹妹以建议，这建议当然是希望华阳夫人能答应吕不韦的要求，认异人这个可怜又可爱的孩子作义子。

华阳夫人当然也深谙吕不韦的投资心理，她知道吕不韦也不过是在为他自己谋一条权力之路。但是，华阳夫人更明白，自己作为安国君最宠爱的妃子，却始终没有子嗣来稳固这种宠爱，如若哪天自己年老色衰了，势必会失去安国君的宠爱，到那时，自己在后宫的地位必然下降。她明白，要想继续掌握威慑后宫的权力，就必须为自己找个儿子，让他来接替丈夫的王位。因此，当姐姐在自己耳边一直煽风点火时，华阳夫人的心便也痒了起来，她觉得这倒也不失为一个好点子，何况听姐姐这样说，异人这人似乎挺不错的。最后，在送礼的人情和对利益的权衡下，华阳夫人作出了一个决定——和吕不韦来个双赢的局面。

华阳夫人决定认异人为义子后，便开始实行她甜言蜜语式的轰炸攻击了。每晚和安国君在一起时，华阳夫人必然对他撒娇一番，待安国君心情快活了，华阳夫人便不失时机地对他讲起异人的事。一开始，安国君可能有点惊讶，毕竟自己这个儿子都身在国外多年了，秦人对他只怕也没多少印象了。但是华阳夫人竟然会忽然提起他，而且还是提出要认他做义子。这事一开始令安国君感到不可思议，后来时间久了，安国君每次听华阳夫人对自己儿子的称赞，竟也慢慢觉得自己这个儿子确实了不起。再一想，华阳夫人竟然会对不是自己亲生的儿子如此喜爱，这也算是一件令人欣喜的事了。因此，当有一天晚上，华阳夫人流着泪，楚楚可怜地对安国君说："妾幸得充后宫，不幸无子，愿得异人立以为适嗣，以托妾身。"安国君的心软了下来。自己最心爱的女人在自己面前哭得像个泪人儿，安国君再也忍受不了了，最后，他接受了华阳夫人的要求，让华阳夫人认异人为义子。

华阳夫人听了安国君的话，瞬间破涕为笑。于是，华阳夫人便正式认异人为义子，安国君也因此拿出了大量的礼物来赠送给异人，然后请吕不韦担任异人的老师。这时候，吕不韦在付出大笔的投资后，终于得到了他的第一份回报。吕不韦固然高兴，但更令他高兴的事还不仅仅于此。因为吕不韦明白，这件事的成功意味着最关键的一点已经突破了，以后的路将会更好走。因此，当想到之后那巨大的收获时，此时这小小的回报在吕不韦看来已经不算什么了。

异人顺利成了华阳夫人的义子，他和吕不韦的名声也因此"益盛于诸侯"（《史记·吕不韦列传》）。所有的人都知道在赵国有一个可能成为未来秦王继承人的公子，当然，那时候还很少有人知道，异人的成功都是因为他的师傅吕不韦。但是吕不韦不在乎这些，他是善于隐忍的，因为他知道，等到真正成功的那天，自己的大名将会完全凌驾在异人之上。当然，最后他确实做到了。

让异人和吕不韦高兴的事除了顺利成为华阳夫人的义子外，还有另外一件，那就是赵姬已经怀孕生子了。异人得子固然高兴，而吕不韦心中虽然感到微微的心酸，但从更宏大的局面来说，吕不韦确实是高兴的。因为这儿子是赵姬生的，而赵姬是自己献给异人的，异人得子当然会为自己记一大功。虽然这功劳比起之前的投资来说实在不算什么，但它也确实使得异人更加信任自己，这正是吕不韦所希望看到的。

所有事情似乎都在往一个很好的方面发展着，吕不韦和异人也觉得自己的未来必然是美好的。当然，这种期望最后会实现，但是，在这个时候，却发生了一件与当下的气氛不怎么协调的事情。

秦昭襄王五十年（公元前257年），昭襄王这个已经年过古稀的老人却还希望在他将逝之年多做点功绩，于是，他派出了大将王龁攻打赵国。王龁很快便打到了赵都邯郸，将邯郸团团围住。

被围住的邯郸急得要死，赵王对此无计可施，只好将一股怒气转移到了异人身上，扬言要杀了异人。异人和吕不韦一听到这个消息，惊恐不已。如果异人在这个时候死去，那么之前的所有投资都白费了。为此，吕不韦一定要保住异人，保住异人就是保住自己的权益，失去异人就是失去自己的心血。吕不韦对此是很明白的。

后来，吕不韦偷偷塞给了看守邯郸城城门的官吏六百斤金子。一个普通的官员面对数额如此巨大的金子，谁能抵抗得了诱惑？于是，官吏偷偷地放走了异人。就这样，异人在吕不韦的帮助下，和吕不韦顺利地逃回了秦营。但是，在匆忙之中，异人竟然将赵姬和儿子给忘在家里了。幸好，要不是赵姬在赵国有人帮忙，二人只怕早已死在赵人之手了。

秦国的这次围攻邯郸看似给异人当时的美满生活带来了一个惊人的打击，但是其实，要不是这次战争，异人只怕不会那么早回到秦国。而且，似乎上天确实对异人和吕不韦有所眷顾，因为就在异人回国的第二年，也就是秦昭襄王五十六年（公元前251年），昭襄王这个东征西讨一辈子的君王结束了他的生命。秦昭襄王的逝去意味着太子安国君将接替他而成为新一代的秦王，而安国君成为秦王也意味着子楚——异人回到秦国后，为讨好来自楚国的华阳夫人，就改名为子楚——将因此而登上秦国太子的位置，成为秦王的下一任接班人。

子楚顺利当上了秦国太子，赵国此时已经不敢欺负这个昔日沦落为质子的人了。此时赵王令人将赵姬和子楚的儿子护送回国，在经过一年的分离后，子楚这时候才和他的妻儿再次团聚。

当然，子楚的地位更进一步了，此时最高兴的莫过于吕不韦了。子楚顺利当上秦国太子，这便意味着吕不韦的投资所获得的回报也因此而更进一步了。吕不韦对自己说，只要在这期间不要发生任何变故，那么等到安国君逝去后，子楚必然顺利地当上秦王。如果这一天真的到来，那么子楚记的第一大功必然归在自己身上。到那时候，吕不韦便是不想手握重权，只怕异人也不允许他这么做了。

吕不韦真是心花怒放，他静静地观望着局势的变化，巴不得安国君早点离开这个世间，让子楚赶快登上秦王的位置。很快的，事实证明吕不韦根本不用再为安国君的死亡而烦恼了，因为秦王这个椅子和安国君根本无缘。历史对这个君王的记载不多，因为他的在位时间竟然短得如此可怜。这到底是安国君的不幸，还是异人和吕不韦的幸运呢？

没错，吕不韦总是如此幸运，如果说他付出的努力确实提高了他成功的几率，那么在运气这方面，吕不韦的好运气便总是作为一个最直接的动力，将这种几率直接推进到百分之百。吕不韦，这个曾经的商人，即将坐上秦相的位置。而他昔日的巨大投出，也将得到源源不绝的回报。

商人成了相国

秦昭襄王五十六年,为秦国的发展作出极为杰出的历史贡献的秦昭襄王走了，将一个在各个方面都实现了突飞猛进的国家留给了他的儿子安国君。安国君正式即位，是为秦孝文王。我们对秦文公和秦孝公都异常熟悉，但是对于这位谥号融合了两者的君王却所知不多，这是为什么呢？原因非常简单，因为秦孝文王在秦王的位置上只坐了三天的时间。

辛辛苦苦当了多年的太子，却在即位之初立即撒手人寰，秦孝文王的君王之路是够可悲的。这就好像在演一部肥皂剧一样，不管怎么说，这里面的碰巧成分太多了。因为如此，关于秦孝文王的死亡便引发了很多人的猜疑。当然，这种猜疑是完全有理由的。

我们都知道吕不韦辛辛苦苦投资了那么多在子楚身上，都是为了让子楚顺利早日当上秦王。就这一点动机而言，人们便完全有理由怀疑秦孝文王的忽然死亡和吕不韦大有关系。当然，在怀疑吕不韦的同时，怀疑子楚作为一个帮凶，也是在理所当然之中了。

当然，这只是一个煞有介事的推演，谁都没办法对其进行证明。但需要注意的一点是，在秦孝文王即位的时候，吕不韦并没有因此而得到秦国任何一个高位，充其量也只是太子子楚的一个师傅。既然没有任何权力，吕不韦想要谋杀秦孝文王便是一件令人难以思议的事了。当然，这其中也不能排除吕不韦的计谋是得到太子子楚的帮助的。也就是说，我们大可以想象，吕不韦先在子楚耳边唆使着，令子楚心动于秦王之位，然后与子楚同谋杀了秦孝文王，这样一来，子楚自己能坐上秦王宝座，吕不韦也能因此而尽早实现自己的夙愿。

当然，关于秦孝文王的死，想法比较乐观积极的人也大可以认为这不过单纯是因为秦孝文王的身体素质差。不算女儿在内，秦孝文王共有二十多个儿子，这便可见其后宫妃子数量之庞大。而要应付这么一群庞大的妻妾，秦孝文王便是有再强壮的身躯，只怕也会有虚弱的一天。另外，身为秦昭襄王的儿子，历史上全无记载秦孝文王参加过哪场战役。这点来看，也多少能看出这位秦王的身体素质可能不高。

无论是否掺有阴谋的成分在里面，总之秦孝文王就这么快地死了。秦孝文王死之后，理所当然地由太子子楚即位。于是，子楚接过了可怜父亲的位子，成了秦国的新一代秦王，是为秦庄襄王。

子楚即位，高兴的人太多了。子楚自己很高兴，他成了一国之主，还是战国七雄中最为强大的一国。华阳夫人也高兴，因为此时的她已经是掌管整个后宫的王太后了。赵姬也高兴，因为她因此而一跃成了王后。当然，有一个人最高兴，因为这个人付出了最大的努力，现在终于得到了回报。这是一种收获的成就，是子楚等人所难以体会到的，这个人就是吕不韦——此时的吕不韦已经坐上了秦国丞相的位子。

从商人到一个执掌朝政大权的丞相，吕不韦的跃升虽没有刘邦、朱元璋这种近乎奇迹的跨越，却也不失为一个励志事例，向后人讲述着这段麻雀变凤凰的传奇。当然，在赢得这种跃升背后，我们也应该看到吕不韦所付出的努力。若没有这些努力，吕不韦此时充其量仍旧是一个地方小商人。

这些人都在为自己的处境变好高兴，除此之外，子楚当秦王还直接关系到另一个人的利益，这个人便是秦庄襄王和赵姬的儿子，名字叫做嬴政。

嬴政出生于秦昭襄王四十八年（公元前259年），故子楚即位时嬴政还小，年仅十岁。当看着父亲母亲个个都笑开了花的时候，小嬴政不知道心里有没有也为此而窃窃暗喜。当然，我们无法得知当时年纪还小的嬴政是否对权力这种缥缈的东西有点概念。但是，我们几乎可以确定，在嬴政那小小的心灵里，已经装下了太多大人的东西。

在一个充满权力斗争的环境里，小嬴政完全有可能从中沾染到一些本不应属于他这个年龄的东西。而且，嬴政的幼年生活有别于其他的王子。首先他是在赵国出生并成长的，后来他甚至必须接受父亲抛弃自己和母亲的事实，而在赵国度过一年的避难期。当然，如果说对于这个年纪尚小的孩子来说，什么才是令他最为困扰的，那无疑是关于自己的出生传闻。

嬴政的母亲赵姬当年是先嫁给了吕不韦，后才嫁给了子楚。而就在赵姬嫁给子楚后不久便怀孕了，因此关于这个儿子是谁的，历来都有争议。这种争议在嬴政时代可能表现为传闻，也就是说，在嬴政年幼的时候，他可能会在无意中听到了人们对他的非议——这个孩子不是子楚亲生的，是吕不韦的。

按照《史记》的说法，当时赵姬嫁给子楚的时候便已经怀孕了。吕不韦和赵姬都“知有身”（《史记·吕不韦列传》），但两人都将这件事隐瞒了下来。或许当时吕不韦曾经想过自己的儿子可能在未来当上秦王，因此忍痛割爱。当然，也有后人质疑说这是吕不韦的门客为了泄私愤而编造出来的谎言，后来历史学家更是直指吕不韦把自己怀孕的女人献给秦国太子的故事实在是一篇可信度极低的传奇小说。

子楚估计没有那种心眼去纠结这个儿子是不是自己亲生的，他也没多少时间去纠结。因为子楚在秦王位置上只坐了三年，三年之后，子楚便也离开了世间。子楚死后，理所当然地由他的儿子嬴政来继任。于是，年仅十三岁的嬴政坐上了那个比他大一倍的王座。

秦王政即位时才十三岁，于是，吕不韦似乎很理所当然地将掌管整个国家的大权都包揽了过来。当时，吕不韦的地位已经更上一步了，从秦王政尊称他为“仲父”便足以说明这一点。当然，吕不韦完全可以以秦王年幼、自己暂时掌朝廷为借口，光明正大地享受这种全权在手的成就感。不过，其实吕不韦也不必为自己的擅权寻找借口，因为很少有人会去对他提出反对的声音。这一方面自然是因为丞相的威严大于年幼的君王，另一方面也是因为，在吕不韦的管理下，秦国仍在继续往好的一面发展。

在战国后期，魏有信陵君，楚有春申君，赵有平原君，齐有孟尝君，这四君都是以礼贤下士、喜结宾客而出名。对此，吕不韦一直心有不服。吕不韦心想，秦国是当时最强大的国家，却没有一个人的名声能超过这四个国家的四位公子吗？因此，不服输的吕不韦决定以身作则，来让人们明白，秦国也是个喜爱名士的国家。

于是吕不韦也向天下发出了招贤令，招徕各国名士，并给他们以优厚的待遇。结果，招贤令一出，吕不韦的门客很快便达到了三千多名。那么多食客，吕不韦当然不会让他们白吃白住。于是，吕不韦命他的食客们各自将自己的所见所闻记下，然后将这些见闻综合在一起成为八览、六论、十二纪，结果编成了一本多达二十多万言的书籍，这便是著名的杂家经典《吕氏春秋》。

《吕氏春秋》编成后，吕不韦非常得意，觉得自己完成了一件不世之功。为了向世人展示秦国对学术的重视以及在学术方面所取得的非凡成就，吕不韦便将整本《吕氏春秋》刊布在咸阳的城门，然后在旁边悬挂着一千两的黄金，之后遍请诸侯各国的游士宾客，若有人能增删一字，就给予一千金的奖励。

这便是“一字千金”的故事。这个故事揭示了吕不韦身为秦相时的得意之态，同时也说明了吕不韦作为丞相，对于肩负的秦国发展重任还是非常负责的。当然，吕不韦的贡献不仅仅只有文化学术这方面。除此之外，在军事上，吕不韦消弭了秦国多年的恶战，以兴义兵的思想安抚了秦国因多年战争所造成的恶伤。在经济上，吕不韦主持修建了郑国渠，大大发展了秦国的农业。在内政上，吕不韦成功地调整了统治集团内部关系，又施加恩惠于百姓，从而为秦国的国内安定争取了条件。

无论从哪一个方面来说，吕不韦这个秦国丞相都做得非常出色。他以商人那八面玲珑的手段来治理国家，竟也使得一个秦国变得和谐美好。当然，在一个战乱的时代，和谐是相对而言的。在吕不韦的时代，战争也是时常存在的。

吕不韦的对外战争

吕不韦自成功当上了秦国国相后，便在这个位置上开始了他管理整个秦国的道路。吕不韦是有能力的，他成功地将一个在各个方面都迅猛发展的国家推上了一个更高的层次。关于这点，只要从吕不韦的几次对外用兵中便可窥见一二。

早在之前，东周便因内斗问题分裂成东、西两周国，而西周国也早在秦昭襄王五十一年（公元前256年），因参与众诸侯伐秦战争而得罪秦国，被一怒之下的秦昭襄王将兵而入，从此消失在历史的洪流中。虽然如此，它昔日的兄弟兼敌人东周国却还在历史的大海里如一条孤帆般地颠簸着。

东周国虽小，因其和周朝的关系，地位却颇高，因此东周国的君王也喜欢到处跑腿，和战国七雄们玩玩手段。秦庄襄王元年（公元前249年），此时秦国新君刚立，其他诸侯便认为有机可乘，立即有意联合起来企图进攻秦国。在这些诸侯中，东周国便是一个。可是，东周国国君也不掂量掂量自己的重量，对于其他六国，秦国可能暂时还难以欺负到它上，而它一个小小的东周国，还不够秦国一个手指来捏。最后，东周国重蹈了西周国的覆辙，“与诸侯谋秦，秦使相国吕不韦诛之，尽入其国”。

这就是吕不韦刚任秦相时所做的第一件大事。东周国的灭亡更加强了秦国的气势，六国对此纷纷报以惊恐的反应，好像一不小心秦国便会举大军压境，到那时，自己只怕便和东周国一样，被轻而易举地灭掉。秦国的强大在诸侯间引起了更深的恐惧，六国的诸侯们在此时都默认了一个目标——共同对秦。

面对六国暗中达成的默契，吕不韦并没有太多的恐惧。商人的那股敢拼精神一直存在他的心里，他还要用他的毅力去征服其他国家，继续秦国的扩张之路。于是，吕不韦便将目光放在了秦国的近邻韩国之上。

秦庄襄王元年（公元前249年），吕不韦派出大将蒙骜夺取了韩国都城新郑外围的重镇成皋、荥阳，逼得本已虚弱的韩国陷入了更深的泥沼中。面对强邻的欺压，韩王根本不能以硬对硬，因为韩国国内并没有一支军队足以和秦军匹敌，这令韩王陷入深深的恐惧和慌张之中。韩王明白，秦国灭亡六国的野心已经很明显，而他的第一步必然是先拿自己开刀。

无可奈何的韩国身处绝境，最后竟也灵光一现，于绝处中想出了一个绝处逢生的计谋——疲秦之计。韩国没办法正面和秦国对抗，只好在背后搞些小动作。而所谓的疲秦之计正是韩国在这个时候所计划出来的得意之作，它的实际性质是企图消耗秦国的国力，实际内容是派出了水利工程师郑国前往秦国游说秦国主政者兴修水利。

郑国来到秦国，对吕不韦说了兴修水利的好处。吕不韦以商人的眼光看中了其中的经济利益，却无法从一个政客的角度出发，揭露出在背后所隐瞒的阴谋。因此，吕不韦觉得郑国的建议有百利，便答应他，让他在秦国开始兴修水利工程，这便是后来著名的郑国渠。

当然，韩国的疲秦计到最后非但没有实现它的目的，反倒让秦国大大地从中赚了一番——郑国渠的修建确实为秦国的富强提供了一定的帮助。看来，韩国国内都是一批擅用阴谋的政客，他们只看到了兴修水利的疲秦效用，却对水利工程所可能作出的贡献缺乏必要的先见之明。

事实证明韩国的疲秦计确实没多大用处，因为秦庄襄王二年（公元前248年），秦国便又出兵平定了赵国的太原。又仅仅一年后，吕不韦再次大举出兵进攻魏国。

魏国看到秦国气势汹汹地袭来，也只能如韩、赵两国一样恐慌。魏安釐王处于危急之中，身旁却无能臣相助，这个时候，他才想起了那个因被自己猜疑而出逃的信陵君魏无忌。于是，魏安釐王令人请回信陵君，希望他再一次救救大难临头的魏国。具有大义精神的信陵君原谅了魏安釐王对自己的偏见，回国领上将军，统率全军再抗秦军。

在此战中，信陵君发挥了他出色的外交手段，成功说服了其他五国军队共抗秦国。同时，信陵君也再次表现了当初窃符救赵大败秦军的刚毅，于当年再破秦军。秦将蒙骜被魏无忌所统率联军打得落荒而逃，联军趁机直攻到函谷关，逼得秦国紧闭关门，几年内都不敢再踏出函谷关一步。这次合纵攻秦大大消减了秦国的威风，让秦国明白，在准备还未妥当的时候，贸然出兵只会逼得六国联合。同时，信陵君的威名也令秦国人多少有点闻风丧胆。因此，在信陵君还在魏国的时候，秦国都不敢再小视这个国家。

秦王政四年（公元前243年），信陵君走到了他人生的尽头。信陵君的死惊动了整个魏国，因为这意味着魏国从此失去了一名卫国的将领。当然，信陵君的死也在秦国造成了轰动，这个当年被信陵君打到了门口的国家，终于可以毫无顾忌地实行它的报复行动了。因此，就在这年，秦将蒙骜再次接受命令，出兵攻魏。

蒙骜这次又立下大功，他连取魏国二十城，最后竟然使秦国的土地与齐国直接相接，也从此对韩、魏形成三面包围之势。秦国这次胜利又一次在六国之间造成巨大的轰动，六国陷入更深的自危境地，他们急需另一个“信陵君”来统领合纵之军，从而遏制秦军的嚣张气焰。

统率联军的重任便落到了春申君手中。在战争的前期，如同信陵君一样，春申君统领着联军大破秦军，一直将秦军逼到了函谷关。可是，这次的秦国不像上次那样畏缩在关内，而是倾尽全力出关应战，最后竟然大败联军，使联军如一群受了惊吓的鸟群一般，四处飞散。春申君因此事而受到了楚王的冷落。几年后，春申君遭到了楚国国舅的暗杀而死于非命，战国四公子的最后一个也踏上了他的黄泉之路，此时若要比门客之多，吕不韦自然要排第一了。当然，吕不韦排第一也就意味着天下所向基本在秦国了。

可是，秦国的威风并没有持续太久，这是因为赵国再次起用了一个老将，这个老将的名字就叫做庞煖。庞煖复出后便坐上了联军统帅的位子，肩负起合纵抗秦的重任。庞煖没让赵王失望，秦王政六年（公元前241年），在他的统领下，联军顺利收复了秦国从赵国夺去的寿陵（在当时恒山一带）。在胜利的驱动下，庞煖率领着联军直逼秦国。和之前的信陵君、春申君的进攻路线不一样，庞煖没有选择正面进攻函谷关，而是计划绕道蒲阪（今山西永济西南），南渡河水，出其不意地迂回至函谷关后。最后，联军行军顺利，一直来到了蕞（今陕西临潼北）才遇上了吕不韦的军队。

吕不韦对联军进行了一番分析，他认为联军之中楚军最强，若破楚，则联军必然散走。于是吕不韦于夜间派出精锐突袭楚营。楚军得知，自行东撤。其他诸侯国听闻楚军撤退，便也都无心恋战。最后，联军不战而散。面对联军军心的动摇，庞煖无能为力，此时的他或许已经看到了在不久的将来，因为诸侯国们无法保持坚定的合作精神，最终被强秦一一攻破。

吕不韦击退联军后，便随即下令蒙骜领兵出击赵国。蒙骜接令后，兵分两路进攻赵国，然后因由嬴政弟弟成蛟率领的一路军没有按计划进行，结果使得蒙骜大军孤军深入，最后在太行山被庞煖伏兵所击，秦军因此大败，蒙骜也在乱箭之下战死沙场。

赵国此次大胜大大地提升了自身的威望，也再次挫败了秦国的威风。但这次战争对于秦、赵两国的地位影响并没有太大的意义，秦国仍旧是诸侯国中最强大的国家，而赵国经过多次的反击秦国，虽取得几次胜利，却难以避免陷入兵衰力竭的困境。

吕不韦时代的对外战争大致如此，这一段经历反复确定了秦国的大国地位，但几次被逼退至函谷关的经历也说明了秦国灭六国还未到气候。虽则，在吕不韦为相期间还没办法灭掉六大国之中的任何一国，但吕不韦为了这个目标而付出的努力，以及在这方面为后来的秦始皇统一六国而作出的巨大贡献，都足以让吕不韦这个名字成为秦国的又一个骄傲。

吕不韦确实为他那传闻中的儿子开了一条很好的道路，秦始皇后来能统一六国，吕不韦功不可没。

十二岁的小丞相

吕不韦为了和战国四公子拼一拼魅力，向天下四处发出了招贤令，为此，他的门客到了最后竟也达到三千多，与四公子是不遑多让。当然，这三千门客中不乏滥竽充数之人，但是，能力出众之人必然占大多数，这从《吕氏春秋》的编纂便可看出。而在吕不韦的门客之中，有一个人特别引人注意，他的名字叫做甘罗。

甘罗的来头不小，他的祖父正是秦国秦武王时官至左丞相的甘茂。实在是相门出才子，甘茂的这个孙子年纪轻轻便满腹经纶，对时势的洞察力令一个成年人都自愧不如，在口才上更是伶牙俐齿，与人辩论时可随处引经据典，劝说人时更是轻松自如、毫不费力，所需的道理俯拾皆是，令人惊叹。

神童并不可贵，可贵的是在甘罗小小的心里，却已经藏有一颗报效国家的请战之心。可能是祖父的事迹影响着甘罗，使得甘罗在他本应该纯真的时代却已然将一份责任深深地肩负了起来。这才是甘罗令人敬佩的地方，也是甘罗不同于一般神童的地方。

因为少而有志，甘罗便投入了当时名声最响的吕不韦门下。在当时人才辈出的时代里，吕不韦宁可错收一百也不能漏过一个，何况这个甘罗还有一个雄厚的背景名望在支持着，因此吕不韦看他年龄虽小，却也没有因此而拒绝他。就这样，甘罗成了吕不韦的门客，继续增进着自己各方面的能力，等待着可能随时而至的机会。

机会是留给有准备的人的，当吕不韦为一个问题而困扰的时候，甘罗便从中看到了自己的机会。

当时，吕不韦有意联合燕国攻伐赵国，在使者的选择上，吕不韦选中了秦将张唐。但是张唐却不乐意了，他借故推辞了这次出使任务。其实，张唐的不乐意也是有原因的。当年，蒙骜领着张唐出兵赵国，在此战中，张唐被赵将庞煖一度追杀，几欲战亡。庞煖更趁机挑起赵人对张唐的仇恨心理，声称能得张唐者可封地百里。从那时候起，赵国便在张唐的心里蒙上了一层阴影。而要到燕国必要经过赵国，因此，当这次吕不韦令张唐执行这个任务时，张唐便因为恐遭不测而婉拒了。

张唐执意不肯，吕不韦对此竟然无计可施，着急之色跃然脸上。这时，在吕不韦旁边的甘罗就看到了吕不韦不舒服的神色，询问过后才知道原来吕不韦正为此事而困扰。小甘罗轻松地一笑，吕不韦一看，还当这是一个毛头孩子，不懂事情的重要性，所以才笑得出来。但是，吕不韦却想不到他眼前的这个毛头小孩竟然向自己请命，信誓旦旦地表示自己能顺利劝说张唐执行任务。在这吕不韦心里当然感到不可思议，自己亲自出马都请不动了，他一个十二岁的小孩子还敢口出妄言，因此吕不韦竟然为此感到生气而斥骂他。

见吕不韦如此反应，甘罗便对他说："大项橐生七岁为孔子师。今臣生十二岁于兹矣，君其试臣，何遽叱乎？"项橐是春秋时代一个很出名的孩童，因其聪明伶俐、好问各种奇怪的问题而令孔子深感钦佩。甘罗举出这个典故来试图说明自己已经足以担当一面，可是这能说服吕不韦吗？

吕不韦一开始在气头上，他完全不相信甘罗。后听了甘罗的话，怒气便稍微降了下来，倒觉得这孩子确实有口才。思考下去，吕不韦便以他商人的眼光来衡量得失。吕不韦觉得，要是这个孩子顺利劝服了张唐，那就达成了自己的目标，也让自己多发现一个能人。要是这个孩子没办法劝服张唐，那自己又不因此而亏损什么。这是一桩只赚不赔的生意，为什么不这么做呢？因此，如同当年将全部家当压在子楚身上一样，这次吕不韦也将筹码压在了这个孩子身上。由此，甘罗便顺利地得到了他的第一个任务。

甘罗来到了张唐府里，便向张唐说明了自己的来意。张唐一听，差点笑出声来，他想你甘罗一个小孩子也想来说动我，实在是异想天开。可是，张唐也感到有趣，便决定听一听这个孩子会拿出什么语言来打动自己。张唐的态度是半开玩笑的，但是甘罗一脸正经，他对张唐说："卿之功孰与武安君？"你的功劳比起武安君白起如何啊？张唐莫名其妙，没事扯到白起干么，但张唐还是礼貌性地做了回答："臣之功不如也。"甘罗继续问道："应侯之用于秦也，孰与文信侯专？"应侯范雎和文信侯吕不韦谁的权力大呢？张唐明白自然是吕不韦的权力更大。甘罗见张唐已经顺着自己的思路走，便一针见血地说出他的最终意思："应侯欲攻赵，武安君难之，去咸阳七里而立死于杜邮。今文信侯自请卿相燕而不肯行，臣不知卿所死处矣。"这是说当初白起因不服从范雎的意思而被范雎用计杀死，如今你张唐竟然敢不服从吕不韦的意思吗？

这话一出，张唐确实吓了一跳。自己的功劳不比白起，吕不韦的权力又大于范雎，白起都能被范雎害死了，自己又怎么不会因此而遭受吕不韦的陷害呢？想到这里的时候，张唐已经没有时间对眼前这个孩子表示他的刮目相看了，他只能赶快向吕不韦表示自己愿意乖乖地出使燕国。

甘罗成功劝说张唐一事令吕不韦眼前一亮，也令当时知晓此事的秦人纷纷赞叹这个小孩子的才能。甘罗这个名字遂随着这件事的传播而在秦国上下被反复提起着，这个时候，秦人都知道了以前的老丞相甘茂有个才华出众的孙子，而甘罗也因为这件事而得到了吕不韦的重用。

后来，甘罗认为可以在张唐出使燕国一事上面做更大的文章，这将有可能让秦国得到赵国的河间地。因为甘罗已经分析了秦、赵两国的关系，他认为赵王必然对秦燕联盟感到异常担忧。如果能从这里下手，那么顺利拿得河间地的可能性并不是没有的。因此，他向吕不韦请命，希望让自己出使赵国进行说服赵王。

吕不韦再次以一个商人的胆量批准了这次出使。只是，这次的任务毕竟已经不仅仅是劝说一个国内将领的问题了，甘罗这时候面对的是诸侯间的问题，年仅十二岁的他可以胜任吗？

当甘罗来到赵国面见赵王时，全然不顾这位君王面对着一个十二岁的使者时那讶异的眼光，以一国使者的姿态问了赵王第一个问题："王闻燕太子丹入质秦欤？"在赵王表示知道以后，甘罗随后又问了第二个问题："闻张唐相燕欤？"赵王再次表示有所耳闻。这之后，甘罗便直奔主题："燕太子丹入秦者，燕不欺秦也。张唐相燕者，秦不欺燕也。燕、秦不相欺者，伐赵，危矣。燕、秦不相欺无异故，欲攻赵而广河间。王不如赍臣五城以广河间，请归燕太子，与强赵攻弱燕。"这话是说秦、燕之所以联合，其原因不过是因为秦国想取得赵国的河间地，如果赵国愿意献出河间五城，那么秦燕联盟自破，赵国也不用担忧两面夹击的问题了。

如同张唐一样，赵王听到这层利害关系后直冒冷汗，最后竟然同意了这位小使者，将河间五城拱手让给了秦国。

当甘罗拿了河间五城的地图和户籍返回秦国时，那是何等的风光！一个年仅十二岁的孩子，竟然以大使的身份出使外国，而且不用一兵一卒，只用一张嘴便说动了赵王，顺利拿到了赵国的五座城池！当秦王因功而封甘罗为上卿时，甘罗的名声继上一次劝说张唐之后又有了进一步的轰动。秦人对这个孩子满怀敬仰，因上卿和丞相的位置相近，故民间都亲切地将甘罗称为十二岁的丞相。

甘罗的成功自然离不开他自身的素质，但从更广的角度来看，甘罗的成功还得益于当时的秦国环境。在吕不韦掌权期间，秦国的环境是宽容的，只有一个宽容的环境才能生出《吕氏春秋》这样的著作，也只有一个宽容的环境才有可能让一个十二岁的孩子施展他的才华。

吕不韦的三千门客作为一个团队，他们代表着民间的知识分子群体。而能将这群民间的知识分子收在手里并尽用其才，在某种程度上便可看出吕不韦的平民思想。从民间崛起的吕不韦，他的心里没有贵族的傲气，也是因为如此，才得以为秦国聚拢如此多的能人。

甘罗的成功大大地刺激了秦王政，因为秦王政十三岁登上王位，却只能受控于“仲父”吕不韦，而不能像十二岁的甘罗那样发挥自己的才能。渐渐长大的嬴政已经难以忍受这种控制了，甘罗的事迹或许给了他一个极大的鼓励，让他充满勇气，决定向吕不韦发出收回权力的挑战。

这个女人不简单

秦王政自即位以来，宫中大权便掌握在“仲父”吕不韦手中。在这期间，吕不韦为秦国建立的功劳一件接着一件，其地位已然功高盖主。而随着吕不韦功绩的增加，秦王政的年龄也在增加。当秦王政明显感受到这个“仲父”所带来的威胁时，他便决定要伺机而动了。

还在吕不韦掌政的时候，秦王政便对这个“仲父”满怀着不快。一来，自然是因为吕不韦的擅权行为在秦王政眼里实属大逆不道之事，在他的威慑下，秦王政好像一个被捆缚的孩子一样，丝毫不得动弹。二来，也有很大的原因是因为一些传闻，这些传闻伴随着秦王政的整个少年时期，令秦王政对此感到羞愧万分。

这些传闻便是关于秦王政的母亲赵姬的。

对于赵姬这女人的性子，宫内的人已经达成了一个共识——淫荡。赵姬确实是淫荡的，丝毫没有一个王太后所应该具备的端庄。当然，历史上如武则天、俄罗斯帝国的叶卡捷琳娜大帝，这两个女人的私生活也备受指责，但当她们白天回到政坛上的时候，俨然以另一副正派的姿态来应付好她们的国家。而赵姬并不似这两位皇帝，在她心里，只有女性的妖媚之道，而毫无男性以天下为己任的气魄。

正是赵姬这种狭隘的情怀，使得她在为所欲为的同时，似乎没有为自己的国家、为自己那身为一国之主的儿子进行考虑。她只在乎她的私欲，而不在乎天下百姓的所需。我们完全可以这样说，就是因为赵姬的这种狭隘，使得子楚全然无心在政坛上，而将治理国家的大权完全交付给吕不韦。也因为赵姬喜爱这种过度放荡的生活，所以子楚在王位上才会坐了短短三年便撒手人寰。

子楚死得很快，赵姬自然不甘为之守寡，让自己寂寞一世。因此，赵姬便总凭着身份的方便和一些男人偷情，干一些见不得人的勾当。久而久之，总会有所疏漏。关于赵姬的私生活很快便在宫中偷偷地蔓延着，秦王政对此不可能毫无耳闻。当然，母亲寂寞找男人，秦王政最多认为她败坏风俗，丢了王室的面子。但是，赵姬的事所以引起秦王政如此大的怒气，那是因为赵姬找的男人偏偏是他经常叫“仲父”的吕不韦。

关于吕不韦和赵姬的关系，民间早有传闻。而两人有旧情，这也是毫无疑问的事。因此，当子楚死后，不甘寂寞的赵姬便和吕不韦旧情复燃，开始了他们两人的地下恋情。这样，久了以后，“丞相时常出入太后的房间”这类八卦绯闻便在秦宫中传开了。当秦王政偶尔听到这种风声时，我们完全可以想象他脸上的怒色。吕不韦非但控制了本属于秦王政的权力，甚至还淫乱后宫，以至于风声谣言四处传播，败坏着秦王政的名声。这时，“仲父”这两个本来如此尊严的称呼，竟然成了对秦王政最大的讽刺。对此，秦王政即便再懦弱，只怕也忍不下这口气，何况他还是一个坚毅得近乎残忍的野心家。

秦王政的不快脸色必然令吕不韦有所察觉。吕不韦和赵姬的暗中勾当或许并没有冒犯秦王政的本意，但它实实在在地冒犯到了秦王政。关于这点，吕不韦感到后悔而不安。或许在吕不韦的心里，他从来都没有想过要夺取秦王的位置，他一直相信秦王政总会有亲政的一天。

吕不韦感到不安，就必须想个办法。但赵姬这女子对吕不韦缠着不放，又兼当时她已是太后，因此吕不韦也不敢大胆地拒绝与之交往。就在这时候，吕不韦的门客又为吕不韦解决了这个令其困扰的烦恼。

这个门客名字叫做嫪毐。嫪毐有何本领解决吕不韦的问题？难道是像甘罗一样，要以一张嘴来说动赵姬，消去赵姬那心中永无止境的欲火？显然不是的。这个嫪毐的本领还真见不得阳光，按照《史记·吕不韦列传》的记载，这个嫪毐是个“大阴人”。

此后赵姬与嫪毐开始了放荡的生活。不久，这个名义上守寡的女人遇到了棘手的事——太后怀孕了！为了远离秦王政，为了隐瞒守寡太后怀孕的事情，赵姬便和吕不韦合谋，请风水师对秦王政说因为太后的寝宫风水不好，必须搬迁。然后，风水师在一番分析之下，将搬迁的目标定在了距离咸阳西北二十里处的雍宫。雍宫幽静而华丽，确实不失为一个风水宝地。当秦王政听到这件事的时候，不知道他有没有对此表示怀疑。但当时大权在吕不韦之手，又加这是攸关母后身体的事，因此秦王政不可能违背孝道拒绝。为了母亲的健康，秦王政不得不点头。于是，赵姬便搬到了雍宫，嫪毐也作为一个内侍随她而去。这时候，在秦王政的身边，已经不会再出现什么新的传闻。但在距离他二十里处的地方，传闻却以真实的姿态，毫无顾虑地上演着。

在欲望面前，赵姬竟然失去了母爱的仁慈，全然不顾儿子的感受。而在犯下大错之后，赵姬竟然也仍不悔改，继续让自己一错再错下去。很快，赵姬便会为自己的放肆而后悔。她的错误在于为自己的儿子培养了一个政敌，也因此在儿子心里，烙上了深深的伤痕。

秦王政权力在手

因为赵姬的放荡，也因为吕不韦的贪求方便，嫪毐一介平民，竟然得以进入宫中与太后厮混。而纸毕竟是包不住火的，秦王政不是傻瓜，他不是不知道自己的母亲背着自己在干些什么勾当。他只是在政权还没到手的时候选择了隐忍，他发誓，只要时机一到，便会立刻端了这个贼窝。

赵姬自从和嫪毐搬到雍宫后便更加放肆，仗着这个地方进出的人比较少，两人便光明正大地过着日子，俨然成了一对夫妻。对此，秦王政不是没有耳闻。对于母后的荒唐，秦王政心里自然很不是滋味，但自己羽翼还未丰，只好先暂时忍耐一下。秦王政的隐忍让两人更加放肆，在他们心里，似乎一切已经是明摆在眼前的了，而秦王政这个儿子也似乎已经默认了两人的关系。因此，赵姬对于自己的怀孕不再感到担惊受怕，而嫪毐也因为自己和太后有染而骄傲自得。

在雍宫住了一段时间后，赵姬竟然先后生了两个儿子。这两个儿子的诞生并没有让赵姬感到害怕或是羞愧，反而，嫪毐却因为这两个儿子而更得赵姬的宠爱。看着两个可爱的儿子，赵姬心中升起无限的幸福，她已经完全忘了眼前这两个儿子只是自己的私生子，而不是秦王政正儿八经的弟弟。

赵姬全然沉浸在幸福之中，她已经为自己建造起了一个幻想中的家庭，嫪毐是她的丈夫，他们有两个可爱的儿子。这种幸福感传染给了嫪毐，嫪毐竟然也在迷糊中感觉自己已经成了秦王政的父亲，即使不是亲生的，在伦理上，秦王政也必须叫自己一声爹。两人的这种幸福感还在增加，因为嫪毐接下去的身份将不再仅仅是一个低下的宦阉了。

因为得到赵姬越来越多的宠爱，嫪毐便有了干涉朝政的想法，起码，他希望自己能拥有一份高贵的身份地位。嫪毐有这种想法，赵姬对此并不反对，毕竟自己和嫪毐已经有了夫妻之实，为他谋个一官半职也是理所当然的事。因此，赵姬便想要向秦王政为嫪毐要个职位。

这种事情必然要和吕不韦讨论。当吕不韦知道嫪毐和赵姬的想法时，可以肯定的是，他绝对不是很乐意。当初，吕不韦不过是为了图自己方便而为太后引荐嫪毐，而嫪毐的职责也不过只是为太后提供一种性爱上的服务。但如今，这两人非但生了儿子，竟然还想要拿个职位当当。吕不韦心中必然是感到不安的，他隐约觉得，自己当初好像放出了条狼。

但吕不韦不乐意也没办法，因为赵姬的态度是强硬的。吕不韦不能保证这个太后会做出什么更令人惊讶的事来，因此吕不韦也只得低下他的头颅。一向强硬的吕不韦，与赵姬的关系成了他的死穴。

在吕不韦的帮助下，嫪毐顺利地从秦王政那里得到了长信侯的封号，并领有山阳、太原等地。这次封赏是秦王政的又一次退让，他的沉默再一次使嫪毐心中那放肆的火烧得更旺。嫪毐的行为从此以后已经全然脱离了单纯地为太后服务，这种多年的服务给他的回报是如此巨大，以至于他已经完全有能力去拉拢自己的党羽，培养自己的势力。这是吕不韦万万想不到的事，当初那个为自己解了困的门客，原来他有更大的野心。

嫪毐确实将他的野心毫无遮掩地表现出来。在受封长信侯之后，嫪毐便从此在人前也摆出了一副高高在上的姿态。小人得志的他傲视所有在朝的官员，甚至久而久之，他也全然不把吕不韦放在眼里。当人们都在奇怪为什么这么个暴发户会有这样的自负时，关于他和太后的传闻便对这种疑问作出了最为巧妙的回应。原来如此，所有人都了解了为什么嫪毐无任何功绩却能封侯，也了解了为什么嫪毐会有目中无人的姿态。

当然，嫪毐的这种自负对他的发展也暂时性地形成了很大的帮助。因为很多阿谀奉承的官员都知道嫪毐是太后的宠臣，因此他们便都去依靠嫪毐，期望能在嫪毐那里分得一杯羹。久而久之，嫪毐的势力竟然越来越大，侍候他的僮仆就有一千多人，投奔他的门客竟也达到了千余。此时的嫪毐俨然成了一个小吕不韦，甚至有长江后浪推前浪的气势。

吕不韦对此感到异常不安，让他不安的理由有很多。首先，嫪毐的势力对自己就是一个直接的威胁。其次，嫪毐这人的名字越传越广，关于嫪毐的事也成了当下最热的新闻。在这种情况下，遮盖嫪毐和太后两人关系的那一层帷幕已经摇摇欲坠，一不小心便会被扯下，从而将两人的丑闻彻底暴露在光天化日之下。一旦这件事发生，对于自己无疑是不利的，因为当初正是自己直接促成了这种关系的形成。吕不韦很不安。

吕不韦再怎么不安都是枉然的，因为他的担忧很快便会成真，而到了那时候，自己也将尝到由自己种下的苦果。

秦王政九年（公元前238年），这一年是秦王政举行冠礼的一年。举行冠礼之后，就意味着秦王政已经是一个成年人了，既然是成年人，属于他的东西就该归还给他，让他自己去安排了。因此，在这一年，秦王政从吕不韦那里收回了治理国家的大权。其实，吕不韦所以愿意让出权力，可能并不仅仅是因为秦王政举行了冠礼，最为关键的一点是，在这一年，秦国发生了一场大变。

这场大变便是由嫪毐发动的。按照刘向的《说苑》里记载的一则故事，说有这么一天，嫪毐和一群大臣在喝酒。酒喝多了，本就骄傲的嫪毐变得更加狂妄，或许是有臣子看他不舒服，趁着酒醉讥讽了他几句，于是两人便争了起来。在相争的过程中，嫪毐对这个冒犯他的大臣狂吼：“吾乃皇帝之假父也，窭人子何敢乃与我亢！”意思是：“我是当今君上的假父（继父的民间用语），你们竟然敢跟我相争！”这是何等狂妄的言语，所谓酒后失言，嫪毐的行为再次验证了这个真理。

这话对秦王政是一种赤裸裸的冒犯，那些早看嫪毐不顺眼的大臣便抓住这个时机，趁机向秦王政揭发了嫪毐。他们向秦王政报告了嫪毐的狂言，更将嫪毐的真实身份向秦王政讲述得一清二楚。关于此事，秦王政并不是从未耳闻，在他的心里早已经有了一定的框架。而这时候，这次控告似乎成了一个直接的原因，使得秦王政终于下定决心去面对并解决它。

当然，之所以选择这时候出手，也是因为当年正好是秦王政的冠礼大年。在权力的回收仪式上，秦王政希望自己能做出一件大事，来向他的“仲父”以及天下表明，他秦王政不是一个任人宰割的傀儡。

对于嫪毐的控告，秦王政下令彻查。这事传到了嫪毐府里，嫪毐自知大难临头，只好孤注一掷，先发制人。他伪造秦王和太后的印信，引领其上千名僮仆门客和少数受骗的军队发动政变，攻击蕲年宫。

对于嫪毐的反叛，秦王政早有准备。他派出了昌平君和昌文君领咸阳士卒前往堵截嫪毐，平息叛乱。为了更加顺利地平息叛乱，秦王政还对全咸阳城下令：有生得毐，赐钱百万；杀之，五十万。这个奖励大大激起了咸阳士兵的战心，他们力争往前，奋勇杀敌。嫪毐的叛乱本就得不到正道的支持，更兼他的那些僮仆门客也没多少强悍之人。因此，在秦王政军队的猛烈攻势下，嫪毐及其死党最终被一网打尽了。

嫪毐最后接受了车裂的命运，并被夷三族。和他同党的官员也个个被枭首，宾客舍人也都得到了应有的处罚。而他和赵姬所生的两个儿子，也被残忍地杀害了。至此，嫪毐之乱被彻底平息，秦王政以一出精彩的政治平叛，作为他执政的第一个事迹，让人们确信了这个君王确实够魄力。当然，人们也在这件事上看到了一种残忍的性格已经在这个君王身上显出了苗头。两个幼儿被无辜杀害，这是其一。其二，秦王政不顾念亲情，将他的母亲监禁在雍城的棫阳宫，后虽在大臣的劝说下将母亲迎回咸阳，但两人之间的裂痕明显让人看出这个儿子的无情。

秦王政借由平定嫪毐之乱的能力，从吕不韦那里顺利拿回了权力。此时的吕不韦得知嫪毐之乱后，深感慌张。他明白自己和秦王政之间的矛盾，而这个由自己看着长大的孩子在对付这件事上所表现的能力更让自己惊讶，吕不韦确实看到了自己那充满晦暗的未来。而对于秦王政来说，除掉吕不韦确实是他的下一个任务。

在除掉吕不韦的过程中，秦王政似乎不用太费力。秦王政十年（公元前237年）十月，秦王政顺利罢免了吕不韦的相位，并将其遣出了咸阳，让其回到河南的封地。因为吕不韦的名望，他在封地竟然满天都有宾客来访问。这令秦王政很不安，于是他又逼吕不韦迁往了相对荒凉的蜀地。吕不韦知道秦王政的意思，他知道秦王政总有一天会杀了自己，因此，在秦王政的一再逼迫下，吕不韦最后选择了自杀。吕不韦的死是必然会发生的，这是他和秦王政之间的矛盾激化到一定程度的后果。

在正式掌权的前几年，秦王政的心是恐慌的，这种恐慌最直接的表现便是逐客令的公布。而逐客令的公布作为秦王政执政生涯里的一个重要决定，对秦国的影响是巨大的。这种影响表现在它为秦国直接送去了一个出色的人才。

不是所有人都是坏人

自傲的嫪毐得到了他应得的下场，一步走错的吕不韦也从此被逐出了秦国的权力中心。不得不说，秦王政在处理这些事上表现了他雷厉风行的魄力。在和吕不韦多年的暗斗之后，秦王政终于将大权拿回了手里。但是，在得到至亲和部分臣子的欺瞒和背叛后，秦王政的心里也因此而蒙上了一层猜忌的阴影。

这种猜忌在获知韩国水利工程师郑国的真实目的后，便毫无遮掩地显露出来。

早在吕不韦任相期间，韩国为了消耗秦国的国力，曾经派出了对水利工程深有研究的郑国潜入秦国内部，提议秦王政修筑一座规模宏大的灌溉渠郑国渠。按照郑国对秦王政的说法，郑国渠将以最大的效用来提高关中地区的粮食产量，对秦国的农业发展将有巨大的帮助。在古时，农为万业之本，农业发展了，必然带起其他事业的兴盛，因此，这个郑国渠的想法对吕不韦这种商人来说是挺有吸引力的。最后，在吕不韦的支持下，郑国便获令在秦国国内开始了他修筑郑国渠的行程。

郑国虽作为间谍来疲秦，但身为一个水利家，出于对水利工程的热爱，他也不失真诚地修筑着郑国渠。在这期间，他尽量地兴师动众，以此来耗用秦国的国力，但是，秦国国力却并未因此而减少多少。虽然这期间陆续有合纵联军进攻秦军，但总的来说，秦国在这时候的战争并未表现出任何处于下风的弱势。这使得郑国开始着急，眼看着郑国渠在秦国的土地上一步步地完善着，但疲秦的目的从未进步一分，郑国渐渐觉得自己前往秦国的意义已经被彻底地颠倒了。

虽然郑国渐渐地感到了不对，但人已在虎上，要下也没那么容易，另外，郑国对于这个灌溉渠的修建也是充满着情感，因此郑国渠的修筑并没有因此而停住。但是，当秦王政亲政以后，郑国却遇上了危难时刻。

在秦王政亲政后，他很快便发现了郑国来秦国修筑郑国渠的真实目的。秦王政那被母亲和仲父伤害的痕迹还未痊愈，郑国的欺骗便再一次揭开了他的伤疤。这令秦王政感到恼羞成怒，他又一次尝到了被耍的味道，不安的他决定给这群人一个颜色瞧瞧。

当时，在秦国做宾客的外国人并不仅仅只有郑国一人，因为秦国的强大，很多其他国家的能人都纷纷来投靠秦国，企图在秦国大展其才。而郑国的事件却将这群人放到了一个很尴尬的位置上，郑国事件发生后，秦国的臣子便纷纷对这群外国宾客投去了有色的眼光，在他们心里，所有的外国宾客都是郑国这类人物，都是其他国家派来的奸细。因此，这些臣子便纷纷在秦王政耳边进言，希望秦王能驱逐所有外国的人。

这当然是很有偏见的看法，从这份偏激中我们可以看到当时秦国当地官员对于外来人士的排挤现象。毕竟，外来人士中确实有很多能人，而他们也都在秦国政府里占有了一席之地，这种对本国官员的挤兑现象是这群当地人所不愿见到的，因此他们会提出驱逐的想法，也是在情理之中。再说当时秦王政遭受一次次的欺骗后，确实对人心有了一定的不信任。就是这种伤痕，让秦王政最终采纳了本地臣子的建议，发布了一道轰动一时的逐客令。

所谓逐客令，就是驱逐客卿的命令。而所谓客卿，就是春秋战国时授予在本国当高级官员的外国人。逐客令的发布意味着，那些在秦国辛苦经营了几年甚至几十年的外国人，在事业上已经好不容易见了起色，却必须遭受一棒子打死的冤枉，而失去了他们在秦国继续发展的机会。因此，逐客令在外国宾客中引起喧哗，所有的秦国客卿对此都感到愤愤不平。

而在这群客卿里，有一个人将这种不平化成了力量，因此写就了一篇铿锵有力、字字珠玑的劝谏文章。这个人就是李斯。

李斯是楚国上蔡（今河南上蔡西南）人。李斯的出身不高，但志气颇高，小时候便喜欢阅读经典，到最后竟也成了稍有文采的人，更兼写了一手好字，因此便被当地官员选中，当了一个掌管文书的小吏。能力出众的李斯在小吏这种职位上干得无聊异常，觉得小吏这种职位根本毫无飞黄腾达的机会。因此，在当时争名逐利的时代里，不甘寂寞的李斯也决定踏上他的官场之路。关于这点，司马迁还记载了一个有趣的故事。

据说，李斯在当小吏期间，曾经有两个场景在无意中吸引住了他的目光。其一，一群厕所里吃大便的老鼠，遇到一点动静便立即落荒而逃。其二，在米仓里的老鼠，有大堆的米粮可以吃，又不担心有人前来，因此毫无顾忌地在里面嬉戏交配。这两个场景触动了李斯的心，于是他发出了这样的感慨："人之贤不肖，譬如鼠矣，在所自处耳！"李斯从两个不同环境里的老鼠所拥有的不同命运出发，认为人正如鼠一样，本无智愚之分，不过是因为所处环境的不同，而有了不一样的道路。为此，李斯觉得在当时的社会里，只有自己去力争上游改变环境，才有可能像米仓里的老鼠一样。志气本高的李斯在两群老鼠的教训下，将小吏这个职位彻底地摒弃了。

辞去小吏之位的李斯来到了齐国，拜见了当时名声最大的儒学大师荀子，后便在荀子底下当起了学生。李斯在荀子这里学习了所谓的帝王之术，研究如何治理一个国家的实际问题。几年后，在诚诚恳恳的学习之后，李斯已经成了一个满腹经纶、才华横溢的学者。这时候，李斯觉得自己已经完全有能力出去闯天下了，于是，李斯便拜辞了师傅，踏上了他的求职之路。

在对当时局势的分析之下，李斯最后选择了秦国。在临行前，当荀子问了李斯为何选择秦国时，李斯回答说他认为秦国已有统一六国的气势。从这点来看，李斯的政治观察力是敏锐的。而当师傅再问起自己为何要出山时，李斯的回答便可将他的性格清晰地勾勒出来。李斯认为卑贱穷困是最悲哀的事，只有去争名逐利才是读书人的真正意义。这一席话揭露了李斯现实主义的法家性格，也决定了李斯后来的命运。

李斯辞别荀子后，便来到了秦国。当时秦庄襄王刚死，吕不韦也正在广招门客，于是李斯求见吕不韦，希望能投入其下。吕不韦见李斯是个贤人，又知是大师荀子之徒，便乐意地收了他当门客，还将他推荐给了秦王政，当个小官。李斯在秦国当官后，便因此有了面见秦王政的机会。有一次，他抓住了时机，给秦王政上言，说出了自己的政治构想。

李斯劝说秦王政要趁秦国强大之时灭六国诸侯，完成统一大业，更为秦王政提出了具体的离间之计。李斯的战略很得秦王政的青睐，李斯也因此获得了秦王政的关注，后因这番提议被任命为客卿。

此时，李斯在秦国的地位已经到了客卿的程度，也算是秦国的大官了。可是，当李斯在感叹自己即将成为米仓里的老鼠时，一道逐客令却将这种幻想给打破了。当李斯听到秦王政下逐客令时，和其他客卿一样，李斯也是在心里直喊冤枉。但和其他客卿又不一样，愿意奋力争取的李斯不愿接受这个事实，他决定用自己那出色的才华来劝一劝秦王政，挽回秦王政的心，让他明白并不是所有的外国人都是坏人。于是，李斯便一气呵成，写下了一篇流芳万世的名作《谏逐客书》。

《谏逐客书》引经据典，条理清晰，让阅读之人融入那充满理性的说理之中，瞬间觉得文中所言有理有据，实属真理。秦王政读了这封劝谏书后，看到了其中列举的秦国历史，读到了其中提到的每一个道理，便立即被李斯的文采所感染，瞬间有了收回命令的想法。此时，又逢郑国向秦王政表明了一个事实：修建郑国渠的本意虽然是为了消耗秦国国力，但郑国渠的修筑对秦国发展的帮助却远比这种消耗还多。这时，秦王政才真正觉得自己的逐客令是太过分了，于是，不顾本国官员的惋惜，秦王政便下令撤销了逐客令。

李斯的《谏逐客书》让秦王政回到了正常的用人之道，为了奖赏李斯让自己及时回头，秦王政从此更加重用李斯。李斯因此而成了秦王政的左右手，为秦王政后来的施政提出了许多看法。而秦王政的及时回头也确保了郑国渠的继续修建，从而让这座伟大的水利工程得以顺利地在秦国竣工，为秦国的发展作出了难以估量的贡献。

小肚量害死人

自李斯上《谏逐客书》之后，秦王政便对这个贤臣越来越看重。当时秦王政刚接过政权，正需要有一批贤臣来辅佐自己，李斯的出现因此给了秦王政一个很大的帮助，为此，秦王政任命李斯为廷尉，属秦国九卿之一，是主管司法的最高官吏。李斯在秦国有了自己的一席之位以后，便开始在这上面大施拳脚。

此时的李斯已然到了当年自己所认为的米仓老鼠的地位，因此，李斯对自己现在所拥有的一切极其爱惜，无时不在担心着自己的地位是否会有失去的一天。想起当年他离开荀子的时候对荀子说过的话：贫困和卑贱是他最鄙夷的悲哀生活。我们便足以理解为何李斯会死死地抓住自己的权力，不顾一切地往上爬着，而绝对不愿让自己再退回起点——那段当小吏的无趣生活对李斯来说是场噩耗。

李斯对处境的看重让他成功地走到了九卿的位子，在不久之后更让他当上了丞相。但这种过分偏激的看重也注定令其成为李斯的死穴，让李斯因此而犯下一个又一个的错。不说后来李斯帮赵高发动了沙丘之变，助纣为虐的他因此而走上了灭亡的道路。单就从当下的事来说，李斯便作出了一件令后人极其诟病的事来，这件事便是妒杀韩非。

韩非是韩国人，韩王室的公子。年轻时跟随大儒荀子学习，和李斯曾有同窗之谊。韩非和李斯一样，也对刑法之学颇有兴趣，对帝王之术深有研究。但在性格方面和李斯却大相径庭。李斯此人的道德观基本是法家的，儒家的仁义之学对他丝毫没有吸引力，这也是他最后放弃了自己的国家而选择秦国的原因。韩非虽也是法学人士，仁义的道德观在他身上却也占有一席之地，因此他并没有选择当时强大的秦国，而是希望能尽自己的力量帮助时已衰微的韩国。当然，两人之所以有这样的选择，他们的身世也是很大的因素之一。李斯在楚国是平民一个，毫无地位，但韩非却是韩国的公子，这种处境的相异也注定了两人不同的选择。

韩非和李斯一样，是荀子的得意学生，但韩非本身有一个缺点，对他的发展起到了很大的阻碍作用，这个缺点便是口吃。一个口吃的人很容易让人觉得是个傻子，最起码不会是一个聪明人。这当然是一种偏见，但对于这种偏见，韩非的心正如他的嘴巴一样，根本无力去争辩。因此，韩非虽然有意在韩王面前立功，却总是得不到韩王的重用。当然，将韩非得不到重用的原因归在口吃上面是有点简单的。韩非之所以得不到重用，最主要的原因还是因为韩王的平庸，这种平庸注定了韩王根本不够眼光去挖掘这个人才。毕竟，当时韩非给韩王提的建议很多都是以上书的形式的，而韩非的文笔可是令当时的大家李斯都自叹不如的。因此，韩王的平庸注定了韩非这个人才被埋没的命运。

韩非见自己的建议从未被韩王重视过，心里便起了牢骚，他认为这是“廉直不容于邪枉之臣”，便愤而退离朝政，当一个愤世嫉俗的文人，写起了他的文章。结果，在这段时间内，韩非将一股怒气注入了他的灵感里，竟写成了洋洋洒洒十万余言的文章，其中包括《孤愤》、《五蠹》、《内外储》、《说林》、《说难》等著作。

韩非的书籍渐渐在当时的名人之间传播着，人们也开始认识了这个法学的新一代人物，因此，韩非的名声越来越响。但是，虽然如此，韩王仍然对韩非这个结巴不屑一顾，韩非在韩国的境遇并没有因为他的文章而有所改善。但是，有所为必然有所得，韩非的文章已经传到了秦国，当时，有秦国人便将韩非的文章推荐给了秦王政。到了这时候，属于韩非的曙光才明亮了起来。

秦王政看了韩非的《孤愤》、《五蠹》等书，便觉得这个人非但文采斐然，更是见识非凡，当下便对韩非起了敬佩之情，直言：“嗟乎，寡人得见此人与之游，死不恨矣！”这句话就如同孔子那句“朝闻道，夕死可矣”（《论语·里仁》）一样，可见在看完文章的当下，秦王政心里对韩非确实有了一个神仙般的向往。

秦王政对韩非的钦佩之色满溢于脸，却苦于没机会和写下这些文章的作者见上一面，聊聊哲学，聊聊世界。这种思之切、求之难的心情被李斯瞧见了，为实现秦王政的愿望，李斯便向秦王政讲述了这个作者的身世。秦王政得知作者是韩国公子以后，便下了急攻韩国的命令，因为他希望能借此而威胁韩王献出韩非。

这次进攻对韩王造成了很大的威胁，但当韩王知道秦王政不过是为了一个韩非时，便立即下令韩非以韩国使者的身份进入秦国，说服秦王停战。于是，在秦王的逼迫下，韩非终于从韩王那里获得了他的第一个重任。

秦王政成功地迎来了韩非，正式见到了这个心中期盼已久的贤人。不知道当秦王政发现韩非是一个结巴的时候，心里是否会有一点讶异的神色。但是，有文章的好感在前，韩非的结巴并不会让秦王政对他的看法有任何改观。而在和韩非的正面交谈之后，秦王政对这个韩国公子也有了更大的兴趣。在他心里，韩非绝对是一个能力出众的人。

但是，虽然秦王政对韩非颇有好感，却并没有因此而信任并重用韩非。在秦王政的心里，韩非或许只是一个能人，而郑国的事迹也还在时刻地提醒着他：必须多注意这些外国人。因此关于是否重用韩非，秦王政更希望能和李斯这些大臣商量商量。这之后，历史的说法基本都倾向于李斯因为嫉妒韩非，怕韩非抢了自己的碗饭而劝秦王政杀了韩非。其实，杀了韩非一事或许有李斯的小肚量问题，但其中还有更大的原因。

当时秦王政已经在准备攻灭六国的事，而按照李斯的战略，弱小的韩国是排在六国里的第一个的。但是韩非是韩国公子，他当然不会赞同李斯的战略，因此便和李斯产生了意见相左的矛盾。这便让李斯觉得，韩非这人绝对是阻挡自己继续前进的敌人。因此，本就对韩非得到了秦王的赏识而有所嫉妒的李斯，这时候便将韩非视为政治上的最大敌人。

此外，从《战国策》里还记载了另外一件事。在秦王政着手攻伐六国之后，很快的，韩、魏两国便已经处在苟延残喘的地步，对此，其余四国便打算再次结成合纵联盟来对抗秦国。为破这次联盟，秦王政派出了姚贾去劝说分化四国。但是，利用这个机会，韩非对姚贾进行了毁谤，说其是“世监门子，梁之大盗，赵之逐臣”，使得秦王政曾一度不信任姚贾而将其召回，多次中断劝说的任务。因此，姚贾也和韩非结下了恩怨。

这之后，姚贾便和李斯站在了同一战线，两人合起来设计除掉韩非。这两个人便向秦王政上言，说韩非是韩国公子，心系韩国，并无心向秦，与其留为后患，还不如将其定罪斩杀。秦王政虽然爱惜韩非是个才子，但在政治上毕竟不敢用他，留着非但用处不大，更有可能成为后患，便同意李斯的建议，令李斯随便给他网织个罪名，将其关押起来。

后来，韩非在监牢里收到了李斯令人送给他的毒药，无处陈情的他最后只能在李斯的逼迫下自杀身亡。再后来，秦王政觉得韩非实在是不可多得的贤人，便后悔当初的命令，令人立即前往监牢赦免韩非。可惜，当秦王政后悔的时候，韩非却早已经死了。

从韩非的事迹中可以看出，当时韩非在秦国的时候仍一味护着韩国，这便是秦王政无法重用韩非的原因，更是成了李斯除掉韩非的原因之一。因此，当讲起李斯和韩非的事迹时，对于李斯的一味责怪是不全面的。他们两人之间的矛盾或许有掺杂着李斯的嫉恨，但各为其主也是一个很重要的原因。

李斯除掉韩非这件事究竟是对是错，现在已经很难去判定了。但是，能判定李斯功绩的事件却还有一大堆，其中最重要的便是对统一六国的策略制定。这份想法在吕不韦还在世的时候便已经在秦王政心里待着了，这时候，秦王政权力在手，便风风火火地做起这件事来了。

秦王政统一六国的道路，正式启程了！

第二章　天下一统：再创一个完美世界

准备各个击破

在翦除了嫪毐和丞相吕不韦的势力后，秦王政将统领全国的权力拿了回来，开始了他由一个诸侯国君主走向帝王的道路。如果说之前的逐客令是在内政上给了各个诸侯国一个心理上的打击，那么在这之后的军事行动便意味着秦王政已经开始了他伟大而艰巨的目标——灭亡六国。

早在吕不韦当权的时代，李斯便向秦王政提出了这个总目标。虽然李斯因此而获得秦王政的青睐，但灭亡六国的计策在当时并未有任何大的突破。小的成就是存在的，但这并不能让颇具野心的秦王政感到满足。只有顺利攻下一个国家，秦王政才能感觉这个总战略是具有可行性的。

对于此，为了增加秦国的信心，李斯对当时的六大诸侯国进行了一次分析。

韩国。整个韩国历史除了在韩昭侯时代有过短暂的辉煌外，其实力基本都是排在七国最后。而早在韩桓惠王时，韩国便已经臣服于秦国。到了秦王政初年，韩国的疆域更是大大缩减，只剩下都城阳翟与其周围十多个中小城邑。这种实力在强秦面前不堪一击，基本上已经沦为一个不入流的小国了。

赵国。赵国本为北方强国，在赵武灵王时实行改革，其国力到了足以北抗匈奴、南抵强秦的地步，成了秦国东进的最大阻碍。但这之后，在长平之战以及邯郸包围战之后，赵国便基本走上了衰退的道路。更兼赵王虽有良将，却不懂重用，因此频频被秦国有机可趁。

魏国。魏国曾在魏惠王时威慑整个战国，但这之后便屡次受西方的强秦打压，疆域不断缩小。后虽有信陵君窃符救赵，重拾魏国威望。但魏安釐王终究昏庸，非但没有乘胜追击，还罢用信陵君，从此失去了东山再起的机会。

楚国。楚国在南方一直独大，但自秦将白起攻陷楚都之后，楚国的实力便开始直线而下。这之后面对强秦的压迫更是屡次迁都，从而大大地挫败了楚国将士的士气。因此，此时的楚国和齐国一样，空有一个区域性强国的称号，而早已失去和秦国单独作战的力量。

燕国。一个燕昭王将燕国带入了强国之列。但这时候，到了燕王喜当政时期，在外交上不与近邻赵、齐修好，又常常无故发动混战，因此形成劳民伤财、国力损耗巨大的局面，最后成了在六国之中只略强于韩的弱小之国。

齐国。自燕将乐毅连拔齐国七十余城后，之后虽有田单用火牛阵力挽颓局，收复失地，但齐国从此衰败已成不可争议的事实。齐威王当年建立的霸业早已成为历史的尘埃，齐国的东方大国地位已经成了有名无实的称号。此时的齐国经济发展缓慢，政治落后，国君齐王建是个无能之主，更兼国内缺乏贤人能臣，除了坐以待毙，早已失去了复强的力气。

这是对其余六大国的大致分析，这种分析确实增进了秦国灭亡六国的信心。从分析中看，六国已经没有任何一个国家足以单独和秦国对抗，秦国的统一之路轻而易举。虽然如此，秦王政对统一之路却没有太大的信心。因为如果一国一国的进行分析，那秦国独大的局面自然是事实，但是如果六国合纵对抗秦国，那秦国的统一之路必将阻碍重重。

秦王政的这种担忧并不是没有道理的，早在几年前，秦国便分别被信陵君和春申君统领合纵联军直逼到函谷关。这两次大败在秦国的统一之路上划下了两道巨大的伤痕，令秦国虽有雄心壮志，却也不得不胆战心惊地去走每一步。当然，这也并非仅是秦王政的担忧，李斯在提出统一的伟大构想后，他也必须面对六国合纵的难题。

但是，在之后的一次对抗合纵联军的战争中，李斯看到了一丝希望。

这便是发生在秦王政六年（公元前241年）赵将庞煖率领合纵联军进攻秦国的战争。当时，在这合纵军中，燕国和齐国是没有参加的，而之后，四大国虽逼近咸阳，却因为各有私心而迟疑不前。而当吕不韦率军进攻楚营时，楚军更是不战自退。楚军一退，其余三大国便也各自散了回去。从这场战争中，李斯看到了六国之间的团结是脆弱的，而当时齐、燕没有加入合纵，部分原因也是因为他们的土地和秦国没有直接相邻，彼此之间的敌对关系较弱，因此不愿和其余四国趟浑水。在这种分析之下，李斯觉得各个击破的可能性是存在的，因此，为顺利实现灭亡六国，李斯继承了范雎当年提出的著名策略——远交近攻。

远交近攻在不同的时代背景下有了它新的历史涵义。李斯提出的远交近攻战略用十二个字来总结就是笼络燕齐、稳住楚魏、消灭韩赵。先交好远方的燕、齐两国，稳住隔壁的魏、楚以防他们趁机捣乱，在此时及时消灭了最弱最近的韩、赵。韩、赵一灭，立即进军魏、楚，而后再一举东进，灭了燕、齐。这是一个先弱后强、先近后远的具体战略步骤，如果能顺利地做到这一点，那分化六国而后一一击破的目标便能顺利达成，统一也便在即了。

这当然是一个很好的具体战略，但六国能让秦国的如意算盘打得那么好吗？秦王政虽听了李斯的献策后精神大振，但要具体实施起来也难免感到棘手。何况，在当时秦王政的手下，虽不乏猛将和文臣，但对于熟悉军事理论的军事家却是极其缺乏的。在这种情况下，秦王政想要以迅疾的速度灭掉六国仍有难度，因此秦王政仍然感到困惑。就在秦王政困惑的时候，有一个人的出现解决了他的难题。

这个人的名字叫做尉缭。尉缭是著名的军事家，著有《尉缭子》一书，这书在古代就被列入军事学名著，受到历代兵家极力推崇，与《孙子》、《吴子》、《司马法》等在宋代并称为《武经七书》。由此看来，尉缭正是秦王政所需要的人才，因此他的到来为秦国注入了一股坚定的信念。

尉缭是在秦王政十年（公元前237年）来到秦国的。据说，在尉缭刚进入秦国的时候，当他看见秦王政的时候，便对眼前的这位君主产生了不好的印象。尉缭擅长看相，他认为秦王政的面相刚烈，此人在有求于人时会虚心诚恳，但在遭遇冒犯时又会露出非常残暴的一面。因此尉缭认为秦王政缺少关爱百姓的仁德之心，便有意离秦国而去。但对于尉缭的逃离，秦王政每次都派人将其追回，之后非但不怪罪尉缭，更以和善示好的态度礼遇之。这令尉缭感到些许忏悔，秦王政的坚定最后留住了尉缭这个人才。

尉缭在决定辅助秦国之后，便针对统一六国的总方针给了秦国一个具体战略。这个战略和李斯的想法是一样的，尉缭希望秦王政能采取远交近攻、各个击破的战略来实现他的统一之梦。这之后，尉缭更建议秦王政不要吝啬财物，而要用这些财物去贿赂各国的权臣，利用这些权臣来扰乱六国的合纵想法。

尉缭的一席话和李斯所见略同，但他提出的分化策略更进一步，从六国之间前进到每一国之内，这种内部渗透的反间计大大增加了秦王政的信心。既然有两个大臣都这样认为，那必不会错了。秦王政选择信任这个战略，因为他没有多余的时间去迟疑。迟疑是最可怕的魔鬼，会让你错过一个很好的机会。关于这点，在举行冠礼拿回权力的那天便雷厉风行地解决了嫪毐之乱的秦王政，是比任何人还清楚的。

在作出决定之后，秦王政在李斯、尉缭以及一班臣子的支持下，已经开始将他的手脚施展在整个大地之上了。在毫无经验的基础上，秦王政便将目光拉到了灭亡六国的目标上。这次行动注定是一招险棋，也将成为秦王政执政以来的壮举。秦王政有办法驾驭这个宏大的志愿吗?

小韩扛不住了

在李斯和尉缭为秦王政输入了大量的信心后，秦王政便下定决心开始他各个击破的统一之路了。此时，就在整个秦国的支持中，秦王政开始将他的野心公之于世。他相信，在不久的将来，整个眼所能及的土地，都将收进他秦王政的口袋里。而按照灭亡六国的计划，秦王政的第一个目标，便是六国中离自己最近又是相对弱小的韩、赵两国。这两个国家，在强秦的恃强凌弱之下，还扛得住吗?

当秦王政在赵国这块土地上碰了几次壁后，事实便证明了赵国还具备对抗秦国的实力。为此，秦王政便顺势将目的定在了最弱小的韩国身上。

韩国看来已经有点危在旦夕了。这个七雄之中最为孱弱的国家，早期夹在秦、魏、齐等各大国之间，四面楚歌的环境决定了它难以往外实现突破的道路，要不是曾有韩昭侯立志改革，更得申不害等能臣大力变法，韩国想跻身七雄之一似乎都缺乏正当的理由。

虽然在韩国的历史上曾经有过短暂的辉煌，但这种辉煌也只能保证这个国家不被他国侵犯而已。因此，若严格说起来，韩国从来没有达到一个大国的地位，在多年的战国动乱中，它始终是遭受最大伤害的那一个。而韩国之所以能经久不亡，在很大程度上也是因为它所处的地理位置给其余六国所带来的战略价值。

在战国早期，韩国便已经成为魏、齐之间的争霸资本，马陵之战是这种局面最大的注脚。后来秦楚争霸时，韩国又受挟于秦国，与之共同伐楚。之后，到了战国末期，韩国更是成了秦、齐两国之间战争的缓冲地，苟延残喘地存在着。而发生在秦、赵之间的著名战役长平之战更是由于韩国上党郡而起。所有这些都充分表明了，在韩国的发展史上，它基本都是作为俎上鱼肉，受人控制，任人宰割。

韩国的实力和它所处的地理位置都决定了它作为秦国第一个靶子的命运。韩国的地理位置对于秦国来说也是极其关键的，它遏制了秦国经由函谷关东进的道路，如同当年想要东进的秦穆公必须先将目光放在晋国身上一样，秦国如果想要往东有所突破，韩国这个障碍便不得不除。就是在这种情况下，秦、韩之间才经常爆发战争。而其余五国也深知韩国对于秦国的重要战略位置，因此在秦、韩交战中，不时有其他国家出手相援韩国。当然，这种相援活动的收获并不是很大，结果，在多次的战争后，韩国的疆域不断为秦国所侵蚀，而到了秦王政年间，竟然只剩下了都城阳翟与其周围的十多个中小城邑。

秦王政十四年（公元前233年），当秦王政的大军直入韩国时，当时的韩王安已经束手无策，只好向秦国纳地献玺，正式降为秦国的藩臣。在这场战争中，韩国失去的并不仅仅是它那七雄之一的地位，更令人感到可惜的是，在这场战争里韩国失去了它一个非常重要的人才韩非。

韩国不是没有复强的机会的。历史送给了韩王安一个韩非，但没有人知道如果有韩非辅佐，韩国是否会有雄起的可能性，因为韩王安彻底向历史拒绝了这个试验。对于韩非的屡次进言，对于韩非提出的许多救国措施，韩王安身为一个弱国之主，却始终没有以正眼的态度来面对。此时的韩王安正如王安石笔下的那个歌女一样，“年年犹唱，后庭遗曲”。

如果韩国有一个立志高远的君主，那它或许还有的救。但当历史决定让韩王安来坐这个椅子的时候，韩国便注定从此失去翻身的机会了。

韩王安身处险境却不思进取，他的态度引起了臣子们的不满。在韩国，有点眼色的人都知道韩国不久便将败于秦国之手。韩非的离韩赴秦，虽说其缘由是因为韩王安的任命，因此里面并没有任何叛离韩国的味道，但此举无异于在当时的韩人心中激起了万千情绪，似乎选择明主才是明智之举。这之后，当韩非死在秦国的消息传到韩国后，韩人对自己所效命的这个国家有了更大的失望。在一个弱小的国家里，又有一个不思进取的君主，这样的政权值得自己为之而奋斗吗？

韩国从上到下开始了一种分崩离析的危险，而这种危险正好给了虎视着它的秦国一个很好的渗透机会。按照尉缭的计策，在对付六国的过程中，分化的不仅仅是六个国家彼此之间的关系，更要从每个国家的内部进行分化渗透，离间君主和臣子之间的关系。而韩国此时的情形正好让这个计策有了用武之地，因此秦王政便开始在韩国培植亲秦势力，企图以这股势力来控制韩国，最后达到灭亡韩国的目的。

在这次的分化策略上，秦国选择了时任韩国南阳郡郡守的腾。腾是当时韩国仅存极少的能臣之一，姓氏不可考，只知其名为腾，后因在秦国官封内史，故称内史腾。秦王政十六年（公元前231年），尉缭的内部分化开始在韩国起作用了。就在这年，内史腾主动向秦国投降，并将所领南阳地（今河南境内太行山南、黄河以北地区）全部献给了秦国。秦国轻而易举地接受了韩国的一块土地，令疆域本已狭窄的韩国更显窘迫。

没有人能对内史腾的叛离表示指责。所谓识时务者为俊杰，内史腾的叛离代表了一种历史潮流，即天下英雄即将全部会聚在秦国的土地上。另外，对于韩王安，对于这样一个不知亡国恨的君主，不说他的臣下遗弃了他，就是历史遗弃了他也是一种理所当然的事。

南阳郡一失，本已束手无策的韩国除了静静地等待死亡的来临，再也不能进行任何程度的反抗了。而南阳郡的得手对秦国的意义也是重大的，这之后，秦国将这块土地作为前进的基地，使它以一个跳板的姿态为进攻韩国作出巨大的贡献。除此之外，南阳郡对于以后进攻南方的楚国也奠定了一个坚定的后方基础，在这方面，攻灭楚国的王翦还必须得对南阳守内史腾表示感谢。

南阳郡到手，韩国奄奄一息，这个时候正是出手的好时机。秦王政大腿一拍，决定立即送病入膏肓的韩国一程，免得看着它这般苟延残喘。秦王政十七年（公元前230年），秦王政派出了大军直逼韩国都城新郑（今河南新郑）。此时，新郑里的君王除了颤抖以外，聚集士兵的力量早已消失在他那毫无顾忌的岁月里了。

秦王政在选择攻灭韩国的将领里看中了内史腾，这似乎是一件理所当然的事。从内史腾献上南阳郡后，新郑的攻伐便注定给这个韩国降将来执行了。毕竟，有哪一个秦国将领会比一个韩国将领更熟悉韩国的情况呢？而对于这个问题，内史腾给了秦王政一个完美的回应。就在秦王政下令内史腾出征不久后，新郑被一批渡过黄河的大军所灭这个消息很快便响彻整个云霄了。

韩国终于从此消失在历史的舞台上了。当韩王安被内史腾俘虏的时候，看着这个曾经是自己手下的将领，韩王安是否会愤怒地问他一句："你为何要背叛我？"而在这一番询问过后，韩王安是否会得到一个令人心寒的回应："是你逼我的。"无论韩王安是否为他的沉沦而自责过，他都不得不接受这样一个事实：他昔日掌握的国家，如今竟然成了他人的郡县。秦王政十七年（公元前230年），秦国在韩地设置颍川郡，建郡治于阳翟（今河南禹州）。

韩国灭亡了，它在实践上给了秦王政更大的信心，这种信心是李斯和尉缭所不能给的。韩国的灭亡说明了秦国确实能采取各个击破的路线，而挑拨离间的手段更是以兵不厌诈的理论依据大大地发挥了它的效用。秦灭六国的道路已经成功地踏出了一步，只有到了这个时候，秦王政才真正觉得自己和他之前的所有先祖都是不一样的，因为他们没能做到的事，他秦王政做到了！

当然，秦王政要高兴还太早。除掉一个韩国并不能代表秦国的统一之路即将顺畅地走下去，在韩国之外，还有另外五个国家在等着秦军。秦王政眼前这条路仍旧迷茫而曲折，他只能继续摸着石头过河，有如先祖在西垂之地兢兢业业地开垦着一片居住地时的诚恐。

但刚强的秦王政抛开了一切疑虑。此时，在秦王政的心里，只有两个字闪现着，这是继韩国之后的另一个国家——赵国。

找来燕国帮帮忙

秦王政在韩国这块土地上证实了秦国具有灭亡他国的实力，这大大增加了秦国的信心。但是，这种信心也因为韩国的弱小而带上了局限性。对此，秦王政不得不继续拿一个更加强大的国家来开枪，来向世界，也向自己证明，秦国确实有统一的潜力，而这个国家毫无疑问便是赵国。

早在灭亡韩国之前，秦、赵两国便陷入了交战的场面，也就是说，在秦王政的动作之中，赵国是早于韩国的一个目标。但是，赵国比起韩国来毕竟还是强大了，因此秦国在赵国这里竟然摔了一大跤。

在考虑赵国这块土地的时候，秦王政比之韩国是多花点心思的。毕竟秦王政明白，赵国之强大是一时难以打下的。而且当时韩国还未被秦国灭亡，秦王政对于统一六国的信心仍旧有点缺乏。因此，在进攻赵国前，秦王政希望能作好十足的准备。而根据李斯和尉缭的战略，在对抗赵国之前，必须先拉来燕国帮帮忙。

这个分化燕、赵两国的计谋是有根据的。当时燕、赵两国正处于矛盾激化期，小战不断，大战一触即发。记得当年那个十二岁的丞相甘罗吗？他曾经劝说赵王直接献出城池，以防止秦、燕两国联盟夹击赵国。从这个事件便可看出当时赵、燕两国的紧张局势丝毫不下于赵、秦两国，而当年吕不韦也看中了这一点，因此早就派出了张唐作为使者结好燕国。在这样的背景下，秦王政很自然地继承了吕不韦的战略，因此便派出能说善道的使臣进行了一场挑起两国战火的行动。

在两国之间早已存在的嫌隙使得这种战火的挑起是很容易的。最后，秦王政还没出手，燕、赵两国就大战起来了。两国的大战给了秦王政很好的机会，这也正是他苦苦等待的机会，这次终于到来了。因此，秦王政十一年（公元前236年），秦王政以援助燕国为由，派出了大将以兵分两路的攻势夹击赵国。

此时的赵国正忙于北抗燕国，对于秦国的防线相对空虚，因此秦军的这次进攻是较为顺利的。秦将桓齮、杨端和一路军很快便攻占了邺（今河北临漳西南）、安阳（今河北安阳西南）等九座城邑。另一方面，王翦所率军队也迅速攻占了阏与（今山西和顺）、撩阳（今山西左权）。在这场战争中，如果说有什么令秦王政感到兴奋的，那除了顺利夺得赵国几座城池外，便是大将王翦的出场了。

历史关于王翦的记载开始于这场阏与之战。即便这是一场小型的战役，也足以看出王翦过人的军事才能。王翦在率军攻打赵国的时候，曾经对军队作出了一次调整。他令军中不满百石的校尉回家，然后从原军队的每十人中选出两人留在军中。结果，在这一番调整之后，这支军队中所留下来的都是军中精锐。迅速攻占了阏与便向世人证明了这支军队的气势之旺。

这两路军都取得巨大的胜利后，桓齮一军又继续前进，于秦王政十三年（公元前234年）顺利攻下了平阳（今河北磁县东南）、武城（今山东武城西），大破十万赵军，且杀了赵将扈辄。平阳大败赵军后，桓齮又率军东出上党，越太行山深入赵国后方，由此攻占了赤丽、宜安（今河北亭城西南）。持续的胜利大大提高了秦军的士气，秦军以势如破竹的姿态向赵军发出了得意的挑衅，而夹在秦、燕两国之间的赵国，却明显感到力不从心。

两头忙的赵王迁急得像热锅上的蚂蚁，在朝的大臣们也没有一个有足够的能力来为赵王分担一些烦恼。难道就只能眼睁睁地看着秦国军队肆意地踏足赵国国土？就只能眼睁睁地看着他们任意妄为地侵犯着自己的子民？无能的赵王迁遇到一群无能的臣子，除了焦躁地来回踱步外，实在想不出他还能有什么好办法。

绝境逢生的奇迹总是存在的，就在赵王迁濒临崩溃的时候，不知道是谁在他的耳边说了两个字，这两个字如一道闪电一样击中了赵王迁的头脑，赵王迁的眼前一片明亮，这两个字就是李牧。

李牧早在赵惠文王时期便受命带兵独当北部戍边之责。在和匈奴的对战中，李牧表现了他过人的军事才能，为赵国消除了几十年的匈奴之患，李牧成为自廉颇、赵奢之后的赵国名将。而当廉颇投奔魏国后，李牧便因此成了赵国国内的武将第一人。后赵悼襄王年间，李牧在对燕国的战争中也取得了令人钦佩的战绩。直到赵王迁即位，李牧对赵国的贡献早以到了无人可匹敌的程度。

李牧身为三朝元老，且能力出众，这样的大臣是让君主最为尴尬的。赵王迁论能力论威望都比不上李牧，就这一点来看，平庸的赵王迁躲不过身为君主都会有的猜忌心理。因此，李牧在当时并没有任职于朝中，而是被派往北方，继续他一贯的防卫北边的职责。当然，关于这点，一方面自然是因为李牧对北方事务最为熟悉，因此派他镇守北方。但赵王迁对李牧的猜疑也并非全然看不出来，不然这之后赵王迁也不会轻易中了王翦的反间计。

当赵王迁想到李牧的时候，立即派人将李牧从雁门调了回来，任命他为大将军，令他领兵抵挡秦国的大军。而当李牧回到朝中的时候，桓齮的大军便已经逼近了赵都邯郸。事不宜迟，李牧立即率领赵国国内的全部赵军，以他亲自训练起来的边防军作为主力，向着秦军到来的方向毫无畏惧地开进，最后来到了宜安附近，与桓齮的秦军对峙于此。

李牧认为秦军已经连续获胜多次，其士气之高令人恐惧，因此必须避其锋锐，消磨敌军，伺机进攻。于是，李牧没有贸然出击，而是采取了筑垒固守、拒不出战的应敌策略。另一边，桓齮也明白李牧的心思，他更明白秦军远出，不能久战。因此桓齮以一种积极的态度希望引诱李牧出战，为此，桓齮亲率主力进攻肥下（今河北晋州西），计划引李牧往援。李牧看出了桓齮的策略，因此他坚持不出战，时有赵将赵葱劝战，也被李牧果断地拒绝了。

这时，当桓齮的主力在肥地挑逗着赵军的时候，李牧却对这种挑逗不屑一顾，而将他的目光放在了秦营里。李牧知道桓齮主力已全到肥地，秦营必然空虚，而营中士兵也习惯了自己的深垒战术，因此时间久了必然疏于防备。深谙军事的李牧在算计到这一点的时候，立即毫不迟疑地下令士兵袭击秦军大营。秦营面对李牧的忽然袭击，惊慌失措，很快便败下阵来，赵军由此俘虏了秦营内的留守将士并获得了大量辎重。

李牧之军可谓不鸣则已一鸣惊人，此次胜利大大扭转了赵军之前因屡屡战败而染上的颓丧情绪，激励了全体赵军，让赵军明白赵国还有一个李牧在，赵国并不会灭亡。这个消息也震动了桓齮，桓齮本想出奇招引李牧这只大虎出洞，却没想到反被李牧摆了一道，自己的窝倒让李牧给端了去。桓齮可咽不下这口气，立即领兵返回，准备大战李牧。

而此时李牧早已判定桓齮必会回军救师，因此他早布署了部分兵力由正面狙击敌人，然后将主力配置于两翼。待桓齮军队一到，怒火攻心的桓齮思考不了太多了，他看到了李牧的军队正在前方等着自己，便下令军队直冲，与李牧安排的中军正面接触。这时候，李牧立即下令两边的军队包抄进来，以夹攻的姿态将秦军围得水泄不通。秦军在中间遭受多方攻击，渐渐地败下阵来。最后，桓齮在亲随的保护下突出重围，无可奈何地将肥之战的胜利之功让给了李牧。

李牧此次大胜令赵国上下欣喜异常，赵王迁更是直夸耀李牧简直是他的白起，因此而封李牧为武安君。这时候，李牧在赵国的威望直逼白起在秦国的威望，对于武安君这个封号，李牧受之无愧。而成功塑造了肥之战这样一场经典的战役，也使得李牧的军事才能再一次获得了后人的认可。

相对于救国于危难之中的李牧所获得的荣誉，败将桓齮的命运可没那么好过了。桓齮在肥之战大败于赵军，担心受罚，遂失去了回国的勇气，因此便逃亡燕国，企图在燕国的保护下度过余生。可惜，既然燕国也在秦王政的灭亡行列中，那么桓齮的厄运便无可避免了。几年后，当荆轲前往秦殿准备刺杀秦王政时，他手里提着的人头便是桓齮的，桓齮又叫樊於期。

秦王政对于这次大败确实感到极其愤怒，本已到手的胜利却因为桓齮的大意而失去了。当然，这并不会就此挫败秦王政的野心，也不代表秦、赵两国的地位就此换了个位子。秦国仍旧强于赵国，秦王政从来都没有失去灭掉赵国的信心。

老赵这个亲戚算完了

秦王政十四年（公元前233年）的肥之战令秦王政的统一之路遇到了第一次波折。可秦王政并不用感到沮丧，因为秦国的力量虽经此大败，却仍旧完全凌驾在赵国之上。因此，秦王政在失败过后，没有做过长的休息，便立即再次进攻赵国。

秦王政十五年（公元前232年），在短暂的休整过后，秦王政再次出兵赵国。秦王政似乎很明白一个道理，即他有不休息的资格，但虚弱的赵国对此却缺乏享受的权利。因此，秦王政企图以机关枪式的进攻迅速搞定赵国。但是，秦王政却忽略了一点，阻挡他秦王继续往前一步的最大障碍并不是赵国实力微弱的军队，而是当时名声威震一时的大将李牧。

秦王政或许没想到一个将领可以让一个几近灭亡的国家再度复苏，可是不久后他即将见识到，一个人可以缔造的奇迹是如何巨大。

为抵挡秦军的再一次进攻，李牧又被派到了前线。面对秦军兵分两路的策略，李牧认为邯郸之南有漳水及赵长城为依托，秦军难以迅速突破，因此对于这路可以暂缓对付，只以部将司马尚率部据守。而对于由太原取狼孟（今山西阳曲）后东进番吾上的另一路大军，李牧便亲率主力北进抗击。

在这场战役中，李牧临阵不惊，指挥若定。先是在番吾给予秦军以沉重的打击，接着跟踪追击，及至驱逐秦军将其逼出赵境。然后立即回师南进，和司马尚两军会合，锐不可当。漳河沿岸的秦军早已听说另一路大军已经败退，此时闻讯李牧大军前来，在两军碰头之后便不战而走。

这场大战又一次以李牧的全面胜利而告终。当消息传到秦国的时候，秦王政大吃一惊，没想到赵国那颓败之师到了李牧手中竟然有了天降神兵的非凡能力，看来，李牧不除，秦王政想要往赵国前进一步似乎是一件非常困难的事。

可是，虽然赵国在此战中又一次大胜秦军，但和秦国三番两次的对决后，本就虚弱的赵国为应付这种不间断的进攻而变得更加筋疲力尽。此次大胜不过为赵国争取了一个残喘的机会，让赵国获得短暂的稳定。如果秦国继续以迅猛的姿态进攻赵国，那么便是有李牧掌兵，赵国也没有足够的实力来让李牧好好发挥。毕竟，媳妇再巧，总难成无米之炊。

福无双至，祸不单行，在对外面临秦军的持续进逼外，赵国还要面临内部的灾荒问题。当时，赵国国内发生了旱灾，由此形成了面积甚大的庄稼枯死、颗粒无收的局面。在内外问题的多重夹击下，赵国国内形势动荡，人心惶惶。赵王迁在这种情况下，虽有急切救国之心，但也难施救国之法。

秦王政虽然被李牧这个人给吓了几次，但他也很明白当时的赵国国情。因此，在顺势灭亡了韩国之后，秦王政便立即将他的目光再次转回到赵国之上。于是秦王政十八年（公元前229年），秦王政令王翦统率秦国主力直下井陉（今河北井陉），然后令杨端和率河内兵卒，共领兵几十万进围赵都邯郸。

赵国已经奄奄一息，毫无反抗之力。但不甘于此的赵王迁还是派出了李牧前往抵挡秦军，在李牧强大的能力之下，没有人敢说这个将领无法再为赵国创造奇迹。

虽然知道赵国的国情之衰败，充满信心的王翦一听到李牧的名字也难免感到慌乱，这个从未打过败仗的将领在王翦心中简直是完美的战神，仿佛白起再生，王翦对他充满着敬佩之情。这种敬佩之情让王翦明白，李牧的存在即使无法挽救毫无生气的赵国，但却能为赵国争取一点残喘的时机。而这点残喘的时机是秦国所不愿见到的，因为没有人知道在李牧为赵国争取到的时间内，究竟会发生什么变数。因此，王翦的首要任务不是进攻赵军，而是用计除掉李牧。

早在对待韩国的时候，秦王政便用分化渗透的战术拉拢了韩国大将内史腾，从而得以迅速灭亡韩国。王翦在内史腾身上得到了灵感，对于李牧，除了用反间计除掉他，王翦想不出更轻松的办法了。于是，王翦便献计秦王政，希望秦王政派出一个奸细前往邯郸，以重金收买赵国宠臣郭开，令其在邯郸内部散布不利于李牧的流言。

这个郭开是赵王迁的近臣，曾经诬陷过赵将廉颇，因此对于散布流言这种事可算是得心应手。于是，郭开便令人在邯郸城内四处散布李牧和司马尚勾结秦军准备背叛赵国的流言，这些流言很快便传遍了整个邯郸城。我们不知道邯郸城的居民听到这些流言的时候会作何感想，他们会不会愿意对这个国家英雄加上“奸臣”的名号，但是我们可以知道，赵王迁对此采取了信任的态度。在邯郸城风声四起的时候，再加上郭开在赵王迁耳边一直唆使，昏庸的赵王迁背弃了这个曾经救国于危难之中的战神，将他贴上了背叛国家的奸臣标签。

当李牧知道赵王迁委派赵葱和颜聚来代替他和司马尚的职位时，李牧以“将在外君命有所不受”为由拒绝履行这次命令。李牧知道赵葱这人完全没有军事能力，如果将整个军队交由他来统领，那么赵国必然很快就失败。因此为了社稷臣民着想，李牧宁愿背上逆旨的指责，也不愿将整个国家拱手相让。

但是李牧的坚毅遇上了更加顽固的赵王迁，看到李牧不服从自己的命令，赵王迁更加认定了李牧的背叛之心。于是，赵王迁暗中布置圈套捕获了李牧，然后毫无怜悯地将其斩杀。李牧的死给了摇摇欲坠的赵国一个巨大的打击，从此之后，赵国失去了复苏的机会。自廉颇之后，赵国再次犯下了这种低级的错误，有这样昏庸的君主，又如何能不亡呢？

李牧一死，由他统领的军队便开始解体。这些士兵无不以李牧为英雄榜样，无不以身在李牧部下而感到自豪。可是现在，这个赵国的救星却被赵王以莫须有的罪名斩杀了，这伤了多少士兵的情，寒了多少士兵的心！军心涣散的军队已经失去了战斗的激情，赵国的兵败已经被提上了日程。

秦王政十九年（公元前228年），在成功除掉了李牧之后，王翦便立即趁着赵国上下离心的时候进攻赵军。军事实力远差于王翦的赵葱，领着一支士气低落的军队抵挡着秦军。毫无恋战之心的士兵如何能打赢来势汹汹的虎狼之师？很快的，赵军便全军溃败了，赵葱也死于沙场。

与此同时，在齐、楚等国做说客的姚贾也发挥了他的效用。在姚贾的挑拨下，各大国对于赵国的危机纷纷报以冷漠的态度，没有任何一个国家想出兵援救这个已经濒临灭亡的国家。赵国的腐臭味弥漫在整个战国的土地之上，但其他国家除了用手帕遮掩住鼻子外，什么表示都没了。

赵王迁彻底被孤立了起来，其他国家抛弃了他，他的臣民也因为他对李牧的陷害而对之恨之入骨。此时，在邯郸城内，赵王迁除了迎接王翦大军的来临外，还能做的就是反省他的无知了。

几个月的时间，王翦的大军便开到了邯郸。在邯郸保卫战中，赵公子嘉表现出了惊人的毅力，他率领着宗族子弟和宾客们奋力抵抗，誓死保卫邯郸。但是，软弱的赵王迁却再也无力应战了，最后，在郭开的摆布下，赵王迁打开了城门，让秦军以主人的姿态大举进入邯郸。邯郸失守，赵王迁也因此被王翦生俘，成了赵国的葬送者。当赵王迁到了另一个世界与李牧相遇的时候，他敢直面李牧的质问吗？他敢直面那些为挽救赵国而付出巨大努力的人的质问吗？几年后，赵人的后代会传扬这么一个故事：那个无知昏庸的赵王迁踹了赵国一脚，使它彻底摔入了覆亡的深渊。

赵国灭亡后，赵公子嘉逃出了邯郸，带领着宗族数百人逃到代（今河北蔚县西北），在此自立为王，被称为代王嘉。这不过是一种无意义的复辟，此时的赵国已经名存实亡，当年的都城邯郸从此成了秦国的郡县。

如果说韩国的灭亡为秦国的统一之路开辟了一条很好的道路，那么赵国的覆灭则是为这条道路铺上了一张鲜艳的红毯。在成功除掉赵国后，秦王政的心就像那条红毯一样，激情四射。得意和自信的神色满溢在秦王政的脸上，秦王政觉得，统一似乎也不是一件太难的事。

昔日的三晋成功除掉了两个，还剩下一个魏国。这时，同出一个襁褓的三晋，似乎再一次被一种冥冥之中的力量连到了一起。因此，在韩、赵走后不久，他们的兄弟魏国也很快就要去和他们做伴了。

魏国无力回天了

秦王政十九年（公元前228年），赵国在秦国那毫无怜惜的进攻之下响起了亡国之音。当赵王迁在李牧前面尴尬反悔的时候，秦王政面对着李斯等一班臣子，脸上的得意之色显露无遗。韩、赵的灭亡确实大大清除了秦王政东进的障碍，但是在韩、赵两国之间的魏国还杵在那里，像一座孤岛般地挑衅着秦国。

说挑衅并不合适，毕竟魏国当时已经全然没有向秦国叫嚣的资本。早在战国初期，这个一度辉煌的国家曾经掌握了控制整个中原大地的话语权，可惜魏惠王那盲目的自负，终让这个国家渐渐失去了他国对他站在最高位的支持。而桂陵之战和马陵之战的连续打击，更是宣告了霸权的更替——那支代表权力的权杖从此从魏国手上滑落，拉扯在秦、齐两大国家之间。

当魏国将权杖让出手以后，这个国家便从此再也没有力气去要回来了。之后，虽有信陵君那令人兴奋的窃符救赵，但魏安釐王的嫉才性格证明了，这次英雄般的壮举不过是魏国在衰退路上的一次回光返照而已。魏安釐王之后的魏景湣王（公元前242～前228年在位），如果说历史对于他还有一点记载的话，那也完全是为了来歌颂秦王政的功绩。在《史记·魏世家》里可以看到，在这个君王的一生之中，除了关于秦国拔城的如流水账般的记载，司马迁没有写下其余吸引人的故事。

当然，单是这些流水账的记载，便足以令秦国上下动心。秦王政对自己在魏国土地上所取得的突破而感到自豪。虽然相较于灭掉整个韩国和赵国来说，这点成就还有待加强。但是，它确确实实地表明了，此时的魏国已经老到走不动的地步了。魏国已经老了，秦王政正准备来啃它这块老骨头了。

但是，在准备将野心延伸到魏国的土地上时，秦王政碰到了一些麻烦。之前，韩、赵还未灭，燕、楚两国才敢采取中立的态度。但当韩、赵两个国家的都城都被秦王政划为自己的郡县时，这两个国家便立刻感到自己已然上了姚贾的当，后者以惊人的口才顺利瓦解了这些国家企图再建的合纵关系。尤其是燕国，当赵国灭亡后，秦王政那可怕的疆域便扩充到了自己的身旁，这让当时的燕王感到担忧。而这种担忧所促成的直接行动就是秦王政二十年（公元前227年）那一场引人注意的“荆轲刺秦”。荆轲那拙劣却惊人的行刺惹怒了秦王政，秦王政便决定先放下魏国，而转而北上，让燕王尝尝遇刺时的胆战心惊。

秦王政二十一年（公元前226年），王翦受命出兵燕国，很快便取下了燕都蓟城，逼得燕王弃国后撤。为防止南方楚国后扑，秦王政便收回主力，将主攻方向转到南方。秦将王贲迅速攻下了楚国十余城，成功打击了楚国，令楚国不敢轻举妄动，由此保证了出兵灭亡魏国的顺利。

在北方赶走燕王、南方控制住楚国之后，秦王政便立即下令南下进攻楚国的军队回军北上，准备送孤独的魏国最后一程。

当时魏景湣王已死，其子魏王假即位。关于这个君主，我们对其所知甚少，因为在对于他的记载上，没有如韩王安弃用韩非、赵王迁错杀李牧这样的戏码，因此对于这个魏国的末代君王，也自然就没有指责的必要。当他接过魏王这个位置时，魏国这座大厦已经基本宣布倒塌了，平凡的魏王假并没有能力挽狂澜的气势。

秦王政二十二年（公元前225年），王贲在秦王政的指示下，从楚地撤军，转而直逼魏国，魏国的覆亡已经进入了倒计时。

当时，魏王假吃上了前人种下的恶果——魏国已经丧失了大部分土地，只剩都城大梁（今河南开封）带领着附近一小撮城邑，如几架帆船孤独地颠簸在毫无边际的大海之中，又如几个无用的臣子在临死前还坚持拥护着中间这个倔强的君王。总而言之，大梁城这座曾经满载辉煌的城池，现如今成了一座迎风而泣的孤岛。

毫无所谓的边境可以来抵挡秦军的进攻，大梁四周那稀稀疏疏的城邑完全阻止不了王贲的威风。很快地，在王贲如风的速度之下，大梁的四周已经响起了秦军围城的叫嚣声。这座有着多年光荣的抗敌史的城池，是否还能将秦军再次阻挡在城池之外？大梁城的任务之艰巨，在于它承担着整个国家的兴与衰。

大梁是个神奇的地方，当年魏惠王的自傲塑造了这么一座坚固的城池，曾经多次将秦、齐大军遏止在城墙之外，令这两个国家为此而感到苦恼。大梁城，好似已经融入了魏惠王的灵魂，那喜爱权势又充满倔强性子的灵魂。在之后的历史发展中，大梁这座城池的重要性日益增加，无论是汴京，还是后来的开封，都在述说着这座城池那充满荣耀的过去。

大梁的顽固再一次令王贲感到烦恼，即使是名将王翦的儿子，这个和他父亲一样有着出色军事才能的将领，遇到这座古老的城池也不得不感到棘手。大梁城，在王贲的眼里，是一座满载骄傲的孤岛，其不愿低头的清高气质，令人难以仰视。

即使出动再多的军队，即使用再多的兵器，都没办法在这座城池的城墙上划下任何痕迹。大梁城的坚固，加上魏军在危机前那令人敬佩的反抗，都宣告了魏国还想继续活下去的欲望。王贲没有他父亲的幸运，能够遇上一个自愿献城的君王。但王贲有他父亲的才华，面对这座骄傲的城池，王贲自有他的攻城方式。

在强攻无效的困难面前，王贲必须另寻方法，他不能死死地和这座承载着魏惠王灵魂的顽固之城硬碰下去，兵力和时间都不允许他这种猛士般的冲动行为。事实证明，王贲不仅仅是一个驰骋沙场的猛将，他和他的父亲一样，是一个彻彻底底的军事家。

在对大梁城附近的地势进行了一番观察之后，王贲便立即有了应付大梁城的对策。在这个对策里，王贲抛弃了任何兵器上的使用，对待这座坚固的城池，王贲选择了世上至柔的东西来摧毁它，这个东西便是水。

大梁城地近黄河，其旁又有魏惠王期间修建的沟通黄河和淮河的鸿沟。这两条河曾经保卫过魏国，这时候却成了王贲灭亡魏国的重要武器。虽然没办法突破至城内，但王贲在城外是始终保有主动地位的，因此当王贲引黄河和鸿沟之水灌入大梁城内时，魏王假和他的臣民们除了祈祷奇迹的到来，又还能做点什么呢？

河水如泛滥一般一直扑向大梁城，大梁城的顽固被这柔弱却无孔不入、无坚不摧的利器软化得力量全失。直到此刻，魏惠王的灵魂在母亲河的抚慰下才甘以隐遁于人世。三个月后，在灵魂撤离大梁的那一刻，这座满戴光荣勋章的神圣之地终于崩溃了，如巨人的崩塌，令人震撼之余又觉惋惜。

大梁城门开了，一脸不甘又沮丧的魏王假走了出来，向王贲献出了这座见证着魏国兴衰的城池。秦王政二十二年（公元前225年），在大梁城陷落的那一刻，战国的地图上从此划去了魏国这个名词。

继韩国、赵国之后，它们昔日的兄弟魏国也灭于秦国之手了。这个时候，在秦穆公时代苦苦无法踏出的土地，已经全部收进了后人秦王政的囊中了。秦王政越发得意起来，三晋和秦国缠绵了数百年的历史终于在他这里划上了句点，他做出了前人所无法达到的成就，他的功绩已经完全凌驾在每一个先祖之上了。

秦王政的心慢慢地膨胀，当时的秦国臣子不晓得会不会发现这种自傲为将来秦王政管理国家时所埋下的祸根，但是其余国家绝对已对秦王政越来越狂妄的信心而感到不寒而栗。无论是燕国、楚国，还是齐国，此时它们的边境都已经全部暴露在秦国这匹西北恶狼的眼皮下了。这三个国家在三晋亡后也开始瑟瑟发抖，因为它们都很清楚，秦王政的野心已经膨胀到难以消除的地步了。

继魏国之后，秦国的下一个目标便指向了盘踞南方的楚国。

半路上摔了一跤

秦王政二十一年（公元前226年），秦将王贲奉命率军出击楚国，揭开了灭亡楚国的序幕。如果说当时的秦军南下其主要目的是为了控制住楚国，从而得以更顺利地灭掉魏国，那么当秦军再次南下时，则是正式为楚国敲起丧钟的时候了。此时，楚王负刍对秦军的来犯再也不能抱以侥幸的心理了。

楚国毕竟还是南方的大国，所谓百足之虫死而不僵，虽在战国后期经历了几次大败，其广阔的地域以及国家留存的实力还是可以勉强和秦国决一死战的。因此，对于秦王政来说，这是在他的统一计划中最棘手的国家，如果这个国家能灭，那基本预示了秦国统一的大势。

秦王政虽然承认了楚国是当时六国之中最强大的国家，但在他眼里，楚国的实力顶多是另一个三晋，而三晋都被他灭掉了，那还需要再怕一个楚国吗？秦王政那天生傲气令他有时候会表现出一份不靠谱的自负，但也不可否认，这份自负确实在秦王政的统一之路上起到了一定的推波助澜作用。

但是，仰着头走路久了总是会摔跤的。这一次，秦王政就得到了这个教训。

秦王政二十二年（公元前225年），虽然在前一年楚王负刍向秦国提了献出青阳（今湖南长沙）以西以求和的协议，但在灭掉魏国之后，秦王政不希望错过一举拿下楚国的机会，因此他并没有给楚王负刍任何协商的机会。秦王政现在只有一个目标，他希望立即顺势南灭楚国。为此，他找来众臣商议伐楚事宜。

在朝堂之上，当秦王政说出了自己的意思并询问哪位将领敢领命的时候，一位意气风华的年轻将领便毅然站了出来，果决地向秦王政请求这个灭亡楚国的机会。这个将领叫做李信，一年前曾经在易水之旁大破燕军，在灭亡燕国的功劳簿上记下了大大的一笔。

秦王政见李信正值气盛时期，其自信的魄力正如自己一般，便有意把统帅的职位交给这位勇气可嘉的将领。于是秦王政便问李信："于将军度用几何人而足？"在燕国取得的胜利明显令李信有点急躁骄傲了，对于楚国这个南方大国，李信表示"不过用二十万人"。李信的回答令秦王政感到满意，因为秦王政的预算也不过二十万左右。李信的自信碰上了秦王政的自信，结果是一拍即合。

虽然秦王政此时对李信感到异常的满意，但老将王翦还在，要用兵楚国还是得询问一下他的意见，于是秦王政便向王翦问了同李信一样的问题。哪知这个王翦却摇了摇头，然后一番深思熟虑之后才对秦王政说出了他的看法："非六十万不可！"六十万！比起二十万多了整整两倍！秦王政一听，嗤笑了一下，对王翦说："王将军老矣，何怯也！李将军果势壮勇，其言是也。"（《史记·白起王翦列传》）

显然，王翦的保守并不能压住秦王政的满腔热火。在秦王政将统兵的权责交给了李信的时候，王翦因秦王政不用其言，知李信此次出兵必败，便摆起了架子，以生病为由缺席了多次上朝。一开始，秦王政也不去理他。不久之后，秦王政将不得不承认自己的错误，然后屈尊请出这位驰骋沙场多年的老将。

王翦正在家里闷气的时候，李信早以和秦将蒙武率两路兵马夹击楚国。李信率一军进攻平舆（今河南平舆西北），蒙武率一军攻打寝（今河南沈丘东南）。

当时楚国由楚王负刍在当家，这位君主因采取了不正当的方法抢夺了楚哀王的王位，并在国内对当时握有大权的李园之家进行了一场耸人听闻的屠杀，因此造成的伤痕一直留在楚国人的心中，致使楚国陷入了一段动荡不安的岁月。就是在这种背景下，李信的兵马踏上了楚国的土地，令楚国人在经历了一场噩梦之后，又被迫面对另一场浩劫。

或许是李信的气势之强吓坏了楚军，也或许是楚军本已士气不佳，在李信的两路兵马踏上楚国的土地后，很快便取得了胜利。两军在各自势如破竹的进军之后会师于城父（今安徽亳州东南），向秦王政汇报了这个令人兴奋的消息。

但是事态并没有如李信和秦王政所抱持的乐观，李信将攻破燕国的难度同楚国并列，却不知两国之间有一个巨大的差别，即楚国有军事人才，而燕国没有，当时的楚国人才便是大名鼎鼎的项燕。

项燕作为楚国大将世家的后人，因其出色的能力得到了楚王的重用，并因此获得在危难中肩负起挽救国家的重任。面对秦国这个强大的敌人，项燕临危不惧，毅然决然地发下退敌的誓言。他要让秦王政知道，他们楚国并不是如韩、赵、魏、燕这样弱小的国家，他们楚国还有能人在，还有实力在。

李信的自信激起了项燕的斗志，他领着楚军孤军深入敌方阵营，率主力于棠溪大败李信的部队，后更乘胜追击，三天三夜奋战不息。面对项燕气势惊人的反扑，李信显然被吓住了，自己的气场已经完全被项燕所压制，最后竟然落了个被项燕追着打的局面，这让李信感到相当难堪。当他看着他的军队连日筑起的营垒一个个被楚军攻破的时候，李信顿时有了大势已去的失落。当过分自信遇上大的挫败，李信的慌张便消磨了他的斗志，最后除了看着自己的士兵一个个死在楚军的兵器之下，李信已经没了反击的力量。

关于李信此次大败，历史基本都归罪于他的轻敌妄为。但著名的历史学家田余庆先生却有不同的看法，他认为不该简单地怪罪于李信的大意，李信之所谓会败，一部分原因是因为当时身在郢陈的楚王负刍之弟昌平君忽然起兵反秦，攻占郢陈从而切断了李信军的后路，使攻楚秦军陷于前后受敌的困境。为解围，李信只得急忙退兵，因此才遭受楚军前后夹击，大败而归。这是很有可能的，但是也不得不承认，李信对于昌平君的不设防在相当程度上也可看出他的大意。

项燕的胜利让骄傲的秦军再一次尝到了失败的滋味，也为楚国争取到了一次整顿的机会，而他本人也因此成了继赵国李牧之后再一次给秦国重挫的大将，其令人赞扬的胜利瞬间传遍楚国的家家户户。看来，相较于韩王安、魏王假这两位君主，楚王负刍正如赵王迁一样，还算是幸运的，他拥有了项燕这样的大将，从而可以让自己这危于一线的国家重拾信心。而从这场战役也可以看出，楚国在当时确实仍然具有抗拒秦国的能力，如果这种能力能被楚王负刍正确运用的话。

另一方面，当李信惭愧地出现在秦王政面前时，秦王政的高傲瞬时如他的军队一样被打击得支离破碎，当年进攻赵国的宜安之败再一次浮现在秦王政的脑中，难道真的是自己大意了吗？秦王政不得不承认他这一次重重地摔了一跤，而这一跤在很大程度上要归责于自己。

秦王政确实进行了一次反省，但这次反省并没有阻止秦王政继续自负下去，毕竟，能让这位君王自豪的功绩实在太多了。楚国的大胜并没有因此而让秦王政对这个国家产生恐惧，在秦王政眼里，这次大败不过是因为李信的大意，如果李信再稳妥一点，那结果还不知道会怎么样呢。再说，即使楚国有项燕，自己不是还没有派出秦国的战神吗？要知道，秦国的王牌并不是李信，而是王翦！秦王政的反省变成了自我安慰，这正是秦王政！这个一辈子天不怕地不怕的秦王政！

同时，楚王负刍在项燕为之扬威之后，立即抛弃了之前献青阳以西地的提议，并于秦王政二十三年（公元前224年）派楚军袭击原楚都郢所在地的秦之南郡（今湖北武汉以西至四川巫山以东）。楚王负刍此举无疑在向秦王政挑衅，想让秦王政知道，他楚国并不是一个软柿子。

楚王负刍的行为令秦王政更加愤怒，为了打击一下楚国的嚣张，为了顺利灭掉楚国这个最难搞的敌人，秦王政必须请出王翦这位经验老将。可是，这时候的王翦正因为秦王政之前不听他的老人言而闹着脾气，他愿意为秦王政再次出山吗？秦王政又要用什么方法来说服这个为秦国的统一付出了巨大贡献的老将呢？

再见吧楚国

秦王政二十二年（公元前225年），李信对灭亡楚国信誓旦旦地夸下海口，却不知楚国国内有一个大将项燕在等着自己，因此大败而归。此次对楚国的挫败令秦王政感到惭愧和愤怒，他发誓要让楚王负刍和项燕尝尝覆亡的感觉，让这个国家知道这次的胜利不过是他们一时的侥幸。

想要再出兵楚国，李信是用不得了。当年桓齮在大败于李牧的时候畏罪潜逃，由此可知李信的结局也不会太好。当然，以李信的后代平安地繁衍在陇西之地一点，可知李信在当时并没有叛逃。只是历史忽然停止了对他的记载，便可知这次大败之后，李信便已被秦王政扔到一边了。无论是赐死，还是被罢官，总之李信是用不得了。李信用不得，秦王政就必须另寻将领了。

李信的大败让秦王政相信了老将王翦的“六十万”之说，惭愧的秦王政只好请王翦担负起李信未尽的重任了，何况在当时的大败之后，不请王翦出山，只怕难以灭掉楚国。可是，这时候的王翦正因病请假在家休息，秦王政已经许多天没见到他了，秦王政只得下令王翦上朝，让王翦和自己商讨灭楚策略。

可是王翦还是继续以生病为由婉拒了秦王政的命令。虽然这有点不给秦王政面子，但为了灭掉楚国，秦王政能屈能伸，更何况这次本来就是自己的错误。因此，高傲性子的秦王政这次竟然破天荒地拉下了自己的面子，亲自前往王翦家里，请他出兵，希望王翦能再如以前大败李牧那样大败项燕。

虽然秦王政给了很大的面子，王翦仍旧以身体问题谢绝领兵。但是，王翦毕竟拗不过偏执的秦王政。秦王政既然决定让你去了，你就不能不去。王翦也是明白这一点的，所以，在秦王政的坚持下，王翦除了服从也别无他法了。但是，王翦对秦王政提出了一个请求：“大王必不得已用臣，非六十万人不可。”秦王政犹豫了一阵，也只好允诺了下来。

其实，王翦所以在出兵的问题上有很大的迟疑，在很大程度上也是一种保命的策略。没有六十万大军，王翦对于灭亡楚国并没有太大的信心，可是一旦向秦王政要过六十万大军，那将意味着什么？那将意味着秦国的兵力很大部分都掌握到了王翦手上，这种情况对于一个君王来说是极其不利的。将大部分兵权都移交给臣子，叛变了怎么办？秦王政当初所以选择了“二十万”的李信，在很大程度上或许也是因为这个原因。

当秦王政将六十万士兵的统领权移交到王翦手中时，这两位君臣在各自的心里一定都在盘算。然而为了可以灭亡楚国，秦王政也只能先将赌注压在王翦身上。当然，王翦也是一个聪明的人，为了消除秦王政的疑虑，他还特意请求秦王政一件事。

当秦王政亲自送王翦到灞上（今陕西西安东南）的时候，王翦却忽然向秦王政提出了多赐自己良田屋宅园地的请求。秦王政感到奇怪，心想王翦在出兵之前还要这样一些小奖赏，如果他能顺利打下楚国，还怕没他的好处吗。于是秦王政问王翦：“将军行矣，何忧贫乎？”王翦一听，便回秦王政：“为大王将，有功终不得封赏，故及大王之向臣，臣亦及时以请园池为子孙业耳。”趁着还是大王您的臣子，我还是多请大王赏赐园地来为子孙置业吧。

秦王政听了王翦这话，不由得在心里笑了一下，原来这个王翦也只是个贪图蝇头小利的人，想来六十万士兵在他手里，应该也不会有什么意外。再说，如果王翦真有心叛变，那还需要为自己在秦国添置土地吗？因此，秦王政对王翦的疑虑便打消了一点。后来，在王翦攻打楚国的过程中，还时不时请人回来求秦王政多赐良田。有人因此而觉得王翦的请求太过分了，怕秦王政不高兴，王翦却认为他的做法是对的。王翦认为秦王政粗暴而不信任他人，这次将举国之军交给了自己，自己只有多请求在秦国国内的土地，秦王政才会打消对自己的疑虑。

王翦请田确实让秦王政对王翦的担忧减少了很多。正是通过这一方法，王翦顺利保住了自己和家族的地位。当然，还有很重要的一点，王翦当初以反间计陷害了李牧，如果自己不施点小计谋，那难保自己不会沦落到和李牧一样的境地，结果是灭不了楚国反倒赔上了自己的性命。看来，王翦心里的算盘还是很多的。当然，若没有这些算盘，王翦和他的儿子王贲也没有机会为秦国立下一份不世奇功——除了韩国之外，其余五国都灭在这父子两人手中。

在做好保障工作后，秦王政二十二年（公元前224年），王翦和副将蒙武便领着秦国六十万大军大举攻楚，将灭楚行动推上了高潮。

王翦部队很快便攻下了平舆（今河南平舆）。这之后他并没有像李信一样继续深进，而是采取了谨慎的防御状态。王翦根据以往丰富的经验，深知楚军一直以来都具有坚强的战斗意志，何况在项燕大败李信从而让楚国重拾信心后，楚军的锐气更是旺盛，其昂扬的斗志令人难与其正面冲突。因此，在谨慎地进入楚地之后，王翦即令部队在商水（今河南东南部）、上蔡（今河南上蔡）、平舆一带地区构筑坚垒，进行固守，并下令部队不许出战。

王翦以坚壁自守、养精蓄锐的作战方针多次拒绝了楚军的挑战，任由楚军叫嚣，王翦也绝对不出兵。此时，王翦还在营中大力训练士兵，亲自关心士兵的生活起居、身体问题，以期凝聚秦军，从而提高秦军的战斗力。久而久之，楚军求战不得，已经日渐松懈下来。项燕见王翦顽固如此，而自己的士兵军心也开始散漫，只好先领军东撤。

就在项燕领军撤退的时候，王翦立即抓住了这个时机，下令精兵向前追击。这时候，整个战场的气势已经有所转变，撤退的楚军士气低落，而进攻的秦军士气高涨。结果，王翦的军队顺利赶上了楚军，在蕲南（今安徽宿州东南）大败楚军，并斩杀了楚将项燕。看来，项燕再有能力，遇上王翦，也得心甘情愿地服输。

关于项燕的死，这是记载在《史记·白起王翦列传》里的说法，但在《史记·秦始皇本纪》里，却说项燕是在楚国灭亡之后自杀而死，这两个说法显然矛盾。另外，在《史记·项羽本纪》里另有说项燕是被王翦所俘虏，如此看来，最大的可能性就是项燕先被俘，后在楚国灭亡之后才选择了自杀。历史记载本就模糊，这种小细节互相矛盾之处甚多，倒也无足挂齿。

在顺利斩杀项燕之后，王翦领兵直上，乘胜追击。一路上顺势攻下了很多楚国城邑，守城将士闻风而降，王翦很快便收进了楚国大量土地。这之后，王翦和蒙武率领秦军继续往楚国腹地打去，越打越深，很快便于秦王政二十三年（公元前223年）打到了楚都寿春（今安徽寿县西南），用秦国大旗团团围住了这座雄踞南方数百年的大城池。

项燕一死，楚王负刍便开始慌了。这时候楚国国内已经没有能和王翦相匹敌的大将，楚王负刍只能听着一座座城池陷落的噩耗陆续传到寿春城来，除此之外，他已经找不到任何对策来赶出嚣张跋扈的秦军了。而这时候，外面竟然传来了秦军攻城的叫嚣声，士兵的喊叫声和攻城器械的隆隆声像连续不断的闪电直击楚王负刍的脑门，将楚王负刍轰炸得体无完肤。面对王翦的大军，楚王负刍躲在寿春宫殿的角落里瑟瑟发抖。

寿春很快便陷落了，楚王负刍也从此结束了他作为最后一个楚王的生涯。楚国，这个以熊为氏的南方大国，在经历了一段辉煌之后，也无可避免地步入了它的毁灭。自此，楚国便变成了楚郡，不久之后被分为九江郡、长河郡和会稽郡。

楚王负刍死后，其弟昌平君便在淮南（今安徽淮南）被拥立为楚王，企图以长江为屏障，在吴越之地延续着楚国的国祚。昌平君此举无异于代王嘉，不顺历史之大势，终成历史之敝屣。不久，王翦的大军便攻进了吴越之地，并顺利占领了这块疆域。

王翦再一次为秦王政立下了灭国大功，让秦国继三晋之后进一步吃下了楚国这块大饼，对此，秦王政别提有多兴奋了。而楚国的灭亡顺利地为秦国的统一之路去掉了一个最大的障碍，这之后，秦国的一统只不过是时间的问题罢了。

楚国走后，秦王政便立即下令秦军北上，将早已苟延残喘的燕国踹出这片土地。

刺秦其实是出闹剧

秦王政二十年（公元前227年），秦廷里上演了一场动人心魄的惊险戏剧。戏剧的主角是那屡受成功再也掩盖不住得意之色的秦王政，以及另一位在当时还不为人所知的平民小子。这个平民小子身体强壮，脸带刚毅，他的到来将秦王政送上了徘徊在生死之间的十字路口。

当荆轲让他的匕首忽然出现在秦王政的眼皮底下时，所有的人都屏住了呼吸，空气瞬间凝滞了下来。没有人知道接下去会发生如何可怕的事情。在这个节骨眼上，再得意的秦王政也不得不狼狈地向荆轲表现出他的恐慌。当事情顺利收场之后，秦王政除了后怕和愤怒以外，已经没有办法重现他本来的自负神色了。

荆轲为什么会忽然出现在秦廷之上？一开始，当荆轲手里拿着樊於期的头颅和燕国富饶之地督亢（今河北涿州东南）的地图来到秦王政的面前时，秦王政对荆轲的诚意是采取信任的态度的。毕竟，当时的秦王政完全有理由认为所有国家都会屈服在他的威势之下，因为那时他正处于事业的巅峰期。

秦王政十九年（公元前228年），赵王迁投降的消息传到了燕国，如同带进了一颗定时炸弹，燕国上下听了这个消息后，没有人能再继续淡定下去了。当秦军在攻灭赵国兵临易水时，燕王喜脸色如土，像极了那黄河旁的泥沙，随时会被冲走的样子。

如同其他国家的最后一位君王，燕王喜的能力也很令人担忧。当秦王政的军队将它的威吓扑上整个燕国的时候，燕王喜除了后悔之前和赵国的对战之外，已经别无他法了。可是，虽无贤君，燕国还是有能臣的，这个能臣的名字叫做鞠武。

这个鞠武是秦王政时代坚持合纵抗秦的一个代表。面对秦国的威胁，鞠武认为燕国弱小，应该联合代（赵公子嘉的流亡政权）、魏、楚、齐，再北上借匈奴之兵，以此抗秦。鞠武希望能在最后关头集结起各方力量，再行进逼函谷关之举。鞠武的想法当然是可行的，面对强秦，除了合纵以外，难道还能有其他方法吗？

有人会对鞠武说有的。这个人的名字叫做姬丹，是燕国太子，故称燕太子丹。对于鞠武的想法，燕太子丹并没有表示任何反对。但是，对于急躁的燕太子丹来说，鞠武的策略不说能不能实现，就是在时间的浪费上都是一个问题。合纵虽好，但焦躁莽撞的燕太子丹选择了一个更加迅速的方法——刺杀。

不难理解燕太子丹的想法，在秦国以人质的身份待过一段时间的他，对这个国度所带给他的伤痕充满着怨恨的情绪。当他顺利逃回自己的国家之后，在秦国的受辱经历激怒了他身为一国太子的自尊。由此看来，燕太子丹所选择的这种刺杀行动，在很大程度上或许由于个人的私仇。当然，在危难临头，燕太子丹倾向于以一种迅速的方式解决掉秦王政也是完全有理由的。毕竟，刺杀这回事，作为险招，有些时候总不失为高效的方式。

刺杀的高效与否在很大程度上取决于刺客的质量，燕太子丹不可能不明白这点。因此，在选择刺客上面，燕太子丹丝毫也不敢马虎。最先，燕太子丹找来了燕国著名的勇士田光。田光此人学识渊博、文武双全，平时喜行侠仗义、广交朋友，故深得燕国臣民之心，时人皆称其为“节侠”。可惜，当燕太子丹请田光出马的时候，田光却以年老为理由婉拒了燕太子丹。这位急迫的太子不愿意这事就这样耽搁下来，因此他再三向田光请求，如若无法亲自出手，那也给他引荐个勇士。

田光见多识广，自然不乏比自己出色的朋友，因此在燕太子丹的多次请求下，田光便给燕太子丹推荐了一个人——荆轲就是这个时候出场的。

荆轲在田光的引荐下面见了燕太子丹。面对这位主人的焦躁，荆轲的心里不时升起一种不祥的预感。但是国之兴亡匹夫有责，荆轲既然是能人勇士，在国家危难临头的时候就必然要担起一份责任来。当然，刺杀秦王政这份责任太重了，荆轲怀疑着自己是否有成功的可能。

为了让刺杀行动更加顺利，荆轲希望燕太子丹能将督亢的地图和樊於期的头颅交给自己，让自己在秦王政面前可以争取到更多的信任。督亢自来是燕国最富饶的地方，基本是燕国的心脏，督亢一失，燕国的危险不言而喻。而樊於期这人是之前在秦国任职的将领，又名桓齮，因当年大败于李牧而逃亡燕国，秦国由此放出了缉捕樊於期的悬赏。

对于督亢的地图，燕太子丹自己可以做主，但对于樊於期，燕太子丹便有所迟疑了。毕竟当初收容人家，这时候又要置之于死地，于情于理都不好开口。荆轲见燕太子丹心有疙瘩，便自己来见樊於期，对樊於期说了自己的想法。樊於期身为逃将，早已失去了讨价还价的资本，因此他最后只好自刎而死，成全了荆轲。

在拿到督亢的地图和樊於期的头颅后，荆轲又请人锻造了一把匕首，这把匕首锋利且刀尖带有剧毒，只需一刺便可置人于死地。除此之外，燕太子丹为他找来了一个副手，这个副手在十二岁便杀过人，天生凶狠的性子让他在杀人时心不惊肉不跳。他的名字叫做秦舞阳。

一切就绪后，荆轲便准备踏过易水前往咸阳了。在易水边上，荆轲这位壮士以毅然决然的赴死心态唱下了一首令人胆寒而钦佩的送别歌：“风萧萧兮易水寒，壮士一去兮不复还。”而他的朋友高渐离更为他的歌曲配起了雄壮却扯人心弦的曲调。易水边上，一阵冷风吹过，那悲亢激越的乐曲揪人心肠，几个渺小的人物正在浩荡的水边讲述着他们未知的命运。

孤帆扬过易水，来到了秦国国土。咸阳的宫殿里，神圣而威严，两列臣子仪态端庄，睥睨着眼前这两个来自燕国的使者。秦王政端坐在王椅上，像玉皇大帝一般俯视着一切。相较之下，荆轲和秦舞阳像踏进天堂的两位乞丐，自惭形秽，令人不屑。

在秦王政那强大的气场前，秦舞阳这个没见过大世面的孩子震惊了。秦舞阳因为知道自己的任务而恐慌着，他或许有刺客的凶狠，但没有刺客的气魄，死亡对他来说是一团可怕的迷雾，而他的任务很可能让他陷入这团迷雾之中。对于眼前这位燕国使者的慌乱之色，咸阳宫上的臣子们无不感到奇怪。这时，荆轲急中生智，对秦王政说："北蕃蛮夷之鄙人，未尝见天子，故振慑。"（《史记·刺客列传》）

这话让秦王政脸上的迟疑顿时转为得意，燕国使者虽鄙陋，倒也不失为善言之人。荆轲以他的急智打破了秦王政的心防，终于让自己得到了一个往前献上地图的机会。当荆轲拿着地图来到秦王政面前时，让秦王政料想不到的是，在地图舒展到最后的时候，忽然一道刺眼的亮光在眼前晃了一下。

一把匕首！

秦王政还没有反应过来，荆轲已拿起匕首往秦王政的要点刺去。整个咸阳宫瞬间震动了起来，大臣们个个不知所措，他们看着秦王政在慌乱中躲开了那凌厉的刀锋，衣袖被匕首斩断，随着匕首发出的寒风飘荡在宫殿之上。看着荆轲快速地逼近自己，秦王政只得躲着他，两人遂在咸阳宫里绕着柱子展开了一场生死搏斗。

当时在两旁的臣子因不能带武器上殿，慌乱中只得用手去扰乱荆轲，保护秦王。在一阵惊惶之中，忽然听到一句喊声："王负剑！王负剑！"（《史记·刺客列传》）秦王政立即拔出背后的剑。恰时秦王的御医夏无且用他手里的药袋扔向了荆轲，令荆轲分了心，秦王政立即将手里的剑往荆轲的大腿刺去。荆轲腿受到一击，忽然跪倒在地，难以行走。情急之下，荆轲作出了最后一搏，他将手里的匕首往秦王政扔去，秦王政一闪，匕首插在了柱子之上。没了武器的荆轲如断了翅的老鹰，再也不能嚣张了。最后，在秦王政的愤怒之下，荆轲承受了八次剑击，奄奄一息。

事情到此告一段落，荆轲死前所呐喊的"事所以不成者，乃欲以生劫之"（《史记·刺客列传》）仍时时回荡在咸阳宫内，令躲过一劫的秦王政感到不寒而栗。心绪不宁的秦王政巴不得将燕太子丹千刀万剐，以消自己的心头之恨。看来，刺秦王一事成全了荆轲报国侠士的名声，但这场闹剧也为燕国埋下了覆灭的炸弹。

当然，即使没有荆轲刺秦王，秦王政也要让他的军队前进到燕地。只是，荆轲刺秦王一事作为导火索，让燕国更早地离开了这块土地。

躲到辽东也要打

发生在秦王政二十年的"荆轲刺秦王"一事彻底激起了秦王政对燕国的怨恨。如果说之前兵临易水不过为恐吓燕国，那么这一次秦王政将下令军队渡过易水，给燕国来一次真实的巨大打击。

当时，在荆轲渡过易水河后，燕太子丹的心便随着他的远走而高悬了起来。荆轲那一句壮烈的临别之语一直回荡在燕太子丹的心里，搅得燕太子丹心绪不宁，难以安心入睡。或许在那个时候，燕太子丹曾经问过自己，自己的决定是否过于莽撞？难道自己果真是个不顾大局、只念私仇的人吗？在消息还从没从秦国传到燕国的时候，燕太子丹只能尽量地安慰自己，来寻得心理上的平衡。

可是事实是，历史已经选择了秦王政，大势并不会因为燕太子丹和荆轲的意志就有所转移。当荆轲行刺失败的消息传回燕国的时候，燕太子丹终于明白了这个道理。匹夫之勇无法逆转天地，燕太子丹对这种盲目显然有了一丝反悔之意。可是，错已酿成，燕太子丹除了筹划下一步的应付措施外，又能怎么办呢？

在以极大的愤怒杀死了荆轲之后，秦王政便做好回应这种玩弄的准备。王翦和秦将辛胜奉命领兵讨伐燕国，带着秦王政的恨意，这支军队杀气腾腾，像一群凶神恶煞的魔鬼队伍，浩浩荡荡地往易水进发。王翦的先锋李信领着大军来到了易水之西。他们的面前就是燕国的土地，这个胆敢将刀子伸到秦王政面前的国家，这个胆敢拿自己生命来开玩笑的国家，既然它都已经活得不耐烦了，那就让秦军这个强大的力量来送你一程吧！

在易水之西，李信的军队遇上了燕国派出抵挡的军队，两军遂在这条冰寒的河流旁对峙着。就在几个月前，几个稀疏的人影映在这条河流里面，诀别的眼泪淌进水里，和着寒冷的狂风唱出一曲悲壮而凄凉的侠士之歌。现如今，这条河流两旁列满了士兵，其满腔热情消抵着易水的冰寒，一触即发的火焰正燃烧在这条诀别之河上。

易水之河是诀别之河，它在送走了荆轲之后，又一次送走了燕国千千万万的士兵。眼看着燕国的士兵们一个个崩倒下来，易水如母亲般温柔地将每一具寒冷的尸体拥入深深的怀抱之中。在抚慰过自己看守了多年的子民后，易水无奈地望着秦军嚣张地往北进发，将自己与燕国这个曾经的儿子划清了界限。易水被强拥进秦国的怀抱，燕国已经离它越来越远。

秦王政二十一年（公元前226年），在李信于易水大败燕军后，秦王政随即为这支北伐军队增加了兵力。王翦大军得到了补给，如虎添翼，攻势更猛，很快便尾随先锋李信而至。这群凶神恶煞的魔鬼轻而易举地穿梭在燕国的土地上。弱小的燕国无力抵挡，很快便被王翦大军追逼到都城蓟城（今北京城西南）了。

蓟城没有大梁的坚固，起码它从来没有让王翦感到如王贲面对大梁时的棘手。因此，不需要付出太多的力气，王翦便顺利地为秦国送去了攻破蓟城的捷报。蓟城破了，燕太子丹为他的行刺计划付出了巨大的报偿，燕王喜便是有意指责也没有多大的意义了。没有办法，燕王喜只好和燕太子丹带着燕公室和大批臣子们将一整个燕国往北搬去，逃到了辽东（今辽宁辽阳）之地。

到了辽东后，燕国并没有因此就躲过一劫。秦王政令王翦必须领兵继续北上，将燕国彻底打垮。于是，李信在王翦的任命下，领着他的先锋部队直奔辽东而去。

李信领军逼迫甚急，令燕王喜惶恐不已。燕王喜已经想不到什么好方法来挡住李信的部队了，而当初那个捅了一个大娄子的燕太子丹也在衍水（今辽阳太子河）瑟瑟发抖着。衍水的寒意由外及内，令燕王喜和燕太子丹感到一种锥心的凄凉，难道燕国的历史就此结束了吗？

在燕王喜无处可逃的时候，他的朋友赵公子嘉来见他了。赵公子嘉在赵国灭亡之后，便躲到了代城以代王的名号企图东山再起，在秦国进攻燕国的过程中，作为燕的联军而与之共同奋战着。代王嘉派人偷偷地对燕王喜传递了信息，即秦王政之所以会进攻燕国，完全是因为当初燕太子丹的刺杀行动，如果能将燕太子丹斩首以献秦国，那么必然会消了秦王政的怒火，从而让秦军退兵。

燕王喜很显然是个毫无主见的君主，当初燕太子丹决定刺杀秦王政时，他也没表示任何异议，这时代王嘉又让他杀了燕太子丹来弥补上次的错误，他也就傻傻地认同了这种说法。结果，燕太子丹为他当初的莽撞付出了生命的代价——他被燕王喜派人杀死，并将头颅献给了秦王政。燕太子丹的行刺固然因冲动而缺乏时宜性，因而直接导致了秦国的入侵。但较之愚蠢的燕王喜，燕太子丹那执意挽救国家的冲劲还是令他的国人敬佩的。因此，为了纪念这位爱国的太子，他死于旁的这条河水，人们便将其改名为太子河。

燕王喜固然是愚蠢的，秦王政的统一之路并不会因为一个荆轲而中断，那么秦王政对燕国的攻伐自然也就不会因为一个燕太子丹而停止。事实证明了这一点，当燕太子丹的头颅送到了秦王政的面前时，李信的军队并没有因此就停止了进攻。

但是，在这个时候，秦国对于燕国的进攻确实有所缓和，但它绝不是因为一颗燕太子丹那毫无价值的头颅。对于秦国来说，躲到了辽东的燕国已经毫无抗拒之力，与其对其逼迫甚急，倒不如转回头先南下解决了楚国，以防这个当时除了秦国外最强盛的国家从后方实施突然袭击。最后，在这次回转中，秦国直接攻破魏国大梁这座孤城，并趁势南下灭亡了楚国。

楚国和魏国为可怜的燕国争取了一点残喘的时间，但燕国早就成了秦国的囊中之物，其覆灭已经是不可避免的结局。秦王政二十五年（公元前222年），在秦国大军灭掉南方强楚后，王贲便奉命北上伐燕，将燕王喜和代王嘉这些残余势力给清除殆尽。

燕太子丹死后，燕王喜真正成了孤家寡人。这个毫无主见的君主面对着这个惨淡的国家，再多的后悔与自责都不能为自己的罪责开脱。如果当初可以听从鞠武的建议，在合纵上面多花点心思，那么现在可能也不至于那么落魄。至于在临危时还杀死了自己的儿子，燕王喜对此更是懊恼不已。

再多的反悔都是没有意义的，此时的王贲——这个令大梁这座光荣之城陷落的将领——已经渡过了易水，临近了太子河。不久之后，燕王喜便含着悔恨而无奈的泪水，望着曾经属于他的土地被秦王政划入了自己的疆域之中。渔阳郡、右北平郡、辽西郡及辽东郡等郡县的设立，从此取代了燕国这个名称。

燕国亡后，王贲转攻代郡，俘虏了代王嘉，彻底清除了赵国的残余势力。

至此，秦王政真正报复了他的遇刺之仇。荆轲的那把“带毒的匕首”被秦王政反扔了出去，结果插到了燕太子丹和燕国的身上。这种自取灭亡的举动令秦王政对其嗤之以鼻，同时也令秦王政感到兴奋，因为燕国的愚蠢，让他又一次顺利地灭掉了一个国家。韩、赵、魏、楚、燕，这些曾经和自己并列的诸侯国现在全部排在了自己的身后，不，应该说世界上从此没有了这些诸侯国的名称，秦王政的心里浮起无限的荣耀。

燕国也走了，此时，六大国已经亡了五个国家，剩下一个齐国还在东方企图维持它东方大国的姿态。但是，在秦王政偏执的心里，他怎么能容忍国中的地图上绘有不同于自己颜色的另一种色彩呢？齐国的存在让秦王政看起来很碍眼，为了让整个大地的颜色全部涂上他强盛的秦国色彩，秦王政对于齐国发出了通缉令。

最后一仗没有放过你

燕国也随着韩、赵、魏、楚四国而去了，当时，战国的土地上只剩下秦国和齐国这两个国家在无语地对望着。秦国的疆域如一匹凶猛的狼，对着东方的这只齐国绵羊露出了狡黠的眼神和锐利的尖牙。齐国，这个离开动乱世界一段时间的国家，战争也找上它了。

因为齐国地处秦国的远方，故在秦国灭亡六国的过程中，它被排到了最后。也因为秦国在攻伐其他国家的时候采取了笼络齐国的战略，所以齐国在最后这段动乱的时代里竟然过上了一种相对安定的生活。而当时的齐王建对这种安稳的日子倒也挺欢迎的，因此，在秦国的军队如虎一般地侵蚀着其余五国的土地时，齐国竟然乐意地接受了秦国的笼络，对这些野蛮的行径采取了观望的态度。

这种观望的态度为齐国争取了一段太平生活，苏东坡由此认为齐国在六国纷扰的年月里能保持四十年的和平，不失为一项德政。但是，明代“前七子”之一的何景明有不同的看法，他认为齐国的这种安稳是以牺牲其余五国作为代价的，若没有五国作为秦国的阻碍，齐国又哪儿能保持那么久的安定？

这两种看法都没有问题。东坡是从民生的角度来看，对于齐国的百姓来说，安稳的生活自然是他们梦寐以求的。当然，若基于一种政治上的前景，何景明的看法无疑更有说服力。没错，齐国在贪恋和平的时候忽略了唇亡齿寒的道理，一味地忍让秦国，眼睁睁地看着自己和秦国之间的缓冲地带被一一地消除，竟对此无动于衷。而事实也证明了，当中间的阻碍被一一铲除之后，秦国这匹狼立刻露出了它的真实面目，将它锋利的爪子伸到了这个一直很礼让自己的国家。

当时的齐王是齐王建，也是如燕王喜一样的君主，平庸而无主见。在齐王建的早期，齐国的政权掌握在太后君王后手里，这个女人以其柔软的性格为齐国争取了数十年的太平生活。但是，君王后在临死之前却犯下了一个巨大的错误。当齐王建在病榻旁询问她何人可用时，她对此没有提出任何意见。

为什么说这是个错误？以齐国的安定生活以及它向来的东方大国地位，齐国是不可能缺乏人才的。但是君王后却在她死前无法讲出一两个贤臣的名字，其原因便在于：君王后以女人特有的私心企图稳固弟弟后胜的权力。

后胜是齐王建之相，此人是个贪财之辈，生平接受贿赂无数，而在执政能力上又有所欠缺。就是这样一个臣子，以他的贪婪争取到了齐国的平静——在秦国的分化策略里，他作为重点关注一个对象，接受了秦国无数的重金贿赂，以此作为报答，秦国希望他能力劝齐王建不要出兵援救其他正陷于水深火热的国家，而让他们自生自灭。

对于后胜来说，这不过是一件小事。一箱金银的报答只需让他继续君王后的执政理念，这有何难呢？君王后在世时在秦和五国之间采取了中立的态度，而后胜只需将这种态度继续下去，便能得到秦国大量的奖赏，在后胜的天平上，这种交易无疑是净赚的。

而为了表示自己的诚意，后胜还派出大批宾客前往秦国。在秦国，秦王政对这些宾客以礼相待，用重金收买了这些齐国宾客们。作为交换，这些宾客在回到齐国后，于国内制造了大量亲秦的舆论。齐王建这个无能之辈，之前依靠母亲，母亲死后便将大权让给了后胜，对于后胜的所作所为，他无心去插手。因此，在后胜执政的时代里，齐国一如既往地沉浸在东方那宁静幸福的世界里，西边的战乱从未触及这个国度，而这个国度的臣民也一片松懈，毫无斗志。

如果说在秦国进攻其余五国的时候，齐国作为一个中立国是幸福的，那么这种幸福在五国灭亡之后将转变为痛苦，给齐国一个巨大教训。

就在燕国灭亡之后，秦王政的敌人就只剩齐国一个了。秦王政的接连胜利早已证明，要让齐国灭亡不过是如探囊取物一般。因此，为了尽快完成统一大业，秦王政二十六年（公元前221年），秦王政派出刚在燕地取得巨大功绩的王贲挥戈南下，直取齐都临淄（今山东临淄）。临淄，这个屹立在东方大地上千年的古都，即将面临怎样的命运呢？

在安详中沉寂了几十年的齐国，面临王贲大军的压境，已经失去了任何抵挡的力量。这个曾经霸据一方的雄狮，此时却如襁褓中刚醒的婴孩，完全不知道该如何去应对突然性的袭击。齐王建的随遇而安，以及后胜对于秦国的偏向，都决定了秦国在收下这个国家时丝毫不用废一兵一卒。王贲大军直下临淄，还未摆好攻城的阵势，齐王建便亲自打开了城门，将这座可媲美咸阳的东方古都，拱手送给了秦王政。

是齐王建的暗弱和贪图享乐的性格葬送了齐国，也因为这种性格，齐王建最后接受了对于他应得的判决——饿死于流放之地。当齐王建没有东西吃的时候，他是否会为他之前眼睁睁地看着五国被灭却不插手而感到后悔？他是否会为他在安乐椅上坐了太久而感到忏悔？这是一个懒惰的孩子，对于治理国家毫无心思的孩子，安逸的生活令他沉沦，随遇而安的性子也注定了他身无斗志的虚弱。而他的母亲，君王后，这一个仁慈得近乎残酷的女人，无论是对于她的国家，还是对于她的儿子，都用了一种溺爱般的态度。

至此，秦国终于走完了它削平群雄、统一六国的最后一程。而在其中值得注意的是，这支历来被称之为“暴军”的虎狼之师在攻伐六国的过程中，竟然从未有屠城之事发生。看来，秦王政以及他的将领们对于统一的最终胜利付出了难得的克制与谨慎。

当临淄城投降的消息传到咸阳的时候，这座最后成了最大赢家的城池发出了惊天动地的喝彩声。云彩飘过咸阳的上空，为这座激动的城池罩上了一层仙境般的梦幻帷幕。在宫殿里，秦王政平静地坐着，内心却不断翻滚着汹涌波涛。所有的大臣都在祝贺着眼前这个做出了无人可匹敌的伟大功绩的君主，这些功绩衬托着他的神圣和威严，让他看起来仿佛远古的三皇五帝，令人心生敬佩，又望而却步。

秦王政自己也明白他的功绩，自己的先祖和这几个国家争强了数百年，而到了自己的手上竟然彻底实现了每一位秦人的梦想。秦王政在秦国的历史上缔造了最大的辉煌，虽然他明白这一半得归功于他那些为此而奋力的先祖，但他还是无法虚心地抑制住对于自己功绩的得意和骄傲。

历史走到了这里，秦王政在咸阳宫里准备着他的一系列一统措施，而这时候，那六个曾经在大地上互相争夺的国家全都到另一个世界相聚去了。当这六个国家聚到一起的时候，他们是否会聊一聊为什么秦王政能将他们一一击破？他们是否会谈起之前合纵的辉煌，然后为这种辉煌不再而感到叹息？而当聊到合纵的时候，他们又是否会想到一点，即因为他们彼此间不再团结，从而给了秦国一个各个击破的机会？

所谓“灭六国者，六国也，非秦也”（《阿房宫赋》），这句话并非在否定秦王政的功绩，只是在对于六国的灭亡上，杜牧倾向于从六国内部寻找原因。杜牧的话有五分道理，六国的灭亡其中有一半必然是因为秦国的实力和计谋，无论是秦王政自己，还是李斯、尉缭、王翦、王贲、李信和内史腾等一批大臣，他们的努力都保障了这种统一的顺利进行。此外，还有另一半便是因为六国自己身上的原因。其一，六国之间无法团结，导致秦国对于合纵的瓦解有机可乘；其二，六国的君主大多昏庸无能，远忠臣而近佞官。单单这两个缘由便足以解释六国相继灭亡的原因，无论是各国之间，抑或是国内，难以形成同一战线，必然会令敌人乘虚而入。

无论六国在神灵面前为自己的错误如何进行忏悔，他们都改变不了秦王政的军队遍及天下的事实。从此之后，中国大地已经没有战国的故事，他换了一个名字，叫做秦朝。

终于统一了

秦王政二十六年（公元前221年），在齐国灭亡之后，秦王政终于实现了他的一统梦想。十几年的奋斗，终于迎来了它变成现实的一天，秦王政和李斯等一班大臣们对此别说有多激动了。此时，咸阳宫里喜气腾腾，上方的云彩如两条巨龙在为之旋舞，和着宫殿里面那升腾而起的音乐，向整个大地发出了咸阳为帝的贺词。

所谓“帝”者，在战国的时代里并不盛兴，当时仅有秦国和齐国曾经一度称帝，但也没有作为一种传统流传下来。在春秋战国时期，基本都是以“君”或“王”来称呼当时的诸侯们。这时候，自认为功高盖天地的秦王政绝对不愿意让自己和六国君王排在一起，毕竟，这些都是自己的手下败将！因此，秦王政在将整个大地拥入他的怀抱之后，便觉得必须要有一个合适的头衔来搭配自己，以区分自己和春秋战国的诸侯君主们，正如他所言：“今名号不更，无以称成功，传后世。”所谓“皇帝”之名就是在这个时候被提出来的。

当时接到秦王政寻找称号的命令时，所有的大臣都绞尽脑汁，为求一个能彰显秦王政那伟大功绩的字眼。为此，丞相王绾、御史大夫冯劫以及李斯等大臣便聚在一起商议了起来。他们认为秦王政“兴义兵，诛残贼，平定天下”，其功绩不仅仅胜过以往任何一个秦国君主，而是“自上古以来未尝有，五帝所不及”。为此，他们援引了古代三皇的尊称，所谓“古有天皇，有地皇，有人皇，人皇最贵”，人皇即泰皇，因此他们便建议秦王政以“泰皇”作为称号。

但是，秦王政对此并不是很满意，既然“泰皇”古时就有人用过，那他再用这个称呼有什么意义呢？这样一来，怎么能将自己那难以形容的功绩区别于他人呢？因此，秦王政弃用了“泰皇”的建议，但是他保留了一个“皇”字，然后自己在后面加了一个“帝”字，这样“皇帝”一词便出现了。而秦王政作为中国历史上的第一个皇帝，他毫不谦虚地将自己称为“始皇帝”。自此，秦王政的称呼到此结束，他换了一个名字，人们都称他“秦始皇”。

又“皇”又“帝”，秦始皇的雄心和傲气昭然若见。在他的心里，单是一个“皇”字，或者单是一个“帝”字，都难以匹配自己所缔造出的伟业。秦始皇认为，自己已然“德兼三皇，功过五帝”，那么除了“皇帝”一词，还能有什么字眼可以用来夸耀自己呢？

“皇帝”一词的出现，绝对不单单意味着对于统治者称呼的改变。“皇”和“帝”在古代都是人们对于自己无比敬重的天神人物的尊称，在这种敬重下，人们愿意服从在他们的权威之下。因此，当秦始皇提出“皇帝”一词的时候，他早已经表明了他那至高无上的地位和权威是上天所给予的，“君权神授”的思想在周王朝以来有了第一次的巩固。

除此之外，秦始皇还取消了谥号，他认为臣子对君主的议论是不符合礼数的，偏执的他也不愿意在自己死后让一群臣子来对自己的生前指指点点。同时，秦始皇还霸占了“朕”这个字。“朕”的意思是“我”，以前的一般人均可使用，这时秦始皇决定将其收为己用，“朕”从此提高了它的地位，成了古代中国皇帝的自称。至于“制”和“诏”专指皇帝命令、“玺”专指皇帝的大印等，这些都用一种独占的个性化定制区分了皇帝和一般人，一起为秦始皇的“君权神授”提供着力量。

“君权神授”，其目的无疑是为了借天的权威来巩固自己的统治。从精神上来说，这是一个很好的方法。但是，想要稳住辛苦开创出来的大业，单靠几个名词所形成的力量显然是不够的。为此，秦始皇和他的大臣们为了让中国大地永远姓秦，他们便开始了一些更加实际上的操作。

在中央机构的设立上，秦始皇吸取了战国时期设置官职的具体经验，建立了一套相当完整的中央集权制度和政权机构。中央有丞相、太尉、御史大夫三大官，这之后是分管具体政务的诸卿。在政事的处理上，由三大官和诸卿议论，最后由皇帝做决断。除此之外，如典属国也是一个很有意义的职位，专门负责少数民族的事务。

这一整套政权机构的建立加强了秦朝中央的统治力量，在效仿前有的结构上进行创新，在施政上比之前更行之有效，因此而成了后来历代王朝所仿效的对象。如汉朝的三公九卿制，基本上就是照搬秦制的做法。

这是在中央机构上的改革，至于在地方政权上，秦始皇也必须花费一点心思。自古以来，分封制便盛兴大地。所谓“分封”，是指由共主或中央王朝给王室成员、贵族和功臣分封领地，是宗法制在政治范畴上的表现。分封制确立了中央王朝的权威，曾经为国家政权的严密性提供了很大的帮助。但分封制有一个致命的缺点，即各分封诸侯在其国内享有很大的独立性。因此，当各诸侯国逐渐强盛之后，那种为中央服务的义务便有所变质，由此而成了政治动荡的根源。

因为分封制存在的缺陷，李斯便在当时上书秦始皇，希望秦始皇能改分封制为郡县制。所谓郡县制，即是以郡统县的两级地方行政制度。郡县制并非李斯的首创，早在土地私有制的发展时期，郡县制便应运而生了。郡县制取消了地方官员的世袭，由君主直接任命，这种性质注定了郡县长官难以在地方上培植自己的势力，也便于中央对地方的考察与监视，从而对于中央集权起到了很大的作用。这也是李斯提出郡县制的原因。

当时，以丞相王绾为代表的一部分大臣采取了不同于李斯的看法，他们提议秦始皇要继续采用分封。王绾的提议明显是不符合历史走向的，在一个加固中央权力的关键时期，郡县制所能起到的作用远比分封制大，何况分封制对于中央集权还有一定的负面性。最后，在两相权衡之下，明理的秦始皇选择了郡县制，毕竟，地方官员若叫做郡守，总比叫做某某王更令秦始皇感到满意和放心。此外，县下有乡，乡下有里，这些基层机构都由地方官员直接管理。

郡县制因其对于中央集权的有效作用，也因此成了历代王朝在地方管理制度上所仿效的先例。

在文化以及日常生活习惯上，李斯也为了统一做了大量的工作。书同文、度同制、行同伦和车同轨等都是很重要的改革。书同文即统一文字。当时七国并立，地方文化各有差异，文字也因此而不同，这在管理上无疑会形成一个巨大的障碍。为此，李斯这位大书法家，以战国时候秦人通用的大篆作为基础，然后吸取了齐鲁等地通行的蝌蚪文笔划简省的优点，独创出一种形体匀圆齐整、比划简略的新文字，称为“秦篆”，又称“小篆”。而后，在李斯的提议下，秦始皇下令将小篆作为官方规范文字，并废除其他异体字。而度同制、行同伦和车同轨的意义和书同文大致相当，前者是统一度量衡，中者是建立起统一的伦理道德和行为规范，后者是统一车宽。

这些在文化和生活习惯上的统一为中央管理清除了大量因差异而引起的障碍，使得中央的管理更加行之有效，同时也在统一文化的基础上凝聚了群众的心，为中央集权的巩固作出了很大的贡献。此外，关于货币政策的改革也在经济范畴上为中央管理提供了有效的帮助。

秦始皇统一后的所有措施，其目的一来为彰显自己的伟大功绩，二来也企图以一种行之有效的政策来加强中央的权威，从而服务于中央集权。这些措施因其所具有的实效，因此在以后的每个朝代里基本都存在着它们的影子。而秦制也因此开创了中国古代政体的整体样貌，这之后，每个朝代只是在这上面进行了一些修改，从而在皇权的巩固上更上一步，而它的基本模版都出自秦朝。

秦始皇缔造出了不朽的千古伟业，在中华五千年的伟人历史上找到了专属于他的座位。当然，秦始皇的时代也并不仅仅是专属于他一个人的时代。在这个时代里，所有辅佐秦始皇的臣民都被记上了一份功绩，而李斯无疑是这里面最为出色的一个。因为李斯的功劳，之后他能坐上丞相之位也是在理。

中国大地上的第一个大帝国在这时候向整个世界宣告了它的存在，这之后，中国的主角再也不是多个国家，而是专属于秦始皇以及臣民的大秦帝国！

第三章 帝国辉煌：真想再活五百年

百越歇菜了

秦国在历代君王的努力之下终于在秦始皇嬴政这里实现了统一中原的梦想。但是，正如成家后的男人还需要为维持这个家庭而付出巨大的拼搏一样，秦始皇在称帝之后，等待他的并不从此便是安逸舒适的生活。起码在朝代新立的时候，对于政权的稳固，秦始皇还要花几年的时间去应付。

中原已经统领在秦始皇之手，但是在更遥远的边疆，秦始皇还难以将他的控制力延伸出去。有两个地方始终是秦始皇统一之后最令其头痛的，其一是北方的匈奴，其一是南方的百越。这两个地方在秦的边境上骚扰着秦国，令这个新建立的朝代感到颜面扫地，对此，秦始皇决定用武力来威慑它们。

在一系列准备之后，秦始皇开始了他的征服行动。首先，秦始皇先从好欺负的百越着手。

所谓百越，也叫百粤，是中国古代居住在南方的越人的总称，因其部落众多，故以“百”冠之。这些少数民族在当时分布于今天的浙、闽、粤、桂等地，所谓“交趾（今越南河内）至会稽（今浙江绍兴）七八千里”（《汉书·地理志》）。

秦始皇在实行了一系列稳定政局的措施后，立即着手进攻百越的行动。

其实早在秦始皇二十五年（公元前222年），统一在即的秦国便派出大将任嚣南下攻伐百越。但此战不利，任嚣败回，秦始皇只好认命地先理理家门前的事。而对于百越战争有所突破是从秦始皇二十九年（公元前218年）开始的。那时，负责战争总指挥的是大将屠睢。在秦始皇的任命下，屠睢领着副将赵佗和五十万大军挥师直下岭南（指中国南方的五岭之南的地区），打响了秦国收降百越的战争。

在屠睢的部署下，秦军兵分五路分别进攻镡城（今湖南靖县）、九嶷（今湖南宁远南）、番禺（今广东广州）、南野（今江西南康）和余干（今江西余干）。就这样，五路大军以浩荡之势、雄武之威挥师南下，直取百越。其中，攻取番禺的大军最为迅速，他们经九嶷要塞，顺北江而下，直达珠江三角洲地区，最后顺利占领了番禺。番禺的占取大大鼓舞了秦军，在屠睢和赵佗的率领下，秦军一路所向披靡，很快便越过了五岭（大庾岭、骑田岭、都庞岭、萌渚岭、越城岭），直达岭南。

本来，对于这场战争，这是一个很好的起头。但是，当屠睢到达岭南地区后，由于对待少数民族的方法失误，最后竟导致这场讨伐战争最终由胜转败。

屠睢是一个正统的秦国将领，或许在屠睢的眼里，这帮蛮横无训的、近似于未开化的野蛮人，与他们根本不能用中原的道义来对话。对于这种没有任何文明曙光的野蛮地带，唯一能行的就是暴力。以暴制暴才可制服，这是屠睢当时的观点。当然，作为落下暴虐骂名的秦国，屠睢在很大程度上体现了这个国家的性质。

对于屠睢的屠杀暴行，当地的人民哪能忍受得了。备受生理和灵魂双重摧折的百越人，面对秦国毫无仁义的进攻，他们已经做好了反击的准备。

在岭南地区，屠睢这个外来人是很难立足的，因为不会有任何一个秦国将领可以比百越人更熟悉他们自己的环境。这块地方多山多树，在军事上适合行游击战。而对于环境无比熟悉的百越人，哪里的山可以躲人，哪里的树容易被发现，这些都完全在他们的掌握之中。因此百越人数虽少，但打起游击来，也会叫屠睢这个统领大军的将领感到头痛。

越人跋山涉水，时不时地在夜间侵袭毫无准备的秦军，秦军被侵扰地苦不堪言，却始终对这群猴子一般灵活的敌人毫无办法。最后，在西江畔三罗地域的一个树林子里，屠睢在这里遭遇越人的伏击。在涂满毒药的弓箭持续不断地往秦军军队里射来时，屠睢本人身中剧毒，当场坠马死亡，他所统的军队也全军溃败。

屠睢死后，剩余的秦国大军又因水土不服以及补给耽搁等问题，最终在岭南地区和百越部落相持了三年之久而毫无进展。

屠睢这次出战没有给秦国带去最后的胜利，究其原因，便在于屠睢本人所奉行的暴力主义。在历史上，凡是聪明人，对待少数民族无不采取安抚的政策。最著名的便是马谡为诸葛亮攻南蛮而提出的“攻心为上”。很明显，远在边境的民族难以控制，便是用暴力成功制服，也只能控制一时。

不管屠睢犯了再大的错，总之他已经死了。对此，秦始皇必须再找出能人继续屠睢的道路。这次，秦始皇找来了当年就到过岭南的任嚣。

在任嚣出兵岭南前，秦始皇注意到了兵粮不足也是出兵不利的一个问题。因此，秦始皇特意命监御史史禄在今广西兴安境内开凿了一座沟通湘水和漓水的灵渠。灵渠很快便竣工了，从此，它沟通了湘水和珠江水系，为在岭南前线作战的秦军络绎不绝地提供了军饷，也为秦始皇完成岭南的统一大业提供了可靠的物质保障。

有了灵渠后，任嚣的任务便轻松了许多。于是，秦始皇三十三年（公元前214年），任嚣意气风发，带领着副将赵佗和几十万秦国大军再战岭南。

任嚣和赵佗都是对岭南地区较为熟悉的将领，尤其是赵佗，几乎一辈子都在和这块土地打着交道，因此，对于这次南下岭南，他们两人都信心满满。他们的信心传染给了军队里的士兵，整个军队仿佛被注入了兴奋剂，他们已经忘却了前一次的失败，他们准备缔造这一次的辉煌。

结果，正如任嚣和赵佗所相信的，在这次的进攻中，秦军一路直下，势如破竹，大军在整个岭南地区驰骋，很快便击溃了今广西等地的西瓯族和今越南中、北部的雒越族的反抗。不久，在两位将领的出色领导下，这场战争记录下了一个具有重大意义的时刻——整个岭南地区从此划入了秦朝的版图。

到此，秦国才真正地将岭南百越收服了，而岭南地区也在此刻正式成了中华民族大家庭的一员。而鉴于屠睢的暴力政策导致失败的经验，这次秦国在对待这块土地采取了安抚同化的政策。首先，秦始皇命令进军岭南的将士留守当地。这是一个以守卫百越为名，实则趁机控制百越反叛的政策。这个政策顺利地控制了百越，起码在秦国平静的岁月里，岭南地区一片安稳。

然后，秦始皇还从中原地区迁移了大批百姓前往岭南。这群移民将中原的先进文化带到岭南地区，为岭南的农业和手工业发展做出了重要的贡献。除此之外，这群移民杂居在百越人之间，与百越人通婚，大大地促进了两种文化的融合。因此，秦平岭南的意义是非凡的，它对促进民族的融合及岭南社会政治、经济和文化的发展都起着不可忽视的作用。

后来，秦朝灭亡之后，岭南地区在赵佗的带领下自成一国，赵佗也因此而成了南越国的国王。之后南越国臣属于汉朝，汉越民族的交往又一次顺畅了起来。这是后话。

百越已经臣服在秦国之下了，但是秦始皇还不能安寝。因为在侵扰秦始皇的少数民族中，并不仅仅只有居住在南方的这一支，就在秦国的北方，有一支强大的游牧民族正在威胁着秦国的统治。

这支游牧民族叫做匈奴。

匈奴有了恐秦症

秦始皇在统一六国之后从未松懈，继续往外扩充着属于他的地图。

就在秦始皇统治的时代里，在阿尔泰山脉东南、大兴安岭以西、蒙古草原以南、青藏高原东北、华北平原西北的戈壁和大草原之上，有一批披发左衽的游牧民族正毫无顾忌地驰骋于上，他们是古北亚人种和原始印欧人种的混合，他们便是匈奴。

据《史记》而言，匈奴人的先祖是夏朝的遗民，其在向西迁移的过程中融合了月氏、楼兰、乌孙等民族，形成了现在的匈奴民族。部分史学家如王国维先生则认为，商朝时的所谓鬼方、混夷、獯鬻，周朝时的猃狁，春秋时的戎、狄，战国时的胡，其实都是后世所谓的匈奴。如此看来，匈奴是一个意义庞大又繁杂的名词。

无论匈奴是什么，这都不妨碍秦始皇对他们的厌恶。因为他们给秦始皇带来的困扰甚于百越。当秦始皇在征服六国和百越的过程中，匈奴便经常趁着秦国无暇北顾的当儿，在秦国的北方实行突袭性的侵扰。这是游牧民族的爱好，却是秦始皇这种以安居为乐的人所不愿见到的。因此，秦始皇一直都想教训教训这群目中无人的草原强盗。

在公元前3世纪，也就是秦始皇当政的那个时代，当时的匈奴已经进入了奴隶制社会，有一个较为完整的统治机构。他们的统治机构分为中央王庭、东部的左贤王和西部的右贤王三部分，总共控制着从里海到长城的广大地域，包括今蒙古国、俄罗斯的西伯利亚、中亚北部、中国东北等地区。

匈奴有着庞大的统治范围，更兼这个民族善于骑射，凶悍无比，因此对于秦国的威胁不可谓不大。但是，一生英勇的秦始皇天不怕地不怕，哪里会将一个小小的匈奴放在眼里？在他眼里，匈奴只是一群不入流的少数民族，要击败他们轻而易举。因此在秦始皇三十二年（公元前215年），当时始皇还在注意着从百越传回来的好消息，但三心二意的他很快便将这份热情转移到了北方。于是这时候，秦始皇正式作出了决定——令大将蒙恬率军北击匈奴。

蒙恬是大将蒙骜的后代，其父蒙武追随王翦灭楚亦屡立战功。因此，生长于武将世家的蒙恬从小便深受家庭环境的熏陶，再加上自幼胸怀大志，小小年纪便有冲锋陷阵的梦想，故待蒙恬长大后，已然成了一个出色的军事家。蒙恬自然是猛将，但为何选择蒙恬北击匈奴，秦始皇有更深的考虑。因为，早在蒙恬青年时期，便长期在北方边境守卫，故其对匈奴的战法极其熟悉。此外也因为蒙恬的进攻精神和野战能力强于其他老将，而后者更擅长的是在与六国对战中所培养起的攻坚战。因此，一提起进攻匈奴的人选，秦始皇似乎理所当然地便想起了蒙恬。

蒙恬慎重地接过了秦始皇的任务，在长年的北方边境守卫生活中，他深切地感受到匈奴的侵犯非同一般，因此他明白北击匈奴的重要性。所以，这一次他暗暗地发誓，一旦出兵，必要大胜。就这样，在全军如火燃烧着的激情的支撑下，蒙恬领着三十万大军往北进发了。

在往北进发的过程中，蒙恬日夜兼程赶赴边关。后扎下大营后，他立即派人侦察敌情，另外又亲自翻山越岭察看当地地形。在做好万全准备后，秦军便和匈奴军展开了他们的第一次交战，而这一次交战，蒙恬便为秦国带回了一个好消息——他杀得匈奴人仰马翻，溃散草原。

上面只是第一场交战，一年之后，蒙恬再次领着大军来到了黄河之滨，准备和当时越过黄河占据着河套地区的匈奴军队来一场旷世的大对决。在这场对决中，蒙恬表现得真不愧为秦国大将。士兵们从这位充满了战斗激情的将领那里感染了全身的动力，个个如天降神兵，毫无畏惧地冲锋陷阵。很快地，在黄河上游

（今宁夏和内蒙古河套一带地区），匈奴士兵面对着锐不可当的秦军，已经完全失去了作战的勇气。这群凶悍的士兵在此刻遇到了一群更加凶悍的士兵，匈奴军们已经失去了往常的蛮性，在秦军如虎狼的追击下，匈奴军选择了逃走。

仅此一战，蒙恬便重创彪悍勇猛的匈奴，更使其一听秦军这个名号便落荒而逃，其能力与功劳之高，都令人佩服。为此，后人称赞他是“中华第一勇士”。而经此一战，匈奴再也没有勇气进入秦地了。这种恐惧深深地驻扎在每一个匈奴人的心中，以至于后来中原再乱时，匈奴人都不敢深入汉境一步。后来，汉代贾谊在评价此事时将匈奴的畏惧点破得一针见血：“胡人不敢南下而牧马。”（《过秦论》）匈奴的畏惧也给北方带来了十几年安定的社会环境，从而为日后河套地区的开发创造了条件。

击退匈奴后，秦始皇如同对待百越一样，先派出蒙恬统率重兵坐镇上郡（今陕西榆林境内），确保北方地区的安稳。而后又迁民几万家于河套，其意义如同移民至岭南一样，对于边地的开垦和边防的加强，以及在文化上的传播和融合都起了积极作用。为加强河套地区的防线，蒙恬又在河套黄河以北一带筑起了亭障，修起了城堡，作为黄河防线前哨阵地。除此之外，在秦始皇的命令下，蒙恬将战国时燕、赵、秦三国修筑的长城修复并且连接起来。几年之后，一道西起临洮、东迄辽东的伟大工程便正式亮相在中国的大地之上了。

至此，秦朝已经将南方的百越和北方的河套地区加入了自己的版图。从这时候起，秦朝已经是一个“东至海暨朝鲜，西至临洮、羌中，南至北向户（北回归线以南），北据为塞，并阴山至辽东”（《史记·秦始皇本纪》）的大帝国了。这之后，秦始皇更打通了通往西南的五尺道（大致自今四川宜宾至云南曲靖一线），成功控制了当地的部族，从而将政治势力伸入了云贵高原。

秦始皇的南征北伐是秦国统一之后所作出的意义非凡的大事，它大大地扩充了中原王朝的土地，为日后中国的每一任统治者奠定了一个坚实的版图基础。而对于岭南和河套的开发更是成功地将其拉进了中华民族的大家庭之中，为日后的中原统治者提供了一个政局安稳的前提。因此，南攻百越和北击匈奴是秦始皇众多贡献中又一个意义重大的贡献，只凭此，始皇的功绩便足以被讴歌千年。

外患已经定了，如同很多统治者在他们的人生中所会进入的最后一个阶段——享乐，秦始皇也不例外地踏入了这条道路。当没有百越和匈奴在秦国边境烦恼着秦始皇的时候，秦始皇便开始了他晚年的安逸生活。可是秦始皇如果只是做一般退休老人会做的那样，待在家里看看书，发发闲，那么他的一生将会完美无比，世界上也不会留下那么多对于他的非议之声。但是，一个人的权力越多，他的欲望便也会随着增大。已经无人可与之匹敌的秦始皇绝对不愿像那些平庸的老人，安闲地度过他们的晚年。在秦始皇的心里，他愿意让自己的晚年过得如他青少年时的战争生活一样丰富。而这种丰富在秦始皇的心里明显被解读为物质上的享受，在他那里，唯有无限的物质才可证明自己的功绩，秦始皇已经陷入了精神上的沼泽。

在始皇的晚年，他的生活确实是奢侈的。其实，当你和他谈起“晚年”这两个字时，势必会令他暴跳如雷。因为在秦始皇那顽固的脑袋里，他的生命没有终结的一天，起码他是这样希望的。

皇帝生活面面观

1974年1月29日，在骊山脚下，一个农民正在打井，井越打越深，却始终不见水。但是，这个农民却在无意中挖到了一个陶制的东西，拿起来一看，吓了一跳，一个怒目圆睁的武士头像正对着自己。这次挖掘工作被上报到了国家。后来在相关组织的继续挖掘下，一个轰动全世界的奇迹正式在人类面前亮相——那依骊山傍渭水的秦始皇陵，里面驻扎了一支威武强大的军队！

秦始皇陵的规模让后人彻底认识到了这位千古一帝的奢侈。

孟子曾经说过：生于忧患而死于安乐。在秦国横跨数个世纪的发展中，其所面临的时代背景都是令人感到忧患的。如果说这可作为一种背景动力，解释秦国之所以能在最后取得成功的话。那么，在秦始皇解决了一切忧患之后，他的安乐生活便可用来解释秦朝最后之所以灭亡的缘由了。

秦始皇如同很多功绩宏伟的历史巨人一样，当他们在兢兢业业地将一份产业发展到一个顶峰时，他们很快便在坐拥这份成就之下开始了与早年相去甚远的享乐生活。这是很多统治者所难以避免的精神转变，或许在他们心里，他们希望以一种更为舒适的生活来弥补早年所付出的辛劳。

秦始皇是十三岁就即位的。这个年幼即位的君王是早熟的，在即位之初他就下令建造的秦始皇陵便足以证明这一点。秦始皇陵位于今陕西省西安市临潼区以东的骊山脚下，当年由秦始皇下令，丞相李斯主持，大将章邯监工，动用了劳役达72万之多，修筑时间长达38年。对于人口只有2000万的秦帝国来说，72万是一个很大的数字了，秦始皇这样不惜一切地霸占劳动力，总有一天他会为此而付出代价的。当然，不管代价是什么，都阻挡不了这座陵园成为一座最伟大的陵园。这是一个此后中国历代君王所无法享受到的死后世界，其巨大的规模、丰富的陪葬物傲视了所有的帝王陵。

秦始皇陵陵区是按照咸阳布局来建造的，分为陵园区和从葬区两部分，其占地总面积为56.25平方公里，也就是56250000平方米，这在土地稀缺的当下社会里，无疑是一个令人瞠目结舌的数字。在主陵园和旁边的各个陪葬坑里，挖掘出的陪葬品更令人眼花缭乱，胆战心惊。各种价值连城的宝物，各种珍贵奇异的禽兽，而最令人叹为观止的无疑是享誉国内外的兵马俑。现在发现的兵马俑已达8000件，青铜兵器多至4万件。这支地下军队的出土惊爆了世人的眼睛，当时的媒体纷纷对此直呼“世界第八大奇迹”。

秦始皇陵将秦始皇的奢侈浮华揭露得一针见血。当然，陵墓再好，都是死后用的，秦始皇可不愿将自己的美好宴会移到一座陵墓里去。在现世，秦始皇有专属于他的更为浪漫的宫殿，这些宫殿比起秦始皇陵来是一点也不落下风。

早在秦始皇还没有统一六国之前，就已经坐拥了历代秦王所建造的许多宫殿。但是浮夸的始皇可不满足于这些祖先们留下来的东西。每一代有每一代的专属品，正如秦穆公有他的称霸，秦始皇有他的称帝一样，始皇希望有专属于他的豪宅。于是秦始皇便在统一六国期间大兴土木，每次灭了一国便按该国的宫殿建筑在咸阳附近仿造一座。最后，六国灭完，这些建筑的总面积便超出了人们的想象。当然，有人更愿意相信秦始皇建造这些宫殿的主要目标还是为了软禁六国贵族。一座牢狱就达到了这样的规模，秦始皇那颗大方的心真不在天之下。

其实以上仿造六国建筑的房子都不算什么，如果相比于一座更加宏伟壮观的建筑的话，这座建筑便是著名的阿房宫。

阿房宫遗址位于今三桥镇南，其范围东至皂河西岸，西至长安县纪阳寨，南至和平村、东凹里，北至车张村，总面积达11平方公里。之前秦惠文王便在此地开始建筑离宫，可惜宫殿未成人先死。到了秦始皇二十五年（公元前212年），始皇便令人再次修建阿房宫，为修筑这座心血来潮的灵感之作，始皇必须每年派出多达70万的民工。秦始皇死后，秦二世继续建筑，只可惜这座宫殿最后在项羽入咸阳之后被付诸一炬。

有考古表示，阿房宫最终并没有建成。在项羽放火烧咸阳宫殿之前，这座举世闻名的建筑只完成了一道地基而已。但是文人可不甘于这种说法，于是他们在心中对阿房宫进化了夸张的艺术化，最后便有了杜牧那著名的《阿房宫赋》。《阿房宫赋》里面对于阿房宫的想象描绘令读者惊叹万分。如果有朝一日阿房宫建成了，那赋里的描绘是否会成真呢?

不管阿房宫最后有没有建成，秦始皇想建造阿房宫的野心都是存在的。因此，我们便不能为此而原谅这位浪费成性的帝王，只因为他并没有真正享受到这份奢侈。

关于秦始皇的奢侈没有再进一步的记载，当然，仅仅一个秦始皇陵便可以让我们从中窥见秦始皇的宫廷生活。为此，我们可以大致描绘出一个贪婪的秦始皇，他的双眼发亮，巴不得享受人间所有令人舒适的事物。其实，在分析到秦始皇的奢侈时，我们绝对不能单单认为他只是一个单纯的物质享受者。后者不过是在一种追求一种纸醉金迷的生活，这种生活糜烂至极，从没有在他们的心理上升到一种关乎精神的境界。

在秦始皇心里，无论是建造皇陵，还是修筑阿房宫，这一切除了满足秦始皇的物质享受外，更重要的还是为了满足始皇心比天高的气势。

秦始皇陵在秦始皇即位之初便开始修建，它的规模似乎在向世人说明一个真理：这个世界最后是属于秦始皇嬴政的。因此，这座默默躺卧在地却分明显霸气外露的建筑，作为一种象征，正在向人们暗示着，在秦始皇的心里，有不甘于人下的气势。

而在秦始皇统一六国后，阿房宫的修筑更说明了一个问题：除了一幢规模更为宏大的建筑，已经很难再有什么能为始皇的功绩歌功颂德了。秦始皇一直在寻找一种奖赏，这种奖赏能向世人表明他始皇功高三皇、德超五帝。而“皇帝”二字已经渐渐不能满足这种需求了，因此秦始皇需要有种更加惊人、更加轰动的奖赏。阿房宫的出现在很大程度上满足了秦始皇的这种精神需求。

因此，始皇的奢华并不仅仅是为了满足物质上的享受。同那群平庸的人不一样，在伟大的秦始皇心里，物质的享用在很大程度上是为了用来填补强大的精神需求。当然，从这一点我们也可以看出，在秦始皇远离了他实际的作战生涯时，他已经渐渐地陷入了空虚的精神泥沼。

因此，当宏大的建筑也渐渐失去了它歌功颂德的能力时，始皇便陷入了一种更加空虚的地步。这个阶段，奢侈的生活已经远远不能满足他了，因为这一切都在凡世之中。秦始皇试图寻找一种能将自己与凡世的俗人区别开来的事物，为此，他想起了生命的恒久，不死药也因此正式进入了他的需求之中。

不死药在哪里

秦始皇进入晚年后，精神也开始空虚起来。在为这个世界作出巨大的贡献后，他需要一切能为自己歌功颂德的事物，为此他修筑了如阿房宫这样规模宏大的建筑。但是，秦始皇的眼光很快便离开了这些尘世的东西，在他心里，自己的功绩已经无法用存在于自然中的事物来衡量，他需要一种非自然的力量来向世界证明：他秦始皇是天一般的人物。

世俗的东西都是不能长久的，如果想要证明自己与天同高，唯一的方法就是像天一样长生不老。这是秦始皇在寻求功绩认同的过程中所得出的最终结论。因此，秦始皇现在不再需要工匠了，相较之下，他更需要术士，或称方士。

为了长生不老，秦始皇特向天下贴出寻物启事：如果能找到不死药者，定有重赏。

这个寻物启事在现代人眼中是很不靠谱的，但是在当时的迷信社会里，或许还会有它的意义所在。虽然如此，却也从来没有人能做到长生不老，那又怎么去寻找这种传说中的不死药呢？因此，基本没有一个傻瓜愿意为秦始皇分担这个寻找不死药的重任。但是，世上总不乏“一个愿打一个愿挨”的事，秦始皇敢令人帮忙找不死药，就有人敢奉命去找不死药。这个人便是徐福。

徐福，也作徐市，字君房。徐福是齐地琅玡人，秦朝著名的方士。据传说，他是鬼谷子先生的关门弟子，自幼在鬼谷子底下学习辟谷、气功、修仙和武术。在多年的学习之后，徐福已然成了一个博学多才、通晓医学、天文、航海等知识的能人。又兼徐福此人同情百姓，乐于助人，故在沿海一带的民众中名望颇高。徐福出山的时候在秦始皇登基前后，后因通晓术士之学，故被秦始皇派出去寻访不死药。

当时秦始皇正需要有人来为他寻找不死药，徐福知识渊博，又对这方面有所研究，所以当时他就给秦始皇上书了。上书中说海中有蓬莱、方丈、瀛洲三座仙山，三仙山中皆有神仙居住，若能寻访到那里，应该就能找到不死药了。秦始皇一听这个报告，喜从中来，立即派徐福率领童男童女数千人，以及已经预备好的够用三年的粮食、衣履、药品和耕具入海求仙。

秦始皇二十八年（公元前219年），徐福在秦始皇的任命下率众出海。这次出海耗资巨大，秦始皇想长生不老的梦想可见一斑。但是，不死药这种玄幻的东西并不会因为你付出巨大的辛劳就能找到的，因为它根本就从未存在过。因此，徐福的这次出海并没有找到所谓的仙山。

徐福没找到不死药，只好编造了一系列托辞来瞒过秦始皇，如从东南到蓬莱，与海神的对话以及海神索要童男童女作为礼物等事。这些托辞并不能给秦始皇带来欢乐，因为他要的不死药最后还是找不到。当秦始皇讯问到最关键的不死药时，徐福也只好如实以报。这次失利虽有打击到秦始皇的梦想，却并没有足够的力量来将其打碎。因此，秦始皇的这场荒唐梦还在继续着。这之后，徐福在秦始皇的命令下，再度率众出海，最后来到了所谓的“平原广泽”。在这里，徐福感受到了当地人民的质朴友善，又兼这里气候温暖、风光明媚，于是徐福便作出了一个决定——他不回去了。

徐福最后选择了不回秦国，而在这块土地上扎根了下来。徐福在这里自立为王，教当地人农耕、捕鱼、捕鲸和沥纸的方法，在这块土地上开发了专属于他的王国。以上是徐福东渡的典故。而这块在当时被司马迁称为“平原广泽”的地方，据考证，可能是现代的日本九州岛。关于徐福的考证还在进行着，当然，不管真相如何，他的东渡都为我们创造了一个很美好的传说。

和很多方士一样，徐福在寻找不死药这上面到最后不了了之。这当然是在意料之中，既然没有不死药，那又要人去哪里寻找呢？秦始皇真是令人头痛，无怪乎所有为他找不死药的人到了最后都要逃掉。

徐福逃了，本以为找不死药的事件该暂告一个段落了。可是，在徐福为秦始皇寻找不死药而烦恼着的时候，也有另外一群人正在为这件荒唐事而跋山涉水，比如韩终、侯公等。当然，在这群寻找不死药的人之中，还有一个较为出名的人，便是卢生。

卢生是一个方士，于秦始皇三十二年（公元前215年）奉秦始皇的命令开始四处访寻海外仙山，只为求得不死之药。可是不死药哪里去找？这个卢生简直是将自己置身虎口。结果是，不死药找不到，倒找到了一本预言书。这本预言书上有一句很重要的预言：“灭秦者，胡也。”秦始皇一看到这里，便立即以为这个

“胡”字指的是北方的匈奴，于是立即下令蒙恬领大军北击匈奴。可是秦始皇却万万想不到，这个“胡”字指的正是他的二儿子胡亥。

这当然是一个传说，预言书的内容是假的，但卢生拿回预言书一事却可能是真的。毕竟在找不到不死药的情况下，卢生必须为自己制造点功劳，这样才敢堂堂正正地回到秦廷之上。后来，卢生知道自己是找不到不死药了，于是和徐福一样决定逃亡。可卢生逃就逃，竟然还在逃亡之前对秦始皇进行了一番批评。结果，这可惹恼了始皇，为此还引出了坑儒的事件。

秦始皇越陷越深。从耗费人力和巨资建造宏大的建筑开始，秦始皇便走上了一条不归路。这条不归路全因秦始皇那过人的自负，这种自负蒙蔽了他的双眼，让他找不到一条正确的道路。所有这一切都为秦始皇树立起了越来越多的敌人，只因他的心比天高，就要多少普通百姓来支撑起他的这一份骄傲。百姓们对这位结束他们战争苦难的领导者渐渐失去了信心，因为他将他们带入了另外一种苦难之中。

在这一些荒唐的事情之后，秦始皇还将做出一件更令人诟病的事来。因为这件事，他的暴君名号传遍了整个历史，无论他的功绩再大都难以将其洗清。这件事便是轰动了整个历史的著名事件——焚书坑儒。

焚书坑儒

秦始皇三十四年（公元前213年），咸阳宫内，宴会正如火如荼地进行着。觥筹交错，高谈阔论，群臣们共同庆贺秦朝北筑长城、南戍五岭，实现全国的安定与统一。

参加宴会的群臣们对秦始皇极尽歌功颂德之能，其中一位臣子——仆射周青臣，最会拍马屁，他称赞秦始皇：“他时秦地不过千里，赖陛下神灵明圣，平定海内，放逐蛮夷，日月所照，莫不宾服。以诸侯为郡县，人人自安乐，无战争之患，传之万世。自上古不及陛下威德。”以前秦国的土地不过千里，全赖皇上圣明，平定天下，驱走蛮夷。秦始皇就如天上的太阳和月亮，光芒日夜普耀大地。只要是太阳和月亮光芒所照耀的地方，就没有人不被这光芒所收服。现在天下太平，百姓安居，没有战争的困扰，能够万世长存，这都是秦始皇的功劳。秦始皇可以称得上是古今帝王中最威严、最圣德的一位。

任何一个男人骨子里都有一个帝王梦，可以征服天下，让世人膜拜。秦始皇是男人中的男人，正值帝王生涯的高峰，筑起了让世人为之惊叹的奇迹——长城，即便是高科技发达的今天也堪称创世之杰作。仆射周青臣的话让他五体通泰，舒畅之极。

历代朝臣中，有忠臣，就有奸臣，有甘心卖力于这一阵营，就有投向另一阵营的，同样，有溜须拍马者，就必然有敢于直言不讳者。

有一位叫淳于越的人，他看不惯周青臣这样阿谀奉承。加之，他对秦始皇往日的一些作为也颇有意见："商周之王千岁余，封弟子功臣为枝辅。今陛下有海内，而子弟为匹夫，卒有田常、六卿之臣，无辅拂，何以相救哉？事不师古而能长久者，非所闻也。"意思是殷周两朝基业之所以能长达一千多年，是因为分封了自己的子弟和功臣做辅助。秦朝才开始起步，还有很长的一段路要走，而秦始皇统一天下后，并没有分封自己的子弟。秦朝应该效仿殷周分封自己的子弟和功臣做辅助的成功例子。如果一味地自夸、自满，把天下之地归自己所有，而忘掉了先祖流传的宝贵经验，这样即便有田常和六卿这样的大臣，但是没有人辅助，又怎么能够长久呢。淳于越还批评周青臣，说这样的人，只会阿谀奉承，又怎么能是个忠臣呢。

听了这样一番话，秦始皇的脸立刻就沉了下来。他是一位想把一切都握在自己手中的帝王，极为享受这种掌控欲。作为一国之主，要维护自己的脸面，建立不偏听的明君形象。秦始皇隐忍着没有爆发，且作出一副"兼听则明"的样子，让人把淳于越的意见传下去，交由臣子讨论。

丞相李斯站了出来。李斯最知秦始皇，当即对淳于越的言论做出了驳斥："五帝不相复。三代不相袭，各以治，非其相反，时变异也。今陛下创大业，建万世之功，固非愚儒所知。且越言乃三代之事，何足法也？"历史是发展的，时代变了，适合夏、商、周三代的治国策略已经不适用了。现在，皇上开创大业，建立了万代不朽的功业，本不是愚蠢的儒生所能理解的。淳于越说的三朝旧事，又有什么可值得效法的。另外，李斯也对儒生做出了批判，认为他们"入则心非，出则巷议，非主以为名，异趋以为高，率群下以造谤。"这些儒生在朝廷上口是心非，在街头巷尾谈论时政。觉得自己能够批评皇帝是很了不起的人，把标新立异看成是学问高深。这样使得民心混乱，纷纷效仿，又生出更多的诽谤之言。李斯认为一定要对这些儒生采取些措施加以制止。

秦始皇对李斯的发言连连点头，这话说到他心坎上了。李斯见始皇认同自己，紧接着又提出了历史上著名的"焚书"方案："史官非秦记皆烧之。非博士官所职，天下敢有藏《诗》、《书》、百家语者，悉诣守、尉杂等烧之。有敢偶语《诗》、《书》者弃市。以古非今者族。吏见知不举者与其同罪。令下三十日不烧，黥为城旦。所不去者，医药、卜筮、种树之书。若欲有学法令，以吏为师。"（《史记·秦始皇本纪》）

历史典籍，除了记载秦朝的一律烧掉；民间收藏的诗书百家著作，一律交到各郡的治所，由郡守统一烧掉；如果胆敢互相谈论诗书，就要杀头；以古非今的要灭族；令下之后，三十天内不烧书的要判罪；有想学习法令的，以官吏为教师，医书药书卜卦的书，种树的书可以不烧。

秦始皇当即就批准了李斯的这个建议，并且付诸实施。就是这样的几个烧掉，几个杀头，使得一时间，全国各地烈焰腾空而起，诸多先秦典籍和当时的著作就这样被大火吞没了，瞬间化为灰烬，徒留后人一声叹息。

秦始皇同意“焚书”不是一时的冲动。长久以来，通过与儒生的接触，他不太喜欢儒生，很看不惯他们的一些做法。尤其是一有什么不满就口耳相传，甚至著书以传扬。他们提出的一些意见，也大都很难实行。《史记·封禅书》中有这样的记载：“始皇上泰山，为暴风雨所击，不得封禅。”说的就是始皇与儒生间一次不愉快的接触。

秦始皇二十八年（公元前219年），秦始皇东巡至泰山脚下时，想要刻石歌颂秦朝功德、封禅祭祀山川，于是他召集了齐鲁一带的七十个儒生出主意。而儒生出的主意大都是类似“拿蒲草包裹车轮，以免伤害山上的草木”这样很难做到的事情。秦始皇没有采用他们的意见，还下令不许他们参加封禅活动，儒生因此对秦始皇非常不满。

恰恰这次泰山封禅的时候，上山途中遇到了暴风雨。那些儒生正好有了话头，以此来嘲笑讽刺秦始皇。自然，秦始皇对儒生不满更多了一层。

秦始皇实行“焚书”，也是给儒生一个教训，侧面告诉他们“饭可以多吃，话不可以乱说”。“焚书”事件，秦始皇对儒生是尚有隐忍的，当这种怨气到一定程度，爆发出来，就有了史上震惊的“坑儒”事件。

秦始皇三十五年（公元前212年），当时有两个方士：卢生和侯生。这两人自称可炼制长生不老之仙药。秦始皇一生追求长生，听到仙药，也不去考证，就给了两人许多钱财，以用于炼制仙药。

这两人拿到钱后就开始装模作样地研制起来。但滥竽充数终究不能长久，骗局总有被拆穿的一天。而当时秦法中有这样的规定：“不得兼方，不验，辄死。”（《史记·秦始皇本纪》）两个人认为秦始皇这个人刚愎自用，非常专制，很多忠良大臣都被处死，他们也不会有什么好下场的。于是，两人就逃走了。

之前，有徐福等人为秦始皇到海外寻找长生不老仙药，白白花费了很多钱财，却没有任何收获。秦始皇对此非常恼怒。当他再听人来报卢生和侯生逃走一事后，勃然大怒：“今闻韩众去不报，徐市等费以巨万计，终不得药，徒奸利相告日闻。卢生等吾尊赐之甚厚，今乃诽谤我，以重吾不德也。”秦始皇历数徐福等求仙药而不得，又有卢生和侯生两人，待他们不薄，给了那么多钱财，竟然还在背地里诽谤自己。他下命令捉拿卢生和侯生两人，并且派御史严查诽谤朝廷，惑乱民心的儒生方士。

很快，凡是议论朝政的人都被抓了来，严刑审问。有的儒生经不住拷打，就胡乱供出别人，以免受皮肉之苦。就这样，一个人供出第二个人，第二个人又供出第三个人……串联下来，最后确定违犯禁令的儒生竟达四百六十余人。而对于这四百六十多名儒生，处置的结果就是生生活埋。

还有一种关于“坑儒”的委婉说法。东汉卫宏在《诏定古文尚书序》中记载，秦始皇让人冬天在骊山邢谷的温泉边上挖坑种瓜，瓜在温室的条件下生长，在冬天竟然也结出了果实。秦始皇召集全国七百多儒生实地考察，找出为什么冬天能结出瓜的道理。趁着儒生们书生气十足争议时，让早已埋伏好的士兵射箭，无数儒生倒在箭下，被厚厚的黄土永远地埋在了山谷中。

也因此，汉代人关于坑儒的数目有两种说法：一种是坑了四百六十多人，一种是坑了七百多人。有人就认为，秦始皇坑了两次，一次在咸阳，一次在临潼，所以有了这两个数字。

不管是哪种说法更接近历史的真相，历史已经成为过去，无数冤魂被埋没，死者不能再生，只留后人无尽的吁嗟，以及对文明无法挽回的损失与破坏。

博浪沙遇刺案

秦始皇二十九年（公元前218年）的一天，在古博浪沙（今河南原阳东南）上演了一幕令人惊心动魄的险剧：一把重达120斤（约合现在50公斤）的大铁锤往一排路过的仪仗队砸去，铁锤砸中了车队中最豪华的一辆马车，马车瞬间被压扁。

这是历次行刺秦始皇中最出名的事件之一，它发生在秦始皇东巡途中。它之所以特别引起后人的关注，除了那把铁锤确实极具威力以外，更重要的还在于它的幕后黑手是一个非常出名的人物，这个人便是后来“汉初三杰”中的张良。

张良，字子房，出身贵族世家。祖父开地，连任战国时韩国三朝的宰相，后父亲接过了祖父的职位，在宰相位子上又坐了整整两年。可到了张良这一代时，韩国却已经走上了下坡路，不久便被秦国一举攻破。自此，张良便失去了他的显赫位置，沦为了这个与其有国仇家恨的政权的子民。

因为这种亡国亡家的仇恨，张良便时刻惦记着要报复。因此，他一直在寻找着机会，即便没有复国的可能，但他也希望能杀了秦始皇。不久，机会便来到了张良手里。

这种机会是缘于秦始皇那盲目的自负。在秦始皇统一六国之后，为了向天下展示自己的威仪和功绩，便开始了他经常性的东巡。皇帝巡视可是大事，这种事情在公告发布以后便传得沸沸扬扬。而这种轰动的大事对于一些心有阴谋的人来说便成了一个千载难逢的机会，毕竟始皇若经常躲在深宫，想要行刺他是非常困难的，但他若自己跑到了外面来，那等于将自己置身在光亮处，等待着那些想杀死自己的人来解决自己。所以，秦始皇的东巡，他高兴，这些苦苦等待刺杀他的反秦人物也在暗中窃喜着。

张良就是这些人中的一个，当他得知秦始皇即将东巡的时候，他便兴奋激动了起来。于是，张良开始谋划他的刺秦行动。

张良先到东方拜见了当地名士仓海君，求他传授刺秦良方。后来，张良在这趟旅程中收获了一个大力士，这大力士能扛百斤以上的东西，力量非凡，彪悍无比。于是，张良便为这大力士量身定做了一把重达120斤的大铁锤。这大铁锤常人拿不来，到了这大力士手中，竟如玩具一般被轻轻举起，舞在手里真如天神下凡，令人赞叹。

在准备了行刺的工具后，张良便着手制定行刺的位置。当张良得知秦始皇的队列会经过阳武县（今河南原阳的东部）的时候，他便亲自到那里寻找行刺的好地点。后来张良来到了古博浪沙，这是秦始皇东巡到阳武县的必经之路。且古博浪沙北临黄河，南临官渡河，到处沙丘连绵起伏，一望无际。沙丘上更是荆棘丛生，在其低洼处，又有沼泽地、水洼连成一片。这种地理位置决定了该地荒无人烟，行走困难。且行刺如果失败，向北可逃过黄河，向南可逃过官渡河，这都可让张良轻而易举地躲过秦军的搜捕。于是张良选择了这块地方。

行刺的当天，张良和大力士便先找了个隐蔽的地方躲藏起来，等待着秦始皇队伍的来到。很快地，在张良的前方便有了骚动，鸣锣响亮，沙尘扬起，树木摆动。这阵骚动越来越大，张良明白，秦始皇近在咫尺了！忽然，开始有人进入了张良的眼球里，接着是一个一个的人组成的行列。这行列规模之大令张良惊叹，张良心中暗暗寻思着：这等昏君，今日便是不死，日后也自有人来杀之。

接着，又是一列列车队从张良面前走过，此时车队的两边前呼后拥着一群大小官员。这时候，张良便知道是秦始皇的队列来了。于是，张良便在这之中寻找着秦始皇的马车。按照君臣车辇规定，天子六驾，即秦始皇所乘车辇由六匹马拉车，而其他大臣只用四匹马来拉。因此，张良的刺杀目标是六驾马车。

可是，在迎面而来的队伍里却根本没有六驾马拉的马车，张良这时可难下判定了。最后，他只好凭自己的感觉从里面挑出了一辆最豪华最华丽的马车，将自己的运气都赌在这上面了。张良虽难以判定秦始皇的马车，但他还是摆出信心满满的姿态，他自信大力士手中的重锤一扔出，秦始皇必然被砸得血肉模糊。于是，抓住时机，大力士见张良选定的车马已到眼前，便将手中的大铁锤奋力一扔。铁锤被大力士扔到了几十米外，如同天雷一般对着那辆马车直劈而下。马车被砸得粉身碎骨，拉车的骏马被这道从天而降的忽然攻击惊吓得仰天长啸，奋力逃脱，终究扯不开缰绳，最终腿一软死寂般地躺在了地上。

张良见马车已经粉身碎骨，心里寻思里面的人已经不可能活着走出来了，心里不由得升起了一股报复的快感。这时候，秦始皇的东巡队列已经骚动了起来，很多士兵被派出去搜捕埋伏在附近的刺客，张良于是趁乱钻进了芦苇丛中，成功逃离了现场。

逃离现场后的张良感到无比兴奋，他已经成功为自己的国、为自己的家报了仇，而秦始皇这位暴君也终于死在了自己手下。张良仿佛完成了一件轰天动地的大地，满面春光。可是，令张良万万想不到的是，就在不久后，他竟然会再一次听到秦始皇的声音。

原来，秦始皇根本没死。当然，那天坐在那辆马车里的人是死了，可是他不是秦始皇！秦始皇因多次遇刺，早有预防准备，所有车辇全部四驾，时常换乘座驾。因此，张良很不幸地选择错了马车，错过了一次千载难逢的机会。

秦始皇幸免于难，便立即下令在全国大肆搜捕凶手，但最终搜寻不到，也就不了了之了。经此事之后，古博浪沙作为秦始皇和张良这两位千古名人上演对手戏的舞台，从此一举成名。

张良在古博浪沙刺杀秦始皇，一方面自然有关于私人问题的考虑，毕竟是秦始皇将他张良从一个优质的环境逼上了国破家亡的困境。另一方面，张良作为后来刘邦的一代名臣而享誉历史，对此，我们没有理由怀疑他可能身怀先天下之忧而忧的情怀。因此，张良之所以刺杀秦始皇，我们还可以从中看出秦始皇的暴政已经激起了群众的反抗。

一座秦始皇陵要几十万人，一座阿房宫也要几十万人，一座长城更要几十万人，所有这些巨大的工程投入了将近三百万的劳动力，而且还是非自愿的劳动力，这如何能叫百姓不愤怒？关于这种强征劳力的做法，著名的故事“孟姜女哭倒长城”便可将其残酷的掠夺性揭露无遗。虽然这个故事有传说的成分，再考据下去，里面的长城也并非秦朝的长城。但是，既然它能演变成秦朝长城，就说明在当时修筑长城所带来的困苦已经随着历史的抱怨声而流传了下来。

除此之外，秦始皇在统一之后更是对百姓们横征暴敛，而崇尚律法的秦始皇和李斯，其制定的秦朝法律之重更是令人不寒而栗。所有这些问题加在一起，便注定了秦始皇必然引起群众的愤怒和仇视。昔日的那个英雄已然不在，百姓们才知道这个带他们脱离战争苦海的人，原来是一个使他们陷入更深苦难的魔鬼。

秦始皇的暴政已经引起了群众的不满，但普通群众在这种压迫之下仍然不敢奋而起义，他们在等待一个能带领他们铤而走险的人物，这个人物不久也出现了。可惜他不是张良，张良似乎缺乏领导的能力，虽然在私仇和公仇的混杂下，张良对秦始皇的恨深入骨髓，但在全民起义之前，他却从来没有想过由自己来领导一支军队，从而揭开起义的序幕。或许，是时机还没到。因为秦始皇的威严令人畏惧，以至于没有人敢公开反抗他。如果真是这样，那么在秦始皇逝去之后，这种反抗便将立即被搬上台面来。

秦始皇继续着他的东巡，继续向世人显示他的威仪和功绩，却不知道人们都在背后斥骂着他这位暴君。

不管世人对秦始皇的评价怎么样，秦始皇的路已经走到了尽头。很快地，在寻不得不死药的遗憾中，秦始皇即将带着他的高傲和浮夸，带着他那无比伟大的功绩，安静地离开这个世界。

始皇的后事

秦始皇三十七年（公元前210年），叱咤一时的秦大帝最终也不得不面临世俗之人所必须面临的死亡之关。曾经苦苦搜寻不死药的秦始皇，曾经试图让自己的功绩得到天的认同的秦始皇，也即将踏进属于他的坟墓。

秦始皇渐渐感到了自己的老迈无力，但他还是不愿承认自己的生命有终结的一天。上次在古博浪沙遇刺早已令秦始皇感到惊恐不已，那把巨大的铁锤一不小心就会栽在自己的头上，这种偶然性令生命变得如此脆弱，这令秦始皇对于自己梦想中的长生不老感到怀疑。这之后，当秦始皇还在为大铁锤而感到心惊胆战的时候，民间又传出了几个传闻。

这些传闻都是一些预言性的传闻。据说，有人发现了一块陨石，陨石上面刻了一行字：始皇帝死而地分。这句话的重量远远超过了那把巨大的铁锤，铁锤夺走的最多是秦始皇的性命，但这句话企图夺走的还有秦始皇的土地。秦始皇那一世二世乃至万世的理想被这句话击碎得难以成形，迷信的他由此陷入了更深的恐惧当中。

一阵子后，就在秦始皇去世的前一年，秦始皇又听到了一些传闻。据说，今年由秦始皇派出去的使者从关东路过华阴平舒道时，有一个人忽然拿着一个玉璧出现在使者面前，然后对他说："今年祖龙死。"祖龙二字指的便是秦始皇，裴骃集解引苏林曰:"祖，始也；龙，人君像；谓始皇也。"

如果说之前的预言只是预言了秦始皇会死，那么这次的预言则更进一步，直接说出秦始皇已经死到临头了。以前的预言已经让秦始皇感到惶惶不安，这一次则直接让这种惶恐进化到最高点。因为秦始皇已经不是单纯的会死了，而是快死了！

快死了，迷信的秦始皇在宫殿里慌乱地走来走去，这个时候，他除了求救于神仙，已经别无他法了。于是，秦始皇找来了一名相卜者，令他为自己卜一挂。结果，这卦象显示了，秦始皇必须再进行一次东巡，方可消灾避难，解除灾祸。

这实在是胡说。明白人都知道，这些所谓的预言可能是有心者制造的话题，只要控制住舆论，基本就成功了一半。那些巴不得秦始皇死掉的人，他们在武力上赢不了秦始皇，但在装神弄鬼上还是可以的。而秦始皇这位千古一帝都会着了这些小伎俩的道，可见到了这时候，秦始皇在精神方面已经出现了巨大的问题，怕死、迷信，这些缺陷像一只只蟑螂一样在秦始皇那伟大的身躯里钻来钻去。此时的秦始皇已经和他那"千古一帝"的名号相去甚远，而成了一个充满担忧的老者。秦始皇确实是时候准备他的后事了。

但是，秦始皇还想继续活下去，因此，他不顾此时的自己已经年迈力衰，已经不足力气再去进行一场颠簸的巡视，他忽略了这一切，开始了他生平第五次，也是最后一次的东巡。

这次东巡规模照常宏大，但秦始皇却已经失去了往常的精力。那些庆祝示威的开道鼓锣声响传到了秦始皇的耳里，却似乎成了一阵哀乐，似乎成了一只乌鸦死前的自嘲。而两旁的仪仗队和护送士兵又个个丧着脸，好似要将一个往生的人送到黄泉道上。秦始皇的精神恍惚不定，马车上覆盖着的阴暗的乌云加深了这种抑郁。在这次东巡中，秦始皇再也感受不到自己的威仪，而感觉自己像一只聒噪的老鸟，令人厌恶。

东巡的路是不好走的，即便有再舒适的马车，也必须面对一路颠簸。结果，当巡视队伍来到了平原津（今山东平原附近）的时候，本就困顿不已的秦始皇病倒了。到了这时候，秦始皇才彻底地醒过来，从他的长生不老梦中醒了过来。现实逼着秦始皇不得不去面对自己的死期，而秦始皇也在这次东巡路上彻底接受了这个现实。

秦始皇已经知道自己快死了，但他不愿自己辛苦缔造的帝国随着自己而去。因此秦始皇必须在死之前安排好自己的后事。既然自己不能长生不老，那么就尽自己的力量去让这个帝国长生不老，秦始皇在考虑自己的位置应该由谁来继位了。

按照《史记》记载，秦始皇的儿子一共有十四个。这个数字可能是保守的说法，但这并不妨碍秦始皇的后事安排。在秦始皇心里，他第一个想到的还是他的长子扶苏。

扶苏是秦始皇的长子，其母亲郑妃来自郑国，因其在秦宫中时常吟唱郑地的情歌《山有扶苏》，故秦始皇便将两人的儿子取名为扶苏。这是一个挺美好的故事，我们可以想象扶苏在这种充满着浪漫情调的氛围里茁壮成长的过程，这也正是秦始皇所希望给予扶苏的环境，因为“扶苏”的本意便是茁壮成长的小树。

可是，对其充满期望的儿子到最后却一直在忤逆着自己的意思。扶苏在政治上一直都和秦始皇持有不同的意见，他认为天下未定，极力劝父亲不要以严刑重法来治理国家，更曾经坚决反对父亲的焚书坑儒。总之，在秦始皇的眼里，这个儿子的性格和自己相去甚远。如果说秦始皇是一个坚毅无情的法家，那么扶苏则更多地传承了儒家的仁爱。

但是，虽然自己的儿子和自己意见不一，秦始皇还是明白扶苏确实已经不负自己所望，正在从一棵小树逐渐茁壮成长为一棵参天大树，因为扶苏是聪明的，是具有远见的。只是，扶苏的悲悯心怀正好和秦始皇对立，因此秦始皇在一时褊狭的心理上难以接受儿子的叛逆。最后，偏执的秦始皇认为扶苏虽然聪明，却缺乏刚毅的性格，因此他下旨让扶苏协助大将军蒙恬修筑万里长城，抵御北方的匈奴，希望可以借此培养出一个刚毅果敢的扶苏。

很快地，扶苏便向父亲证明了自己的性格是悲天悯人，而不是他所想的软弱。在驻扎北方的多年战争生涯里，扶苏立下了赫赫战功，英勇善战的他将自己的出色观察力和智慧才能发挥得淋漓尽致，令驻守边疆的老将们不由得赞叹起一代新秀的崛起。而与秦始皇不同，扶苏爱民如子、谦逊待人，为此，他获得了广大百姓的爱戴和尊崇。

扶苏的这一切成就秦始皇都看得见，但在秦始皇偏执不服输的心里，他仍旧难以认同这个性格敏感的儿子。因为如果认同了他，就等于承认了自己是错误的，这在当时一味想宣传自己功绩的秦始皇心里是难以想象的。但是，在秦始皇的内心深处，他还是不得不承认这个儿子是出色的，是有才能的，是值得自己骄傲的。对于扶苏，秦始皇一直持着这种矛盾的心理。

最后，当秦始皇即将结束他的生命时，他抛弃了一切偏执和成见。扶苏此时在他心里的形象再也不是一个叛逆的儿子了，而是一个出色的领导者。于是，秦始皇决定将他的位子交由扶苏来继承。其实，在秦始皇的心里一直都是这么打算的，因为在他的儿子中，没有一个人的才华能比得上扶苏。而秦始皇当年之所以令扶苏前往北方参加战争，也正是为了好好培养这个接班人。

于是，当秦始皇作出了决定以后，便开始要将后事安排下来了。他唤人来奉命写下自己的遗诏，并命令这个写遗诏的人要将这封遗诏送到当时监军河套地区的扶苏手中。可是，在这封信还没有送出去之前，秦始皇便死在了沙丘行宫（今河北邢台广宗附近）。秦始皇就这样死了，带着他一生的功绩安静地离开了这个世界。在秦始皇死之前，他的身边没有亲人，没有大臣，只有他一个人躺在马车里，默默地等待着死亡的来临。豁然开朗的他最终两眼一闭，是非对错也便都交由后人去评论了。

人总有一死，秦始皇死得并不冤枉。但是，他的后事却令人感到冤枉无比，因为由他亲授的遗诏竟然没送出去，结果他的死亡竟然不能第一时间告诉自己的亲生儿子。秦始皇如果地下有知，势必感到痛苦。

后事虽然安排好了，但扶苏已经没办法继承秦始皇的位子了。因为在秦始皇的身边，有一个人已经对始皇的权力觊觎很久，因此他抓住了秦始皇逝世的时机，准备开始他的阴谋夺权之路了。

这个人就是那个为始皇写遗诏的人，他的名字叫做赵高。

赵高的计谋

秦始皇三十七年（公元前210年），始皇死在了他的第五次东巡路上。按照秦始皇的意思，他已经在继承人的空格上写上了长子扶苏的名字。但是，秦始皇永远也不会知道，他的遗诏最后竟然成了一封废纸，而扶苏也没有当上自己的继承人。这个生前威风一世的帝王，他永远也不会知道自己的控制力竟然随着自己的死亡而消散得如此之快。

当然，对于控制力的丧失已经足以令地下有知的秦始皇感到痛苦，但是，如果他知道了挑战自己控制力的那个人竟然是自己所宠信的赵高时，他又该做何反应呢？不管秦始皇在地下多么着急，他都必须承认，在他死后，秦朝已经进入了赵高的时代。

赵高这人在秦始皇时候虽然地位不高，但论起族谱，他的来头还是不小的。他本是秦国的某位国君之后，他的父亲是秦王的一个远房本家，后因为犯罪被施刑，其母亲受牵连沦为奴婢，因为如此，赵高弟兄遂数人世世卑贱。所以这样说起来，赵高和秦始皇还有点远亲关系，虽然这远亲确实有点远。

到了秦始皇这时候，赵高的身份已经沦为一个宦官。根据《张家山汉墓竹简》，所谓“宦”，就是在宫中内廷任职的意思。宦人，就是任职于宫内之人，相当于王或者皇帝的亲近侍卫之臣。所以，赵高其实不是一个阉人，而可能只是秦始皇的一个近侍。至于后人将赵高认为阉人，可能是对“宦”的误解，然后又以讹传讹的原因。当然，赵高有没有接受过宫刑并不重要，因为这并不能阻挡他成为秦朝灭亡的罪人之一。

赵高自小便聪明，又刻苦学习，写得一手好字，因此被秦始皇提拔为中车府令，掌皇帝车舆，除此之外，秦始皇还让他教自己的小儿子胡亥学习。赵高在伺候秦始皇和胡亥的时候善于察言观色，小心翼翼地服侍着这两位主子，因此被秦始皇称赞为“敏于事”，而秦始皇也因此对这位和自己同先祖的亲戚感到越来越亲密。有一次，赵高犯下重罪，正准备接受法律的制裁，后来秦始皇竟然为此出面，赦免了他并复其原职，由此便不难看出秦始皇对于赵高的偏爱。

可是这种偏爱发展到最后竟然成了滋生赵高阴谋的罪魁祸首。凭着秦始皇的偏爱，赵高似乎越来越放肆，胆子和野心都渐渐地大了起来，此时的赵高已经不满足于当一个内侍了，他想要掌控整个朝廷。于是，赵高一直都在等待着时机。而秦始皇的去世，就是赵高夺权的最好时机。

秦始皇在临终前唤来赵高，要他按照自己的意思写下遗诏。赵高看到遗诏里的内容，便明白了继承人的位置将要由扶苏来坐。这个消息对于赵高夺取权力是不利的，因为如果是扶苏继承皇位，那么朝廷的大权必然归到扶苏的老师蒙恬手上。而赵高向来和蒙氏不合，因此赵高对此有点担心。

对此，老奸巨猾的赵高很快便想到了一个巨大的阴谋。他想要私自扣下遗诏，等秦始皇死后再自己改写遗诏，令秦始皇的小儿子胡亥即位为皇帝。要知道，赵高是胡亥的师傅，胡亥如果即位，赵高的权力自然也会随着增大。除此之外，赵高之所以选择胡亥，还是因为胡亥此人是个纯粹的纨绔子弟。

胡亥是秦始皇的小儿子，深得秦始皇喜爱。但性格顽劣，毫无扶苏的大气。有一次，秦始皇设宴邀请大臣，让众多儿子们也参加。胡亥不愿和这群臣子们循规蹈矩地坐着饮酒聊天，于是便早早地辞退了出去。退出后的胡亥看见了殿门外摆放着一排整齐的鞋子，这些都是臣子们入殿时脱下的。此时无聊的胡亥便开始了他的恶作剧，他用脚将这些鞋子踢得横七竖八，然后心里窃喜地扬长而去。

胡亥便是这样子的人，秦始皇对此比谁都清楚，因此虽然他疼爱这个小儿子，但他可不会傻到将一个国家拿给他去玩。赵高也很清楚胡亥的性格，这样的人在赵高眼里成了一个最好利用的工具。如果胡亥即位，慵懒好玩的他必然将治理朝政这种麻烦事交给赵高这位师父，而到了那时候，赵高也就自然而然地接过了掌控朝廷的权力。因此，赵高最后便选择了胡亥来参与自己的阴谋。

在赵高扣下秦始皇遗诏的不久后，秦始皇便归西了。秦始皇死亡的消息只有几个宠臣知道。当时李斯得知时，立即凭着自己多年的从政经验，决定按下消息不发，因为他怕此时身在宫外，秦始皇死亡的消息若昭示天下，那么很可能引发诸子争权，甚至天下大乱。因此李斯假装秦始皇还活着，每天都照常令人为其送水送饭。李斯努力防备着诸子争权，却不知道赵高此时已经开始实行他的阴谋了。

赵高此人虽有阴谋，但他毕竟地位不高，难以凭借自己的话令众人信服，为此，他决定找来李斯参与自己的阴谋。可是李斯愿意吗？赵高对此很有把握，因为他早已抓住了李斯的弱点。赵高知道李斯这人时刻都在担忧着自己的未来，生怕一不小心这种丞相的权力便化为泡影。因此，赵高决定从这方面下手，逼李斯就范。

于是，赵高来找李斯，向他直截了当地说出了自己的阴谋。李斯一开始大惊，直斥赵高大逆不道。但很快的，当赵高一说出扶苏即位后的利害关系时，李斯便无言以对了。原来，李斯也在顾忌着，当扶苏即位后，丞相之职是否会落到蒙恬的手里呢？李斯为此心乱如麻，他想起了当年韩非的下场，心里不寒而栗。最后，在保住自己地位的私欲下，李斯向赵高投降，从而逼得自己走上了这条不归路。

这时候，赵高、李斯和胡亥三个人站到了一起，一场惊天大阴谋即将上演了。

赵高和李斯同谋，先假托始皇之命，立胡亥为太子；又另外炮制了一份诏书送往上郡，以“不忠不孝”的罪名赐扶苏与蒙恬自裁。

这封假诏书来到了上郡，扶苏见此，立即失声大哭。扶苏为父亲而哭，心疼父亲竟然是在颠簸的东巡路上而死的，而去世的时候自己竟然又没见上他一面。扶苏也为自己而哭，没想到自己奋战多年，一心想要让父亲认同自己，结果却还是换来了父亲的质疑。哭得肝胆俱裂的扶苏立即转身返回营中，准备按照父亲的意思，拔剑自杀。

这时候身边的蒙恬立即赶来劝谏。蒙恬认为这封诏书可能有假，希望扶苏能冷静一点，待调查清楚后再行定夺。但是，一向仁孝的扶苏已经听不进蒙恬的话了，他认为君要臣死，臣就不得不死，父要子亡，子也不得不亡。于是，不顾蒙恬再如何阻挡，扶苏都坚定了死亡的心。最后，在万念俱灰之下，扶苏毅然决然地挥剑自杀了。

从扶苏的自杀可以看出，秦始皇当初对这个儿子的考虑还是有点道理的。知子莫若父，到关键的时候，扶苏身上那种性格上的迂腐暗弱还是显露了出来。

扶苏死了，赵高最大的障碍已经除掉了，于是，赵高和李斯便立即下令车队加速赶回咸阳，准备扶立胡亥即位。在赶回咸阳途中，秦始皇的尸体已经发出了恶臭味。为了掩人耳目，赵高和李斯便命人买来大批鲍鱼，令载送鲍鱼的车和秦始皇的车并列同行，希望以此来掩盖秦始皇的尸臭味。

就这样，在鲍鱼味道的掩盖下，秦始皇的死总算没被人发现。这之后，东巡的队伍照常浩浩荡荡地往咸阳走着，没有人知道在这之中发生了多么大的事变。赵高和李斯就像两个魔术师，暗箱操作的能力令人钦佩。

在队伍回到咸阳的时候，李斯立即向天下昭告了秦始皇的死讯。在举行隆重的葬礼之后，便是胡亥的即位了。胡亥在赵高和李斯的帮助下即位为皇帝，是为秦二世。李斯继续着他的丞相之职，而赵高则一举升至郎中令，因其和胡亥的关系而成了胡亥最亲信的决策者。

这之后，因为胡亥不喜亲政，秦国的朝政因此全然掌控在赵高的手中了。但是，赵高此时在大臣之中并没有任何威望，他掌控朝廷的方法也只能通过向胡亥嚼嚼耳根。如果有一天胡亥忽然懂事了，那么自己又该如何去控制呢？因此，赵高希望能做到真正地在台面上掌控朝廷，为此，他必须先除掉一些重量级的政敌。

这些政敌包括李斯和蒙恬。李斯暂时还抓不到他的把柄，难以铲除。但蒙恬就不一样了，扶苏已经死了，他蒙恬还有活着的道理吗？因此，赵高的第一步就是除掉蒙氏。

蒙氏兄弟很无辜

沙丘事变后，赵高顺利地从一个内侍跃升到中郎令，开始站到了秦国政治权力的中心。但是贪婪的赵高，他给自己制定的目标从来就不仅仅是一个中郎令。赵高想从这个位置开始，一步一步地往上攀升。但是，即便是胡亥都必须对那些秦始皇时代的长老级的官员保持着尊重的态度，那么赵高又哪能太过猖獗呢？

确实，在李斯、蒙恬等一批老臣还活着的时候，他赵高就不能太过目中无人，因为论能力或者论功绩，在这些人面前，赵高都没有掌控朝廷的资本。蒙恬、李斯等人成了赵高实现权欲的最大阻碍者，为此，赵高像背叛秦始皇一样，已经开始制定了剪除这些势力的阴谋。他的第一步，从蒙氏兄弟开始。

蒙氏兄弟是指蒙恬和蒙毅。蒙恬的功绩自不用说，伐齐、破匈奴、筑长城，早已成为秦国大将第一人。而蒙毅是蒙恬的弟弟，和蒙恬的奋战沙场不一样，蒙毅选择了当一个文官，为人光明磊落，忠肝义胆。两人都对秦国的发展付出了巨大的功劳，《史记》上有说：“恬任外事而毅常为内谋，名为忠信，故虽诸将相莫敢与之争焉。”可见蒙氏弟兄在当时秦国政府中的地位非同一般。

而蒙氏兄弟又出生于名将世家，再加上自身的能力和功绩，因此颇得秦始皇的信任。这对赵高就是一个巨大的威胁。再者，当年赵高犯法的时候，就是蒙毅审的，因此赵高对其时常怀有记恨。所有这些都意味着赵高必须先将这两个人给除掉，他们两个人已经严重地威胁到赵高的权力之路了。

当时，蒙恬和扶苏在北方收到了赵高命两人自裁的假诏书，扶苏愤而自杀，但蒙恬觉得其中有诈，便上书复诉。当时秦始皇已经死了，蒙恬还能找谁复诉去？当赵高得知蒙恬竟然不按诏书的命令自杀时，立即采取更强硬的手段来对付他。赵高让李斯等人代替蒙恬掌兵，然后令人将蒙恬囚禁于阳周。

当送诏书的使者返回咸阳时，胡亥便得知了扶苏已死。胡亥称帝的障碍其实也就扶苏一人，蒙恬和他并无直接的利害关系，因此胡亥一听扶苏死了，便有意释放蒙恬。但蒙恬虽然对胡亥构不成威胁，可是对赵高却是一个大大的威胁。因此知道了胡亥的意思后，赵高心便慌了，这蒙恬若被释放，自己哪还能猖狂下去？所以赵高只好赶到胡亥面前，对他说了一通危言耸听的话。胡亥这人虽不是狠毒之人，但就是没脑子，人家一说什么就是什么，所以他很容易就信了赵高的话，最终消除了释放蒙恬的想法。

将蒙恬安置好后，赵高便先从蒙毅下手。有一天，赵高来到胡亥面前，对胡亥说："臣闻先帝欲举贤立太子久矣，而毅谏曰：'不可。'若知贤而俞弗立，则是不忠而惑主也。以臣愚意，不若诛之。"（《史记·蒙恬列传》）这话的意思就是说，秦始皇很早就想立胡亥为太子了，只是苦于旁边的蒙毅一直说"不行"，所以最后不了了之，而蒙毅这人知道胡亥之贤却一直反对让他当太子，这便是不忠，可因其而将他杀掉。

赵高果然是会说话的人，这一段话对于蒙毅的威胁之大无异于一把利剑。先是，赵高说蒙毅一直反对秦始皇立胡亥为太子，这便于无形中在胡亥和蒙毅之间划下了一道裂痕，令胡亥真切地感觉到蒙毅并不是支持自己的。然后又说蒙毅这是"知贤而俞弗立"。这话里首先一个点就是夸赞了胡亥是个贤君，这必然令胡亥非常高兴，从而更加信任赵高。第二点就是可巧妙地以其作为理由，直接引出下面的"不若诛之"。赵高的一段话就将自己和胡亥的距离拉近，又将胡亥和蒙毅的距离拉远，他最后能成功掌控朝廷，也不是没有理由的。

当然，这种话要刚好遇上胡亥这种昏君才能生效。当胡亥一听到赵高这样讲时，便怒从中来，好像这件事早已成立了似的。最后，胡亥便下令将蒙毅囚禁了起来。

两兄弟都被囚禁了，但只是囚禁而已，对于这两位功高的大臣，胡亥虽昏庸，还是不至于盲目地诛杀的。这就令赵高感到困扰了，毕竟留得青山在不愁没柴烧，要是有一天胡亥忽然心血来潮，将两人释放了，那自己也就危险了。因此，赵高希望能将两人彻底铲除，结果是"赵高亲近，日夜毁恶蒙氏，求其罪过，举劾之"（《史记·蒙恬列传》）。

一个岳飞都能被秦桧以"莫须有"的罪名害死，更何况赵高对蒙氏的罪名笼络得那么积极，哪里还有保全性命的可能？在赵高的持续进攻下，胡亥也受不住了，于是他便令人来到了囚禁蒙毅的地方，对蒙毅说："先主欲立太子而卿难之。今丞相以卿为不忠，罪及其宗。朕不忍，乃赐卿死，亦甚幸矣。卿其图

之。”（《史记·蒙恬列传》）

蒙毅知道自己死期难逃，但还是奋力地为自己争取活下来的可能。他引经据典地讲着道理，企图以此打动使者和胡亥的心。但使者早已从赵高那里收取了好处，他听都不听蒙毅的道理，毅然地将其处死。

蒙毅死后，赵高以连坐的理由请求胡亥连同蒙恬也杀了。当使者来到阳周准备处死蒙恬时，蒙恬正义凛然地对来使说：“自吾先人及至子孙，积信于秦三世矣；今臣将兵三十余万，其势足以背叛，然自知必死而守义者，不敢辱先人之教以忘先王也。”确实，凭着蒙恬当时的势力，早已能独自反抗秦国。但他身为秦国世臣，终究还对秦国怀抱着忠义和信任。可惜，面对这样的忠义之臣，秦国对其的回应并非奖赏而是处罚，怎么不叫人为其感到遗憾呢？无怪乎后来曹操说他每次读到这段话时，“未尝不怆然流涕也”。

最后，蒙恬知道说再多的话都无济于事了，在使者的逼迫下，蒙恬只好服毒自杀了。至此，秦国失了两个栋梁，秦朝大殿也已经出现了倾斜的危险。

蒙氏兄弟死了，赵高更加为所欲为了。但是，虽然他的心病已经除去了一大半，毕竟还未除尽。李斯一直都是赵高的心头大患，只是对于此人难以下手。但李斯有把柄在赵高手中，因此赵高也不必急着灭掉他。在赵高心里，还有一群人对自己的威胁很大，这群人就是秦王室的所有公子哥们。

胡亥是秦始皇最小的儿子，他的继位必然引来众多大臣和兄弟的不满。关于这点，赵高是很清楚的，而当他将这种利害关系告诉了胡亥时，胡亥便也懂得了其中的意思。

在胡亥的默许下，赵高便开始大肆屠杀这些皇室的子女们。仅一次，赵高便在咸阳杀掉了胡亥的十二个兄弟，将十名公主磔死于杜邮（今陕西咸阳东）。赵高的大屠杀使整个咸阳城腥风血雨，那些还没死的皇子们个个心惊胆战。

赵高此时真正做到大权在握了，秦国的政局在秦始皇死后便进入了胡亥和赵高的时代。胡亥继续他身为皇子时的荒淫生活，并接过了他父亲的浮华之风，将其发扬光大。就在胡亥即位的第二年（公元前209年）年初，胡亥便效法自己的父亲秦始皇巡游天下。回咸阳后，在赵高的唆使下，竟不分青红皂白地诛杀了一批异己的官员。除此之外，胡亥还继续修建着秦始皇的阿房宫，其轻视劳力的做法比起秦始皇来是有过之而无不及。而赵高也乐得胡亥如此，因为只有胡亥这样不理朝政，才能将大权都推给赵高，赵高也才有威慑朝廷的能力。

就这样，赵高帮胡亥满足他的荒淫生活，胡亥帮赵高满足他的权力欲望，两人你情我愿，全然将一个大秦帝国置于不顾。到了这时候，官员的不满越来越大，群众的生活越来越苦，而这两人却还将这种“互助”的游戏继续着。很快地，当百姓的怨声到达一个沸点时，民间的反抗之火便开始燃烧起来了。

第四章　大秦覆灭：鼓角争鸣葬旧人

大泽乡起义

秦二世元年（公元前209年）秋，大泽乡（今安徽宿州东南）这块地方刚吹进了一阵阴凉的寒风。风吹雨现，不多时大泽乡便淅淅沥沥地下着小雨。小雨随着入秋渐深而依风狂妄，越下越大，很快便填满了大泽乡往东北方面的道路。大雨封了大泽乡的出口，却掀起了一群队伍的怒火。

这群队伍原来是被阳城（今河南登封东南）地方政府派往渔阳（今北京密云西南）进行屯守工作的民兵。这群民兵大概有900人左右，由两个人带领。这两个带领者个头颇大，身体健壮，又机敏过人，因此得以担负起这个重任。但是，在授命的时候，阳城官府万万想不到，就是因为这两个带领者身上具有这些优点，这一次的任命竟然成了纵虎归山的导火索。

这两个人一个叫做陈胜，字涉，阳城（今河南登封东南）人。一个叫做吴广，字叔，阳夏（今河南太康）人。虽然两人皆出身低下，但心存远大的抱负，在他们的心里，总是对成功的曙光抱持着积极的盼望。其实支持他们两人理想的动力并非来自幻想，而是出于一种对时态的敏锐感。在他们两人心中，暴秦已经走到了尽头，接下去的时代将重回群雄逐鹿的战国时期。这个背景无疑为他们提供了一个机会，让他们看到了实现心中抱负的曙光。

历史对于吴广举事前的记载较少，但关于陈胜则传下了一些故事，从这些故事中，陈胜胸怀大志的乐观态度显露无遗。《史记》里记载，陈胜年少时为人雇佣，帮人耕种。这种雇农出身的人在当时的封建体系中自然是处于低层次的阶级。有一次，陈胜在和同事们闲聊，聊聊人生，聊聊理想，当聊到兴奋的时候，陈胜忽然对人群说：“苟富贵，无相忘。”我们谁中间以后要是有人富贵了，一定不能忘记现在这些一起同甘共苦的朋友啊。

陈胜满怀热情地说了这句话，却被朋友们泼了一盆冷水。他们都认为陈胜是在开玩笑，人群中有人就直截了当地回他：“若为庸耕，何富贵也？”都是一辈子帮人耕种的人，还想谈什么富贵呢？这句如此现实主义的语言戳破了陈胜那理想主义的心，此时，他仿佛将心扔到了大海之中，既感到冰凉又感到无措。但是，在一阵调整之后，陈胜又捡回了他的心，将其放在了温暖的阳光下。在阳光的照射下，陈胜感觉自己变成了一只天鹅，正翱翔在广阔的大地上，俯视着底下辛劳耕种的农夫们。他对着自己嗫嚅而言："嗟乎，燕雀安知鸿鹄之志哉！"（《史记·陈涉世家》）

陈胜的这句自语没有引起周围人群的注意，却从此游荡在历史的空气中，几千年来为人们所津津乐道，也给了那些有梦想的年轻人一个充满力度的言论支持。

如果陈胜说了这样一句话，然后他便躺在床上幻想，那只能使得这句豪言壮志沦为一句令人耻笑的空言，也就没有人愿意拿这句话来激励自己。在陈胜的心里，他不是只有想想而已，他很愿意去做。

当然，虽说周围的人可能觉得这是一个借口——机会未到，但是这其实是一个很关键的问题。就陈胜这个阶级的人，在当时等级森严的时代里，想要找到一个出头的机会那是很渺茫的。因此虽然陈胜有心，但政府不给力也是没用的。幸运的是，秦朝的政府虽然没有给陈胜这样的人提供一个表达自我的舞台，但以秦朝的暴政为代表的背景，却为陈胜等人建起了一架阶梯。

当陈胜和吴广带领着一群民工走到大泽乡时，因多日连雨，大泽乡通往渔阳的道路已经不能走了。如果等到水退去以后再行走，那么这次的行动必然耽误，这队伍里的九百人都将受到惩罚。当陈胜和吴广考虑到这点的时候，很快地，他们立刻将思路移到了另外一个地方——这是一个实现抱负的机会。

早在陈胜和吴广认识的当下，两人便因心中怀着同样的理想而惺惺相惜。这次，水淹大泽乡忽然点亮了他们两人的眼睛：自己苦苦等待的机会就在眼前，此次再不把握，更待何时?

他们两人明白，如果无法及时到达渔阳，那么队伍必然受到惩罚，而按照秦律所规定的，这种惩罚不是小打小闹，而是要斩头的！如果将这些话告知给队伍里的九百人，他们必然恐慌。求生的意识将会激发这些人的潜力，使得他们每个人都会坚定一个信念：与其一死，不如与暴秦鱼死网破。这时候，身为屯长的陈胜和吴广编收了一批敢死之师——这是起义的第一笔资本。

当然，陈胜和吴广已经有了这样的决定，但虽然他们身为屯长，难道这群人就要听他们的话吗？如何凝聚众人的心，使众人相信依靠陈胜和吴广是有望的，这才是两人此时最应该认真对待的事。为了解决这个问题，陈胜和吴广便去找了占卜师来帮忙。

占卜师的占卜结果是这样的："足下事皆成，有功。然足下卜之鬼乎！"这句话的意思是说陈胜他们举事能成，但却没有问过鬼神。这是多么激动人心的回答啊！举事能成，振奋人心，而后面一句话更直接提供了陈胜一个拉拢众人的思路——以鬼神之道来使威慑众人，使其信服。

陈胜和吴广受到了占卜的提醒，决定利用当时群众的迷信心理，来为自己树立一个天降大任的救世主形象。为此，他们立即将这个想法付诸实施。

首先，他们两人用朱砂在一块手帕上写了“陈胜王”三字，然后将这块手帕提前塞到了渔夫捕到的大鱼里面。很快的，这条大鱼便辗转到了一些民兵手里。当他们剖开鱼腹的时候，忽然从里面抽出了这张“丹书”，上面赫赫“陈胜王”三个大字令他们感到震惊。他们不敢喧哗，只能私底下在众人之间偷偷地传达着。

当这群民兵们为这件事而感到讶异的时候，几天之后，在他们营地附近的一座寺庙旁忽然闪动起亮光。这亮光有红火的质地，在阴暗里一闪一闪的，可怕的是，它们飘浮在空中！当民兵看到这些亮光的时候，他们的第一反应就是鬼火。鬼火将这群健壮的汉子吓出了汗来，不久之后，在寺庙的旁边忽然响起了一阵诡异的声音。民兵们仔细一听，听出了这是一只狐狸的声音，声音里隐隐约约夹杂着人的语言：“大楚兴，陈胜王。”

这天晚上发生的事比起鱼腹里出丹书更令民兵们感到惊异，其实这事也是陈胜和吴广的计谋，而那只狐狸正是吴广装的。当然，民兵们不知道这事，他们只知道，这两件异常的事都发出了一样的指引——陈胜王。因此，当这两件事在民兵们心里得到它们的第一次融合时，陈胜在他们心里的形象似乎已经全然成了救世主了。加之陈胜担任屯长的时候，他们两人对众人的态度谦和，对待下属热情和气。现在，有了这两个神的指引，陈胜自然而然地成了众人心中的王了。

到了这时候，陈胜和吴广的计谋已经生效了。这次成功拉拢众人之举表明了陈胜和吴广虽然没有一个好的出身，却也不乏出奇制胜的谋略。要知道，仅凭匹夫之勇，是没办法将这次起义做大的。计谋既然生效，接下去就是夺取实权了。那时有两个军官担任着押送这批队伍的任务，想要将九百人掌控在手里，只有先搞定这两个军官。

为此，吴广趁着两个军官喝醉酒的时候，故意扬言逃跑，以激怒他们。果然，两个押送官见吴广有叛逃之举，立刻将其拿下，对吴广实行鞭打的重罚。那时候，陈胜和吴广在民兵们的心中已经有了很高的地位，因此众人看到吴广被打，都深感愤怒，遂集体作乱。两个军官没办法管住九百个人，在慌乱无措中被吴广和陈胜杀死了。这之后，在陈胜那一番激动人心的讲话下，尤其是那句震撼人心的“王侯将相，宁有种乎”使得众人热血翻滚。由此，陈胜和吴广有了他们的第一支军队。

对于暴秦的不满会聚了众人的力量，以陈胜为将军，吴广为都尉，这支九百多人的军队袒露出他们的右臂，诈以公子扶苏、楚将项燕之名，正式在大泽乡宣布了他们的起义！很快地，这支军队凭着过人的气势和满腔怒火一举拿下了大泽乡，紧接着又迅速攻下了蕲县县城（今安徽宿州南）。这次起义和随后的胜利激励了附近的百姓们，点燃了他们心中对于暴秦的怒火。于是，他们纷纷斩木为兵，揭竿为旗，积极响应起陈胜的起义。从此，中国历史上第一次大规模的农民起义，爆发了。

这时候，陈胜的大楚之名在秦国的国土上响彻云霄。这之后，很多人受到了陈胜的激励，也紧随着他的步伐，开始了他们推翻暴秦、争夺天下的路程。

项梁挑起革命重担

秦朝的暴政终于激起了群众的反抗，作为领头羊的陈胜已经在大地上发出了他响亮的喊声。这阵响彻云霄的喊声像一道亮丽的闪电，又像一阵轰隆的雷声，以一种暴风雨般的姿态唤醒了整个大地。秦朝的大地从此不再寂寞，秦朝，进入了一个摇摇欲坠的时代。

让陈胜喊醒的第一个重要人物便是项梁。这个项梁不是一般人，是曾经的楚国大将项燕的二儿子。便是如陈胜那样的小人物都有推翻秦朝的念头，何况一个名将之后？在当时，不说秦国暴政，就是它对于六国的灭亡都能引起多少六国名士后人的记恨。有如在博浪沙出奇招的张良，他作为六国的名士后人代表，表明了六国的后人对于秦国灭亡自己的国家始终是耿耿于怀的，因此，报仇与复国是他们反抗秦国的最终目标。

项梁作为项燕的后人，集国仇家仇于一身的他，必然也有张良的心态。而这次，陈胜更是以楚将项燕为名进行起义，因此，项梁觉得自己绝对不能置身于这次事件之外。

当然，项梁虽是名将之后，但毕竟是亡国的名将。当年秦军大破项燕时，项燕兵败自杀，项梁也在楚国灭亡后，因杀人而流落到了会稽郡治所吴县（今江苏苏州）。流落之人，故国之后，当然难以在秦国担任官职，因此项梁并没有掌握什么实权。没有实权就难以行事，项梁是很明白这点的。因此为顺利举事，自己就必须夺取一支军队的统治权。

项梁虽然没有实权，在吴中之地却很有威望。当时吴中的贤人名士对于项梁都是很尊重的，每有丧事，一般都是由项梁出面主办。因为这份威望，项梁和当时的会稽郡太守殷通便成了朋友。人脉打开了成功的道路，项梁想要掌握实权，就必须在殷通上面做做手脚——杀了殷通，夺取地方政权。

殷通对自己是信任的，而会稽郡管辖范围之广，也是一个很好的选择。就这样，项梁决定了目标，只差实际方案了。

项梁没有军队，以兵力夺取政权是无法实现的。他只能靠计谋。项梁能想到的计谋就是利用殷通对自己的信任，出其不意地杀了他。当然，这类刺杀的行动还是需要一个武力过人的勇士的，幸运的是，在项梁那里，不缺勇士。

这个勇士就是项梁的亲侄儿，项燕的孙子，名字叫做项籍，字羽。项羽父亲早逝，年少时便跟随叔父项梁流亡到吴县。项梁是名将之后，自然有名将后人该有的见识，因此他对于项羽的培养是很重视的。在项羽年轻时，项梁曾经教过他读书，但是对书本提不起兴趣的项羽一看书便打起了瞌睡。项梁无可奈何，只好转而教他武艺。只是项羽学了一段时候后，又再次对武艺失去了兴趣，不想继续学下去了。项羽的行为令项梁感到愤怒，恨铁不成钢的项梁大斥项羽这个不可教的孺子：毫无勤奋的品质，以后如何担当大事？面对叔父的责怪，项羽却没有感到羞愧。相反的，项羽理直气壮地回应了项梁："书足以记名姓而已。剑一人敌，不足学，学万人敌。"（《史记·项羽本纪》）

年少狂妄的项羽却也以他的歪理成功堵塞了项梁的嘴。项梁知道和年轻人讲不了道理，因为他们总会有自己的一份理念来反对自己。因此，听了项羽这样说，项梁心想：好，你要学万人敌，我就教你万人敌。想要万人敌，就要学兵法，于是项梁便让项羽学习兵法。一开始，项羽确实对兵法显出了很大的兴趣，并且认真地学了一段时候，只是很快地，一如以往，项羽便对兵法没了感觉，将它弃在了一边。

面对项羽的年少轻狂，项梁也无可奈何了。虽然这个侄子身上有一份过人的气质，不过项梁还是希望他能稍微收敛点，否则只怕会成为未来失败的缘由。有一次，当秦始皇出巡的时候，项羽看着宏大的车马阵势，两排军装闪闪的护送士兵，一辆辆气势雄伟的马车。见到这个阵势，年少的项羽有些许羡慕，但轻狂的他却没有表示出任何少年见到这种巨大场面时所应该有的惊讶，或许是他将这种惊讶压在了心里，故意以一种不屑的神情面对着它，然后，淡淡地说："彼可取而代也。"

我可以取代他！这句狂言一出，差点吓坏了在项羽旁边的项梁。项梁立即捂住项羽的嘴巴，警告他别乱说，这是关系到灭族的事的。项羽此举虽然让项梁再次看到了这个少年的狂妄，也因此让项梁为这份狂妄而更加担忧。但是，侄儿的大气与高远的志向同时也令项梁感到欣慰，项家毕竟出了一个有魄力的后代啊。

这就是项梁的侄儿项羽，也是项梁心中的勇士，狂妄却有初生之犊的勇气。有勇士在手，事情也就成功了一半，这时，事态紧迫，项梁要付出坚决的行动了。

秦二世元年（公元前209年）九月，就在陈胜起义的两个月后，项梁来到了殷通的府中。在这里，殷通和项梁讨论起了陈胜起义的事。当时起义军的势力很大，有很多地方已经陆续追随陈胜而起，殷通明白局势，因此也正打算起兵反秦，并有意让项梁和另一个叫做桓楚的人担任军队统领。桓楚当时正出逃在外，项梁于是说："桓楚亡，人莫知其处，独籍知之耳。"于是殷通便令项梁唤来项羽，希望项羽能受命去寻回桓楚。

项梁心中一喜，心想殷通已经进了自己的圈套，只要项羽这头猛虎一进入府中，你殷通逃都逃不了。因此，项梁立即唤来项羽。项羽面见殷通和项梁，假装听从项梁的命令。不一会儿，项梁便使了一个眼色，暗示项羽时候已经到了。于是，剑出鞘，一阵风过，项羽便以迅雷不及掩耳之势斩杀了殷通。

殷通还不知道发生了什么事，却早已身首分离。他的头被项梁提在手里，项梁的另一只手中拿着会稽郡太守的官印。项羽尾随在项梁之后，一见有反抗的部下便出剑斩杀。项羽武力高强，吴县府中没有可与之匹敌的对手。很快的，项羽的剑下便死了一百多个卫兵。项家完全控制了县府。

项梁杀了殷通夺取政权后，还必须争取地方豪强的支持。于是，项梁召集来了吴县地区的豪强官吏，向他们讲了起事反秦的道理，并将殷通讲成一个不明局势、反复无常的人，也是因为这个道理，自己才会杀了他。这些豪强官吏本就对身为项燕后代的项梁敬重几分，现如今见他旁边又站着一个猛虎一般的英雄，在敬重之外更有了几分畏惧。更何况秦国统治者确实暴虐无道，若能顺利推翻，还世间一个清正的环境，自然也是自己的大功一件。因此，对于项梁，没有任何人对其进行质疑，所以很轻松的，项梁理所当然地接过了吴中（即今上海、江苏南部及浙江嘉兴东北部）地区的统治权，有部属多名，领精兵八千。项梁自己当了会稽郡郡守，项羽成了项梁的副将，巡行属下各县。

项梁成了会稽郡郡守，便立即宣告抗秦开始。整个吴中地区也从此开始进入了警备对敌的状态，与此同时，项羽开始了他的霸王之路。

项梁在吴中地区响应了蕲县的陈胜，起义的声浪由此往东南扩大了出去，延至到了沿海一带。很快的，在江苏的最北方也即将有一个重要人物揭竿而起。到了这时，起义越演越烈，已经囊括了当代地图上整个安徽、浙江、上海、江苏地区，并以号召带动的强大力量持续地扩大着。

年轻人不甘寂寞

就在陈胜和项梁打出了推翻暴秦的口号时，现处于江苏北端的一个小地方也正在跃跃欲试。而将他的盛火燃放在这块土地上的却是一个年近五十的闲汉。但是，虽说对于这个上了年纪的闲汉，他周围的人对其并没有太多溢美之词，只是当最后他以帝王之姿重回这块故土时，人们才知道昔时他们所看不起的阿邦，竟是真命天子。

这块土地叫做沛郡。沛郡里有一个县子叫做丰县（今江苏丰县），公元前256年，当秦昭襄王还在致力于他的扩秦事业时，丰县里发生了一件不平凡的奇异之事。据说，有一个叫做刘媪的丰县女子有一天正在水塘里休息，刹那间风起云涌，雷电交加。刘媪的父亲见天气变化，却不见女儿归来，立即赶往水塘一看。这一看，差点吓坏了刘父。原来在刘父的眼里，他竟然看到了一条蛟龙正压在女儿身上。不待刘父反应过来，龙早已飞走了。感到害怕的刘父忙去叫醒女儿，才知道女儿根本一事无知，倒是梦见了有神仙来到自己身旁。刘父摸不到头脑，这事也就不了了之了。

不久后，刘媪便怀孕了。因刘媪早已是人妻，所以怀孕一事不足为奇。最后诞生了一个肥胖的男婴儿，因排名第三，便取名刘季。

这个刘季就是大名鼎鼎的汉朝开国皇帝刘邦，也就是上面讲到的闲汉。当然，所谓丰县异事，虽说《史记》中有记载，但明显是虚构的。人与蛟龙交配而诞子，这样的神话故事在古代屡屡皆是，不足为奇。它的作用一如陈胜的“鱼腹丹书”、“篝火狐鸣”计策，也是构造一个超自然的故事，来提高故事主人公的威望，从而为其增加统治力量。

刘邦就这样在丰县这块小地方出生并成长着。长大后的刘邦是一个不务正业、游手好闲的浪荡子弟。当时家人让他读书学习，他却学不下去，成日逃课，因此不得不经常接受老师和家长的训斥。刘邦的父亲见儿子如此顽劣，便经常拿他与勤恳工作的哥哥做对比，说刘邦这小子真不如他的哥哥会经营。只是刘氏毕竟喜爱，因此对于儿子顽劣，也就比较没放在心上。再说这儿子也只是性格疯点，又不行凶盗窃，那就由他去吧。

刘邦这种豪放的性格虽说对于待在家里经营家业没有帮助，但比起他两个勤勤恳恳的兄长，刘邦有另一个更好的资源——人脉。因为这种豪爽的性子，刘邦结交了县里同他一样游手好闲、性格顽劣的一群朋友。人脉一打开，有人帮助的希望就大，成功的几率也就增加了，这是刘邦这种性格所能给他带来的第一点好处。

当然，这些人现在还不能帮刘邦成什么大事，因为在陈胜起义前，我们不知道刘邦心里是否有成大事的念头。但是在旁人的眼光里，刘邦这人不过是一个小混混，哪能有什么高远的梦想？当然，刘邦并不在意旁人怎么看他，年纪在增加，但他依旧我行我素。

秦始皇统一整个大地后，在官吏大换届的时候，刘邦顺利得到了一个小官职——泗水郡的泗水亭长。秦朝的亭长在现代相当于一个派出所长，职位是很低的，但当时已35岁的刘邦，拿个小官做做怎么都比游手好闲来得好。何况当个一官半职，不说地位稍高，最重要的还能因此结交更多的朋友。因此，刘邦喜滋滋地接过这个亭长之位。

在当亭长期间，刘邦将他的豪迈一如既往地发扬光大。时间久了，刘邦竟和县里的官吏们都混熟了，也因此打开了他在当地的名气。当地的人们都知道了有一个来自丰县的小混混在泗水亭当了长官。

一个小地方官，要理的事也不会太多，因此更多的时间，刘邦都花在了出外闲逛、结交朋友之上。因此，凡是附近有什么大事发生，必少不了刘邦的身影。这不，这一次刘邦又无赖地出席了一次宴会。

这次宴会是由一个人称吕公的人举办的。吕公本是单父县（今山东单县）人，因在家乡与人结仇，遂举家迁移到了沛县。因他和沛县县令是朋友，故他的到来引起了众多地方权势人物的注意，很多人都去拜访他，和他拉拉关系，套套近乎。为了回应当地人的热情，吕公便决定举办一次宴会来宴请这些人。

刘邦本和吕公没什么交情，但他一听说吕公有个宴会，无聊的他想找点乐趣，遂不请自来。当刘邦来到吕府门口时，他看到了当时在门口挂着的一条规定：凡是贺礼不到一千钱的人，请到堂下就座。这刘邦一看，自己一百钱都拿不出，还出一千钱？但是刘邦毕竟是刘邦，因循守旧不是他的风格，恶作剧才是他的爱好。对于这条规定，刘邦不屑一顾，他自有入堂的方法。

只听刘邦理直气壮地大喊："我出一万贺钱！"这话一出，听者无不转过头来一探究竟，究竟在这个小地方是何方人物竟然有这样的家产？当有些认识刘邦的人一看到讲此话的竟然是刘邦，心中微微一笑，心想这个刘季不知又要耍什么花样了。而那些不认识刘邦的人倒个个都当真了，心底里不仅佩服起这个财大气粗的人。

当时在吕府门口做接待工作的是时任沛县主簿的萧何，这萧何一听"一万"二字，手中准备记载的毛笔微微一颤。萧何跟其他人一样，惊讶地抬起头来看看眼前的这个豪迈之士，也就是在这一刻，萧何记住了刘邦这个人。"一万"贺钱换来了一代贤相，刘邦的不按常理出牌，总是会有意想不到的收获。

当然，比起这些人，更加惊讶的还是宴会的主办人吕公。吕公纳闷了，自己哪里去交了这么一个大财主，急忙亲自跑出来迎接。当吕公一见刘邦，顿时喜从中来。原来这吕公是个善看相的人，而刘邦的相貌在吕公眼里是上好之相，因此，两人一望，遂对上了眼。这时候，吕公也不管刘邦是不是真的有一万贺钱了，在他眼中，刘邦这个人的价值比一万还多。看来，吕公也是个远见之士啊。

吕公请刘邦入座，并待为上宾。宴席过后，吕公请刘邦留下，并提出要将自己的女儿嫁给刘邦。刘邦一听，大喜过望，要知道刘邦已经将近不惑之年，却仍讨不到妻子。这时候竟然有人亲自送上门，而且还是地位不算差的人，刘邦当然不去拒绝了。于是，刘吕两家遂成姻缘。刘邦迎娶了吕公的大女儿，当时还未满二十岁的吕雉。

吕雉开始并不情愿这段婚姻，要知道刘邦这人，整天在外鬼混，又年纪老大，哪有正值花样的少女愿意嫁给这样一个糟老头子？但父命难违，吕雉最后也就认了。至于刘邦这人，虽说有了家室，却也一样过着经常外出游荡的生活，因此留下吕雉一人在家照顾儿女和双亲，又要亲自下田种地。吕雉的花样年华就这样在几近独守空闺的环境里度过，现实消磨了吕雉对于爱情的憧憬，锻造了她坚毅的性格。而当这种坚毅走上极端的时候，历史也就记下了这个女人的狠毒。

刘邦整天里和他那一群狐朋狗友出外闲逛，闲逛到无聊至极，正希望上面能派出点任务来缓解缓解。哪知倒真顺了他的意，这次，上面派给了泗水亭长一个任务——押送徒役前往骊山修陵。一来就来大的，这个任务对刘邦来说是很艰巨的，但刘邦也只得硬着头皮将它接下来了。

而就在这趟路程中，即将诞生秦末历史的又一件大事——刘邦斩白蛇起义。刘邦的兴起划下了另一个纪年的开端，这是专属于刘氏天下的历史，是后话。现在意义更加重要的是，刘邦的起义响应了南方的陈胜和项梁，使得秦末的农民起义规模更加庞大。而到了这时，起义战争已经全面打响，秦朝被迫面临着四分五裂的局面。

斩白蛇起义

几个村官押送着一群徒役正前往骊山而去。时已入冬，天色暗沉，寒风呼啸，这样的天气向这群徒役们展示了一个阴暗的前景——在骊山修陵至劳死。有如那一条蜿蜒千里的长城埋葬了无数劳工的灵魂，骊山之行必然再现悲剧。徒役们想到这里的时候，无一不感到毛骨悚然，难道自己注定葬身在这劳役之中？

苛刻的暴政已经失去了令群众服从的意义。面临着难逃一死的命运，这群徒役之中就有人决定对着命运冲一冲。既然要死，为何不逃？如果能顺利逃过修陵的重任，兴许还能过几年安乐的日子。于是，在刘邦押送这群徒役前往骊山的路上，其中陆陆续续有人逃掉。待到了芒砀山（今河南永城芒砀山）时，人群已经几乎逃光，所剩无几了。

刘邦望着队伍陆续减少，人又追不回来，只剩这几十个劳工，能修葺一座偌大的坟墓吗？心灰意冷的刘邦觉得继续押送下去也没什么意义，带着这几个人到了骊山，自己也要被论罪刑法，既然如此，倒不如给这群人做个人情，让他们解脱去吧。于是，刘邦在芒砀山停了下来，招呼剩下的这些人围过来一起饮酒。酒兴正酣，刘邦豪爽地对人群喊道："公等皆去，吾亦从此逝矣！"说完便举起一杯酒一饮而尽。

众人见刘邦如此豪爽，无不深受感动，最后，在逃了一些人后，竟还有十几个壮丁自愿留下来追随刘邦。刘邦见这些人诚心归己，便和他们以兄弟相称，在逃亡的路上彼此之间相扶相助。

当天夜里，身上还有酒气的刘邦和一群兄弟走到了一条小路。小路昏暗，刘邦令一个人前去探寻道路。不一会儿，探路者回道，说前方有一条大蛇盘桓在路中，过不去。当时听到这话，众人皆惊，纷纷劝说刘邦转道。可是醉意正浓的刘邦毫无畏惧，他大喊："壮士行，何畏！"便一个人挺直了腰杆，往大蛇盘睡的地方走去。众人怕刘邦出事，纷纷尾随在后。

走了不久，便见到了这条大蛇。这条大蛇身躯之大已然足以将整条道路给阻塞，虽然没有吓人的大动作，但它静躺在地，便足以威慑众人。可是刘邦竟然不现任何畏惧之色，只见他拔起腰间的剑，走上前，在众人还没从惊恐中缓过神来的时候，刘邦已然将大蛇斩成两半。

蛇就这样被刘邦杀死了，众人在一阵狂呼英勇之后，便继续往前赶路。有赶不上队伍的人在刘邦一群人之后赶到了蛇死的地方，忽然听到了一个老太婆的哭声。他们感到奇异，这种地方为何会有老人啼哭？便走过去询问。原来这个老太婆的儿子被人杀死了，故在此大哭。令这些人更感奇怪的是，当他们问起这个老太婆她的儿子是为什么被杀死的时候，老太婆竟然说起了一些很玄幻的话，说：“吾子，白帝子也，化为蛇，当道，今者赤帝子斩之，故哭。”

众人一听，感到奇怪，再回头一看，那条蛇正是白色的，莫非老太婆口中的赤帝之子指的竟是刘邦？他们想到这里，将信将疑地，又准备继续质问这位老太婆的时候，竟然发现她不在原地了。众人感到奇怪，不敢耽搁，急忙往前赶路。赶上了刘邦一群人的队伍后，他们便把在白蛇处所见所闻告诉了刘邦。刘邦一听，心中不免大喜。

这件事的记载是很玄妙的，当然，所谓赤帝之子不会是真实的，这个传说很可能是出自刘邦自己的杜撰。其实，关于刘邦命中带贵的预言在很早就有了。那时刘邦还在当泗水亭长，有一天一个老人前来他家讨水喝，贤惠的吕雉便招待他饭食。一顿饱餐过后，这个老人很感谢吕雉，便对吕雉免费看相。结果，吕雉的面相竟然是大贵之相，而她的两个儿女将来也是富贵之人。吕雉当时不甚在意，觉得这只是这个老人家为报答自己而杜撰的预言罢了，因此微笑地对他表示谢意。这个老人便离开了。

待刘邦回到家的时候，吕雉对他说了老人的事，刘邦一兴奋，便立即前去追这个老人家。追上以后，刘邦问老人为何会觉得自己家人都是贵相，老人就对他说了：“乡者夫人儿子皆以君，君相贵不可言。”刘邦一听，非常高兴，拜谢老人而去。

关于这事是实是虚已经无所考察，也没有考察的意义。但是，它和白蛇之说都表明了一点：在那个即将爆发起义的时代里，刘邦也已经在开始酝酿他的覆秦计划了。

刘邦无处可逃，便直接在芒砀山间四处躲藏。据说，在这段逃亡时间里，吕雉和村人要寻找刘邦轻而易举。刘邦感到奇怪，便问妻子为什么总是能找到自己。吕雉对他说：“季所居上常有云气，故从往常得季。”这话就是说刘邦顶上总会有一道奇特的云气。又是这么玄幻的回答，或许这些都是刘邦拉拢人心的计策，而后来，这些计策都实现了它的效用——越来越多的沛县年轻人都来追随刘邦了。

秦二世元年（公元前209年）七月，刘邦还躲藏在芒砀山间的时候，陈胜起义上演了，整个大地为之一动。到了九月份，起义的喊声越来越大，这阵起义风吹到沛县县里，也即将在这个县子里刮起一阵巨大的回响。

当时的沛县县令也想要在沛县响应起义，便招来萧何、掾属曹参商讨事宜。这两人认为县令身为秦官，只怕不足以服众，最好能先召回那些逃亡在外面的人，从而收降人心。当时出逃在外面的人便包括刘邦，而刘邦底下更是有追随者数百人，因此县令便令刘邦的好友樊哙前去召回刘邦。

可是当樊哙和刘邦带着数百人回到沛县准备面见县令的时候，县令却后悔了。他害怕召刘邦回来是引狼入室，一旦控制不好，只怕自己的县令之权旁落他人之手。于是，县令紧关城门，不让刘邦等人进入。县城里，萧何和曹参力劝县令，却被县令怀疑为通敌，便有意将二人问罪。二人惧怕，便连夜翻出城墙，追随刘邦。

萧何深知争取群众的重要性，县令身为秦官，早就难以服众，此时又反复无常，将这群本地人拒绝在外，已经失去群众的支持。而刘邦这人却相反，他在当地早有名气，此时手下又有上百跟随者，更兼最近关于刘邦是赤帝之子之类的传言很多，因此他要争取到群众的支持是完全有可能的。最后，萧何决定辅佐刘邦。

城门不开，刘邦只好将一封信件绑在箭上，射入城内。信件上对县里百姓们说了当今反秦时势已成定局，希望县里人杀了县令，重新选择首领，带领他们一起推翻暴秦，过上好日子。县里的百姓如同各个地方的百姓一样，早就对秦朝的暴政深感不满，当他们得到刘邦的信件时，立即集合起来冲入县令府衙，杀了县令，而后开了城门，迎回了刘邦。

刘邦一回县里，众人便拥立他为首领，希望他能带领县里的人闯出一片天地，让群众不再受暴秦的欺压。刘邦开始不敢领受，推却多次之后才只好接受众人的请求，领过了县令的地位。众人见刘邦接受，欢乐地大呼，将其拥入了府里的官椅上，纷纷称其沛公。就这样，刘邦领过了沛公这个称呼，在县府里举行了起义仪式。这支起义军祭祀了黄帝和蚩尤，然后用牲畜的血染红了旗帜和战鼓。瞬间，整个沛县一片血红，好像一条巨大的红蛇盘绕着整个县子。从此，赤帝之子的名号从沛县这块小地方往外发出，震撼了整个秦国的土地，也震撼了整个中国的历史。

刘邦在沛县正式起义，和陈胜、项梁遥相呼应，起义的声浪因此增强，秦朝面临着更大的危机。那么，当起义战争在如火如荼地进行着的时候，秦国的中央大官们又在做着什么呢?

李斯之死

整个江南地带已经喧闹了一大半，蓟县的陈胜、吴中的项梁、沛县的刘邦，还有那一些规模较小、不见载于史的队伍们，他们都为了争取改变他们的命运而奋斗。可是，我们可以看到，当农民起义军已经到了难以遏止的程度时，秦国的执政者们，却还沉溺在自己的权力天地里。

在朝廷，自赵高实现了他一系列的阴谋诡计后，已经到了独掌大权的地步。而秦二世胡亥还看不出赵高的危害性，放心地将整个国家交给他全权打理，这也是纨绔子弟为图安逸的作为。可是，赵高这人，最关心的一直都不是打理国家，而是夺取权力。在历史上，并不乏谋取权力却同时也在保家卫国的人，如曹魏的司马懿。和司马懿不一样的是，赵高这人更像一个阴谋论者，在他心里，权力比国家重要。当然，他却忽略了一点，国家若失，哪有权力？

农民起义战争已经在民间打响了，可是在赵高看来，这不过是地方性的反叛，不足以畏惧。难道一群小贼还想推翻整个秦国？真是想象力丰富。赵高对此嗤之以鼻，在他心里，有远比对付这群乌合之众更加重要的事——除掉李斯。李斯是在蒙氏兄弟死后唯一一个能在朝廷上和赵高相抗衡的人，他在秦国发展历史上所记下的功劳远非赵高能比，他赵高要不是得到胡亥宠爱，又怎能有机会和李斯平起平坐？因此，李斯在世上一日，赵高就忌他一日，只是苦于找不到理由来除掉他。这时候，这场农民起义倒给赵高送去了一个很好的想法。

李斯虽然也是个自私之人，当年为谋私利而害韩非，沙丘之变又有自己的参与，但他毕竟是个有见识、有能力的人，他不像赵高那种无能之徒，无法权衡一场起义的重量。在李斯眼里，这场农民起义有很大的危害性，而当规模越来越大时，他的担忧也被证实了：这确实是一场足以危及秦国根基、甚至一不小心可以覆灭整个帝国的起义。

陈胜所带领的军队持续打着胜仗，地方官员们纷纷向中央政府发来求救的书信。可是这些上书不是被赵高所扣压，就是被胡亥的一句玩笑话给带过。无论在地方上面临着多大的败仗，胡亥仍旧在他的深宫里继续着他醉生梦死的帝王生活。

起义军的节节胜利和胡亥的所作所为之间的不搭调在李斯看来是很荒谬的。这场起义对秦朝的危害性正在一步步地扩大，可是身为统治者的人却全然无视，这令李斯感到难堪和羞愧。他毕竟是跟随秦始皇打天下安天下的人，这江山怎么说也有一半是他李斯的功劳，哪能亲眼看着它被拱手送到别人怀里？可是李斯很急，胡亥却对他不屑一顾。每次李斯求见皇上，都被胡亥找个理由给拒之门外了。

心急如焚的李斯脾气变得暴躁了，他苦苦寻求着见君上的机会，却求之无门。李斯的慌乱显露无遗。这时，这一切都让赵高看去了。赵高心里的魔鬼又再次不安地骚动起来，这下，总算让他找到陷害李斯的方法了。

赵高把李斯请来，和他大谈农民起义的事。当谈到秦二世面对乱政却仍在梦中的时候，赵高便对李斯说："君何不谏？"李斯听到这里，先是愤怒，又转为无奈，只好轻轻地摇着头，对赵高说："固也，吾欲言之久矣。今时上不坐朝廷，上居深宫，吾有所言者，不可传也，欲见无间。"一句话说出了李斯的窘境，却说到了赵高的兴奋点。赵高心里偷偷乐着，他想：你那么想见皇上，我就让你见。心里暗喜的赵高表面也装出了失望的神色，然后对李斯表示理解地说："君诚能谏，请为君侯上间语君。"也就是他赵高非常愿意作为一个报信人，什么时候皇帝有空了，他会来通知李斯的。李斯一听这话，心中感到几分欣慰，似乎前景还不需要过于悲观。

只是，李斯和赵高耍了几回心计，也是个颇有城府的人，这时却怎么会轻而易举地中了他的圈套呢？看来，在国家危机时，李斯毕竟还是以国为上的。而他可能也以为赵高身为秦国人，在国难当头又怎么还有时间去玩他的那些诡计呢？可惜的是，赵高正是这种人。

李斯和赵高聊完天后，回到家便苦苦等待着赵高的通知。几天过后，赵高便派人前来通知李斯：皇上有空了。皇上有空了！李斯等这话等了多久！他李斯终于能一见圣上，向他讲述自己憋了多月的担忧。不说圣上听不听得进去，能多争取一回劝谏的机会就要多去争取。李斯急忙整理着装，赶到皇宫求见皇上。

可是当李斯赶去求见的时候，却正值胡亥玩得正兴的时候。当有人来报：丞相求见。被打断的胡亥怒火中烧，恨不得杀了他李斯。但李斯毕竟是一国长老，他胡亥也不便对其胡乱发威，只好派人打发了他走。李斯感到莫名其妙，却没有想到这可能是赵高的计谋，只是一贯认为秦二世娱乐的时间太长了，或者是即便是在秦二世空闲的时候，他都不愿意接见自己。李斯虽急得如热锅上的蚂蚁，却也无可奈何，只好叹口气，哀怨地离开皇宫。

过了不久，又有人奉赵高之命前来向李斯报告："皇上有空了！"李斯一听，如第一次一样急忙前往求见秦二世。可是，如第一次一样，李斯又被打发走了。就这样来来回回几次，李斯倒也不嫌麻烦，凡是揪到时机必不放过。可是李斯不烦，胡亥烦了。这胡亥被李斯陆陆续续打断了好几次娱乐时间，到了最后一次，当再传李斯求见的时候，胡亥彻底地发怒了。他再也没有心情继续玩下去了，他对着赵高大骂李斯："吾常多闲日，丞相不来。吾方燕私，丞相辄来请事。丞相岂少我哉？且固我哉？"我有空的时候他不来，我娱乐的时候他就来，这不是存心和我作对吗？赵高见计谋已经成功了一半，立即装出很惊恐的神情，凑到胡亥耳边，慌张地对胡亥说起了当年沙丘之变，李斯也有参与却没有得到太大的奖赏，莫非是因为这事让他一直耿耿于怀，这时候想来找皇上讨个封王了？

这胡亥一听赵高这么说，脸色发红，转而铁青，又怒又慌的胡亥此时已经将李斯彻底扔进了自己的黑名单。旁边的赵高趁机更进一步，他说了李斯有可能叛变的一个原因。赵高说，李斯长子叫做李由，此刻正担任三川郡守，而陈胜和李斯又是故人，因此当陈胜带领一班贼军路过三川之地时，李由竟然不进行剿寇行动，任由陈胜胡作非为，非但如此，有传言说李由还和陈胜有书信往来，不知是真是假。

这当然是赵高的杜撰，其实是：李由面对陈胜的起义，奋力反抗，还给李斯写来书信，说贼势之大，希望中央援助。但胡亥哪儿知道这些？他只知道赵高口里说的话，这些话让胡亥对李斯更加犯忌。最后，在赵高的唆使下，胡亥派人前去调查李由通敌一事。

这个消息一传出，李斯才觉悟自己中了赵高的计策。慌乱之中他只能立即给二世上书，称自己忠心耿耿，倒是赵高是小人，需要多加注意。胡亥一看这上书，嗤笑一声，毫不在意。

几天后，起义声浪越来越大，李斯邀同将军冯劫和右丞相冯去疾联名上书进谏，希望秦二世暂停阿房宫的修建，减少边区戍守和转输，以缓解民愤。此举无异于作为导火索，直接令早已不满李斯的胡亥随便找了个借口将三人一举拿下，关入牢中。

冯去疾和冯劫两人对此非常痛心，他们为了不受羞辱，不久便在狱中含恨自杀。但李斯不甘心，自己跟随始皇多年，没有功劳也有苦劳，他胡亥凭什么随意就定自己的罪！因此李斯虽在牢中，却想尽各种办法给二世上书，但是每一份申诉都被赵高所拦截，胡亥听不到李斯的任何声音。与此同时，赵高对李斯用尽各种严刑来逼李斯承认他的通敌之罪。一开始，李斯不愿意承认，但最后实在忍受不了痛苦，便向前来提审的人承认了。李斯心想，反正只要不向皇上承认，不管自己向谁点头，都构不成他李斯的罪。

可是，当李斯点头点到麻木了的时候，这时秦二世派人来提审他了。李斯不知道这是皇上派来的，便一如往常地点头了。李斯算是向皇上正式承认了自己的谋反罪，罪名从此成立，只待接受法律的制裁了。

秦二世二年（公元前208年）七月，夹在愤怒与悔恨以及各种情绪中的李斯被送上了刑场。面对着大秦江山，李斯叹了口气，他已经无力拯救秦国了。在一声“吾必见寇至咸阳，麋鹿游于朝也”的哀叹声后，李斯被腰斩了。

李斯死了，赵高得以更加肆无忌惮地擅用他的权力了。只是，随着李斯的死，大秦帝国的气数，也已经走到尽头了。

指鹿为马露真容

在中国五千年的历史上，政治闹剧的上演陆陆续续未曾断过。似乎每一个朝代的终结都必然会有一出政治闹剧前来相衬，有如西周的烽火戏诸侯。这时，在秦朝走向它的尾声时，秦廷上也开演了一场很有趣的戏码。

这场戏码是由赵高自编自导自演的。自李斯死后，赵高理所当然地坐上了秦国丞相的位子，他的权力较之以往又上升了一层，完全掌控了秦国朝廷的每一个角落。这个时候的赵高，比皇帝更像皇帝。

赵高确实很像皇帝，但毕竟还不是一个真正的皇帝。自除掉丞相，赵高并没有将他的目光转移到对付起义军之上，因为在他眼里，陈胜等人还不足以让他去费神对待。这时候，赵高有一个更可怕的想法——他想当皇帝。

赵高确实想当皇帝了，对权力过分偏执的他在成功抢过李斯的丞相位子之后，很快就不再满足于此了。对赵高而言，一个一个除掉，一节一节上升，最后将整个秦国土地给抱在怀中，这才是他的行动目标。因此，此时自己已经到达了第二高层阶梯，必须尽快将最高权力谋取过来，这就是赵高现在的目标。

但是，虽然自己在朝廷上已经有了呼风唤雨的权力，可是真的所有人都服从自己了吗？如果自己篡夺皇位，那会不会群起而反攻他呢？这是赵高在实现他的目标的行动中感到最担心的一点。看来，赵高还是有点自知之明的。他知道自己现在的成就不过是靠一些小伎俩获得的，想要服众基本不可能。当然，对赵高这种阴谋家而言，大臣的服从诚不诚心毫无意义，只要服从了，只要不敢对自己有任何反对之声了，那就可以了。因此，赵高要继续他的老本行，要点小伎俩来确定大臣们是不是都服从他，是不是都不敢和他叫板了。

在一天早朝上，赵高上奏秦二世，称自己要送给二世一样朝贺礼。二世一听，喜从中来，急忙询问赵高是何礼物，有什么新奇之处。赵高一一道来，说这是一匹马，却不是一般的马，是一匹长得很不一样的马。这些话说得二世心痒痒的，按捺不住心里的好奇，命赵高赶快将礼物献上。

赵高随即令人将礼物带上朝廷，众人纷纷报以新奇的眼光盯着大门，等待着这匹奇马的出现。待贺礼出现在大门口时，众人一声哗然：这明明是一头鹿，怎么说是马了？顿时，窸窸窣窣的讨论声在朝廷上来回旋绕着。

面对众人的质疑，赵高无视，令人将贺礼抬到皇上面前，对二世鞠了一躬，很淡定地对二世说：“马也。”这个胡亥一看到眼前的鹿，愣了一下，心想这明明是鹿啊，这丞相可真爱开玩笑。于是胡亥笑着对赵高说：“丞相误也，以鹿为马。”赵高听了这话，先是假装摆出不能理解的神色，然后转向朝上的大臣们，一脸正经地问他们朝廷上的这只动物是马还是鹿。

大臣们正在窸窸窣窣地讨论着，有的人心中正感到愤愤不平，赵高竟然敢这样欺诈到君主身上。当赵高那浑厚的质问声在朝廷上响起的时候，立即将这一群细碎的议论声压了下去。臣子们个个都安静了下来，不知道该如何回答赵高。赵高面对着台阶下的众臣子，看着他们在自己面前一句话也不敢说，仿佛底下的这一群人已经完全拜倒在自己之下，此时的自己已经成了一国之主，所有的人都必须服从自己。站在皇帝旁边的赵高仿佛已经顺利取代皇帝了，心中免不了兴奋，此时的他几乎要飘飘然起来了。

可就在赵高幻想着他的帝王之路时，忽然底下有反对的声音出现了。赵高在幻想中明明听到了有人说：“这就是鹿！”如此掷地有声地回应将赵高拉了回来，令赵高感到不寒而栗。紧随着，又有几句一样的回应陆续进入赵高的耳朵中，像一支支放出的箭连续射在自己身上，赵高尝到了被人攻击的味道。

臣子中有人察觉到赵高的神色在变，于是，“这是马”的声音也出现在了朝堂之上。就这样，“这是马”和“这是鹿”这两种声音在朝堂上面互相扔过来扔过去，扔得坐在皇椅上的胡亥已经搞不清楚东南西北了。不过台下的这种场面胡亥倒是第一次看到，感到新鲜的他大笑不止。

皇帝在笑，赵高可笑不出来。眼前的情景说明了臣子之间对自己还是有很多反对的声音的，看来，想要成功篡夺皇位，必须先把这些人给铲除掉。于是，赵高令人偷偷记录下了这些反对自己的人，待这场闹剧结束之后，找了些理由将这些人一一除掉。

“指鹿为马”收场了。它虽然表明赵高还不能完全掌控整个朝廷，但经过这事，所有敢对赵高说出自己反对之声的正直之臣都被赵高给害死了。从此以后，再也没有人跟和赵高叫板了，整个曾经辉煌过的帝国在赵高一人的淫威之下已经彻底地软了。而经过这事，胡亥竟然在赵高的欺瞒下以为是自己得了病，才会将马看成鹿。于是，在赵高的安排下，胡亥便到上林苑里进行休养。有一天，胡亥在上林苑里猎射，不小心射死了一个人。赵高再次借题发挥，对胡亥说他此举会引起祖先和鬼神的不满，希望皇上能移驾别宫躲藏。胡亥便真的移走了。有昏君如此，帝国再大，也终将有败亡的一天。

皇帝很忙，忙着关心自己的事，结果赵高此时真正到了一人独大的地位。但也就是在这个时候，起义的声浪已经越来越大了。陈胜的屡屡获胜让赵高已经再也不能去无视了，起义已经危及秦国的根基，再下去只怕要掀翻整个帝国了。如果秦国都不在了，那么自己的帝位又从何谈起？因此，赵高决定先暂时压下自己的私欲，将这群贼寇先打发了再回过头来和胡亥算算账。

早在之前，地方官员的上疏一大摞，无一不是军事报急。只是那时候，政权由赵高控制，胡亥又忙着醉生梦死，因此所有的上疏都被赵高给扣了下来，结果给了陈胜的起义军节节胜利的机会。只有李斯收到儿子李由的来信，中央政府的这群官员们才得到一个关注起义事件的窗口。可是李斯却始终找不到机会向皇上禀告，最终又落个被赵高陷害的下场。因此，在秦朝的末期出现了这样有趣的景象：地方上官员正和起义军奋力搏斗并处于下风，可是中央的统治者却还在忙着过他们的安逸生活。有了这样的差距，秦国的灭亡也在情理之中了。

要到了这时候，赵高才真正懂了对付起义的重要性。因此，这时候他不将上疏扣下了，因为起义军的来犯比他想象的还要可怕——陈胜的大军已经逼近咸阳了！

陈胜的起义行动进展迅速，此时已经将目标定到了秦都咸阳之上了。当秦二世听到这个消息的时候，顿时皇宫之上如晴天霹雳。他大惊失色，吓得半死，原来赵高一直跟自己说的天下太平是一个彻彻底底的大谎话！此时的胡亥再也没有心思去风花雪月了，他只能尽快地召集众臣进行商议。本来，到了这时候才开始反击已经很迟了，可是，很幸运的，在秦国面临危难的时候，还是有力能抵挡大敌的大将存在。

这个大将就是章邯。在接下去对抗陈胜的战争里，章邯几乎包办了所有战斗。而章邯就像一颗横空出世的明星，照亮了秦国，也令叱咤一时的起义军们顿时黯然失色。

章邯破陈胜

在陈胜的持续逼近下，秦王朝不得不正视这帮匪徒的力量。这时候，秦二世迫切需要一些勇将来打退贼军。但是，经过赵高的一番胡闹，秦国已经失去了无数的能人。那些有能力有地位的人全因赵高的忌恨而遭遇不测，到了这时候，秦二世或许已经感受到自己以往的昏庸了。

就在秦二世感到迷惘害怕的时候，忽然有一人站出来了。这个人叫做章邯，字少荣，时任九卿之一的少府。秦二世这种不理国事的人对这个低调的章邯怕是一点也不熟悉，但紧要关头，胡亥哪还能在意再多？他于是令章邯尽快说出他的看法。

这个章邯说出了一个计策：赦免骊山的刑徒。章邯认为，贼军已经逼近咸阳，临时调集兵力已经来不及了，还不如赦免骊山的刑徒们，命他们举起兵器，反击来贼，保卫国家，将功赎罪。章邯的这个计策和萧何献给沛县县令的有几分相似之处，要知道，当时在骊山修陵的刑徒多达十万以上，如果能争取到这些人的支持，那无疑在无形之中多出了一支军队。

慌乱的秦二世一听，已经没办法考虑太多了，再说他那个脑袋，也不会去权衡得失。既然能无形之中增加兵源，那应该会是好的吧。于是，二世立即大赦天下，然后将这事全权交给了章邯去办，命章邯带领这几十万的刑徒击退贼军。就这样，章邯被任命为主将，领兵迎击来犯的起义军。

章邯领着骊山刑徒及奴隶70万之众，浩浩荡荡地前赴战场戏地（今陕西临潼境内），在这里开始了他镇压起义的战争道路。当时前往戏地的张楚大将名叫周章，至于周章是怎么能逼近到这里的，这当然有部分原因是因为秦国政府对起义军的忽视，另外也有部分原因是基于陈胜的奋进精神。

陈胜在攻下蕲县后又一举拿下了铚（今安徽濉溪）、酂（今河南永城西）、苦（今河南柘城北）、柘、谯（今安徽亳州）等五县，不到一个月的时候就控制了安徽、河南交界的大片地区。这之后，陈胜又顺利拿下了战略要地陈县（今河南淮阳），并在此确立了专属于他的政权——张楚政权。

建立“张楚”政权后，陈胜便确立了主力西征，偏师略地，最后推翻秦朝统治的总体战略。为此，他将主力军托付给“假王”吴广，命他西击荥阳（今河南荥阳），取道函谷关（今河南灵宝境内），而后直捣秦都咸阳，这是主力西征。另一方面令将军宋留领兵出击南阳（今河南南阳），进入武关，而后迂回攻取关中。又命武臣、邓宗、周市、召平等为将军，分别北渡黄河，进攻原赵国地区（今山西北部、河北西南部），南取九江郡，深入淮南地区；进攻广陵（今江苏扬州北）、魏国旧地（今河南东北部接连山西西南部），攻取长江下游、黄河以南大梁（今河南开封）等地区。

就这样，在陈胜的安排下，兵分多路开始了进军。虽然频频有胜利的消息传来，但在主力方面的吴广却始终没有好消息。最为关键的战线却难以突破，这令陈胜感到异常纳闷。荥阳是通向关中的重要通道，自古便是兵家必争之地。在荥阳附近，还有秦国囤积了大量粮食的敖仓（今河南荥阳东北敖山）。如果攻下荥阳，敖仓唾手可得。敖仓一得，非但解决了起义军的军需问题，同时秦军的粮食供应必被切断，秦军将不战而败。

但是，就是这么关键的战线却无法突破，非但如此，吴广在攻取荥阳的对战中还处于下风，这令陈胜十分着急。为了确保战略意图的实现，陈胜只得另外派出大将周章率兵西进，趁着吴广主力军与荥阳军队拉锯的时候，绕过荥阳，直取函谷关。就这样，周章接过命令，带领着起义大军往西前进，一路上斩关夺隘，势如破竹。面对着来势汹汹的周章大军，路途中的百姓纷纷自愿加入起义军的队伍，队伍迅速扩大，竟达到了数十万人之多。很快地，这支庞大的军队便打到了离咸阳仅百余里的戏地。

秦二世二年（公元前208年）的冬天，当周章领着大军刚到戏地正待休整时，忽然听见战鼓响起，一支秦军正往自己的军队攻杀过来。这是起义军自反抗战争打响以来所遇到的规模最大的一次进攻，这次进攻出其不意，令周章措手不及。结果，十几万的起义军败在了章邯带领的秦军之下，周章只得领着起义军退出关中地区，据守曹阳亭（今河南灵宝东北）。

谁知周章刚在曹阳亭刚停下不久，章邯又马上带领着大军追击而上。在章邯的猛攻下，周章守不住曹阳亭，只得弃城而逃，退至渑池。很快的，退至渑池的周章又遇到了章邯的进攻。周章在几经挫折、无粮无援的情况下，在率部奋力与敌激战十几日后，终因寡不敌众而兵败于章邯。周章救助无望，最后只好拔剑自刎。

章邯一出兵便气焰嚣张，连败敌军。此举大大挫败了起义军的气势，令身在皇宫的胡亥总算可以舒了口气。在败了周章大军后，章邯毫不停息，立即率军继续东征。与此同时，在荥阳的吴广部队却发生了内斗。原来吴广部下的将领田臧因吴广不愿出兵援助周章而感到愤怒，他认为吴广此人不谙军事，不值得与之同谋。就因为这样，田臧便假借陈胜之名杀害了吴广。吴广一死，田臧便接替了吴广的地位，领着军队准备西进援助周章。然而周章已死，田臧的西进让自己处于陷入腹背受敌的困境。最后，在田臧兵退至敖仓时，因挡不住章邯的进攻，这支部队也全军覆没了。

至此，张楚政权的两大主力都战败了，战局已经彻底逆转，陈胜的败期似乎近在咫尺了。这时候，陈胜在个人的思想上也出现一些转变。自他称王后，便渐渐地和平民百姓们疏远了。当时，有个老乡听说陈胜发迹了，便从家乡赶来找他。待到陈胜有一日外出时，老乡直呼陈胜小名，才得以接近陈胜。可是这个老乡自以为和陈胜交情甚好，毫不避讳地对人讲述着陈胜小时候的事。一开始陈胜得知也不在意，后来有人认为这位老乡的举动是在轻视陈胜的王威，陈胜一听，才发现确实有这么一回事，便立即将这位老乡给斩杀了。这件事只是作为一个见证，表明了陈胜的思想确实在逐渐远离群众，导致了最后的“诸陈王故人皆自引去，由是无亲王者”（《史记·陈涉世家》）。

陈胜真正地当上了孤家寡人，与此同时，在陈胜之下的诸位将领们之间也开始互相猜忌，于是，起义军内部的分裂越来越大。吴广和田臧便是其中一例。在这种情况下，起义军已经难以合心，而秦国又适时横空而出一个章邯，看来，陈胜是该好好准备张楚政权的后事了。

章邯在解除了起义军对荥阳的包围后，立即倾尽全力进攻陈县。此时为秦二世二年（公元前208年）十二月，陈胜面对章邯大军，亲率军队全力抵抗。然而即便陈胜付出再大的力量，终究难以抵挡章邯大军。最后，陈胜兵败，被迫退至下城父（今安徽蒙城西北）。在下城父，陈胜并没有死心，他企图再集结兵力，做最后的拼搏。但是，起义军内部已经分裂，陈胜最终死在了自己的人手中。这个刺杀陈胜的人是他的车夫庄贾。

陈胜就这样死了，他的政权在他的侍从吕臣那里得到了短暂的喘息。吕臣组成的苍头军以张楚为名，继续了陈胜的事业。但很快地，这支军队就发现了自己的能力不足以与大秦对抗，它更好的命运就是寻找一个更强有力的势力来依附。到了以后，刘邦将会接手对这支军队的统治权。陈胜底下由将领召平带领的另一部队则假借陈胜名义，拜另一支起义军的将领项梁为上柱国，使之渡过乌江，西上击秦。这时候，历史好像完成了一种接力象征，起义的重心由陈胜转移到了项梁和刘邦这里。这两支起义军便开始了他们谱写奇迹的历史。

陈胜虽死，但由他引起的起义风潮却席卷了大半个中国，如司马迁所言：陈胜虽死，其所置遣侯王将相竞亡秦，由涉（指陈胜）首事也。（《史记·陈涉世家》）我们知道，在司马迁心里，陈胜的意义是重大的，这从他将陈胜的传记划入“世家”一事便可窥见一二。将陈胜的功绩和灭夏之商汤、灭商之武王相提并论，只怕一点也不为过。也因为如此，待日后刘邦统一天下、正式称帝时，在追封这些逝去的将领时，刘邦将陈胜追封为“隐王”，正式确认了他的地位和功绩。

在秦国这里，章邯的出场解决了秦国的燃眉之急，身为秦国当下仅存的唯一一个名将，章邯希望能将这种势头继续保持下去，用尽全力对付另外的起义军。这时候，在陈胜死后，起义重任转移到了项梁和刘邦那里。从此，这两个势力开始了他们和秦国的正面对决。

项梁的出击

秦二世二年（公元前208年），一道微风吹过了一片草原，吹起了整地的绿草像舞女一般舞动起来。风势渐大，草地上的羊群身上的毛疯狂地飘拂着。这群羊被这突如其来的不宁静吓坏了，整个羊群瞬间慌乱了起来，四处逃散。在这片草原上，即将传进一阵不和谐的声音。

牧羊人看着羊群因慌乱而四处逃散，急忙举起手中的竹竿去追回羊群。可是羊群似乎看到了什么可怕的事物，全然不顾牧羊人在后方叫喊，一直没头没脑地往前闯去。很快地，羊群在牧羊人前面渐渐消失在了地平线上。牧羊人继续往前赶去，地平线随着牧羊人的靠近而往下降落。忽然，当地平线完全平行于另一个草原时，一个令牧羊人感到惊异的场景出现在了他眼前。

在牧羊人的面前，正站立着几个人。这几个人衣冠楚楚，全然不像这附近的农夫。有的人身上还搭弓佩剑，俨然朝廷将军的模样。牧羊人感到奇怪，在这片草地上他还从未见过这种身份的人。这些人来这里为了什么？牧羊人有点担心，因为他隐隐约约感到了，此时此刻将会是他的生命转折点。

在牧羊人还在晃神的时候，这群草地上的外来者里走出了一个人，他来到了牧羊人的面前，二话不说便单腿跪在了牧羊人面前。牧羊人被这突如其来的大礼吓得往后退了一步，待回应过来准备将跪者扶起时，跪在眼前的这个人忽然开口说话了。而引起牧羊人万千思绪的是，这个人叫了他一声“楚王”。

为何牧羊人是楚王？原来，这个牧羊人并非一般的人，他是已灭亡了的楚国的后裔，是楚国的楚怀王熊槐的孙子，名为熊心。当楚国被秦国灭亡之后，熊心便被迫踏上了流亡的道路，后来流亡到了民间，当起了一个平凡的牧羊人。

熊心经过了多年的牧羊生活，早以对复国失去了信心和精力。在时间的侵蚀下，他慢慢忘记了自己本来的身份，在他的心里，龙的模样已然模糊，取而代之的是羊的形象。熊心现在唯一的要求就是在这块草原上和他心爱的羊群们度过余生。可是，眼前这个人却喊自己“楚王”，这两个字挑起了埋藏在自己心中多年的记忆，原来自己还是一个王。熊心对此感到追念，但当他冷静过后，便忽然有一种隐隐的担忧袭上心头。熊心不知道这些人来自哪里，来这里有何目的，自己由将因这些人而踏上怎样的道路。第三个问题熊心不能立即得知，但他希望能了解前面两个疑问，于是，他便向眼前的人进行询问。

询问过后才得知，原来眼前的这个人名字叫做项梁，是以前楚国的大将项燕之后。至于为什么他们会出现在这里，据项梁说，他们想拥立自己为楚王，推翻秦国，实现复国的目标。当听到这里的时候，熊心确实有点按捺不住心中的兴奋了。如果项梁不曾出现在这里，那么自己完全可以一辈子毫无幻想地过下去。可是这时候自己竟然有了登上王位的机会，这让自己如何去拒绝？在熊心那里，草原远离闹市的宁静从未完全浸透他的心，当利益的诱惑摆在了眼前，他做出了所有身在世俗的人都会作出的决定——接受它。

就这样，在熊心点过头以后，项梁一群人带着他离开了这片草原，并在盱台（今江苏盱眙）正式封王，仍称楚怀王，是为楚后怀王。

熊心的登基是秦末起义军所做出的一件很重要的大事，它是起义发展到一定阶段时所必然产生的产物。在陈胜死后，规模巨大的起义军便好似失去了凝聚众人的中心力量，而在陈胜底下的将领们也没有一个能成功取代陈胜的地位，号召各个地方的起义军团结一致。在这种情况下，凭借着名将后人的优势，项梁毅然决然地接过了陈胜的重任，自觉当起了起义散军的首领。但是，项梁的名将后人这个名号并不能给他带来太多的支持，此时此刻，他迫切需要一个更强有力的精神后盾，来支撑凝聚起整个散乱的反抗力量。就是因为这样，项梁的谋臣范增便向他提出了迎立熊心的建议。

项梁立熊心的目的不过将熊心作为一个傀儡君王，在很大意义上是为了给在楚地上的起义军一个精神上的支持。只是，在项梁心中，此举更重要的却是因为它能因此而为自己在起义军之中树立起威望。这种类似挟天子以令诸侯的做法在历史上并不少见，在一个动荡的时代里，谁能把握集体的信仰支撑，谁就掌握了一份巨大的筹码。

这也就是谋臣范增的计谋。这个范增已经是个手拿拐杖、白发苍苍的七十岁老头子了。自项梁起义后，年过古稀的范增却不服老，毅然决然离开家乡，投靠了项梁。从那刻起，范增便将全身心力投入了辅佐项家的事业。而项家的事业也在这个老人的打理下，从一个地方的小起义军逐步成了拥有巨大控制力的军阀。

在成功迎立了楚怀王之后，项梁便在怀王那里获得了一个武信君的封号。早在之前，项梁便缓慢地西进着，并陆陆续续在对秦战争中取得了一些小胜利。现如今，陈胜已死，自己又有楚怀王在手，项梁便放开了他的步子，开始了他大力西进伐秦的路程。

项梁早和刘邦合军一处，此时他派出了项羽和刘邦领军西征。先是，项羽、刘邦联军很快地攻破了城阳，而后直逼定陶（今山东定陶），却难以攻下，最后只好改变路线，绕过定陶直扑雍丘（今河南杞县）。当时在雍丘做抵挡工作的是秦将李由，也就是李斯的儿子。李由早在吴广进攻荥阳之时，便在荥阳城内顺利挡住了吴广的进攻，使得荥阳这块关键地得以守住，而后更和章邯一起击破了田臧所统之军。李由在镇压起义的战争里付出的功劳是巨大，可惜的是，当时赵高为了陷害李斯，竟然诬陷李由有通敌之嫌，为此，秦二世特意派人前到雍丘调查李由。

在调查员来到雍丘的时候，项羽所领十万大军也正在奋力地争取攻下这座城池。面对士气如此强盛的敌军，李由在防守上显得有些力不从心。一方面，他令人赶快前往濮阳向章邯求救，同时他又积极地组织城内军民固守城池。在这场城池守卫战中，李由身先士卒，坚守城池。为此，他还中了攻城士兵的弓箭。但他毫无畏惧，鲜血随着箭头拔出而喷溅，在包扎过后，李由像一个从未受伤过的士兵，再次站在了城墙之上。

终是寡不敌众，雍丘很快便被起义军攻破了。项羽领着起义军像流水一般涌进城内的大街小巷，李由急忙调集兵力，与起义军开始了激烈的巷战。但项羽勇猛，更兼兵力之大，很快地，李由的士兵便一个个倒去。到了最后，起义军的胜局已定，但李由仍在坚持，就算只剩他一个人，他也要为保卫国家而死。在这种坚定的信念下，李由并不能创造出令人惊讶的奇迹，他的双腿慢慢地软了下去，他挥动长矛的力气越来越小。最后，人们看到了一个挣扎过后的人，慢慢安静了下来，血染红了他的战衣，手中握着的长矛插进沙里支撑了他全身，脸上的两只眼睛仍然如战时怒睁着，但是，他却没有了呼吸。

李由为国英勇赴死，感动了秦二世派来的调查员，感动了与他对战的项羽，为此，项羽还特意派人将他的尸体送回老家埋葬。令人欷歔的是，当李由为了国家而拼搏，为了国家而不惜战死沙场的时候，他是否知道他的父亲此刻已经死在了他所效忠的国家之手？秦国有勇将如此，却只能落得这种下场，当败。

项羽在雍丘取得的大胜利令项梁感到兴奋，与此同时，他自己也领军大破秦军于东阿和定陶（今山东定陶）。持续的胜利令项梁心生大意，但是很快的，他将为他的这份大意而付出沉重的代价。为击退定陶的项梁，大将章邯来到了这块土地，准备和项梁展开对决。面对项梁的大军，秦国派出了大量军队增援章邯。获得增援的章邯如虎添翼，秦军士气顿时大涨。而同时，项梁却仍沉浸在胜利的兴奋中，却忽略了此时和他对决的并非泛泛之辈，而是大败陈胜的秦国大将章邯。就因为这份大意，也因为章邯的军事实力，项梁很快便在这场战争中败下阵来。不但如此，项梁也将他自己的生命送给了这场战争。

项梁战死了，如同他曾经接替陈胜一样，自然会有后来人来顶替他的位子，继续起义的路程。这时候，项梁肩上的重担落到了他的侄儿项羽肩上。这之后，在范增的辅佐下，历史开始记下了西楚霸王的丰功伟绩。与此同时，曾在项梁底下暂住一段时间的刘邦，已经逐渐地和这支政权分立，并慢慢地培养起自己的实力。此时，在项羽和刘邦之间，已经即将开始他们两人明争暗斗的生涯。

牧羊人的春秋梦

作为起义军主心骨的项梁死了，整个起义局势似乎有了变化。章邯继破陈胜之后再破项梁，气焰之大令人畏惧。此时由他所带领的秦军保持着猛烈的攻势，正在为镇压起义而作出最后的努力。而项梁之死，高兴的并不仅仅是章邯而已，有另外一个人最高兴，这个人便是楚怀王熊心。

若没有项梁的出现，熊心将一心一意管理着他手下的羊群。可是项梁的出现让这种隐士的情怀彻底消逝，对于权力物质的欲望再次燃放在熊心的心里。这种欲望在他被尊为楚王后更加猖獗，熊心已经做起了他的春秋大梦。

确实是春秋大梦，因为很快的，熊心便发现了这种尊王不过是一种形式，一种令自己成为项梁傀儡的形式。在自己手里，熊心感受不到任何权力，除了在生活起居上有一堆臣子听从自己之外，关于政治上的派遣，如果说自己还有一点号召力，那不过也是因为自己正在传达着项梁的意思。熊心已经成了项梁用来控制起义军的傀儡君王，虽然这里的生活比起他在草原上的生活还舒适百倍。但是，在当初项梁唤醒了他的欲望时，这种欲望就注定会走上他膨胀的生涯。

因为如此，熊心对于项梁的控制始终感到困扰，但项梁手握兵权，自己手下却没有任何兵力，就这点而言，熊心根本不敢对项梁叫板。结果，在项梁有生之年，熊心都只能默默地隐忍在他的暗中施压之下。而这时候，项梁竟然战死沙场了。这个轰动一时的消息如醍醐灌顶般敲醒了熊心的头脑，他似乎在此刻看到了一点失望，也明白了自己接下来该实行一些举动了。恰时，有一个人的出现，更加坚定了熊心对于从项氏手中夺回权力的决心。

这个人叫做宋义，是故楚的令尹。章邯在大破项梁前，宋义就认定了项梁此人必因骄傲而兵败，结果竟然被他言中了。后来项梁死后，有人便向熊心举荐了宋义。宋义的到来坚定了熊心的心，我们无法确定在他们两人之间是否达成了某种共同的目标，但宋义身为智谋之臣，他的归附大大增进了熊心的信心。在熊心发现他并不是一个人在孤军奋战的时候，他的反抗便也开始了。从此以后，宋义便当起了熊心的谋士，为他策划着夺回大权的方案。

正当熊心为夺回权力而苦思冥想的时候，章邯的大军却还继续着他的破竹之势。早在定陶大败项梁之前，章邯便领军进攻过魏王魏咎。这个魏咎是故魏公子，早先跟随陈胜，后陈胜大军攻下魏地时，便将其立为魏王。当时魏咎根本无法抵挡章邯的大军压境，便向齐王田儋求救。田儋是故齐田氏宗族，在当时于齐地响应陈胜起义，自立为齐王。田儋见魏国求救，便领兵前往。但最后，田儋和魏咎都兵败于劲头正猛的章邯。

魏咎、田儋以及之后的项梁一死，章邯便作出一个错误的决定。他认为陈胜部下在东南这一带作乱的名将们都死了，楚地已经不足为患，便决定渡过黄河，北上转战赵地。这是章邯的一个巨大错误。当时，项梁的死在楚地将领之中引起了一阵巨大的恐慌。当时正在陈留（今河南开封东南）攻城的项羽和刘邦为稳定军心、保卫怀王，特意移师东归，并请怀王北上迁都彭城（今江苏徐州）。与此同时，陈胜旧部吕臣也觉形势严峻，只好放弃陈县投奔怀王。单从这几点看，便足以看出项梁的死给楚地带来的恐慌绝非一般。但章邯却没看到那环绕在楚地之上的阴霾，从而作出了这一个错误的决定，就因为这个大意的决定，章邯错过了一举灭亡楚国的机会，结果白白送给了刘邦和项羽这两个楚国大将一个绝处逢生的机会。

章邯渡过黄河后，再次凭借着自己的出色军事才能击败了赵军，结果逼得赵王歇不得不带着部下逃入巨鹿城（今河北平乡）里，在里面用仅存的兵马防卫章邯的进攻。可是，章邯的兵力之强，赵王很快便支撑不住了，为此，赵王急忙令人传信到楚地，希望楚怀王能出兵援救。

在楚地为夺回掌控权而烦恼的熊心，此时忽然收到了赵王的救援信件。这封信件来得很适时，它好像给了熊心一个充分的理由，让熊心敢在本属于他的政权上放开手脚去干。就这样，这次的求援似乎是一个昭告，它昭告了楚地的百姓——在楚地，真正的代表人物还是楚怀王！

楚怀王的信心大增，在宋义的帮助下，他开始着手整顿楚国的政局，开始了他亲理楚国军政事务的活动。在这短暂的时候，楚怀王以他的名义掌握了楚国的至高权力。至于有谁会拒绝承认这种威严，那是以后的事了。

楚怀王一将权力拿到手中，便开始了他灭秦的总策划。楚怀王先将时属于项梁部下的项羽和吕臣两支军队合并一处由自己直接统帅，然后提拔宋义为卿子冠军，确保了自己亲信对于兵权的掌控。而后，和各位将领作出一个著名的约定——“先破秦入咸阳者王之”。这个约定似乎用作激励和鼓动，在提升将领的积极性上确实起到了一定的作用，因为在当时，众人对这个约定还是很看重的。

紧随着，楚怀王作出了具体的部署。他命刘邦收集项梁、陈胜余部西行攻秦，然后由宋义为上将军亲率一路大军，统领项羽、范增等将军北上救赵。其实，当我们注意“咸阳之约”和怀王的具体出兵部属两者之间的关系时，我们便会发现一点——楚怀王偏向了刘邦。

为什么这么说，不难看出，既然先破秦入咸阳者可以王之，然后又令刘邦西进破秦，而将项羽控制在自己之下，将他拉到了北边，这难道不是摆明了助刘邦早项羽一步破秦吗？事实便是如此。在项羽和刘邦两人之间，怀王很自然会选择刘邦。关于这一点，历史上作出了这样的解说：“项羽为人慓悍滑贼……独沛公素宽大长者，可遣。”（《史记·高祖本纪》）这是楚怀王的部将给怀王的建议，楚怀王认同了这点。结果，怀王和他的部将形成了共同的想法，派遣刘邦而不是项羽自然成了一个共识。

历史以性格来说事，当然，在某种程度上，项羽和刘邦的性格确实形成了一个鲜明的对比。而关于这两种截然不同的性格，历史显然选择了刘邦。因此，楚怀王对于项羽那近似残暴的性格保留着些许质疑也是理所当然的。但是，当我们联想到楚怀王在彼时的尴尬地位时，便可以看出这之中有更深的政治意义。

项羽作为项梁的直接接班人，无疑是项梁死后对于楚怀王来说最巨大的威胁。楚怀王想要顺利将政权从项家那里夺过来，第一个任务便是顺利地控制住项羽。因此，我们不难相信，楚怀王有偏离并压制项羽的想法。为此，楚怀王选择亲近了刘邦，企图在控制项羽的同时，培植刘邦作为支持自己的势力。至于为什么在众多将领中，楚怀王最后选中的是刘邦而不是别人。关于这点，我们有理由相信刘邦具有出众的独特魅力，这也是他的成功之道。

楚怀王的算盘打得很好，但这几两重的伎俩难道就他和他的亲信看得懂？这显然是不可能的。项羽对于政治或许没有太大的阴谋，故而不懂得楚怀王心里的鬼胎。但是，项羽旁边那满头白发、头脑睿智的老人并不是好骗的。很显然，范增绝对看出了楚怀王的计谋。但是，在当初他提议将楚怀王拥上台的时候，他就必须想到小鸟也会有翅膀硬的一天。果然，无论项羽和范增再如何请求与刘邦同行西进，在楚怀王的坚决面前，这种请求弱得毫无力量。

局势已定，项羽只得乖乖认命，屈就在宋义之下，和他一起北上救赵。与此同时，刘邦带领他的大军往西边进发。这两支军队从这里开始了他们的竞争之路。

大战在即

秦二世三年（公元前207年）九月，章邯派出大军围攻了赵国巨鹿。从巨鹿传出的求救声传遍了整个大地，各地新复国的诸侯们纷纷响应赵国的求救，派出兵队驻扎到了巨鹿之旁。起义联军的首次聚集似乎大有摧毁章邯军队的气势，可是很快地，这种团结便被证明了它那表里不一的实质。

赵国的求援游说活动是由赵相张耳来执行的。这张耳也并非泛泛之辈，在外交上还是有两把刷子的。他游说各诸侯救援赵国，并向各诸侯强调天下大势在此一举。在张耳的鼓动下，诸侯们都坐不动了，本来就是起义来推翻秦国的，这时候秦国的大军都到了这里，难得一次起义大军团结的机会，为何不掌握呢？因此，很多诸侯都响应了赵国。先有赵国大将陈余率领数万士兵前来，后南方来楚，北方来燕，魏国刚被章邯大败，无力奔波，而齐国的田荣也刚遭遇大败，更因个人恩怨而不愿前来，但是，齐将田都背着田荣也偷偷地参加了这次救援活动。于是，几路大军聚集到了巨鹿之地。两军的对决看似箭在弦上，一触即发。

但是，张耳千盼万盼而来的这些救援军，到了巨鹿后却成了江湖耍杂技的卖艺人。个个只是搞搞噱头，拿不出真功夫，每个人都静静地待在自己的营内，观望着正在巨鹿城上上演的戏码。其实这正如三国时期的关东联军，十八路诸侯谁都不愿先出头，毕竟枪打出头鸟，自己的实力能保存则保存。这点一直是联军的弊端所在，自顾自的，无法团结，谈何胜利！

援军的表现让张耳焦急万分，其他国家的人不出兵也就算了，你陈余身为赵国大将，难道还没有为国请命的气魄吗？因此，张耳派人前往陈余营中质问陈余，陈余的气势在这番质问下弱了许多，只好派出五千兵马救援巨鹿。五千兵马，对于章邯的四十万大军来说，这数字可怜得令人为其感到难过。不出意料之外，这五千兵马面对章邯大军，犹如小鸡遇到老鹰，很快便被撕咬得血肉模糊。五千兵马瞬间消逝，这令本就畏惧不前的各地援军更加惊恐不已。看来，他们已经完全失去的前进的力气了。

对此，有人认为章邯围攻巨鹿此举正是为引出各地虎狼，然后在此一击破之。其实这似乎有点不可思议，毕竟在军事上，分散敌人而后一一击破更令人感到安心。将敌人都引到一起，然后来场大决战，除非章邯对自己有百分之二百的信心，否则断断不会行这险事。当然，在章邯已然大败魏、齐和楚各地大将的情况下，被胜利一时冲昏了头的可能性也不是没有的。

不管章邯究竟怎么想，援军们不愿出战的决心似乎都已经定下来了，而在楚国派出的军队中，这种思想也是占据上风的。

在楚怀王的任命下，宋义为上将军领着项羽、范增等人踏上了援救赵国反击秦国的道路。可是，当楚国大军来到了安阳（今山东曹阳东南）后，宋义便在这里卖起了他的关子——在安阳驻扎后便再也不前进了。当然，这种事如果传到张耳那里，也就是跟其他救援军队是一样的，不过是因为惧怕秦国大军的气焰，因此迟迟不敢出兵。但是，张耳没办法闻到，在楚军的内部，其实正潜藏着一股争斗的硝烟味。

这场硝烟味是来自宋义和项羽的。早在楚怀王剥夺项羽兵权并企图疏远控制项羽的举动显明，这两个势力之间便开始了他们的暗中较劲。因此，在楚军一上路后，宋义便时刻想着除掉项羽，毕竟项羽不除终成后患，怀王和宋义都明白这个道理。于是，当军队来到安阳的时候，宋义便停住不前。一方面，他固然想静观巨鹿的变局，另一方面，他也正在准备着除掉项羽。

可是宋义行事不够果断，在这次停军中，他停了整整四十六天。四十六天对于一个平凡的世界来说或许不算多，但对于在当时风云变幻的时局里，四十六天可以发生的变故是很多的。宋义的优柔寡断显露无遗。

这种优柔寡断在果敢的项羽眼里简直是懦夫所为。项羽非常不满宋义的行为，既然来了又在这里停住不前是何意思？到了这时候，两人之间的矛盾已经到了无法缓解的地步了。何况项羽这边也明白宋义想除掉自己的心思，与其等人出手，倒不如自己先下手为强。于是，项羽发动了兵变，杀死了宋义。

当然，项羽很早就想杀了宋义，只是碍于楚怀王这尊大佛的名义摆在那里，自己若无故擅杀主将，只怕惹来众人非议，从而落个众叛亲离的地步。这个时候，宋义的犹豫不前已经令急于西进攻秦的项羽忍无可忍了。于是，项羽将宋义的怯懦行为作为理由，顺利地除掉了这个眼中钉。在当时宋义手下，猛将是占据官员的大半的，因此对于宋义这种文人式的谨慎，他们也自然对其也有所鄙夷。所以，项羽找的这个理由还是有点用的，因为它代表了大部分武将的心思，因此宋义死后，便没有人对项羽表示反对。

当然，有最大反对之声的是楚怀王。楚怀王一直都是宋义这一边的，这时候宋义被项羽所杀，自己控制项羽的想法基本上趋于破灭，这对楚怀王造成的打击无疑是巨大的。但是，宋义一死，站在楚怀王这边的人已经寥寥无几。在楚国，很多将领都是以前项梁的手下，因此若要让他们在楚怀王和项羽之间进行选择，项羽当然比较抢手。因此，楚怀王虽心中反对，却不能将它宣泄出来。无可奈何，楚怀王只好让项羽顶替了宋义的位子，统领楚军反击秦军。

项羽此时已经逆袭成功，将楚怀王的阴谋彻底地击碎。但是，楚怀王不死，毕竟也是个令人担忧的后患。关于这点，在项羽将他的翅膀锻炼硬了之后，他会将其付诸实际的。而此时，在项羽的面前，有一个更大更艰巨的问题，那便是章邯率领的四十万大军。四十万大军，相较于项羽手下的六万多士兵，足足七倍多的相距，便是姜太公再生，对此也会感到棘手。

可是项羽没有时间去害怕，身为猛将，他也不屑去害怕。要知道，自己已经在赵地耽搁了足足两个月的时间，此时的刘邦只怕早已经接近了咸阳。要是破秦这件轰动的大功劳就这样拱手被刘邦拿走，好胜的项羽无论如何都是不会甘心的。因此，面对再强大的敌人，项羽都必须大胆地放手一搏，争取在最短的时间里取得最大的胜利。

而对于这次的放手一搏，历史即将见证项羽那令人钦佩的魄力。背水一战的决心将整个楚军带进了一种博弈的危险地带。在项羽那具有赌徒般的不惧一切的奋进中，一场旷世之战即将打响在秦国的土地上。这场战争作为秦国灭亡的信号，以一种里程碑的意义，向世人宣告了另一个时代的到来。

与此同时，还在围攻巨鹿的章邯信心满满。一群乌合之众此时正聚集在巨鹿以外，进不敢进，退不甘退，章邯对此嗤笑一声，不屑一顾。但是，在章邯准备一举攻破联军收复整个秦国失地的时候，他永远也不会知道，他当初作出的离开楚国转战赵国的决策，竟然给了另一个人击败自己的机会，而这个人此刻正混杂在这群他所看不上眼的联军之中。很快地，章邯将会将这个人的名字铭刻在心。在他的心里，这个使自己成为秦国倏忽而逝的流星的人，他的名字就叫做项羽。

章邯跳槽

在项羽还没出现在章邯面前的时候，章邯可谓秦末的第一将军，过关斩将对他而言似乎已经成了家常便饭，章邯的威名无人不知。而章邯自己也很了解自己的地位，因此对于围攻巨鹿，章邯信心满满。在章邯的心里，将秦国失地收回囊中指日可待，而这重任必将落在自己的肩上。当然，在当时的秦国，这个重任也只能落在章邯的肩上。

可是，正如《三国演义》里周瑜死前的纳闷：既生瑜何生亮？章邯很快也要遇上和周瑜一样的尴尬。

项羽面对着章邯四十万大军，已然作出了拼死一搏的决定。但是，这种拼命不是一味的勇闯，项羽能成为一代名将，绝不仅仅是靠他的武力。在项羽出兵之前，他先已做好了万全的部属准备。

项羽的进攻布置是根据章邯的攻城布署而决定的。当时，围攻巨鹿的是章邯手下的大将王离。王离是名将王翦的孙子，王贲的儿子，在秦末的镇压起义战争中也是秦国的重要人物。关于王离，有一个很有趣的故事。故事是这样的，在当时王离围攻巨鹿的消息传出以后，当时有人就议论开了。有人认为王离作为名将之后，围攻巨鹿必胜无疑。但是，有人对此提出了反对意见，认为一个家族兴不过三代，只因前人杀伐过多，必由后人来承担，而王离作为王家的第三代，必败无疑。这两人的议论当然不能作准，不过后者的猜测倒也真言中了，虽然其理由有点不靠谱。

再说章邯令王离围攻巨鹿，然后自己驻扎在巨鹿南方，一边令人筑起甬道为前线的王离输送军粮，一边也虎视着前线的变动，伺机而出。章邯和王离的军队就这样如两只巨钳牢牢地盯住猎物，令巨鹿这座城池如芒刺在背，危在旦夕。

但是，百密总有一疏，章邯和王离的两军大军各在一处，而其中间的甬道便是秦军的缺点。项羽看中了这点，因此他便将两军之间的甬道作为突破对象，以黑虎掏心的战略切断两军之间的联系，而后一一击破。项羽的战略是很好的，但是，现实总是比梦想还美好。这招黑虎掏心只能保证项羽多大概个百分之十的成功率，却不能给予项羽百分之百的信心。面对章邯的大军，项羽只能尽量去谋事，至于成不成事，那还要看天意了。

为突破秦军的甬道，项羽令大将英布和蒲将军各自带上自己的兵马渡河进攻。两人不负所望，很快便攻破了秦军的一部分甬道。这只是一场小胜利，但它却证实了项羽的看法是正确的——秦军甬道虚弱。为此，项羽决定立即大举进攻，拿下秦军的整个甬道，控制住甬道，从而截断章邯和王离两军之间的联系。这样一来，在前线的王离军一缺粮，必不战自败。

但是，项羽此举是在冒险，因为当他决定将全军带过漳河时，就必须冒着全军溃败的危险。但是，项羽不愿继续等下来，谨慎一直不是他的作风，他更宁愿雷厉风行点。何况此时探知甬道虚弱，如果不趁机进攻，只怕错过千载难逢的时机。因此，项羽最后决定放手一搏，将整个军队的命运交给了上天，要么大胜，要么大败。

项羽带着所有的楚军渡过了漳河。在全部渡河之后，为了鼓舞士兵的士气，项羽在河边发表了即兴演讲。演讲铿锵有力，成功地激起了士兵们的战斗力。为保证这种战斗力更加持久，项羽作出了一个令人惊讶的举动——破釜沉舟。项羽将所有渡河的舟船都凿破了，舟船一架架沉入了河里，彻底断了楚军后退的道路。破釜沉舟之后，项羽向士兵们宣布了一个更加可怕的消息——楚军只带了三天的军粮！士兵们听到这个消息，脑子瞬间一片轰隆作响，刚才在心中燃放的战火瞬间窜上了脑子。他们都懂得项羽这两个举动意味着什么——要么赢，要么死！项羽的这种大无畏精神感染了在场的所有士兵们，他们挥动着手中的长矛，“推翻暴秦”的喊声在漳河边上震天动地。

项羽这几近疯狂的作战姿态将楚军的整个战斗激情点燃到了最高点。这群背水一战的士兵别无选择，他们只能以百分之二百的精力去争取那低于百分之五十的胜率。项羽的目的确实达到了，他立即以他那特有的军事魅力，带领着这群浑身燥热的士兵们赶赴战场。秦军建筑的甬道在这一群疯狂强盗的进攻面前，已经到了悬于一线的危险地段。

章邯接到了项羽大军进攻甬道的消息，淡定的他也不得不露出慌张的神色了。甬道若破，前线的王离必然陷于联军的围攻之中。而王离若战败，秦军士气一消沉，只剩自己孤军一掷，也难以挽回败局。因此，章邯必定要保住甬道，只要甬道保住，联军毫无胜利的希望。

章邯立即领军前往解救甬道。但是，或许面对项羽的几万大军，章邯还是有点小视。又或许因为有之前英布的例子，以至于章邯认为这次的进攻也不过是搞搞小破坏。总之，章邯虽然正视了项羽，却似乎没有过于重视。因此，他只是马虎地派出了军队，以为这样便能赶跑项羽的大军。可惜的是，章邯永远不知道项羽在进攻甬道前已然为自己断了后路。结果，章邯的兵败毫无疑虑。

这是秦军在围攻巨鹿以来的第一次大败。在大败之后，章邯立即重整军队，明白了该用敬畏的态度来对待这位称作项羽的敌将。可是，战争总是不留情的，像宋襄公那种仁义至腐的战争观只能贻笑大方，项羽绝对不是这样的人。在章邯败后，项羽丝毫不给秦军喘息的机会，立即领兵从后方抄袭了毫无准备的王离军队。王离军正一意地围攻着巨鹿，防守着潜藏在各个地方的诸侯军，却不知道在他的背后，一支军队如闪电一般击穿自己的背。在这突如其来的袭击里，王离做出了最后的应对。但挣扎无效，王离最后仍是大败于项羽之下。

王离的死解除了巨鹿之围的警报，但是，战争还没有结束。此时，章邯退据棘原，手中仍握有二十万的大军。士气高涨的项羽希望能一举攻破章邯的军队，章邯的军队若败，秦国的灭亡便也指日可待了。可是，这时候忽然从楚国传来了一道命令，这道命令牵制了项羽前进的道路。

在楚国待着的楚怀王见项羽大破王离，声望骤升，心里对其更添了几分畏惧。因此，楚怀王决定出手了，他不愿意看到项羽过得那么滋润。于是，楚怀王立即给项羽一个命令，令其立刻回师。项羽接到了这道命令，但是，他早就不将楚怀王放在眼里了，因此回师是不可能的。不过，项羽也不愿将反抗楚怀王的命令表现得过于明显。因此，他虽不回师，也暂时放松了对章邯的进攻。就这样，项羽和章邯两军处于对峙中，而与此同时，项羽也利用了这段时间做着收买诸侯的一系列举动。

虽说在这接下来的时间里没有决战，但陆续的小战斗还是有的。此时，项羽已经掌控了战争的主动权，章邯只能被动地防守项羽的每一次进犯。虽然章邯很想重拾往日的军威，但在项羽的威势面前，这种努力似乎很难生效。结果，章邯被项羽慢慢拖着足足待了几个月——这没有消磨章邯的意志，却激起了秦二世的不满。

眼看章邯和项羽两军对峙，毫无进展，秦二世有点忍不住了。为此，他屡屡派人前往章邯军营中督促章邯出兵，并斥责章邯不能好好用兵，导致巨鹿大败。章邯被中央的持续轰炸惹得心烦意乱，只好派出部将司马欣回咸阳打探消息。哪知司马欣一到咸阳，却立即被赵高派人捉拿，最后司马欣从小路逃回。逃回后，司马欣便将咸阳所遇告诉了章邯，对章邯说："赵高用事于中，将军有功亦诛，无功亦诛。"章邯叹了口气，秦国有昏君佞臣，自己是否还有为其效命的必要？在无法取得进一步胜利的情况下，章邯已经有点迷茫了。就在这时候，赵国大将陈余给章邯写来了劝降信，章邯对此没有表态，心却明显地动摇了。

项羽对此一览无遗。既然章邯动摇了，军心必然也会受到影响，项羽决定抓住机会，进攻章邯。于是，项羽命蒲将军迅速到漳南击破章邯军，而后由自己带大军再败章邯。就这样，军心早已动摇的章邯军又连续遭受了几次大败。在这种情况下，章邯已经别无选择。最后，他带领着仅存的12万大军投降了项羽，从此以后，秦国再没有一支军队能和起义军相抗衡了。

章邯的投降彻底震碎了整个大秦帝国的梦，作为一个信号，人们已经看到了在不远的将来，天下将不再姓秦了。

死是最好的安排

巨鹿之战扭转了秦末战争的局势，项羽的胜利给了秦国一个巨大的打击，而章邯的投降更在这个打击之上加上了一个更可怕的噩梦。曾经辉煌一时的大秦帝国已经陷入了被动的局面。可是，就在当下，就在巨鹿之战为秦国划下了一道深深的疤痕时，秦国朝廷上却还闹声一片。

赵高始终都没有结束他那集最高权力于自身的欲望，若不是起义军的攻势甚猛，他也绝对不愿让秦二世看到这个真实的世界。可即便是在赵高同意镇压起义之后，他也完全不放心让章邯在战场上表现得过分出彩。在章邯对外战争的过程中，无时无刻不感到来自咸阳的压力，而这压力很明显是出自赵高的唆使，这点从司马欣一事便可看出。猛将在外为国而拼命，国家却掌控在这种佞臣之手，章邯的投降是时势所逼，理所当然。

至于秦二世，当他得知章邯兵败投降后，他确实已经感到了过去自己的安逸生活是多么荒诞，也明白赵高这人是多么阴险，竟然敢一而再再而三地欺骗自己。但是，无能的二世即便是清醒了，他也不能做什么来挽救这个败局。已经没有大将可以为秦国请命了，秦二世只能整日寝食难安、以泪洗面，日日斋戒于望夷宫（今陕西咸阳东北泾河南岸），惶惶不可终日。

在望夷宫里，秦二世仿佛看到了赵高就站在自己身边，台阶下站着一头鹿，但赵高却说这是马。这种明显欺诈的行为为什么自己当初会傻傻地相信他呢？二世想到这里悔恨不已，自己被赵高欺瞒了多少年，为此而害死了李斯等一批忠臣。这都是自己的罪！大秦帝国若有灭亡的一天，自己又该如何去见先祖呢！

秦二世感到伤痛不已，他在深深自责的同时也一直在责怪着赵高。要不是赵高，自己又怎么会犯下这种错呢？秦二世越想越不甘心，最后，他决定派人去质问赵高，质问他为什么他总说起义军不成气候，可这时候却反过来欺压到了秦国头上？

赵高早就知道会有这么一天，因此在章邯战败后，为逃避二世的责怪，他便整天称病不上朝。这时候，赵高果然接到了二世的质问。这令他惊恐不已，他明白秦二世已经在慢慢地记恨自己，如果自己还消极地逃避下去，那只能将自己辛苦经营了多年的权力之路给让掉。因此，赵高决定先下手为强，他已经开始在谋划一件轰动的大事了。

为了成功弑杀二世，赵高找来了自己的女婿阎乐，和他一起商量对策。经过一番讨论后，他们制定了这么一个计谋：由咸阳令阎乐率领手下的士兵装扮成山东农民军攻打望夷宫，然后以郎中令赵成在宫内为内应，而赵高则负责指挥全局。

赵高可不愿让这场噩梦一直持续下来，他想要快点将它解决掉，因此，在计划制定完后，他们便立即将其付诸实行。先是，在宫内的赵成四处散布谣言，说是咸阳城内有盗贼，然后令阎乐急忙领兵出去追击。这时候，阎乐顺利地出了宫，也将宫内的大部分军队带了出去，致使宫内防守空虚。而后，在宫外的阎乐立即命令他的几千亲兵，化装成农民兵后回过头来直逼望夷宫。跟着，阎乐立即以追击盗贼为名返回望夷宫，待来到宫门前时，阎乐大声地斥责守门官为何放盗贼进入。守门官还不知道发生了什么事，便被阎乐不由分说地一刀斩杀。守门官一死，阎乐立即领着士兵直入望夷宫，逢人便砍，一时间宫廷里面尖叫迭起，血肉四溅，尸体遍地，整个宫殿陷入了恐慌。

秦二世看到眼前这一幕，吓得双脚都难以站立。全身瘫软的他只能躲在自己的房间里对天祈祷着。但是，这种祈祷很快就被证明是没有用的了。因为，阎乐和赵成已经领着士兵闯进了二世的房间里。这时候，秦二世才算真正明白了这根本不是一场贼寇入侵，而是赵高这人一手策划的宫廷政变！秦二世愤怒异常，他立即招呼左右护驾，却发现已经没有人可以回应他了。

二世努力地想逃脱，忽然发现了旁边还有一个内侍。他急忙拉过内侍的衣领，大声地骂他：“公何不早告我？乃至于此！”这个内侍死到临头已经对二世毫无畏惧，他大声地反问秦二世：“臣不敢言，故得全。使臣早言，皆已诛，安得至今？”这话的意思是说要不是因为这位内侍一直都不敢对皇上直言，他哪能活到现在？这话深深地刺痛了秦二世，他忽然想起了以前那些因进谏而被自己杀死的臣子们。事已至此，一切还不是自己的过错？秦二世心灰意冷了。当阎乐抓住他，历数他为帝以来的过错时，秦二世接受了这一切。只有到棺材搬到了眼前，人们才会认识到自己的错误。

但是胆小的秦二世不想死，他答应阎乐自己不做皇帝了，只愿意做个一郡之主，求阎乐放他一条生路，但阎乐拒绝了。后来，可怜的二世将条件降到了当一个普通百姓，阎乐也丝毫不见同情。只听阎乐毅然地对二世说：“臣受命于丞相，为天下诛足下，足下虽多言，臣不敢报。”秦二世见时势已定，自己再如何求饶都无益于事，只好在阎乐等人的逼视下，自杀而亡。有谓可怜之人必有可恨之处，秦二世的死全由自己一手缔造，实在死不足惜。

秦二世的死被报告到了赵高那里，赵高欣喜若狂，似乎从此以后这个秦国就是他的了。兴奋的赵高立即赶到了二世身旁，连看一眼自己君主的时间都没有，便立即在他身上搜寻起了玉玺。赵高对二世的尸体毫不报以悲悯的态度，在拿过秦二世的玉玺之后，立即走上朝廷，召集大臣，企图仰仗着自己也有赵氏的血统，准备向众臣子宣布登基。

但是事实证明赵高的登基不过是黄粱一梦，因为完全没有任何理由来支撑他的这个想法。篡位这种关系到帝国原则的事，岂能由他胡作非为？所有人无不对赵高怨恨异常，因此，对于赵高的篡位，大家都用无声的回应来抗议。就这样，这一场沉默的反抗打碎了赵高为之苦苦奋斗的皇帝目标。

赵高也懂得大势所逼，他不会傻傻地去和局势反抗，硬要当个皇帝，结果没几天就被人推翻。因此，赵高只好临时改变主意，找来了子婴，将玉玺传给了他。关于子婴的身世一直都是个谜，《秦始皇本纪》说是胡亥的侄子，《李斯列传》又说是秦始皇的弟弟，也有说法是胡亥的哥哥。三种说法里第一种较为流行，迄今为止多采用这一说法，认为子婴便是胡亥哥哥扶苏的儿子。

当然，关于子婴的身世已经不重要了，现在更重要的是秦国在子婴这里还能支撑多久。很明显的，历史的回答是将不超过五十个天数。在子婴继位后，因秦国的国力已经大不如前，因此只得自行取消帝号，自称秦王。秦国的自降一级令这个摇摇欲坠的国家连一份廉价的名义都保不住了，实在令人感到悲哀。

子婴很快就要将秦国拱手让了出去。不过，在子婴让国之前，他作出了一件大快人心的事。早在之前，子婴便早已对赵高有所耳闻，知道此人是个奸诈之辈，权欲之奴。而子婴也知道自己被赵高所迎立，不过是作为一个傀儡而存在。因此，既然复国已经无望，子婴更愿意先斩杀赵高来一解心头之恨。于是，子婴便与自己的贴身宦官韩谈商定了斩除赵高的计划。

先是，赵高希望子婴在登基前要先斋戒五天。可是五天过了，待赵高派人来请子婴的时候，子婴却称病不前。赵高无奈，只好自己亲自前往。待赵高一到，韩谈便立即亮出兵器，一刀将赵高斩杀了。至此，这位为了自己的权欲谋划了一辈子阴谋的政客，最终还是得死在自己的权欲之下。赵高死了，子婴随即召集群臣进宫，在历数了赵高的罪孽之后，子婴下令夷其三族。

胡亥和赵高都死了，他们两人作为大秦帝国的掘墓人将永远遭受着后人的指责。或许，对于这种罪大恶极的人，死亡是对他们最好的安排。

秦三世子婴接过了这个残破不堪的国家，他已经失去了任何恢复国家的冲动，而且时间也从来不允许他有这种冲动，因为在很短的一个半月之后，当刘邦进入咸阳的时候，辉煌一时的秦帝国便向世人宣告了它的终结。

最后的清场

章邯的倒戈给了摇摇欲坠的秦国一个巨大的打击，而后秦二世和赵高的死虽然为秦国铲除了两大祸害，却已经来不及根除秦国久年积聚下来的弊病。当秦三世子婴接过秦国的统治权时，深谙大势的他给自己的帝位降了一级，大秦帝国可怜到连一个名号都保不住了。

望着众叛亲离、山河破碎的局面，子婴唯一能做的也就是除掉赵高，除此之外，对于这个病入膏肓的国家，子婴实在想不出一个好的对策。他只能在焦躁和悲悯中度过他短暂的秦王生涯。在很多时候，他憎恨赵高，是因为赵高将自己拉上了这样一个尴尬的位置。子婴，在痛苦的挣扎中，基本放弃了秦国。

便是子婴愿意为了复兴秦国而付出巨大的努力，事实也会无情地告诉他，这种无济于事的举动是愚蠢的。因为就在子婴为了秦国的未来而惶惶不可终日的时候，在他东方的起义军们仍然声势浩大，激情澎湃。虽然项羽的起义联军终因之前章邯在巨鹿的牵制而导致入咸阳破秦的日程一再拖延。但是，早在项羽忙于应付章邯大军以及楚怀王的时候，一支军队已经绕过了秦军主力直逼咸阳。

这支军队便是刘邦所统部队。

刘邦奉了楚怀王的命令，在项羽北上救赵的当儿便立即抓紧时间，西进破秦。刘邦在西进的过程中是幸运的，当时秦国的主力已被章邯和王离领到了巨鹿，因此刘邦的西进阻碍不大。更兼刘邦手下贤臣良将众多，有郦食其用计攻克陈留，又有陈恢以攻心策略兵不血刃地拿下宛城，之后更有张良成功抢夺绕关，于蓝田大败秦军。用人之道始终是刘邦引以为豪的能力，这点让他区别于秦朝的统治者和后来的项羽，是他可以在这场战争中站到最后的原因。

早在刘邦准备进攻武关之前，赵高便派出了一个使者前往刘邦营中，说是愿意和刘邦共分关中之地。要知道，武关之内便是关中，赵高早不给刘邦消息，非得到危难临头了才提出这种请求，对此，刘邦不屑一顾。赵高是阴险小人，别说刘邦怀疑这个约定的真诚性，便是赵高真有这份心意，刘邦也不会答应，毕竟当时起义军势力正大，刘邦不会傻到去勾结赵高而将自己置于两边不讨好的地位。而从赵高此举中也可清楚地看出，秦国在当时对待起义是充满慌乱和无力的。

在蓝田大败秦军后，秦军基本放弃了抵抗，刘邦便势如破竹地直驰于关中地区，很快的，他便抵达灞上。灞上正处于秦都咸阳东边不远处，此时，刘邦如一头虎狼一样占据灞上，两眼发射出灼热的光芒，对着咸阳露出了邪笑。

在咸阳里面的子婴一听到刘邦进驻灞上，如同一道闪电直击脑袋。终于来了，自己为此担忧了几十天的情况终于还是发生了。当面对着这个事实的时候，子婴虽然有一股难以表述的悲痛，却也隐隐约约感到了一种潜藏在心底的舒适感。当危难到头了，子婴反而不怕了。

感到痛苦却又释怀的子婴明白，咸阳内已经没有多少兵力可以让他拿来抵挡刘邦的大军了。与其做困兽之斗，倒不如做一个顺应局势的明白人。因此，在刘邦给子婴传来劝降的声音时，子婴选择了不抵抗。他以沉重的心情写下了一封回信，信中满载惆怅和无奈，最后以一声悠长的哀叹而结尾。

子婴在当了短短的四十六天秦王后，最终不得不面对让渡权力的结局。这天，子婴用绳子将自己绑缚了起来，坐上由白马驾驶的白色马车，身着死者葬礼所穿的白色装束，然后带着皇帝御用的玉玺和兵符，亲自来到了刘邦军中，正式向刘邦请降。这次请降作为一件具有象征性意义的事件，它宣告了十五年的秦朝历史在这一刻正式凝结。而刘邦的接手同样预示着，在秦朝结束了他辉煌的历史之后，另一个姓氏正在中国大地上重建起这份辉煌。

在刘邦的仁义和政治策略之下，子婴在秦国灭亡之后获得了一条活路。但是，历史对于这位可怜的君王不带任何悲悯。就在不久之后，当项羽的大军直入咸阳的时候，整个咸阳将在项羽的暴虐之下被破坏殆尽，而子婴的生命也将随着那被大火吞噬了的咸阳而消逝在茫茫的火海之中。

咸阳，这座代表着秦朝命运的城池，这座见证了秦朝兴衰的城池，在秦朝灭亡之后，终究逃不过同它一样的命运。在一片火海之中，咸阳的身影越来越稀薄，仿佛那祭拜中用来焚烧的纸房子，在一阵炙烤之后，最终化为灰烬，随风而逝。

但是，城池有修复的一天，历史却不会再重来。当日后刘邦着手修复这座城池的时候，他是否想起了在这座城池之上，曾经有一个集各种荣誉于一身的皇帝，他的伟大缔造出了不一样的中华大地。他是否又想起了在这座城池之上，各种自大的暴政正在实行着，当乌云笼罩在这座城池之上时，执政者却还沉溺在自娱自乐的天地里。

秦朝从此消失在历史之中，曾经坐拥了整个天地的一代帝国，最终也逃不开轮回的交替。宿命论是落后的，在为秦朝的灭亡寻找理由时，与其将其怪罪于天，倒不如从秦国的自身以及当时的大环境里去找，只有这样，我们才可以看到更切实的因素。

关于秦朝的灭亡，很明显，他的直接原因是起义军的壮大。陈胜吴广的起义将秦朝的内部隐患直接搬上了台面，当这种起义的规模越来越大时，秦朝的反抗便也显得越来越无力，最后，秦朝灭亡在起义军之手也是理所当然。但是，若没有任何理由来支持一场起义，那么这场起义便是非正当的，非正当的起义是没办法唤醒群众的心，从而为自己增加追随者的。

陈胜吴广的起义恰到其时，他们的起义之所以能顺利号召起各地英雄，其原因无外乎这场起义充满正义性。至于这场起义的正义性何在，关于这点，已经有很多前人直截了当地点明了。贾谊在他的《过秦论》里早有提到：一夫作难而七庙隳，身死人手，为天下笑者，何也？仁义不施而攻守之势异也。这里的“仁义不施”便是赋予这场起义一个正当理由的元素。

没错，秦朝所以会灭亡，其根本原因还是因为它所实施的暴政。早在春秋之时，便有人提出了“水则载舟，水则覆舟”的著名政治论题，但是，秦始皇对于孔子明显没有太大的兴趣。作为中国法律始祖皋陶的子孙，而后再有商鞅严法振兴秦国的经历，秦始皇似乎更倾向于律法。当然，律法不可少，但是秦始皇在这方面走得太过，以至于过重的律法反过来制约了秦国的发展，更加深了秦国施法者与受法者之间的隔阂，真是成也律法、败也律法。

除此之外，秦国统治者自身奢侈无度的行为习惯也是给予起义以正当性的原因之一。当秦国的统治者为了一己之私而尽情地压榨着百姓血肉的时候，百姓的反抗便成了理所当然的事了。

当子婴将他的玉玺递送给刘邦的时候，他并不能去怪陈胜这帮人，也不能去怪天下的百姓，他能怪的只能是自己那帮胡作非为的亲戚。正如杜牧所言：“族秦者，秦也，非天下也。”（《阿房宫赋》）

秦朝因为自己的暴虐而遭受灭亡的后果，对此，我们并不为之感到可惜。当一个朝代因为自己的罪恶而到了不得不终结的时候，我们能做的就是欢迎另一个清明的执政者到来。但是，有时候，当我们谈起这个曾经在中国大地上如流星一般照亮世界而后倏忽而逝的大帝国时，也会为之感到深深的惋惜。

秦朝，以它曾经的辉煌告诉了世界：在中国的大地上曾经有这么一批人，他们以顽强不懈的野性最终缔造出令人仰视的成就。秦朝，也以它巨大的影响力告诉了世界：这种毫无畏惧、奋力拼搏的野性从未在中国的大地上消逝，它根植在每一个秦后人的心中，以各种形式显现在当今的世界舞台上！